罗江县政协志

LUO JIANG XIAN ZHENG XIE ZHI

1996—2016

《罗江县政协志》编纂委员会 编

方志出版社
Publishing House of Local Records

图书在版编目（CIP）数据

罗江县政协志:1996—2016 / 《罗江县政协志》编纂委员会编. —北京：方志出版社，2017.11
ISBN 978-7-5144-2674-8

Ⅰ. ①罗… Ⅱ. ①罗… Ⅲ. ①中国人民政治协商会议-地方委员会-概况-罗江县-1996—2016 Ⅳ. ①D628.714

中国版本图书馆 CIP 数据核字（2017）第 276542 号

罗江县政协志（1996—2016）

编　　者：	《罗江县政协志》编纂委员会
责任编辑：	罗　滔
出 版 人：	冀祥德
出 版 者：	方志出版社
	地址　北京市朝阳区潘家园东里 9 号（国家方志馆 4 层）
	邮编　100021
	网址　http://www. fzph.org
发　　行：	方志出版社图书经销中心
	电话（010）67110500
经　　销：	各地新华书店
印　　刷：	成都勤德印务有限公司
开　　本：	889×1194　1/16
印　　张：	30
字　　数：	808 千字
版　　次：	2017 年 11 月第 1 版　2017 年 11 月第 1 次印刷
印　　数：	0001~1000 册

ISBN 978-7-5144-2674-8　　定价：198. 00 元

2011 年 9 月 10 日，全国政协副主席张梅颖（左三）到罗江县视察白马关庞统祠。中共德阳市委书记李向志（前排右二）、德阳市政协主席刘哲（左一）等陪同

2004 年 5 月 12 日，全国政协常委、民革中央副主席朱培康（左一）到罗江县调研农村劳动力转移情况。中共罗江县委书记左正（右一）陪同

2009 年 4 月 13 日，全国政协常委、民盟中央副主席、四川省政协副主席、民盟四川省委主委吴正德（右二）到罗江县视察城乡环境综合整治工作。德阳市政协副主席吴忠金（左一）、县政协主席邓华明（左二）等陪同

2004 年 4 月 1 日，四川省政协副主席杨海清（右三）到罗江县调研县政协文史学习工作。中共罗江县委书记左正（左二）等陪同

2008 年 8 月 26 日，四川省政协副主席陈次昌（左一）率省政协港澳界部分委员到罗江县视察“5·12”汶川特大地震后活动板房建设情况。中共罗江县委书记、县人大常委会主任卢也（右二）陪同

2013 年 7 月 3 日，四川省政协副主席高烽（右二）到罗江县视察经济技术开发区建设与发展情况。县政协主席𠂆光裕（右一）陪同

2002 年 3 月 13 日，德阳市政协主席石友成（左一）到罗江县视察文化旅游业开发、工业园区建设和农业产业结构调整等工作。中共罗江县委书记左正（右二）陪同

2004 年 10 月 26 日，德阳市政协主席陈华国(前排左一)到罗江县视察“三农”工作。县政协副主席洪善斌(右二) 陪同

2016年6月7日，德阳市政协主席刘哲（右三）到罗江县视察农业产业化发展情况。县政协主席白光裕（左四）陪同

2016年11月23日，中共德阳市政协党组书记张万平（左三）到罗江县调研高校职教园区建设与发展情况。中共罗江县委书记曾长江（左一）、县政协党组书记张胜虎（右二）陪同

1997 年 2 月 18—20 日，召开县政协第一届一次全体会议

2003 年 1 月 6—8 日，召开县政协第二届一次全体会议

2006年12月5—7日，召开县政协第三届一次全体会议

2011年12月13—15日，召开县政协第四届一次全体会议

2016 年 12 月 12—15 日，召开县政协第五届一次全体会议

县政协第一届常务委员会组成人员

县政协第二届常务委员会组成人员与县领导、县政协第一届主席会议部分成员合影

县政协第三届常务委员会组成人员

县政协第四届常务委员会组成人员

县政协第五届常务委员会组成人员

1996 年 12 月 10 日，召开罗江县筹备工作动员会议

1997 年 10 月 6 日，举行罗江县凯江工程第二期工程开工典礼。中共罗江县委书记彭坚（前），县人大常委会主任曾广友（后排左六），县委副书记、县人民政府县长刘成鸣（中），县政协主席何天云（后排左七）等出席

1998 年 12 月 30 日，县政协举行纪念改革开放二十周年大会。县政协主席何天云出席并讲话

1999 年 9 月 20 日，县政协举行庆祝人民政协成立五十周年文艺演出

2001 年 12 月 20 日，罗江县举行白马关三国蜀汉文化旅游区总体规划评审会。中共罗江县委书记刘成鸣（右三），县委副书记、县人民政府县长左正（左三），县政协主席何天云（右二），县人民政府副县长宋玉华（左一）等参加

2012 年 10 月 16 日，县政协召开省、市、县政协委员专题视察情况通报会。中共罗江县委书记罗宗志（左五），县人大常委会主任唐华清（右五），县委副书记、县人民政府县长曾长江（左四），县政协主席白光裕（右四），县委常委、县人民政府副县长陈天航（左三），县政协副主席古明水（右三）、张平富（左二）、陈志光（右二）、高晓梅（左一）等出席

2013 年 11 月 6 日，县政协在白马关镇举办“嘉丽豪杯”文化体育活动周。县政协委员徒步古驿道

2014 年 9 月 24 日，县政协举行人民政协成立六十五周年文艺晚会。中共罗江县委书记徐光勇出席并致辞

2016 年 4 月 6 日，召开县委政协工作会议。中共罗江县委书记徐光勇（左五）、县人大常委会主任唐华清（右五）、县政协主席白光裕（左四）等出席

1998 年 12 月 9 日，县政协组织委员视察绵远河广富段综合治理工程。县政协主席何天云（左一）、县委副书记邓华明（右二）、县政协副主席刘成国（右一）参加活动

1999 年 12 月 19 日，县政协副主席刘成国（左一）率政协委员视察广富乡农业产业结构调整工作

2001 年 6 月，县政协主席何天云（左一）率政协委员视察罗江县文化馆、图书馆、博物馆建设情况

2006 年 7 月 6 日，县政协副主席洪善斌（右一）率政协委员视察全县宗教工作

2008 年 8 月 26 日，四川省政协委员视察“5·12”汶川特大地震后罗江县活动板房建设与灾民安置情况。中共罗江县委书记卢也（右二）等出席

2008 年 9 月 4 日，县政协主席邓华明（右一）率政协委员视察“5·12”汶川特大地震后罗江县活动板房建设情况。县政协副主席肖宗军（左一）、古明水（右二）、李兴明（右三）参加

2011 年 3 月 24 日，县政协主席邓华明（左三）率政协委员视察中国海洋石油总公司援建的县人民医院门诊综合大楼

2009年11月4日，县政协主席邓华明（前排左三）率政协委员视察蟠龙镇新农村建设工作。县人民政府副县长白光裕（前排左二），县政协副主席古明水（左六）、张宏琳（右四）参加

2012年8月23日，县政协主席白光裕（右三）率主席会议成员视察全县环境保护工作

2014 年 12 月 19 日，县政协主席白光裕（右三）率政协委员视察全县法律“七进”工作。县政协副主席陈志光（右一）、高晓梅（右二）参加

2015 年 11 月 26 日，县政协主席白光裕（左八）率主席会议成员视察全县“十大重点工程”推进工作。县政府副县长宋联忠（右七），县政协副主席古明水（右四）、张平富（左七）、陈志光（右二）参加

2016 年 12 月 30 日，县政协主席张胜虎（前）到鄢家镇调研“双引领”示范村（四好村）创建工作。县政协副主席俞斌（右一）参加

2003 年 5 月 8 日，县政协召开民主评议公安行业作风动员大会

2010 年 7 月 8 日，县政协民主评议环保工作第二评议组开展集中评议会

2015 年 9 月 24 日，县政协召开民主评议全县经济发展环境工作总结会。县委、县政府有关领导及评议组成员参加会议

2016 年 6 月 14 日，县政协领导及部分委员参加县“阳光政务”电视问政节目录制

2006年2月22日，县政协举行协商讨论“十一五”规划专题会议

2008年6月3日，县政协举行“5·12”汶川特大地震抗震救灾专题会议

2015年1月9日，县政协举行界别专题协商工作会议

2016 年 7 月 26 日，县政协举行专题议政协商创建省级卫生县城会议。中共罗江县委书记徐光勇（左三）、县政协主席白光裕（右三）等出席

2002 年 12 月 13 日，县政协举行首届政协委员活动日暨表彰大会

2015 年 5 月 6 日，县政协副主席古明水（左二）率部分县政协委员到县卫计局开展民主评议经济发展环境工作

2014 年 11 月 26 日，县政协举行政协委员提案撰写培训会

2015 年 4 月 22 日，县政协举行政协委员培训会

2016 年 6 月 2 日，县政协举行“两学一做”学习辅导报告暨 2016 年委员培训会议

2000 年 5 月 29 日，县政协主席何天云率队到白马关乡慰问抗旱群众并送去部门捐款

2003 年 1 月 27 日，县政协主席邓华明率队到文星镇慰问农村贫困户

2010 年 1 月 29 日，县政协组织委员到调元镇开展文化下乡活动

2004 年 10 月 11 日，县政协主席邓华明率队到白马关镇慰问残疾人

2012年8月9日，县政协主席白光裕（右一）到慧觉镇慰问困难群众

2014年1月19日，县政协主席白光裕（右二），中共罗江县委常委、县总工会主席戴书文（左一）为联系帮扶的慧觉镇困难群众赠送鸡苗

2015年1月13日，县政协召开走基层暨委员联系困难群众工作会议

2016年12月27日，县政协主席张胜虎（左二）到万安镇石龙村看望慰问贫困户

2008 年 12 月 25 日，省政协书画研究院与县政协在罗江县开展迎新春笔会活动

2011 年 3 月 25 日，北川羌族自治县政协领导到罗江县白马关镇考察新农村建设工作。县政协主席邓华明（前）陪同

2015 年 8 月 4 日，县政协主席白光裕（前排左三）率有关人员到双流县考察全域城镇化建设工作

2014 年 12 月 11 日，县政协举行《罗江县政协志》编纂工作启动仪式

2015 年 9 月 16 日，县政协主席白光裕（右二）、副主席古明水（右三）率《罗江县政协志》编辑部人员到蓬溪县考察政协志编纂工作

2016 年 10 月 20 日，《罗江县政协志》编委会召开第四次工作会议。县政协党组书记张胜虎（右二）、县政协主席白光裕（左二）、副主席古明水（左一）出席

2006 年 5 月 25 日，县政协召开文史资料工作会议

县政协编辑出版的各类刊物

《罗江县政协志》编纂委员会

顾　　问：	徐光勇	曾长江	李　栋	邓华明
主　　任：	白光裕	张胜虎		
副 主 任：	古明水			
委　　员：	刘成国	李兴明（女）	段家琼（女）	洪善斌
	陈培建	张平富	张宏琳（女）	陈志光
	高晓梅（女）	俞　斌	张明义	曹传海
	周信廷	薛建都	陈金平	曾传聪
	周继兴	范翠林	柯贤良	李世良

《罗江县政协志》编辑部

总　　编：	白光裕	张胜虎		
副 总 编：	古明水			
责任编辑：	易礼述	刘　军	罗诗春	曾传聪
	范翠林	周继兴		
校　　对：	柯贤良	刘华勇	李世良	陈金平
	魏顺林	邬桂兰（女）		
图片资料：	张明义	周明碧（女）	向薇薇（女）	罗贵媛

序

人文罗江，志载盛世。盛世修志，惠泽千秋。

政协罗江县委员会成立于1997年2月。二十年来，县政协在中共罗江县委的坚强领导下，团结带领全体政协委员、各党派、人民团体和各族各界人士，始终高举爱国主义和中国特色社会主义两面旗帜，突出团结和民主两大主题，始终坚持把围绕中心、服务大局作为履职尽责重点，不断丰富政治协商内涵、加大民主监督力度、提高参政议政实效，全力助推全县经济、政治、文化、社会和生态文明建设。为全面反映县政协作为社会主义协商民主重要渠道和专门机构所发挥的独特而重要作用，展示政协委员履职实践所取得的丰硕成果，政协第四届罗江县委员会常委会决定组织编修《罗江县政协志》。

编修《罗江县政协志》旨在回顾历史、审视现实、放眼未来，也是县政协发展史上的一件大事。在迎来罗江撤县设区新的发展机遇之际，《罗江县政协志》的正式付梓，有助于广大读者更加深刻地认识新时代人民政协的性质、地位和作用，也将为罗江县政协工作承上启下、继往开来提供有益的借鉴和参考。

《罗江县政协志》的编修工作，得到中共罗江县委、县人民政府的真切关怀和有关部门、有关同志的大力支持，全体编纂人员广征博采，众手成志。在此，我谨向所有为本志的编纂、出版工作做出贡献的领导、同志及各界人士致以崇高的敬意和衷心的感谢！

回顾过去，成就辉煌；展望未来，任重道远。二十年来，人民政协工作呈现出县委重视、政府支持、政协主动、各方配合的良好态势。新一届罗江县政协常委会将始终把围绕全县经济社会又好又快发展作为履职尽责的第一要务，围绕“同城德绵，协作发展，打造德阳北部新区和绵阳科技城产业协作区”建睿智之言、献务实之策。我相信，在建设美丽幸福新罗江的进程中，人民政协工作大有可为，人民政协事业也将不断谱写新的华章。

是为序。

政协第五届罗江县委员会主席

2017年11月

凡 例

一、指导思想

本志以马克思列宁主义、毛泽东思想、邓小平理论、“三个代表”重要思想、科学发展观和习近平新时代中国特色社会主义思想为指导，以《中国人民政治协商会议章程》为依据，坚持辩证唯物主义和历史唯物主义的立场、观点和方法，客观如实地记述罗江县政协的历史脉络与发展现状。在编纂过程中，力求做到思想性、科学性、资料性和著述性相统一。

二、编纂原则

本志坚持横分门类、纵述史实，求实存真、直陈其事，详异略同、突出特色，领属得当、结构规范，资料翔实、条理清晰等原则。

三、时间断限

本志记述上起自1996年12月建立县政协筹备机构，下至2016年12月县政协第五届一次全体会议闭幕。为完整记述事件的肇始及现状，在概述和组织机构中，溯及中华人民共和国成立后罗江建立人民政权初期所设各界人民代表会议和各界人士学习委员会及其工作概况。本籍外地委员及民主党派人士等适当上溯。

四、体例结构

本志采用章节体，以类系事、以事系人。大事记采用编年体，辅以纪事本末体。志首设图照、序、凡例、概述、大事记，主志分列八章，志尾置附录和编后记。确需载入但不足以成章节或又不便合并的，如2002年开展的县政协委员活动日、2015年设立的中共罗江县政协办公室党组和纪检组等，将其记入大事记。

五、表述方式

本志使用规范的现代语体文，述、记、志、传、图、表、录等诸体并用，以志为主，行文力求做到准确严谨、简洁流畅。各章前置无题小序，提要钩玄。图表随文置于相关节目后，以“章序—表序”的形式 编排表号。

六、历史纪年

民国时期使用民国纪年，在每一节首次出现时，括注公元纪年。1949 年 10 月 1 日中华人民共和国成立后，使用公元纪年。

七、名目称谓

本志所涉及的地名、官职及组织机构和社会团体等称谓，均用当时法定或约定俗成的名称，必要时括注今名或习惯性称谓；字数较多的称谓，在每一节目首次出现时使用全称，以后使用习惯性简称，如“中国人民政治协商会议罗江县委员会”简称“罗江县政协”或“县政协”。所记县委、县政府指中共罗江县委和罗江县人民政府，市委、市政府指中共德阳市委和德阳市人民政府，省委、省政府指中共四川省委和四川省人民政府；涉及市外、省外的地名贯其市名、省名；1959—1996 年罗江撤县并入德阳县（德阳市市中区）期间，原罗江县所属行政区域称“境内”，乡镇及机关、企事业单位以下限时称名，必要的加括注。凡入志人物均直书其姓名。

八、文字数字

文字使用按照《中华人民共和国国家通用语言文字法》和国家新闻出版总署、国家语言文字工作委员会于 1992 年发布的《出版物汉字使用管理规定》，标点符号使用以国家质量技术监督局于 1995 年发布的《标点符号用法（GB/T1583—1995）》为准。计量单位名称、符号的使用按照国家质量技术监督局于 1993 年发布的《量和单位（GB3100 ~ 3102—93）》的规定执行。数字的使用按照国家质量技术监督局于 1995 年发布的《出版物上数字用法的规定》执行。引文注释的主要格式按照《文后参考文献著录规则（GB7714—87）》执行。

九、传记简历

本志坚持“生不立传”原则。入传人物以已故县政协正副主席、常务委员会委员为主，以卒年时间为序。县政协主席事略、副主席简介，按在县政协任职时间先后排序。对优秀（先进）县政协委员，则按获奖的时间先后为序列以名录。

十、资料来源

本志所用资料主要来源于县政协文书档案，以及《县政协文件汇编》《罗江政协》《罗江文史资料》和调查考证的实事等。

目　录

概　述

一

罗江，作为江河名始于西晋，作为县名则始于唐。南宋祝穆《方舆胜览》载：“罗江，两水（即泞水、潺水）相蹙成罗纹，县因以为名。”

自西晋永兴元年（304 年）至 2016 年 12 月，境内县、郡（州）治已历1700余年。西晋永兴元年，迁万安县（治在今绵阳市梓潼县）于潺亭，仍名万安县，属梓潼郡。南北朝宋、齐因之。南朝梁初更名潺亭，西魏复名万安县，并置万安郡。唐天宝元年（742 年），改万安县为罗江县，是“罗江”作为县名之始，属绵州（巴西郡）。明洪武六年（1373 年），省罗江县入绵州。洪武十年五月，绵州降为县。洪武十三年十一月，复置绵州和罗江县，属成都府绵州。清顺治十六年（1659 年），裁罗江县入德阳县（今德阳市旌阳区）。清雍正七年（1729 年），复置罗江县，属绵州。清乾隆三十五年（1770 年），因洪灾绵州城毁，遂移州治于罗江，废县为驿。清嘉庆七年（1802 年），还绵州州治于旧址，复置罗江县，属绵州。民国时期，罗江县先后属绵州、四川省第十三行政督察区。

中华人民共和国成立后，罗江县属绵阳专区。1959 年 3 月，裁罗江县（其中宝林、河清公社划归安县，即今绵阳市安州区）入德阳县。1984 年 9 月，改德阳县为德阳市市中区。1996 年 8 月，经国务院批准撤销德阳市市中区建制，分置罗江县和德阳市旌阳区。

至 2016 年 12 月，罗江县辖万安（2006 年 4 月改罗江镇为万安镇）、蟠龙、御营、调元（2006 年 4 月改文星镇为调元镇）、鄢家、新盛、金山、慧觉、略坪和白马关 10 个镇，总人口 25 万余人。

二

罗江县位于成都平原东北部边缘，居成都、德阳、绵阳黄金经济走廊，地处北纬 31°12′08″～31°26′37″、东经 104°19′15″～104°42′33″间。境域东西长 35 千米、南北宽 25 千米，辖区面积 447. 88 平方千米。东至西县界呈西北—东南走向，南至北县界呈东西走向，其状近似一平行四边形。东邻绵阳市涪城区金峰镇、石洞乡、玉皇镇和中江县黄鹿镇，南望中江县青市乡和德阳市旌阳区双东镇、黄许镇，西连绵竹市（县级市）什地镇、富新镇和德阳市旌阳区柏隆镇，北接绵阳市安州区（原安县）永河镇、宝林镇、清泉镇和绵阳市涪城区磨家镇。

罗江县治东距中江县城50千米，南距德阳市区24千米、成都市区72千米，西距绵竹市区46千米，北距绵阳市区27千米。宝（鸡）成（都）铁路复线、成绵（阳）乐（山）城际铁路、国道108线（俗称川陕公路）、（北）京昆（明）高速公路成绵段纵贯南北，罗（江）中（江）、罗绵（竹）、罗安（州）等县道横穿东西，为四川省丘陵地区"村村通公路"第一县。县境内建成输变电站12座，是全国重要的电力走廊之一，输变电能力居全省首位。

罗江县位于沱江水系与嘉陵江水系分水岭，属浅丘地貌，地势西南部高，东北部低。除西部与绵竹市、德阳市旌阳区的界河——绵远河属于沱江水系外，其余河流均属于嘉陵江水系，境内主要干流有凯江（又名纹江）、灄水河、泞水河、黄水河和绵远河，总流程99.8千米。

依据《中国气候区划》，境域属中亚热带湿润季风气候区。主要气候特征是：春旱温高不稳定，夏无酷暑多雨日，秋日多雨降温快，冬季干暖少霜雪。年均气温为16.5℃、降水量为822.9毫米。

境域自然生态环境良好，物产丰富。农经作物盛产水稻、小麦、玉米、红薯、花生等，名优水（干）果有桃、李、梨、枣、柚、核桃等，特色养殖有猪、牛、鸡、鸭、兔等。是全国金花梨之乡、贵妃枣原产地、国家级杂交水稻种植生产基地。

三

中国人民政治协商会议罗江县委员会（以下简称"政协罗江县委员会"或"县政协"）是人民政协的地方组织。在中华人民共和国成立初期，是通过罗江县各界人民代表会议和县各界人士学习委员会等组织形式履行政治协商职能的。

根据1949年9月颁行的《中国人民政治协商会议共同纲领》规定，1950年4月12—15日，召开第一届罗江县各界人民代表会议（以下简称"县各代会"），与会代表139人。大会选举产生由17人组成的第一届县各代会常务委员会，刘辉祖当选主任委员，郭普年、邓公望当选副主任委员。县各代会既是党和政府对各阶层人士进行"争取、团结、教育、改造"的重要组织形式，也是代行人民政协地方委员会职能的人民民主统一战线组织。自第二届县各代会起，开始代行地方人民代表大会的部分职权，亦履行人民政协地方委员会职能。1950年4月至1954年6月，县各代会历经四届，共召开全体会议8次。1954年6月，经"普选"后，召开罗江县第一届人民代表大会第一次全体会议，县各代会及其协商委员会的历史使命宣告结束。

根据1956年3月中共中央《关于对〈一九五六年到一九六二年统一战线的工作方针〉的批示》、全国政协《关于组织各界人士和工商业者进行理论学习的决定》和中共四川省委统一战线工作部、宣传部《关于不设政协的县建立各界人士学习委员会的通知》，1956年7月，成立罗江县各界人士学习委员会。同年7月12—15日，召开第一次县各界人士学习委员会会议，选举李权为主任委员，邓公望、肩小年等为副主任委员。县各界人士学习委员会办公室设在县城东街城隍庙，设驻会专职干部1人；分设文教卫生、工商、妇女、社会人士4个组，各选组长1～2人。1956—1959年，县各界人士学习委员会认真贯彻执行中共中央提出的“长期共存、互相监督”的方针，坚持“三自”（自己提出问题、自己分析问题、自己解决问题）、“学习自愿、独立思考、自由辩论”的原则，在组织各界民主人士宣传党的政策、组织时事政治学习，参加私营工商业的社会主义改造，积极协调各方面的关系，为巩固和发展全县的统一战线、推动各种社会力量完成国家在过渡时期的总任务，以及促进社会主义建设等方面发挥重要作用。

四

1959年3月，撤销罗江县建制并入德阳县。1959—1984年，产生过五届政协德阳县委员会。1985—1996年，产生过四届政协德阳市市中区委员会。其间，1987年3月，政协第二届德阳市市中区委员会在境内设罗江、金山委员小组。1990年3月，第三届区政协在境内设罗江、鄢家、金山、略坪委员小组。驻罗江、鄢家、金山、略坪片区的政协委员先后在德阳县、德阳市市中区政协领导与组织下，积极开展各项活动，为当地经济建设和社会事业发展起到重要的助推作用。

这一时期，地方政协发展历程大体经历三个阶段，即社会主义革命和建设时期、“文化大革命”时期和新的历史发展时期。社会主义革命和建设时期，地方政协的主要职能是“协商和进行地方的人民民主统一战线工作”。“文化大革命”时期，人民政协和统一战线工作受到严重破坏，政协工作被迫停止活动。1976年10月，粉碎江青反革命集团后，“文化大革命”结束，人民政协工作走上一条继往开来、不断壮大、创新发展的道路。1978年12月，中共十一届三中全会作出把全党工作重心转移到社会主义现代化建设上来的战略决策，中国进入了一个崭新的历史发展时期，一切工作拨乱反正，被破坏了的人民政协重新恢复工作和活动。1979年6月，邓小平在全国政协五届二次全体会议开幕词中指出：“我们的国家进入了以实现‘四个现代化’为中心任务的新的历史时期，我们的革命统一战线也进入了一个新的历史发展阶段。”“新时期统一战线和人民政协的任务，就是要调动一切积极因素，努力化消极因素为积极因素，团结一切可以团结的力量，同心同德，群策群力，维护和发展安定团结的政治局面，为把我国建设成为现代化的社会主义强国而奋斗。”此后，人民政协认真贯彻执行“长期共存、互相监督，肝胆相照、荣辱与共”的方针，不断适应新的形势和任务，扩大团结面，拓宽职能空间，探索新路子，力求新作为，开创新局面，人民政协的政治地位、组织基础、工作内容和活动方式等都发生深刻变化。

五

1996年12月，根据《中国人民政治协商会议章程》，并经中共德阳市委组织部批复，成立政协罗江县委员会筹备组，何天云任组长。1997年2月18—20日，召开县政协第一届一次全体会议，15个界别的130名委员出席会议，大会选举产生政协第一届罗江县委员会主席、副主席、秘书长和常务委员会委员，何天云当选县政协主席。政协第二至五届罗江县委员会先后于2003年1月、2006年12月、2011年12月、2016年12月召开第一次全体会议，大会选举产生各届主席、副主席、秘书长和常委，邓华明当选第二、三届县政协主席，白光裕当选第四届县政协主席，张胜虎当选第五届县政协主席。

组织建设得到加强。出席县政协第一届一次全体会议的委员130名，由15个界别构成，届中增补委员29名、辞职委员26名，至本届末实有委员133名。从第二届县政协开始，委员人数逐届有所增加。出席县政协第二届一次全体会议的委员140名，由15个界别构成，届中增补委员18名、辞职委员16名、撤销委员资格2名，至本届末实有委员140名。出席县政协第三届一次全体会议的委员161名，由16个界别构成，届中增补委员11名、辞职委员8名，至本届末实有委员164名。出席县政协第四届一次全体会议的委员162名，由16个界别构成，届中增补委员21名、辞职委员18名、撤销委员资格2名，至本届末实有委员163名。出席县政协第五届一次全体会议的委员162名，由19个界别构成。界别逐届增多，反映新时期人民政协成为最广泛的爱国统一战线组织的特点。委员人数不断增加，其年龄结构、知识层次更加适应新时期人民政协工作的要求，参政水平和议政能力也有了显著增强。

工作机构得到健全。根据《中国人民政治协商会议章程》《专门委员会通则》等，结合工作实际，1997年2月，第一届县政协常委会内设学习委员会、提案委、文史资料委、经济科技委、财贸委、法制群团委、文化教育卫生委和金山、鄢家、略坪地区委员小组，并于同年7月增设县政协专门委员会办公室。除专委办正副主任外，其余各委（组）正副主任（组长）均为兼职。同年12月，析经济科技委为农业委、工业委，增设万安地区委员小组。2000年3月，将学习委、文史资料委合并为文史学习委。自2003年1月第二届县政协起，撤销县政协专委办，分设提案委、文史学习委、法制群团委（2003年11月，改法制群团委为社会法制委）、农业经济委、工业经济委、财贸委、教科文卫委，并任命各委正副主任。各委主任驻会（其工资、党群组织等关系均在原单位），副主任均为兼职。2006—2016年，第三至五届县政协设提案委、文史学习委、社会法制委、农业经济委、经济科技委、联谊委、教文卫委，其中第四、五届县政协在届中始设驻会副主任。

在深化改革开放和全域建设小康社会新的历史时期，县政协履职领域逐步拓宽，工作思路不断创新，工作内容更加丰富，开辟了许多新的领域，取得突出成效。如确立各委（组）在县政协工作中的基础地位，强调发挥委员的主体作用和界别功能，有针对性地把县政协常委会的主要议题与调查研究有机结合，逐步形成了发挥政协整体功能的基本框架；通过“委员主题学习日”“委员视察调研活动”“委员专题协商议政”“民主评议”等形式，进一步增强县政协的造血功能与自身活力。

六

县政协始终把围绕中心、服务大局，促进全县经济社会又好又快发展作为开展“政治协商、民主监督、参政议政”的首要任务。每年都选择一批事关全县改革发展的重大课题、选择一批事关人民群众切身利益的热点问题，开展常态视察和深度调研。1997—2016年，各委（组）先后就凯江县城段综合治理、县城建设、工业创新与发展、农业产业结构调整、社会事业发展等进行调研视察400余次，撰写《关于罗江县农村机电提灌站情况的调查与建议》《关于我县推行新型农村合作医疗制度的调查与建议》等调研报告200余篇，许多调研报告以县委文件形式转发或在更大范围发挥作用。历届委员在县政协全体会议、常委会会议、专题议政协商会议上作典型发言或建言献策360余人次，内容涉及全县政治建设、经济建设和社会事业各个方面，许多意见和建议被县委、县政府采纳。

县政协始终把加强团结、关注民生、推进社会和谐建设作为履行职能的重大使命。在境内遭受2002年“9·18”洪灾、2008年“5·12”汶川特大地震等重大自然灾害后，引导广大县政协委员，政协各专门委员会、参加单位保持与县委同心、同向和同力。县政协每年都利用“五一”、中秋、国庆、春节等重大节日，以召开座谈会、茶话会、联谊会或走访慰问等形式，加强与县内各民主党派、台属侨胞、社会各族各界代表人士的沟通联系，加深友谊互鉴，巩固共同的思想政治基础。协助县委、县政府处理好政党关系、民族关系、宗教关系和阶层关系，努力使党同民主党派、无党派人士的团结更加巩固，各民族之间的关系更加和谐，宗教与社会主义社会更加适应，社会各阶层关系更加协调。尤其是近几年，在全县政协组织、政协委员及各民主党派、工商联、无党派人士中深入开展“‘五个一’创优争先活动”“我为扶贫攻坚做件事”及科技、文化、卫生“三下乡”活动，为“5·12”汶川特大地震灾区群众捐款捐物、资助贫困学生完成学业，以及开展救灾、扶贫、助教等公益活动，充分发挥政协委员联系广泛的优势。

县政协始终把发扬民主、加强监督，推进民主政治建设作为履行职能的重要政治责任。自1997年2月首届县政协成立至2016年12月县政协第五届一次全体会议闭幕，共召开全体会议22次、常委会会议130余次、主席会议160余次及大量的分组会议。通过这些会议，就每年县人代会上的《政府工作报告》等，进行协商讨论，提出意见和建议。按照“围绕中心、服务大局、提高质量、讲求实效”的工作思路，认真做好提案工作，抓好重点提案的跟踪督办，开展对优秀提案、先进提案承办单位的评比表彰。第一至五届县政协共受理各类提案2600余件，其中立案2500余件；确定主席督办提案120余件、专委会重点督办提案180余件。其中不少提案被党委和政府部门采纳，为罗江县物质文明、政治文明、精神文明建设和民主法制建设做出应有的贡献。

开展建言立论活动和反映社情民意信息工作。建立健全机构与制度，坚持办好《罗江县政协》《社情民意专报》内刊；完善“罗江县政协”网络平台，为党委和政府提供基层群众的大量实际情况和决策信息，起到了反映民意、集中民智、化解矛盾和凝聚人心的作用。

努力维护安定团结的政治局面。在国际国内形势发生重大变化，中共中央作出重大决策时，县政协都及时邀请专家学者作形势任务报告，组织委员和各界人士认真学习中共中央的方针政策，增进共识，从思想上、政治上和行动上同党中央保持高度一致，在协助党委和政府保持社会稳定、维护安定团结的政治局面中做了许多扎实有效的工作。

县政协始终把开拓创新、与时俱进，加强政协自身建设作为履行职能的坚实基础。加强学习型、服务型、创新型政协机关建设，加强对县政协委员的政治业务培训，通过举办政协委员培训、召开座谈会、定期走访、发送学习资料、编发《罗江县政协文件汇编》《罗江县政协工作通报》等形式，帮助委员熟悉政策、了解情况，提高了广大政协委员的政治业务素质和参政议政能力。逐步推进政协职能的规范化、制度化和程序化建设，县政协先后制定并修订完善《关于政治协商和民主监督经常化、制度化的意见》《关于政治协商、民主监督、参政议政的实施细则》等，建立健全《常务委员会工作规则》《主席会议议事规则》《提案工作条例》《专门委员会工作规则》等。县委、县政府先后印发《关于批转县政协〈关于政治协商、民主监督、参政议政的实施意见〉的通知》《关于加强新世纪新阶段人民政协工作的意见》等，使县政协履行“政治协商、民主监督、参政议政”职能有章可循，运作有效。

抓好机关作风建设，建立健全机关工作、学习、文明、卫生、目标考评等规章制度。通过经常性的思想政治工作和有计划的思想、作风和纪律整顿，县政协机关干部职工牢固树立“为政协委员服务、为政协工作服务”的宗旨，工作水平和工作效率不断提高。1998 年，县政协被四川省人民政府命名为“四川省卫生工作先进单位”。此后，还多次被四川省政协办公厅评为“《四川政协报》通联发行工作先进单位”等。在理论研讨成果方面，县政协或委员撰写的理论文章如《正确处理履职中的几个关系》2005 年获省政协办公厅、省委宣传部第七届四川省政协好新闻一等奖，《加强宣传营造良好环境》获省政协办公厅人民政协“理论与实践”优秀论文经验交流奖。

加大宣传工作力度，利用广播电视、报刊等主流媒体广泛宣传县政协工作和政协委员的先进事迹。先后在《四川日报》《四川政协报》《德阳日报》等报纸刊物上发表《政协委员发挥好主体作用应具备的综合素质》等文章 30 余篇。利用开展委员书画展、“庆七一　迎奥运”演唱会、“迎国庆　颂祖国——庆祝人民政协成立 60 周年演唱会”等形式，增强政协的活力和影响力。积极做好文史资料的征集研究和编辑出版工作，先后编辑出版《罗江文史资料》共 19 辑，以及《首届罗江县政协》《罗江历代人物传略》《净言》《同舟纪实》《罗江文物集萃》《罗江宗教》《记忆罗江》等专辑。配合省、市政协完成一批专题文史资料的征集工作，充分发挥文史资料“存史、资政、团结、育人”的作用，为宣传罗江、服务经济社会发展做出积极贡献。

大事记

1996年

8月3日，国务院印发《关于同意四川省调整德阳市市中区行政区划的批复》，撤销德阳市市中区建制，设立德阳市旌阳区和罗江县。

10月24日，市委决定成立罗江县筹备组，组长刘哲，成员刘成鸣、曾广友、何天云、邓华明、洪善斌。

12月10日，罗江县筹备组在罗江西门影剧院召开四川省罗江县筹备工作动员会议。市委副书记石友成，罗江县筹备组组成人员出席会议，德阳市旌阳区筹备组组长彭坚等应邀参加会议。会上宣读罗江县党政机关、群团组织筹备组及其负责人名单，其中县政协办筹备组负责人为刘成国。

是日，县政协办筹备组向县筹备组报送《政协罗江县委员会职能配置、内设机构和人员编制方案》。

12月13日，市委决定成立中共罗江县委员会，彭坚任书记，刘成鸣、邓华明、刘龙春任副书记，吴忠金、戴厚麟、王友贵、魏业东、张晓鹏、张本应为常委。

是日，召开县委常委会会议，不是县委常委的县筹备组成员曾广友、何天云等列席会议。会议决定成立县政协第一届一次全体会议筹备组，开展县政协筹建工作。

12月19日，县委决定成立政协罗江县委员会筹备组，何天云拟任组长，刘成国拟任副组长，李兴明（女）、廖大礼拟为成员。随后，县委向市委报送《关于成立中国人民政治协商会议罗江县委员会筹备组的请示》。是月27日，市委组织部印发《关于成立罗江县政协第一届委员会筹备组的通知》，何天云任组长，刘成国任副组长，李兴明、廖大礼为成员。

12月20日，县政协筹备组向县委提交《政协第一届罗江县委员会组成的建议方案》。经县委第二次常委会会议审议通过，拟定本届县政协委员总数为150名，确定第一次全体会议委员为130名，差额在届中逐年增补。

1997 年

1 月，酝酿产生第一届县政协组成人员建议名单，130 名委员由 15 个界别组成。

2 月 18—20 日，县政协第一届一次全体会议在罗江西门影剧院召开，大会选举何天云为县政协主席，刘成国、李兴明、廖大礼为副主席，张明义为秘书长，石清玉等 17 人为常务委员会委员。会议期间，与会委员为罗江县“凯江工程”建设捐款10725元，其中何天云捐款1000元。

2 月 24 日，启用“中国人民政治协商会议四川省罗江县委员会”印章。

2 月 28 日，县委决定成立中共罗江县政协党组，何天云任书记，刘成国、张明义任成员。

3 月 20 日，县政协副主席刘成国列席省政协第七届五次全体会议。

3 月 27 日，召开县政协第一届一次常委会会议，审议通过《主席会议、常务委员会会议和常务委员会专题座谈会工作规则》《专门委员会工作规则》。

4 月 24 日，县委印发《关于批转县政协〈关于政治协商、民主监督、参政议政的实施意见〉的通知》。

是月，成立县政协文史资料编辑委员会，何天云任主任。

5 月 4 日，县委办印发《罗江县政协机关机构改革方案》。

7 月 31 日，成立县政协机关（含县委统战部机关）党支部，张明义任支部书记；成立县政协机关（含县委统战部机关）工会，卢明富任工会主席。

8 月 8 日，县政协办印发《关于组织部分县政协委员对全县多种经营生产进行调查研究的意见》。是年 11 月 20 日，县政协常委会会议审议通过《围绕中心调研多经　履行职能献计出力》调查报告并报送县委、县政府。

8 月 9 日，县政协办印发《关于我会“九五”期间社会主义精神文明建设规划》。

8 月 21 日，县政协办编印《罗江县政协机关工作管理制度汇编》。

9 月 16 日，省政协副秘书长、研究室主任陈宏志，《四川政协报》通联部副主任涂国学等调研县政协机构设置、人员编制和领导职数等情况。

10 月 2 日，县政协副主席刘成国、李兴明等出席在资阳市召开的全省 20 县（市、区）政协工作协作会第二十九次会议。

是月，县政协文史资料编辑委员会编印《罗江文史资料》第一辑。

12 月 30 日，经县政协第一届五次常委会会议协商决定，增补刘元袖等 15 人为县政协委员。

1998 年

1 月 9—11 日，召开县政协第一届二次全体会议。会议期间，与会人员为“县教育基金”捐款5500元，其中列席会议人员张鸣笙捐款1000元。

3 月 10—13 日，县政协主席何天云、副主席刘成国、秘书长张明义作为中共罗江县第一次党代会正式代表出席在云盖山庄召开的第一次县党代会。何天云、刘成国当选县委委员。

3 月 18 日，县委机构编制委员会印发《关于县政协增设专门委员会办公室的通知》。

4 月 9—12 日，县政协文史委组织部分委员和文史资料编委会部分成员赴川内阆中、剑阁、梓潼等地学习考察。

4 月 8 日，由县政协承办的德阳市六县（市、区）政协联谊会在罗江召开。与会人员参观新建在建的城市建设工程、凯江防洪堤工程、南塔湾河道改道工程、太平桥拓宽设闸工程和李调元纪念馆。

6 月 28—30 日，罗江县首届“都通杯”龙舟经贸交易会在纹江玉京湖举行，省政府副省长徐世群，省政协副主席章玉钧、陈官权，市委书记亓九才等应邀出席开幕式。

8 月 12 日，县政协印发《关于组织政协委员和各界人士向灾区捐钱、捐物支援抗洪斗争的通知》。截至 8 月 14 日，县政协办共收到捐款2950元、衣裤被褥 35 件（套），及时转交县民政局。

9 月 17 日，县委批转《县政协党组关于组织政协委员民主评议医卫行风的实施方案》。

9 月 21 日，县政协办印发《关于对全县非公有制经济进行调研的通知》。形成的调研报告经县政协常委会会议审议通过后报送县委、县政府。

12 月 4 日，县政协主席何天云、秘书长张明义参加德阳市政协在绵竹市召开的“纪念改革开放二十周年暨政协工作经验交流会”。张明义在会上作题为《在探索中前进　在前进中探索》的交流发言。

12 月 8 日，县政协组织驻罗江县的省、市政协委员就全县农业产业结构调整等情况进行专题视察。

1999 年

1 月 26—28 日，召开县政协第一届三次全体会议。

3 月 16 日，县政协机关从复县时租借的原罗江区委办公旧址迁至纹江东岸景乐路北段 88 号新行政办公区。

是日，省政协农经委主任刘忠彬率队调研罗江县农业产业结构调整情况。是年 5 月 24 日，县政协将《狠抓农业产业结构调整　努力开辟农民增收途径》调查报告送至省政协，作为省政协第八届七次常委会会议的发言材料之一。

5月20日，由县政协专委办牵头，组织文史学习委、文教卫生委委员对白马关乡白马村（今凤雏村）倒湾片区旅游开发进行专题视察，并形成情况反映送有关县领导及县级部门。

9月20日，由县政协办主办、市音乐家协会罗江会员小组承办、鸣笙房地产开发有限责任公司协办的“庆祝人民政协成立50周年文艺演唱会”在县政府三楼会议室举行。

9月21日，县政协召开庆祝人民政协成立50周年座谈会。

9月22日，县委统战部、县政协办、县委对台办、县政府对台办、县政府侨外办联合召开“罗江县台属侨眷中秋茶话会”。

12月9日，县政协组织驻罗江县的省、市政协委员和县政协常委等40余人，视察略坪镇、广富乡农业产业结构调整和小集镇建设情况。

2000年

1月24—26日，召开县政协第一届四次全体会议。市政协副主席田进朝到会指导。大会补选张开升、张新竖、袁正萱为县政协常委。

2月28日，召开县政协“三讲”（讲学习、讲政治、讲正气）教育活动动员大会。省委“三讲”巡视组成员赵敏到会指导，县政协党组书记、主席何天云作动员报告。

3月29日，省政协农经委副主任陈一谦到罗江县广富乡、略坪镇、蟠龙镇及罗江县稻麦原种场，调研农业产业结构调整情况。县政协副主席刘成国陪同。

是日，绵竹市政协主席毛义禄率委（室）负责人到罗江县调研城市建设与管理工作。县政协主席何天云参加座谈会。

3月30日，省、市政协联谊委委员到罗江鸿润有限责任公司等中小企业，视察外贸企业发展情况。县政协副主席刘成国陪同。

4月17日，召开县政协“三讲”教育活动专题民主生活会。省委“三讲”巡视组成员王锋应邀到会指导。

5月26日，县政协主席何天云、副主席刘成国率县林业、国土、文体、卫生等部门负责人到白马关乡，送去单位和干部职工捐集的抗旱款6800元。

6月11日，在省社会科学院学习的35名学员（均为本省各市、地、州及县、市、区政协副主席，党委统战部部长）到庞统祠、万佛寺参观。县政协副主席刘成国陪同。

7月21日，召开县政协第一届十六次常委会会议，学习江泽民总书记关于“三个代表”重要思想的论述，县政协党组书记、主席何天云就学习江泽民总书记重要讲话提出具体要求。

8月16日，县委办、县政府办印发《关于进一步加强县级有关部门与县政协各专委会对口联系工作的通知》。

10月24日，县政协机关、县委党群口机关干部职工到大井镇白土村，为当地村民挖掘旱地微型蓄水池一口。

11月20日，县政协组织驻罗江县的省、市政协委员视察全县畜牧业结构调整进展情况。市政协副主席田进朝、宋玉华应邀参加视察。

12 月 6 日，由县政协办牵头，组织县委统战部、县教委、县科委、县文体局为万安乡村民修建旱地微型蓄水池捐款7000元。

2001 年

1 月 9—11 日，召开县政协第一届五次全体会议。省政协地方政协工作委员会主任陈国伦、副主任张兴廷，市政协副主席田进朝、宋玉华到会指导。

2 月 4 日，县政协副主席李兴明列席省政协第八届四次全体会议。

3 月 8 日，德阳市及各县（市、区）政协秘书长、办公厅（室）主任联席会议在罗江县召开。省政协副秘书长陈宏志，《四川政协报》通联部主任、省政协信息处主任涂国学，市政协党组副书记杨克洪应邀到会指导。

3 月 12 日，召开县政协第一届十九次常委会会议。会议要求全体政协委员要在县政协党组和主席会议领导下，强化学习、身体力行，努力践行好“三个代表”重要思想。

4 月 3 日，县政协办向县委“三代”办报送《关于“三个代表”重要思想学习教育活动的总结》。

6 月 24 日至 7 月 1 日，县政协副主席刘成国随团赴韩国学习考察。

9 月 9—22 日，县政协主席何天云随团赴美国学习考察。

9 月 21 日，县政协机关干部职工 7 人为全县抗洪抢险救灾捐款1700元、捐物 18 件。

11 月 9 日，县政协组织驻罗江县的省、市政协委员视察白马关三国蜀汉文化旅游区规划与建设情况。市政协副主席陈久新应邀参加视察。

11 月 13 日，县政协主席何天云、副主席刘成国参加市及各县（市、区）政协主席研讨会，何天云在会上作交流发言。

2002 年

1 月 22—24 日，召开县政协第一届六次全体会议。大会补选段家琼、肖宗军为县政协副主席。

3 月 13 日，市政协主席石友成视察白马关三国蜀汉文化旅游区开发、工业园区建设、农业招商引资、农业产业结构调整等情况。县委书记左正，县人大常委会主任曾广友，县委副书记、县政府代理县长卢也，县政协主席何天云等陪同。

3 月 31 日，县政协副主席段家琼列席省政协第八届五次全体会议。

8 月 16 日，以县政协农业委委员为主体的有关“县城区‘农转非’人员安置工作”调研活动结束，形成的调研报告经县政协常委会会议审议通过后报送县委、县政府。

8 月 22 日，省政协地方政协工作委员会副主任张兴廷调研罗江县政协换届筹备工作情况。县委书记左正，县委副书记、县政府县长卢也，县政协主席何天云，副主席刘成国、肖宗军陪同。

8月30日，县政协主席何天云、秘书长张明义随市政协考察团到我国香港、澳门特别行政区考察。

12月5日，市政协领导石友成、田进朝、袁济生、杨克洪、龙旗云和驻会专委会主任、常务委员视察罗江县鄢家镇农业产业结构调整和振云塑胶有限公司、信元股份有限公司、工友科技有限公司等工业企业发展情况。县委书记左正，县政协主席何天云，副主席刘成国、段家琼陪同。

12月13日，首届县政协委员活动日暨2002年度表彰大会在云盖山庄举行，县政协主席何天云，县委副书记邓华明、刘龙春等出席。

2003年

1月6—8日，召开县政协第二届一次全体会议，140名委员出席会议。市政协副主席袁济生到会指导。大会选举邓华明为县政协主席，洪善斌、肖宗军、李兴明、陈培建、张平富为副主席，曹传海为秘书长，王心祥等16人为常委。

2月27日，县委印发《县政协党组关于调整县政协机关工作机构请示的批复》。

是日，县委组织部印发《关于邓华明等八同志职务任免的通知》，邓华明任县政协党组成员、书记，洪善斌任党组成员、副书记，肖宗军、曹传海任党组成员。

3月6日，召开县政协第二届一次常委会会议，审议通过《县政协常委会工作规则》《专委会工作通则》，确定增补县政协委员。

3月24日，召开县政协党组会议，讨论通过《中共罗江县政协党组议事规则》。

4月9日，省政协副主席孙同川率队到罗江县，调研信元股份有限公司、先锋科技有限公司、振云塑胶有限公司等台资企业生产营销情况。市政协副主席马俊东、县委书记左正、县政协主席邓华明等陪同。

4月18日，遂宁市大英县政协主席聂常林率政协机关干部到罗江县政协交流联谊。

5月8日，召开县政协评议公安行业作风工作动员大会。市政协副主席龙旗云、县政协主席邓华明、县委副书记黄亮、县人大常委会副主任石昌明、县政府副县长刘诚等出席。

是月，编印《首届罗江县政协》。

6月13日，举办县政协委员培训会，市政协副主席龙旗云、县政协主席邓华明为委员授课。

8月20日，《四川政协报》在罗江县政协设通联站。

9月9日，县政协举行中秋茶话会，邀请县政协机关退休老同志，驻罗江县的部分台属台资企业负责人、市政协委员，县政协委员代表参加，县政协主席邓华明通报情况。

9月16日，召开县政协第二届三次常委会会议。组织学习《中共中央关于印发〈“三个代表”重要思想学习纲要〉的通知》和省委、市委《关于加快推进“三个转变”的通知》及县委《关于兴起学习贯彻“三个代表”重要思想新高潮的通知》。

11 月 18 日，经县政协第二届四次常委会会议协商通过，改县政协法制群团委员会为社会法制委员会；撤销释如观、释照定的第二届县政协委员职务。

2004 年

1 月 13 日，县政协召开专题会议协商讨论《政府工作报告》。县政协主席会议成员、各专委会主任，驻罗江县的部分市政协委员，县政协委员代表参加会议。县委副书记、县政府县长卢也及有关县级部门负责人出席。

1 月 31 日至 2 月 2 日，召开县政协第二届二次全体会议。市政协副主席谢能昌到会指导。

2 月 24 日，召开县政协宣传信息暨文史资料工作会议。市政协副主席谢能昌应邀到会指导。

2 月 25 日，召开县委政协工作会议，县委书记左正，县委副书记、县政府县长卢也出席并讲话。

3 月 9 日，召开县政协第二届六次常委会会议，协商通过《罗江县人民政府与县政协工作联系制度》，后送县政府会签。

4 月 1 日，省政协副主席杨海清率文史学习委委员调研县政协文史学习工作，并参观庞统祠和李调元纪念馆。市政协副主席谢能昌、县委书记左正、县政协主席邓华明等陪同。

4 月 21 日，由县政协承办的市及各县（市、区）政协秘书长、办公室主任联席会议在罗江县召开，县政协主席邓华明等出席。

5 月 11—12 日，全国政协常委、民革中央副主席朱培康到罗江县就农村劳动力开发、乡镇负债和小城镇建设等情况进行专题调研。市委副书记王通才、市政府副市长陈行祝、县委书记左正、县政协主席邓华明等陪同。

6 月 29 日，召开县政协第二届七次常委会会议，审议通过《政协罗江县委员会提案工作条例》。

8 月 13 日，县政协举行纪念邓小平 100 周年诞辰座谈会。驻罗江县的市政协委员、部分县政协委员、社会知名人士共 30 余人出席座谈会。县政协主席邓华明、副主席洪善斌出席并讲话。

8 月 31 日，县政协组织召开民主评议全县民营经济发展环境工作总结大会。县政协主席邓华明、县委副书记张春蓉出席并讲话。

10 月 26 日，市政协主席陈华国率有关市级部门负责人，视察罗江县万安乡白龙村扶贫新村建设情况。县委书记左正，县委副书记、县政府县长卢也，县政协主席邓华明、副主席洪善斌等陪同。

2005 年

1 月 12—14 日，召开县政协第二届三次全体会议。市政协副主席龙旗云到会指导。

1月25日，县政协党组召开保持共产党员先进性教育活动动员会，县政协党组书记、主席邓华明就开展好“保先”教育活动提出明确要求。

3月31日，省政协副秘书长陈宏志调研罗江县政协机关“三化”（制度化、规范化、程序化）建设情况。

4月20日，中江县政协主席岳素华率政协机关干部到罗江县政协，学习交流开展保持共产党员先进性教育活动情况。

5月，县政协机关干部参加县委、县政府组织开展的“保持先进性、情系老百姓、共建和谐罗江”市民月活动。组织联系驻罗江镇奎星阁社区的单位为社区居民捐赠衣物800余件、图书100余册及现金3600元，并组织党员参与社区服务工作。随后，形成《关于我县社区建设的调查与建议》调研报告，经县政协常委会会议审议通过，报送县委、县政府。

6月12日，召开县政协第二届十二次常委会会议，审议通过《罗江县政协委员管理暂行办法》《政协罗江县委员会“争先创优”评选办法》。

7月19日，县境内暴雨洪灾发生后，县政协主席邓华明及时到所联系的文星镇察看灾情，迅即召集联系该镇的县政协办、县财政局、县人口和计生局、县文体局、县电信公司负责人开会协调抗洪救灾工作，议定共同出资4000元帮助文星镇抢险救灾。

7月21日，市政协主席陈华国率有关市级部门负责人视察罗江县万安乡减轻农民负担工作情况。县政协主席邓华明、县政府副县长唐华清陪同视察。

8月9日，县政协举办委员培训会，邀请省政协副秘书长陈宏志作《落实中央精神　推进政协工作》专题报告。

9月20日，县政协被省政协办公厅评为“2005年度《四川政协报》通联发行和新闻宣传报道工作先进单位”。

是月，县政协农业委的《罗江县农村机电提灌站的调查与建议》调研报告在《四川农机》2005年第四期、市委机关内刊《调研与决策》2005年第三期刊载，并被评为“德阳市第十次哲学社会科学优秀科研成果”二等奖；县政协教科文卫委的《罗江县卫生事业发展现状的调查与建议》调研报告在市委《调研与决策》2005年第四期刊载。

11月4日，中共中央“保先”教育活动巡回检查组成员管雷（中共青海省委常委、省人大常委会副主任）到罗江县调研，对县政协开展的“保先”教育活动予以肯定。

11月30日，市政协主席陈华国、副主席龙旗云视察罗江县蟠龙镇至德阳市旌阳区通江镇公路接壤部分的建设情况。县委书记、县人大常委会主任左正，县政协主席邓华明，县政府副县长白光裕陪同。

12月13日，省政协理论与实践研究会顾问、省社会科学院副院长陈焕仁，省政协理论与实践研究会会长、省政协办公厅巡视员陈宏志，省政协办公厅巡视员魏秋菊调研县政协自身建设和创建“学习型、服务型、效能型、创新型”机关情况。

是日，县政协主席邓华明撰写的《正确处理履职中的几个关系》获省政协办公厅、省委宣传部第七届四川省政协好新闻言论类一等奖。

2006 年

2 月 22—24 日，召开县政协第二届四次全体会议。市政协副主席龙旗云到会指导。

4 月 1 日，甘孜藏族自治州九龙县政协主席八青克哈率机关干部到罗江县政协开展交流联谊活动。

4 月 7 日，广西壮族自治区凭祥市政协主席黄伟荣、副主席张勇到罗江县政协开展交流联谊活动，并参观考察万佛寺、庞统祠。

4 月 8 日，省政协文史委主任罗彤，省内部分县（市、区）政协主席、副主席一行 26 人参观考察白马关庞统祠、三国蜀汉古战场遗址。市政协副主席龙旗云、邓朝福，县政协主席邓华明、副主席张平富陪同。

4 月 10 日，省政协副主席李进、科技委主任李吉荣调研罗江县中小企业科技创新工作。市政府副市长杨成武，市政协副主席邓朝福，县委书记、县人大常委会主任左正，县政协主席邓华明陪同。

4 月 17 日，阿坝藏族羌族自治州茂县政协主席张兴运率机关干部参观考察罗江县新农村建设情况。

4 月 29 日，县政协主席邓华明率各专委会主任及工业委委员视察全县安全生产情况。县政府副县长唐维露陪同。

6 月 20 日，县政协农业委组织委员就主席会议成员督办提案《关于切实推进我县社会主义新农村建设的建议》，视察鄢家镇星光村、长堰村新农村建设情况。县政协主席邓华明，副主席洪善斌、肖宗军、陈培建参加。

6 月 23 日，县政协提案委、社法委、工业委等组织委员，就主席会议成员督办提案《关于认真治理县城“脏、乱、差”的建议》、专委会重点协商提案《关于提前实施水厂扩建二期工程的建议》等，与县规划和建设局及县自来水公司开展对口协商。县政协主席邓华明，副主席洪善斌、肖宗军参加。

7 月 19 日，市政协主席陈华国调研罗江县政协学习贯彻执行《中共中央关于加强人民政协工作的意见》情况。县政协主席会议成员、各委室主任参加。

8 月 22 日，县政协被省政协办公厅评为“2006 年度全省政协新闻宣传报道工作先进单位”，邓华明被评为“2006 年度全省新闻宣传报道工作先进个人”。

8 月 28 日，省政协副主席何志尧、原副主席孙同川率部分专委会主任调研四川省金路树脂有限公司生产经营情况，并参观白马关镇小城镇及新农村建设情况。市政协副主席马俊东，县委副书记、县政府县长卢也，县政协主席邓华明，县委常委、县政府常务副县长苏刚陪同。

9 月 5 日，县政协与县地方税务局联合举办“扶持企业发展税收政策”讲座。县政协财贸委、工业委部分委员及县内 40 余家中小企业法人代表、财会人员参加培训。

10 月 20 日，省政协理论与实践研究会会长陈宏志、省政协理论研究室副主任钟刚调研县政协委员履职情况。县政协主席邓华明陪同。

10 月 26 日，民革中央副主席朱培康到罗江县慧觉镇成人文化技术学校调研。县政协主席邓华明陪同。

11 月，编印《诤言——政协第二届罗江县委员会调研报告　提案　社情民意汇编》。

12 月 5—7 日，召开县政协第三届一次全体会议，161 名委员出席会议。市政协副主席李继衔到会指导。大会选举邓华明为县政协主席，肖宗军、古明水、李兴明、张平富为副主席，薛建都为秘书长，邓雅雯等 21 人为常委。会议期间，与会委员为县慈善会捐款11965元。

12 月 12 日，邓华明继任县政协党组成员、书记，肖宗军、古明水任党组成员、副书记，薛建都、廖德智为党组成员。

12 月 20 日，召开县政协第三届一次常委会会议，协商决定保留县政协文史学习委员会、农业经济委、提案委、教科文卫委、社会法制委，改教科文卫委为教文卫委；撤销工业委、财贸委；新设经济科技委、联谊委。

2007 年

1 月 18 日，县政协主席会议成员视察罗江县创建 A 级敬老院工作和县殡仪馆、社会救助中心建设情况。县政府副县长白光裕陪同。

1 月 22 日，县委、县政府、县政协印发《县级工作部门与县政协各专委会对口协商工作制度》。

2 月 8 日，县政协科级领导干部到调元镇（2006 年 4 月改文星镇为调元镇）开展“联镇帮村助组到户”活动，送去帮扶款3000元。

是日，县政协副主席张平富率县人民医院相关科室医护人员到新盛镇、御营镇敬老院，为“五保”（保吃、保穿、保住、保医、保葬）老人、孤寡老人义诊义检，送去价值 500 余元的药品。

3 月 13 日，市政协主席刘哲，副主席谢贤琴、曾庆扬率农业界委员视察罗江县白马关镇新农村试点村建设情况。县委书记卢也，县委副书记、县政府县长徐光勇，县政协主席邓华明、副主席古明水陪同视察。

3 月 26 日，农工民主党德阳市委主委谢天佑调研罗江县民主党派自身建设情况。县政协主席邓华明，副主席古明水、张平富陪同。

3 月 27 日，南充市政协副主席、民革南充市委主委冯庆煜到罗江县政协开展交流联谊活动，并参观白马关庞统祠。

4 月 18 日，省政协教育委主任徐有胜调研罗江县教育均衡发展工作。县政协主席邓华明、县政府副县长白光裕、县政协副主席肖宗军陪同。

4 月 20 日，县政协主席会议成员视察县公安局“三基工程”（抓基层、打基础、苦练基本功）建设情况。县委常委、县委政法委书记、县公安局局长尚建通报情况。

6 月 20 日，县政协举办新任委员培训会。邀请省政协理论与实践研究会常务副会长魏秋菊作《认真学习贯彻中央 5 号文件精神　做新世纪合格政协委员》专题讲座。

6月21—22日，县政协机关党支部组织党员到仪陇县“朱德故里”开展红色教育活动。

8月20日，自贡市政协常务副主席胡自刚考察罗江县新农村建设情况。市政协副主席马俊东，县委书记、县人大常委会主任卢也，县政协主席邓华明陪同。

8月23日，市委常委、组织部部长邓国建率市委督查组成员督查罗江县学习贯彻执行《中共中央关于加强人民政协工作的意见》《中共中央关于巩固和壮大新世纪新阶段统一战线的意见》《中共中央关于进一步加强中国共产党领导的多党合作和政治协商制度建设的意见》等文件精神情况。县委书记、县人大常委会主任卢也，县政协主席邓华明，县政协副主席肖宗军、古明水参加。

9月17日，县政协主席邓华明出席省政协新闻宣传工作座谈会。县政协被省政协办公厅评为“2007年度全省新闻宣传报道工作先进单位”，薛建都被评为“2007年度全省政协新闻宣传报道工作先进个人”。

9月27日，由市政协、市委宣传部和县政协共同主办的德阳市第三届百名政协委员“三下乡”（文化、科技、卫生）活动在罗江县调元镇举行。市政协主席刘哲、副主席马俊东，县政协主席邓华明，县委副书记、县纪委书记刘诚，县委常委、宣传部部长何敏，县政府副县长周丽姬，县政协副主席肖宗军、古明水、李兴明、张平富参加。

10月9日，县政协主席会议组织委员视察县经济适用住房、廉租房、城市供水设施建设工作。县政协主席邓华明，副主席肖宗军、古明水、李兴明、张平富参加。

10月15日，湖北省宜城市政协常务副主席陈运才考察罗江县城建工作。县政协主席邓华明、副主席肖宗军陪同。

10月26日，省政协副主席晏永和调研罗江县城乡统筹工作。市政协主席刘哲、副主席马俊东，县委书记卢也，县委副书记、县政府县长徐光勇，县政协主席邓华明，县委常委、县政府副县长陈天航，县政协副主席古明水陪同。

11月13日，省政协人口资源环境委副主任张寿昌率队视察罗江县重点小流域水污染综合治理工作。县政协主席邓华明，县委常委、县政府副县长陈天航，县政府副县长白光裕，县政协副主席古明水陪同。

12月11日，县政府印发《关于支持人民政协履行职能的意见》。

12月13日，县委印发《关于进一步加强全县人民政协工作的意见》。

2008年

1月8—10日，召开县政协第三届二次全体会议。

1月14日，市政协主席刘哲率中国银行德阳市支行等金融单位负责人到罗江县御营镇敬老院，为该院基础设施建设捐款10万元。市政协副主席曾庆扬，县委书记卢也，县委副书记、县政府县长徐光勇，县政协主席邓华明陪同。

1月20日，县政协副主席古明水列席省政协第十届一次全体会议。

1月21日，县政协主席邓华明到调元镇开展“联镇帮村助组到户”活动，送去帮扶资金

2400元。

2月28日，眉山市政协主席苏灿参观考察罗江县城建工作。市政协副主席曾庆扬、县政协主席邓华明陪同。

3月25日，省政协理论与实践研究会会长陈宏志、常务副会长魏秋菊调研罗江县政协委员培训、自身建设等情况。县政协主席邓华明、副主席古明水陪同。

3月26日，市政协老领导石友成、龙旗云、李继街到罗江县略坪镇“罗江·中国现代诗歌博物馆”参观。县政协主席邓华明，副主席肖宗军、古明水陪同。

4月8日，广汉市政协主席蔡松柏率队考察罗江县特色乡村旅游业发展情况。

5月6日，民进四川省委主委苟建丽率队调研罗江县文化旅游业发展情况。市政协副主席马俊东、赵晓平，县政协主席邓华明，县委常委、宣传部部长何敏陪同。

5月12日14时28分，四川省阿坝藏族羌族自治州汶川县发生里氏8.0级特大地震，波及罗江县，造成人员伤亡和重大财产损失。灾情发生后，县政协主席邓华明率主席会议成员迅速行动，分赴各镇察看灾情，指导抗震救灾工作。

5月14日，县政协机关在职和退休干部职工向县慈善会捐款5750元。

5月15日，县政协印发《关于积极参与抗震救灾工作的意见》。

5月18日，由县政协办牵头，组织县总工会、县政务服务中心、县民政局、县供销社等单位购买大米4000公斤，及时送到调元镇受灾群众手中。

5月22日，市政协秘书长高隆峰率队给罗江县送来一批救灾物资。经县“5·12”抗震救灾指挥部同意，县政协干部职工协助将该批物资送到金山镇分发给受灾群众。

5月24日，县政协机关党支部全体党员交纳抗震救灾“特殊党费”3100元。据不完全统计，截至是月25日，县政协委员和政协工作者通过各种形式和渠道，向灾区捐款143万元、捐物价值41万余元。

6月3日，县政协召开“5·12”汶川特大地震抗震救灾专题会议，县政协主席邓华明等出席并提出具体要求。

6月4日，市政协主席刘哲到罗江县慧觉镇二龙村了解灾情、指导抗震救灾工作。县政协主席邓华明、副主席肖宗军陪同。

6月17日，召开县政协第三届六次常委会会议。会议听取县委副书记、县纪委书记刘诚通报罗江县在“5·12”汶川特大地震中的受灾情况、抗震救灾开展的主要工作、当前的形势和任务等情况；审议通过《政协罗江县委员会关于调整2008年工作的意见》及《罗江县灾后工业生产恢复发展的调查与建议》调研报告。

6月25日，省政协理论与实践研究会会长陈宏志、常务副会长魏秋菊到罗江县金山镇、调元镇了解地震灾情和受灾群众临时安置情况，并就在抗震救灾工作中如何发挥人民政协的作用进行调研。县政协主席邓华明、副主席肖宗军陪同。

7月25日，市政协主席刘哲，副主席谢贤琴、曾庆扬率文教卫体委委员视察罗江县中小学校秋季复课准备工作情况。县委副书记、县政府县长徐光勇，县政协主席邓华明、副主席肖宗军陪同。

是日，县政协办印发《关于开展我为灾后重建献计献策活动的通知》。

8 月 22 日，省政协地方联络委副主任吴志伟到罗江县调研地方政协工作。县政协主席邓华明，县政府副县长张中伟，县政协副主席肖宗军、古明水陪同。

8 月 26 日，省政协副主席陈次昌率部分港澳界委员视察罗江县活动板房建设及灾民安置情况。县委书记、县人大常委会主任卢也，县政协主席邓华明，县政府副县长张中伟，县政协副主席古明水陪同。

9 月 4 日，县政协主席邓华明率工业委、农业委委员视察活动板房建设及灾民安置情况。县政协副主席肖宗军、古明水参加视察。

9 月 22—24 日，县政协副主席古明水参加全省政协新闻宣传工作研讨会。县政协被省政协办公厅评为“2008 年度全省政协新闻宣传报道先进单位”，薛建都被评为“2008 年度全省政协新闻宣传报道先进个人”。

10 月 10 日，县政协中心学习组成员到绵阳市北川羌族自治县考察灾后重建工作。

10 月 21 日，市政协老领导陈华国、龙旗云、谢能昌、李继街视察罗江县社会管理创新工作。县政协主席邓华明、副主席古明水陪同。

11 月 5 日，县政协机关干部职工参加全县“送温暖　献爱心”活动，共捐款5300元。

12 月 25—26 日，省政协副主席谢明道率文体医卫委委员、书画研究院书画家到罗江县举办迎新春笔会，并到金山镇开展“迎新春　送文化”活动，县委书记、县人大常委会主任卢也，县政协主席邓华明、副主席古明水等参加。

2009 年

1 月 27 日，县政协副主席肖宗军因病去世。

3 月 7 日，省政协农业委主任滕彩元调研罗江县灾后农业水利基础设施建设情况。县政协主席邓华明、副主席古明水陪同。

3 月 24—25 日，召开县政协第三届三次全体会议。大会补选张宏琳为县政协副主席。

4 月 13 日，全国政协常委、民盟中央副主席、省政协副主席、民盟四川省委主委吴正德率有关委（室）负责人视察罗江县城乡环境综合整治工作。市政协副主席吴忠金，县政协主席邓华明，县委常委、县政府副县长陈天航，县委常委、宣传部部长张启兵，县政府副县长周丽姬，县政协副主席张宏琳陪同。

4 月 29 日，市政协主席刘哲率有关市级部门负责人到罗江县慧觉镇龙王村协调帮扶事宜。县委书记卢也，县委副书记、县政府县长徐光勇，县政协主席邓华明，县政协副主席古明水、张宏琳陪同。

4 月 30 日，全国政协常委、民盟中央副主席、省政协副主席、民盟四川省委主委吴正德率民盟省委机关干部考察罗江县城乡环境综合整治工作。县政协主席邓华明，县政协副主席古明水、张宏琳陪同。

5 月 15 日至 6 月 23 日，县政协主席邓华明率主席会议成员先后视察全县改善政务环境、促进经济发展，金山实验区建设，全县经济适用住房、廉租房建设使用等情况。

8 月 26 日，县政协机关干部职工向因“莫拉克”台风受灾的台湾同胞捐款3900元。

9 月 15 日，市政协在罗江县金山镇组织开展百名委员进灾区慰问活动。县政协主席邓华明、副主席古明水参加活动。

9 月 17 日，市政协副主席曾庆扬督查罗江县政协工作。县委书记卢也、县政协主席邓华明、县委副书记曾长江陪同。

9 月 19 日，县政协举办“迎国庆・颂祖国——庆祝人民政协成立 60 周年演唱会”。

9 月 24 日，县政协主席邓华明到万安镇、御营镇看望慰问新中国成立前入伍人员及全国、省（部）级劳动模范。

11 月 4 日，县政协主席邓华明率主席会议成员视察全县新农村建设情况。县政府副县长白光裕陪同。

11 月 11 日，县政协主席邓华明率主席会议成员视察全县重点环境保护项目实施情况。

12 月 17 日，市政协主席刘哲、市政府副市长陈行祝到罗江县慧觉镇开展扶贫帮困工作。县政协主席邓华明、副主席张宏琳陪同。

2010 年

1 月 5—7 日，召开县政协第三届四次全体会议。会议期间，与会委员还视察金山实验区、白马关景区、城南新区建设情况。

1 月 22 日，县委统战部、县政协办召开社会各界人士迎新春团拜会。县委书记卢也，县委副书记、县政府县长徐光勇，县政协主席邓华明，县委副书记曾长江，县政府副县长唐维露，县政协副主席、县委统战部部长古明水出席。

1 月 25 日，县政协主席邓华明到调元镇酒垭村、花龙村、双堰村看望慰问 8 户因病因灾致贫的困难户，送去现金2400元。

1 月 28 日，县政协主席邓华明，副主席、县委统战部部长古明水到调元镇、略坪镇、白马关镇和万佛寺走访慰问少数民族和宗教界人士代表。

1 月 29 日，县政协组织文艺界委员在调元镇开展送文化下乡活动。

2 月 2 日，市政协主席刘哲到罗江县慧觉镇龙王村 7 组，对 20 户因病因灾致贫的困难户进行帮扶慰问。县政协主席邓华明陪同。

2 月 4 日，县政协主席邓华明，副主席、县委统战部部长古明水走访慰问罗江县民主党派负责人、社会知名人士和少数民族代表。

3 月 9 日，市政协主席刘哲视察罗江县“退耕还林工程”实施情况。县委书记卢也，县政协主席邓华明，县委副书记曾长江，县政府副县长白光裕，县政协副主席古明水、张宏琳陪同。

4 月 9 日，广汉市政协主席杨兴发考察白马关“三国蜀汉文化旅游区”开发情况。

4 月 13—14 日，县政协主席邓华明率社法委、提案委、经科委主任到新盛镇、蟠龙镇，就村级民主管理情况进行调研。

4 月 23 日，县政协召开民主评议全县环境保护工作动员大会。县政协主席邓华明作动员讲话，县政府副县长聂建出席会议。

5 月 13 日，县政协主席邓华明率县交通、卫生、广电、科技等部门负责人到慧觉镇开展助残帮扶慰问活动，送去慰问金7000元。

6 月 2 日，县政协主席邓华明率主席会议成员视察全县农业机械化发展情况。县政府副县长白光裕陪同。

6 月 3 日，县政协主席邓华明率队到广汉市经济开发区参观学习。副主席古明水、李兴明等参加。

6 月 8 日，陕西省政协副主席、民革陕西省委主委李晓东率团到罗江县白马关镇新农村示范片区建设情况。省政协副主席、九三学社四川省委主委黄润秋，县政协主席邓华明陪同。

6 月 25 日，县政协机关党支部组织党员到绵竹市工业集中发展区和新农村示范片区参观。县政协主席邓华明，副主席古明水、张宏琳参加。

6 月 29 日，县政协主席邓华明到慧觉镇看望慰问 5 名贫困党员，送去慰问金2000元。

7 月 2 日，市政协主席刘哲视察罗江县残疾人康复中心。县政协主席邓华明，副主席古明水、张宏琳陪同。

7 月 15 日，县政协主席邓华明率主席会议成员视察御营镇、略坪镇敬老院建设及“五保户”供养情况。

是月，县政协党组印发《2010 年领导班子创“四好”活动规划》。

8 月 5 日，省政协主席陶武先到罗江县白马关镇凤雏村“倒湾古镇”、金山实验区视察。县政协主席邓华明陪同。

9 月 20 日，县政协主席会议成员视察万安福和希望小学、蟠龙学校、白马关明德学校灾后教育援建项目建设与使用情况。

10 月 21 日，县政协主席邓华明率主席会议成员视察鄢家镇新庵堂水库、金山镇红玉村集中供水站、万安镇南塔村凯江堤防及县城内天台湖橡胶坝管理站、太平闸桥等重点水利设施项目建设情况。

11 月 25 日，县政协主席邓华明率主席会议成员视察金山税务所建设与使用情况。

12 月 22 日，召开县政协第三届二十二次常委会会议。审议通过《政协罗江县委员会提案工作条例》《政协罗江县委员会专门委员会工作通则》及《政协罗江县委员会“争先创优”评选办法》。

是月，县政协抗震救灾文集《同舟纪实》出版。

2011 年

1 月 9—10 日，召开县政协第三届五次全体会议。

1 月 16 日，县政协主席邓华明列席省政协第十届四次全体会议。

1 月 24 日，县政协主席邓华明、县政府副县长李芳芳率队看望慰问县内省（部）级劳动模范及慧觉镇困难群众。

3 月 15 日，德阳市旌阳区政协主席谢智源率队考察罗江县白马关镇凤雏村“倒湾古镇”、万安镇芒江村和御营镇范家大院。县政协主席邓华明陪同考察。

3 月 21—23 日，县政协主席邓华明率队到调元镇、鄢家镇、慧觉镇、新盛镇和白马关镇，就加强农村广播电视网络管理与服务工作进行调研。

3 月 24 日，县政协主席邓华明率队视察由中国海洋石油总公司援建的罗江县人民医院门诊综合大楼。

3 月 25 日，绵阳市北川羌族自治县政协主席杨应庆率队考察罗江县白马关镇凤雏村“倒湾古镇”、万安镇芒江村和县城“潺亭水城”。县政协主席邓华明陪同。

3 月 29 日，县政协主席邓华明率主席会议成员视察御营镇响石村土地整理项目建设运行情况。

4 月 19 日，县政协主席邓华明率主席会议成员视察调元镇百花村、金山镇家和社区创新社会管理试点情况。县委常委、县委政法委书记、县经开区党工委书记张胜虎陪同。

4 月 26 日，福建省厦门市政协常委、提案委主任、致公党厦门市委副主委兼秘书长林乐真调研罗江县创新社会管理工作。县政协主席邓华明陪同。

6 月 14 日，召开县政协第三届二十五次常委会会议。学习《中共中央办公厅转发中共政协全国委员会党组关于〈中共中央关于加强人民政协工作的意见〉贯彻落实情况的报告的通知》。

7 月 14 日，县政协主席邓华明率主席会议成员视察三渔水库拟选坝址及县防汛指挥部流域综合管理平台运行情况。县政府副县长白光裕陪同。

7 月 21 日，市政协主席刘哲调研罗江县白马关镇新农村建设示范片区。县政协主席邓华明，副主席古明水、张宏琳陪同。

7 月 26 日，县政协主席会议成员视察慧觉镇三井村莲藕种植基地，略坪镇双柏村、高玉村莲藕、核桃种植基地及双佳现代农业公司、循环农业蔬菜科技园区建设与发展情况。

9 月 10 日，全国政协副主席张梅颖率古蜀道申遗考察团视察“金牛古道”罗江县白马关段。市委书记李向志，县委书记卢也，县委副书记、县政府县长徐光勇，县政协主席邓华明陪同。

11 月 8—11 日，县政协主席邓华明，副主席、县委统战部部长古明水，副主席张宏琳出席县第四次党代会。

12 月 13—15 日，召开县政协第四届一次全体会议，162 名委员出席会议。大会选举白光裕为县政协主席，古明水、张平富、陈志光、高晓梅为副主席，陈金平为秘书长，冯小平等 23 人为常委。

12 月 31 日，县委决定白光裕任县政协党组成员、书记，古明水、陈志光任党组成员、副书记，陈金平、廖德智为党组成员。

2012 年

1 月 7 日，县政协主席白光裕列席省政协第十届五次全体会议。

3 月 6 日，召开县政协第四届一次常委会会议。审议通过《县政协关于深入开展“五个一”活动的意见》《关于调整县级工作部门与县政协各专委会对口联系工作制度》《关于完善走访约谈重点联系委员制度的意见》。

3 月 14 日，阿坝藏族羌族自治州茂县政协主席陈炯率队考察罗江县旅游业发展情况。县政协主席白光裕陪同。

4 月 18—19 日，县政协副主席、县委统战部部长古明水率队到内江圣水寺考察宗教场所建设与管理工作情况。

5 月 6—8 日，县政协副主席、县委统战部部长古明水到北京中国佛教协会，就万佛寺举办四川省第十八次传戒法会代表省佛协汇报筹备工作情况。

5 月 18 日，县政协主席白光裕、副主席陈志光率县广电局、县科协、县政协专委会等相关部门负责人到慧觉镇看望慰问 33 名残疾人，送去慰问金 1.98 万元；到慧觉镇三井村、龙王村、富荣村慰问困难党员群众 15 户，送去化肥 750 公斤。

7 月 4 日，召开县政协第四届二次常委会会议。审议通过《政协罗江县委员会全体会议工作规则》《政协罗江县委员会常务委员会工作规则》《政协罗江县委员会专门委员会工作通则》。

7 月 24 日，县政协主席白光裕，副主席古明水、高晓梅出席 2012 年上半年罗江县社会各界人士情况通报暨建言献策会。

8 月 8 日，省政协副主席曾清华率队调研罗江县新农村综合体建设和三国蜀汉文化遗存保护工作。市政协主席刘哲、副主席吴玉华，县委副书记、县政府县长曾长江，县政协主席白光裕，县委副书记雷光明陪同。

8 月 23 日，县政协主席白光裕率主席会议成员视察四川亚科智能科技有限公司、德阳致达精密电子有限公司、劲达节能科技有限公司、四川金路树脂有限公司和县污水处理厂的环保工作。

9 月 25 日，县政协主席白光裕率主席会议成员视察四川百分百家私有限公司、德阳致达精密电子有限公司、四川亚科智能科技有限公司建设与管理工作情况。

12 月 5 日，县政协主席白光裕率主席会议成员视察金山镇香山鹭岛，白马关镇 CS 基地、庞统祠等旅游景点规划建设与开发利用情况。

2013 年

1 月 3—5 日，召开县政协第四届二次全体会议。

1 月 15 日，召开《罗江文物集萃》出版发行座谈会。县政协主席白光裕、副主席古明水出席。

1 月 22 日，县政协主席白光裕列席省政协第十一届一次全体会议。

4 月 11 日，县政协举行委员培训会。邀请市政协常委、市文艺评论家协会主席、市委党校副校长傅三齐，市政协副秘书长、民进德阳市委副主委、市对外友好协会副会长张清良授课。

4 月 15 日，市政协主席刘哲到罗江县蟠龙镇太三村进行"挂包帮"（领导挂点、部门包村、干部帮户）工作调研。县政协副主席古明水陪同。

4 月 30 日，县政协副主席、县委统战部部长古明水到遂宁广德寺参加海山法师追思法会。

5 月 3 日，县政协主席白光裕，副主席古明水、张平富、陈志光、高晓梅参加省委第五巡视组巡视罗江县动员会。白光裕还参加省委巡视组巡视罗江县工作汇报会。

5 月 13 日，县政协向全体委员和驻罗江县的省、市政协委员发出《实现伟大中国梦　建设美丽繁荣和谐四川》倡议书。

7 月 3 日，省政协副主席兼秘书长高烽率队调研罗江县新农村和经开区建设情况。县委书记徐光勇，县委副书记、县政府县长曾长江，县政协主席白光裕陪同。

7 月 25 日，县委召开县政协工作座谈会。县委、县政府主要领导，县政协主席会议成员及各委（室）负责人参加会议。县委书记徐光勇、县政协主席白光裕出席并讲话。

9 月 12 日，遂宁市蓬溪县政协主席温勉双率队考察罗江县特色农业和旅游产业发展情况。

11 月 6 日，县政协在白马关镇凤雏村"倒湾古镇"组织举办"嘉丽豪杯"文化体育活动周。

11 月 18 日，重庆市黔江区政协副主席李芳信率队调研罗江县旅游业发展情况。县政协副主席高晓梅陪同。

12 月，《罗江宗教》出版。

2014 年

1 月 12—13 日，召开县政协第四届三次全体会议。会前，大会秘书处印发《关于进一步改进会风的通知》。

1 月 23 日，县政协主席白光裕、副主席陈志光率"挂包帮"联系慧觉镇的县级部门负责人到该镇看望慰问残疾人。

3 月 28 日，召开县政协第四届十二次常委会会议，县政协党组书记、主席白光裕通报县政协开展党的群众路线教育实践活动情况。

6 月 30 日至 7 月 11 日，县政协党组成员、主席会议成员开展党的群众路线教育实践活动专题民主生活会会前交心谈心活动。

8月13日，县政协主席白光裕、副主席高晓梅到调元镇调研三渔水库建设推进工作和调元镇顺河村青花椒基地建设情况。

9月24日，县政协组织举行庆祝人民政协成立65周年文艺晚会。

10月6日，召开县政协主席会议，审议通过《关于开展部分政协委员联系帮扶困难群众活动的实施意见》。

11月3日，县政协党组召开县政协党的群众路线教育实践活动总结会。

11月6日，市政协主席刘哲到罗江县蟠龙镇太三村调研扶贫帮困工作。县政协主席白光裕陪同。

11月25日，县政协主席白光裕率主席会议成员视察全县2014年度应建成的清华同方3C产业园同华公司项目、“天泉山·蜀国慢生活”旅游项目等“十大产业项目”推进情况。

11月26日，举办委员提案撰写培训会。县政协主席白光裕、副主席陈志光出席并提出要求。

是日，县政协主席白光裕、副主席古明水到调元镇、金山镇调研农村小型公共基础设施“村民自建”工作。

12月3日，县政协主席白光裕率主席会议成员到德阳市旌阳区学习考察城市建设与管理工作及产业发展情况。

12月11日，县政协举行《罗江县政协志（1996—2016）》编纂工作启动仪式。

12月30日，召开县政协第四届十五次常委会会议，审议通过《罗江县公民旁听政协罗江县委员会全体会议和常务委员会会议的规定》。

12月31日，县政协印发《关于开展界别委员专题协商工作的通知》。

2015年

1月9日，召开县政协界别委员专题协商工作会议。县政协主席白光裕，副主席古明水、张平富、陈志光、高晓梅出席。

1月13日，召开县政协走基层暨委员联系困难群众工作会议。县政协主席白光裕，副主席古明水、张平富、陈志光出席。

1月22—24日，召开县政协第四届四次全体会议。自本次会议起，实施公民代表旁听县政协全体会议制度。

3月23日，召开县政协第四届三十四次主席（扩大）会议。重点协商县政府贯彻执行《关于加大改革创新力度　加快农业现代化的若干意见》情况，县政府副县长江涛出席。

3月30日，召开县政协第四届十七次常委会会议。组织学习《中华人民共和国宪法》《中共中央关于加强社会主义协商民主建设的意见》，传达学习全国政协第十二届三次会议、省政协第十一届三次会议精神。

4月2日，召开县政协民主评议全县经济发展环境工作动员会。县政协主席白光裕，县委副书记毛文华，县委常委、县政府副县长张胜虎，县政协副主席古明水、张平富、陈志光出席。

4月3日，什邡市政协考察团考察罗江县白马关“三国蜀汉文化旅游区”规划与建设情况。县政协主席白光裕，副主席古明水、高晓梅陪同。

4月22日，举办委员培训会。县政协主席白光裕、副主席古明水出席。

7月16日，广东省清远市、贵州省龙里县政协考察团调研罗江县农村生活垃圾分类处理情况。县政协副主席古明水、陈志光分别陪同。

7月27—31日，县政协副主席陈志光、高晓梅率队到广元、巴中等市学习考察“全域城镇化建设”工作。

8月3—7日，县政协主席白光裕，副主席古明水、张平富率队到成都市双流县、温江区等地学习考察“全域城镇化建设”工作。

8月20日，县委印发《关于设立有关部门党组纪检组的通知》，其中决定设立“中共罗江县政协办公室党组”“中共罗江县政协办公室纪检组”。曾传聪任县政协办党组书记。

9月25日，召开县政协民主评议全县经济发展环境工作总结会。县政协主席白光裕，县委副书记毛文华，县委常委、县纪委书记何学军，县政府副县长宋联忠出席。

10月28—30日，县政协主席白光裕、副主席陈志光率队到甘孜藏族自治州泸定县、资阳市辖简阳市学习考察政协提案办理工作及文化旅游产业发展情况。

11月26日，县政协主席白光裕率主席会议成员视察全县2015年度应完成的绵（竹）—罗（江）、罗—中（江）公路改造工程，金山镇、调元镇、白马关镇6个美丽幸福新村建设等“十大重点工程”推进情况。

2016年

1月19—29日，县政协主席白光裕，副主席古明水、陈志光、张平富、高晓梅分别走访慰问县政协委员、统战人士和民族宗教界人士代表，以及新盛、金山、略坪、蟠龙、慧觉等镇贫困户、“银龄守护”老人，县交通运输局、经济科技局困难职工。

3月11日，市政协主席刘哲到慧觉镇明月村、龙王村调研扶贫帮困工作。县政协主席白光裕陪同。

3月30日，省政协副主席陈放率队到四川工业科技学院调研。县政协主席白光裕陪同。

4月5—6日，召开县政协第四届五次全体会议。

4月6日，县委召开政协工作会议，全体政协委员与会。县委书记徐光勇、县人大常委会主任唐华清、县政协主席白光裕等出席。

5月6日，成都市蒲江县政协副主席陈代康率队参观考察罗江县特色镇及美丽乡村建设工作。县政协副主席陈志光陪同。

5月16日，县政协主席白光裕，副主席古明水、陈志光出席县委第四届九次全委（扩大）会议。古明水作大会发言。

5月19日，自贡市沿滩区政协副主席阳丁率队参观考察罗江县现代农业特色产业和乡村旅游业发展情况。县政协副主席古明水、张平富、高晓梅陪同。

6 月 2 日，县政协举办“两学一做”（学党章党规、学系列讲话，做合格党员）学习辅导报告暨 2016 年委员培训会。县政协主席白光裕等出席。

6 月 7 日，市政协主席刘哲率驻德阳市辖区的全国、省政协委员视察罗江县农业产业化发展情况。县政协主席白光裕、副主席古明水等陪同。

7 月 26 日，召开县政协专题议政协商罗江县创建省级卫生县城会议。县委书记、县创省卫指挥部指挥长徐光勇，县政协主席白光裕，县政府副县长、县创省卫指挥部副指挥长启志新，县政协副主席古明水、陈志光、高晓梅出席。

9 月 13 日，县委决定张胜虎任政协第四届罗江县委员会党组成员、书记。

11 月 1 日，召开县政协党组（扩大）会议，学习中共十八届六中全会精神。县政协党组书记张胜虎，副书记、副主席古明水、陈志光，副主席张平富、高晓梅等出席。

11 月 23 日，市政协党组书记张万平到罗江县调研高校职教园区建设与发展情况。县委书记曾长江、县政协党组书记张胜虎陪同。

12 月 12—15 日，召开县政协第五届一次全体会议。市委督导组成员到会指导。大会选举张胜虎为县政协主席，古明水、陈培建、高晓梅、俞斌为副主席，曾传聪为秘书长，王炜等 23 人为常委。

是月，县委决定政协第五届罗江县委员会党组由张胜虎任成员、书记，古明水任成员、副书记，陈金平、曾传聪任成员。

是月，《记忆罗江》编辑出版。

第一章　组织机构

中国人民政治协商会议是中国人民爱国统一战线的组织，是中国共产党领导的多党合作和政治协商的重要机构，是我国政治生活中发扬社会主义民主的一种重要形式，其具有统战性、党派性、协商性、民主性等本质特点。

中国人民政治协商会议简称“人民政协”或“政协”，对国际简称“中国政协”。它的全国和地方各级组织，按照《中国人民政治协商会议章程》（以下简称《政协章程》）的规定，开展工作和组织活动。上级政协组织对下级组织的关系是指导关系。下级政协组织对上级组织的全国性或地区性的决议，有遵守和履行义务。

全国和地方政协坚持贯彻中共中央关于人民政协工作的方针政策，始终高举爱国主义和社会主义两面旗帜，突出团结和民主两大主题，认真履行“政治协商、民主监督、参政议政”职能，自觉服从和服务于改革、发展和稳定大局，广泛团结海内外一切热爱祖国的中华儿女，在推进社会主义物质文明、政治文明、精神文明、生态文明、社会和谐建设和促进祖国统一大业等方面发挥重要作用。

政协罗江县委员会是人民政协的一级地方组织。罗江县自1950年建立人民政权至1959年撤县并入德阳县期间未成立县政协，但县各届人民代表会议在其存在期间，建立县各界人民代表会议协商委员会，履行地方政协职能。随后成立的县各界人士学习委员会，在中共罗江县委领导下，组织各族各界人士学习马克思列宁主义、毛泽东思想，学习时事政治，学习宣传党的路线、方针、政策和国家法律法规，组织和推动各界人士参加社会主义革命与建设，做出了突出贡献。

1996年罗江复县后，成立县政协筹备组。次年成立罗江县政协，选举产生领导机构，建立专门委员会及各工作机构。县政协各级各类组织及广大政协委员，依据《政协章程》的规定和各级党委的指示开展工作，履行职责，为地方经济建设和社会发展献智出力。

第一节　政协罗江县委员会

一　县政协筹备组织

1996年12月10日，召开罗江县筹备工作动员大会。会上，宣布罗江县党政机关、群团组织筹备组及其负责人名单，其中包括罗江县政协办公室筹备组。是日，县政协办筹备组向县筹备组报送《政协罗江县委员会职能配置、内设机构和人员编制方案》。

是年12月13日，中共罗江县委成立。在本次县委常委会会议上，决定成立罗江县政协第一届一次会议筹备组，开展县政协筹备工作。

12月19日，县委向市委报送《关于成立中国人民政治协商会议罗江县委员会筹备组的请示》。12月27日，市委组织部印发《关于成立罗江县政协第一届委员会筹备组的通知》，同意成立罗江县政协第一届委员会筹备组，何天云任组长，刘成国任副组长，李兴明（女）、廖大礼为成员。次日，县政协筹备组向县委提交《政协罗江县第一届委员会组成的建议方案》。经县委第一届二次常委会会议通过，拟定本届县政协委员为150名，其中第一届一次全体会议协商确定130名，缺额在以后各次全体会上逐步补足。

二　县政协正式成立

1997年2月18—20日，政协罗江县第一届一次全体会议在罗江县城西门影剧院召开，130名委员出席会议。会议选举产生政协第一届罗江县委员会（以下简称县政协）主席、副主席、秘书长和常务委员。县政协正式成立后，县政协各筹备组织及其职能自行终止。是年2月24日，正式启用“中国人民政治协商会议四川省罗江县委员会”印章。

3月27日，县政协第一届一次常委会会议决定设立7个专门委员会和3个地区委员小组。6月，召开县政协第一届三次常委会会议，审议通过县政协工作机构的设置和各委（组）正副主任（组长）的任命。此后，县政协各工作机构逐步建立完善。

第二节 县政协委员和参加单位

《政协章程》规定，每届政协地方委员会的参加单位、委员名额和人选及界别设置，经上届地方委员会主席会议审定同意后，由常务委员会会议协商决定。每届地方委员会任期内，如有必要增加或者变更参加单位、委员名额和决定人选，经本届地方委员会主席会议同意后，由常务委员会会议协商决定。

罗江县政协的参加单位、委员名额和人选及界别设置，除第一届县政协委员外，第二、三、四、五届县政协委员人事安排均按规定由上届县政协制定方案，提出委员人选、名额安排的指导思想、基本原则，以及常委会组成人员名额和有关比例、组成单位、名额分配、委员人选的条件和范围，并按推荐人选、组织考察、民主协商和审定等程序确定。县政协第一届委员会的组建，是在县政协筹备组的主持下，县委统战部拟出《政协罗江县第一届委员会组成的建议方案》，经县委同意，由县委统战部筹备组会同县委组织部、县计委、县经委、县农委、县商贸委、县委政法委等部门筹备组，以及县总工会、共青团、妇联、科协等群团组织和辖区内县属以上厂矿企业等有关单位，反复协商、多次修订，提出第一届政协组成人员建议名单。建议名单经多次协商、修订后，报经县委常委会会议讨论同意，由县委主持邀请各民主党派、工商联、无党派爱国人士、各人民团体、各族各界人士参加协商会议，正式确定委员名单。

一 县政协委员

政协实行委员制。政协委员是作为各党派、各人民团体、各族各界的代表参加人民政协的，是政协开展工作的基础。政协的各项活动，主要是通过政协委员来进行的。

《政协章程》规定，政协委员“应热爱祖国，拥护中国共产党的领导和社会主义事业，维护民族团结和国家统一，遵守国家的宪法和法律，在本界别中有代表性、有社会影响和参政议政能力。”

政协委员每届任期五年。任期内，因工作变动或其他原因不能继续履职的，向本届常委会申请辞去委员职务，或由本届常委会决定撤销其委员职务。县政协自 1997 年 2 月成立至 2016 年 12 月（第一至五届），先后有 834 人次担任政协委员，其中届中共增补委员 79 人、减少 72 人。

（一）历届县政协委员名单

1997 年 2 月 18—20 日，出席县政协第一届一次全体会议的委员 130 名。

中共界（12 名）

何天云	刘成国	伍泽亮	冯小平	唐幼龙
龙维斌	高　君	白光裕	付祥国	李国荣
李代述	周建绵			

共青团界（4 名）

石清玉（女）	蒋兴华	黄国燕（女）	刘爱华（女）

工会界（5 名）

黄　忠	罗诗礼	李光琼（女）	谢益均	江一彬

妇女联合会界（5 名）

刘小琴（女）	何桂蓉（女）	杨素琼（女）	米全芳（女）	马桂珍（女）

工商业联合会界（15 名）

刘德聪	李建珠（女，民建）	甘其德	李定银	万生敬
李永贤	陈　修（女）	王大华	王荣德	蒲君辉
王思长	易　伟	张华秀（女）	张志强	范华清

科学技术协会界（5 名）

蒋足军	申　健	廖启露	刘云建	李　卓

文化体育界（4 名）

刘　军	金剑峰	江德明	刘良国

科学技术界（12 名）

廖大礼	赵辉先	肖　英	顾跃屏（女）	张光斗
陈德友	龚泽民	吕兴中（女）	罗诗学	王　平
鲍继华	魏大祥			

合作经济界（8 名）

陈　辉	周福贵	何毓杰	张社林	杨　勤
邹家明	李　明	周安娜（女）		

农业林业界（11 名）

陈德顺	卢昌平	李华兴	甯佐财	叶昌华
杨勇飞（民建）	罗德福	周　瑟（女）	俞　斌	谢升金
段家琼（女）				

教育界（12 名）

李兴明（女）	黄荣忠	毛汝军	谢黎平	曾家华
李开俊（女）	黄定寿	刘洋华	袁正萱（女）	曹莉琳（女）
谢宗智（女）	秦洛琼（女）			

新闻界（3 名）

李代长	顾晓江	谢洪礼

医药卫生界（9 名）

苏承高	鲁贤臣	郑　蓉（女）	袁炳忠	薛品峰

刘继明（女） 易祖平 方绍荣（女） 周蓉萍（女）

民族宗教界（3 名）

释寂喜 刘祥永 宿万兵

特别邀请人士（22 名）

张明义 王心祥 卢明富 向元强 肖宗军
石正明 王学民 谢　明 杨再兴 龙华雄
余长清 何万洋 蒋登轩 刘书光 高占果
张永才 周裕学 苏　刚 罗忠贵 杨文龙
刘晓彪 魏　华（女）

2003 年 1 月 6—8 日，出席县政协第二届一次全体会议的委员 140 名。

中共界（12 名）

邓华明 洪善斌 肖宗军 古明水 曹传海
高　君 唐幼龙 王心祥 罗通富 吴兴仁
张萃旭 苏富贵

共青团界（3 名）

廖小华 易春艳（女） 苏　苗（女）

工会界（5 名）

江一彬 谢益均 兰晓凤（女） 张晓琼（女） 黄　忠

妇女联合会界（4 名）

郑燕平（女） 石璐琳（女） 米全芳（女） 贺　玫（女，民盟）

工商业联合会界（15 名）

田　洪 甘其德 周仁刚 张华秀（女） 唐维露
杜开江 罗　英（女） 林玉安 魏善述 邹高强
钱林东 谢建学 唐　英（女） 高　力 李建珠（女，民建）

科学技术协会界（3 名）

代传富 刘绍贵 杨运成

文化体育界（2 名）

赖安海 金剑峰

科学技术界（13 名）

鲍继华 张光斗 顾耀屏（女） 王　平 龙礼泽
何万洋 邓仁明 米　娅（女） 尹尚田 刘亚江
廖世平 谢　涛（女） 米祯东

合作经济界（15 名）

张社林 朱兹贵 廖长廷 邓雅雯（女） 薛　强
李　娅（女） 谢升明 罗富荣 余连松 吴洪水
李　霞（女） 唐宗甫 李晓梅（女） 苏银刚 潘丽琼（女）

农业林业界（14 名）

叶昌华	张永才	彭华德	周　瑟（女）	陈德顺
周信廷	李华兴	廖禄元	王周模	邓启明
刘忠华	陈培建	李伦兴	罗丽萍（女）	

教育界（13 名）

李兴明（女）	刘洋华	薛建都	林　勋	张翠继
张茂林	谢宗智（女）	陈　畅（女）	陈其林	袁正萱（女）
黄开凤（女）	李　贞（女）	赵　志（女，土家族）		

新闻界（2 名）

冯小平	王晓燕（女）			

医药卫生界（11 名）

张开升	唐祖荣	刘向林	佘　华（女）	杨中俊
杜显荣	陈秀林	周世萍（女）	方绍荣（女，农工党）	
张平富（农工党）	郑　蓉（女，满族）			

民族宗教界（6 名）

释隆宗（女）	刘祥永	张运锡	释照定	释如观
李永贤（白族）				

特别邀请人士（22 名）

付祥国	杨文龙	刘　军	高晓梅（女）	张建宁
刘　云	陈振建	范云萍（女）	尹　强	周光述
江大富	赖如木	付　强	张　群（女）	景安华
肖谋高	宋联忠	刘　宁	易礼全	郑哲锐
邓巍峰	高占果			

2006 年 12 月 5—7 日，出席县政协第三届一次全体会议的委员 161 名。

中共界（13 名）

邓华明	肖宗军	邹高强	唐幼龙	苏富贵
张萃旭	廖德智	黄国燕（女）	付祥国	李世元
唐祖荣	周继兴	范云萍（女）		

共青团界（3 名）

叶文雯（女）	甘　伟	李　斌		

工会界（6 名）

罗　蓉（女）	谢益均	易礼全	兰晓凤（女）	谭福祥
梁素英（女）				

妇女联合会界（5 名）

李兴明（女）	蔡素琼（女）	范富琼（女）	邱　燕（女）	潘亦琼（女）

工商业联合会界（18名）

雷保顺　陈仕恩　唐　英（女）　杨　伟　赵明发
易刚超　周仁刚　梁　珂（女）　邹建卿　唐宗甫
文　宏　华　勇　朱　勇　曾会书（女）　申庆学
卢　昆　周小军　唐文孝

科学技术协会界（3名）

吴　辉　史小勇　李　浩

台湾同胞联谊会界（5名）

张社林　潘咏民　周建绵　曾菊田（女）　焦在群

文化体育界（4名）

赖安海　冯小平　周贞籍　叶　鹏

科学技术界（12名）

冯远迈　王　平　廖世平　范　英（女）　刘自义
代　丽（女）　朱富强　苏建益　古光华　李进宏
方绍荣（女，农工党）　罗晓鹤（民建）

合作经济界（17名）

薛　强　邓雅雯（女）　苏银刚　郑　凤　陈　勇
聂宗荣　吴伯康　谢忠秀（女）　杜开江　王继文
廖　毅　彭华明　雷金元　谢启明　刘应全
殷宝华　李　娅（女）

农业林业界（15名）

古明水　陈德顺　米文宝　钟晶会（女）　张永才
俞　斌　李　霞（女）　刘忠华　杨　刚　李伦兴
李华兴　张述华　王周模　彭　燕（女）　尹　德

教育界（13名）

蒋寿军　袁正萱（女）　刘　军　蓝　珣　张翠继
陈　俊　段兴蓉（女）　邱双全　刘　海　谢秀学
江一彬　陈其林　陈　畅（女）

新闻界（2名）

曹传海　王晓燕（女）

医药卫生界（12名）

张平富（农工党）　刘向林　薛品峰　周蓉萍（女）　关祖斌
杨中俊　陈秀林　曾　敏（女）　高　敏（女）　李　明
奉光明（农工党）　曾　勇（苗族，农工党）

民族宗教界（8名）

释觉行　释隆宗（女）　刘祥永　释仁清　张运锡
释正金　马文乔（女，回族）　刘丽萍（女，羌族）

特别邀请人士（25 名）

薛建都	李德富	张　群（女）	景安华	梁　亮
华　伟	刘华勇	饶明亮	陈　珂（女）	米亨清
黄荣斌	刘小燕（女）	周洪平	陈　湖	高占果
颜正瑜	严崇平	赵　忠	许　珺（女）	杨建桥
廖　丁	刘晓彪	陈志光	邱朝蓉（女，民建）	
雷福莲（女，民建）				

2011 年 12 月 12—15 日，出席县政协第四届一次全体会议的委员 162 名。

中共界（13 名）

白光裕	古明水	唐　英（女）	陈志光	曾传聪
莫畏强	彭　杰	周继兴	钟晶会（女）	张萃旭
唐启纲	高　翔	何　芸（女）		

共青团界（3 名）

周　怡（女）	陈　莹（女）	杨菁菁（女）

工会界（6 名）

李海英（女）	易礼全	崔超强	梁素英（女）	朱富强
华　伟（农工党）				

妇女联合会界（5 名）

钟玉彬（女）	廖　文（女）	范富琼（女）	李　青（女）	张　英（女）

工商业联合会界（20 名）

谢先辉	陈仕恩	吴　畏	曾会书（女）	杨　伟
戴伍闻	曾建华	邓启明	余安华（女）	刘　刚
文　宏	谢秩华	游　弋（女）	潘益福	罗心平
周义雄	邱　林	杨昌华	黄登华（女）	刘华勇（民建）

科学技术协会界（3 名）

吴　辉	徐征培	谢　谦

台湾同胞联谊会界（3 名）

张社林	许文彬	陈先荣

文化体育界（6 名）

史小勇	冯小平	张琼芳（女）	罗通富	陈昌华
杨俊富				

科学技术界（12 名）

罗　强	张会明	米祯东	范　英（女）	廖世平
唐宗甫	杨秦兵	米圣烨（女）	谢　挺	谢　明
李进宏	高晓梅（女，农工党）			

合作经济界（18 名）

宋光明	李　娅（女）	苏银刚	余　刚	陈　勇
杜海荣	廖　丁	王国全	许　珺（女）	彭华明
雷金元	杨顺洪	吴伯康	谢忠秀（女）	范翠林
刘云全	姚敏荣	向　梅（女）		

农业林业界（15 名）

周蜀川	龚莉佳（女）	陈金平	唐月广	吴清满
何永刚	叶　鹏	金丽萍（女）	周　荣	俞　斌
颜正瑜	杨　刚	尹　德	徐唐鑫科（土家族）	
刘洋华（农工党）				

教育界（13 名）

段兴蓉（女）	张茂林	邓国亮	刘　军	黄斯欣
陈　俊	邱双全	刘　海	王晓琼（女）	何　军
谢秀学	王　琴（女）	宋光芬（女，农工党）		

新闻界（2 名）

苏明斌	张璟怡（女）			

医药卫生界（12 名）

祝　军	张平富（农工党）	杨中俊	谢　艳（女，农工党）	
罗晓寒（女）	曾　勇（苗族，农工党）		廖宣会（女）	邹家英（女）
周　祐	李　静（女）	秦寿安（农工党）	张　勇	

民族宗教界（9 名）

释觉行	释隆宗（女）	刘祥永	释仁清	张运锡
释正金	马文乔（女，回族）	刘丽萍（女，羌族）	张富刚（藏族）	

特别邀请人士（22 名）

邹建卿	郑德荣	何　曦（女）	杨建桥	薛建都
李德富	高　君	李伦兴	朱玉华（女）	王　辉
饶明亮	潘治中	陈　珂（女）	陈　湖	张　荣
蒋　伟	刘晓彪	刘小燕（女，民建）	彭　俊	黄荣斌
邱朝蓉（女，民建）	杨勇飞（民建）			

2016 年 12 月 12—15 日，出席县政协第五届一次全体会议的委员 162 名。

中共界（13 名）

张胜虎	古明水	陈金平	曾传聪	柯贤良
范翠林	周继兴	李世良	赵　勇	刘　洪
肖　勇	许安辉	傅　迅		

共青团界（3 名）

叶青青（女）	方　诚	王　超		

工会界（6 名）

刘爱华（女）	陈　燕（女）	郑　辉（女）	冷桂林（女）	廖必蓉（女）
李淑玉（女）				

妇女联合会界（6 名）

熊　月（女）	廖　文（女）	范富琼（女）	赖　敏（女）	周红梅（女）
林　丽（女）				

工商业联合会界（15 名）

许　珺（女）	李克俭	李　健	徐虎啸	符海凌
廖文军	谢秩华	俞　斌	许可东	李　奎
陈　刚	唐宗甫	张琼芳（女，民建）	张富明	田　勇

科学技术协会界（3 名）

蔡　明	唐章勇	姚敏荣

台湾同胞联谊会界（3 名）

江华辉	周文能	罗　剑

文化艺术界（8 名）

龚元钊（女）	周玉建	王菊芳（女）	范华平	王　敏（女）
周英范	程福贵（民建）	唐久荣		

科学技术界（7 名）

杜翰林	罗通富	彭栋友	罗　霜	常开全
肖冬春	龙绍英（女）			

合作经济界（18 名）

李春蓉（女）	陈胜亮	施　胜	文　全	宋小飞
勾承君	谢升明	赖诗贵	周义雄（民建）	陈奕吉
张火彬	姜和平	夏会生	肖　敏（女）	贾迎军
蒋　锐（农工党）	易　嵩	廖庆国		

农业林业界（15 名）

唐华明	王　琪（女）	石珍宁	余必书	易大勇
尹　德	向秀碧（女）	李文聪	申家鹏	刘华勇（民建）
金丽萍（女）	唐琼英（女）	范永进	刘孝东	谢洪伟

教育界（13 名）

李均建	林　杰	段兴蓉（女）	何　军	刘圣建
周小刚	宋光芬（女，农工党）	王明延	邱双全	刘　海
王晓琼（女）	杨运武	李　静（女）		

体育界（2 名）

肖道林	李世荣

新闻出版界（2 名）

刘　蓉（女）	贾婷婷（女，民建）

医药卫生界（12 名）

曾　勇	何世平	谢　艳（女，农工党）	曾　勇（苗族，农工党）	
张　勇	罗晓寒（女）	罗家勇	周　祐	唐月广
王桂琼（女）	蔡荔菡（女）	聂丽娜（女）		

社会福利和社会保障界（4 名）

李龙军	王　辉	那明龙	王　炜（女）

少数民族界（4 名）

张富刚（藏族）	马文乔（女，回族）	王正德（苗族）	潘　莉（女，羌族）

宗教界（7 名）

郑德荣	释觉行	释能法（女）	胡发勇	释仁清
张运锡	释正金			

特别邀请人士（21 名）

高晓梅（女，农工党）	陈培建	李德富	周世勇	杨孝勇
李海燕	莫畏强	周洪平	廖小华	郑文斌
严代红（致公党）	黄荣斌	廖禄元	陈　默	赵昌贵
谢青云	张卫兵	童婷婷（女）	施虹灿	陈玟奇
向　梅（女）				

（二）县政协委员的产生及变动

罗江县政协历届委员的产生都是经过审定方案、提名推荐、协商确定建议名单等程序。审定方案：上届政协常委会提出下届政协组成人员方案，包括规模、界别设置以及分配给各党派、各人民团体、各界别的委员名额和特别邀请人士的名额等，并经县委审定。提名推荐：由各党派、无党派爱国人士、各人民团体、各界别协商提出，并分别由推荐党派、团体、界别等填写正式推荐书。协商确定建议名单：由县委统战部、组织部审议推荐材料，进行综合平衡，反复协商，填写《委员考察表》，再由县委统战部汇总，提出建议名单草案，提交县政协党组会议协商讨论，送县委审定，县委与各民主党派、各人民团体代表协商同意后，作为下届政协委员建议名单提交县政协常委会会议协商决定，形成建议名单；县政协常委会会议进行表决，经全体常委过半数表决同意予以通过，由县政协办分别通知推荐单位和个人，向委员颁发“委员证书”，并通过新闻媒体向社会公布。

县政协委员届中变动，历届均有。

第一届县政协安排委员名额为 150 名，首次确定 130 名，届中先后增补县政轩委员刘元袖、李德明、肖坤富、肖谋高、林平、陈振平、周书绵、赵家米、袁新民、唐成俊、梁燕（女）、彭华德、董国平、赖安海、赖家华、尹强、叶家富、朱兹贵、应乃富、沈建军、张开升、张新竖、罗英（女）、周丽姬（女）、曾之贵、雷金元、释寂戒、释隆宗（女）、廖长廷，接受石清玉（女）、易祖平、龙维斌、魏大洋、万生敬、释寂青、范华清、王学明、易伟、王荣德、肖坤富、罗诗学、石正明、张新竖、卢明富、梁燕（女）、李德明、蒋登轩、赖家华、刘书光、赵辉先、何桂蓉（女）、蒋足军、唐成俊、李代长、王思长辞去县政协委员职务。届内委员总数为159名，其中出席第一届一次全体会议130名，后增补县政协委员29名、辞职26名，至届末有委员133名。

第二届县政协安排委员名额为150名，首次确定140名，届中先后增补县政协委员李世元、黄国燕（女）、谢启明、段兴蓉（女）、释觉行、刘清文、张述华、邱朝蓉（女）、林代顺、牟志政、古光华、陈勇、吴伯康、廖丁、朱富强、郑凤、马文乔（女）、焦在群（女），接受罗英（女）、魏善述、黄开凤（女）、郑哲锐、高力、钱东林、赵志（女）、石璐琳（女）、赖如木、贺玫（女）、吴洪水、李永贤、唐维露、郑燕萍（女）、林玉安、张建宁辞去县政协委员职务，撤销释如观、释照定县政协委员职务。届内委员总数为158名，其中出席第二届一次全体会议140名，后增补县政协委员18名、辞职16名，撤销委员职务2名，至届末有委员140名。

第三届县政协安排委员名额为166名，首次确定161名，届中先后增补县政协委员叶长义、何曦（女）、周荣、米祯东、盖雪翠（女）、张宏琳（女）、尹帮斌、曾传聪、周明碧（女）、刘勇、戴伍闻，接受赵忠、张群（女）、甘伟、邱燕（女）、周仁刚、廖德智、梁珂（女）、刘向林辞去县政协委员职务。届内委员总数为172名，其中出席第三届一次全体会议161名，后增补县政协委员11名、辞职8名，至届末有委员164名。

第四届县政协安排委员名额为166名，首次确定162名，届中先后增补县政协委员袁勇、李奎、张卫兵、彭宗何、金维斌、肖勇、黄河、李克俭、柯贤良、刘清文、施胜、刘蓉（女）、李世良、唐万华、释能法（女）、谢桑良、邓晓玲（女）、刘爱华（女）、陈文琦、任鹏、徐虎啸，接受杨伟、王国全、游弋（女）、米圣烨（女）、廖宣会（女）、谢挺、宋光明、杜海荣、刘清文、黄河、龚莉佳（女）、释隆宗（女）辞去县政协委员职务，撤销吴清满、李青（女）县政协委员职务。届内委员总数为183名，其中出席第四届一次全体会议162名，后增补县政协委员21名、辞职18名，撤销委员职务2名，至届末有委员163名。

第五届县政协安排委员名额为166名，首次确定162名，至2016年12月末有委员162名。

（三）届别设置与委员结构

政协是以界别为单位组成的，政协委员分别来源于各界别。其各界别的比例，以及整体的政治结构、知识结构、年龄结构、性别结构和民族宗教结构等，是由当时罗江县的客观实际决定的，以体现人民政协大团结、大联合的特点。第一、二届县政协委员分别来源于中共、工会、共青团、妇联、工商联、农林、科技、科协、教育、文化体育、医药卫生、合作经济、民族宗教、新闻出版、特邀15个界别，按一定比例构成。第三、四届增设台湾同胞联谊会（台联界），由16个界别组成。第五届增设社会福利和社会保障界（社保界），析民族宗教界分设少数民族界和宗教界，析文化体育界分设文化艺术界和体育界，由19个界别组成。

根据有关规定，县政协不断提高党外人士、民族宗教界委员比例和高学历、高技术职称委员比例。130名第一届委员中，中共52名，民主党派2名，非党人士76名，中共委员所占比例为40%。第二至五届，中共界委员在委员总数中比例均在39.5%以内，腾出名额多安排党外人士。少数民族和宗教界委员，第一届3名，第二届6名，第三届8名，第四届 9 名，第五届 12 名，比例由 2.3% 增至 7.6%。大专及其以上学历委员比例由第一届的 47.7% 增至第五届的 84.6%，中、高级专业技术职称委员比例由第一届的 4.6% 增至第五届的 11.7%。

第一至四届罗江县政协委员界别构成统计表

表 1—1　　单位：人、%

人数比 \ 界别		中共	共青团	工会	妇联	工商联	台联	科协	文化体育	科技	合作经济	农林	教育	新闻出版	医卫	民族宗教	特邀人士
第一届	人数	12	4	5	5	15	—	5	4	12	8	11	12	3	9	3	22
	比例	9.2	3.1	3.8	3.8	11.5	—	3.8	3.1	9.3	6.2	8.5	9.3	2.3	6.9	2.3	16.9
第二届	人数	12	3	5	4	15	—	3	2	13	15	14	13	2	11	6	22
	比例	8.6	2.1	3.6	2.8	10.7	—	2.1	1.4	9.3	10.7	10.0	9.3	1.4	7.9	4.3	15.8
第三届	人数	13	3	6	5	18	5	3	4	12	17	15	13	2	12	8	25
	比例	8.0	1.8	3.7	3.1	11.2	3.1	1.8	2.5	7.5	10.6	9.3	8.1	1.2	7.5	4.9	15.6
第四届	人数	13	3	6	5	20	3	3	6	12	18	15	13	2	12	9	22
	比例	8.0	1.8	3.7	3.1	12.3	1.8	1.8	3.7	7.5	11.1	9.3	8.1	1.2	7.5	5.6	13.6

第五届罗江县政协委员界别构成统计表

表 1—2　　单位：人、%

界　别	人　数	比　例	界　别	人　数	比　例
中共	13	8	共青团	3	2
工会	6	3.7	妇联	6	3.7
工商联	15	9.2	台联	3	2
科协	3	2	文化艺术	8	4.9
科技	7	4.3	合作经济	18	11
农林	15	9.2	教育	13	8
体育	2	1.2	新闻出版	2	1.2
医卫	12	7.4	社会福利和保障	4	2.5
少数民族	4	2.5	宗教	7	4.3
特邀人士	21	12.9	—	—	—

第一至五届罗江县政协委员结构统计表

表1—3

单位：人、%

项目 / 人数及比		党派			妇女	少数民族	学历		专业技术职称	
		中共	民主党派	无党派			大专及以上	高中中专	高级	中级
第一届	委员数	52	2	76	28	4	62	51	6	45
	占总数比例	40.0	1.5	58.5	21.5	3.1	47.7	39.2	4.6	34.6
第二届	委员数	55	4	81	37	3	101	27	8	46
	占总数比	39.2	2.9	57.9	26.4	2.1	72.1	19.3	5.7	32.9
第三届	委员数	64	7	90	40	3	128	33	12	62
	占总数比	39.5	4.3	55.9	24.7	1.8	79.5	20.5	7.4	38.3
第四届	委员数	64	12	86	45	5	132	30	16	68
	占总数比	39.5	7.4	53.1	27.8	3.1	81.5	18.5	9.8	41.9
第五届	委员数	64	11	87	43	5	137	16	19	32
	占总数比	39.5	6.8	53.7	26.5	3.1	84.6	9.9	11.7	19.8

说明：1. 比例是指某一界别委员数占本届委员总数之比

2. 本章3个表内数据均以每届首次确定的委员数计

（四）1996—2016年驻罗江辖区的省、市政协委员

四川省政协委员：

第八届委员（2名）：释海山　兰晓凤（女）

第九届委员（2名）：释海山　兰晓凤（女）

第十届委员（1名）：兰晓凤（女）

德阳市政协委员：

第三届委员（5名）：谭必达　曲雪梅（女）　尹　艳（女）　释海山　覃大蓉（女）

第四届委员（22名）：何天云　宋玉华（女）　刘成国　张春蓉（女）　白光裕　苏　刚　张胜虎　杨勇飞　吕兴中（女）　杨素琼（女）　陈德顺　刘绍贵　申育碧（女）　贺安成　景安华　刘向林　谢勇军　李敦洪　江德明　张社林　黄国燕（女）　方绍荣（女）

第五届委员（22名）：邓华明　陈培建　赵　娜（女）　秦寿安　廖小华　周信廷　刘玉蓉（女）　张社林

	薛　强	刘良国	谢升明	张　明
	吕兴中（女）	杨勇飞	陈德顺	邓仁友
	谢勇军	江德明	张平富	向元强
	邹厚德	景安华		
第六届委员（21 名）：	邓华明	古明水	李兴明（女）	张平富
	江　燕（女）	牟志政	释觉行	李　颖（女）
	金剑峰	姜　波	温剑锋	钱晓红（女）
	吕兴中（女）	谢升明	邓仁友	秦寿安
	郑　凤	雷金元	邹高强	殷宝华
第七届委员（22 名）：	白光裕	古明水	张平富	高晓梅（女）
	尹帮斌	曾常勇	牟志政	张德金
	杜翰林	林　勋	李　颖（女）	谢升明
	廖　升	蔡素琼（女）	古光华	陈　勇
	李伦兴	俞　斌	释觉行	张社林
	易礼全	邱朝蓉（女）		
第八届委员（20 名）：	张胜虎	王　英（女）	高晓梅（女）	俞　斌
	邓启明	任　鹏	刘复东	陈　雅（女）
	刘忠华	杨　刚	赵　硕	尹帮斌
	尹　雁（女）	巩文林	唐启纲	邹建卿
	邹家英（女）	赖晓捐（女）	康　明	释觉行

二　县政协参加单位

（一）历届县政协参加单位

《政协章程》规定：中国人民政治协商会议全国委员会由中国共产党、各民主党派、无党派人士、人民团体、各少数民族和各界的代表，香港特别行政区同胞、澳门特别行政区同胞、台湾同胞和归国侨胞的代表以及特别邀请的人士组成。

根据《政协章程》的规定和罗江县实际情况，第一届县政协由中国共产党罗江县各级地方组织、中国民主建国会罗江小组、中国农工民主党罗江支部、无党派民主人士、共青团、总工会、妇联、工商联、科协、文化体育界、科技界、经济界、农业界、教育界、新闻出版界、医药卫生界、民族宗教界的代表及特别邀请人士组成。其规模不大，但也反映了当时罗江社会各界构成的特点。此后，第二届县政协界别与首届同，第三届增加县台湾同胞联谊会，第四届增加县文学艺术界联合会，第五届增加社会福利和社会保障界，析民族宗教界为少数民族界、宗教界，析文化体育界为文化艺术界、体育界。

（二）民主党派组织简介

中国民主同盟会罗江小组 民国30年（1941年）3月，中国民主政团同盟在重庆秘密成立。民国33年9月改组为中国民主同盟会（以下简称民盟），以文化、教育等领域高级知识分子为主要成员。为全国政协的八个民主党派之一，位列第二。民国35年秋，民盟罗江小组在罗江县秘密成立，首批成员6人。1951年6月，民盟组织重新登记，罗江小组4人。1957年年末，民盟罗江小组停止活动，成员由民盟四川省委直接联系。其间，民盟罗江小组成员邓公望任罗江县第一至四届各界人民代表会议文化教育界代表，第一、三、四届县各代会常委会副主任和第二届县各代会常务委员。1985年7月，成立民盟德阳市委，至2016年12月，境内贺玫（女，罗江中学教师）任第二届县政协委员、常委。

中国民主建国会罗江支部 民国34年（1945年）12月，中国民主建国会（以下简称民建）在重庆成立，主要成员是经济界人士及有关专家学者。为全国政协的八个民主党派之一，位列第三。1996年12月，民建罗江小组在罗江县成立，李建珠（女）任组长。至1997年2月，成员有宋玉华（女）、罗晓鹤、杨勇飞。2007年12月，民建罗江支部在罗江县成立，邱朝蓉（女）任主委，罗晓鹤、李颖（女）为支委，有成员12人。至2016年12月，有成员19人，彭俊任主委、雷福莲（女）任副主委，陈珂（女）、尹帮斌、周英（女）、罗晓鹤、孙段叁冰为支委。其间，民建成员杨勇飞任第一届县政协委员、常委，李建珠任第一至二届县政协委员、常委，邱朝蓉任第二至四届县政协委员、第四届县政协常委，罗晓鹤、雷福莲任第三届县政协常委，刘华勇任第四至五届县政协委员、第五届县政协常委，刘小燕（女）任第四届县政协委员。

中国农工民主党罗江支部 民国19年（1930年）8月，中国国民党临时行动委员会在上海成立，后改名中华民族解放行动委员会。民国36年2月改名中国农工民主党（以下简称农工民主党），主要成员是医药卫生和科学技术、文化教育界的中、高级知识分子。为全国政协的八个民主党派之一，位列第五。农工民主党罗江支部于1988年3月在罗江成立，陈文斗任主委，王洛祥为支委。1994年7月改选成立第三届农工民主党支部，方绍荣（女）任主委，李兴桂、谭必达为支委。2010年，张平富任主委，高晓梅（女）、曾勇任副主委，陶永红（女）、宋光芬（女）为支委。至2016年12月，农工党罗江支部有党员23人，支部主委、副主委、支委人员未变。其间，方绍荣任第一至三届县政协委员，张平富任第二至四届县政协委员、副主席和第五届县人大常委会副主任及第五至七届市政协委员。高晓梅任第三至五届县政协委员和第四至五届县政协副主席及第七至八届市政协委员，段兴葶（女）任第二、五届县政协委员，奉光明任第三届县政协委员，曾勇任第三、五届县政协委员，华伟任第四届县政协委员，宋光芬任第四至五届县政协委员，秦寿安任第四届县政协委员和第五至六届市政协委员，谢艳（女）任第四至五届县政协委员。

第三节　领导机构

根据《中国共产党章程》规定，设立中共政协罗江县委员会党组（以下简称县政协党组），它是中共罗江县委的派出机构。

根据《政协章程》规定，政协罗江县委员会分设县政协常务委员会和县政协主席会议，按照《政协章程》赋予的职能和有关规定履行职责，开展工作。

一　县政协党组

党组即党委组织，是中国共产党在中央和地方国家机关、人民团体、经济组织、文化组织、社会组织和其他组织领导机关中设立的领导机构，已历时70余年。自民国34年（1945年）中共七大正式建立，在革命、建设和改革开放各个历史时期发挥重要作用，也经历撤销、恢复的曲折历程。中共中央于2015年6月16日颁布《中国共产党党组工作条例（试行）》。

1997年2月28日，县委印发《关于成立政协罗江县委员会党组的通知》，决定成立中共罗江县政协党组。党组由何天云、刘成国、张明义组成，何天云任书记，其余为成员。此后，历届县政协党组均由县委决定设立，由县政协主席任党组书记，由中共党员副主席、秘书长任成员，或由中共党员副主席任副书记，秘书长、办公室主任为成员。

县政协党组在政协领导班子中“发挥核心领导作用”。其任务“主要是负责贯彻执行党的路线、方针、政策；讨论和决定本单位的重大问题；做好干部管理工作；团结党外干部和群众，完成党和国家交给的任务；指导机关和直属单位党组织的工作”。至2016年12月，中共罗江县政协党组历经五届，随县政协换届而换届，其书记、副书记及成员由县委任命。县政协党组会议不定期召开。

第一至五届罗江县政协党组职名一览表

表1—4

届　次	职　务	姓　名	任职时间
第一届	书　记	何天云	1997. 02—2003. 02
	成　员	刘成国 段家琼（女） 肖宗军 张明义	1997. 02—2003. 02 2002. 02—2003. 02 2002. 02—2003. 02 1997. 02—2003. 02

续表 1—4

届次	职务	姓名	任职时间
第二届	书记	邓华明	2003. 02—2006. 12
	副书记	洪善斌 邹高强	2003. 02—2006. 12 2005. 10—2006. 12
	成员	肖宗军 曹传海	2003. 02—2006. 12 2003. 02—2004. 03
第三届	书记	邓华明	2006. 12—2011. 12
	副书记	肖宗军 古明水 张宏琳（女）	2006. 12—2009. 01 2006. 12—2011. 12 2009. 03—2011. 12
	成员	薛建都 廖德智	2006. 12—2011. 12 2006. 12—2011. 12
第四届	书记	白光裕 张胜虎	2011. 12—2016. 09 2016. 09—2016. 12
	副书记	古明水 陈志光	2011. 12—2016. 12 2011. 12—2016. 12
	成员	陈金平 曾传聪	2011. 12—2016. 12 2011. 12—2016. 12
第五届	书记	张胜虎	2016. 12—
	副书记	古明水	2016. 12—
	成员	陈金平 曾传聪	2016. 12— 2016. 12—

二　县政协常务委员会

《政协章程》规定，中国人民政治协商会议各级地方委员会设常务委员会主持会务。常务委员会由地方委员会主席、副主席、秘书长和常务委员组成，其候选人由参加各该地方委员会的各党派、团体、各民族和各界人士协商提名，经全体会议选举产生。

常务委员会行使下列职权：（一）召集并主持本会全体会议，每届第一次全体会议由会议选举主席团主持。（二）组织实现《政协章程》规定的任务和全国政协所作的全国性的决议及上级地方委员会所作的全地区性的决议。（三）执行本会全体会议的决议。（四）本会全体会议闭会期间，审议通过提交同级地方人民代表大会及其常务委员会或人民政府的重要建议案。（五）根据秘书长的提议，任免本会副秘书长。（六）决定本会工作机构的设置和变动，并任免其领导成员。根据有关规定，协商决定本届政协参加单位、委员名额和人选变更，以及下一届政协参加单位、委员名额和人选等。

政协主席主持常务委员会工作，副主席、秘书长协助主席工作。常务委员履职形式主要有两种：一是常务委员会会议，一般情况下每季度召开一次；一是常务委员会专题座谈会或视察调研活动，可不定期举行。

自1997年2月县政协召开第一届一次全体会议至2016年12月召开第五届一次全体会议，共产生五届县政协常务委员会（以下简称县政协常委会）。

县政协常委会组成人员，因工作岗位变动或其他原因而有所变动。1999年1月22日，经县政协第一届十次常委会会议协商决定，接受石清玉（女）、易祖平辞去委员、常委职务。2000年1月24日，根据县委建议，县政协第一届四次全体会议增选张新竖、张开升、袁正萱（女）为常委。2002年1月15日，经县政协第一届二十二次常委会会议协商决定，接受张新竖辞去委员、常委职务。是月24日，县政协第一届六次全体会议增选段家琼（女，本届政协委员）、肖宗军（本届政协常委）为县政协副主席。2005年1月，经县政协第二届九次常委会会议协商决定，接受贺玫（女）、吴洪水、李永贤辞去委员、常委职务。2009年1月，县政协副主席肖宗军病逝，职务自行终止。是年3月20日，县政协第三届十一次常委会会议协商决定，接受张群（女）辞去委员、常委职务；3月25日，县政协第三届三次全体会议增选张宏琳（女）为委员、县政协副主席。2015年12月，经县政协第四届二十次常委会会议协商决定，接受龚莉佳（女）辞去委员、常委职务。

第一至五届罗江县政协主席 副主席 秘书长 常委职名一览表

表1—5

届　次	主　席	副主席	秘书长	常务委员
第一届	何天云	刘成国 段家琼（女） 肖宗军 李兴明（女） 廖大礼	张明义	李永贤、李定银、李建珠（女）、杨勤、杨文龙、杨勇飞、肖宗军、张开升、张光斗、张社林、张新竖、易祖平、陈德顺、袁正萱（女）、龚泽明、薛品峰
第二届	邓华明	洪善斌 肖宗军 李兴明（女） 陈培建 张平富	曹传海	王心祥、江一彬、李建珠（女）、李永贤、吴洪水、何万洋、张光斗、张社林、张永才、陈德顺、陈振建、金剑峰、周信廷、贺玫（女）、唐宗甫、薛强
第三届	邓华明	肖宗军 古明水 李兴明（女） 张平富 张宏琳（女）	薛建都	邓雅雯（女）、叶文雯（女）、付祥国、江一彬、朱富强、李伦兴、李娅（女）、杨中俊、邹高强、张群（女）、张永才、陈德顺、陈秀林、郑凤、俞斌、唐祖荣、梁亮、景安华、释觉行、赖安海、雷金元、薛品峰
第四届	白光裕	古明水 张平富 陈志光 高晓梅（女）	陈金平	冯小平、刘华勇、李海英（女）、李伦兴、苏银刚、杨中俊、邱朝蓉（女）、张社林、陈珂（女）、陈勇、易礼全、周继兴、周义雄、钟晶会（女）、俞斌、高君、唐英（女）、唐宗甫、龚莉佳（女）、曾传聪、释觉行、潘治中、薛建都
第五届	张胜虎	古明水 陈培建 高晓梅（女） 俞　斌	曾传聪	王炜（女）、王晓琼（女）、尹德、刘华勇、刘圣建、刘孝东、许可东、李海燕、李克俭、李世良、张富明、陈金平、陈玟琦、范翠林、范富琼（女）、周继兴、周义雄、柯贤良、释觉行、曾勇、谢升明、赖诗贵、廖文军

三　县政协主席会议

《政协章程》规定，主席、副主席、秘书长组成主席会议，处理常务委员会的重要日常工作。主席会议受常务委员会的委托，主持下一届第一次全体会议预备会议。

政协地方委员会主席会议的主要任务有：（一）讨论处理常务委员会闭会期间的重要日常会务工作。（二）协商讨论党和国家的大政方针及地方重大事务、人民群众关注的重大问题和当地统一战线内部的重大问题，并提出建议和意见；审议以政协名义向同级党委、人大常委会、政府提出的重要建议案。（三）决定常务委员会召开的日期、议程，审议提交常务委员会的文件。（四）讨论决定委员视察、调研等重要活动。（五）讨论专门委员会的工作等。

主席会议一般每月召开一次，必要时可临时召开。会议由主席或主席委托的副主席主持。会议议程由主席或受主席委托的副主席根据政协党组的建议提出，或由秘书长收集整理，报请主席审定。主席会议固定列席人员为政协办公室主任，根据会议议程需要，由主席或受主席委托的副主席确定有关人员列席会议。

县政协主席会议成员，在届中副主席增减或秘书长离职而有所变动。县政协第一届一次至六次全体会议前，第一届县政协主席会议由何天云、刘成国、李兴明（女）、廖大礼、张明义5人组成，第一届六次全体会议后，增加段家琼（女）、肖宗军2名成员。第二届县政协主席会议由邓华明、洪善斌、肖宗军、李兴明（女）、陈培建、张平富、曹传海7人组成。曹传海因工作岗位变动经第二届九次常委会会议协商决定和第二届三次全体会议通过辞去秘书长职务，主席会议成员职务终止。第三届县政协主席会议由邓华明、肖宗军、古明水、李兴明（女）、张平富、薛建都6人组成。副主席肖宗军于2009年1月27日病逝，职务自行终止；县政协第三届三次全体会议增选张宏琳（女）为副主席，主席会议仍由6人组成。第四届县政协主席会议由白光裕、古明水、张平富、陈志光、高晓梅（女）、陈金平6人组成，第五届县政协主席会议由张胜虎、古明水、陈培建、高晓梅（女）、俞斌、曾传聪6人组成。

第一至五届罗江县政协主席会议成员职名一览表

表1—6

届　次	职　务	姓　名	任职时间
第一届	主　席	何天云	1997. 02—2003. 01
	副主席	刘成国	1997. 02—2003. 01
		段家琼（女）	2002. 01—2003. 01
		肖宗军	2002. 01—2003. 01
		李兴明（女）	1997. 02—2003. 01
		廖大礼	1997. 02—2003. 01
	秘书长	张明义	1997. 02—2003. 01

续表 1—6

届　次	职　务	姓　名	任职时间
第二届	主　席	邓华明	2003. 01—2006. 12
	副主席	洪善斌 肖宗军 李兴明（女） 陈培建 张平富	2003. 01—2006. 12 2003. 01—2006. 12 2003. 01—2006. 12 2003. 01—2006. 12 2003. 01—2006. 12
	秘书长	曹传海	2003. 01—2005. 01
第三届	主　席	邓华明	2006. 12—2011. 12
	副主席	肖宗军 古明水 李兴明（女） 张平富 张宏琳（女）	2006. 12—2009. 01 2006. 12—2011. 12 2006. 12—2011. 06 2006. 12—2011. 12 2009. 03—2011. 12
	秘书长	薛建都	2006. 12—2011. 12
第四届	主　席	白光裕	2011. 12—2016. 12
	副主席	古明水 张平富 陈志光 高晓梅（女）	2011. 12—2016. 12 2011. 12—2016. 12 2011. 12—2016. 12 2011. 12—2016. 12
	秘书长	陈金平	2011. 12—2016. 12
第五届	主　席	张胜虎	2016. 12—
	副主席	古明水 陈培建 高晓梅（女） 俞　斌	2016. 12— 2016. 12— 2016. 12— 2016. 12—
	秘书长	曾传聪	2016. 12—

第四节　工作机构

根据工作需要和有关规定，县政协设办公室、专门委员会，均为正科级单位，配置专职主任和兼职副主任。第一届县政协还设专门委员会办公室和地方委员小组。

一　县政协办公室

1996 年 12 月 10 日，县筹备组宣布成立县政协办公室筹备组。12 月 27 日，县政协筹备组印发《关于启用“中国人民政治协商会议罗江县委员会办公室筹备组专用章”的通知》。1997 年 2 月 18—20 日，召开县政协第一届一次全体会议。是年 2 月 24 日，县政协办公室印发《关于启用印章的通知》，从即日起，启用“中国人民政治协商会议四川省罗江县委员会”“中国人民政治协商会议四川省罗江县委员会办公室”印章。7 月 31 日，县委组织部发文任命县政协秘书长张明义兼县政协办公室主任。此后，历届县政协办公室机构沿袭，设主任 1 名，仅第二届县政协于 2005 年 3 月增设办公室副主任 1 名，至 2006 年 12 月。

2005 年 4 月，县政协办公室内设秘书股、综合股。

《政协罗江县委员会职能配置、内设机构和人员编制方案》规定的县政协办公室主要职责是：（一）负责县政协全体会议、常委会议、主席会议和其他重要会议的会务、文秘、后勤服务。（二）组织实施县政协全体会议、常委会议、主席会议的决议、决定，负责起草有关政协工作的重要文件、年度工作总结及年度工作要点。（三）负责做好贯彻落实上级《关于政治协商、民主监督、参政议政的实施意见》的各项具体事务工作及服务工作。（四）负责与县委、县人大、县政府有关部门的联系、协调工作，与兄弟县（市、区）政协的联系、对口对外宣传，收集反映各族和各界人士的意见。（五）负责县政协开展活动的后勤保障和机关往来文电处理、文书档案、机要保密、文印、通讯、信访、安全保卫、财务管理、基建维修等工作。（六）负责权限范围内的机构整顿、人事和离退休人员管理服务工作。

1997 年 2 月至 2016 年 12 月，先后有 5 人任县政协办公室主任、1 人任副主任。

第一至五届罗江县政协办公室主任 副主任职名一览表

表 1—7

届　次	职　务	姓　名	任职时间
第一届	主　任	张明义	兼，1997. 07—2003. 01
第二届	主　任	曹传海	兼，2003. 01—2004. 03
		周信廷	2004. 03—2006. 07
	副主任	廖德智	2005. 04—2006. 12
第三届	主　任	廖德智	2006. 12—2011. 12
第四届	主　任	曾传聪	2011. 12—2016. 12
第五届	主　任	曾传聪	兼，2016. 12—

二　县政协专门委员会办公室

1997年7月31日，县委组织部发文任命县政协副秘书长卢明富兼县政协专门委员会办公室副主任。专委办职司协调、服务各专委会、地区委员小组工作。2002年1月15日，县政协第一届二十二次常委会会议根据县委组织部的建议，商定刘军任县政协专委办主任，至2003年2月。

自第二届县政协起，不再设专委办。

三　县政协专门委员会　地方委员小组

《中国人民政治协商会议全国委员会专门委员会通则》规定："专门委员会是在常务委员会和主席会议领导下的工作机构，日常工作由主任或主任委托的副主任主持，秘书长负责协调。""专门委员会根据《中国人民政治协商会议章程》的要求，以及全国委员会全体会议和常务委员会会议提出的各项任务，团结和联系委员及各族各界人士，学习宣传国家的方针政策，积极反映社情民意；就国家的大政方针以及政治、经济、文化和社会生活中的重要问题调查研究，提出意见、建议和提案，推动改革开放和社会主义物质文明与精神文明建设。""组织各种活动，积极为委员知情出力、履行职责创造条件。"地方政协参照此通则做出类似的原则规定。

县政协根据罗江实际和有关规定，参照全国政协专门委员会的设置情况，设立县政协各专门委员会。

1997年3月27日，县政协第一届一次常委会会议决定设立学习、提案、文史资料、经济科技、财贸、法制群团、文教卫生7个委员会和金山、鄢家、略坪3个地区委员小组。是年6月，县政协第一届二次常委会会议审议通过县政协工作机构的设置及各委（组）正副主任（组长）的任命。12月30日，县政协第一届五次常委会会议协商决定，析原经济科技委为农业委和工业委；增设万安地区委员小组。2000年3月14日，县政协第一届十五次常委会会议协商决定，将原学习委和文史资料委合并为文史学习委。至届末，县政协工作机构有7委4组。本届专委会正、副主任均不驻会。

2003年2月27日，县委印发《县政协党组关于调整县政协机关工作机构请示的批复》，保留县政协办公室，撤销县政协专门委员会办公室，设县政协提案、农业、工业、财贸、教科文卫、法制群团、文史学习7个专门委员会。设立的机构规格均为正科级，其负责人按有关规定和组织程序配备。县年3月6日，县政协第二届一次常委会会议协商决定7个专委会正副主任人事安排。5月22日，根据县委组织部文件，县政协第二届二次常委会会议协商决定陈培建兼任工业委主任。9月22日，县政协第二届三次常委会会议协商决定唐祖荣任工业委主任。11月18日，县政协第二届四次常委会会议协商决定改法制群团委为社会法制委。

2005年12月，县政协第二届十三次常委会会议协商决定付祥国任提案委主任，因工作变动刘军改任提案委副主任，免去林玉安的财贸委副主任和张建宁的社法委副主任职务。2006年2月23日，县政协第二届十四次常委会会议协商决定，王心祥因任职到龄不再任文史学习委主任，由苏富贵任文史学习委主任。是年7月14日，县政协第二届十六次常委会会议协商决定，李建珠（女）因任职到龄不再任社法委主任，由高占果任社法委主任。自本届起，不再设地区委员小组；各专委会主任一律驻会，副主任不驻会。

2006年12月20日，县政协第三届一次常委会会议协商决定设置提案、文史学习、农业、工业、财贸、社会法制、教文卫（由原教科文卫委改现名）7个专门委员会，并按组织程序配备各专委会正副主任。2008年6月，撤销工业委、财贸委新设经济科技委、联谊委，同时调整部分专委会正副主任，其中提案委唐幼龙不再任副主任，增补唐英（女）为副主任；文史学习委主任赖安海改任副主任，由苏富贵任主任，周建绵不再任副主任，增补张萃旭为副主任；农业委王周模、米文宝不再任副主任，增补卢昆、俞斌、冯远迈为副主任；社法委苏富贵不再任主任，由高占果任社法委主任，增补陈志光为副主任；经科委由米文宝任主任，易刚超、雷保顺任副主任，原工业委主任唐祖荣不再任职，陈志光、冯远迈改任他职；联谊委由林绵聪任主任，刘晓彪、周建绵、黄国燕（女）任副主任。2010年4月1日，刘勇任教文卫委副主任，戴伍闻任经科委副主任；刘向林不再任教文卫委副主任。

2010年8月18日，俞斌任农业委主任，周继兴任教文卫委主任；张永才不再任农业委主任，李世元不再任教文卫委主任。2011年6月，付祥国不再任提案委主任，由钟晶会（女）任提案委主任。

2012年3月7日，县政协第四届一次常委会会议协商决定7个专委会正副主任人事安排。2013年12月，免去吴清满的农业委副主任、游弋（女）的联谊委副主任职务，增补黄河为联谊委副主任。2014年4月4日，刘军任文史学习委主任，周继兴改任教文卫委主任。是年4月18日，柯贤良任提案委主任，免去刘军的文史学习委主任职务。10月，范翠林任文史学习委主任，不再任教文卫委副主任。12月，增补魏顺林任联谊委副主任、张茂林任教文卫委副主任、周义雄任农业委副主任、施胜任经科委副主任、肖勇任教文卫委副主任，免去周蜀川的农业委副主任、戴伍闻的经科委副主任、谢明的教文卫委副主任、杨昌华的农业委副主任职务。2015年12月，免去柯贤良的提案委主任职务，由高君任提案委主任；免去钟晶会的联谊委主任职务，由唐万华任联谊委主任；免去唐英的经科委主任职务，由柯贤良任经科委主任；免去刘晓彪的社法委主任职务，由李世良任社法委主任；免去黄河的联谊委副主任、刘华勇的经科委副主任职务。

2016年12月23日，县政协第五届一次常委会会议协商决定设置7个专门委员会，并按组织程序配备专委会正副主任，其中经科委主任暂缺。县政协第五届二次常委会会议商定，陈金平任联谊委主任，免去唐万华的联谊委主任职务；柯贤良任提案委主任，免去陈金平的提案委主任职务。

第一至五届罗江县政协专门委员会负责人职名一览表

表 1—8

届次	专委会（小组）名称	主任（组长）	副主任（副组长）
第一届	提案委员会	李兴明（女）	高　君　白光裕　杨勇飞
	学习委员会	冯小平	王心祥　卢明富
	文史资料委员会	张明义	卢明富　赖安海
	文史学习委员会	张明义	赖安海　卢明富　冯小平　刘　军
	经济科技委员会	段家琼（女）	廖大礼　杨勇飞　付祥国
	农业经济委员会	段家琼（女）	李国荣　杨勇飞　张永才
	工业经济委员会	刘德聪	付祥国　魏大洋　张新竖
	财贸委员会	刘德聪 杨文龙	杨文龙　范华清　杨　勤　应乃富
	法制群团委员会	王心祥	唐幼龙　龙维斌　李建珠
	文教卫生委员会	薛品峰	曹莉琳（女）　李代长
	金山地区委员小组	周建绵	杨素琼（女）
	鄢家地区委员小组	杨　勤 刘洋华	沈建军
	略坪地区委员小组	白光裕 马桂珍（女）	黄云忠　金剑峰　陈振平
	万安地区委员小组	刘　军 李代长	刘小琴（女）
第二届	提案委员会	刘　军 付祥国	唐幼龙　高占果　刘　军
	文史学习委员会	王心祥 苏富贵	赖安海　高　君　张开升
	农业委员会	张永才	周信廷　陈振建　古明水
	工业委员会	陈培建 唐祖荣	唐祖荣　杨文龙　周光述　鲍继华
	财贸委员会	薛建都	林玉安　周仁刚
	法制群团委员会	李建珠（女）	苏富贵　张建宁　范云萍（女）
	教科文卫委员会	李世元	罗丽萍（女）　张茂林　刘向林
第三届	提案委员会	付祥国 钟晶会	刘　军　唐幼龙　张述华　唐英（女）
	文史学习委员会	赖安海 苏富贵	曹传海　周建绵　赖安海　张萃旭
	农业委员会	张永才 俞　斌	王周模　米文宝　卢　昆　俞　斌　冯远迈
	经济科技委员会	米文宝	易刚超　雷保顺
	财贸委员会	薛建都	周仁刚　易刚超
	法制群团委员会	苏富贵	米亨清　范云萍（女）
	社会法制委员会	高占果	米亨清　范云萍（女）
	教科文卫委员会	李世元 周继兴	蒋寿军　刘向林
	联谊委员会	林绵聪	刘晓彪　周建绵

续表 1—8

届次	专委会（小组）名称	主任（组长）	副主任（副组长）
第四届	提案委员会	冯小平 柯贤良 高　君	莫畏强　何　曦（女）　文　宏
	文史学习委员会	周继兴 刘　军 范翠林	张萃旭　刘　军　罗通富　肖　勇
	农业委员会	俞　斌	杨昌华　吴清满　周蜀川　周义雄 金维斌　徐虎啸
	经济科技委员会	唐　英（女） 柯贤良	戴伍闻　谢　明　刘华勇　邓启明 施　胜
	社会法制委员会	刘晓彪 李世良	饶明亮　周　荣　邹建卿
	教文卫委员会	薛建都 谢　明 周继兴	黄登华　范翠林　李伦兴　张茂林
	联谊委员会	钟晶会（女） 唐万华	杨建桥　郑德荣　游　弋（女）　黄　河 魏顺林　谢桑良
第五届	提案委员会	陈金平 柯贤良	曾　勇　杜翰林
	文史学习委员会	范翠林	肖　勇　廖小华　刘　蓉（女）
	农业经济委员会	刘华勇	李　玲　郑文斌　石珍宁
	经济科技委员会	——	李克俭　姚敏荣
	社会法制委员会	李世良	廖禄元　周洪平
	教文卫委员会	周继兴	熊　月（女）　李均建　何世平
	联谊委员会	唐万华 陈金平	魏顺林　符海凌　徐虎啸

说明：本表“主任（组长）”栏中有多人的为先后任职，“副主任（副组长）”栏以任职时间先后为序

第五节　机关党群组织

一　党支部

1997 年 7 月 29 日，县政协党组根据《中国共产党章程》的有关规定，结合县政协机关有中共党员 5 名、县委统战部机关有中共党员 1 名的实际情况，决定两个部门合建一个党支部，成立中共罗江县政协机关支部委员会，设支部书记 1 名，暂不设支部委员。并向县委组

织部和有关部门致函请示。是年7月31日，县直机关党工委复函，同意设置中共罗江县政协机关支部及张明义任党支部书记。2003年7月2日，县直机关党工委复函，同意曹传海任县政协机关党支部书记，张永才、刘军任支部委员。2004年3月，曹传海、刘军调离县政协。是年8月，县政协机关党支部改选，肖宗军任党支部书记，周信廷任支部委员。2007年4月，县政协机关党支部换届，薛建都任党支部书记，廖德智任支部委员。2011年5月，周明碧（女）、向薇薇（女）任支部委员。2012年2月，县政协机关党支部换届，曾传聪任党支部书记。2014年12月，向薇薇任支部委员。

历届县政协机关党支部，在县政协党组指导下，学习贯彻党的基本路线和方针政策，贯彻落实上级党组织、县政协党组的重要会议精神和决议、决定；了解掌握所在支部党员和群众的思想、工作和学习情况，做好经常性政治思想工作，对党员进行教育、管理和监督；培养青年积极分子加入党组织；加强支部自身建设，发挥党组织战斗堡垒作用和党员先锋模范作用，提高党员的理论水平和工作能力，带领党员和职工完成机关的年度工作任务。

中共罗江县政协机关支部成员一览表

表1—9

职　务	姓　名	任职时间
书　记	张明义	1997. 07—2003. 07
	曹传海	2003. 07—2004. 08
	肖宗军	2004. 08—2007. 04
	薛建都	2007. 04—2012. 02
	曾传聪	2012. 02—
委　员	张永才	2003. 07—2004. 03
	刘　军	2003. 07—2004. 08
	周信廷	2003. 07—2004. 08
	廖德智	2004. 08—2006. 07
	周明碧（女）	2011. 05—
	徐成璐（女）	2011. 05—2014. 09
	向薇薇（女）	2014. 12—

二　工会

1997年7月29日，根据《中华人民共和国工会法》《中国工会章程》的有关规定和相关工作原则及人员情况，经县政协党组同意，召开县政协机关和县委统战部机关全体职工会议，选举产生两个部门的统一工会——“罗江县政协机关工会”，选举工会主席1名。由县政协办公室将选举结果致函县总工会。是年7月31日，县总工会复函，同意卢明富任县政协机关工会主席。2003 年 9 月 3 日，县总工会复函，同意刘军任县政协机关工会主席。次年 8 月，刘军因工作变动不再任县政协机关工会主席，由周信廷担任。2007 年 12 月，县总工会复函，同意周明碧（女）任县政协机关工会主席。2016 年 12 月，县政协第五届一次全体会议后，周明碧继任县政协机关工会主席。

罗江县政协机关工会负责人一览表

表 1—10

职 务	姓 名	任 期
主 席	卢明富 刘 军 周信廷 周明碧（女）	1997. 07—2003. 09 2003. 09—2004. 08 2004. 08—2007. 12 2007. 12—

附 记

1949 年 6 月召开的全国政协第一届一次全体会议通过的《中国人民政治协商会议共同纲领》规定："凡人民解放军初解放的地方，应一律实行军事管制，取消国民党反动政权机关，由中央人民政府或前线军政机关委任人员组织军事管制委员会和地方人民政府，领导人民建立革命秩序，镇压反革命活动，并在条件许可时召集人民代表会议。"是年 10 月 1 日，中华人民共和国宣告成立。12 月 2 日，中央人民政府分别制定颁布《省（市、县）各界人民代表会议组织通则》。省、市《通则》除就省、市各界人民代表会议的召集办法、参加单位和代行人民代表大会职权作出规定外，还规定"各界人民代表会议休会期间，设各界人民代表协商委员会；由各界人民代表会议选举主席一人、副主席若干人及委员若干人组成"。《县各界人民代表会议组织通则》规定县各界人民代表会议代表名额、代表资格、代表产生、代表会议职权等。1950 年 6 月 23 日，全国政协第一届二次全体会议通过《人民政协全国委员会关于地方委员会的决定》，规定省、市各界人民代表会议所产生的协商委员会代行地方委员会职权。因此，省、市协商委员会既是各界人民代表会议休会期间的常设机构，又代行政协地方委员会职权。它既是各民主党派、人民团体和各方面人士的政治协商机关，又是各民主党派和民主人士去团结各阶层的统一战线组织。它一方面要协助人民政府实行各界人士代表会议的决议，协商并向政府提出建议，协助人民政府联系和动员人民支援前线、建立革命秩序、镇压反革命并参加建设工作。另一方面要加强各民主党派、人民团体和民主人士的团结进步工作。组织他们学习时事政治，加强自我改造。

1949 年 12 月 22 日，中国人民解放军某部解放罗江县，建立军管会，解散民国罗江县政府，委派军队干部担任县人民政府县长。是月 30 日，中共绵阳地委委派刘辉祖等组建中共罗江县委。1950 年 1 月，绵阳行政督察专员公署委派郭普年等组成罗江县人民政府，组织动员人民支援前线，建立革命秩序，恢复发展生产。

之后，成立县各界人民代表会议筹备委员会，召开县各界人民代表会议。1956 年成立县各界人士学习委员会。

1959 年 3 月撤罗江县并入德阳县（德阳市市中区）后至 1996 年，境内有关干部被选入德阳县、德阳市市中区政协机关，有关人士被确定为县（区）、市或省的政协委员。德阳县、德阳市市中区政协先后在境内设立若干政协委员小组，组织开展政协相关活动。

一　县各界人民代表会议

1950 年 4 月 7 日，成立县各界人民代表会议筹备委员会，县委书记刘辉祖、县长郭普年分任主席。下设秘书处、提案审查委员会、资格审查委员会。筹备工作重点是提名、协商确定出席县第一届各界人民代表会议代表名单。代表分驻军、军政、中共、工人、农民、青年学生、妇女、工商、文化教育、自由职业、宗教、特邀人士 12 个界别，共 143 个名额。代表提名：特邀人士（开明人士）由出席代表与区公所负责提名，工人代表由工筹会提名，工商界代表由工商筹委会、税务局和区公所共同提名，农民代表由乡农协提名，文教代表由校长邓公望、杨华清、唐小年、张基源、范世宣及组织小组会共同提名，自由职业及宗教界代表由郭建侯提名。所提人员须填写个人履历表，由资格审查委审查。

1950 年 4 月 12—15 日，县第一次各界人民代表会议在罗江县城召开，第一天出席会议的各界代表 135 名，另有 8 人缺席。会议听取筹委会《关于会议筹备情况的报告》，听取县政府《关于接管、施政工作的情况报告》，听取县委《关于土改问题的报告》，听取《提案情况报告》；与会人员分组讨论各个报告，提出意见和建议；会议选举产生县各界人民代表会议常务委员会，委员 17 名，选举刘辉祖为常务委员会主任，郭普年、邓公望为副主任。各界别代表在大会上发言。会议共收到有关建立生产治安委员会和城市消防问题、剿匪问题、袍哥问题、旧乡保人员处理问题等提案 101 件，通过《关于生产问题的决议》《关于组织乡保两级生产剿匪委员会的决议》《关于加强代表联系，揭穿匪特谣言、完成公粮入库的决议》。会议通过向毛泽东主席、朱德总司令、刘（伯承）贺（龙）邓（小平）首长、西南行政公署及本县政府、驻军、征粮工作队的致敬电，通过标语口号。

1950 年 10 月至 1952 年 10 月，县各界人民代表会议还召开过第二、三、四次会议。

第二次会议于 1950 年 10 月 2—5 日召开，代表总数 261 名，其中农民 84 名、工人 20 名、机关团体 57 名、文教卫生 35 名、工商业界 19 名、开明士绅 35 名、自由职业及宗教 5 名、特邀人士 6 名。出席会议代表 259 人，会议审议通过《县政府关于 1950 年 1—9 月施政工作报告》及下半年任务，并就下半年主要工作如剿匪肃特、加强革命秩序、增加财政收入、励行精简节约、稳定物价、推行人民币、农业生产、文化教育工作等形成决议。县长郭普年在《工作报告》中强调：“我们提议在此次会议中组成协商委员会和正式成立县的人民法庭。乡的、区的、县的农协会之组成，人民法庭建立，协商委员会产生，有了这三个组织，我们就能有把握、有步骤、有秩序地顺利完成减租、退押、反霸的伟大任务。”会议选举产生第二届县各界人民代表会议常务委员会，委员27人，选举刘辉祖为常务委员会主任，郭普年、唐小年为副主任。

第三次会议于1951年4月30日至5月5日召开，参加会议的代表523人，其中农民256人、工人14人、青年49人、妇女52人、军队21人、机关31人、文教卫生49人、工商业25人、开明人士22人、特邀人士4人。会议听取并审议通过《政府工作报告》，就土地改革、抗美援朝、治安武装、财经、生产、文教卫生、妇女、宗教等工作形成决议。会议选举产生第三届县各届人民代表会议常务委员会，委员24名，选举刘辉祖为常务委员会主任，郭普年、邓公望为副主任。

第四次会议于1952年10月20—22日召开，代表总数200名，其中党政军24名，工人20名，农民88名，妇女、青年28名，文教卫生16名，工商业16名，爱国人士（含宗教、自由职业者）8名，列席6名。出席会议的代表197人。会议听取并审议通过《县政府关于一九五二年爱国增产工作的总结与一九五三年爱国增产计划及今冬明春任务的报告》，听取《县委关于恢复与发展工商业的报告》。会议就1953年增产计划，发展巩固互助组、合作社，秋收秋种、水利岁修、积肥与猪只发展等计划形成决议。在讨论中，各单位挑战应战，互贴红榜，有时会议开到次日凌晨2点。会议选举产生第四届县各界人民代表会议常务委员会，委员27人，选举郭普年为常务委员会主任，李权、邓公望、袁兴隆、唐小年为副主任。

1954年，中共中央选举委员会、中央人民政府政务院联合颁布《关于召开省、市、县人民代表大会的几个问题的规定》。罗江县据此展开“普选”工作，于是年6月召开罗江县第一届人民代表大会第一次会议。至此，县各界人民代表大会的组织机构和各项工作自行终止。

二　县各界人士学习委员会

根据1956年3月《中共中央关于对〈一九五六年到一九六二年统一战线的工作方针〉的批示》、全国政协第二届二次会议通过的《关于组织各界人士和工商业者进行理论学习的决定》和中共四川省委统一战线工作部、宣传部《关于不设政协的县建立各界人士学习委员会的通知》，针对罗江县是人口不足20万的丘陵地区农业小县，境内民族构成、宗教流派、海外关系等不很复杂的实际情况，为便于在撤销县各界人民代表会议协商委员会后开展好协商活动，1956年7月，经第一届县人大常务委员会会议讨论通过，决定成立县各界人士学习委员会。

1956年7月12—15日，召开第一次县各界人士学习委员会会议，27名委员全部参加会议，其中党政界6人、工商界4人、文教界5人、医卫界5人、民主人士5人、少数民族1人、农民1人。会议传达学习中共四川省委统战部、宣传部贯彻中共中央关于统战工作方针的批示精神，听取县委第一书记李权所作的《关于各界人士学习规划和开展统战工作的意见》。会议选举李权为县各界人士学习委员会主任，邓公望、唐小年为副主任。设驻会专职干部1人；分设文教卫生、工商、妇女、社会人士四个组，各选组长1～2人。

县各界人士学习委员会是在中共罗江县委领导下的人民民主统一战线组织，是贯彻落实党的统一战线政策的学习、议事机构。每月定期召开一次组长会议，每季度召开一次常务委员会议，每年召开一次全体会议，总结汇报学习情况，听取各方面意见，了解各阶层动向，以调动各界人士为社会主义革命和建设服务的积极性。

1956—1959 年，县各界人士学习委员会认真贯彻执行中共中央“长期共存、互相监督”的方针，始终坚持“三自”（自己提出问题、自己分析问题、自己解决问题）、“学习自愿、独立思考、自由辩论”的原则，组织各族各界人士学习马克思列宁主义、毛泽东思想，学习宣传各个时期党的路线、方针、政策和国家法律法令，学习时事政治，开展交心谈心活动，通过自我教育、自我改造，以提高自身的理论水平与思想觉悟；通过形势报告会、座谈会、评比交流会等，组织和推动各界人士积极参加社会主义革命与建设，参加私营工商业者的社会主义改造，组织“‘四秋’战斗团”，下乡帮助农民秋耕、秋播、秋收、秋种，向农民学习，开展批评与自我批评，以加强其思想改造；配合文教、医卫、科技、财贸等有关部门开展活动，以推动他们为社会作更大贡献；理论联系实际，深入群众、联系群众，协助党委和政府宣传贯彻落实党的方针政策，并向县委和县人民委员会反映社情民意信息，提出意见和建议。

1959 年 3 月撤销罗江县建制并入德阳县后，原县各界人士学习委员会随之被撤销，部分人员并入政协第一届德阳县委员会相关组织。

三　撤县后境内政协委员（部分）及委员小组

（一）常务委员、副主席

1961 年 10 月，召开政协第二届德阳县委员会第一次全体会议，原中共罗江县委副书记武献卿当选县政协副主席，罗江中学校校长邓公望、区中心校校长唐小年当选县政协常务委员会委员。

1965 年 12 月，召开政协第三届德阳县委员会第一次全体会议，武献卿当选副主席，唐小年、邓公望当选常委。

1981 年 3 月，召开政协第四届德阳县委员会第一次全体会议，武献卿当选县政协主席，罗江中学校教导主任喻怒违当选县政协副主席。

1984 年 4 月，召开政协第五届德阳县委员会第一次全体会议，罗江中学校校长李恩荣、教师赵锟，罗江农场场长胡再东，德阳县第二人民医院（今罗江县人民医院）院长隋长春当选县政协常委。

1990 年 3 月，召开政协第三届德阳市市中区委员会第一次全体会议，罗江第一小学校原教导主任段厚基和德阳市市中区人民医院（罗江县人民医院）医生、农工民主党罗江支部党员覃大蓉（女）当选区政协副主席。

1993 年 2 月，召开政协第四届德阳市市中区第一次全体会议。段厚基、覃大蓉当选区政协副主席。

（二）省、市政协委员

1983—1988 年，有罗江农场胡再东，罗江中学校李恩荣、龚永和、李道鉴，罗江医院张淑萼任市政协委员。1988—1993 年，有罗江中学校龚永和、万佛寺住持释海山任市政协委员。1993—1996 年，有罗江医院谭必达、罗江中学校李敦洪、新盛镇农民曲雪梅（女）、万佛寺住持释海山任市政协委员。1988—1996 年，释海山任省政协第六、七届委员会委员。

（三）委员小组

1987 年 4 月，政协德阳市市中区委员会在境内设罗江、金山委员小组。1990 年 3 月，境内设罗江、鄢家、金山、略坪委员小组。1993 年 3 月，继续设罗江、鄢家、金山、略坪委员小组。各委员小组根据委员所担负的工作，开展政协相关活动。

第二章　政治协商

《中国人民政治协商会议章程》规定，中国人民政治协商会议全国委员会和地方委员会的主要职能是政治协商、民主监督、参政议政。政治协商是对国家和地方的大政方针，以及政治、经济、文化和社会生活中的重要问题在决策之前进行协商和就决策执行过程中的重要问题进行协商。

《中共中央关于加强人民政协工作的意见》指出，人民政协政治协商的主要内容是：国家的大政方针以及政治、经济、文化和社会生活中的重要问题；各党派参加人民政协的共同性事务，政协内部的重要事务以及有关爱国统一战线的其他重要问题。人民政协政治协商的主要形式有：政协全体会议、常务委员会会议、主席会议、常务委员会专题会议、政协党组受党委委托召开的座谈会、秘书长会议、各专门委员会会议和根据需要召开的由政协各组成单位和各界代表人士参加的内部协商会议。

罗江县政协根据有关规定和意见，适时召开全体委员会议、常务委员会会议、主席会议、专题会议、专委会会议，以及列席县人代会会议、参加县委县政府召开的情况通报会等，就地方的发展建设、政策法令的贯彻实施、人民群众生活、统一战线内部的重要问题进行协商讨论，提出意见、建议和批评。

第一节　县政协全体会议

按照中国人民政治协商会议第八届全国委员会第二次会议修订的《中国人民政治协商会议章程》规定，各地方委员会每届任期5年。地方委员会的全体会议每年至少举行一次，由常务委员会主持会务，每届第一次全体会议由会议选举主席团主持。中国人民政治协商会议罗江县委员会（以下简称县政协）第一届任期因与省、市换届同步故延长一年，任期六年，共召开六次全体会议，第二届召开四次全体会议，第三、四届各召开五次全体会议。至本志下限，第五届召开一次全体会议。

罗江县政协每届各次全体会议，紧扣人民政协界别特点，发挥委员专长优势和主体作用，在强化学习，深入调研的基础上，围绕全县经济、政治、文化和社会生活各方面的重点、难点、热点，服从服务于全县改革、发展、稳定大局，为促进罗江发展不断实现新跨越，心怀坦荡发表意见，开诚布公协商讨论，建言立论，献计出力。把各次全体会议开成民主、团结、求实、鼓励的大会。

一　第一届全体委员会议

第一次会议

1997年2月18—20日，县政协第一届一次全体会议在罗江举行。政协罗江县委员会筹备组组长何天云，副组长刘成国，成员李兴明、廖大礼，以及15个界别的全体政协委员出席会议；县领导彭坚、曾广友、刘成鸣、邓华明、刘龙春、吴忠金、戴厚麟、王友贵、魏业东、张晓鹏、田芬金、雍朝首、洪善斌、杨育林、宋玉华（女）、石昌明、黄亮参加会议；县级有关部门负责人及社会知名人士代表列席会议；德阳市政协、市委统战部领导到会指导。会议由本次会议主席团主持。

会议议程有：选举政协第一届罗江县委员会主席、副主席、秘书长和常务委员；听取和讨论县委书记讲话；列席县人大一届一次会议并听取和协商、讨论县人民政府、县计划委员会、县财政局筹备组有关报告；协商县人大、县政府、县人民法院、县人民检察院领导人选建议名单；通过县政协一届一次会议决议。

县政协一届一次会议预备会议协商通过会议议程，协商通过大会主席团成员及秘书长、副秘书长名单，协商通过提案审查委员会名单等。

主席团成员（以姓氏笔画为序）：石青玉（女）　刘成国　江一彬　向元强　李　明　李兴明（女）　李永贤　李定银　李建珠（女）　杨　勤　杨文龙　杨勇飞　肖宗军　何天云　张社林　张明义　张光斗　易祖平　陈德顺　龚泽民　廖大礼　薛品峰

秘书长：刘成国　副秘书长：张明义　王心祥

提案审查委员会主任委员：李兴明（女）　副主任委员：高　君　白光裕　杨勇飞

委员（以姓氏笔画为序）：方绍荣（女）　石正明　付祥国　江一彬　唐幼龙

2月18日下午，县政协一届一次会议开幕。县委统战部部长、县政协筹备组副组长刘成国代表县政协筹备组向大会报告县政协一届一次会议筹备工作。根据德阳市委组织部印发《关于成立罗江县政协委员会筹备组的通知》，市委同意成立罗江县政协第一届委员会筹备组，何天云任组长，刘成国任副组长，李兴明、廖大礼任成员。在筹备组主持下，根据《中国人民政治协商会议章程》有关规定，拟定县政协一届委员会组建方案，协商、决定县政协一届委员会委员名单，制定县政协工作机构设置初步方案。

开幕大会上，德阳市政协常务副主席郭务文、市委统战部副部长蒋万永先后讲话，祝贺大会顺利召开，希望罗江县政协在罗江建设和发展中发挥重要作用。

中共罗江县委书记彭坚在开幕大会上讲话。回顾了人民政协的光辉历程和历史功绩，阐述新时期人民政协的性质、地位和主要职能，讲解人民政协的根本任务、主要工作和政协与有关部门的关系。要求本届县政协在罗江的建设和发展中发挥好三个方面的重要作用：一是履行好“政治协商、民主监督、参政议政”职能，积极参与党委、政府重要方针、政策的协商制定，为党委、政府的决策民主化、科学化献计献策，对方针、政策的贯彻实施过程大胆实行监督，对事关全县政治、经济、社会发展的重大事项，以及人民群众普遍关心的问题加强监督，主动提出自己的意见和建议；二是发挥好政协人才荟萃的智力优势，采用灵活多样的形式，让各行业、各条战线优秀人才的聪明才智得到充分发挥，切实服务于县域经济建设；三是做好党的统一战线政策及理论知识的学习宣传工作，培养统一战线工作队伍，认真组织政协委员和政协机关干部学习《政协章程》和有关方针、政策，不断提高履职能力与水平。

2 月 19 日，会议分组讨论彭坚的讲话、会议筹备工作报告，讨论县政府、县计委、县财政局筹备组有关报告；协商县人大、县政府、县法院、县检察院领导成员候选人建议名单；协商县政协第一届委员会主席、副主席、秘书长和常务委员候选人名单。委员们书写提交提案。

2 月 20 日，县政协一届一次会议举行闭幕大会。进行预设议程之前，大会举行沉痛悼念、深切缅怀邓小平同志仪式。接着，大会选举政协第一届罗江县委员会主席、副主席、秘书长和常务委员。何天云当选主席，刘成国、李兴明（女）、廖大礼当选副主席，张明义当选秘书长，石青玉（女）、江一彬、向元强、李明、李永贤、李定银、李建珠（女）、杨勤、杨文龙、杨勇飞、肖宗军、张社林、张光斗、易祖平、陈德顺、龚泽民、薛品峰当选常务委员。

在闭幕大会上，政协第一届罗江县委员会主席讲话，提案审查委员会主任作《提案审查报告》，通过《政协罗江县第一届委员会第一次会议决议》。

县政协主席何天云作题为《为开创我县政协工作新局面而奋斗》讲话。讲话要求新一届县政协将发扬人民政协自我教育的优良传统，组织政协委员和各界人士学习，作为人民政协的一项重要任务。组织学习邓小平建设有中国特色社会主义理论，增强维护改革、发展、稳定大局意识；学习社会主义市场经济基本知识，提高经济建设本领和参政议政能力。讲话强调本届政协要认真履行政治协商、民主监督基本职能。要对党委、政府的大政方针和地方重要事务，以及群众生活、爱国统一战线内部关系等重要问题，进行政治协商，并通过提出建议和批评，发挥民主监督作用。要学习和借鉴各级各地政协履行基本职能的经验，提高协商、监督实效。要在实施政治协商中突出经济建设重点，发挥政协“人才库”和联系面广的优势，主动与县委、县政府有关部门开展多领域、多渠道、多层次的对口协商、调查研究、专题讨论，参政议政、献计出力，做到协商于党和政府决策之前，监督于实施之中。要对本县宪法、法律的实施和勤政廉政方面的问题进行监督，支持政协委员和各界人士对违背党的路线、方针、政策和国家法规法令的现象，以及不正之风、腐败行为进行检举。要有重点地组织委员深入实际，开展调查、考察活动，找出与党的中心工作最密切的、群众最关心的、党和政府又能办到的问题，写出有内容、有分析、有建议、有措施的提案，使提案真正发挥实效，更好地为本县“两个文明”建设服务。要加强政协自身建设。强调各政协委员要发扬自我教育的优良传统，要通过学习和培训，不断提高对事物的观察与辨别能力，对问题的分析与判断能力，对政情的认识与评价能力，对党委、政府的谋策与建议能力，对人才的熟悉与举荐能力等。机关办事机构和各专门委员会要建章立制，要规范专委会与对口部门的协商、联系与合作，在制定工作计划时抓好与对口部门工作及委员的特长和爱好的两个结合，把发挥人才优势体现在对联系点的服务之中。要求在乡镇的委员小组，本着量力而行、尽力而为和主动积极的原则，定期组织委员和各界人士学习，听取当地党委、政府通报“两个文明”建设情况，反映社情民意，协调社会矛盾，按照计划组织委员开展视察和调研活动。

县政协副主席李兴明就政协罗江县委员会一届一次会议期间提案审查工作向大会作报告。本次会议期间共收到委员提案56件，提出提案的委员228人次。经提案委员会审查，作为提案办理的52件，作为意见和建议转交有关部门办理的4件。提案中，涉及工业3件，农业5件，商贸7件，基础设施建设12件，教育、文化、体育、旅游16件，科技2件，医卫2件，其他方面的9件。

会议通过《政协罗江县第一届委员会第一次会议决议》。

2月20日下午，县政协一届一次全体会议闭幕。

第二次会议

1998年1月9—11日，县政协一届二次全体会议在罗江举行。135名县政协委员出席会议，县政协主席何天云，副主席刘成国、李兴明（女）、廖大礼，秘书长张明义和常务委员在主席台就座；县领导张法祥、曾广友、刘成鸣、邓华明、刘龙春、张саз鹏、胡席贤、吴忠金、戴厚麟、王友贵、魏业东、张本应、李茂刚、田芬金、雍朝首、洪善斌、杨育林、宋玉华（女）、肖英、张国权、石昌明、黄亮参加会议并在主席台就座；有关部门负责人及社会知名人士代表列席会议，市政协副主席陈久新、副秘书长陶国华到会指导。

会议议程有：听取审议《县政协常务委员会工作报告》和《县政协一届一次会议以来提案工作情况的报告》；听取县委书记讲话；列席县人大一届二次会议并听取和协商讨论《政府工作报告》等有关报告；通过县政协一届二次会议决议，表彰县政协1997年度先进委（组）、先进政协委员。会议期间，有委员234人次提出提案57件；与会人员为“教育基金”捐款5500元，其中政协主席何天云带头捐款300元，张鸣笙捐款1000元。

1月9日下午预备会议上，县政协主席何天云通报新增补的15名政协委员名单。至此，本届政协委员人数为145名。

开幕大会上，何天云作《政协一届罗江县委员会常务委员会工作报告》，从“学习”“履职”“自身建设”三个方面回顾一年的工作。在抓学习中，把组织政协委员和各界人士学习邓小平理论和党的十五大精神放在首位。采取学习原文、召开座谈会、主席工作报告、派干部参加理论培训、印发资料等多种方式开展学习。坚持学中干、干中学，在开展专题调研和委组视察、对口协商等活动中，注重基本理论和业务知识的学习，坚持学习同转变观念、提高认识、做好本职工作相结合，进一步解放思想、振奋精神、求得共识。为发挥优势、履行职能、做好工作奠定扎实基础。在履行基本职能中，通过5次常委会会议、5次主席会会议、10次委组工作会议和专题座谈会，协商讨论全县重大和事关全局的问题。县政协领导参加县各项中心工作和重点建设领导工作，应邀参加县委常委会会议、县政府常务会议和评审、论证会，建言献策，各专门委员会和委员小组加强同县委、县政府有关部门和乡镇对口协商，寻求共识，推动工作；通过组织委员视察，深入实际、联系群众、了解社会、反映社情民意，为“两个文明”建设知情出力。其中提案委组织视察以旅游为主的国土开发整治项目，文史委组织视察云盖山庄、醒园、万佛寺等配套开发项目，经科委和鄢家地区委员小组组织视察个体私营经济发展，文教卫委组织视察罗江中学与慧觉茅庵堂小学等。在对所取得成绩予以充分肯定的同时，对存在的问题提出真诚的意见和建议，对亟待解决的问题以书面形式向县委、县政府及其有关部门反映；通过开展专题调研，深入企业、乡村和基层单位，对全县重点文物保护管理、鄢家地区个体经济、略坪地区社会治安综合治理，以及广电网络建设、企业发展、小康工程等实施情况进行专题调查，以书面或当面交换意见的方式，协商讨论、进言添计；对全县多种经营生产组织专题调研，写出《围绕中心调研多经，履行职能献计出力》调研报告送县委、县政府；编辑出版《罗江县文史资料》。在加强自身建设方面，把思想建设放在首位，采用灵活多样的形式加强学习。一次全会后，县政协党组、机关党支部、工会等相继建立，机关所设办公室、专委会办公室投入运转，各专门委员会、委员小组设立。制订《关于政治协商、民主监督、参政议政实施意见》《主席会议、常务委员会和常委会专题座谈会工作规则》《专门委员会工作规则》，以及《评选先进委、组和先进个人办法》等制度及全年工作要点等，以保障各项工作顺利开展。

《县政协常委会工作报告》在部署 1998 年工作中强调要继续贯彻落实中共十五大精神，坚持贯彻“振奋精神、艰苦创业、开拓前进、富民强县”兴县方针，实施县委“一个基础、两个支柱、三项重点”经济发展思路。要加强学习，不断进步，发挥优势，服务大局，献计出力，推进社会主义精神文明建设和实现小康建设总体目标。

在开幕大会上，县政协副主席李兴明作《提案工作情况报告》。报告提出，县政协一届一次会议以来，提出提案 59 件，经审查，作为提案办理的 55 件，作为意见和建议交有关方面办理的 4 件，送交 26 个相关部门办理。在办理提案工作中，领导重视，办理规范，注重实效，95% 的委员表示满意或基本满意。

在 10—11 日会议期间，与会人员讨论《常委会工作报告》《提案工作情况报告》和有关报告决议（草案），列席县人大一届二次会议，听取《政府工作报告》和其他报告并进行讨论。

11 日，会议听取县委书记张法祥讲话。讲话从干部队伍建设、建章立制、制定实施全县经济社会规划、开展以县城建设为重点的基础设施建设、经济建设稳步发展、党的建设得到加强等方面总结全县各项工作所取得的成就。从以小康建设统揽农业和农村工作、加强工业和城市经济发展壮大县级财力、以加强党的建设和精神文明建设推动社会事业全面进步，发扬艰苦创业和团结拼搏精神推动全县各项工作等方面部署当年工作。张法祥在讲话中要求要加强和改善党对政协工作的领导，开创政协工作新局面。政协要加强自身建设，提高参政议政水平，为建设富裕、文明、秀丽新罗江努力奋斗。

会议通过《县政协一届二次会议决议》。

1 月 11 日下午，县政协一届二次全体会议闭幕。

第三次会议

1999年1月26—28日，县政协一届三次会议在罗江举行。137名县政协委员出席会议，县政协主席何天云，副主席刘成国、李兴明（女）、廖大礼，秘书长张明义和常务委员在主席台就座；县领导张法祥、曾广友、刘成鸣、邓华明、刘龙春、胡席贤、戴厚麟、王友贵、张本应、李茂刚、田芬金、雍朝首、洪善斌、杨育林、宋玉华（女）、肖英、李琦（女）、黄瑛（女）、崔金柏、石昌明、黄亮参加会议并在主席台就座；有关部门负责人及社会知名人士代表列席会议。

会议议程有：听取和审议《县政协常务委员会工作报告》；听取和审议《县政协一届二次会议以来提案工作情况报告》；听取县委书记讲话；列席县人大一届三次会议并听取和协商讨论《政府工作报告》等有关报告；通过《县政协一届三次会议决议》；表彰县政协1998年度先进委（组）、优秀政协委员、政协工作积极分子。

1月26日下午预备会议上，政协三席何天云通报县政协一届十次常委会议协商确定同意石青玉（女）、易祖平、万生敬、魏大祥、龙维斌、寂喜辞去一届政协委员职务，审议通过会议议程、日程，通过会议执行主席名单、秘书长（及副秘书长）名单、提案审查委员会名单、邀请上主席台就座人员名单、应邀列席会议人员名单。

开幕大会上，县政协主席何天云向大会作《政协一届罗江县委员会常务委员会工作报告》，县政协副主席李兴明作《提案工作情况报告》。

《县政协常委会工作报告》从“加强学习，推进‘两化’建设”“高举旗帜，埋头苦干，认真发挥人民政协的职能作用”两个方面报告政协常委会一届二次会议以来的工作。县政协一届二次会议以来，坚持在县委的领导下，高举邓小平理论伟大旗帜，坚持以党在社会主义初级阶段的基本路线和中共十五大、十五届三中全会为指针，在县人大、县政府以及社会各界的支持配合下，团结委员和各界人士，发扬艰苦创业精神，围绕经济建设这个中心，按照县委、县政府的工作部署，加强学习，发挥优势，埋头苦干，切实履行人民政协“政治协商、民主监督、参政议政”的基本职能，为全县改革、发展、稳定做出贡献。在新的一年，县政协将按照县委、县政府确定的经济发展路子，紧扣建设富裕文明秀丽新罗江的奋斗目标，在工作中围绕“一个中心”（以经济建设为中心）、突出“两个主题”（团结和民主）、做到“三个主动”（主动坚持党的领导、主动履行政协职能、主动加强自身建设）、搞好“四个服务”（为社会主义现代化建设和建设新罗江服务、为维护安定团结的政治局面服务、为促进社会主义民主和法制建设服务、为实现和平统一祖国的目标服务），发挥人民政协优势，切实履行“政治协商、民主监督、参政议政”职能，为全县“两个文明”建设做出新的贡献。

《县政协提案工作情况报告》指出，县政协一届二次会议共收到提案57件，其中农、工、商、贸15件，环保、国土、交通、基础设施建设19件，科教、医卫、文化15件，综合管理方面8件。县委、县政府重视提案办理工作，承办单位专人办理，县政协从调动提和办“两个积极性”的思路和理念出发，提出提案办理工作“改文来文往为人来人往”获各承办单位响应支持。至1998年6月末，所交办的提案全部办理完毕，并书面答复委员，95.5%的委员表示满意或基本满意。

1 月 27 日，上午分组讨论《常委会工作报告》《提案工作情况报告》《常委会工作报告决议（草案）》《提案工作情况报告决议（草案）》和委员书写提案。下午列席县人大一届三次会议，听取《政府工作报告》及其他报告。

1 月 28 日，上午讨论《政府工作报告》及其他报告，讨论《县政协一届三次会议决议（草案）》。委员书写提交提案。下午的闭幕大会，听取县委书记张法祥讲话，听取《提案审查报告》，通过《常委会工作报告决议》《提案工作情况报告决议》《县政协一届三次会议决议》。

张法祥在讲话中说，1998 年，全县国内生产总值完成 10.02 亿元，比上年增长 10.6%，地方财政收入完成3441万元，增长 26.88%，农民人均纯收入达到2035元，净增 201 元，全县经济进一步发展，经济实力进一步增强。党的建设、精神文明建设和民主与法制建设进一步加强。这些成绩的取得，与县政协切实开展“政治协商、民主监督、参政议政”密不可分，与各位委员奋发努力、苦干实干密不可分。张法祥要求县政协要进一步加强思想、作风、组织、制度建设，不断增强自身素质，提高工作效率。要求政协委员开拓进取、艰苦创业，为建设富裕、文明、秀丽新罗江贡献力量。

1 月 28 日下午，县政协一届三次全体会议闭幕。

第四次会议

2000 年 1 月 24—26 日，县政协一届四次会议在罗江举行。148 名县政协委员出席会议，县政协主席何天云，副主席刘成国、李兴明（女）、廖大礼，秘书长张明义和常务委员在主席台就座；县领导张法祥、曾广友、刘成鸣、邓华明、刘龙春、夏黎阳、戴厚麟、王友贵、张本应、李茂刚、杨育林、张春蓉（女）、田芬金、雍朝首、洪善斌、宋玉华（女）、李琦（女）、独远程、崔金柏、石昌明、黄亮、岳斌出席并在主席台就座；有关部门负责人及社会知名人士代表列席会议；市政协副主席田进朝到会指导。

会议议程有：听取审议《县政协常委会工作报告》《县政协提案工作情况报告》；听取县委书记讲话；列席县人大一届四次会议并听取和协商讨论《政府工作报告》等有关报告；增选县政协常委；通过《县政协一届四次会议决议》、表彰县政协 1999 年度先进委（组）、优秀政协委员、政协工作积极分子；听取大会发言。

1 月 24 日上午预备会议上，县政协主席何天云通报 3 名辞去政协委员职务名单和增补 14 名政协委员名单。至此，本届政协委员人数为 150 名。

在 1 月 24 日开幕大会上，县政协副主席廖大礼致开幕词，市政协副主席田进朝讲话，县政协副主席刘成国作《县政协常委会工作报告》，县政协副主席李兴明作《提案工作情况报告》，表彰 1999 年度先进委（组）、优秀政协委员，补选县政协常务委员和进行大会发言。

《县政协常委会工作报告》从“围绕中心，服务大局，履行职能”“开展丰富多彩活动，搞好‘双庆一迎’”“加强政协自身建设，为履行职能提供坚实基础”三个方面报告 1999 年度县政协常委会工作情况。履行职能方面，一是开好例会。在一年一度的全委会议中，提出近百条意见和建议，受到县委、县政府及其部门的重视和采纳；在一季度一次常委会议和一月一次的主席会议中，安排部署全年及阶段性的工作，围绕县委、县政府的中心工作，听取关于全县经济社会发展、政协委员提案办理、干部队伍建设、县城绿化及绿色屏障工程规划和建设等情况通报并提出切实可行的意见和建设；对于专项工作、专题座谈会、委组与部门对口协商、专题学习与调研等，委员们满怀建设新罗江的热情，以强烈的责任感和使命感，知无不言，言无不尽，使参政参到点子上，议政议出新水平来。二是加强提案工作，积极建言献策，1999 年，委员们提出提案 70 余件，数量、质量比前两年增多、提高；三是加强调研与视察考察，反映社情民意，调研报告《狠抓农业产业结构调整，努力开辟农民增收途径》受到省、市政协的充分肯定；四是开展历时三个多月的医卫行风评议，推动了全县卫生系统行风建设的进步；五是充分发挥各行各界政协委员的优势，投入清理整顿农村合作基金会、社会维稳、帮扶、捐助“安身工程”、为边远乡镇送医送药等活动；六是编辑出版第五、六辑《罗江文史资料》。开展“双庆一迎”活动，在庆祝中华人民共和国成立 50 周年、全国人民政协成立 50 周年、澳门回归活动中，一是组织政协委员和各界人士参加市政协与《德阳日报》举办的知识竞赛；二是县政协各委组采取组织学习、举行座谈回顾光辉历程；三是举行大型专题座谈会，请县委书记作报告；四是组织本土人员编、导、演文艺节目，庆祝人民政协成立 50 周年。加强政协自身建设方面，县政协领导班子和机关坚持“三讲”（讲学习，讲政治，讲正气）与“四好”建设。委员队伍从抓学习入手统一思想，为履行职能打下了坚实基础。新的一年里，县政协工作要在县委领导下，继续高举邓小平理论伟大旗帜，深入贯彻党的十五大精神，坚持以经济建设为中心，充分发挥以委员为基础、以政协组织为代表的整体功能，以专门委员会、委员小组和各界为代表的群体功能和委员的包括岗位和在政协组织内的个体功能，正确处理好服从与服务、参政与议政、到位与不越位、知情与出力的关系，高举社会主义与爱国主义两面旗帜，突出民主与团结两大主题，认真履行“政治协商、民主监督、参政议政”职能，为推进全县改革开放、经济发展、社会稳定和进步，做出应有贡献。

《提案工作情况报告》指出，县政协一届三次会议以来，共收到提案 71 件，其中属农、工、商、贸 15 件，属教、科、文、卫 7 件，属基础建设 15 件，属法制 6 件，属综合管理 28 件。办理的具体情况是：已经解决和基本解决的 40 件，占立案总数的 56. 3%，已作出规划并着手解决的 19 件，占总数的 26. 2%；因客观条件限制或因财力制约，一时难以解决，向委员们作出解释的 12 件，占总数的 17%。98. 9% 的委员表示满意或基本满意。

开幕大会上，有 7 个委（组）、34 名委员、2 名政协工作积极分子受到表彰。

1 月 24 日，大会补选张新竖、张开升、袁正萱（女）为政协第一届罗江县委员会常务委员。至此、县政协常委会由 23 人组成。

1 月 25 日下午，县政协一届四次会议与会人员列席县人大一届四次会议，听取和协商讨论《政府工作报告》和其他报告。

1 月 26 日，会议在完成对《政府工作报告》及计划、财政报告以及《县政协常委会工作报告》《提案工作情况报告》《一届四次会议决议（草案）》和对各委组 2000 年工作计划等的协商讨论后，于是日下午举行闭幕大会。

闭幕大会上，全体与会人员听取县委书记张法祥的讲话。张法祥从“农田水利基本建设和农业结构调整取得明显成效”“今后两年工业大幅发展的增长点已经形成”“以城市建设为中心的基础设施条件有了明显改善”“在推动全县经济持续快速健康发展的同时，坚持了两个文明建设一起抓”四个方面通报全县经济建设和社会发展所取得的成就。并从“进一步提高对政协工作的认识”“充分发挥人民政协的职能作用”“围绕中心，服务大局”三个方面提出对政协工作的要求。

会议听取《一届四次全会期间提案审查报告》，通过《县政协一届四次全会会议决议》。

1 月 26 日下午，政协一届四次全体会议闭幕。

第五次会议

2001 年 1 月 9—11 日，县政协一届五次会议在罗江举行，147 名县政协委员出席会议，县政协主席何天云，副主席刘成国、李兴明（女）、廖大礼，秘书长张明义和常务委员在大会主席台就座；县领导刘成鸣、曾广友、左正、邓华明、夏黎阳、董军、戴厚麟、王友贵、张本应、李茂刚、杨育林、张春蓉（女）、田芬金、雍朝首、洪善斌、宋玉华（女）、李琦（女）、独远程、富刚、崔金柏、石昌明、黄亮、岳斌出席并在主席台就座；有关部门负责人及社会知名人士代表列席会议；省政协地方工作委员会主任陈国伦到会指导。

会议议程：听取审议《县政协常委会工作报告》《县政协一届四次会议以来提案工作情况报告》，听取县委书记讲话，列席县人大一届五次会议，通过《县政协一届五次会议决议》，表彰 2000 年度先进委组、优秀政协委员、政协工作积极分子。

1 月 9 日下午的预备会上，县政协主席何天云通报 3 名辞去政协委员职务人员名单。

在 1 月 9 日下午的开幕大会上，县政协副主席廖大礼致《开幕词》；省政协地方工作委员会主任陈国伦讲话；县政协副主席刘成国作《县政协常委会工作报告》，县政协副主席李兴明作《提案工作情况报告》，表彰先进等。

《县政协常委会工作报告》从“提高履职水平”“投身‘三讲教育’推进自身建设”两个方面向大会报告 2000 年度县政协常委会工作。全年通过召开一届四次全委会、5 次常委会议、县政协提案办理，以及召开人民政协宣传信息、文史资料、文物保护调研等重点专项会议，调动各方面的积极性，保证县政协各项工作落到实处。配合德阳市政协农业委进行的农业产业结构调整调查所形成的调查报告在全省会议上交流。委员与委组履职能力和水平有新的提高，活动形式和内容多样、丰富。坚持服务中心、服务大局工作思路，事关全县大局的事，县政协保持与县委、县政府同唱一台戏。提案工作狠抓催办、督办和函复各环节，重点提案采取走访、座谈、回访等多渠道多层次对口协商，保证委员提案在法定期限内办理完毕。组织动员政协委员和各界有识之士，支持以“存史、资政、团结、育人”为宗旨的文史资料工作，全年编辑出版第八、九辑《罗江文史资料》。认真开展讲学习、讲政治、讲正气“三讲”集中教育活动。县政协领导班子及其成员在思想上有明显提高，政治上有明显进步，作风上有明显转变，纪律上有明显增强。

《县政协提案工作情况报告》指出，县政协一届四次会议以来，共收到提案 38 件，经审查全部立案，参与提案的委员 181 人次。有 31 个部门承办，至 2000 年 7 月 1 日，提案全部办理完毕。提案所提问题已经解决或基本解决的 22 件，占立案总数的 58%，作出规划准备解决的 4 件，占总数的 10%，因条件限制留待以后解决的 12 件，占总数的 32%，满意和基本满意率达 100%。

在开幕大会上，有8个委（组）、34名政协委员、2名政协工作积极分子受到表彰。

1月10日上午，会议分组讨论《县政协常委会工作报告》《提案工作情况报告》及两个报告的《决议（草案）》。下午，与会人员列席县人大一届五次会议，听取和讨论《政府工作报告》及其他报告。

1月11日，在继续讨论《政府工作报告》及其他报告、讨论《县政协一届四次会议决议（草案）》、委员书写提案后，举行闭幕大会。县委书记刘成鸣在大会上讲话。

刘成鸣在讲话中向大会通报了全县经济建设和社会发展情况后，以“加强和改善党对政协工作的领导，努力开创全县政协工作新局面”为题提出对政协工作的要求。刘成鸣说，人民政协要紧紧围绕经济建设这个中心，在实施西部大开发战略中建言立论，为推进生产力的发展献计出力。人民政协不仅要议大事，还要办实事，关心群众的疾苦，反映群众的呼声，保持同各民主党派、工商联和社会各界人士的密切联系。要在履行政协职能的质量和实效上有所创新，解放思想，更新观念，克服困难，扎实工作，为实现“十五”目标、加快罗江发展、实现新的跨越而努力奋斗。

会议听取《一届五次全会期间提案审查报告》。闭幕大会通过《县政协一届五次全会会议决议》。

1月11日下午，县政协一届五次全体会议闭幕。

第六次会议

2002年1月22—24日，县政协一届六次会议在罗江举行。152名县政协委员出席会议，县政协主席何天云，副主席刘成国、李兴明（女）、廖大礼、段家琼（女）、肖宗军，秘书长张明义和常务委员在主席台就座；县领导刘成鸣、曾广友、左正、邓华明、董军、杨育林、张本应、李茂刚、张春蓉（女）、李琦（女）、田芬金、雍朝首、洪善斌、宋玉华（女）、独远程、富刚、马洪江、李高学、石昌旼、黄亮出席并在主席台就座；有关部门负责人及社会知名人士代表列席会议。

会议议程有：听取审议《县政协常委会工作报告》《县政协关于一届五次全会以来提案工作情况报告》；补选县政协副主席；视察三国蜀汉文化旅游区建设情况；表彰县政协2001年度先进委（组）、优秀政协委员、政协工作积极分子，听取县委书记讲话；列席县人大一届六次会议并听取和协商讨论《政府工作报告》等有关报告；通过《县政协一届六次会议决议》。

1月22日上午的预备会上，县政协主席何天云通报13名辞去县政协委员职务人员名单，宣布补选县政协副主席候选人名单。

在1月22日上午的开幕大会上，县政协副主席李兴明致开幕词，县政协主席何天云作《县政协常委会工作报告》，李兴明作《提案工作情况报告》，表彰先进委组、优秀政协委员等。

《县政协常委会工作报告》从“身体力行‘三个代表’推进自身建设”“服务中心服务大局履行职能”两个方面向大会报告县政协常委会工作。报告说，2001年，县政协按照中央和省、市、县委安排，深入学习和努力实践“三个代表”重要思想，转变工作作风，提高履行职能的自觉性和主动性。县政协各专门委员会、委员小组和全体委员，结合部门工作实际，就社会关注、政府关切、百姓关心的热点难点问题提出许多好的建议，为罗江经济、社会追赶型、跨越式发展做出了新贡献。定点帮扶、慰问残疾人、捐助贫困生、进村放电影，把党和政府的温暖送到群众心坎上；进村住户，了解农民生产生活、农村基层组织建设、农业产业结构调整、发展种植业、兴修水利和村道建设等情况，鼓励农民勤劳致富；积极投入抗旱抗洪救灾，为民办好事实事。在履行职能方面，报告说，2001 年，县政协坚持围绕县委、县政府的整体部署和各个阶段的工作中心，认真开好各种例会，深化调查研究，注重委组活动质量，维护稳定大局，坚持提案工作量质并举，完成两辑《罗江文史资料》编辑出版。要求在新的一年里，高举邓小平理论旗帜，深入学习实践“三个代表”重要思想，振奋精神，奋发有为，善始善终，做好本届县政协最后一年各项工作，为富民强县做出新贡献。

《提案工作情况报告》指出，县政协一届五次会议以来，共收到提案 84 件，经审查立案 71 件，归并或作为意见处理的 13 件。经承办部门努力，立案的 71 件提案在法定时间内办复。

在开幕大会上，有 8 个委（组）、35 名政协委员、3 名政协工作积极分子受表彰。

大会增补选举段家琼（女）、肖宗军为第一届县政协副主席。

1 月 22 日下午，全体与会人员视察“三国蜀汉文化旅游区”建设情况。

1 月 23 日上午，大会分组讨论《县政协常委会工作报告》和《提案工作情况报告》及两个报告的《决议（草案）》。

1 月 23 日下午，全体与会人员列席县人大一届六次会议，听取《政府工作报告》及其他报告。

1 月 24 日上午，分组协商讨论《政府工作报告》及其他报告，讨论《县政协一届六次会议决议（草案）》，委员书写提交提案。

1 月 24 日下午举行闭幕大会，县委书记刘成鸣在大会上讲话，刘成鸣说，恢复县制 5 年来，全县经济和社会事业在“三年打基础”“四年三个翻番”基础上，全面实现“五年上台阶”奋斗目标，至 2001 年年末，全县国内生产总值达到 12.2 亿元，比 1996 年增长 44%，年均增长 8.8%。第一届县政协紧紧围绕全县经济建设和社会发展大局，发挥人民政协在政治协商、民主监督、参政议政和爱国统一战线方面的作用，同心同德，开拓进取，服务大局，求实创新，奋发有为，为促进罗江县经济发展和社会进步做出重要贡献。刘成鸣对政协工作提出五点要求：第一，切实履行政协职能，服务“两个文明”建设。要加强学习，加强政协队伍建设，努力开创政协工作新局面。第二，围绕中心，服务大局，扎实开展政协工作。要组织委员进行调研视察，开展多层次协商活动，探索提案工作新形式，促进提案的办理落实。第三，拓展新领域，探索新形式，切实有效地进行民主监督。第四，要积极探索，拓展政协宣传报道，为政协工作创造更好的舆论环境。第五，要切实加强统战工作，巩固和发展最广泛的爱国统一战线。高举爱国主义、社会主义旗帜，调动一切积极因素，为建设有中国特色社会主义经济、政治、文化服务，为维护安定团结的政治局面服务，为实现祖国完全统一服务。

大会听取《一届六次会议期间提案审查报告》。通过《县政协一届六次全会会议决议》。

1 月 24 日下午，县政协一届六次全体会议闭幕。

二　第二届全体委员会议

第一次会议

2003 年 1 月 6—8 日，政协第二届一次全体会议在罗江举行。140 名县政协委员出席会议。受政协第一届罗江县委员会主席会议委托，一届县政协主席何天云主持了预备会议。预备会议通过了会议主席团名单、会议秘书长、副秘书长名单、会议议程等重要事项。预备会议后，邓华明等二届县政协一次会议主席团成员及一届县政协主席何天云，副主席刘成国、李兴明（女）、段家琼（女）、肖宗军、廖大礼在主席台就座；县领导左正、曾广友、卢也、杨育林、张春蓉（女）、马洪江、黄亮、李茂刚、王飚、林永成、向元强、田芬金、马祥高、雍朝首、宋玉华（女）、独远程、白光裕、富刚、刘诚、石昌明、李高学、明登英（女）出席并在主席台就座；德阳市政协副主席袁济生到会指导；驻县辖区市政协委员、有关部门负责人及社会知名人士代表应邀列席会议。会议由本次会议主席团主持。

会议议程有：听取《政协第一届罗江县委员会常务委员会工作报告》《政协第一届罗江县委员常务委员会提案工作情况报告》；选举政协第二届罗江县委员会主席、副主席、秘书长和常务委员，听取县委书记讲话；列席县人大二届一次会议并听取和讨论《政府工作报告》等报告；通过《县政协二届一次会议决议》，当选县政协主席讲话。

6 日上午，县政协二届一次会议预备会议协商通过会议议程，协商通过大会主席团成员及秘书长、副秘书长名单，协商通过提案审查委员会名单。

主席团成员（以姓氏笔画为序）：王心祥　邓华明　江一彬　向元强　李兴明（女）　李永贤　李建珠（女）　吴兴仁　吴洪水　肖宗军　何万洋　张光斗　张平富　张社林　张永才　陈振建　陈培建　陈德顺　金剑锋　周信廷　洪善斌　贺　玫（女）　唐宗甫　曹传海　薛　强

秘书长：向元强　副秘书长：曹传海　刘　军　王心祥　唐　英（女）

提案审查委员会主任委员：李兴明（女）　副主任委员：高　君　唐幼龙

委员（以姓氏笔画为序）：方绍荣（女）　冯小平　江一彬　罗通富　唐　英（女）　廖禄元。

6 日上午，县政协二届一次会议举行开幕大会。在开幕大会上，洪善斌致开幕词，市政协副主席袁济生祝贺大会召开，肖宗军代表县政协一届常委会作《工作报告》，李兴明作《提案工作情况报告》。

《县政协常委会工作报告》指出，六年来，首届县政协在县委领导下，在县人大、县政府支持下，高举邓小平理论伟大旗帜，认真实践“三个代表”重要思想，以“振奋精神，艰苦创业，开拓前进，富民强县”兴县精神为动力，以“奋发有为，建功立业为己任，瞄准建设新罗江”目标，按照全县经济、政治、文化事业发展总体规划，围绕各个阶段的中心工作，切实履行“政治协商、民主监督、参政议政”职能，以炽热的赤诚，为人民政协事业的兴旺发达，为全县的改革、发展、稳定大局，为富民强县不断做出积极的贡献，创造出可喜的业绩。在加强县政协自身建设中，坚持把思想建设放在首位，不断加强领导干部、机关职工、政协委员三支队伍建设。及时制定《政治协商、民主监督、参政议政实施意见》，以及主席会议、常委会议、专题座谈会、专门委员会工作规则、意见和办法并付诸实施。在不断提高履职水平中，围绕中心、关注大局、开好例会、搞好活动。届内六年，召开全委会议 6 次，常委会议 25 次，每月一次的主席会议及专题工作会议 80 余次，充分发挥人民政协“综合人才库”“智囊团”作用，参政议政，建言立论，献计献策，达到了凝聚民心、反映民意、集中民智的目的，为县委、县政府决策民主化、科学化提供参考和依据。在提案工作和反映社情民意中建言献策，六年中有1620人次围绕经济建设中心向党政决策机关及其部门提出 363 件提案，总办复满意率达 98. 9% 以上。在履职中大兴调查研究之风，知情出力。六年中，县政协各层次的关于推进农业产业化进程、农业结构调整和农民增收、促进非公有制经济发展、文物保护和旅游开发、招商引资和工业发展、国土保护和土地流转、生态环境建设、医卫行风建设、财税征收、行政执法、依法治理等调研报告和评议意见，以县政协文件和《工作简报》《情况反映》《社情民意》及专项材料等形式推出，有的被省政协常委会采用、市政协刊用，或经县委办以《工作简报》《调查研究》转发全县，或被市级有关部门刊物登载。以“存史、资政、团结、育人”为宗旨的《罗江文史资料》，六年来共编辑出版 12 辑，受到县内外党政领导和社会各界人士赞赏。在维护稳定大局，促进社会进步方面，县政协充分发挥广泛团结、集中民智等作用，多方面、多层次、多渠道、多形式地为建设新罗江做出贡献。

《县政协提案工作情况报告》指出，六年来，县政协委员热爱罗江的热情不断高涨，所提出的每件提案，都体现了委员参政议政的强烈意识，凝聚着委员的智慧和汗水；每件提案的办复，都记录着社会主义民主政治建设前进的脚印，凝聚着承办单位的辛勤劳动和不懈努力。县政协及其相关委办，按照《政协章程》和《提案工作条例》的要求，严格程序，推进规范化、制度化运作，不断提高提案质量。每年在坚持抓好审立转送、交催督办、走访协商、归卷建档等环节工作的同时，加强了与县政府和承办单位的联系，使提案都在法定时限内办复，所提问题得到及时解决，委员满意，群众高兴，县委、县政府肯定。首届县政协提案工作经验在全市多次交流，得到好评。

6 日下午，会议分组讨论《常委会工作报告》《提案工作情况报告》。

7 日下午，全体委员列席县二届一次人代会，听取《政府工作报告》以及其他报告。

8 日上午，会议分组讨论《政府工作报告》及其他报告，讨论《县政协二届一次会议决议（草案)》，委员书写提交提案。

8 日下午，举行选举大会和闭幕大会。

选举工作由大会主席团主持。根据县委《关于政协第二届罗江县委员会主席、副主席、秘书长和常务委员候选人的建议书》，大会主席团向大会提出政协第二届罗江县委员会主席、副主席、秘书长和常务委员候选人名单交委员酝酿协商，并根据大会通过的《中国人民政治协商会议第二届罗江县委员会第一次会议选举办法》，大会选举产生第二届委员会主席、副主席、秘书长和常务委员。邓华明当选县政协主席，洪善斌、肖宗军、李兴明（女）、陈培建、张平富当选副主席，曹传海当选秘书长，王心祥、江一彬、李永贤、李建珠（女）、吴洪水、何万洋、张永才、张光斗、张社林、陈振建、陈德顺、金剑锋、周信廷、贺玫（女）、唐宗甫、薛强当选常务委员（常务委员排名以笔画为序）。

县委书记左正在闭幕大会上讲话。左正在讲话中对复县六年来的工作进行基本估价，对当时的形势进行客观地分析，提出了2003年及以后一段时期工作的指导思想和发展思路。左正对县政协届内六年认真履行人民政协职能，为促进全县“两个文明”建设做出的贡献给予充分的肯定，对新一届县政协寄予殷切的希望。左正说：六年来，政协第一届罗江县委员会始终坚持以邓小平理论和“三个代表”重要思想为指导，高举爱国主义和社会主义旗帜，牢牢把握团结和民主两大主题，围绕中心，服务大局，积极履行“政治协商、民主监督和参政议政”职能，深化和拓展反映社情民意工作，推进政协工作规范化、制度化建设，在推动经济发展、促进社会进步、维护社会稳定方面发挥积极作用，做出重大贡献。希望政协新一届委员会继续高举邓小平理论伟大旗帜，全面贯彻“三个代表”重要思想，发挥特点和优势，把握团结和民主两大主题，不断解放思想，与时俱进，围绕全县工作大局积极参政议政，广泛建言献策，团结各界群众，调动一切积极因素，为促进改革开放和建设事业，维护社会稳定做出新的贡献。

大会听取《县政协二届一次会议提案审查报告》和通过《县政协二届一次全会会议决议》。

县政协主席邓华明发表讲话。邓华明说：本届政协将不辜负组织的重托和各位委员的厚望，认真履行人民政协职能，团结一致，同心同德，扎实工作，继往开来，为推进罗江县人民政协事业不断发展而不懈努力。新一届县政协将高举邓小平理论伟大旗帜，全面贯彻“三个代表”重要思想，认真落实中共十六大和县第二次党代会精神，振奋精神，艰苦创业，与时俱进，为富民强县，全面建设小康社会，实现罗江发展新跨越而努力奋斗。邓华明还说：在第二届政协任期的第一年，将在履行政协职能的质量和实效上狠下功夫；深入开展调查研究，围绕中心工作积极建言献策，突出团结和民主主题，充分发挥政协的整体优势，加强人民政协的宣传和信息工作；加强学习，增强工作自觉性。通过努力，为本届政协工作打下坚实的基础。

1月8日下午，县政协二届一次全体会议闭幕。

第二次会议

2004年1月31日至2月2日，县政协二届二次会议在罗江举行。136名（应到142人，因事因病请假6人）县政协委员出席会议，县政协主席邓华明，副主席洪善斌、肖宗军、李兴明（女）、陈培建、张平富在大会主席台就座；县领导及县政协老领导左正、卢也、杨育林、何天云、张春蓉（女）、马洪江、黄亮、独远程、王飚、林永成、向元强、简明、李高学、石昌明、田芬金、马祥高、段家琼（女）、雍朝首、白光裕、刘诚、苏刚、唐华清、周丽姬（女）、刘成国、余长清、杨三荣出席并在主席台就座；有关部门负责人、驻县省市政协委员及社会知名人士代表列席会议；市政协副主席谢能昌到会指导。

会议议程有：听取和审议《县政协常委会工作报告》《县政协提案工作情况报告》，听取县委书记讲话，列席县人大二届二次会议并协商讨论《政府工作报告》等报告，表彰先进，听取县政协主席讲话，通过《县政协二届二次会议决议》。

1月31日上午预备会议上，县政协主席邓华明通报罗英（女）、郑哲锐等4人辞去政协委员职务，撤销释如观、释照定政协委员职务，增补黄国燕（女）、释觉行、张述华、刘青文、邱朝蓉（女）、谢启明、段兴蓉（女）7人为二届政协委员。至此，二届县政协委员为142名。

是日上午开幕大会上，县政协副主席肖宗军致《开幕词》，市政协副主席谢能昌讲话，县政协副主席洪善斌作《县政协常委会工作报告》，县政协副主席李兴明作《二届一次会议以来提案工作情况报告》，县政协副主席陈培建宣读《表彰决定》，并向受奖者颁奖。

谢能昌在讲话中指出：过去的一年里，罗江县政协紧紧围绕全县经济发展与社会进步这个中心，紧扣团结和民主两大主题，积极履行“政协协商、民主监督、参政议政”职能，各项工作开展得有声有色，为罗江的发展做出贡献，县政协的工作上了一个新的台阶。对新一年的工作，谢能昌讲了四点意见：第一，要把贯彻省委、市委政协工作会议精神作为指导2004年政协工作的主线。要始终坚持和保证党对政协工作的领导，发挥政协党组的核心作用，坚持把政协机关干部纳入党政干部培养交流系列，认真落实政协领导、政协委员的政治生活待遇，财政要保证政协各类会议及各项专项经费。第二，要搞好政协“三化”建设。推进政协工作的制度化、规范化、程序化建设。第三，要充分发挥政协委员的主体作用和专委会的基础作用，更加密切与人民群众的联系，帮助人民群众解决实际问题。通过视察、考察、调研、行风评议、反映社情民意等方式，主动向党委、政府建言献策，为党委、政府决策提出参考性意见。第四，政协要加强自身建设。政协党组要努力建成一个政治坚定、作风民主、忠于职守、清正廉洁、联系广泛、团结坚强的领导集体。政协委员，尤其是中共委员，要做学习、履职模范。政协机关既是人民政协履职办事机关，也是开展党的统一路线的政治机关，要加强思想、组织、作风和制度建设，造就高素质政协干部队伍。

《县政协常委会工作报告》从“围绕中心工作，政治协商质量有了新的提高”“注重建言献策，参政议政有了新的建树”“拓宽民主渠道，民主监督取得了新的成效”“同舟共济，完成中心工作做出了新的贡献”“建立健全制度，自身建设迈出了新的步伐”五个方面回顾2003年工作。2003年召开二届二次全委会、5次常委会议、8次主席会议，7次专委会对口协商会。每次会前，围绕会议议题，组织相关专委会进行调研视察，掌握第一手资料，使会上提出的意见和建议更具针对性和可操作性，便于县委、县政府采纳。其中《关于商请职工办理全县补充医疗保险》对口协商意见，县人事劳动和社会保障局根据有关政策规定及时落实，至当年7月，办理单位113个，参保人员4637人，达全县基本医疗保险参保人数72%。形成的专题调研报告及时送县委、县政府，其中《关于农村税费改革后新情况、新问题的调查报告》《关于罗江水果批发市场综合开发利用的调查报告》《抢救奎星阁刻不容缓》等提出的建议全部得到落实。提案工作加强了领导，突出了重点，狠抓了落实。30名政协委员、17个相关单位的领导参与公安系统的行风评议，编发社情民意12期，16名政协委员在县级有关部门和公用事业单位担任行业监督员。按照“民主、团结、求实、鼓劲”指导方针，全面加强政协的思想、组织、作风和制度建设，并取得了明显成效，制定和完善规则、通则、决定、岗位职责等规章制度20余个。宣传信息工作被省政协评为先进单位。文史资料工作编辑出版

《罗江文史资料》第十三期，《首届罗江县政协》《罗江历代人物传略》，重刊李调元《童山自记》。

县政协二届一次会议以来共收到委员提案85件（包括会后1件），经审查立案82件，另3件作为意见转有关部门处理。3月31日召开提案交办会，28个部门承办。82件提案全部在法定时限内办结回复，78.1%的委员表示满意，21.9%的委员表示基本满意。

开幕大会上，提案委等3个委组、方绍荣（女）等21名委员受表彰；《尽快在我县建立以金花梨为龙头的农业标准示范区》《关于尽快将医疗保险卡发到职工手中的建议》《关于规范行政部门福利待遇，切实解决不同部门公务员收入差距过大问题的建议》被评为优秀提案，《农村税费改革后出现的新情况、新问题调查报告》被评为优秀调研报告。

1月31日下午，会议分组讨论《县政协常委会工作报告》《提案工作情况报告》，审议《县政协二届二次会议决议（草案）》，委员书写提案。

2月1日上午，与会人员列席县二届二次人代会，听取《政府工作报告》《国民经济和社会发展2003年计划执行情况和2004年计划报告》《2003年财政预算执行情况和2004年财政预算（草案）报告》。下午分组讨论《政府工作报告》等报告。

2月2日上午，继续分组讨论2004年专委会工作计划后，举行闭幕大会。大会听取县政协副主席洪善斌《县政协二届二次会议期间委员提案审查报告》，听取县委书记左正讲话，听取县政协主席邓华明讲话，通过《县政协二届二次会议决议》。

左正在讲话中指出：政协群贤毕至，政协委员是各党各派、各族各界的先进分子。在过去的一年里，政协委员们不论是在推进经济建设和社会进步，还是在维护社会稳定、促进民风进一步好转等方面，都做出巨大贡献。对于新的一年的工作，左正说：要进一步加强政协工作，努力开创政协工作的新局面。要求政协委员要做“三个代表”重要思想的忠实践行者；要牢牢抓住发展这个主题，支持经济发展，维护经济发展大局，以发展为前提、为根本，成为经济发展的促进者、参与者和推动者；要坚持走中国特色社会主义道路，建设社会主义物质文明、政治文明、精神文明，成为以德治县、淳朴民风的倡导者和实践者；要为罗江的发展营造安定的环境，成为维护大局、维护稳定的坚持者。

邓华明发表题为《围绕中心，履行职能，努力开创我县政协工作新局面》讲话。讲话从“深化认识，形成共识，增强政协意识”“增强职能意识，做合格委员”“加强专委会建设，充分发挥专委会作用”“全面履行职能需要正确处理的几个关系”四个方面阐述怎样围绕中心、履行职能，努力开创政协工作新局面问题。邓华明说：政协委员是作为各党派、无党派民主人士和各族各界的代表参加人民政协组织的，各委员要增强使命感和责任感，不辱使命，不负众望，认真履行好政协职能。政协组织要为委员工作和活动创造条件，搭建参政议政平台。专委会工作要抓住重点，突出优势，开创工作新局面。工作要有现实性、针对性、前瞻性、可行性和指导性，要增强活动的吸引力、向心力、凝聚力、整合力和影响力。调查研究要点面结合，形式灵活多样，提出建议对党委、政府要有参考价值，切实可行。邓华明强调：全面履行职能要正确处理政协工作与党政中心工作、全面履行职能与突出重点工作等关系。要在县委领导下，用“三个代表”重要思想统领政协工作，坚持围绕中心、服务大局、团结一致、扎实工作，在全面建设小康社会，推进罗江发展新跨越中做出应有贡献，开创政协工作新局面。

2 月 2 日上午，县政协二届二次全体会议闭幕。

第三次会议

2005 年 1 月 12—14 日，县政协二届三次会议在罗江举行。147 名县政协委员出席会议，县政协主席邓华明，副主席洪善斌、肖宗军、李兴明（女）、陈培建、张平富在主席台就座；县领导及县政协老领导左正、卢也、何天云、张春蓉（女）、黄亮、杨育林、独远程、王飚、林永成、向元强、简明、伍泽亮、石昌明、田芬金、马祥高、段家琼（女）、雍朝首、白光裕、刘诚、苏刚、唐华清、周丽姬（女）、冉红（女）、李高学、杨三荣、余长清、刘成国出席并在主席台就座。有关部门负责人、驻县省市政协委员及社会知名人士代表应邀列席会议。

会议议程有：听取审议《县政协常委会工作报告》《县政协提案工作情况报告》；表彰先进，列席县二届三次人代会并听取和协商讨论《政府工作报告》等报告；听取《县政协二届三次会议提案审查报告》；通过有关人事事项；听取县委书记讲话；通过《县政协二届三次会议决议》。

1 月 12 日预备会上，县政协副主席肖宗军通报石璐琳（女）、高力、钱林东、赵志、赖如木辞去政协委员职务，增补林代顺、牟志政、古光华、陈勇、吴伯康、廖丁、朱富强、郑凤、马文乔（女）、焦在群为县政协委员。至此，县政协委员为 147 名。

是日上午开幕大会上，县政协副主席陈培建致《开幕词》，县政协副主席肖宗军作《常委会工作报告》，县政协副主席洪善斌作《提案工作情况报告》，县政协副主席张平富宣读《表彰决定》。

《县政协常委会工作报告》从“认真学习，用‘三个代表’重要思想统领政协工作全局”“围绕中心，充分发展政治协商重要作用”“深入调查，不断提高参政议政能力”“突出重点，进一步加强民主监督力度”“积极探索，继续推进政协履行‘三化’建设”“发挥特色，努力做好文史资料、宣传和联谊工作”“以人为本，进一步加强自身建设”和“顾全大局，积极完成县委安排的工作任务”八个方面回顾 2004 年度政协工作。报告说，2004 年，县政协组织广大政协委员、政协工作者学习邓小平理论和“三个代表”重要思想，学习中共十六届四中全会公报及《中国共产党纪律处分条例》《中国共产党党内监督条例（试行）》，学习新修订的《中国人民政治协商会议章程》，学习胡锦涛、贾庆林讲话等，进一步统一思想，增进团结，提高履职水平，增强做好政协工作的积极性、主动性和创造性。通过全委会的整体协商、常委会的重点协商、主席会议的专题协商、专委会的对口协商等形式，按照县政协议事规则，围绕党委、政府中心工作和群众普遍关心的重要问题，精心组织，开好各种例会，对涉及全县改革、发展、稳定等重要问题提出不少有价值的建议和意见。实行专题调研领导牵头，专委会承办、委员参与工作机制，深入实际、深入群众开展调研，写好调研报告，全年有 7 个专题调研报告和 12 条社情民意中提出的意见、建议或措施得到县委、县政府的重视和采纳。充分运用政协提案和民主评议形式履行民主监督职能，提案《关于加大对农村弱势群体扶持力度的建议》，推动了对贫困人员实行应保尽保。由 60 余名政协委员和各界人士代表组成的评议工作组开展对全县民营经济发展环境评议工作历时 5 个多月，深入调查研究，广泛收集意见建议，及时向县委、县政府和工商、税务、质监药监等部门反馈信息和制订整改方案，评议工作取得积极成果，达到预期目的。履职“三化”建设取得新进展，各项工作制度进一步完善，县委、县政府出台《关于进一步加强政协提案办理工作的意见》。编辑出版《罗江文史资料》（第14辑），文史资料工作经验在省文史资料工作会议上交流。政协宣传工作获省先进。

《县政协提案工作情况报告》从提案工作基本情况、本年度提案工作特点及今后要进一步开拓创新、在落实上狠下功夫等方面报告县政协二届二次会议以来提案工作的情况。

二届二次全会期间，立案的政协委员提案81件，其中经济建设方面13件，基础设施建设方面34件，政务方面21件，教科文卫方面13件。2004年3月10日召开交办会，县政府40个职能部门承担办理。全部提案于当年6月30日前办理完毕，对推动全县社会主义民主政治建设和民主科学决策，促进经济社会发展起到了积极作用。

开幕大会上，县政协财贸委等3个专委会，米娅等22名优秀政协委员受表彰，《关于加大对农村弱势群体扶持力度的建议》等3个提案被表彰为优秀提案，《我县农村“五保”人员供养情况的调查与建议》等3篇调研报告被表彰为优秀调研报告。

1月12日下午，会议分组讨论审议《县政协常委会工作报告》和《提案工作情况报告》，审议《县政协二届三次会议决议（草案）》，委员书写提交提案。

1月13日，与会人员列席县二届三次人代会，听取和讨论《政府工作报告》和其他报告。

通过贺玫、吴洪水、李永贤申请辞去县政协二届委员会委员、常务委员职务，曹传海申请辞去县政协二届委员会秘书长职务议案。

1月14日上午，会议在完成分组讨论2005年专委会工作计划后，举行闭幕大会。大会听取《县政协二届三次会议期间提案审查报告》，通过有关人事事项，听取县委书记左正讲话，通过《县政协二届三次会议决议》，向大会报告《县政协二届三次会议提案审查情况》。

左正在讲话中指出：县政协及各位委员坚持贯彻中共中央关于政协工作方针政策，牢牢把握团结和民主两大主题，自觉服从和服务于全县改革发展稳定大局，切实履行“政治协商、民主监督、参政议政”职能，广泛团结各民主党派、人民团体、社会各界人士投身全县“三个文明”（物质文明、政治文明、精神文明）建设，发挥积极而重要的作用，做出了卓有成效的贡献。关于做好新时期人民政协工作，左正说：一是要按照围绕中心，服务大局的要求，为推进罗江新创业，充分发挥团结各界凝聚人心的作用，为推进罗江经济持续快速健康发展和社会全面进步做出更大贡献。二是要有组织有计划地把政治协商引向深入，推进人民政协政治协商、民主监督、参政议政制度化、规范化和程序化，开创政协工作新局面。三是要重视和加强自身建设，发挥政协委员在履职中的主体作用。要通过加强学习，提高履职能力，探索开展政协工作的新形式、新方法，造就一支政治坚定、作风优良、学识丰富、业务熟练的高素质政协工作干部队伍。

1月14日上午，县政协二届三次全体会议闭幕。

第四次会议

2006 年 2 月 22—24 日，县政协二届四次会议在罗江举行。140 名县政协委员出席会议，县政协主席邓华明，副主席洪善斌、肖宗军、李兴明（女）、陈培建、张平富在主席台就座；县领导左正、卢也、独远程、黄亮、刘诚、杨育林、苏刚、王飚、林永成、向元强、简明、伍泽亮、张春蓉（女）、雍朝首、白光裕、唐华清、周丽姬（女）、唐维露，县人民武装部、县人民法院、县人民检察院领导刘孙宝、杨三荣、余长清，县政协老领导何天云、刘成国应邀参加会议并在主席台就座；市政协副主席龙旗云应邀到会指导；有关部门负责人，驻县省市政协委员及社会知名人士代表应邀列席会议。

会议议程有：听取和审议《县政协常委会工作报告》《提案工作情况报告》，表彰先进，列席县二届四次人代会并听取和讨论《政府工作报告》及其他报告，听取本次会议《提案审查报告》，听取县委书记讲话，通过《县政协二届四次会议决议》。

2 月 22 日上午预备大会上，肖宗军通报唐维露、郑燕平（女）、林玉安、张建宁辞去政协第二届委员会委员职务情况。

22 日上午开幕大会上，陈培建致开幕词，龙旗云讲话，邓华明作《常委会工作报告》，洪善斌作《提案工作情况报告》，李兴明宣读《表彰决定》，参观考察县域新农村建设。

《县政协常委会工作报告》从 5 个方面总结过去一年的工作。二届三次会议以来，县政协通过全委会、常委会、主席会、专委会议等各种例会和中心组学习会、专题报告会，以及开展保持共产党员先进性教育活动，组织委员和各界人士认真开展学习，进一步增强用邓小平理论和“三个代表”重要思想统揽政协工作全局的自觉性和坚定性，增强树立和贯彻落实科学发展观，履职为民，热爱政协事业，努力做好新时期人民政协工作的自觉性和坚定性。坚持围绕中心、服务大局的原则，切实履行政协三项职能，政治协商的实效明显增强，民主监督的力度不断加大，参政议政的质量得到提高。坚持团结和民主主题，为构建和谐社会做贡献。在履职能力建设中，政协工作“三化”建设进一步加强，政协委员主体作用、专委会基础作用进一步发挥，机关人员的素质和服务水平进一步提高。联谊交友、文史资料、宣传信息工作取得新的成绩：全年接待省、市政协领导来罗江调研和与兄弟县市区交流 20 余次；《罗江文史资料》第十五辑编辑出版，编印信息、简报 50 多期。邓华明说：2006 年是实施“十一五”规划开局之年，县政协要在县委领导下，以邓小平理论和“三个代表”重要思想为指导，深入学习贯彻中共十六届五中全会精神，贯彻落实县委重大工作部署，牢牢把握团结和民主两大主题，围绕中心，服务大局，求真务实，开拓进取，切实加强自身建设，不断提高政治协商、民主监督、参政议政水平，努力开创政协工作新局面，努力为“三个文明”建设和构建社会主义和谐社会贡献力量。

《县政协提案工作情况报告》指出，二届三次会议期间及闭会以后，提案委收到 546 人次委员提案 95 件，经审查立案 86 件。3 月 28 日召开提案交办会，86 件提案和 9 件未立案的建议交由县政府 35 个职能部门研究办理。6 月 30 日前办理完毕。对于推进社会主义民主政治建设和民主、科学决策，促进全县经济持续、稳定、健康发展发挥了重要作用。

开幕大会上，农业经济委、教科文卫委先进专委会和金剑锋等 33 名优秀政协委员受表彰，《关于加强了村水泥道路维护和管理的建议》等 8 件提案、《罗江退耕还林工程纪实》等 4 篇文史作品、《关于我县社区建设的调查与建议》等 2 篇调研报告、《借影视为媒，促餐饮发展》等 2 篇社情民意及优秀信息工作者周明碧（女）受表彰。

22 日下午，会议分组审议《县政协常委会工作报告》《提案工作情况报告》，委员代表协商讨论县“十一五”规划，委员书写提案。

23 日，列席县二届四次人代会，听取并讨论《政府工作报告》及其他报告。下午分组继续讨论《政府工作报告》和其他报告，审议《县政协二届四次会议决议（草案）》，完成提案提交和提案审查。

24 日，会议完成分组讨论 2006 年各专委会工作计划后，举行闭幕大会。会上，李兴明作《县政协二届四次会议期间提案审查报告》，县委书记左正发表讲话，通过《县政协二届四次会议决议》，大会听取《二届四次会议提案审查情况报告》。

县委书记左正在讲话中，向大会介绍罗江发展的形势和今后工作的设想。左正指出：罗江经济连续 5 年高速增长，全县生产总值达到 21 亿元，比 2000 年的 11.1 亿元接近翻了一番，全口径财政总收入突破 2 亿元为 2000 年的 2.33 倍，农民人均纯收入达到3421元，城镇居民人均可支配收入8257元。全县社会政治稳定，人民安居乐业。县政协和政协委员为罗江的建设和发展做出了不懈努力和积极贡献。左正说，今后工作的两个重点，是推进工业强县和建设社会主义新农村。左正要求要做好新时期政协工作，一是要与时俱进加强自身建设，二是要围绕中心积极建言献策，三是要突出团结和民主主题充分调动各方面积极性，四是要加强党对政协工作的领导充分发挥人民政协的作用。

2 月 24 日上午，县政协二届四次全体会议闭幕。

三　第三届全体委员会议

第一次会议

2006 年 12 月 5—7 日，县政协第三届一次全体会议在罗江举行。16 个界别的 161 名县政协委员出席会议，邓华明、邓雅雯（女）、古明水、叶文雯（女）、付祥国、朱富强、江一彬、杨中俊、李娅（女）、李伦兴、李兴明（女）、肖宗军、邹高强、张群（女）、张平富、张永才、陈秀林、陈德顺、郑凤、俞斌、唐祖荣、梁亮、景安华、释觉行、赖安海、雷金元、薛品峰、薛建都在主席台执行主席席就座。县领导卢也、徐光勇、黄亮、刘诚、林永成、简明、伍泽亮、何敏（女）、尚建、陈天航、石昌明、田芬金、马祥高、白光裕、唐华清、周丽姬（女）、唐维露，县人民武装部、县人民法院、县人民检察院负责人刘孙宝、龙维斌、郭志华，县老领导曾广友、何天云、杨育林、张春蓉（女）、段家琼（女）、雍朝首、刘成国、洪善斌、陈培建应邀出席并在主席台就座；有关部门负责人、驻县省市政协委员及社会知名人士代表应邀列席会议。会议由县政协三届一次会议主席团主持。

12 月 5 日上午，三届县政协委员会举行预备会议。预备会议审议通过会议议程、日程，审议通过会议主席团及秘书长、副秘书长名单。二届县政协主席会议由邓华明主持预备会。

会议主席团执行主席（以姓氏笔画为序）：邓华明　邓雅雯（女）　古明水　叶文雯（女）付祥国　朱富强　江一彬　杨中俊　李　娅（女）　李伦兴　李兴明（女）　肖宗军　邹高强　张　群（女）张平富　张永才　陈秀林　陈德顺　郑　凤　俞　斌　唐祖荣　梁　亮　景安华　释觉行　赖安海　雷金元　薛品峰　薛建都

会议秘书长：肖宗军（兼）　副秘书长：邹高强　薛建都　唐　英（女）　廖德智

提案审查委员会主任委员：李兴明（女）　副主任委员：付祥国　刘　军　唐幼龙　高占果

委员（以姓氏笔画为序）：文　宏　方绍荣（女）　江一彬　张述华　景安华　廖世平

会议议程有：听取和协商《政府工作报告》及其他报告，听取和审议《二届县政协常委会工作报告》《提案工作情况报告》，选举政协第三届罗江县委员会主席、副主席、秘书长和常务委员，听取县委书记讲话；听取本次会议《提案审查情况报告》和通过《县政协三届一次会议决议（草案）》；当选县政协主席讲话。

开幕大会于5日上午举行。邓华明主持开幕大会，李兴明致开幕词，市政协副主席李继街讲话，县委副书记、代理县长徐光勇作《政府工作报告》，肖宗军作《县政协二届常委会工作报告》，张平富作《提案工作情况报告》。

《县政协常委会工作报告》从“围绕中心，提高例会质量”“突出重点，强化提案工作”“有的放矢，开展视察调研”“关注民生，反映社情民意”“突出主题，促进社会和谐”“发挥特色，编辑文史资料”“履职为民，加强自身建设”六个方面总结2006年政协工作。2006年，县政协按照“民主、求实、团结、鼓劲”指导方针，着力提高例会质量，圆满召开二届四次全体会议，召开常委会会议4次、主席会议7次，就全县社会主义新农村建设、农村综合改革、安全生产、发展农村广播事业、重点项目建设、退耕还林、学习贯彻中共中央5号文件等20余个议题进行协商，提出有建设性的意见和建议。推动提案办理，在规定的时间里全部办理完毕。按“小型、专项、适度、实效”原则围绕县委、县政府中心工作组织委员深入开展视察调研，积极建言献策。全年收集、整理、编发社情民意12期、多渠道关注民生，发挥建言献策作用。运用会议、视察、走访、慰问等形式，做好新形势下的统一战线工作，密切同社会各界人士的联系，县政协主要领导担任县农村综合改革领导小组组长、机关6名科级以上干部参加农村综合改革工作指导小组为农村改革做贡献，全年办理来信来访30余件次，为化解矛盾、促进和谐发挥积极作用。编辑出版《罗江文史资料》第十六集、《诤言——二届县政协研究报告、提案、社情民意汇编》，在《四川政协报》刊载稿件12篇，报送、印发政协工作信息、会议纪要20期，接待省、市、县（市、区）政协19批次，组织委员、政协工作者外出学习、考察10余次。推动履职“三化”建设，加大对委员宣传教育和培训工作力度，各专委按照《专委会工作通则》切实组织委员开展专题学习、专题调研、专题视察、专题议政、专题协商活动。机关自身建设以建成学习型、服务型、效能型为目标，机关作风切实转变，工作效率和水平切实提高。报告说，二届政协任期四年来，坚持以邓小平理论、“三个代表”重要思想和科学发展观为指导，坚持中国共产党领导的多党合作和政治协商制度，高举爱国主义、社会主义旗帜，牢牢把握团结和民主两大主题，把促进发展作为履职第一要务，认真贯彻县委的决策部署，继承和发扬人民政协的好传统好作风好经验，切实有效地履行政协职能。政治协商作用不断增强，民主监督力度不断加大，参政议政水平不断提高，自身建设成效明显。圆满完成历史使命，开创了新的局面。报告还说，四年来，二届政协工作的深刻体会，一是以科学理论为指导，二是坚持党对政协工作的正确领导，三是坚持正确的工作思路，四是坚持履职为民的理念，五是坚持与时俱进、不断创新，六是坚持加强自身建设不断提高履职能力。

《县政协提案工作情况报告》指出，县政协二届四次会议期间及会后共收到委员提出的提案和建议69条，提案人和附议人327人次。经审查立案67件，其中经济建设方面15件，政务管理方面23件，基础设施建设方面15件，教育、科技、文化、卫生方面10件，其他方面4件。67件提案，分别由县委和政府的23个相关部门办理，所有提案、承办单位均在法定时间6月30日前办理完毕。已经解决和基本解决的28件，因客观条件制约暂未办理并向委员作出解释的9件。委员对提案办理满意率80.8%，基本满意17.5%，不满意的1.7%。报告说，二届县政协4年，提案工作在开拓中不断前进：一是提案数量增加，质量不断提高。4年共提出提案330件，平均每年增22件。提案在选题、分析和提出建议方面都较好地体现了严肃性、科学性和可行性。二是采用分类督办，注重落实。4年中，主席督办提案22件，专委会对口协商提案17件，促进了提案办理落实。三是领导重视，督办得力。县委、县政府将政协提案办理工作纳入议事日程，书记、县长和分管领导提出具体要求并现场指导，各承办单位主要负责人挂帅，有专人负责。四年中提案办理满意率和基本满意率均在98%以上。

5日下午及6日，大会分组讨论《政府工作报告》及其他报告和《政协常委会工作报告》《提案工作情况报告》，协商讨论《选举办法（草案）》、候选人建议名单，协商讨论《三届一次会议决议（草案）》，委员书写、提交提案。

7日上午，举行选举大会和闭幕大会。选举工作由大会主席团主持。大会通过唐幼龙为总监票员，周建绵、黄国燕（女）为监票员、唐英（女）为总计票员，杨建桥、廖世平、曾会书（女）、王晓燕（女）为计票员。根据县委《关于政协第三届罗江县委员会主席、副主席、秘书长和常务委员候选人建议书》，大会主席团向大会提出候选人名单，交委员酝酿协商，并根据经政协三届一次会议主席会议和选举大会通过的《中国人民政治协商会议第三届罗江县委员会第一次会议选举办法》，大会举行选举产生本会第三届委员会主席、副主席、秘书长常务委员。邓华明当选主席，肖宗军、古明水、李兴明（女）、张平富当选副主席，薛建都当选秘书长，邓雅雯（女）、叶文雯（女）、付祥国、朱富强、江一彬、杨中俊、李娅（女）、李伦兴、邹高强、张群（女）、张永才、陈秀林、陈德顺、郑凤、俞斌、唐祖荣、梁亮、景安华、赖安海、雷金元、薛品峰当选常务委员。

大会听取县委书记卢也讲话。讲话以科学发展观和解放思想、实事求是、与时俱进的精神，紧密结合罗江实际，就贯彻县三次党代会提出的目标任务、工作要求作了深刻阐述，对过去政协的工作给予充分肯定，对今后政协的工作提出希望。

当选主席邓华明讲话。邓华明指出：这次大会是一次团结民主、集思广益、统一思想的大会，是一次振奋精神、明确目标、凝聚力量和衷共济、共同奋斗的大会。大会选举的政协第三届罗江县委员会，将恪尽职守、认真履职、不负众望、不辱使命、同心同德、努力工作，为推进人民政协事业新发展建功立业。将在五年任期内，把握机遇、励精图治、乘势而上、切实履行政治协商、民主监督、参政议政职能，努力推进政协工作再上新台阶。并希望政协委员珍惜荣誉、认真履职、努力学习、提高能力，以人为本、履职为民，围绕中心、服务大局、团结民主、促进和谐，塑造品质、树好形象，与时俱进、开拓创新。为建设活力幸福罗江做出新贡献，谱写人民政协事业新篇章。

7 日上午，县政协三届一次全体会议闭幕。

第二次会议

2008 年 1 月 8—10 日，县政协三届二次会议在罗江举行。全体县政协委员出席会议，县政协主席邓华明，副主席肖宗军、古明水、李兴明（女）、张平富，秘书长薛建都和常务委员在主席台就座；县领导卢也、徐光勇、黄亮、刘诚、田芬金、林永成、简明、伍泽亮、何敏（女）、尚建、陈天航、石昌明、马祥高、陈培建、白光裕、唐华清、周丽姬（女）、唐维露，县人民武装部、县人民检察院、县人民法院负责人刘孙宝、郭志华、龙维斌，县老领导曾广友、何天云、刘成国、杨育林、洪善斌、张春蓉（女）、段家琼（女）出席并在主席台就座，有关单位负责人、驻县省市政协委员及社会知名人士代表应邀列席会议。

会议议程有：听取和协商《政府工作报告》，协商计划、财政、法院、检察院工作报告；听取并审议《县政协常委会工作报告》《提案工作情况报告》；表彰先进；听取县委书记讲话；听取本次会议《提案审查报告》；通过《三届二次会议决议》。

8 日上午，县政协第三届二次会议开幕，县委副书记、县长徐光勇作《政府工作报告》，县政协主席邓华明作《县政协三届常委会工作报告》，县政协副主席古明水作《县政协三届常委会关于三届一次会议以来提案工作情况报告》。

《县政协常委会工作报告》中从“加强学习，增进共识，不断提高工作水平”“围绕中心，建言献策，认真开展政治协商”“贴近实际，关注民生，切实加强民主监督”“重视提案，深入调研，努力搞好参政议政”“突出主题，发挥优势，服务和谐罗江建设”“与时俱进、开拓创新，努力提高履职能力”“开展联谊，加强宣传，做好文史资料工作”七个方面回顾上年工作。一年来，常委会把学习作为一项重要工作，加强领导，抓好落实，重点学习《中共中央关于加强人民政协工作的意见》、政协章程、胡锦涛在中央党校的讲话精神及省、市、县党代会精神。把中共中央关于人民政协的重大理论观点和方针政策落实到县政协的各项工作中去，把政协委员和政协工作者的思想和行动统一到中共十七大精神上来。增强政协工作的自觉性和坚定性，增强政协履行职能、服务中心工作的能力。邓华明说，三届一次会议以来，县政协围绕全县工作大局开展政治协商、民主监督和参政议政，内容更加丰富，形式更加多样，效果更加明显；全体会议期间，围绕政府工作报告及其他报告进行整体协商、议政建言，及时整理委员意见和建议，形成建议案，报送县委、县政府供参考；全年召开常委会议 4 次、主席会 11 次。就全县社会主义新农村建设、文化旅游重点项目规划建设，实施“十大惠民行动”、办理委员提案和社情民意情况等专题协商，工业集中发展 B 区建设启动、工业发展、平安建设、发展农村专业经济合作社组织等重点协商，以及专委会与有关部门开展的对口协商等；围绕全县工作大局和群众关心的热点难点问题，运用会议、提案、反映社情民意、推荐和支持委员担任司法机关和政府部门特约监督员等形式，实施民主监督工作，全年共向县委、县政府和有关部门报送建议意见近百条，视察通报10期，社情民意14期，重点监办提案13件，10余名委员担任党政行风监督员。提案工作着力撰写质量与办理质量，坚持跟踪督办。调查研究精心选题，形成相应的调研报告5个，协助和参与省、市政协开展了10余次专题调研。全年进行专题视察17次，参加视察活动的委员达300余人次。开展“富民惠民，改善民生”行动：在三届一次会议期间，倡议委员为县慈善会捐款11965元，为敬老院及贫困群众捐助钱物1.3万余元；开展送文化、卫生下乡，为农民书写对联1600余幅，义诊100余人次；开展“联镇帮村助组到户”，帮助、引导农民发展生产，组织有关单位资助、帮扶2万余元；与市政协、市委宣传部、调元镇主办“德阳市第三届百名政协委员三下乡”活动，向农民群众发放资料3万余份，赠送良种1800袋，义诊730人次，送药品，价值5000元，医治白内障病人10例，演出文艺节目等。注重政协自身建设：加强委员队伍建设，充分发挥政协委员主体作用；举办“做新时期合格政协委员”讲座，与税务部门联办税收政策知识讲座，培训非公有制企业中的政协委员；调整专委会设置，配齐专委会正副主任，充分发挥专委会的基础作用；加强机关建设，按照县委统一部署开展领导干部作风整顿建设活动及“富民惠民，改善民生”行动并达到预期目的。联谊、宣传、文史资料工作取得新成就；接待省、市政协领导来罗江调研视察联谊20余次，与兄弟县市区政协交流10余次；印发政协工作简报、会议纪要34期，在《四川政协报》刊载稿件14篇，获省、市政协新闻宣传通联工作先进单位，编辑出版《罗江县文史资料》第十七辑。报告中部署了2008年工作：一是深入学习贯彻中共十七大精神，进一步增强履职使命感和责任意识。二是围绕中心，服务大局，努力提高履职能力。三是突出主题，为构建和谐罗江做贡献。四是要加强宣传，努力营造良好的工作环境。五是加强自身建设，进一步增强工作活力。

《县政协提案工作情况报告》指出，三届一次会议期间，共收到提案108件，提议和附议委员516人次，提案件数和参与人次均创新高。提案经审查立案101件，并于2006年12月25日转送县委县政府两办。县政府将办理委员提案纳入县政府工作的重要日程，12月30日，县委常委会听取政协党组提案情况汇报；2007年3月9日召开提案交办会，27个部门和单位承担办理，6月30日前办理完毕。满意率为77.5%，基本满意率为21.9%，不满意率为0.6%。关于2008年提案工作建议，一要认真调查研究，提高提案质量；二要加强提案办理，切实增强办理实效；三要做好协调工作，提高服务质量。

开幕大会上，经科委、提案委和刘军等24名委员受表彰，《关于重视农村幼教工作，增加专业教师，完善教学设施的建议》等10个提案被评为优秀提案，《观音崖五百年记》等3篇文章被评为优秀文史作品，《关于解决我县敬老院管理人员待遇的建议》等3份建议被评为优秀社情民意，《关于我县推行新型农村合作医疗制度情况的调查与建议》等2个调研报告被评为优秀调研报告。

8日下午和9日，举行分组会议，协商、讨论《政府工作报告》及计划、财政、法院、检察院工作报告，学习《中共罗江县委关于进一步加强全县人民政协工作的意见》，讨论《县政协常委会工作报告》《提案工作情况报告》和《三届二次会议决议（草案）》，委员书写提交提案。

10 日上午，举行闭幕大会，会上，县委书记卢也发表讲话，县政协副主席李兴明作《县政协三届二次会议提案审查报告》。

卢也讲话指出，过去的一年，县政协切实履行政治协商、民主监督、举政议政职能，为推进罗江经济社会发展作出了重要贡献。卢也指出，这次会议即将闭幕，县委同时召开政协、统战工作会议。就全县的总体工作、政协工作、统战工作讲三点意见。关于把握全县工作大局。2008 年的目标任务是：完成 GDP37.26 亿元，增长 14%；全口径财政收入 4.58 亿元，其中地方财政收入 2.33 亿元；农民人均纯收入4620元，城镇居民人均可支配收入达到 1.10 亿元；全面和超额完成“两年新突破”目标任务。发展方向是主动融入成德绵城市群的城乡统筹，建设成德绵的“后花园”，打造“第三空间”。发展路径是推进“三化”，重点建设“十点五线两区一中心”。工作重点是金山工业集中区建设，招商引资上台阶及重大旅游项目推进，职教产业发展，结构调整和农民工的转移。

关于政协工作。为完成 2008 年的目标任务，需要县政协认真履行职能，提高工作水平，在推进发展中发挥更大作用。要求政协工作要坚持发展要务，服务大局，围绕加快发展发挥职能。要做好团结和民主工作，为发展提供支持和保障。要加强和改善党对政协工作的领导，推进政协工作的制度化、规范化、程序化建设。

关于统战工作。要支持民主党派、工商联等人士围绕全县经济建设中的重大问题，认真调查研究，建言献策。充分发挥统一战线组织成员与经济发达地区、港澳台和海外联系广泛的优势，做好推介宣传和招商引资工作，吸收各种投资者参与罗江经济建设。发挥统一战线成员在教育、文化、卫生等领域作用，引导他们投身文化产业，参与发展公益文化事业，为文化建设服务。

县政协副主席李兴明作《县政协三届二次会议提案审查报告》，会议通过《县政协三届二次会议决议》。

10 日上午，县政协三届二次全体会议闭幕。

第三次会议

2009 年 3 月 24—25 日，县政协三届三次会议在罗江举行。全体县政协委员出席会议，县政协主席邓华明，副主席肖宗军、古明水、李兴明（女）、张平富，秘书长薛建都和常务委员在主席台就座；县领导卢也、徐光勇、刘诚、田芬金、林永成、何敏（女）、陈天航、熊兵华、唐启天、张胜虎、张启兵、石昌明、马祥高、陈培建、白光裕、唐华清、周丽姬（女）、唐维露、郑学斌、张中伟、聂建及县人民武装部、县人民检察院、县人民法院负责人杨成斌、郭志华、龙维斌，县老领导曾广友、何天云、杨育林应邀出席并在主席台就座，有关部门负责人、驻县市政协委员及社会知名人士代表应邀列席会议。

会议议程有：听取和协商《政府工作报告》，协商讨论计划、财政报告和法检两院工作报告（书面），听取并审议《县政协常务委员会工作报告》《政协第三届罗江县委员会关于三届二次会议以来提案工作情况报告》，表彰 2008 年度“四个一”活动先进单位和个人，听取本次会议《提案审查报告》，补选政协第三届罗江县委员会副主席，听取县委书记讲话，通过本次《会议决议》。

24日上午，县政协三届三次会议举行开幕大会，应出席会议的县政协委员162名，因事因病请假21名，实际到会141名，符合《政协章程》规定。

在开幕大会上，县委副书记、县长徐光勇向大会作《政府工作报告》，邓华明作《县政协三届常委会工作报告》，李兴明作《三届二次会议以来提案工作情况报告》，张平富宣读《表彰决定》，协商法检两院工作报告及计划、财政工作报告。

《县政协常委会工作报告》指出，2008年是极不平凡的一年，全县经受"5·12"汶川特大地震，罗江为重灾区，罗江人民的生命财产遭受了巨大损失。全县干部群众经历抢险救灾和恢复生活生产秩序的重大考验，启动了灾后重建，取得阶段性成果。县政协常委会工作报告从"同舟共济，积极参与抗震救灾和灾后重建工作""服务大局，切实履行政协职能""强化职能，推进政协自身建设"三个方面回顾2008年工作。邓华明说，地震灾害发生以后，灾情就是命令，灾情就是大局。县政协领导班子反应迅速，率领机关干部在第一时间深入金山镇、调元镇、略坪镇和医院、企业、宗教场所查看灾情、指导救灾。发动机关各类人员和政协委员捐款捐物（值）180余万元。组织政协委员和政协参加单位开展"我为灾后重建献计献策"活动，共提出建议意见40余条，提案1件，反映社情民意7件。关于履行政协职能，邓华明说，进一步完善了全委会整体协商、常委会专题协商、主席会重点协商、专委会对口协商运行机制，例会质量不断提高。认真贯彻全国、省、市政协提案工作会议精神，不断加强和改进新形势下政协提案工作。按照围绕中心、服务大局要求，多形式开展视察活动，提高了视察质量水平。坚持调研为决策服务和注重时效的原则，针对灾后重建新情况，及时调整调研课题，对灾后农村卫生事业发展、水利设施建设及工业生产恢复发展等深入调研，形成质量较高的调研报告，为县委、县政府决策灾后恢复重建工作提供重要参考。关于自身建设，邓华明说，加强学习，着力思想政治建设，协调配合，发挥专委会作用，搭建平台，发挥委员主体作用，巩固成果，深化"三化"建设，强化服务，推进政协机关建设。政协自身建设始终坚持与时俱进，求真务实，强化职能，推动了政协事业不断向前发展。2009年，是全县灾后重建三年复兴关键一年，县政协要高举中国特色社会主义伟大旗帜，坚持以邓小平理论、"三个代表"重要思想和中共十七届三中全会精神为指导，以政协章程为准则，深入贯彻落实科学发展观，按照县委统一部署，积极开展政治协商，完善民主监督机制，提高参政议政实效，充分发挥协调关系、汇聚力量、建言献策、服务大局的重要作用，努力开创罗江县政协事业新局面。一是深入学习贯彻科学发展观和十七届三中全会精神，增强政协工作的使命感和责任感；二是坚持科学发展观，服务重建发展大局，全面履行政协职能；三是突出团结民主，凝心聚力，为构建和谐社会服务；四是深化自身建设，推进人民政协事业健康发展。

《县政协提案工作情况报告》指出，县政协三届二次会议以来，共收到委员提案99件，审查立案99件。3月5日召开提案过手会，3月25日召开提案交办会，28个部门和单位承办，112个单位协办。法定办理时间内，提案所提建议解决和基本解决的38件；作出规划并着手解决的57件；不能解决需向委员作出解释的4件。办理满意率为90.2%，基本满意率为9.1%，不满意率为0.7%。提案办理工作的特点，一是政协委员切实履职，提案质量有所提高。二是县委、县政府重视，办理质量不断提高。三是主席会议始终把提案工作作为重要工作，不断加强提案工作规范化制度化建设，进一步提高提案工作质量。四是提案办理取得实效，为促进全县经济社会发展发挥了积极作用。

开幕大会上，提案委、文史学习委，社法委和张社林等23名政协委员受表彰，《关于加强企业节能降耗监管工作的建议》等10件提案被表彰为优秀提案，《袍哥轶事》表彰为优秀文史作品，《关于加强抗震救灾档案工作的建议》等3份建议被表彰为优秀社情民意，《我县工业企业灾后恢复发展的调查与建议》被表彰为优秀调研报告。

大会确认张群（女）、甘伟、邱燕（女）、周仁刚辞去委员职务；确认增补叶长义、何曦（女）、周荣、米祯东、盖雪翠（女）为政协第三届罗江县委员会委员。

24日下午和25日上午举行分组会议，协商、讨论《政府工作报告》及其他报告，委员书写提案，讨论选举办法（草案）及候选人建议名单、监票计票人名单，讨论《县政协常委会工作报告》《提案工作情况报告》和《三届三次会议决议（草案）》，讨论各专委会2009年工作安排。

25日下午选举大会，补选政协第三届委员会副主席1名。根据县政协三届三次会议选举办法，进行无记名投票等额选举，张宏琳（女）当选县政协三届委员会副主席。

选举大会结束后，举行闭幕大会。大会听取县委书记卢也讲话，县政协副主席古明水作《县政协三届三次会提案审查报告》，通过《县政协三届三次会议决议》。

卢也讲话指出，一年来，县政协始终围绕全县经济社会发展中的重大课题和群众普遍关心的热点、难点问题，深入开展调查研究和视察活动，积极建言献策，提出了大量反映社情民意，具有重要参考价值的提案和建议。在抗震救灾的紧要关头，县政协团结社会各界人士，发挥独特优势，一切服从于抗震救灾，一切服务于抗震救灾，大家同心同德，并肩战斗，风雨同舟，共克时艰，为全县抗震救灾取得重大阶段性胜利做出重要贡献。卢也指出，2009年，是实现“凝心聚力，三年复兴；南接北扩，八年共荣”总体目标的关键一年，一要抢抓机遇，乘势而上，开启罗江加快发展新篇章；二要建言献策，齐心协力，为“两个加快”再作新贡献；抢抓灾后重建机遇，按照县委工作的总体要求，着力统筹新农村建设，突出“南接北扩”和灾后重建重点，落实加强改善民生、加强民主法制建设、加强基层党组织建设。建言献策：要牢牢把握团结和民主两大主题，扩大团结面，增强包容性，引导一切发展要素的活力竞相迸发，一切创造财富的源泉充分涌流，一切和谐稳定的因素广泛集聚，为推进“两个加快”做出新贡献。

会议听取《县政协三届三次会议提案审查报告》，通过《县政协三届三次会议决议》。

25日下午，县政协三届三次全体会议闭幕。

第四次会议

2010年1月5—7日，县政协三届四次会议在罗江举行。全体县政协委员出席会议，县政协主席邓华明，副主席古明水、李兴明（女）、张平富、张宏琳（女），秘书长薛建都和常务委员在主席台就座；县领导卢也、徐光勇、曾长江、田芬金、林永成、陈天航、熊兵华、唐启天、张胜虎、张启兵、王晓芬（女）、邹远骏、石昌明、马祥高、陈培建、白光裕、唐华清、唐维露、聂建、李芳芳（女）、张俊懿，县人民武装部、县人民检察院、县人民法院负责人杨成斌、郭志华、龙维斌，县老领导曾广友、何天云，国有企业有关负责人赵明发、陈仕恩，宗教界人士释海山应邀出席并在主席台就座；有关部门负责人，驻县市政协委员及社会知名人士代表应邀列席会议。

会议议程有：听取和协商讨论《政府工作报告》，协商讨论计划、财政、人民法院、人民检察院工作报告（书面）和《罗江县“中国幸福家园”建设总体规划》，听取并审议《县政协常委会工作报告》《提案工作情况报告》，表彰2009年度“四个一”活动先进单位和个人，视察“三区”建设，听取县委书记讲话，通过《三届四次会议提案审查报告》《三届四次会议决议》。

1月5日上午，县政协三届四次会议举行开幕大会。应出席会议的县政协委员163名，因事因病请假4名，实际到会159名，符合《政协章程》规定。

开幕大会上，县委副书记、县长徐光勇作《政府工作报告》，县政协副主席古明水作《政协三届常委会工作报告》，县政协副主席张平富作《三届三次会议以来提案工作情况报告》，县政协副主席李兴明宣读《表彰通报》，大会听取计划、财政及法检两院工作书面报告。

《县政协常委会工作报告》首先回顾2009年工作情况。2009年，县政协和广大政协委员围绕科学发展，服务灾后重建，认真履职，积极进取，完成三届三次会议提出的各项工作任务，人民政协事业向前发展：一是学习实践科学发展观活动取得新成效，二是理论学习有新进步，三是例会质量有新的提高，四是调研、视察有新成果，五是提案工作有新实效，六是社情民意工作有新特点，七是宣传、联谊、文史工作有新起色，八是服务建设和谐社会有新作为，九是自身建设有新形象。2010年，是罗江全域建设“中国幸福家园”开启之年，也是完成“十一五”规划目标和灾后重建任务最后一年，县政协要围绕全县工作大局，为建设“出如画、入有余、大和谐、同快乐”的幸福罗江贡献力量。要围绕建立学习型政协，推动学习活动深入开展；要围绕全域建设中国幸福家园，增强履职工作实效性；要围绕团结民主主题，为构建和谐社会服务；要围绕政协优势，做好特色工作；要围绕提高履职能力，不断加强自身建设。

《政协提案工作情况报告》指出，县政协三届三次会议以来，收到提案90件，立案85件。立案提案经济方面的11件，政务管理方面的18件，城市管理方面的27件，民生方面的9件，社会事业方面的18件，生态文明建设方面的2件。立案提案送交26个部门和单位办理，未立案5件作为意见交有关部门参考处理。至2009年12月2日，85件提案全部办复。其中，已经解决和基本解决的30件，占提案总数35.2%，正在解决和列入规划逐步解决的48件，占56.5%，因条件所限暂不能解决作出解释说明的7件，占8.3%。据对反馈意见的统计，首次办理满意率为92.6%，基本满意率位6.9%，不满意率为0.5%。

开幕大会上，提案委等5个专委会和严崇平等24名政协委员受表彰，《关于健全我县县镇两级农业服务体系的建议》等10件提案被表彰为优秀提案，《罗江壁画——古今妙丹青·美轮美奂耀剑南》等2件作品被表彰为优秀文史作品，《关于重视和解决西门口公共汽车补员点安全隐患的建议》等3条建议被表彰为优秀社情民意，《关于我县农村文化工作情况的调查与建议》被表彰为优秀调研报告。

大会确认廖德智、梁珂（女）辞去县政协委员职务；确认增补尹帮斌、曾传聪、周明碧（女）为政协第三届罗江县委员会委员。

5日下午和6日下午，举行分组会议：协商讨论《政府工作报告》《政协常委会工作报告》《提案工作报告》和计划、财政、法院、检察院工作报告；协商讨论《罗江县“中国幸福家园”建设总体规划》；讨论各专委会2010年工作安排；委员书写提交提案。

6日上午，全体与会人员视察金山实验区、白马关景区、城南新区（简称“三区”）建设。

7日上午，举行闭幕大会，听取县委书记卢也讲话。卢也在讲话中指出，2009年，是罗江经济社会发展历程中极不平凡的一年，全县干部群众迎难而上，主动作为，以“三区”带“三圈”，以“三圈”联十镇，经济发展不断提速，扩权县排位持续上升，灾后重建纵深推进，“三区”取得重大突破，新农村建设进入新阶段，环境治理卓有成效，民生显著改善、社会和谐稳定，各项工作亮点纷呈。卢也指出，建中国幸福家园，县政协也有重任：要发挥优势，积极履职；健全机制，营造环境；加强领导，创造条件。在建设“中国幸福家园”上展现新作为，拓展新渠道，做出新贡献。

在闭幕大会上，县政协副主席李兴明向大会作《县政协三届四次全体会议提案审查报告》，通过《县政协三届四次全体会议决议》。

7日上午，完成议定议程，县政协三届四次全体会议闭幕。

第五次会议

2011年1月9—10日，县政协三届五次会议在罗江举行。全体政协委员出席会议，县政协主席邓华明，副主席古明水、李兴明（女）、张平富、张宏琳（女），秘书长薛建都和常务委员在主席台就座；县领导卢也、徐光勇、唐华清、曾长江、林永成、陈天航、张胜虎、张启兵、王晓芬（女）、邹远骏、李鑫、杨成斌、石昌明、马祥高、陈培建、白光裕、唐维露、聂建、李芳芳（女）、张俊懿，县法、检两长及县人武部部长龙维斌、郭志华、刘诗韵，县老领导曾广友、何天云，国有企业有关负责人赵明发、陈仕恩，宗教界人士释海山应邀出席并在主席台就座；有关部门负责人、驻罗江县辖区市政协委员及社会知名人士代表应邀列席会议。

会议议程有：听取和协商《政府工作报告》，听取并审议《县政协常委会工作报告》《提案工作情况报告》，协商讨论县法院、县检察院工作报告，协商讨论计划、财政报告及罗江县国民经济和社会发展第十二个五年规划纲要，表彰2010年度“争先创优”活动先进单位和个人，听取本次会议《提案审查报告》，听取县委书记讲话，通过本次《会议决议》。

1月9日上午，县政协三届五次会议举行开幕大会。县委副书记、县长徐光勇作《政府工作报告》，县政协主席邓华明作《县政协常委会工作报告》，县政协副主席张宏琳作《提案工作情况报告》，县政协副主席李兴明宣读《表彰通报》，书面听取计划、财政及法院、检察院工作报告。

《县政协常委会工作报告》从“深入开展学习活动，建设学习型政协组织有提高”“围绕中心、服务大局，履行职责有贡献”“弘扬团结民主主题，服务和谐社会建设有作为”“发挥自身优势，政协特色工作有成果”“重视履职能力的提高，自身建设有成效”五个方面回顾了2010年政协工作。一年来，县政协运用政协例会、中心组学习会、专委会活动、专题讲座、研讨会、考察参观等载体，深入开展理论学习活动，把政协委员和政协工作者的思想认识统一到中央、省委、市委、县委关于做好新时期政协工作的部署和要求上来，统一到科学发展、加快灾后重建的重大决策和方针政策上来，把智慧和力量凝聚到县委县政府提出的全域建设“中国幸福家园”宏伟目标上来，进一步加深对多党合作和政治协商制度的认识，坚定中国特色社会主义信念，增强政治意识、大局意识、服务意识和履职能力，夯实共同奋斗的思想基础。坚持以提高例会质量为着力点，认真履行政治协商职能：圆满召开三届四次全体会议，建言献策，共商发展大计；召开常委会议5次、主席会议11次，围绕全局性工作，督办提案，开展调研，反映社情民意；发挥民主监督职能作用，开展对环保工作民主评议，推荐17名政协委员受聘担任特约监督员等。弘扬团结民主主题，开展加强同社会各界人士代表联系促和谐，建立健全反映社情民意机制、化解矛盾和问题促和谐，参与和推动公益活动、坚持为民办事促和谐，按县委部署开展“领导挂点、部门包村、干部帮户”助推民富促和谐。坚持“亲历、亲闻、亲见”原则，编辑出版《同舟纪实》，记载县政协组织和委员参与抗震救灾和灾后重建事迹，编印政协工作信息26期，《四川政协报》《德阳日报》刊载罗江政协文稿15篇，同德阳市旌阳、广汉、绵竹及绵阳市北川羌族自治县等友邻县（市、区）开展学习、交流活动，取长补短、共同进步。加强委员队伍建设，发挥专委会基础作用，搞好履职制度化、程序化、规范化建设，开展机关学习型、服务型、和谐型、廉洁型建设等，履职能力明显提高。2011年，是实施“十二五”规划开局之年，也是本届政协收官之年，县政协要在县委领导和市政协指导之下，深入践行科学发展观，认真学习贯彻中共十七届五中全会精神，坚持团结民主主题，围绕全县中心工作，坚守岗位，担当责任，建言献策，为助推“十二五”规划实施，建设幸福家园再立新功。

《政协提案工作情况报告》指出，三届四次会议以来，共收到提案94件，经审查提案93件。三届四次全会闭会后，提案委员会对立案提案按分级负责、归口办理原则，提出提案承办单位建议方案。及时会同县委办、县政府办、县政协办召开提案交办协商会，确定承办单位。全县29个县级部门、10个镇政府和白马关景区、城南新区管委会承担办理任务。提案所提意见或建议得到解决或基本得到解决的53件，列入计划逐步解决的31件，因条件所限或政策原因不能解决而作出解释的10件。所有提案均在法定时间内办结，办理满意率和基本满意率为99.6%。

开幕大会上，提案委等7个专委会被表彰为先进单位，景安华等23名政协委员被表彰为优秀政协委员，《关于我县村级实施民主管理的调查与建议》《关于我县幼儿教育发展的调查与建议》被表彰为优秀调研报告，《关于妥善解决科级领导干部待遇的建议》等10件提案被表彰为优秀提案，《关于重视和支持我县老年人体育事业的建议》等6条被表彰为优秀社情民意。

大会确认刘向林辞去县政协委员职务和增补刘勇、戴伍闻为政协第三届罗江县委员会委员。

9日下午和10日上午，三届五次会议举行分组会议，协商讨论《政府工作报告》《政协常委会工作报告》《提案工作报告》，以及县人民法院、县人民检察院工作报告和计划、财政工作报告，协商讨论罗江县国民经济和社会发展第十二个五年规划纲要，讨论本次会议决议（草案）和2011年工作安排意见，委员们书写提交提案。

10日下午，举行闭幕大会，张平富作本次会议《提案审查报告》，听取县委书记讲话，通过《县政协三届五次会议决议》。

本次会议共收到458人次的委员提案89件，其中集体提案7件，委员提案82件。经审查立案87件。

县委书记卢也在讲话中指出，2010年，全县人民锐意进取，新农村建设取得重大突破，罗江成为全省10个整体推进县之一，获全省一等奖；"三区"发展逐渐成形，"十点五线"乡村旅游格局基本形成；环境治理亮点纷呈，生态垃圾处理模式在全省大力推广；灾后重建三年任务两年基本完成，群众生活质量明显提升。这些成绩的取得，离不开广大政协委员在内的全县人民的团结拼搏。卢也指出，政协工作一要围绕中心，服务大局，围绕新农村建设、转变发展模式、基层民主自治、土地确权、项目建设、富民增收等重大问题，开展专题调查视察研究，献良策，出诤言。二要发扬民主，增进团结。要调动各方智慧，激发全县人民的积极性和创造性，将人民政协打造成为群众有序参与政治生活、积极开展建言献策的重要渠道，把荟萃人才、联系广泛的资源转化为服务发展、改善民生的工作优势。三是要关注民生，促进和谐。要紧紧围绕群众最关心、最现实、最直接的问题，选择就业创业、买房建房、看病就医、子女入学、社会治安等热点、难点，关注民生，汇集民智，谏利民之言，谋利民之策，办利民之事。四要与时俱进，开拓进取。要坚持以改革创新精神加强自身建设，着力推进政协工作科学化、制度化、规范化、程序化。打造学习型、务实型、和谐型干部队伍，建设勇于创新、善谋良策、激情创业的机关。

会议通过《县政协三届五次全体会议决议》。

10日下午，县政协三届五次全体会议闭幕。

四　第四届全体委员会议

第一次会议

2011年12月13—15日，县政协第四届一次全体会议在罗江举行。162名县政协委员出席会议，县政协党组书记白光裕及第三届县政协主席邓华明，副主席古明水、张平富、张宏琳（女）在大会主席台就座；县领导罗宗志、邓华明、唐华清、曾长江、张蜀、雷光明、陈天航、张胜虎、王晓芬（女）、刘诗韵、戴书文、谢斌、何学军、王大进、石昌明、马祥高、陈培建、唐维露、李芳芳（女）、黄琦、黄宪礼，县老领导曾广友、何天云，县人民武装部、县人民检察院、县人民法院负责人贾瑞、郭志华、吴治全，驻县企业负责人曹建军、陈仕恩，职业教育界人士张富明、古光华应邀出席并在主席台就座。有关部门负责人、各镇党委书记驻县省市政协委员应邀列席会议。会议由本次会议主席团主持。

会议议程有：听取和协商讨论《政府工作报告》，听取和审议《政协第三届罗江县委员会常委会工作报告》《提案工作情况报告》，选举政协第四届罗江县委员会主席、副主席、秘书长和常务委员，听取《县政协四届一次会议提案审查情况报告》，听取县委书记讲话，通过《县政协四届一次会议决议》，当选政协主席讲话。

12月13日上午，县政协第三届主席会议受常委会委托，主持县政协四届一次会议预备会议。预备会议审议通过本次会议议程、日程，审议通过大会主席团成员及秘书长、副秘书长名单，审议通过提案审查委员会名单。

主席团成员（以姓氏笔画为序）：白光裕　古明水　冯小平　刘华勇　苏银刚　李伦兴　李海英（女）　杨中俊　邱朝蓉（女）　张平富　张社林　陈　珂（女）　陈　勇　陈志光　陈金平　易礼全　周义雄　周继兴　钟晶会（女）　俞　斌　高　君　高晓梅（女）　唐　英（女）　唐宗甫　龚莉佳（女）　释觉行　曾传聪　潘治中　薛建都

秘书长：古明水（兼）　副秘书长：薛建都　杨建桥　曾传聪　唐　英（女）　俞　斌

提案审查委员会主任委员：陈志光　副主任委员：钟晶会（女）　刘　军　谢　明　冯小平

委员：文　宏　曾会书（女）　张社林　刘华勇　邱朝蓉（女）　廖世平

13日上午，县政协四届一次会议举行开幕大会。会议上，县政府代理县长曾长江作《政府工作报告》，县政协副主席古明水作《县政协三届常委会工作报告》，县政协副主席张平富作《政协三届常委会提案工作情况报告》，书面听取法院、检察院、计划、财政工作报告。

《县政协常委会工作报告》回顾2011年政协工作和三届政协工作与体会。报告指出，2011年，圆满召开三届五次全体会议和5次常委会议、11次主席会议，对推进社会主义新农村建设、保障和改善民生、加强法制政府建设、加强人才工作、加强农村环境综合整治、加强医疗卫生队伍建设、重视和改善关心下一代工作、加快服务业发展、开展第六次人口普查、加强社会管理推进“三项重点工作”等议题协商议政，建言献策。提案工作注重质量调查研究突出实效，反映社情民意关注民生。密切同社会各界人士联系、沟通，巩固发展爱国统一战线。深入基层办实事促进和谐社会建设。突出地方特色做好文史资料、信息宣传和重要节日庆典工作。加强自身建设提高履职能力。按照县委统一部署协助做好换届工作。圆满完成本届政协收官之年各项目标任务。

关于三届县政协工作回顾与体会，报告指出：五年来，县政协在县委领导和市政协指导下，围绕中心、服务大局，始终坚持同广大民众风雨同舟、齐心协力、共克时艰、促进发展，走过了极不平凡的历程。履行政治协商、民主监督、参政议政职能，取得了新成效，人民政协事业健康发展，为全县抗震救灾、科学重建和经济社会发展做出了贡献。一是同舟共济，积极参与抗震救灾，服务灾后重建，助推全县经济社会振兴。二是围绕中心，服务大局，履职实践富有成效。三是突出主题、关注民生，促进和谐社会建设有所作为。四是发挥优势、注重特色，加强政协宣传工作。

《县政协提案工作情况报告》首先回顾县政协三届五次会议以来的提案工作情况，县政协三届五次会议期间及会后共收到委员提案和建议89件，立案88件。提案涉及内容，质量明显提高。提案分别由28个部门、3个镇和经开区、白马关景区办理，并全部在法定时间内办结。委员对提案办理的满意率达99.2%。

关于三届县政协提案工作情况，在政协常委会领导下，始终坚持“围绕中心，服务大局，提高质量，注重实效”的方针，切实加强提案“三化”建设，着力抓好提案的撰写、审查、交办、督办四个环节，充分调动委员在提案工作中的积极性、主动性、创造性，推动提案工作不断向前发展。一是提案数量增加，质量不断提高。共提出提案480件，比上届平均每年增加30件，提案在选题、分析和提出建议等方面都较好地体现了严肃性、科学性和可行性的要求。二是领导重视，督办得力。县委、县政府把政协提案办理列入党政工作议事日程，出台《关于罗江县人大代表、政协委员参政议政“绿色通道”实施办法的通知》，县领导对重点提案办理作批示。县政协常委会实行主席会议成员、政协专委会对重点提案督办工作机制。承办单位领导挂帅，专人负责，使提案办理工作件件落实。三是注重实效，办理质量提高。县委、县政府和提案承办单位实行分工负责、归口办理、督查督办、领导把关、委员签字措施，促进办理质量提高，取得实质性效果。四是积极主动协调，服务质量提高。提案委在提案征集、提出到组织落实的全过程中牵线搭桥，主动协调，积极帮助提案承办单位与提案委员沟通协商，做好服务工作。

建议今后提案工作，一要进一步加深对提案工作的认识，二要进一步提高提案质量，三要进一步加强提案跟踪办理力度。坚持“围绕中心、服务大局、提高质量、注重实效”工作思路，充分发扬民主、广开言路、调动一切积极因素，紧紧围绕县委四次党代会作出的部署建言献策，为助推全县建设四川丘区经济文化强县做出新贡献。

13日下午至14日，举行分组会议，讨论《政府工作报告》和其他报告，讨论《县政协常委会工作报告》《提案工作情况报告》，委员书写提案，进行换届风气测评，协商讨论选举办法（草案）及候选人建议名单，协商讨论《四届一次会议决议（草案）》。

15日上午，举行选举大会和闭幕大会。

选举大会由主席团主持。根据县委《关于政协第四届罗江县委员会主席、副主席、秘书长和常务委员候选人建议书》和有关《选举办法》，大会选举产生第四届委员会主席、副主席、秘书长和常务委员。白光裕当选主席，古明水、张平富、陈志光、高晓梅（女）当选副主席，陈金平当选秘书长，冯小平、刘华勇、苏银刚、李伦兴、李海英（女）、杨中俊、邱朝蓉（女）、张社林、陈珂（女）、陈勇、易礼全、周义雄、周继兴、钟晶会（女）、俞斌、高君、唐英（女）、唐宗甫、龚莉佳（女）、释觉行、曾传聪、潘治中、薛建都当选为常务委员。

选举大会结束后举行闭幕大会。大会听取《县政协四届一次会议提案审查报告》，听取县委书记的讲话，通过《县政协四届一次会议决议》，县当选政协主席发表讲话。

县政协副主席陈志光在《提案审查报告》中指出，县政协四届一次会议期间，共收到525人次的委员提案122件，经审查立案113件。其中，产业类17件，文化类10件，民生类26件，社会事务类29件，政务管理类27件。未立案的9件提案作为意见转有关部门研究处理。本次会议委员所提提案，更多地关注县域经济、政治、文化和社会生活各方面。提案的内容和质量显示，政协委员参政议政的水平较高，政治意识和责任意识较强。大会闭会以后，县政协提案委按照分级负责、归口办理原则，将已立案的提案送请县委、县政府有关单位协商办理。闭会后收到的提案，提案委将按照规定审查立案和交办。

县委书记罗宗志在讲话中指出，以邓华明为班长的政协班子，始终坚持“长期共存、互相监督、肝胆相照、荣辱与共”的政协宗旨，紧紧团结在县委周围，凝聚各方力量，发挥政协职能，政治协商的领域不断拓宽，民主监督的实效不断增强，参政议政的质量不断提高，政协工作取得显著成绩。县四次党代会为罗江未来五年的发展勾画了蓝图。希望县政协四届委员会承前启后，一如既往，在坚持自身性质和特点的基础上，与时俱进，扎实工作。一是凝聚发展合力。发挥好政协人才荟萃、智力密集、协商监督、协调关系的优势，引导各方面人士认清形势、坚定信心、振奋精神，共同推进发展，构建和谐社会。二是强化民主监督。积极组织政协委员，加强对国家机关及其工作人员履行职责、遵纪守法、为政清廉等方面的监督。三是积极建言献策。充分发挥“人才库”“智囊团”优势，抓住事关全局、事关长远的重大问题、重点工作和关键环节，为党委、政府出谋划策，参政议政。四是坚持党的领导。政协党组要在政协工作中起好政治核心作用，保证县委决策贯彻执行。五是加强自身建设。要努力把政协领导班子建成团结民主、清正廉洁、委员信任、群众拥护的领导集体。加强政协委员队伍建设，充分发挥委员主体作用。加强政协干部队伍建设，增强干部队伍活力，提高干部整体素质。

新当选县政协主席白光裕在讲话中指出，县政协四届一次会议，在县委领导下，经全体委员和与会人员的努力，圆满完成了会议各项议程，是一次统一思想、增进共识、共谋发展的大会，是一次团结求实、民主进取、汇聚力量的大会。以邓华明为班长的三届县政协卓有成效的工作，为四届政协奠定了良好的基础，积累了宝贵的经验。关于四届政协任期的工作，讲话从四个方面提出了希望和建议。第一深化对人民政协的认识，增强履职的责任感和使命感。第二，加强委员队伍建设，充分发挥委员履行职能的主体作用。第三，围绕中心、服务大局，切实履行基本职能。第四，坚持党的领导，始终把握坚定政治方向。

会议通过县政协四届一次《会议决议》。

15 日上午，县政协四届一次全体会议闭幕。

第二次会议

2013 年 1 月 3—5 日，县政协四届二次会议在罗江举行。全体政协委员出席会议，县政协主席白光裕，副主席古明水、张平富、陈志光、高晓梅（女），秘书长陈金平和常务委员在主席台就座；县领导罗宗志、唐华清、曾长江、雷光明、刘泽球、陈天航、张胜虎、王晓芬（女）、刘诗韵、张旭、戴书文、谢斌、何学军、王大进、陈培建、叶国民、宋联忠、李文（女）、唐维露、李芳芳（女）、黄琦、黄宪礼、魏崛、王鸿，县老领导曾广友、邓华明，县人民武装部、县人民检察院、县人民法院负责人贾瑞、郭志华、吴治全，企业界人士曹建军、陈仕恩，职教界人士张富明、古光华出席并在主席台就座。驻县省、市政协委员及各镇党委书记及县级部门主要负责人列席会议。

会议议程有：听取和协商《政府工作报告》，听取并审议《四届常委会工作报告》《提案工作情况报告》，书面听取县法院、检察两院工作报告和计划、财政报告，表彰 2012 年度先进单位和个人，听取《县政协四届二次会议提案审查情况报告》，听取县委书记讲话，通过

《县政协四届二次会议决议》。

3日上午，政协第四届罗江县委员会第二次全体会议开幕，开幕大会上，县委副书记、县长曾长江作《政府工作报告》，县政协主席白光裕作《县政协四届常委会工作报告》，县政协副主席陈志光作《县政协四届常委会关于四届一次会议以来提案工作情况报告》，张平富宣读《表彰通报》，县法检两院向大会书面报告工作，县发改局、县财政局向大会书面报告2012年执行情况和2013年计划、预算（草案）。

《县政协常委会工作报告》中首先回顾上一年工作。2012年是建设四川丘区经济文化强县第一年，是四届县政协开局之年，县政协常委会承前启后，继往开来，扎实工作，在县委领导下，以邓小平理论"三个代表"重要思想和科学发展观为指导，高举爱国主义和社会主义伟大旗帜，突出团结民主主题，紧紧围绕县委中心工作，切实履行政治协商、民主监督、参政议政职能，全面助推科学发展，积极协力文化繁荣，努力促进民生改善，同心维护社会稳定，为四川丘区经济文化强县建设做出了贡献。第一，抓好学习，打牢基础，履职为民的理念不断提升。按照建设学习型政协的要求，把学习中共十八大精神作为重要政治任务，通过例会、中心学习组会议、专委会会议、机关干部会等深入学习，夯实参加人民政协的各党派团体、各族各界人士团结合作的思想政治基础。针对换届后新委员多的特点，抓好委员集中培训，提高委员对政协的认识，强化委员意识，提高委员书写提案、反映社情民意等履职实践的技能技巧。采用灵活多样的学习形式，多层面开阔委员视野，提高履职为民的能力和水平。第二，围绕中心，服务大局，履行政协职能实效不断增强。把促进科学展作为履行职能的第一要务，围绕打造"三个罗江"、建设四川丘区经济文化强县发展战略目标，谋长远之计，建睿智之言，献科学之策，尽同心之力。政治协商有作为：召开四届一次全会开展整体协商，建言献策；首次召开县长约谈委员活动进行面对面交流；召开省、市县政协委员视察专题通报会，听取县委书记讲话和政府工作情况通报，为委员议事和反映意见建议提供知情明政平台；召开常委会议、主席会议和专题会议，提出各类意见、建议200余条，专委会开展对口协商达到增进共识、促进工作目的。民主监督有实效：推荐、委派委员90余人次担党风、政风、行风义务监督员；组织委员对2010年民主评议全县环保工作整改情况进行回头看，巩固提出民主评议成果；组织各界人士集中、分组巡视重建建设项目，提出意见建议30余条。参政议政有成果；切实做提案工作，开展书写提案培训和优秀提案评选，不断提高提案质量，加强提案督办力度，提高提案办理实效；开展好调研和视察活动，形成调研报告报县委、县政府决策参考，形成视察通报10期，提出意见建议60余条，刊发《社情民意专报》16期；动员组织政协委员、政协参加单位参与招商、协助引进企业6家，引进资金6.3亿元。第三，弘扬主题，凝心聚力，助推和谐罗江建设不断加快。密切各方联系，坚持合作共事：协助县委做好统一战线工作，促进各民主党派、工商联、各人民团体、无党派人士和社会各界之间团结合作，凝聚智慧和力量，全年举办各界人士民主协商会、建言献策会、情况通报会、传统节日座谈会6次，参加人员300余人次；邀请集中视察调研8次，参加50余人次。丰富活动形式，彰显政协文化；加强同各省、市、县政协联系沟通，接待考察团11批次；协助省市政协对罗江调研视察10次；承办市政协中心学习组会议；编辑出版《罗江文物集萃》；在新闻媒体播发、刊发新闻80余条，县政协被省政协办公厅评为新闻宣传先进单位；印发

《政协通报》《罗江政协》（信息）12期；组织委员开展“三下乡”活动。悉心关注民生，做好事办实事；高度重视“领导挂点、部门包村、干部帮户”工作，组织开展帮扶专题调研5次，召开座谈会、协调会10次，协调帮扶资金55万元，为46户贫困户、贫困党员、残疾人送种苗、肥料、慰问金共值4万余元；引导企业委员参加“光彩事业”“百企联百村帮千户”等感恩行动，企业界委员为助学、济困、修路等捐款物值20余万元。第四，立足本职，着力自身，履职能力和水平不断提高：转变作风，推进政协工作制度化、规范化、程序化建设；丰富载体，加强委员队伍建设；重视基础，加强专门委员会建设；强化服务，加强机关自身建设。

2013年，县政协工作总的要求是：高举中国特色社会主义伟大旗帜，以邓小平理论、“三个代表”重要思想和科学发展观为指导，深入学习贯彻中共十八大精神，引领全县各民主党派、工商联、各人民团体和广大政协委员，在中共罗江县委的领导下，坚持团结民主主题，认真践行社会主义协商民主制度新要求，紧紧围绕县委中心工作，切实履行政治协商、民主监督、参政议政职能，不断提高履职实效，为全面建成小康社会，全力推进四川丘区经济文化强县建设做出新的更大贡献。一是强化学习，夯实思想政治基础；二是强化实效、助推建设四川丘区经济文化强县；三是弨化主题，促进和谐社会建设；四是强化基础，提升政协履职科学化水平。

《县政协提案工作情况报告》提出，县政协四届一次会议期间及会议以后共收到提案122件，提议、附议委员573人次，审查立案113件。提案内容涉及政务管理类27件，产业发展类17件，民生类26件，文化建设类10件，社会事务类29件，生态类4件。2012年3月22日，县政府组织召开交办会，确定包括县级部门、乡镇和经开区在内的41个承办单位和44个协办单位。所提提案已经解决的63件，占立案数55.8%；作出规划并着手解决的38件，占33.6%；因客观条件制约或因政策原因不能解决向委员作出解释的12件，占10.6%。委员对提案办理的满意和基本满意率达到99%。

关于2013年提案工作，陈志光指出，2013年提案工作思路，一是增强做好提案工作的责任感和使命感。按照有关要求，结合本县实际、引导政协委员运用提案反映民意、集中民智、建言献策、履行政协职能；二是树立质量意识，提高工作水平。引导政协委员知情明政，围绕县委“三个罗江”建设的工作部署，开展调查研究，使建言建到点子上，献策献到关键处；三是加强制度建设，推动工作创新。注重提炼提案工作新办法，不断完善提案工作规章制度，提高委员参与率。继续坚持“主席会议成员重点督办，专委会重点协商督办，提案委跟踪督办”工作方法，在提案办理的督促、落实上下功夫。使提案工作更加富有成效，为助推全县经济社会发展做出更大贡献。

大会对四届四次常委会议通过的增补袁勇、李奎、张卫兵、彭宗何为县政协四届委员会委员和杨伟、王国全辞去县政协四届委员会委员职务予以确认。

3日下午和4日上午，分组协商讨论《政府工作报告》和计划、财政工作报告，讨论《县政协常委会工作报告》《提案工作情况报告》和县法院、县检察院《工作报告》，委员书写、上交提案。

4日下午，县长约谈委员，分组协商讨论《四届二次会议决议（草案）》和2013年各专委会工作计划。

5 日上午，举行闭幕大会。县政协副主席高晓梅向大会作《县政协四届二次会议提案审查报告》，听取县委书记讲话，通过《县政协四届二次会议决议》。

县委书记罗宗志在讲话中指出，四届二次会议期间，县政协各位委员积极参政议政，踊跃建言献策。在分组讨论中，各位委员围绕中心、服务大局，把握热点、关注民生，提出一大批极有见地的意见和建议。县委、县政府将仔细梳理、分类研究、及时办理。县政协四届一次会议以来，各级政协组织和广大政协委员，参政议政，建言献策，为全县经济社会发展做出贡献。希望进一步弘扬政协优良传统，凝心聚力谋发展：一是营造发展氛围，二是善谋发展良策，三是增添发展活力，四是坚持党的领导，五是加强自身建设。

2013 年 1 月 5 日上午，县政协四届二次全体会议闭幕。

第三次会议

2014 年 1 月 12—13 日，县政协四届三次会议在罗江举行。全体政协委员出席会议，县政协主席白光裕，副主席古明水、张平富、陈志光、高晓梅（女），秘书长陈金平和常务委员在主席台就座；县领导徐光勇、唐华清、曾长江、陈天航、张胜虎、王晓芬（女）、张旭、戴书文、谢斌、何学军、王大进、贾瑞、唐维露、陈培建、叶国民、宋联忠、李文（女）、李芳芳（女）、黄琦、黄宪礼、江涛，县老领导曾广友、邓华明，县法院、县检察、县武装部负责人吴治全、郭志华、余力，企业界人士曹建军、陈仕恩，职业教育界人士张富明、古光华应邀出席并在主席台就座。驻县辖区市政协委员和特邀人士代表、各镇党委书记、县级部门负责人、省市驻罗江机构负责人等列席会议。

大会秘书处印发《关于进一步改进会风的通知》，要求与会人员按照县政协党的群众路线教育实践活动整改方案和中央“八项规定”、省市县“十项规定”有关要求，改进会风，提高会议质效。

会议议程有：听取和协商《政府工作报告》，听取并审议《县政协四届常委会工作报告》《提案工作情况报告》，听取县法院、县检察院工作报告和计划、财政工作报告，表彰 2013 年度先进单位和个人，听取本次会议《提案审查报告》，听取县委书记讲话，通过本次《会议决议（草案）》。会议对县政协四届常委会第十次会议通过的增补金维斌、肖勇、黄河、李克俭为四届县政协委员，四届常委会第九、十次会议通过的游弋、米圣烨、袁勇、吴畏、张会明辞去四届县政协委员职务，以及四届常委会第九次会议通过的撤销吴清满、李青政协委员职务予以确认。

12 日上午，县政协四届三次会议举行开幕大会，应出席会议的县政协委员 164 名，因事因病请假 3 名，实际到会 161 名，符合《政协章程》规定。

在开幕大会上，县委副书记、县长曾长江向大会作《政府工作报告》，县政协主席白光裕作《县政协四届常委会工作报告》，县政协副主席陈志光作《提案工作情况报告》，县政协副主席张平富宣读《表彰决定》。

《县政协常委会工作报告》指出，2013 年，县政协在县委领导下，高举中国特色社会主义旗帜，以邓小平理论、“三个代表”重要思想和科学发展观为指导，坚持团结民主两大主题，认真践行社会主义协商民主制度新要求，围绕中心、服务大局，切实履行人民政协职能，为助推富裕美丽幸福新罗江建设做出贡献。（一）以形成共识凝心聚力为主旨，议政履职思想基础得到巩固：一是把学习摆在突出位置，抓紧抓实，夯实理论基础，深化各民主党派、工商联、各人民团体以及各族各界人士建设中国特色社会主义的认知认同。二是围绕“建诤言、助发展、惠民生、促和谐、记党恩、求奋进”总体要求，开展“实现伟大中国梦建设美丽繁荣和谐四川”主题教育活动，主席会议成员深入联系的镇、村、社区、企事业单位和政协参加单位宣讲国情、省情、县情；组织委员中的道德模范、司法干部等现身说法，阐释“中国梦”内涵，激发全县各族各界投身建设新罗江的热情，凝聚正能量；政协系统参加“共筑中国梦，我为罗江献一策”活动，征集到“金点子”62 条。县政协被县委评为主题教育先进单位。（二）以助推富裕美丽幸福新罗江建设为担当，议政履职实效得到提高：一是协商建言有成效。四届二次会议期间，委员们围绕产业发展、文化繁荣、生态建设和群众普遍关心的热点难点问题广泛议政协商，提出真知灼见，收到委员提案 110 件，意见建议 80 余条；常委会议对创建国家级森林城市和省级绿化模范县、加强行政效能建设、推进新型城镇化打造宜居宜业城市、经济开发区产业发展及招商引资等进行专题协商，提出各类意见建议 50 余条；主席会议围绕促进就业、灾后重建项目审计、城乡环境综合治理、妇女儿童工作、医改、普法、县志编修等开展重点协商，提出建设性意见建议 40 余条；专委会就县城生活污水集中处理、县城生态屏障工程、文化旅游景点管理、义务教育“撤点并校”出现新问题、建立农村土地租赁合作社等开展对口协商，对推动相关工作起到积极作用。二是民主监督有实效；及时反映社情民意，向县委县政府报送社情民意 15 期，向市政协报送 20 期，被采用、刊发 8 期，其中《关于完善免除中职学生学费政策的建议》被省政协采用。2013 年，县政协被市政协评为社情民意信息工作先进单位；全年有委员 50 余人次担任党风、政风、行风义务监督员，县政协主席会议对御营镇城乡统筹工作进行视察，首开县政协对乡镇党委政府工作民主监督先例，是县政协践行社会主义协商民主制度的新探索。三是参政议政有实招。提案工作扎实推进：强化提案征集，着力提高提案质量；完善主席会议成员重点督办提案、专委会对口协商提案工作制度，建立跨年度跟踪督办重点提案机制，促进提案成果进一步转化，提案工作基本达到委员满意、群众满意。调查研究有的放矢：主席会议有针对性地选择促进农民增收、整合涉农项目资金、实施城乡社会养老保险、加强经开区社会治安管理等课题，精心组织，深入调研，形成了质量较高的调研报告，引起了县委书记、县政府县长的高度重视，分别批示落实；民主党派、工商联撰写的有关助推民企发展、白马关景区发展建议等均得到县委县政府高度重视。视察活动适度有序：主席会议主要对水利设施建设、重点项目实施、高职教育园区规划建设等进行视察；各专委会对县城居民饮用水安全、检察院灾后重建、交通发展、残疾人无障碍环境建设、白马关 AAAA 级景区建设等进行视察；组织市政协委员对罗江万亩蜜柚基地建设进行视察。通过视察，提出意见建议 40 余条。（三）以促进和谐为己任，改善民生福祉维护社会稳定得到加强：一是坚持团结民主，密切合作共事，全年举办统战联系会、各界人士民主协商会、建言献策会、情况通报会、传统节日座谈会 7 次，参加人员 400 余人次，为参与人员知情明政、议政建言搭建了平台。二是搞联谊交流，互相借鉴提高。接待省、市、县政协考察团 17 批次，协助省、市政协对罗江新农村建设、农村提灌站建设、乡村旅游发展、经开区建设、宗教人员参加社会保险等调研视察12次。三是心系人民群众，增进民生福祉。深入慧觉、新盛、调元等镇和万安镇麓峰社区，调研11次、协调帮扶资金60余万元，协助落实项目4个，为贫困户、贫困党员、残疾人送化肥等农用物资值现金0.5万元，送慰问金2.6万元；引导民营企业投身光彩事业；支援芦山抗震救灾捐款捐物累计23万元；组织企业界各委员到有关养老、救助中心发放慰问品、慰问金值1.4万元；组织委员和政协参加单位开展科技、医疗、文化"三下乡"活动，为群众科普咨询、义诊义检、义务书写春联等。四是彰显政协特色，做好文史工作。编辑出版《罗江宗教》，启动《罗江县政协志》《罗江文史资料》（第十九辑）编纂工作。县政协获"罗江县第二届文学艺术创作成果奖"，《罗江文物集萃》获市政协"优秀文史资料图书奖"。（四）以强化议政履职服务保障为抓手，自身建设得到提升：一是规范履职程序，完善工作制度；二是加强队伍建设，提升履职水平；三是转变机关作风，增强履职实效；四是加大宣传力度，推进民主政治建设。2014年，县政协工作的总体要求是：高举中国特色社会主义伟大旗帜，以邓小平理论、"三个代表"重要思想和科学发展观为指导，深入贯彻落实中共十八大，十八届三中全会精神，习近平总书记系列重要讲话精神，县委四届五次会议精神，在县委领导下，突出团结民主主题，深入践行社会主义协商民主制度，统一思想、和衷共济，立足新起点、振奋新精神，认真履行政治协商、民主监督、参政议政职能，为建设富裕美丽幸福新罗江、全面建成小康社会而奋力奋斗。一是注重引导，为推进二次创业再造一个罗江增进新的共识；二是围绕中心，为全县经济社会科学发展加快发展展现新的作为；三是关注民生，为增进民生福祉促进社会和谐贡献新的力量；四是开展党的群众路线教育实践活动，力求自身建设取得新的成效。

《县政协提案工作情况报告》指出，四届二次会议期间及会议后共收到提案110件，提议、附议委员542人次，立案105件。2013年3月初召开提案交办联席会，3月21日召开提案交办会，立案提案分别由37个单位承办，32个单位协办。在规定时间内，提案所提建议已经解决和基本解决的70件，在解决中和列入规划的28件，暂不能解决的7件。委员对提案办理的满意率达到97%，基本满意占2.8%。关于2014今年提案工作的打算，一要强化责任意识，增强工作使命感；二要强化质量意识，提高议政水平；三要强化督查督办，推进提案落实。

开幕大会上，政协办公室及提案委等7个专委会表彰为目标考核先进单位，《关于有效整合涉农项目资金的调查与建议》等4篇调研报告被评为优秀调研报告，《关于坚持引、建、管、扶并重，充分利用土地资源，为优势企业发展创造条件的建议》等10件提案被评为优秀提案，《关于加大对罗江中学学校周边环境整治力度的建议》等7条被评为优秀社情民意，《罗江宗教》被评为优秀文史作品，邱林等30名政协委员被评为"五个一"活动先进委员，邓启明等6名委员被评为招商引资先进个人。

12日下午和13日上午，分组协商讨论《政府工作报告》及计划、财政报告和法院、检察院工作报告，讨论《政协常委会工作报告》《提案工作情况报告》和本次《会议决议（草案）》，县长约谈委员，委员书写和提交提案。

13日下午，会议在进行各委组学习、讨论2014年工作议程后，举行闭幕大会。

在闭幕大会上，县政协副主席高晓梅作本次会议《提案审查报告》，会议通过《县政协四届三次会议决议》，听取县委书记讲话。县政协主席白光裕主持闭幕大会。

县委书记徐光勇在讲话中指出，县政协四届三次会议，是在贯彻落实县委“推进二次创业，再造一个罗江”的决策重要时期召开的一次会议。县委、县政府将对各位委员的意见和建议，认真研究，办理落实，对重要提案将纳入督查督办。在罗江科学发展、跨越发展的光荣事业中，人民政协发挥作用的空间广阔，肩负的责任重大，要始终坚持和完善中国共产党领导下的多党合作和政协商制度，发挥优势，履职尽责；坚持服务中心，着力促发展；坚持联系群众，着力惠民生；坚持凝人心，着力促和谐；坚持完善自身，着力强基础。

13 日下午，县政协四届三次全体会议闭幕。

第四次会议

2015 年 1 月 22—24 日，县政协四届四次会议在罗江举行。全体政协委员出席会议，县政协主席白光裕，副主席古明水、张平富、陈志光、高晓梅（女），秘书长陈金平和常务委员在主席台就座；县领导徐光勇、唐华清、曾长江、毛文华、张胜虎、王晓芬（女）、戴书文、谢斌、何学军、王大进、贾瑞、唐维露、黄琦、陈培建、叶国民、李文（女）、李芳芳（女）、宋联忠、黄宪礼、江涛、王小武、罗强，县老领导曾广友、邓华明，县法院、县检察院、县武装部负责人吴志全、章谷雅、余力，企业界人士曹建军、陈仕恩，职业教育界人士张富明、古光华应邀出席并在主席台就座。驻县辖区市政协委员、特邀人士代表以及各镇党委书记、县级部门主要负责人、省市驻罗江机构负责人等列席会议。自本次会议起，实行公民代表旁听县政协全体会议制度。

会议议程有：听取和协商《政府工作报告》，听取并审议《县政协四届常委会工作报告》《提案工作情况报告》，听取县人民法院、县人民检察院工作报告（书面）和计划、财政报告（书面），表彰 2014 年度先进单位和个人，大会交流发言，听取本次会议《提案审查报告》，听取县委书记讲话，通过本次《会议决议（草案）》。会议对县政协四届常委会第十五次会通过的增补何贤良、刘清文、施胜、刘蓉（女）为四届县政协委员，四届常委会第十五次会议通过的戴伍闻、张憬怡、杨菁菁、廖宣会、谢挺辞去县四届政协委员职务予以确认。

22 日下午，县政协四届四次会议举行开幕大会，县委副书记、县长曾长江作政府工作报告，县政协主席白光裕作四届《常委会工作报告》，县政协副主席陈志光作《提案工作情况报告》，县政协副主席张平富宣读表彰通报，县法院、县检察院、县发改局、县财政局向大会作书面报告，大会交流发言。

《县政协常委会工作报告》首先从“坚持同心同德，进一步凝聚建设富裕美丽幸福新罗江的正能量”“坚持服务大局，进一步增强助推建设富裕美丽幸福新罗江的履职实效”“坚持团结民主主题，进一步营造建设富裕美丽幸福新罗江的和谐社会氛围”“坚持以党的群众路线教育实践活动为抓手，进一步助推建设富裕美丽幸福新罗江的履职能力”四个方面回顾 2014 年工作。报告指出，凝聚正能量，一是加强学习，把思想和行动统一到中央和省、市、县委的决策部署上来，助推全县经济、政治、文化、社会、生态文明建设和党的建设实践中来，坚定中国特色社会主义的道路自信、理论自信和制度自信，进一步筑牢团结奋斗的思想政治基础；二是深化共识，协助县委做好统一战线工作，促进各民主党派、工商联、各人民团体和社会各界之间的团结合作，进一步深化对县委“推进二次创业，再造一个罗江”战略部署的认知认同，在实践中与县委同心同德、同心同向、同心同行，努力凝聚助推科学发展力量。全年举办各界人士座谈会、情况通报会、民主协商会、征求意见会6次，参加人员380余人次。增强履职实效，一是立足大局重协商议政。通过各种例会、专题协商会议等渠道，开展多层次、广范围政治协商，各类会议协商提出意见建议210余条，较好地发挥了议政、咨政、助政的积极作用，协助相关工作的推进和有关问题的解决。二是切重热点献务实良策。深入基层、深入群众，广泛开展调查研究。主席会议形成关于全县义务教育均衡发展等多个专题调研报告对全县关心下一代工作等开展专题视察，分别提出意见建议70余条。三是督办提案求实在效果。继续坚持主席会议成员重点督办、专委会对口协商提案制度，坚持跨年度重点提案追踪督办制度，促进提案办理工作的落实，提案成果的进一步转化。基本实现委员满意、群众满意。四是深化监督促行政效能。充分发挥民主监督作用，促行政效能的提高和党风政风行风好转。推荐、委派委员80余人次担任义务监督员，支持委员参加有关听证会和群教活动督导工作。营造和谐社会氛围。一是关注民生改善促发展。主席会议成员坚持不定期到联系的镇、村、社区、企业调查研究，帮助解决实际问题，其中协调相关部门帮助村组解决道路建设，塘堰整治、提灌改造、果树技改等问题15个、协助企业解决问题7个，协调资金2.3万元支持万安镇麓峰社区养老日间照料中心及社区阵地建设，协调资金3万元为慧觉镇富荣村特困户康太富进行土坯危房改造，向困难群众、贫困党员、贫困学生80余人次发放慰问金、慰问品值6万余元。组织动员部分政协委员联系帮扶困难群众，其中工商界65名委员与96户（名）困难群众结对帮扶。支持宗教界开展“慈善周”活动。组织委员和政协参加单位开展科技、文化、卫生“三下乡”活动等。二是反映社情民意解民忧。编报《社情民意信息》送县委县政府及省市政协39篇。促进了相关问题的解决，较好地发挥了社情民意信息“直通车”作用。三是加强团结协作创和谐。拓宽协商民主渠道，制定《罗江县公民代表旁听政协全体会议和常委会议规定》，邀请来自基层的15名公民代表旁听有关会议。举办“共筑中国梦、建设新罗江”庆祝人民政协成立65周年文艺晚会。看望慰问优秀人才13人次、社会知名人士45人次。完成《罗江文史资料》第十九集编辑出版，启动《罗江县政协志》编纂。在新闻媒体播发、刊发稿件50余条，向省、市上报信息80余条，刊印《罗江政协》3期。接待委员和群众来访30余批、110余人次，处理信访13件。提升履职能力，一是从严从实开展群教活动。按照县委部署，开展以“为民务实清廉”为主题的党的群众路线教育实践活动，围绕落实中央“八项规定”及省、市、县“十项规定”要求，开展正风肃纪专项整治行动。查摆形式主义、官僚主义、享乐主义和奢靡之风“四风”问题，自我剖析，即知即改。二是丰富载体加强队伍建设。举办委员培训4期，健全履职档案。组织委员开展一件提案、一条社情民意、一次调研或视察、一件事实好事、一项专门任务“五个一”活动。探索发挥界别协商作用的方法和途径，制定开展界别专题协商工作意见，形成以界别为主体、专委会联系界别制度，调动界别履职积极性。三是创新提升履职水平。围绕社会主义协商民主制度建设和深化改革等重点课题开展深入研究，不断探索践行社会主义协商民主制度的有效途径。不断完善开展专题协商、对口协商、界别协商、提案办理协商、党派协商工作机制。坚持常委会议前学法制度，不断提高常委会一班人运用法治思维和方式推动工作实践。建立全会大会发言制度，为各民主党派、工商联、无党派人士、政协参加单位、广大政协委员议政建言搭建更加广阔的平台。四是健全机制抓机关建设。狠抓中央“八项规定”和省、市、县“十项规定”的贯彻落实，进一步建立健全规章制度，开展庸懒散浮拖专项整治，进一步改进文风会风，努力建设学习型、服务型、效能型、创新型机关，巩固学习、民主、勤政、廉洁“四好”领导班子创建成果。政协机关团结和谐，履职为民、奋发进取的氛围更加浓厚。

2015 年，是“十二五”收官之年，是“推进二次创业，再造一个罗江”攻坚之年。政协工作一是要强化理论武装，主动适应深化改革和法治建设新要求；二是要围绕改革发展，积极发挥协商民主重要渠道作用；三是要持续关注民生，努力促进社会和谐稳定；四是要巩固群教活动成果，不断提升履职能力。在县委领导下，和衷共济，凝心聚力，开拓创新，奋发有为，共同谱写罗江改革发展、法治建设新篇章，为建设富裕美丽幸福新罗江，全面建成小康社会而努力奋斗。

《县政协提案工作情况报告》指出，四届四次会议期间和会议以后共收到提案 88 件，提议、附议委员 507 人次。审查立案 87 件。分别由 35 个单位承办，26 个单位协办。在规定的时间内，提案所提建议已经解决和基本解决的有 49 件，正在解决和已明确规划、逐步解决的 32 件；因法律政策原因或受客观条件制约，目前不能解决的 6 件。委员满意率 97. 7%，基本满意率 2. 3%。

开幕大会上，提案委、经科委、文史学习委被表彰为先进集体，农业委、联谊委、社法委、教文卫委被表彰为优胜集体；廖世平等 30 名委员被表彰为“五个一”活动先进个人；唐英（女）等 6 名委员被表彰为招商引资先进个人；《关于在旧城改造中突出地方特色留下文脉传承的建议》等 10 件提案被表彰为优秀提案；《关于在县城饮水保护区设立警示标志》等 7 篇被评为优秀社情民意。

23 日，分组会议审议《县政协常委会工作报告》《提案工作情况报告》，协商讨论县法院、县检察院《工作报告》，举行旁听公民座谈会，协商讨论《政府工作报告》和计划、财政报告，委员撰写、提交提案，县长约谈委员。

24 日上午，在完成讨论《县政协四届四次会议决议（草案）》、协商 2015 年工作、各界别小组活动后，举行闭幕大会。会上，县政协副主席高晓梅作本次会议《提案审查报告》，听取县委书记讲话，通过《县政协四届四次会议决议》。县政协主席白光裕主持闭幕大会。

县委书记徐光勇在讲话中指出，会议期间，各位政协委员认真履行职责，共商发展大计，围绕县委、县政府中心工作提出了宝贵的意见和建议。体现了委员们关心罗江、热爱罗江、期盼罗江更好更快发展的心愿。希望继续围绕“推进二次创业，再造一个罗江”总体目标，突出“一个核心”（一城四区建设），推进“两个突破”（深化改革，对外开放），强化“三个保障”（整治建设、民生建设、党的建设），迎难而上，奋力争先，为全面建成小康社会而努力奋斗。希望政协工作要适用新常态提出的新要求，发挥联系广泛的优势，凝聚各界人士和广大群众的智慧和力量，把县委县政府描绘的蓝图变为现实。

24 日上午，县政协四届四次全体会议闭幕。

第五次会议

2016年4月5—6日，县政协四届五次会议在罗江举行。全体政协委员出席会议，县政协主席白光裕，副主席古明水、张平富、陈志光、高晓梅（女），秘书长陈金平和常务委员在主席台就座；县领导徐光勇、唐华清、曾长江、毛文华、沈颖、张胜虎、王晓芬（女）、戴书文、何学军、王大进、黄琦、王小锐、陈培建、唐维露、叶国民、李文（女）、宋联忠、江涛、王小武、刘兆斌、董贤银，县老领导曾广友、邓华明，县法院、县检察院、县武装部负责人吴志全、章谷雅、余力，企业界人士曹建军、陈仕恩，职业教育界人士唐健禾、古光华应邀出席并在主席台就座。辖区内市政协委员、特邀人士代表，以及各镇党委书记、县级部门主要负责人、县法检两院负责人、省市驻罗江机构负责人等75人列席会议。7名公民代表旁听会议。

会议议程有：听取和协商《政府工作报告》，听取《罗江县国民经济和社会发展第十三个五年规划纲要（草案）说明》，听取并审议《县政协四届常务委员会工作报告》和《提案工作情况的报告》，听取县法院、县检察院工作报告（书面）和计划报告、财政报告，表彰2015年度先进单位和个人，大会交流发言，听取本次会议《提案审查情况的报告》，听取县委书记讲话，通过本次《会议决议》。会议对四届县政协常委会第二十次会议通过的增补李世良、唐万华、释能法（女）、谢桑良、邓晓玲（女）、刘爱华（女）、陈玟琦、任鹏、徐虎啸为四届县政协委员及四届县政协常委会第二十次会议通过的宋光明、杜海荣、刘清文、黄河、龚莉佳（女）、释隆宗（女）辞去四届县政协委员职务予以确认。

5日上午，县政协四届五次会议举行开幕大会，出席会议的县政协委员158名，符合《政协章程》规定。

开幕大会上，县委副书记、县长曾长江作《政府工作报告》和《罗江县国民经济和社会发展第十三个五年（2016—2020）规划纲要（草案）说明》；县政协主席白光裕作《四届县政协常委会工作报告》；县政协副主席陈志光作《四届县政协常委会关于四届四次会议以来提案工作情况报告》；县政协副主席张平富宣读《表彰通报》；县法院、县检察院、县发改局、县财政局向大会作《工作报告》（书面）；大会交流发言。

《县政协常委会工作报告》回顾2015年政协工作：（一）筑牢思想基础，进一步增强政治把握能力。一是抓好学习教育，凝聚思想共识，常委会坚持把学习中共十八届三中、四中、五中全会精神和习总书记系列重要讲话作为中心内容，通过常委会议、主席会议及专委会等进行专题学习，学习省市县委决策部署，引领委员准确把握新形势下政协工作面临的新要求和新任务，深化认知认同，引导广大政协委员把思想统一到中央、省、市、县委重大决策部署上来，围绕协调推进"四个全面"战略部署和奋力实现"五个走在前列"建言献策；二是增进团结民主，凝聚共同力量。认真落实统战工作会议精神，做好政协统战工作。实行县政协党组成员联系统战代表人士制度和主席会议成员走访约谈委员、慰问优秀人士，适时召开民主党派、工商联、无党派人士和政协参加单位负责人座谈会，传达有关会议精神，听取各界人士意见，形成全社会致力罗江改革发展稳定合力。（二）深化协商民主，进一步助推改革发展大局。一是政治协商内容丰富，成效显著：会议协商广泛深入；界别协商有序开展；

视察调研协商有的放矢；提案工作务实有效。二是民主监督不断深入，务实有效：组织市、县政协委员对县发改局等40个单位，历时半年，就“政策服务环境、行政执法环境、就业创业环境、投资融资环境、宣传舆论环境5个方面13项目内容进行民主评议，梳理出意见建议179条。县委书记徐光勇在四届县委119次常委（扩大）会议上听取县政协民主评议报告后指出：县政协开展民主评议全县经济发展环境工作做得很好，收集和梳理的问题和意见建议真实、广大政协委员认真履职、真心实意为全县经济发展出谋划策。推荐委派50余名委员担任党风、政风、行风义务监督员。继续开展民主监督依法治县工作，对县司法局、新盛镇法律进村（社区）进行专题视察和民主评议。三是参政议政对接重点，力促发展。发挥政协委员渠道畅通、联系广泛优势，参与全员招商。组织委员开展专题调研，形成《关于全县乡村旅游发展的问题和建议》《全力实施“11127”工程全域推进新型城镇化——县政协赴川北川南考察报告》，提出意见建议25条。（三）关注民生民利，进一步营造和谐稳定社会环境。聚民意，办实事，在委员中开展“我为扶贫攻坚做件事”活动。全县政协委员联系帮扶困难群众103户，协调落实帮扶资金120余万元，帮助困难群众解决具体问题100余个。（四）加强自身建设，进一步提升履职能力。一是认真开展“三严三实”专题教育。召开征求意见座谈会，深入联系点调研，广泛听取各党派、各族各界意见建议，梳理、查找不严不实问题，落实整改。党员干部增强了忠诚干净担当的思想自觉和行动自觉。二是不断深化队伍建设。以抓综合素质和履职能力提升为主题的委员培训，坚持年度培训与委室培训相结合、县内培训与外出学习考察相结合，提高培训实效。三是进行履职实践创新。搞好新形势下加强和改进人民政协协商民主工作专题调研，不断完善开展专题协商、对口协商、界别协商、提案办理协商、党派协商工作机制，完善全委会会前调研、全委会大会发言、专题会议议题发言制度，拓展委员知情明政平台，建立完善部分委员列席政协常委会、主席会，参加主席会议视察调研活动制度，扩大公民有序政治参与，建立完善公民代表旁听政协全会、常委会制度。四是做好政协宣传文史工作。在新闻媒体播发、刊发稿件，向省、市上报政协统战信息，刊印《罗江政协》，印发《政协信息》；搞好联谊交流，主动争取上级政协指导，加强与兄弟县市区政协交流，推进《罗江县政协志》编纂工作。五是加强政协机关自身建设。深入学习贯彻全面从严治党新要求，加强党建和党风廉政建设，贯彻落实中央“八项规定”，巩固“四好”班子创建成果。

2016年政协工作的总体要求是：在中共罗江县委领导下，高举爱国主义、社会主义伟大旗帜，坚持团结民主主题，秉持“创新、协调、绿色、开放、共享”发展理念，紧紧围绕协调推进“四个全面”战略布局，奋力实现“五个走在前面”的要求，进一步发挥人民政协在协商民主建设中重要渠道和专门机构作用，切实履行政治协商、民主监督、参政议政职能，努力强化自身建设，为“推进二次创业、再造一个罗江”，扶贫攻坚，全面建成小康社会贡献力量。一是抓好理论学习，不断夯实思想政治基础；二是聚焦“五个走在前列”，不断增强协商议政实效；三是助推精准扶贫，不断提升民生福祉；四是巩固“三严三实”教育成果，不断提高履职水平。

《县政协四届四次会议以来提案工作情况报告》指出，四届四次会议期间及会后共收到提案92件，提议、附议委员591人次。审查立案85件，分别由28个单位承办，35个单位协办。在规定时间内，提案所提建议已经解决和基本解决的37件；正在解决和已明确计划，逐步解决的38件；因法律政策原因或者受客观条件制约。目前暂不能解决的10件。委员对办理结果表示满意的84件，基本满意的1件。

开幕大会上，提案委等3个专委会被表彰为年度工作目标考评先进集体、经科委等4个专委会被表彰为优胜集体；钟晶会（女）等30名政协委员被表彰为“五个一”活动先进个人；《关于保障我县服务业用地建议》等10件提案被表彰为优秀提案，《关于全县乡村旅游发展存在的问题和建议》等10篇被表彰为优秀社情民意。

大会书面听取县法院、县检察院工作报告和县发改局计划报告、县财政局预算报告（草案），听取农工民主党罗江支部等8个县政协参加单位和陈勇等3位政协委员的大会发言交流。

5日下午至6日下午15时，会议分组讨论协商《政府工作报告》及计划、财政报告，法检两院工作报告，《国民经济和社会发展第十三个五年规划纲要（草案）》；讨论本次《会议决议（草案）》，协商2016年各委组、界别小组工作；举行旁听公民代表座谈会；委员书写提交提案；县长约谈委员代表；各委组集中学习。

6日下午，举行闭幕大会。在闭幕会上，县政协副主席高晓梅作本次会议《提案审查报告》，听取县委书记徐光勇讲话，通过《县政协四届五次会议决议》。

县委书记徐光勇在讲话中指出，本次会议期间，各位委员紧扣《政府工作报告》和《“十三五”规划纲要》，谋良策、建良言，提出了许多有价值的意见和建议。县委县政府将认真研究采纳。希望政协各组织和广大委员，认真贯彻落实县委近期印发的《关于加强人民政协协商民主建设的实施意见》：统一思想、把准方向，切实增强工作责任感和使命感；履职尽责、开拓创新，凝聚推动罗江发展的正能量。县委将加强领导、强化保障，切实为政协工作创造良好的条件。

6日下午，县政协四届五次全体会议闭幕。

五　第五届全体委员会议

第一次会议

2016年12月12—15日，县政协第五届一次全体会议在罗江举行。第五届县政协委员、第四届县政协主席会议成员、相关县领导、市委督导组参加会议。驻县辖区市政协委员、镇及部门单位负责人列席会议，各界人士代表、公民代表旁听会议。

会议议程有：听取和协商《政府工作报告》；听取并审议《政协第四届罗江县委员会常务委员会工作报告》《提案工作情况报告》，书面听取县人民法院、县人民检察院工作报告和计划报告、财政报告，表彰2016年度先进单位和个人，大会交流发言，选举政协第五届罗江县委员会主席、副主席、秘书长和常务委员，听取《县政协五届一次会议提案审查情况报告》，听取县委书记讲话，通过《县政协五届一次会议决议》，当选县政协主席讲话。

12 日下午，先后举行严肃换届纪律培训、预备大会、中共党员委员会议和召集人会议。

严肃换届纪律培训对象为全体县政协委员和大会工作人员，相关县领导、市委督导组领导指导培训会，县政协党组书记张胜虎主持培训会。会议一是县委书记曾长江同全体委员和大会工作人员进行换届纪律专题读心谈话；二是学习“三案通报”、《严肃换届纪律文件选编》等，强调“九严禁”“六个坚决查处”；三是全体委员、工作人员签订《严肃换届纪律承诺书》；四是观看严肃换届纪律警示教育片《镜鉴》《警钟——辽宁拉票贿选案警示录》。

全体政协委员、四届县政协主席会议成员参加预备会，四届县政协主席白光裕主持预备大会。会议审议通过会议议程和日程；审议通过会议主席团名单、执行主席分组名单和会议秘书长、副秘书长名单；审议通过提案审查委员会名单；审议通过会议邀请上主席台就座人员名单、列席会议人员名单；审议通过分组会议召集人名单；通报委员分组情况。

邀请上主席台就座的有中共罗江县委常委，县人大常委会正副主任，县政府正副县长，四届县政协正副主席，县人武部部长，县法院院长，县检察院检察长，县离退休老领导，企业川纤公司、金路树脂公司及四川工业科技学院、德阳通用电子科技学校主要负责人，他们是：曾长江、曾广友、邓华明、唐华清、李栋、白光裕、张胜虎、沈颖、何学军、江涛、王小锐、米磊、王志华、王英（女）、周保全、宋联忠、王小武、陈培建、唐维露、叶国民、李文（女）、刘兆斌、屈志新、胡勇、刘锵、宋青锋、张平富、陈志光、吴志全、章谷雅、周红英（女）、余力、王志国、康明、张平富、古光华。驻县辖区的市政协委员应邀列席会议。

大会主席团成员：王　炜（女）　尹　德　古明水　刘圣建　刘华勇　刘孝东　许可东　李世良　李克俭　李海燕　张胜虎　张富明　陈玟奇　俞　斌　高晓梅（女）释觉行　曾　勇　曾传聪　谢升明　赖诗贵　廖文军。

大会秘书长：古明水　副秘书长：陈金平　曾传聪　刘　洪　许　珺（女）

提案审查委员会主任委员：陈培建　副主任委员：柯贤良　曾　勇　委　员：陈玟奇　廖　文（女）　李春蓉（女）

全体党员委员、相关县领导参加中共党员委员会议。县领导何学军主持会议。会议宣布成立县政协五届一次会议临时党委文件，县委书记曾长江讲话。

各委员小组召集人、相关县领导、市委督导组领导参加召集人会议。县委书记对召集人及相关负责人进行严肃换届纪律集体谈心谈话，压实委员小组召集人责任；县政协党组书记就强化换届纪律监督责任提要求；召集人签订《严肃换届纪律加强换届风气监督责任书》；市委督导组领导讲话。

13 日上午举行开幕大会。全体参会人员参加会议，市委督导组长、市委组织部副部长、市委编办主任俞伟，市委督导组副组长、市人大常委会办公室副调研员叶荔等到会指导。

大会听取县人民政府代理县长李栋作《政府工作报告》，听取《四届县政协常委会工作报告》《提案工作报告》，书面听取县人民法院、县人民检察院工作报告和计划报告、财政报告；表扬 2016 年度先进单位和个人，进行大会交流发言。

《四届县政协常委会工作报告》回顾五年工作。五年来，县政协常委会高举爱国主义、社会主义旗帜，在中共罗江县委的坚强领导下，坚持团结民主主题，秉持“创新、协调、绿色、开放、共享”发展理念，进一步发挥人民政协在协商民主建设中的重要渠道和专门机构作用，切实履行政治协商、民主监督、参政议政职能，努力强化自身建设，为“推进二次创业，再造一个罗江”、全面建成小康社会做出积极贡献：（一）加强学习、认化认识，共同思想政治基础不断巩固：政治把握能力不断提升；作风建设不断增强；协商民主理论研究取得成果。（二）围绕中心，服务大局，协商议政履职实践卓有成效：整体协商、专题协商、重点协商、对口协商、界别协商成果丰硕，首开专题议政协商；民主监督务求实效，及时反映社情民意，扎实开展民主评议，积极参与义务监督；参政议政力促发展，提案工作逐年深化，调研视察有的放矢；参与全员招商成效显著，政协委员引进及协助引进项目28个，县政协机关招商引资工作受到县委、县政府表彰。（三）弘扬主题，齐心协力，社会和谐稳定得到加强：倾力帮贫济困，开展“走基层”“双联双帮”“社区双报到”“三下乡”等活动，为基层组织和群众排忧解难；聚力脱贫攻坚，帮助联系镇贫困村、贫困户解决村（社区）阵地建设、道路建设、塘堰整治、提灌设施改造、产业发展等实际问题；坚持团结民主、密切合作等事，举办统战联系会、各界人士民主协商会、建言献策会、情况通报会、传统节日座谈会，搭建知情明政、议政建言平台。团结联谊更加广泛，政协统战工作更有成效。（四）改进作风，优化服务，自身履职水平不断提升：坚持请进来、送出去培训，政协委员和政协干部政治把握能力、调查研究能力、联系群众能力、合作共事能力不断提升，政协队伍“懂政协、会协商、善议政”整体水平不断增强；以贯彻执行中共“八项规定”为切入点，修订完善对口联系工作等7项制度，新建立部分委员联系帮扶困难群众等6项制度，制度建设得到加强；利用各级各类媒体大力宣传罗江，宣传政协，刊印及向省、市报送政协统战信息，宣传工作得到加强。

对今后五年工作建议：一是坚持定力，增进共识，努力凝聚建设美丽幸福新罗江的力量；二是紧扣中心，积极担当，努力提高助推建设美丽新罗江议政建言质效；三是关注民生，团结各方，努力营造建设美丽幸福新罗江的氛围；四是强基固本，树新形象，努力增强建设美丽幸福新罗江的能力。

《四届政协提案工作情况报告》指出：本届共提提案513件，经审查立案485件，连续5年办结率为100%，满意和基本满意率为99.5%。提案工作坚持“围绕中心，服务大局，提高质量，讲求实效”方针，注重征集、办理、服务三个环节，狠抓提案工作制度化、规范化、程序化。提案凝聚着委员们履职的热情和智慧，反映了人民群众的期待和愿望，得到县委、县政府和各承办单位的高度重视，为促进罗江经济、政治、文化、社会和生态文明建设做出了贡献。

13日下午，举行分组会议，全体参会人员参加会议。小组会议组织委员学习换届知识政策，开展履职培训，签订《严肃换届纪律责任书》，讨论政府工作报告和其他报告，委员书写提案。

14日上午，举行分组会议和主席团一次会议。全体县政协委员、市政协委员、各界人士代表及旁听公民代表参加会议，讨论《县政协常委会工作报告》《提案工作报告》，委员书写提案。主席团成员、相关县领导参加主席团第一次会议，县政协党组书记对主席团成员进行严肃换届纪律集体谈心谈话。县委组织部宣读《县委关于五届县政协主席、副主席、秘书长和常务委员候选人建议书》。审议《选举办法（草案）》及《五届一次会议决议（草案）》等。

14日下午，举办县长约谈委员座谈会和分组会议。分组会议协商讨论《选举行法（草案）》《候选人建议名单（草案）》《五届一次会议决议（草案）》等；协商讨论2017年县政协工作，征集协商议题；完成提交提案。主席团举行第二次会议，听取各小组对大会报告讨论情况汇报；听取各小组对候选人建议名单、《选举办法（草案）》《决议（草案）》等酝酿情况汇报；听取提案审查委员会工作汇报。举行总监票人、监票人，总计票人、计票人培训。

15日上午，举行选举大会和闭幕大会。

全体政协委员、市委督导组参加选举大会，张胜虎主持选举大会。大会选举政协第五届委员会主席、副主席、秘书长和常务委员。

全体参会人员、市委督导组参加闭幕大会。闭幕大会宣布选举结果，听取《县政协五届一次会议提案审查情况报告》，听取县委书记讲话，通过《县政协五届一次会议决议》，当选主席讲话，举行闭幕仪式。

大会主席团宣布选举结果：张胜虎当选政协第五届罗江县委员主席，古明水、陈培建、高晓梅（女）、俞斌当选副主席；曾传聪当选秘书长；王炜（女）、王晓琼（女）、尹德、刘圣建、刘华勇、刘孝东、许可东、李世良、李克俭、李海燕、张富明、陈玟奇、陈金平、范富琼（女）、范翠林、周义雄、周继兴、柯贤良、释觉行、曾勇、谢升明、赖诗贵、廖文军当选常务委员。

县委书记曾长江发表讲话。讲话全面、客观地分析罗江发展的机遇与挑战，科学、系统地提出了罗江今后的奋斗目标和发展战略，确切、深入地阐述了同城德绵科技城产业协作区发展定位和工作重点。对四届县政协五年来认真履行职能，为助推全县经济社会科学发展加快发展做出的新贡献，给予充分肯定。对新一届政协工作，他希望进一步与时俱进，实现更大作为：要始终维护“核心”，在团结协作中练好大合唱；主动服务“中心”，在跨越中力争大作为；善于沟通“民心”，在构建和谐中谋求大突破；广泛凝聚“人心”，在履职尽责中促进大发展。讲话对县政协统一思想、增强共识、振奋精神、把握全局、准确定位、发挥优势、履行职能，促进人民政协再上新台阶，具有重要的指导意义。

新当选的县政协主席张胜虎在闭幕大会上讲话。讲话赞扬县四届政协围绕中心、服务大局、奋发进取、锐意创新，政协各项工作取得了显著成绩。新一届政协，将认真贯彻落实县委对政协工作要“维护核心，练好大合唱；服务中心，在发展中力争有大作为；沟通民心，在构建和谐中谋求突破；凝聚人心，在履职尽责中促进大发展”的新要求，讲政治、说实话、议大事、聚合力。张胜虎说，讲政治，心中有信仰，脚下才有力量。坚持中国共产党的领导，坚持中国特色社会主义政治道路，坚持强化政治意识、大局意识、核心意识、看齐意识，是做好新时期政协工作的路径和方法；说实话，既是政协委员的基本政治态度，也是一种责任担当，要在协商中说实话，在监督中道实情，在议政中出实招，通过提案、会议、座谈、论证、评估、咨询等多种形式，上情下达，下情上传，不断丰富和完善协商民主的罗江方式；政协工作主要是谋大局、议大事、商大计，围绕经济发展中带全局性、战略性的重大问题，协商议政、献智出力，争当基层群众的“代言人”、关注民生的“贴心人”和参政议政的

"明白人"；聚合力，是政协团结民主工作的重要特点，依托政协联系面广、包容性强、社会精英多的优势，理顺情绪，稳定人心，发挥好政协"连心桥""智囊团""参谋部"的作用，促进党心民心相融、政心人心相通，着力把县政协建设成委员学习培训的"大学校"，委员认同归属的"大家庭"，委员施展抱负的大舞台。

15 日上午，县政协五届一次全体会议闭幕。

第二节　县政协常委会议

《中国人民政治协商会议全国委员会常务委员工作规则（修正案）》规定，政协常务委员会会议一般每季度举行一次，必要时临时举行。会议议程由主席会议拟订，于会前一个月将会议有关事项通知常务委员会组成人员，临时举行的会议，可以临时通知。常务委员会会议由主席主持，也可由主席委托的副主席主持。

根据这一规定，罗江县政协第一至四届及第五届一次共举行常委会会议 82 次。每次会议，均邀请本会不是常委的各专门委员会（委员小组）负责人及副秘书长列席；请县委、县人大、县政府有关领导到会指导；据会议内容需要，请辖区内省、市政协委员和其他人士列席；请县级领导和有关部门负责人列席并通报情况。四届常委会五次会议以来，邀请部分政协委员列席、约请公民代表旁听会议。会议就全县的大政方针，以及经济、政治、文化、社会生活中的重要问题和县政协履行职能的重要事项，进行专题协商，作出决议、决定，或提出意见和建议。

一　第一届常委会会议

第一届罗江县政协常委会任期 6 年，共举行 25 次常务委员会会议。

第一次会议

1997 年 3 月 27 日，召开县政协第一届常务委员会第一次会议。政协主席何天云，副主席刘成国、李兴明，秘书长张明义及全体常务委员出席会议。县政协各专门委员会负责人列席会议。中共罗江县委常委、常务副县长吴忠金应邀参加会议。驻辖区省政协委员及特邀人士代表应邀列席会议。

会议协商决定本届政协机构设置，审议通过县政协专门委员会、委员小组负责人名单；审议通过本届县政协《关于政治协商、民主监督、参政议政的实施意见》《专门委员会工作规则》《县政协评选先进委、组和先进个人的办法》，协商讨论本届政协有关工作。

何天云在会上就"政协工作方针""政协工作任务""政协工作方法"发表讲话。

会议由刘成国主持。

第二次会议

1997年6月24日，召开一届二次常委会议。县政协主席何天云，副主席李兴明、廖大礼，秘书长张明义及全体常务委员出席会议；县政协各专委会负责人列席会议。县委常委、常务副县长吴忠金应邀参加会议。驻辖区省、市政协委员及有关人士列席会议。

会议听取县政府关于复县以来“两个文明”建设的情况通报；审议通过本届县政协副秘书长的任命；审议通过本届县政协内设办事机构、工作机构的设置及负责人的任命；通报县政协半年来的主要工作情况。

何天云在会上发表题为《增强政治感、使命感、责任感、荣誉感，为我县经济社会发展建功立业》的讲话。

会议由李兴明主持。

第三次会议

1997年9月29日，召开一届三次常委会议。县政协主席何天云，副主席刘成国、李兴明、廖大礼，秘书长张明义及全体常务委员出席会议；县政协各委组负责人列席会议。县委常委、常务副县长吴忠金应邀参加会议。

会议传达、学习中共十五大精神；听取县政府关于政协委员提案办理的情况通报；听取县政协关于提案工作的说明；对县政协本年度后几个月的工作进行讨论；何天云就贯彻落实中共十五大精神讲话。

会议由何天云主持。

第四次会议

1997年11月20日，召开一届四次常委会议。县政协主席何天云，副主席刘成国、李兴明、廖大礼，秘书长张明义及全体常务委员出席会议；县政协各委组负责人列席会议。县委常委、县委宣传部部长、县多种经营领导小组组长魏业东，副县长洪善斌应邀参加会议。

会议听取县政府关于全县1—10月多种经营情况通报和有关全县多经生产的发展目标任务和各项措施的情况通报；听取县政协各多种经营生产调查组的情况汇报；讨论通过县政协《围绕中心调研多经，履行职能献计出力》调查报告。

何天云在会上讲话，充分肯定多经调研，安排近期工作，强调做好县政协一届二次会议筹备工作。

会议由何天云主持。

第五次会议

1997年12月30日，召开一届五次常委会议。县政协主席何天云，副主席刘成国、李兴明、廖大礼，秘书长张明义及全体常务委员出席会议；县政协各委组负责人列席会议。县委副书记邓华明，县委常委、常务副县长吴忠金应邀参加会议。

会议审议通过提交县政协一届二次会议的有关文件、事项；协商通过新增刘元袖、肖坤高、肖谋高、林平、陈振平、周书绵、赵家米、袁兴明、梁燕（女）、董国平、赖安海为第一届县政协委员；审议通过关于表彰县政协1997年度先进委（组）、优秀委员的决定；审议通过县政协专委会、委员小组设置及人员组成方案。

会议由何天云主持。

第六次会议

1998年3月27日，召开一届六次常委会议，县政协主席何天云，副主席刘成国、李兴明、廖大礼，秘书长张明义及全体常务委员出席会议；县政协各委组负责人列席会议。县委常委、常务副县长吴忠金到会指导。

会议学习《人民日报》为全国政协九届一次会议开幕、闭幕所发的两篇社论；审议通过各专委会、委员小组1998年活动计划；何天云就开展好委组活动讲了话。

会议由刘成国主持。

第七次会议

1998年7月17日，召开一届七次常委会议。县政协主席何天云，副主席刘成国、李兴明、廖大礼，秘书长张明义及全体常务委员出席会议；县政协各委组负责人列席会议。副县长洪善斌应邀参加会议。

会议听取县政府关于全县上半年“两个文明”建设情况的通报；听取各专委会、委员小组有关上半年委组活动开展情况汇报；组织学习《中共中央关于在全党深入学习邓小平理论的通知》和全国政协主席李瑞环《把人民政协事业继续推向前进》的讲话；何天云作题为“高举旗帜，埋头苦干”讲话。

会议由刘成国主持。

第八次会议

1998年10月9日，召开一届八次常委会议。县政协主席何天云，副主席刘成国、李兴明、廖大礼，秘书长张明义及全体常务委员出席会议；县政协各委组负责人列席会议。县委副书记、县长刘成鸣，县公安局负责人应邀参加会议。

会议听取县政府关于罗江县政协一届二次会议委员提案办理情况的通报，县公安局通报县公安局集中教育整顿队伍工作情况，听取秘书长张明义关于政协组织委员开展医卫行业行风评议的情况通报，以及对全县非公有制经济进行调研等工作的安排。

何天云作题为“摆正位置，履行职能，发挥作用”的讲话，要求县政协要头脑清醒，摆正位置、履行职能，为建设新罗江发挥更大作用。

会议由何天云主持。

第九次会议

1998年12月30日，召开一届九次常委会议。县政协主席何天云，副主席刘成国、李兴明、廖大礼，秘书长张明义及全体常务委员出席会议；县政协各委组负责人列席会议。县国土局、县工商局、县工商联负责人应邀参加会议。

会议首先举行纪念中共十一届三中全会召开20周年座谈会。座谈会上，与会人员争相畅谈，盛赞改革开放和社会主义现代化建设所取得的巨大成就，回顾坚持中国共产党领导的多党合作和政治协商制度的历程和丰硕成果。

秘书长通报《解放思想，立足实际，创造环境，把大力发展非公有制经济作为建设新罗江的重头戏》调研报告的形成经过和县政协一届三次会议筹备情况。

会议还听取县国土局关于学习宣传《中华人民共和国土地管理法》情况的汇报。

会议由刘成国主持。

第十次会议

1999年1月22日，召开一届十次常委会议。县政协副主席刘成国、李兴明、廖大礼，秘书长张明义及全体常务委员出席会议；县政协各委组负责人列席会议。

会议协商通过石青玉、易祖平、龙维斌、魏大祥、万生敬、寇喜因工作调离等原因辞去本届政协委员职务；审议通过筹备县政协一届三次会议有关《常委会工作报告》《提案工作情况报告》和会议议程日程、邀请人员名单、表彰先进等事项。

会议由刘成国主持。

第十一次会议

1999年5月4日，召开一届十一次常委会议。县政协主席何天云，副主席刘成国、李兴明、廖大礼，秘书长张明义及全体常务委员出席会议；政协各委组负责人列席会议。县委副书记邓华明，县委常委、县政府常务副县长戴厚麟应邀到会指导。县建委、县林业负责人应邀参加会议并通报有关情况。

会议听取各委组负责人关于1999年工作计划要点的汇报；听取县建委关于罗江县城绿化工程建设规划、实施情况的通报；听取县林业局关于县城绿色生态屏障工程建设情况的通报；与会人员视察了纹江路、滨河路、景乐路及围城绿化景观绿色生态屏障建设工程。

会议由何天云主持。

第十二次会议

1999年7月29日，召开一届十二次常委会议。县政协副主席刘成国、李兴明、廖大礼，秘书长张明义及全体常务委员出席会议。县委常委、县政府常务副县长戴厚麟应邀参加。

会议听取县政府关于全县上半年两个文明建设情况及下半年工作思路的情况通报。

会议学习《提高认识、看清危害、把握政策、维护稳定》《中国的领土和主权不可分割》两篇评论员文章，批判李登辉抛出“两国论”、主演分裂祖国闹剧和李洪志利用“法轮大法”腐蚀人们思想、破坏社会稳定等行径。号召全体政协委员和各界人士“自觉增强政治敏锐性和鉴别力，以维护社会稳定，促进经济发展的实际行动，坚决反对‘两国论’和‘法轮功’”。

秘书长通报县政协上半年工作情况和下半年工作安排。

会议由刘成国主持。

第十三次会议

1999年11月26日，召开一届十三次常委会议。县政协主席何天云，副主席刘成国、李兴明、廖大礼，秘书长张明义及全体常务委员出席会议；县政协各委组负责人列席会议。县委副书记邓华明，县委常委、县政府常务副县长戴厚麟，县公安局、县建委、县科委等部门主要负责人应邀参加会议。

会议听取县政府关于县政协一届三次会议委员提案办理情况通报；听取县公安局关于公安工作和公安局基础设施建设情况通报。

秘书长根据县政协党组会议精神，安排部署县政协1999年年末工作，安排深入基层调研，为一届四次全体会议大会发言和提案工作做准备。

会议听取县政协《关于县政协医卫行风评议对县医院的评议意见（草案）》。

邓华明在会上讲话，希望县政协立足当前，把20世纪末的各项工作画上一个圆满的句号；着眼未来，围绕经济建设中心，认真履行人民政协职能，促进建设富裕文明秀丽新罗江的事业不断向前发展。

会议由何天云主持。

第十四次会议

2000年1月18日，召开一届十四次常委会议。县政协主席何天云，副主席刘成国、李兴明、廖大礼，秘书长张明义及全体常务委员出席会议；县政协各委组负责人列席会议。

会议审议通过提交县政协一届四次全体会议的《县政协一届常委会工作报告》《提案工作情况报告》及会议议程、日程等文件和事项。

会议协商决定，同意范清华、王学明、易伟辞去一届政协委员职务，同意增补尹强、叶家富、朱兹贵、应乃富、沈建军、张开升、张新竖、罗荣、周丽姬（女）、曾之贵、释寂戒、释隆宗（女）、廖长廷为一届县政协委员；审议通过增选张新竖、张开升、袁正萱（女）为县政协一届常务委员建议书。

会议审议通过关于表彰1999年度政协工作先进集体、先进个人的决定。

会议由何天云主持。

第十五次会议

2000年3月14日，召开一届十五次常委会议。县政协主席何天云，副主席刘成国、李兴明、廖大礼，秘书长张明义及全体常务委员出席会议；县政协各委组负责人列席会议。

会议学习全国政协主席李瑞环在全国政协九届三次全委会闭幕会上的讲话。

会议通报《县政协2000年工作要点》，听取并审议通过各委组关于2000年的工作计划要点和县政协各专门委员会、委员小组调整方案。

何天云在会上就县政协2000年工作目标及后三年的工作发表讲话。

会议由刘成国主持。

第十六次会议

2000年7月21日，召开一届十六次常委会议。县政协主席何天云，副主席刘成国、李兴明、廖大礼，秘书长张明义及全体常务委员出席会议；县政协各委组负责人列席会议。县委副书记邓华明，县委常委、县政府常务副县长戴厚麟应邀参加会议。

会议听取县政府全县上半年两个文明建设情况通报。

会议组织学习中共中央总书记江泽民关于“三个代表”的论述的指定文章《永远立于不败之地的法宝》（刊《人民日报》）。

各委组负责人汇报上半年委组活动情况。刘成国就委组工作讲了话。

何天云就西部大开发和学习江泽民讲话发表意见，对政协工作提出希望和要求。

会议由刘成国主持。

第十七次会议

2000年11月3日，召开一届十七次常委会议。县政协副主席刘成国、李兴明、廖大礼，秘书长张明义及全体常务委员出席会议；县政协各委组负责人列席会议。县委常委、县政府常务副县长戴厚麟，县人民医院负责人应邀参加会议。

会议学习四川省委书记在传达中共十五届五中全会精神会议上的讲话。

县政府通报县政协一届四次会议期间委员提案办理情况。与会常委对县政府工作表示满意。常委张社林、龚泽明等希望县政府创造条件解决县城南街公厕、太平桥东岸护栏及玉京湖下游治污等问题。

县医院就政协医卫行风民主评议后医院工作整改落实情况工作进行了通报。

刘成国强调做好县政协一届五次全会准备工作。

第十八次会议

2000年12月27日，召开一届十八次常委会议。县政协主席何天云，副主席刘成国、李兴明、廖大礼，秘书长张明义及全体常务委员出席会议；县政协各委（室）负责人列席会议。县公安局主要负责人应邀参加会议。

会上，公安局就2000年县公安工作情况进行了通报。

会议审议通过王荣德、肖坤富、罗诗学、石正明辞去一届县政协委员职务，审议通过先进委组、优秀政协委员、政协工作积极分子名单，审议通过一届五次全委会会议议程、日程等事项。会议审议并原则通过《县政协一届常委会工作报告》。

何天云在会上讲话，要求全体政协委员认真学习、努力实践“三个代表”重要思想，集中精力开好一届五次全委会，提出高质量提案，为全县两个文明建设献智出力。

会议由刘成国主持。

第十九次会议

2001 年 3 月 12 日，召开一届十九次常委会议。县政协主席何天云，副主席刘成国、李兴明、廖大礼，秘书长张明义及全体常务委员出席会议；县政协委组负责人列席会议。

会议学习江泽民总书记在全国统战工作会议上的讲话。

会上，秘书长传达全国统战工作会议精神；各委组负责人通报 2001 年委组工作计划；通报 2001 年度考核评分办法。会议审议通过委组工作计划和年度考核办法。

会议通报县政协 2001 年度工作安排：（一）在党组和主席会议领导下强化学习，身体力行落实“三个代表”重要思想；（二）发扬成绩，为政协各种例会服好务；（三）加大力度，做好提案工作；（四）加强领导，认真抓委（组）工作；（五）抓好重点专题调研工作；（六）继续抓好文史资料工作；（七）服务全局，认真组织，积极参与全县两个文明建设；（八）抓好自身建设，推进“两化”建设。

何天云就“充分发挥委（组）基础作用，履行好人民政协职能”讲话。

会议由何天云主持。

第二十次会议

2001 年 7 月 13 日，召开一届二十次常委会议。县政协主持何天云，副主席刘成国、李兴明、廖大礼，秘书长张明义及全体常务委员出席会议；县政协各委组负责人列席会议。县委常委、县政府常务副县长戴厚麟，县公安局主要负责人应邀参加。

会议学习中共中央总书记江泽民“七一讲话”、全国政协主席李瑞环有关讲话和县委《关于县人大、政协领导同志及县政协委员政治生活待遇问题的通知》。

会议听取县政府关于 2001 年上半年全县经济、政治、文化和社会发展情况通报和关于县政协一届五次会议委员提案办理情况通报。听取县公安局关于“罗江县严打整治第一阶段工作”通报。常委们对政府工作及公安工作发表了意见。会议通报县政协上半年工作情况，提出下半年工作任务。

何天云在会上讲话，要求县政协各委组、全体政协委员和机关工作人员践行“三个代表”重要思想，不折不扣完成全年各项工作计划，做好各委组五年来工作总结，为准备编辑出版一本反映县政协工作的书籍作准备。

会议由何天云主持。

第二十一次会议

2001 年 10 月 16 日，召开一届二十一次常委会议。县政协主席何天云，副主席刘成国、李兴明、廖大礼，秘书长张明义及全体常务委员出席会议；县政协各委组负责人列席会议。县政府副县长洪善斌及县林业局负责人应邀参加会议。

会议学习中共十五届六中全会公报、《中共中央关于加强和改进党的作风建设的决定（要点）》和全国政协主席李瑞环在全国政协九届常委会第十五次会议闭幕会上的讲话。

会议听取县林业局关于罗江县林业工作情况的通报。

洪善斌在会上讲话，希望县政协充分发挥其职能作用，积极为全县两个文明建设和政府工作建言献策。

何天云就县政协贯彻中共十五届六中全会精神和完成本届县政协各项工作任务讲话：一是学好决定；二是要身体力行“八个坚持八个反对”；三是要把学习与工作结合起来，做到“三个第一”，即把民情动态作为第一信号，把群众意见作为第一标准，把群众富裕作为第一目标；四是政协委员要积极为加强和改进党的作风建言献策。

会议由何天云主持。

第二十二次会议

2002 年 1 月 15 日，召开一届二十二次常委会议。县政协主席何天云，副主席刘成国、李兴明、廖大礼，秘书长张明义及全体常务委员出席会议；县政协各委组负责人列席会议。县委常委、常务副县长李琦（女）应邀参加会议。

会议审议通过关于 1 月 22—24 日召开县政协一届六次全体会议和提交此次全会审议的《常委会工作报告》《一届五次会议以来提案工作情况报告》的决定以及相关事项。

会议协商决定，同意张新竖、卢明富、梁燕、李德明、蒋登轩、赖家华、刘书光、赵辉先、何桂蓉、蒋足军、唐成俊、李代长、王思长辞去政协第一届罗江县委员会委员职务。

会议审议通过关于表彰县政协 2001 年度先进委（组）、先进政协委员的决定；审议通过决定，任命刘军为县政协专门委员会办公室主任。

何天云在会议上讲话，根据县委常委会议精神，县政协一届六次会议还有增选副主席的任务。县政协常委会要带领全体委员，开好六次全委会；要尽心尽力搞好本届工作，善始善终，为二届做出榜样。

会议由何天云主持。

第二十三次会议

2002 年 3 月 22 日，召开一届二十三次常委会议。县政协主席何天云，副主席刘成国、段家琼、肖宗军、李兴明、廖大礼，秘书长张明义及全体常务委员出席会议；县政协各委组负责人列席会议。县委常委、县政府常务副县长李琦应邀参加会议。

会议学习全国政协主席李瑞环在全国地方政协工作经验座谈会结束时的讲话。

会议审议通过《2002 年政协罗江县委员会工作要点》和专门委员会、委员小组 2002 年度工作计划；强调调研、视察、反映社情民意和以经验推动工作等重点。

李琦在会上说，县政协做了很多实事，都关系全县的主要工作和重要事项，发挥了很好的作用，希望进一步发挥优势，抓好工作计划的落实。李琦还特别希望政协对罗江县税源的培植和挖掘进行调研。

刘成国及一届六次全会当选的县政协副主席段家琼、肖宗军分别在会上讲话。

会上，何天云通报驻会副主席工作分工情况，并以“认真履行职能，充分发挥作用，全面完成今年的各项任务”为题讲话，要求全体政协委员和各专门委员会、委员小组充分发挥好政协的协商、桥梁、智囊、补位、议政、参政、监督和带动等八大作用，更有效地全面完成各项工作任务。

会议由何天云主持。

第二十四次会议

2002年7月31日，召开一届二十四次常委会议。县政协主席何天云，副主席刘成国、段家琼、肖宗军、廖大礼，秘书长张明义及全体常务委员出席会议；县政协专委办及各委组负责人列席会议。县政府副县长宋玉华、洪善斌应邀参加会议。

会议听取县政府关于全县上半年经济、政治、文化和社会发展情况通报和关于县政协一届六次会议以来政协提案办理情况通报。常委们就两个情况通报发表意见。

会上，张明义代表常委会对县政协半年来的工作进行总结，并提出下半年工作要点；各专门委员会、委员小组汇报各委组年度工作计划落实完成情况。刘成国对委组工作所取得的成绩予以肯定，并对下半年工作提出要求和希望。

何天云就下半年的工作和政协换届工作讲话。要求全体常委、委组负责人及全体政协委员，认真践行“三个代表”重要思想，搞好调查研究，写好调研文章，做好6年来各项工作总结，开展好委员活动日，做好换届准备工作，圆满完成本届政协工作任务。

会议由何天云主持。

第二十五次会议

2002年12月27日，召开一届二十五次常委会议。县政协主席何天云，副主席刘成国、段家琼、肖宗军、李兴明、廖大礼，秘书长张明义及全体常务委员出席会议；县政协各委组负责人列席会议。

会议协商决定政协第二届罗江县委员会委员名单；协商决定政协第二届罗江县委员会第一次会议主席团成员，二届县政协主席、副主席、秘书长和常务委员候选人名单；协商通过县政协二届一次会议议程、日程、会议执行主席分组名单、大会秘书长副秘书长名单及其他重要事项。

会议审议通过《县政协一届常委会工作报告》《提案工作报告》。

会议由何天云主持。

二　第二届常委会会议

第二届罗江县政协常委会任期4年，共举行17次常委会会议。

第一次会议

2003年3月6日，召开县政协第二届常务委员会第一次会议。县政协主席邓华明，副主席洪善斌、肖宗军、李兴明、陈培建、张平富，秘书长曹传海及全体常务委员出席会议；县政协各专门委员会负责人列席会议。县委副书记张春蓉（女），县委常委、统战部部长向元强，县政府副县长独远程应邀参加会议。

会议协商通过《县政协常委会工作规则》《专委会工作通则》和《县政协2003年工作要点》《关于加强委员组织纪律的决定》，会议协商决定增补李世元为县政协委员，协商决定县政协设置7个专门委员会并任命各专委会正副主任，协商确定重点提案。

张春蓉在会上讲话，肯定新一届县政协班子有生气，规范化、制度化建设开局良好；希望继续发扬政协的好传统、好作风，扎实有效地履行人民政协职能，突出团结和民主两大主题，发扬民主，广开言路，发挥优势，务实创新。加强队伍建设，发挥主体作用，勇于实践，做出成效。

邓华明在会上就加强县政协常委会自身建设提出四点意见：加强学习，提高素质；树立政协意识，增强历史使命感；增进团结，同心同德干事业；与时俱进，保持良好工作状态。

会议由邓华明主持。

第二次会议

2003年5月21日，召开二届二次常委会议。县政协主席邓华明，副主席洪善斌、肖宗军、李兴明、陈培建、张平富，秘书长曺传海及全体常务委员出席会议；县政协各专委会负责人列席会议。县委副书记张春蓉、县政府副县长白光裕应邀参加会议。

会议听取县政府关于全县防治“非典型性肺炎”情况通报。协商决定陈培建兼任县政协工业委员会主任。审议通过县政协专委会、政协委员《创优争先评选办法》。听取县政协机关“推进新创业，实现新跨越”大讨论情况通报。审议通过县政协各专委会2003年工作计划，建议工业委对企业改制等工作开展专题调研。

张春蓉在会上讲话，肯定县政协各方面工作所取得的成绩，建议县政协各常务委员、专委会主任要加强学习，熟悉有关单位工作，知情明政，议政议到点子上。

邓华明在讲话中首先通报政协工作情况，并对近期工作提出要求。

会议由洪善斌主持。

第三次会议

2003年9月16日，召开三届三次常委会议。县政协主席邓华明，副主席洪善斌、肖宗军、李兴明、陈培建、张平富，秘书长曹传海及全体常务委员出席会议；不是常委的专委会主任列席会议。县委副书记张春蓉，县政府副县长独远程，县政府办公室主任唐维露应邀参加。

会议学习中共中央《关于印发〈“三个代表”重要思想学习纲要〉的通知》和省、市委《关于加快推进“三个转变”》的文件，以及县委《关于兴起学习贯彻“三个代表”重要思想新高潮的通知》；听取县政府关于1—8月全县经济运行情况和关于县政协二届一次会议以来委员提案办理情况的通报。

会议决定免去陈培建兼任的县政协工业委主任职务，任命唐祖荣任该职务；听取秘书长关于县政协1—8月工作情况的通报。

张春蓉在会上讲话，建议政协进一步学习中共十六大精神，履行好政协三大职能，继续加大专题调研力度，积极建言献策。

邓华明在会上讲话，要求常委加强学习，提高综合素质；履行好政协三大职能；进一步探索政协工作如何围绕中心，服务大局；加强政协形象和工作作风建设，当好政协人，办好政协事。

会议由肖宗军主持。

第四次会议

2003年11月18日，召开二届四次常委会议。县政协主席邓华明，副主席洪善斌、李兴明、秘书长曹传海及全体常务委员出席会议；县政协各专委会负责人列席会议。县委常委、县政府常务副县长独远程应邀参加会议。回龙镇双河村党支部书记罗志荣、四川金路树脂有限公司刘明德及房地产开发商等5人到会旁听。

会议学习中共十六届三中全会决定；听取县政府关于罗江县土地资源向土地资本转变工作情况通报；审议通过县政协二届二次全体会议筹备方案；协商决定将县政协法制群团委员会更名社会法制委员会；协商同意罗英、魏善述、黄开凤因工作调动辞去政协委员职务；协商决定撤销释如观、释照定委员职务。

邓华明在会上讲话，要求全体政协委员集中精力，认真学习中共十六届三中全会决定，提高履行“政治协商、民主监督、参政议政”职能的主动性和自觉性，更好地围绕中心，服务大局，为罗江经济发展和社会进步献计出力。要精心筹备政协二届二次全委会，总结好经验，找准差距，把二届二次全委会开成一个民主、团结、鼓劲的大会，进一步展示新一届委员的精神风貌。

会议由李兴明主持。

第五次会议

2003年12月25日，召开二届五次常委会议。县政协主席邓华明，副主席洪善斌、肖宗军、李兴明、陈培建、张平富，秘书长曹传海及全体常务委员出席会议；不是常委的专委会负责人列席会议。县政府副县长白光裕应邀参加会议。

会议议定举行县政协二届二次全体会议时间；协商通过《常委会工作报告》《提案工作情况报告》，以及二届二次全体会议有关重要事项；协商决定增补7人为县政协二届委员会委员，同意郑哲锐辞去政协委员职务；审议通过《表彰决定》。

会议听取政府工作情况通报。

邓华明在会上传达中共德阳市委政协工作会议精神和安排县政协近期工作，强调做好县政协二届二次会议各项准备工作。

会议由邓华明主持。

第六次会议

2004年3月9日，召开二届六次常委会议。县政协主席邓华明，副主席洪善斌、肖宗军、李兴明、陈培建、张平富，秘书长曹传海及全体常务委员出席会议；县政协不是常委的专委会负责人列席会议。县委副书记张春蓉、县政府副县长唐华清及县畜牧局负责人应邀参加会议。

会议学习中共中央总书记胡锦涛在中纪委第三次全体会议上的讲话和四川省委书记张学忠在省政协九届二次会议闭幕会上的讲话；听取县政府关于罗江县高致病性禽流感防治工作的情况通报；协商通过《罗江县人民政府与县政协工作联系制度》，交县政府以县政府、县政协联合发文。会议议定县政协2004年工作要点；会议听取张春蓉关于政协办公室主任变动，协商通过免去曹传海的县政协办公室主任职务，周信廷任办公室主任。

张春蓉在会上讲话，充分肯定县政协二届常委会一年来所做的工作，希望今后一如既往，按工作计划抓好落实。

邓华明在会上讲话，希望全体常委做好今年的工作，要保持良好的精神状态，对政协工作做到"四个树立""四个克服"，努力学习，不断提高政协理论水平和业务能力，积极参加政协开展的各项工作和活动。

会议由邓华明主持。

第七次会议

2004年6月29日，召开二届七次常委会议。县政协主席邓华明，副主席洪善斌、肖宗军、李兴明、陈培建、张平富，秘书长曹传海及全体常务委员出席会议；不是常委的专委会负责人和县委农工办副主任范云辉列席会议。县委副书记张春蓉、县政府副县长唐华清应邀参加会议。

会议学习中共中央办公厅和省委关于认真组织学习《中国人民政治协商会议章程》的通知；听取县政府关于全县贯彻中央一号文件、加强"三农"工作的情况通报；听取县政协半年工作情况通报；审议通过《政协罗江县委员会提案工作条例》；审议通过《关于我县村道建设的调查与建议》《我县农村"五保"人员供养情况的调查与建议》《关于我县旅游资源开发与利用情况的调查及建议》3个专题调研报告。

张春蓉在会上讲话，指出，县政协常委会议准备充分，质量高。上半年工作成效显著，县政协围绕县委、县政府中心工作开展了大量的调查、视察和调研工作，为县委县政府决策提供了依据。特别是三国蜀汉文化旅游节，履行好了政协职能，为县委、县政府分了忧。

邓华明在讲话中要求全体常委要深入学习，贯彻《政协章程》，继续关心、支持并积极参与民主评议民营经济发展环境工作。希望各专委会按照年初工作计划，组织委员按时完成任务。

会议由陈培建主持。

第八次会议

2004年9月2日，召开二届八次常委会议。县政协主席邓华明，副主席洪善斌、肖宗军、李兴明、陈培建，秘书长曹传海及全体常务委员出席会议；不是常委的专委会负责人列席会议。县委副书记张春蓉，县委常委、县政府常务副县长独远程，县公安局负责人应邀参加会议。

会议听取县政府关于县人民政府办理县政协二届二次会议委员提案情况通报，听取县公安局关于公安行风评议后整改工作的情况通报。协商讨论并提出意见建议。

会议听取、审议通过县政协教科文卫委《关于罗江县教育资源配置情况的调查与建议》和农业委《关于罗江县农村专业合作经济组织的调查与建议》两个专题调研报告，决定修改完善后报县委、县政府及有关部门；听取审议、通过《县政协关于民主评议民营经济发展环境工作情况报告》，决定修改完善后报县委决策参考。

张春蓉在会上讲话，对提案办理工作、公安行风评议后整改工作、教育资源配置与农村专业合作经济组织专题调研工作给予肯定，并希望对发展农村专业合作经济组织这一新生事物进一步关注。

邓华明在会上讲话，对近期政协工作进行安排。要求政协常委进一步加强自身建设，保持良好的精神状态，加强纪律性，端正会风，切实履行职能，会前作好调查，会期代表本届别积极发言，协助各专委会按照年初工作计划，组织委员按时完成相关工作。

会议由洪善斌主持。

第九次会议

2004 年 12 月 15 日，召开二届九次常委会议。县政协主席邓华明，副主席洪善斌、肖宗军、李兴明、陈培建、张平富，秘书长曹传海及全体常务委员出席会议；不是常委的专委会负责人列席会议。

会议协商通过《关于召开县政协二届三次会议的决定》；审议通过《县政协常委会工作报告》《县政协提案工作情况报告》；协商通过高力等 8 人辞去本届县政协委员职务和增补林代顺等 10 人为本届县政协委员；审议通过二届三次会议议程、日程等，并决定提交二届三次会议审定；建议增加政协副主席李兴明为提案委第一副主任和提案审查委员会第一副主任；协商通过曹传海辞去本会秘书长职务，决定提交县政协二届三次会议确认。

邓华明在会议总结讲话中强调认真做好二届三次全会各项准备工作；要开好会议，参会人员要齐，要严格会风，端正会纪；常委要带头书写提案。

会议由邓华明主持。

第十次会议

2005 年 1 月 13 日，召开二届十次常委会议。县政协主席邓华明，副主席洪善斌、肖宗军、李兴明、陈培建、张平富，全体常务委员出席会议；不是常委的专委会负责人列席会议。

本次会议在二届三次全会期间举行，研究、决定有关全委会工作。

会议听取委员分组讨论和审议工作报告的情况汇报，审议通过 2005 年政协工作要点等。

会议由邓华明主持。

第十一次会议

2005 年 4 月 1 日，召开二届十一次常委会议。县政协主席邓华明，副主席洪善斌、肖宗军、李兴明、陈培建、张平富，全体常务委员出席会议；不是常委的专委会负责人列席会议。

县委副书记独远程，县政府副县长苏刚、唐华清，县委农工办、县农业局、县民政局、县住房公积金管理中心等部门主要负责人应邀参加。

会议听取县政府关于全县贯彻中央一号文件，进一步做好“三农”工作的情况通报。会议认为：中央一号文件是惠及农业、农村、农民的好政策，要充分运用这一政策为民办实事。建议县委、县政府要在降低农业生产成本，加强农业基础设施建设、培养农业专业技术人才、搭建农村金融担保平台、建立农村保险、增强农业科技投入等方面加大工作力度，在狠抓落实上下功夫。

会议听取县政府关于贯彻执行农村低保政策、进一步加大对贫困群众帮扶工作情况通报和县职工住房公积金管理、使用情况通报。会议建议：低保要尽可能做到应保尽保，要加强监管，实行标准和对象公开；住房公积金的归集和管理要用好政策，管好用活现有资金。

会议听取独远程讲话，讲话充分肯定县政协对县委、县政府工作的支持，感谢常委们所提意见和建议。通报近期县委关于做好新时期新阶段人民政协工作的意见，传达中共中央《关于进一步做好中国共产党领导的多党合作和政治协商的意见》文件精神。

邓华明在会上要求各专委会要以多种形式抓好对会议成果的转化和年初工作计划的落实，确保政治协商、民主监督、参政议政职能的履行；把保持共产党员先进性教育抓好抓扎实，以教育活动促进工作，以工作成绩检验先教工作效果；并提出本年度学习的重点内容和要求。

会议由邓华明主持。

第十二次会议

2005 年 7 月 12 日，召开二届十二次常委会议。县政协主席邓华明，副主席洪善斌、肖宗军、李兴明、陈培建、张平富，全体常务委员出席会议；县政协各专委会负责人列席会议。县委副书记独远程，县委常委、县政府常务副县长苏刚；县发展和改革局、罗江镇党委、县政府办、县民政局、县卫生局、县政府法制办等部门和镇的负责人应邀参加。

会议听取县政府关于全县 2005 年经济建设和社会各项事业发展目标任务完成情况通报和县政府 2005 年办理政协委员提案情况的通报。会议肯定了县政府上半年工作所取得的成绩，建议下半年继续保持务实的工作作风，全面完成全年目标任务。会议认为，县政府及部门对提案办理工作高度重视，提高了办理质量；建议进一步加强对各提案办理方案落实情况的督查，提高提案办理实效。

会议审议通过县政协 2005 年重点专题调研报告《关于我县社区建设的调查与建议》《罗江县卫生事业发展现状的调查和建设》，议定按会议精神修改后报送县委、县政府及相关部门，审议通过《罗江县政协委员管理暂行办法》《政协罗江县委员会“创优争先”评选办法》，议定按会议精神修改完善后，以政协办公室名义印发实施。

邓华明在会上通报县政协 2005 年上半年工作情况，并就下半年工作进行安排部署。

会议听取独远程讲话，在充分肯定县政协上半年工作所取得的成效后，要求继续加强学习，突出团结民主主题，发挥自身优势，围绕全县中心工作认真履行职能，为构建和谐罗江再做贡献。

会议由洪善斌主持。

第十三次会议

2005 年 12 月 28 日，召开二届十三次常委会议。县政协主席邓华明，副主席洪善斌、肖宗军、李兴明、陈培建、张平富，全体常务委员出席会议；不是常委的专委会负责人及县政协办副主任列席会议；县委常委、县委组织部部长王飚应邀参加会议。

会议审议通过《政协第二届罗江县委员会常务委员会工作报告（草案）》和《政协第二届罗江县委员会常务委员会关于二届三次会议以来提案工作情况报告（草案）》。决定按会议意见修改后提交县政协二届四次全委会审议。

会议审议通过《政协第二届罗江县委员会关于召开政协第二届罗江县委员会第四次全体会议的决定（草案）》，议定会后由县政协办公室按程序办理；审议通过县政协二届四次会议议程、日程安排；审议通过《政协罗江县委员会关于对 2005 年度先进专委会、优秀政协委员等进行表彰的决定》。

会议审议通过关于付祥国任政协提案委主任、刘军因工作需要不再任提案委主任人事安排；审议通过唐维露、郑燕平、林玉安、张建宁辞去政协委员职务事项。

会议听取邓华明作的《罗江县政协主席会议关于 2005 年工作情况的报告》。

王飚在会上讲话，他高度评价 2005 年政协工作和二届县政协常委会为召开二届四次全体会议所做的筹备工作。表示将进一步提高政协意识，协助县政协做好各项工作，共同推进罗江各项事业不断向前发展。

会议由洪善斌主持。

第十四次会议

2006 年 2 月 23 日，在二届四次全体会议期间，召开二届十四次常委会议。县政协主席邓华明，副主席洪善斌、肖宗军、李兴明、陈培建、张平富，全体常务委员出席会议，不是常委的专委会负责人和县政协办副主任列席会议。

会议听取县政协二届四次全体会议分组讨论情况汇报。会议讨论了《政府工作报告》《“十一五”规划》和其他工作报告，针对全县经济社会发展进程中的新情况新问题和群众关注的热点、难点问题，提出意见和建议。会议议定，由县政协办公室将意见建议汇集报送县委县政府。

会议审议《县政协二届四次全体会议决议（草案）》，议定将决议草案提交全体会议通过；听取《二届四次会议提案审查情况通报》，决定授权提案审查委员会对会议期间所收提案进行审查，完善提案审查报告内容后，向全体会议报告；审议通过王心祥因年龄原因不再任县政协文史学习委主任事项。

邓华明就开好二届四次全会提出要求：一是继续保持良好会风，确保大会取得圆满成功；二是各专委会要组织委员围绕会议各项工作报告、规划积极建言献策；三是大会秘书处和县政协办公室要认真做好大会分组讨论情况的收集、整理，经审查后报县委、县政府。

会议由邓华明主持。

第十五次会议

2006年4月5日，召开二届十五次常委会议。县政协主席邓华明，副主席洪善斌、李兴明、陈培建、张平富，全体常务委员出席会议；不是常委的专委会负责人、县政协办副主任列席会议。县政府副县长白光裕，县政府办主任陈天航应邀参加会议。

会议听取县政府关于全县贯彻中央一号文件精神建设社会主义新农村情况通报和关于重点工程及基础设施建设项目实施情况通报。会议认为：社会主义新农村建设、重点工程及基础设施建设是全县的重点工作，是群众关心的热点，县政府为此做了大量工作，取得了显著成效。会议建议：建设社会主义新农村，一要认真贯彻落实科学发展观，以人为本，做到“五个统筹”，二要吃透上、下情况，找好结合点，不断总结当前农村好的经验和做法；三要以经济建设为中心，以农民增收为核心，加大投入，大力发展生产力；四要坚持科学规划，分类指导；五要坚持政策导向，贯彻好各项惠农政策。重点工程及基础设施建设，一是宣传已取得的成果，鼓舞士气，形成合力；二是重大项目要科学论证，广泛征求意见；三是落实好项目配套资金，加强监管，增强透明度；四是加强工期控制，在建项目按期竣工，尚未开工的尽快开工。

会议学习《中共中央关于加强人民政协工作的意见》；听取县政协提案委关于二届四次会议及闭会后政协提案审查、交办情况的通报。

会议由洪善斌主持。

第十六次会议

2006年7月14日，召开二届十六次常委会议。县政协主席邓华明，副主席洪善斌、肖宗军、李兴明、陈培建，全体常务委员出席会议；不是常委的专委会负责人、政协办副主任、部分政协委员列席会议。县委副书记黄亮，县委常委、常务副县长苏刚，县政府办、县发改局、县统计局负责人应邀参加会议。

会议听取全县2006年上半年经济运行和社会事业发展情况通报和关于县政协二届四次委员提案、社情民意办理情况通报。会议认为：上半年，全县农业农村经济不断发展，工业经济快速增长，投资、消费保持旺盛势头，财政收入和居民收入稳步增长，各项社会事业不断推进。会议建议：确保下半年完成全年目标任务，要一手抓队伍建设，一手抓发展，在抓经济工作的同时，注重社会事业发展，承诺为群众办的10件实事，要抓紧落实，取信于民；要继续从政策上引导扶持，引导工业、农业、第三产业持续健康快速发展。政府办理政协提案和社情民意工作，取得明显成效。会议建议，一是要抓好提案办理答复后的落实工作，把答复中出现的一些方案措施办法变为解决问题的成果；二是要通过表彰先进来激励提案承办单位进一步做好办理工作。

会议听取县政协2006年上半年工作情况通报，议定由办公室按程序予以印发；会议协商通过李建珠因年龄到点不再任职事项。议定由政协办公室按程序办理。

黄亮在会上讲话。指出：县政协围绕中心、服务大局，为推进罗江发展做出了贡献。县委将进一步加强和改善对人民政协工作的领导，按照总揽全局、协调各方的原则，全力支持县政协履行好政治协商、民主监督、参政议政职能，把学习贯彻《中共中央关于加强人民政协工作的意见》的活动推向深入。

邓华明在总结讲话中要求县政协常委会组成人员和各专委会要把县委对政协工作的指示和要求落实在具体工作中：一是要按照年初提出的工作任务目标，尽职尽责，狠抓落实，全面完成县政协今年的各项工作，为二届政协工作画上圆满的句号；二是要继续弘扬团结民主主题，协助县委、县政府多做理顺情绪、化解矛盾、维护稳定工作，为构建和谐罗江多做贡献。

会议由肖宗军主持。

第十七次会议

2006 年 11 月 27 日，召开二届十七次常委会议。县政协主席邓华明，副主席洪善斌、肖宗军、李兴明、陈培建、张平富，全体常务委员出席会议；不是常委的专委会负责人、县政协办副主任列席会议。县委副书记黄亮、县委统战部部长邹高强应邀参加会议。

会议协商通过《政协第二届罗江县委员会常务委员会工作报告》《提案工作情况报告》，议定由县政协办公室和提案委按会议意见修改后，提交县政协三届一次会议审议；协商通过县政协三届一次会议议程、日程安排（草案），会议议定，提交县政协三届一次会议预备会议审议；协商通过《政协罗江县委员会关于召开政协第三届罗江县委员会第一次会议的决定（草案）》，会议议定，由县政协办公室按会议意见修改后，予以印发；协商通过《政协第三届罗江县委员会第一次会议决议（草案）》《政协第三届罗江县委员会第一次会议选举办法（草案）》，会议议定，提交县政协三届一次会议和主席团会议审议；协商通过 2006 年度“争先创优”评选结果，议定由县政协办公室印发表彰决定，并对获奖单位和个人予以表彰。

会议听取黄亮关于政协第三届罗江县委员会人事安排方案的说明，并协商通过这个人事安排方案。会议议定，按有关程序办理。

会议协商通过县政协三届一次会议主席团成员名单（草案）、执行主席分组名单（草案）、秘书长、副秘书长名单（草案）、邀请上主席台就座人员名单（草案）、提案审查委员会名单（草案）。会议议定，提交县政协三届一次会议预备会议审议。

会议由邓华明主持。

三　第三届常委会会议

第三届罗江县政协常委会任期 5 年，共召开 27 次常委会会议。

第一次会议

2006 年 12 月 20 日，召开县政协第三届常务委员会第一次会议。县政协主席邓华明，副主席肖宗军、古明水、李兴明、张平富，秘书长薛建都和全体常务委员出席会议；不是常委的专委会负责人列席会议。县委组织部副部长周红英应邀参加会议。

会议协商通过增补林绵聪任本届县政协委员职务的决定；协商通过县政协专委会机构设置方案；协商通过付祥国任提案委主任、苏富贵任文史学习委主任、高占果任社法委主任、张永才任农业委主任、唐祖荣任经科委主任、李世元任教科文卫委主任、林绵聪任联谊委主任和刘晓彪等21人任专委会副主任的决定；协商通过各专委会委员组成名单；协商通过《县政协开展“四个一”活动的决定》；协商通过2007年主席会议成员重点督办提案、专委会对口协商提案。会议要求加强提案督办力度，努力开创提案工作新局面。

会议协商通过《县政协2007年工作要点》。要求坚持围绕建设活力幸福罗江的工作大局，切实履行政治协商、民主监督、参政议政职能，认真组织和动员广大政协委员做好开局之年政协的各项工作。会议还通报了主席会议成员分工情况。

会议就加强常委会自身建设，提高履职能力，充分发挥好常委会作用，切实抓好当前工作提出要求。

会议由邓华明主持。

第二次会议

2007年5月10日，召开三届二次常委会议。县政协主席邓华明，副主席肖宗军、古明水、李兴明、张平富，秘书长薛建都及全体常务委员出席会议；县政协办公室主任、不是常委的专委会负责人，县政府办、县委农工办、县文体局、县林业局、县卫生局负责人列席会议；县委副书记刘诚，县委常委、副县长陈天航，县委组织部副部长周红英应邀参加会议。

会议听取县政府关于全县社会主义新农村建设和文化旅游重点项目规划与建设进展情况通报。会议充分肯定县政府为推进全县社会主义新农村建设所做的大量工作，尤其对文化旅游重点项目规划和建设进展表示满意。建议：一是新农村建设要重点抓好产业结构调整，加大基础设施建设力度；二是要加强环境整治，大力培植植被，优化人居环境；三是打造旅游业要因地制宜，搞好规划，开阔视野，提升品位；四是要建立管理实施办法，加强对农家乐管理，建立区域联合会，培训业主，更新经营理念；五是尽量处理好土地产权、业主利益等问题，消除隐患；六是搞好食品安全卫生监督；七是加强宣传力度，在全县形成合力。

会议协商通过县政协农业委《关于巩固我县退耕还林成果的调查及建议》、教文卫委《关于我县推行新型农村合作医疗制度情况的调查与建议》两个调研报告。议定按会议意见修改后报送县委县政府。

会议协商通过《政协罗江县委员会“四个一”活动优秀委员和单位的评选办法》，议定由县政协办公室印发实施；协商通过干部人事事项，决定唐英、俞斌兼任政协罗江县委员会副秘书长。

会议听取刘诚讲话。讲话充分肯定县政协近年来为罗江经济社会发展和各项事业全面进步所做的大量工作，认为县政协紧紧围绕全县发展大局，认真履职，积极建言献策，在政治协商、民主监督、参政议政、队伍建设等方面做了卓有成效的工作，为县委县政府当好了参谋和助手。他表示，县委、县政府高度重视县政协提出的意见和建议，认真抓好各项工作措施的落实。他希望县政协领导班子及常委会组成人员一如既往地支持县委县政府各项工作，为实现“建设十强县”奋斗目标继续贡献力量。

会议由邓华明主持。

第三次会议

2007 年 7 月 19 日，召开三届三次常委会议。县政协主席邓华明，副主席肖宗军、古明水、李兴明、张平富，秘书长薛建都及全体常务委员出席会议；县政协各委（室）负责人和 4 名县政协委员列席会议。县委常委、常务副县长林永成，县政府法制办负责人应邀参加会议。

会议听取和协商县政府关于办理政协三届一次会议委员提案、社情民意工作通报和关于全县实施“十大惠民行动”的情况通报。会议认为，提案办理工作领导重视、加强督查、逐步规范，取得了成效。建议要进一步提高各级各部门对提案办理重要性认识，完善提案办理制度，加强沟通协调督办力度和对提案办理的培训、指导，把提案办理答复后的工作落到实处，及时反馈社情民意办理情况。会议认为，县委、县政府高度重视实施“十大惠民行动”，及时分解目标任务，积极争取项目资金，纳入预算管理，“十大惠民行动”总体进展顺利。建议对工程要分类指导，重视质量，不搞形象工程，实现真正惠民。

会议协商通过《关于我县农业专业人才队伍建设情况的调查及建议》《关于我县留守学生情况的调查与建议》两个调研报告，议定按会议意见修改后报送县委、县政府。

会议听取邓华明对县政协上半年工作的情况通报。邓华明说：县政协上半年工作，一是做到工作早部署，争取主动，各项工作健康有序推进；二是以作风整顿为契机，推动各项工作的落实；三是以促进发展为履职第一要务，努力推进全县各项社会事业又快又好发展；四是以履职为民为本，认真实施“惠民富民、改善民生”行动，努力构建和谐社会；五是整合政协组织资源，充分发挥政协整体合力。他希望全体常委和各专委会，在下半年工作中要在抓落实、见成效上下功夫，以优异成绩，迎接中共十七大召开。

会议由肖宗军主持。

第四次会议

2007 年 12 月 18 日，召开三届四次常委会议。县政协主席邓华明，副主席肖宗军、古明水、李兴明、张平富，秘书长薛建都及全体常务委员出席会议；县政协各委（室）负责人列席会议，县委副书记、县纪委书记刘诚应邀参加会议。

会议传达学习中共十七大精神，此前，县政协向全体政协委员、政协参加单位印发学习通知，通过各种会议进行专题学习讨论。会议要求要把学习十七大精神作为当前和今后的首要政治任务，用中共十七大精神统揽政协工作的自觉性和坚定性。

县政协三届主席会议以书面材料形式向常委会作《2007 年主席会议工作报告》。

会议审议通过《三届常委会工作报告》和《三届一次全体会议以来提案工作情况的报告》，会议决定按会议意见修改后提交县政协三届二次全体会议审议；审议通过《政协罗江县委员会关于召开县政协三届二次会议的决定》，议定修改后印发；审议通过县政协三届二次会议议程、日程；审议通过三届二次会议秘书长、副秘书长名单，会议提案审查委员会名单，会议邀请上主席台就座人员名单，会议邀请列席人员名单；审议通过《政协第三届罗江县委员会常务委员会关于授权主席会议审议三届四次常委会议未尽事宜的决定》；审议通过2007年度“四个一”活动先进单位和个人名单，决定对先进单位和个人在县政协三届二次全体会议上予以表彰。

会议审议通过政协委员辞职事项，同意赵忠辞去三届县政协委员职务。

刘诚在会上讲话，他充分肯定了县政协三届一次会议以来履行职能所取得的成效。希望县政协继续组织好政协委员和参加单位深入学习中共十七大精神，加强自身建设，切实履行政治协商民主监督、参政议政职能，为全面建设小康社会做出贡献。并要求县政协集中精力，采取有效措施，做好县政协三届二次会议筹备工作。

会议由邓华明主持。

第五次会议

2008年1月9日，召开三届五次常委会议，本次会议在县政协三届二次全体会议期间举行。县政协常委会组成人员出席会议；县政协各委（室）负责人列席会议。

会议听取县政协三届二次分组会议情况汇报。会议认为，县政协委员在分组讨论中，坚持围绕中心，积极建言献策，充分反映出委员参政议政热情高，参政议政能力、水平不断提高。会议决定，县政协办公室将分组会议的意见建议进行整理，报县委、县政府。

会议审议通过《中国人民政治协商会议第三届罗江县委员会第二次会议决议（草案)》，决定提交县政协三届二次全会审议；审议通过《政协罗江县委员会2008年工作意见（草案)》，会议决定，县政协办公室按会议意见修改后，报请县委予以转发。

会议审议通过《中国人民政治协商会议第三届罗江县委员会提案审查报告（草案)》。会议认为，提案是县政协三届二次会议重要成果，本次会议提案件数与去年持平，提案质量进一步提高，参与提案的委员人次明显增多。会议决定，县政协三届二次会议提案审查委员会按会议意见修改后，提交全体会议审议。

会议由邓华明主持。

第六次会议

2008年6月17日，召开三届六次常委会议。县政协主席邓华明，副主席肖宗军、古明水、李兴明、张平富，秘书长薛建都及全体常务委员出席会议；县政协各委（室）负责人列席会议。县委副书记、县纪委书记、县抗震救灾指挥部指挥长刘诚，县政府副县长唐维露应邀参加会议。

会议听取县委、县政府关于全县在“5·12”汶川地震中受灾、抗震救灾情况及当前形势和任务的通报。对县政协与县委县政府同舟共济、克服艰难险阻、奋力投入抢险救灾所开展的工作和取得的成绩予以充分肯定，并要求县政协组织广大政协委员和社会各界人士要以更加顽强的精神、更加迅速的行动、更加密切的配合，共同推进恢复生产和灾后重建各项工作。

会议听取县政府全县开展食品药品安全专项整治工作情况通报。会议建议：要对地震后的新情况新问题高度重视，对整治工作领导不放松、思想不放松、监管不放松、打击不放松，为抗震救灾创造良好的社会环境。

会议听取和协商关于全县开展食品药品安全专项整治工作情况。会议建议：要对地震后的新情况新问题高度重视，切实做到食品药品安全专项整治工作领导不放松、思想不放松、监管不放松、打击不放松，为抗震救灾工作创造良好的社会环境。

会议通报县政协抗震救灾工作情况。会议认为，地震灾害发生后，县政协按照县委、县政府统一部署，迅速行动，积极参与抗震救灾各项工作，做出积极贡献。会议号召，在下一阶段工作中，政协各参加单位、广大政协委员和社会各界人士，在县委领导下，突出救灾重点，服务救灾大局，履行职责，主动作为，以更加高昂的斗志，更加顽强的精神，更加扎实的作风，为夺取抗震救灾和灾后恢复重建的胜利做出更大贡献。

会议听取政协提案委关于提案工作的情况汇报。会议认为，县委、县政府高度重视政协委员提案工作，县委常委听取汇报，县政府组织召开提案交办会，县委办、县政府办印发通知。县政协主席邓华明带领政协有关部门对提案承办较多的单位进行调查研究。各承办单位在办理工作中加强与委员沟通和与协办单位联系，使提案办理工作取得了一定的实效。会议要求，提案工作要围绕抗震救灾工作大局开展，有针对性地开展督办，力争使提案办出实效。

会议审议通过《政协罗江县委员会关于调整2008年工作的意见》，会议决定，县政协办公室按会议意见修改后印发实施；审议通过《罗江县灾后工业生产恢复发展的调查与建议》，会议决定，县政协办公室按会议意见修改后，报县委、县政府。

会议审议通过政协委员辞职事项。会议同意张群辞去三届县政协委员、常委职务；同意邱燕、甘伟辞去三届县政协委员职务。

会议由邓华明主持。

第七次会议

2008年8月12日，召开三届七次常委会议。县政协主席邓华明，副主席肖宗军、古明水、李兴明，秘书长薛建都及全体常务委员出席会议；县政协各委（室）负责人列席会议。县委副书记、县政府县长徐光勇，县委常委、县政府常务副县长林永成应邀参加会议。

会议听取县政府关于全县“5·12”地震灾后重建工作的情况通报。会议认为，地震发生后，在县委的坚强领导下，县政府和全县干部群众迎难而上，顽强拼搏，抗震救灾各项工作紧张有序，取得了重大阶段性成果。会议建议，要加大宣传力度，帮助群众克服等靠要思想；要尽快引进利用建筑垃圾制砖技术，变废为宝；引导农家乐建设要突出文化、农家特色，克服千篇一律状况。

会议听取县政府关于对县政协三届二次会议委员提案、调研报告和社情民意办理情况通报。会议认为，县委县政府高度重视此项工作，办理工作取得明显成效。由于受地震灾害影响，办理工作存在部分承办单位与委员沟通不够和没按法定时间办结等问题，建议在以后的工作加以改进。

会议审议通过《关于大力推进我县灾后水利基础设施恢复建设与发展的建议》《关于我县灾后农村卫生事业发展的调查与建议》两个调研报告。会议决定，按会议意见修改后报县委、县政府。

会议组织学习省政协十届三次常委会议决议、县委三届四次全体会议决议。会议要求县政协组织、各参加单位和广大政协委员，要更加深刻地学习领会“两个决议”精神，进一步明确灾后重建工作的重大意义，把思想统一到省政协会议决议和县委决策部署上来；更加明确灾后重建的方针、政策、工作思路、目标任务、措施要求，进一步找准工作方位、围绕中心，服务重建大局，协助党政抓好“火凤凰”灾后重建决策部署的落实。进一步增强履职意识，发挥政协的特色优势，针对灾后重建过程中的热点、难点，以及人民群众普遍关心的问题，通过专题调研、视察、反映社情民意、撰写提案等形式建言献策，为灾后重建添砖加瓦、拾遗补阙，尽绵薄之力；高度关注民生，反映不同社会群体的利益诉求，推进全县惠民工程建设；更加突出团结民主主题，进一步促进社会稳定和谐。振奋精神，履职尽责，鼓足干劲，力争上游，为夺取灾后恢复重建和经济社会发展双胜利做出新贡献。

会议由邓华明主持。

第八次会议

2008年10月8日，召开三届八次常委会议。县政协主席邓华明，副主席肖宗军、古明水、李兴明、张平富，秘书长薛建都及全体常务委员出席会议；县政协各委（室）负责人列席会议。县委常委、县政府常务副县长林永成，副县长唐华清应邀参加会议。

会议听取县政府关于全县2008年1—8月经济和社会发展情况通报。会议认为，县政府认真贯彻落实中共十七大精神，围绕县三次党代会提出的奋斗目标，全面加强经济、文化、社会建设，在攻坚克难中稳步向前推进，保持了持续发展态势。会议建议，一是要有正确清晰思路，保持各项事业稳步推进；二是要围绕目标，做基础工作；三是全县各级要为经济发展营造良好环境；四是第三产业的发展要使亮点更突出；五是各级要进一步提高对农业的认识，切实抓好农业生产；六是农房建设要重质量。

会议听取县政府关于全县2008年“惠民工程”实施情况通报。会议认为，县委、县政府严格按照《德阳市2008年实施“民生工程”工作方案》要求，克服地震灾害造成的困难，分解任务，落实责任，积极督办，狠抓落实，全县“惠民工程”各项工作取得突破性进展。会议建议，一是各级都要高度重视，兑现承诺，取信于民；二是贯彻科学发展观，执政为民的理念要进一步加强；三是要解决社区服务中心的人员编制等问题，充分挥发其作用。

会议审议通过政协委员辞职事项。同意周仁刚辞去三届县政协委员职务。

会议还组织学习中共中央党校教授周天勇《中国的危机》文章。

会议由邓华明主持。

第九次会议

2008年12月4日，召开三届九次常委会议。县政协主席邓华明，副主席肖宗军、古明水、李兴明、张平富，秘书长薛建都及全体常务委员出席会议；县政协各委（室）负责人列席会议。县委常委、县政府常务副县长林永成，县人民检察院检察长郭志华应邀参加会议。

会议听取县政府《关于全县贯彻实施〈中华人民共和国劳动合同法〉（以下简称《劳动合同法》）情况通报》。会议认为，自2008年1月1日《劳动合同法》颁布实施以来，县政府将贯彻落实《劳动合同法》作为民生工程的一项重要内容，按照宣传贯彻实施总体要求，主管部门尽职尽责，经过多形式、多渠道深入宣传，社会知晓面逐步扩大，用人单位和劳动者的法律意识普遍提高。会议建议，一是要通过宣传、培训，提高用人单位法人代表、经营者和劳动者依法办事意识；二是要加大执法监察力度，促进劳动合同签订率进一步提高；三是要坚持实事求是，正确处理用人单位与从业人员的利益，充分发挥《劳动合同法》的调节作用。

会议听取县检察院关于2008年刑事检察工作情况通报。会议认为，县人民检察院紧紧围绕全县中心工作，深化“强化法律监督，维护公平正义”检察工作主题，切实履行检察职责，做好刑事检察工作，为促进和保障抗震救灾、罗江的经济发展与社会和谐做出了贡献。会议建议，一是要进一步深化社会主义法制理念教育，切实开展“三大主题活动”，将成果运用于工作，努力营造公平正义的执法环境；二是要把握公正执法和社会效果的统一，切实做到打击与预防、教育与惩罚、服务与监督、效益与公平、监督与被监督相结合。

会议由邓华明主持

第十次会议

2008年12月19日，召开三届十次常委会议。县政协主席邓华明，副主席肖宗军、古明水、李兴明，秘书长薛建都及全体常务委员出席会议；县政协各委（室）负责人列席会议。

会议审议通过《政协三届罗江县委员会常务委员会工作报告（草案）》《政协三届罗江县委员会常务委员会关于三届二次会议以来提案工作情况的报告（草案）》，会议决定，按会议意见修改后，提交县政协三届三次会议审议。

会议审议通过《政协罗江县委员会关于召开政协第三届罗江县委员会第三次会议的决定》《政协第三届罗江县委员会常务委员会关于授权主席会议审议三届十次常委会未尽事宜的决定》、县政协三届三次会议议程、日程及各建议名单。会议决定，按通过的决议方案实施。

会议书面通报《政协第三届罗江县委员会主席会议2008年工作情况》；审议通过《2008年度“四个一”活动先进单位和个人名单》。会议决定，在县政协三届三次全委会上予以表彰。

会议审议通过增补叶长义、何曦、周荣、米祯东、盖雪翠任三届县政协委员职务的决定。

会议由邓华明主持。

第十一次会议

2009年3月20日，召开三届十一次常委会议。县政协主席邓华明，副主席古明水、李兴明、张平富，秘书长薛建都及全体常务委员出席会议；县政协各委（室）负责人列席会议。县委副书记、县纪委书记刘诚，县委常委、县委组织部部长何敏应邀参加会议。

会议通过县政协三届三次会议增加补选政协第三届罗江县委员会副主席议程的决定；审议通过张宏琳为政协第三届罗江县委员会委员的决定。

会议协商讨论了县政协三届副主席候选人建议名单，县政协三届三次会议选举办法（草案），县政协三届三次会议选举大会总监票员、监票员和总计票员、记票员建议名单。会议决定将副主席候选人建议名单、选举办法和监、计票员建议名单提交县政协三届三次会议分组会议讨论酝酿。

会议审议通过县政协主席会议成员在第三次全体会议上会务分工事项的决定。

何敏就补选县政协副主席情况作了说明。刘诚代表县委就开好县政协三届三次会议提出要求。

会议由邓华明主持。

第十二次会议

2009 年 3 月 25 日，在三届三次全委会期间，召开三届十二次常委会议。县政协主席邓华明，副主席古明水、李兴明、张平富，秘书长薛建都及全体常务委员出席会议；县政协各委（室）负责人列席会议。

会议听取县政协三届三次会议分组会议讨论情况。会议决定，由县政协办公室将各组讨论中提出的意见建议整理出来，经县政协主席会议审议后以建议案形式报县委、县政府。

会议协商通过补选县政协三届副主席候选人建议名单、选举办法（草案），选举大会监票、计票人名单。决定交全体委员会议表决。

会议审议通过《县政协 2009 年工作意见（草案）》，决定修改后印发实施；审议通过《县政协三届三次会议提案审查报告》，决定在县政协三届三次会议上向委员报告；审议通过《政协第三届委员会第三次会议决议（草案）》，决定提交全体会议表决。

会议由邓华明主持。

第十三次会议

2009 年 4 月 21 日，召开三届十三次常委会议。县政协主席邓华明，副主席古明水、李兴明、张平富、张宏琳，秘书长薛建都及全体常务委员出席会议；县政协各委（室）负责人列席会议。县委常委、县政府副县长陈天航，副县长白光裕应邀参加会议。

会议听取县政府关于全县深化农业结构调整促进农民增收情况通报。会议认为，全县农业结构调整助农增收成效明显，已基本建成水果、蔬菜、粮油、蚕桑、水稻制种等优质农产品基地，形成“四带六园”“十点五线”规模。会议建议，一要始终坚持农业结构调整；二要健全农业服务体系；三要进一步加大农业基础设施建设，特别要做好塘库淘淤；四要对养殖大户大力扶持；五是灾后重建资金要集中投入；六要发展如食用菌、花卉等弱势种植项目；七要加大招商引资力度，引进农产品加工龙头企业；八要加强农民工技能培训，推进农村劳动力转移。

会议听取县政府关于加强城市综合管理，提升城市形象情况通报。会议认为，近年来，县委、县政府在创新城市管理机制，履行管理和行政执法职能，加大整治和规范力度，城市管理逐步进入规范化、法治化轨道，城市形象得到不断提升。会议建议，一是县城规划建设要切实解决停车难问题；二是需要切实治理玉京湖垃圾；三是环境卫生，特别是卫生死角，可探索将经费和责任交给社区的模式；四是要加大旧城改造力度；五是在县城营造浓厚的三国文化；六是要探索城市管理长效机制，发挥居民自治作用；七是要加大城市管理投入，做到建设与管理并重。

会议协商通过人事事项。决定米文宝任县政协经科委主任；唐祖荣不再担任经科委职务；米文宝不再担任县政协教文卫委副主任职务。

会议学习全国政协十一届二次会议精神。

会议由邓华明主持。

第十四次会议

2009 年 7 月 15 日，召开三届十四次常委会议。县政协主席邓华明，副主席古明水、李兴明、张平富、张宏琳，秘书长薛建都及全体常务委员出席会议；县政协各委（室）负责人列席会议。县政府副县长唐华清、唐维露应邀参加会议。

会议听取县政府关于灾后重建重大项目实施情况通报。会议认为，县政府牢牢把握灾后重建机遇，采取有效措施，灾后重建工作扎实推进。但因项目实施程序繁杂，前期准备工作时间长、各种中介和项目施工单位业务饱和等原因，重建工程进度不够快。会议建议，一是加强领导，落实问责制；二是加强宣传力度，鼓舞人心，让群众充分了解重建进程；三是加强管理和监督，保证工程质量；四是优先加快民生工程建设速度，尽早解决群众居住问题。

会议听取县政府关于加快全县工业经济发展情况通报。会议认为，县委县政府及时采取有效措施，促进工业经济止滑回升。但由于受地震灾害和金融危机影响，全县工业经济形势不容乐观。会议建议，一是进一步优化工业经济发展环境，促进发展；二是强化服务，不断完善服务体系，建立健全金融服务平台，解决资金短缺问题；三是制定长远规划，发挥资源优势，扶优扶强。

会议审议通过《中国人民政治协商会议罗江县委员会全体会议规则》。会议决定，按会议建议修改后印发实施。

会议由邓华明主持。

第十五次会议

2009 年 8 月 25 日，召开三届十五次常委会议。县政协主席邓华明，副主席古明水、李兴明、张平富、张宏琳，秘书长薛建都及全体常务委员出席会议；县政协各委（室）负责人列席会议。县委副书记曾长江，县委常委、常务副县长林永成应邀参加会议。

会议听取县政府关于办理政协提案和关于加强社会治安综合治理深化平安创建工作的情况通报。会议认为，县人民政府办理提案、调研报告、社情民意力度明显加大，机制有所创新，专门部署，专题督查。承办单位认真对待，协调配合，取得较好效果。会议建议，一是加强对多党合作和政治协商是我国一项基本政治制度的学习和理解，提高认识，增强对办理好提案的认识；二是要认真研究提案，准确确定承办、协办单位，避免推诿，拖延办理时限；三是县委办、县政府办及相关部门要加强同政协提案委的联系、沟通、协调，共同提高办理质量和效果；四是对连年连续提出的提案，不能只停留在答复层面上，要切实分析案情、落脚到解决问题的具体措施上；五是要坚持先协商后办理工作机制，办理好主席督办提案和专委会协商提案。会议认为，县委、县政府在社会治安综合治理深化平安创建工作上强化措施，扎实推进，形成了较好工作机制。人民群众的安全感明显提高。为全县灾后重建和经济社会发展创造了安全、稳定的社会环境。会议建议，社会治安综合治理和平安创建工程是一项系统工程，目前社会正处于转型敏感时期，稳定尤为重要，特别是在新中国成立60周年之际，保稳定促和谐更是各级各部门政治责任所在。要不断完善工作方法，总结工作经验，拓展工作思路，巩固省级平安县创建成果，努力创建“全国平安先进县”。

会议学习《政协四川省委员会关于认真学习贯彻省委政协工作会议精神的通知》，强调要以学习贯彻会议精神为契机，积极作为，为全县推进灾后重建和“两个加快”建言献策。

曾长江向会议通报县委、县政府关于实施“三圈”演义，规划建设“中国幸福家园”，开展城乡环境综合整治等方面工作。并就贯彻省委政协工作会议精神，保证党对人民政协的领导，营造党委重视、政府支持、政协主动，各方配合的工作格局。着力改进落实“三在前三在先”、经常协商和定期听取意见工作制度等提出了要求。

邓华明对政协下一步工作进行了部署，一是全县政协委员要知情明政，多了解县委重点工作和重大决策，围绕当前工作中心，履职尽责。二是要充分认识、积极宣传城乡环境综合整治的重大意义；积极参与，带头搞好城乡环境综合整治，发挥民主监督作用，做好对全县城乡环境综合整治的督导。三是结合全县经济社会发展实际和人民群众切身利益，在规划“中国幸福家园”工作上出智献策。四是充分筹备，搞好“迎国庆、颂祖国暨庆祝人民政协成立60周年”活动。

会议由邓华明主持。

第十六次会议

2009年11月10日，召开三届十六次常委会议。县政协主席邓华明，副主席古明水、李兴明、张平富、张宏琳，秘书长薛建都及全体常务委员出席会议；县政协各委（室）负责人列席会议。县委副书记曾长江，县委常委、县政府常务副县长林永成应邀参加会议。

会议听取县政府关于贯彻落实科学发展观，推进经济社会协调发展情况通报。会议认为，县政府以科学发展观为动力，以灾后恢复重建为主线，以“三区”建设为重点，推进城乡统筹，全县经济社会协调发展。会议建议，一要高度重视全县经济社会发展规划，做到计划与规划、短期与长期承前启后、科学联系；二是要建立特色农业发展考核机制，加大对各级各部门考核力度；三要下大力气逐步淘汰高污染、高耗能企业；四要建立长效机制，坚持不懈抓城乡环境综合整治；五要弘扬县城文化，搞好景区景点开发。

会议协商通过委员人事安排事项。同意梁珂、廖德智辞去县政协第三届委员会委员职务；协商通过增补尹帮斌任县政协第三届委员会委员职务。

曾长江向会议通报全县1—3季度经济指标完成情况、招商引资、新农村示范点建设、“三区”建设进展、中国幸福家园规划等情况。同时，对县政协进一步发挥职能作用、政协委员积极建言献策等提出要求和希望。

邓华明就学习贯彻中共十七届四中全会精神和总书记胡锦涛在庆祝人民政协成立60周年大会上的讲话提出要求。一是要把学习贯彻四中全会精神和讲话抓紧抓好。二是要始终坚持与中国共产党在思想上同心、政治上同向、工作上同步；三是要把推动科学发展作为履行职能的第一要务，为推动幸福家园建设贡献力量。四是要坚持团结民主主题，努力促进政党关系、民族关系、宗教关系、阶层关系的和谐。五是要加强自身建设，充分发挥委员作用和界别作用、推进政协工作制度化、程序化、规范化建设。六是要解放思想，开拓创新，不断开拓全县政协工作新局面。

会议由邓华明主持。

第十七次会议

2009 年 12 月 22 日，召开三届十七次常委会议。县政协主席邓华明，副主席古明水、李兴明、张平富、张宏琳，秘书长薛建都及全体常务委员出席会议；县政协各委（室）负责人列席会议。

会议审议通过《中国人民政治协商会议第三届罗江县委员会常务委员会工作报告（草案）》《中国人民政治协商会议第三届罗江县委员会常务委员会关于提案工作情况的报告（草案）》。会议决定，按会议意见修改后，提交县政协三届四次全委会审议。会议书面听取并通过《中国人民政治协商会议第三届罗江县委员会主席会议 2009 年工作报告》。

会议审议通过《政协罗江县委员会关于召开政协第三届罗江县委员会第四次会议的决定》；审议通过政协第三届罗江县委员第四次全体会议议程、日程及各建议名单；审议通过《政协第三届罗江县委员会关于授权主席会议审议三届十七次常委会议未尽事宜》的决定。会议决定，按通过和决定的方案实施。

会议审议通过增补曾传聪、周明碧（女）任第三届政协委员职务的决定。

会议审议通过 2009 年度“四个一”活动先进单位和个人名单。会议决定，在县政协三届四次全委会上予以表彰；审议召开县政协三届四次全体会议有关事项。会议要求政协常委要带头参加会议，带头遵守会议纪律制度，带头建言献策、参政议政，带头撰写提案，着力提高提案质量。全县政协参加单位、政协委员、机关委室，要风雨同舟、荣辱与共、齐心协力、细致周到做好筹备工作，确保会议圆满成功。

会议由邓华明主持。

第十八次会议

2010 年 1 月 7 日，在三届四次全体会议期间，召开三届十八次常委会议。县政协主席邓华明，副主席古明水、李兴明、张平富、张宏琳，秘书长薛建都及全体常务委员出席会议；县政协各委（室）负责人列席会议。

会议听取政协第三届罗江县委员会第四次全体会议分组会议讨论情况。会议决定，由县政协办公室将各组讨论中提出的意见建议梳理归类，经主席会议审议后以建议案形式报送县委、县政府。

会议审议了《政协罗江县委员会 2010 年工作意见（征求意见稿）》，决定按会议意见修改后提交县委转发实施；审议通过《政协第三届罗江县委员会第四次会议决定（草案）》，决定提交县政协三届四次全体会议表决；审议通过《政协第三届罗江县委员会第四次全体会议提案审查报告》，会议决定在县政协三届四次全体会议闭幕会上向委员报告。

会议由邓华明主持。

第十九次会议

2010 年 4 月 1 日，召开三届十九次常委会议。县政协主席邓华明，副主席古明水、李兴明、张平富、张宏琳，秘书长薛建都及全体常务委员出席会议；县政协各委（室）负责人列席会议。县政府副县长白光裕、张俊懿应邀参加会议。

会议听取县政府关于全县加强农业基础设施建设，提高农业综合生产能力情况通报和关于深入开展城乡环境综合治理成果情况通报。会议认为，近年来，县政府高度重视农业基础设施建设，依托灾后重建，不断加大投入，全县农业基础设施得到有效改善，为推动“三农”奠定基础；2009 年以来，县政府坚持贯彻落实省、市关于城乡环境综合治理的重大部署，扎实开展城市环境综合治理，“五乱”治理成效明显、城乡风貌得到改观、市政设施功能得到提升，改善了人居条件，优化了发展环境，治理工作取得了阶段性成效。但也还存在问题和不足，离上级要求、人民群众的期望还有差距。会议建议，一是要继续加强领导，做到认识不动摇，工作不松劲，投入不减少，坚持不懈地抓好农业基础设施建设和城乡综合环境治理；二是要因地制宜、结合当前、兼顾长远，科学合理搞好建设和治理规划；三是要创新投入和完善管理机制，拓渠道，整合资源、探索多元化投入机制，广泛宣传、发动群众，增强人民群众主人翁和自治管理意识；四是要明确部门职能，完善监督机制，保证工程质量和城乡环境常态化监督。

会议听取县政协提案委三届四次会议提案交办情况通报。

会议学习传达全国“两会”精神。会议要求全体政协委员，一是要立足本职，胸怀全局，把思想和行动统一到党和国家的决策部署上来；二是充分发挥带头作用、主体作用、代表作用，做好本职工作，说好政协话，做好政协事，当好政协人，不断增强履职责任感和使命感。

会议协商通过人事安排事项。同意刘向林辞去第三届县政协委员职务；决定增补刘勇、戴伍闻任第三届县政协委员；决定刘勇任县政协教文卫委副主任、戴伍闻任县政协经济科技委副主任、刘向林不再任县政协教文卫委副主任职务。

张宏琳在会上传达市政协环境保护工作民主评议动员大会精神。

会议由邓华明主持。

第二十次会议

2010 年 6 月 23 日，召开三届二十次常委会议。县政协主席邓华明，副主席古明水、李兴明、张平富、张宏琳，秘书长薛建都及全体常务委员出席会议；县政协委（室）负责人列席会议。县委常委、常务副县长林永成，副县长李芳芳应邀参加会议。

会议听取县政府关于“三区”建设，促进产业经济发展情况通报。会议认为，县政府以统筹城乡为引领，以建设“中国幸福家园”为抓手，以“三区”为主战场，全力推进“两个加快”，促进产业升级，县域经济实力显著增强。会议建议，一是既要充分肯定“三区”建设取得的成效，又要切实正视建设中存在的困难和问题，在实践中总结经验，完善机制，提升水平；二是“三区”建设要着眼长远，科学规划，细化项目分区功能，完善园区基础设施；三是要培育壮大产业，以解决就业岗位、增强财政收入来检验建设实效；四是要研究资源环境承载能力，保护好生态环境。

会议听取县政府关于加快卫生事业建设，提高人民幸福水平情况通报。会议认为，罗江作为全省首批和全市唯一全域实施医药卫生体制改革试点县，国家基本药物制度改革得到省市督查组的肯定，取得成效；全县卫生事业灾后重建，抢抓机遇，顺利推进，成绩显著。同时，存在基础卫生队伍不稳定、基层卫生机构服务水平与群众卫生需求矛盾突出等困难和问题。会议建议，一是坚持改革发展方向，科学编制医疗卫生事业发展纲要，扎实推进医疗公益事业、民生事业改革；二是增加财政投入，落实医疗卫生事业人员基本经费，强化管理，稳定基层卫生队伍。

秘书长向会议通报民主评议全县环境保护工作进展情况。

会议由邓华明主持。

第二十一次会议

2010年8月18日，召开三届二十一次常委会议。县政协主席邓华明，副主席古明水、张平富、张宏琳及全体常务委员出席会议；县政协各委（室）负责人列席会议。县委常委、县政府常务副县长林永成，县委常委、县纪委书记张启兵应邀参加会议。

会议听取县政府关于办理政协提案情况通报。会议认为，县政协三届四次全会后，县政府强化提案办理措施，提高办理质效，A类提案大大增加，解决实际问题成效明显，提案办理首次满意率有所提高；《调研报告》《社情民意》办理工作突出重点、取得实效。会议建议，一是加强协调沟通，确保办理工作效率；二是形成制度，以会代训，提高提案办理认识和办理水平；三是严格遵循《提案办理条例》及提案办理工作意见，重视程序，保证办理工作有序运转；四是加大办理工作督查力度，启动问责制，提高办理工作质效。

会议听取县纪委关于全县贯彻落实《教育制度监督并重的惩治和预防腐败体系实施纲要》和加强党风廉政建设情况通报。会议认为，县纪检监察部门在县委领导下，坚持“标本兼治、综合治理、惩防并举、注重预防”的工作方针，突出重点，服务大局，不断推进惩防体系建设，为灾后重建和经济社会发展提供了有力的政治纪律保障。同时，存在党风廉政建设制度政策执行力有待提高、监督制约机制有待健全、党员领导干部作风建设仍需加强、查办案件力度需进一步加大等问题。会议建议，一是要坚定不移地贯彻中共中央关于党风廉政建设系列方针政策，加大宣传力度，形成良好氛围，增强抓好党风廉政建设和反腐败工作的责任感和紧迫感；二是要分析新形势，针对新问题，适应新情况，增强党风廉政建设制度纪律的执行力，做到有纪必依、执纪必严、违纪必究，促进公平正义，维护社会和谐稳定；三是要突出抓好对权力部门、重点领域、灾后重建项目资金的监督，加大工作力度，做到有案必查，确保灾后重建顺利推进，全县经济社会健康发展；四是县纪检监察部门要在县委统一领导下，开拓创新，扎实工作，为推进民主政治建设，为全县经济社会发展和灾后重建保驾护航做出更大贡献。

会议审议通过干部人事事项。会议决定：俞斌任县政协农业经济委主任，周继兴任教文卫委主任；张永才不再任农业经济委主任、李世元不再任教文卫委主任。

会议由邓华明主持。

第二十二次会议

2010 年 12 月 22 日，召开三届二十二次常委会议。县政协主席邓华明，副主席古明水、李兴明、张平富、张宏琳，秘书长薛建都及全体常务委员出席会议；县政协各委室负责人、副秘书长列席会议。县委常委、县政府常务副县长林永成应邀参加会议。

会议听取县政府关于全县经济社会发展、招商引资等情况通报。同时，对县政协进一步发挥好职能作用、政协委员建言献策提出要求和希望。

会议审议通过《政协第三届罗江县委员会常委会工作报告》，审议通过《政协第三届罗江县委员会常委会关于提案工作情况报告》，会议决定，按会议意见修改后，提交县政协三届五次全体会议审议。

会议审议通过《政协罗江县委员会关于召开政协第三届罗江县委员会第五次全体会议的决定》，审议通过议程、日程、会议秘书长及副秘书长建议名单、邀请上主席台就座人员建议名单、邀请列席人员建议名单、分组会议人员建议名单、《政协第三届罗江县委员会关于授权主席会议审议第三届第二十二次常委会议未尽事宜的决定》和召开三届五次全体会议其他事项。会议决定，按方案、决定组织实施。

会议审议通过 2010 年度政协工作先进单位和个人方案，决定在三届五次全会上予以表彰。

会议审议通过《政协罗江县委员会提案工作条例》《政协罗江县委员会专门委员会工作通则》《政协罗江县委员会"争先创优"评选办法》。会议决定，按会议意见修改后印发实施。

会议要求：政协常委要统筹协调时间和工作，带头参加会议；要围绕会议报告，带头发言，建言献策；要结合人民群众关心期盼的热点或事项，做好调查研究，带头撰写提案；要顾全大局，服从安排，带头遵守会议纪律。会议强调，召开县政协三届五次会议，是全县人民政治生活中的大事，也是本届政协的最后一次全体委员会议。政协委员要正确对待去留，积极履行职能，站好最后一班岗，为人民政协事业发展贡献力量。

会议由邓华明主持。

第二十三次会议

2011 年 1 月 10 日，在三届五次全体会议期间，召开三届二十三次常委会议。县政协主席邓华明，副主席古明水、李兴明、张平富、张宏琳，秘书长薛建都及全体常务委员出席会议；不是常委的委室负责人、副秘书长列席会议。

会议听取县政协三届五次会议分组会议讨论情况。会议决定，由县政协办公室将各组讨论中提出的意见建议梳理归类，经县政协主席会议审议后以建议案形式报县委、县政府。

会议审议《政协罗江县委员会 2011 年工作意见》，决定按会议意见修改后报请县委转发实施；审议通过《政协第三届罗江县委员会第五次全体会议决议（草案）》，会议决定提交县政协三届五次全体会议表决；审议通过《政协第三届罗江县委员会第五次全体会议提案审查报告》，决定由张平富代表常委会在三届五次全体会议闭幕会上向大会报告。

会议由邓华明主持。

第二十四次会议

2011 年 4 月 27 日，召开三届二十四次常委会议。县政协主席邓华明，副主席古明水、张平富、张宏琳，秘书长薛建都及全体常务委员出席会议；县政协各委室负责人列席会议。县政府副县长白光裕应邀参加会议。

会议听取县政府关于推进社会主义新农村建设工作情况通报。会议认为，县委、县政府抓住罗江被列为全省首批省级新农村建设示范片机遇，紧紧围绕“五新一好”工作要求，精心组织，周密安排，全县产业发展、基础设施、村落民居、公共服务、基层组织建设等各项工作顺利推进，新农村建设成效显著。但也存在各镇工作推进不平衡、产业发展突破口不多、群众主体作用发挥不够等问题。会议建议，一是坚持贯彻中央提出的“生产发展、生活宽裕、乡风文明、村容整洁、管理民主”新农村建设 20 字方针，全面深入推进全县新农村建设工作；二是继续加强领导，重视农业产业发展，搞好产前、产中、产后服务工作；三是统筹协调，因地制宜，实现一、二、三产业互动，提高农业经济综合水平；四是拓宽渠道，整合资源，探索多元化投入机制，加强龙头产业和专业合作社的扶持力度，引进农产品加工企业，助农增收；五是突出示范带动，成片推进，不断提高产业化水平。

会议听取县政协提案委关于三届五次全会提案办理情况汇报。会议要求，政协提案委要加强与县委办、县政府办联系，与承办单位沟通，与各专委会衔接，注重提案办理质量，促进提案办理工作。

会议要求，全体政协委员要坚守岗位，担当责任，履职尽责，站好最后一班岗；要以视察、调研、提案等载体，继续关注“三农”，为助推全县新农村建设做贡献；要围绕“十二五”规划的实施、“中国幸福家园”建设、经济社会发展当好“喇叭”，多建睿智之言，多献务实之策。

会议由邓华明主持。

第二十五次会议

2011 年 6 月 14 日，召开三届二十五次常委会议。县政协主席邓华明，副主席古明水、李兴明、张平富、张宏琳，秘书长薛建都及全体常务委员出席会议；县政协各委室负责人列席会议。县委常委、县政府常务副县长林永成，县委组织部负责人应邀参加会议。

会议听取县政府关于全县保障和改善民生工作、提升群众幸福指数情况通报。会议认为，保障和改善民生工作是贯彻科学发展观、坚持以人为本的重大举措，是党委政府的重点工作。县政协要坚持履职为民，围绕县委、县政府的工作重点，关注民生、献计出力，为助推全县保障和改善民生工作、建设幸福家园发挥应有作用。

会议学习中共中央办公厅《转发中共政协全国委员会党组关于〈中共中央关于加强人民

政协工作的意见〉贯彻落实情况的报告》的通知。

县委组织部向会议通报有关人事事项。会议决定，李兴明不再任县政协副主席，付祥国不再任县政协提案委主任，钟晶会任县政协提案委主任。

会议由邓华明主持。

第二十六次会议

2011 年 9 月 8 日，召开三届二十六次常委会议。县政协主席邓华明，副主席古明水、张宏琳，秘书长薛建都及全体常务委员出席会议；县政协各委室负责人列席会议。县委副书记曾长江，县委常委、县政府常务副县长林永成应邀参加会议。

会议听取县政府关于推进依法行政、加强法制政府建设和关于办理政协提案的情况通报。会议认为，近年来，县政府加强创建法制政府工作领导，采取措施，促进各项工作和活动的落实，取得了新的进步和成效。对政协提案、调研报告、社情民意办理工作，县政府加大督查督办力度，促进提案办理的落实和政协工作成果的转化。会议建议，县政府要继续深入开展创建法治政府活动，加强对基层政府依法行政工作的领导、督查。进一步抓好已办提案，重点是 B 类提案，以及调研报告、社情民意中建议意见的落实。

曾长江向会议通报全县换届工作、新农村示范点建设、招商引资、生态县建设、第三产业发展、"中国幸福家园"建设、城乡综合环境治理、青川移民工作等情况。同时，对县政协进一步发挥职能作用、政协委员建言献策提出了要求和希望。

邓华明对政协工作做了强调，他要求，政协要一如既往围绕中心、服务大局、履职尽责，为全县经济社会发展和助推"中国幸福家园"建设献计出力。在换届特殊时期，要坚守岗位，正确对待个人去留，确保班子和队伍平稳过渡。

会议由邓华明主持。

第二十七次会议

2011 年 12 月 6 日，召开三届二十七次常委会议。县政协主席邓华明，副主席古明水、张平富、张宏琳，秘书长薛建都及全体常务委员出席会议；县政协各（委）室负责人列席会议。

会议审议《政协第三届罗江县委员会常务委员会工作报告》《政协第三届罗江县委员会常务委员会关于政协提案工作情况报告》，会议决定，按会议意见修改后，提交县政协四届一次全体会议审议；审议《政协第三届罗江县委员会常务委员会关于召开第四届罗江县委员会第一次会议的决定》《政协第三届罗江县委员会常务委员会关于县政协四届一次会议报告人的决议》《政协第三届委员会常务委员会关于授权第三届罗江县委员会主席会议主持第四届罗江县委员会第一次会议预备会议的决议》。会议决议，按方案组织实施。

会议协商通过邀请列席四届一次会议人员名单，决定按方案实施；协商通过政协第四届罗江县委员会委员名单，决定县政协办公室商请县委组织部、县委统战部将政协委员信息核实后，以公告形式对外发布。

县政协副主席、县委统战部部长古明水向会议通报罗江辖区的德阳市第七届政协委员推荐名单。

会议由邓华明主持。

四　第四届常委会会议

第四届罗江县政协常委会任期5年，共召开26次常委会会议。

第一次会议

2012年3月6日，召开县政协第四届常务委员会第一次会议。县政协主席白光裕，副主席古明水、张平富、陈志光、高晓梅，秘书长陈金平及全体常务委员出席会议；不是常委的专委会负责人列席会议。县委副书记张蜀，县政府副县长魏崛，县委组织部负责人应邀参加会议。

会议听取县政府关于贯彻2012年中央1号文件精神，推进科技兴农、农业科技创新情况的通报。会议认为，县政府立足罗江实际，目标明确、思路清晰、措施得力。会议建议，一是贯彻中央文件精神要不断深化，不断细化；二是进一步摸清家底，做好规划，争取上级项目；三是进一步整合资源，保障投入，增强科技兴农、农业科技创新支撑力；四是加强基层农技服务体系建设，发挥专合组织和协会作用；五是进一步抓好农产品质量安全工作，打造安全放心的罗江农产品品牌形象。

会议表决通过县政协专委会主任、副秘书长、专委会副主任人事事项。会议决定，冯小平任县政协提案委主任，钟晶会任联谊委主任，周继兴任文史学习委主任，俞斌任农业经济委主任，唐英任经济科技委主任，薛建都任教文卫委主任，刘晓彪任社会法制委主任，高君任县政协副秘书长。

会议审议通过《2012年县政协工作要点》，决定按会议意见修改后送县委审定转发；审议通过《关于调整县级工作部门与县政协各专委会对口协商工作制度》，决定按会议意见修改后送县委办、政府办会审后印发。

会议审议通过《县政协关于深入开展“五个一”活动的意见》，决定按程序发文，要求全体政协委员积极参与，发挥主体作用，务求收到实效；审议通过《关于完善走访约谈重点联系委员制度的意见》，决定按程序发文，要求主席会议成员和各专委会主任切实贯彻落实。

会议审议通过四届县政协委员分组名单；通过县政协主席会议成员分工情况；通报县政协四届一次会议委员提案交办情况；传达学习省委书记刘奇葆、省政协主席陶武先在省政协十届五次会议上讲话精神；传达市政协关于开展“四个年”活动、县委经济工作会议和开展“三个年”活动精神。

白光裕在会上讲话。指出，政协常委会要在县委领导下，以建设“中国幸福家园”统揽全局，围绕建设四川丘区经济文化强县总体目标，突出“两化”互动、“三区”示范和打造“产业罗江”“文化罗江”“生态罗江”，紧扣“招商引资突破年、项目攻坚年、行政效能建设年”系列活动，切实履行政治协商、民主监督、参政议政职能，为建设四川丘区经济文化强县贡献力量，以优异成绩迎接中国共产党第十八次全国代表大会胜利召开。同时对抓好常委会自身建设提出要求：一是重学习，不断增强履职能力；二是重履职，努力担当履职为民责任；三是重示范，切实发挥常委会的表率作用。

会议由白光裕主持。

第二次会议

2012年7月4日，召开四届二次常委会会议。县政协主席白光裕，副主席古明水、张平富、陈志光、高晓梅，秘书长陈金平及全体常务委员出席会议；不是常委的专委会负责人及部分政协委员列席会议。县委副书记雷光明、县政府副县长黄琦应邀参加会议。

会议听取县政府关于“生态罗江”建设情况和关于经济开发区建设管理情况通报。会议认为，县委、县政府高度重视“生态罗江”建设，在全县各级各部门共同努力下，“生态罗江”建设成效显著；县委、县政府高度重视经开区建设和管理工作，思路清晰，措施有力，成绩备受鼓舞。会议建议：“生态罗江”建设，一是要瞄准创建国家级生态示范县目标，因地制宜，科学规划，先易后难，分步实施；二是加强领导，整合资源，形成合力，充分发挥各方作用；三是高度重视农村面源污染治理，使城乡环境综合治理进一步深化；四是要注重城镇道路绿化及其配套设施建设，提高森林覆盖率；五是充分发挥污水、垃圾处理设施在“生态罗江”建设中的作用。经开区建设，一是提质升级，二是注重品牌，三是节约用地，四是优化服务。进一步落实好省委省政府出台的27条意见，全面支持企业发展。

会议审议通过《政协罗江县委员会全体会议工作规则》《政协罗江县委员会常务委员会工作规则》《政协罗江县委员会专门委员会工作通则》，决定按程序发文。

会议通过有关人事事项，决定任命邱朝蓉（女）为县政协副秘书长。

雷光明在会上讲话，指出，县政协要坚持思想上同心同德、目标上同心同向、行动上同心同行，按照“以共识坚定立场、以目标引领方向、以实践推动发展”的要求，履行好政治协商、民主监督、参政议政职能。一是同心同德跟党走，坚持党的领导；二是同心同向创事业，凝聚发展合力；三是同心同行谋发展，积极建言献策。

会议安排了近期工作：一是学习落实县委副书记雷光明讲话精神，围绕中心，服务大局，履职尽责；二是按照年初计划，圆满完成全年工作任务；三是继续动员支持政协委员参与全员招商引资活动，积极提供招商信息；四是政协常委要起好表率作用，带领全县政协委员扎实开展“五个一”活动；五是做好《罗江文物集萃》编辑出版工作。

会议由白光裕主持。

第三次会议

2012年8月31日，召开四届三次常委会议。县政协主席白光裕，副主席古明水、张平富、陈志光、高晓梅，秘书长陈金平及全体常务委员出席会议；不是常委的专委会负责人、部分政协委员列席会议。县委副书记雷光明，县委常委、县政府常务副县长陈天航，副县长唐维露应邀参加会议。

会议听取县政府关于贯彻中共十七届六中全会精神、推进文化罗江建设的情况通报。会议认为，县政府贯彻中共十七届六中全会精神，推进文化大发展、大繁荣取得了成效，为建设四川丘区经济文化强县提供了精神动力和智力支持。针对文化罗江建设面临的困难和问题，会议建议：一是弘扬建县初期艰苦奋斗创业精神，加强宣传，形成共识，凝聚全县干部群众建设丘区经济文化强县精神力量；二是加强文化阵地建设；三是加强文物文化遗存保护；四是充分发掘历史文化资源，发展文化产业；五是保障财政投入，加强公共文化人才队伍建设，不断满足新形势下公共文化服务的需求。

会议听取县政府关于加快经济发展、推进新型工业化进程情况通报、关于办理政协提案、调研报告、社情民意等情况通报。会议认为，县四次党代会以来，县委、县政府提出"助推'一三五八'战略、围绕'一城一区两园'、做强'五大产业'、打造'三个罗江'，建设四川丘区经济文化强县"的发展思路是符合罗江实际的，推进新型工业化进程的举措是切实可行的。县政府对政协提案、调研报告、社情民意的办理，措施得力，效果良好。针对推进新型工业化进程面临的困难和问题，会议建议，一是要坚定发展信心；二是要着力提高经济运行质量；三是要做好企业发展的要素保障。加强政策研究，实行一企一策，用好国家、省、市支持中小企业发展的方针政策，帮助企业渡过难关。针对提案等办理工作存在的困难和问题，会议建议：一是增强提案办理实效；二是将办理政协提案、社情民意、调研报告工作纳入年度目标考核；三是进一步加强对提案办理工作的督察督办，提高办理水平，增强办理工作实效。

会议审议通过《政协罗江县委员会提案工作条例》。决定按程序发文。

雷光明在会上讲话，指出，政协常委会是畅通县委、县政府知情明政的重要渠道。他希望政协常委、政协委员要围绕全县中心工作，进一步发挥职能作用，积极建言献策。

白光裕在讲话中希望政协常委、委员发挥好在本职工作中的带头作用、政协工作中的主体作用、界别群众中的代表作用，服务大局、建言献策、积极作为、敢于担当，继续以饱满的热情投入到"三个年"活动，为助推"一三五八"发展战略，围绕"一城一区两园"，做强五大产业，打造"三个罗江"，建设四川丘区经济文化强县贡献力量。

会议由白光裕主持。

第四次会议

2012 年 12 月 25 日，召开四届四次常委会议。县政协主席白光裕，副主席古明水、张平富、陈志光、高晓梅，秘书长陈金平及全体常务委员出席会议；不是常委的专委会负责人、副秘书长列席会议。县委副书记雷光明，县政府副县长黄琦、魏崛应邀参加会议。

会议听取县政府关于整县推进新农村建设情况通报，会议认为，县委、县政府整县推进新农村建设工作加大了投入，强化了措施，取得显著成效，受到上级和项目区群众的好评。会议建议，一是做好现有成果的巩固与发展，积极稳妥地发展新的示范点。二是不断缩小城乡差距，促进城乡统筹一体化、服务均等化，实现城乡发展并轨推进。三是重视产业培育，注重配套设施和服务体系建立完善，抓好培训，提高劳动者素质。四是整合资源，加大投入，增强发展实效。

会议听取县政府关于"招商引资突破年"活动情况通报。会议认为，"招商引资年"活动取得阶段性成果，为打造“产业罗江”、建设四川丘区经济文化强县奠定了坚实基础。会议建议，一是优化招商环境。二是提高招商引资水平。三是增强招商引资实效。

会议审议通过《政协第四届委员主席会议工作报告》。会议对主席会议报告表示赞同和满意。

会议表决通过政协第四届罗江县委员会增补委员、辞去委员名单；表决通过有关人事任命事项。会议决定按程序发文。

会议审议通过《政协第四届委员会常务委员会工作报告（草案）》和《政协第四届罗江县委员会常务委员会关于四届一次会议以来提案工作情况的报告（草案）》。会议决定，按会议意见修改后，提交四届二次会议审议。审议通过县政协常委会关于授权主席会议审议县政协四届四次常委会议未尽事宜的决定。

会议听取 2012 年度“五个一”活动情况汇报和各专门委员会 2012 年工作汇报。协商通过 2012 年度先进集体、先进个人名单。协商通过县政协四届二次会议议程、日程，秘书长、副秘书长名单，邀请上主席台就座人员名单，列席人员名单，分组人员名单，分组会议组长、副组长名单，决定按程序印发四届二次会议。

会议学习贯彻中共十八大精神。要求认真精读报告原文，研习党章修正案；要做好宣讲、培训，使十八大精神入脑入心。

雷光明在会上讲话，对县政协常委和政协委员一年来围绕中心、服务大局、履职尽责给予充分肯定。并希望继续围绕全县经济社会发展建言献策，为助推四川丘区经济文化强县建设做出贡献。

会议安排近期工作，一是全力筹备县政协四届二次会议，确保会议顺利召开；二是围绕助推四川丘区经济文化强县建设，坚持质量第一原则，组织委员书写好提案，组织好委员参加县长约谈委员活动；三是认真思考，谋划好 2013 年工作；四是认真贯彻中央关于改进工作作风、密切联系群众的“八项规定”和县委的相应规定。

会议由白光裕主持。

第五次会议

2013 年 1 月 4 日，在四届二次全体会议期间，召开四届五次常委会议。县政协主席白光裕，副主席古明水、张平富、陈志光、高晓梅，秘书长陈金平及全体常务委员出席会议；不是常委的专委会负责人列席会议。

会议听取各讨论组对大会报告协商讨论情况汇报；听取县长约谈委员活动情况通报；听取县政协四届二次会议提案审查情况汇报；审议《政协第四届罗江县委员会第二次会议决议（草案）》；安排县政协四届二次会议相关工作。

会议由白光裕主持。

第六次会议

2013 年 3 月 28 日，召开四届六次常委会议。县政协主席白光裕，副主席古明水、张平富、陈志光、高晓梅，秘书长陈金平及全体常务委员出席会议；不是常委的专委会负责人及部分委员列席会议。县政府副县长魏崛应邀参加会议。

会议听取县政府关于加强生态文明建设创建国家级森林城市和省级绿化模范县的情况通报。会议认为，县委、县政府高度重视生态文明建设，通过近几年的努力，取得明显成效，但还存在较大差距。会议建议，一要继续精心组织：组建高规格、强有力的领导班子和工作班子，加强协调，形成合力，完善考评、激励机制；科学规划，合理选育树种，科学栽植；细化措施，逗硬奖惩。二要广泛宣传，倡导全员参与，抓好全民植树与绿化细胞工程。三要加大监管力度，抓好管护，加强执法，做好森林防火工程。

会议审议通过《2013 年各专委会目标考核办法》，决定按会议意见修改后印发实施。

会议组织学习中共中央总书记习近平在全国人大十二届一次会议上的讲话和全国、省、市政协会议精神。会议要求要认真学习，深刻领会，将相关要求和精神贯彻到政协履职的实际工作中。会议还学习县委、县政府关于改进工作作风、密切联系群众的规定，提出了贯彻落实要求。

会议安排近期工作：一是县政协要认真贯彻执行县委、县政府关于改进工作作风，密切联系群众的规定。县政协常委会成员、各专委会主任要带头执行，做好表率。二是要发扬勤俭节约的工作作风，圆满完成2013 年各项工作任务。三是继续开展好“五个一”活动。四是抓好政协委员理论学习和培训工作。五是贯彻落实中央、省、市关于提案办理文件精神，加强提案督查督办，提高办理质量。六是积极反映社情民意。七是继续做好政协系统全员招商引资工作。八是有序推进文史工作。九是加强与委员联系和沟通，继续开展走访约谈委员活动。十是完善评先评优工作，初提人选要在委员中公示。十一是各委（室）要细化目标任务，切实抓好各项工作落实。

会议由白光裕主持。

第七次会议

2013 年 7 月 5 日，召开四届七次常委会议。县政协主席白光裕，副主席古明水、张平富、陈志光、高晓梅，秘书长陈金平及全体常务委员出席会议；不是常委的专委会负责人及部分委员列席会议。县委常委、县政府常务副县长陈天航应邀参加会议。

会议听取县政府关于进一步加强行政效能建设，不断改善服务环境工作的情况通报和政协委员提案办理工作的情况通报。会议认为，县委、县政府高度重视行政效能建设，扎实开展“行政效能建设年”活动，采取行之有效的措施，不断改善政务服务环境，行政效能建设取得显著成效，为打造“三个罗江”，建设四川丘区经济文化强县提供有力保障。但与建设四川丘区经济文化强县、全面建成小康社会的要求，与人民群众的期盼，还存在较大差距，个别地方、个别部门存在行政效能不高、政务环境不优、服务群众不力等问题。提案办理工作，县委、县政府高度重视，将提案办理工作纳入年度目标考核，承办单位在规定时间内基本办结，委员满意率达 99%。但也存在个别提案的承办、协办单位重视不够，答非所问、敷衍塞责，不按规定时限和要求办理等问题。会议建议，行政效能建设工作，一是巩固提高建设成果，完善近年来形成的行之有效的制度、办法、措施，与时俱进，不断取得新的实效；二是深化行政审批制度改革，加强过程监督，畅通诉求渠道，促进行政审批公开透明和廉洁高效；三是进一步建设法治型、服务型政府，促进由管理型向服务型转化；四是加强公务员队伍建设，引进急需的专业技术人才，抓好教育培训，不断提升为民服务的能力和水平，为建设四川丘区经济文化强县和全面建成小康社会提供人才和智力保障。提案办理工作，会议建议，认真学习贯彻《提案工作条例》和县委、县政府《关于进一步加强人民政协提案办理工作的实施意见》，加强沟通协调和督查督办，不断提高提案办理质效。

会议传达学习县委四届四次全会、县委第二季度中心组学习会议精神；通报县政协“实现伟大中国梦、建设美丽繁荣和谐四川”主题教育活动开展情况。

会议安排了近期工作，要求：一是各专委会要按照政协全年工作要点，按计划有序推进各项工作；二是结合主席会议、常委会会议议题，搞好调查研究，积极建言献策；三是加强社情民意信息、新闻宣传工作，全面完成市政协下达的各项任务；四是完成《罗江宗教》编辑出版工作，做好编纂《罗江县政协志》《罗江文史资料》（第19集）准备；五是提前做好县长约谈委员活动准备工作。

会议由白光裕主持。

第八次会议

2013年9月25日，召开四届八次常委会议。县政协主席白光裕，副主席古明水、张平富、陈志光、高晓梅，秘书长陈金平及全体常务委员出席会议；不是常委的专委会负责人及部分委员列席会议。县委副书记雷光明，县委常委、县政府常务副县长陈天航，副县长黄琦应邀参加会议。

会议专题协商推进新型城镇化打造宜居宜业区域中心城市工作。会议认为，县委、县政府深入实施“两化互动、统筹城乡”发展战略，以“一城、一区、两园”为核心，推进点轴开发，加快区域规划和旧城改造，推动产城融合发展，全县新型城乡体系建设稳步推进，宜居宜业区域中心城市打造成效显著。会议建议，一是着力规划实施，加强规划实施监督，要突出文化特色与环境特色，全方位增强城市综合功能，提升城市整体形象。二是着力基础设施建设和城市管理，加快旧城改造步伐、改善居民生活环境，提升居民素质，促进农民向城市居民角色转变，提升城市品质品位。三是着力构建新型城乡体系和制度建设，以108国道等交通干线为轴线，以经开区和白马关实验区为核心，以新农村建设片（点）为示范，努力构建新型城乡体系。四是着力两化互动和产业培育，将产业发展纳入城镇化建设范畴，推进产城融合，增强城镇化对资源要素聚集和经济发展的引领作用，全方位推进产城一体、产城相融，构建宜居宜业新型区域中心城市。

会议听取县政府关于办理政协提案、调研报告、社情民意等情况通报。会议认为，县委、县政府高度重视政协提案、调研报告、社情民意办理工作，县级相关职能部门切实履行职责，办理工作成效显著，委员表示满意。会议建议，一是进一步强化部门的政协意识，强化办理提案、调研报告、社情民意责任感，提高提案办理质效。二是进一步加强督办考核力度，坚持将提案办理纳入各级各部门年度目标考核，逗硬奖惩，增强办理政协提案的积极性和主动性。三是进一步加强沟通交流，加强协调指导，形成合力，推进政协提案办理工作。

会议通报停止吴清满等政协委员活动情况。会议决定：根据罗江县人民检察院《关于对吴清满、李青采取刑事强制措施的通报》，停止吴清满、李青的政协委员活动，待有关违纪违法情况作出结论以后，再依照程序免去其委员职务。

雷光明在会上讲话，指出，县政协始终坚持与县委思想上同心同德，目标上同心同向，行动上同心同行，认真履行政治协商、民主监督、参政议政职能。全体政协委员围绕全县经济社会建设建诤言、献良策，为县委科学决策提供重要参考。他希望，全体政协委员及政协参加单位要继续搞好调查研究，广泛收集社情民意，及时反映群众呼声，为打造“三个罗江”，建设四川丘区经济文化强县建言献策，为实现与全市同步全面建成小康社会的目标共同奋斗。

会议安排近期工作。会议要求：一是各常委及专委会要带头完成政协委员“五个一”活动，专委会要及时督促和收集完成情况，同时加强社情民意信息工作的收集和上报工作；二是要及早谋划政协四届三次全会工作，常委、委员要围绕全县经济社会发展的重点，找准议题，认真调研，积极建言献策，提案委要作好部署，办公室要做好资料及会务准备工作；三是继续抓好招商引资；四是做好文史资料工作；五是开展好政协文化体育活动；六是做好四届三次全会期间县长的约谈委员活动准备工作。

会议由白光裕主持。

第九次会议

2013 年 12 月 27 日，召开四届九次常委会议。县政协主席白光裕，副主席古明水、张平富、陈志光、高晓梅，秘书长陈金平及全体常务委员出席会议；不是常委的专委会负责人及部分委员列席会议。县委副书记陈天航，县委常委、县经开区党工委书记谢斌应邀参加会议。

会议听取县政府关于经开区产业发展及招商引资情况通报。会议认为，县委、县政府抢抓国家施行新一轮西部大开发和成渝经济区规划、灾区振兴发展规划和成德绵同城发展机遇，发挥县域产业发展基础优越、交通便捷、劳动力资源丰富等优势，积极开展招商引资和产业发展工作，经开区建设成效显著。会议建议：一是强化经开区软件建设，改善政务服务，优化治安环境，美化生活环境，抓好基础设施建设；二是加强与绵阳经济融合力度，建立信息共享，加快经开区建设步伐；三是进一步提高招商引资实效，引进投资大、产业新、就业带动和税收贡献大的企业，推进罗江经济社会科学发展、跨越发展。

会议审议通过辞去县政协委员职务名单和撤销委员资格人员名单。

会议组织学习中共十八届三中全会精神和安排近期工作。

会议由白光裕主持。

第十次会议

2014 年 1 月 2 日，召开四届十次常委会议。县政协主席白光裕，副主席古明水、张平富、陈志光、高晓梅，秘书长陈金平及全体常务委员出席会议；不是常委的专委会负责人及部分委员列席会议。

会议听取并通过《政协第四届罗江县委员会主席会议工作报告》；审议《政协第四届罗江县委员会常务委员会工作报告》，决定按会议意见修改后提交县委常委会审定；审议《政协第四届罗江县委员会常务委员会关于四届二次会议以来提案工作情况报告》，决定按会议意见修改后提交县政协四届三次会议审议；审议2013年“五个一”活动总结，决定按会议意见修改后，在政协四届三次全体会议上印发给委员。

会议协商通过增补委员名单和辞去委员名单，决定按程序办理。

会议审定2013年度争先创优先进单位和个人名单；议定召开政协第四届罗江县委员会第三次会议相关事项，会议决定按会议方案组织实施。

会议传达学习县委四届五次全会暨经济工作会议精神。

会议安排近期工作：一是筹备四届三次全会。二是要发扬勤俭节约传统，洁身自好，文明过节。三是要结合“挂包帮”“走建惠”活动开展好新春送温暖活动，力所能及地做好事、办实事。四是要发挥人民政协协调关系、理顺情绪、化解矛盾的桥梁作用，多做维护社会和谐稳定工作。

会议由白光裕主持。

第十一次会议

2014年1月13日，在四届三次全体会议期间，召开四届十一次常委会议。县政协主席白光裕，副主席古明水、张平富、陈志光、高晓梅，秘书长陈金平及全体常务委员出席会议；不是常委的专委会负责人列席会议。

会议审议通过《政协第四届罗江县委员会第三次会议决议（审议稿）》；审议《政协第四届罗江县委员会关于四届三次会议提案审查情况报告（征求意见稿）》；通过分组会议建议、意见；通报县长约谈委员情况。

会议由白光裕主持。

第十二次会议

2014年3月28日，召开四届十二次常委会议。县政协主席白光裕，副主席古明水、张平富、陈志光、高晓梅，秘书长陈金平及全体常务委员出席会议；不是常委的专委会负责人和部分县政协委员列席会议。县政府副县长江涛应邀参加会议。

会议听取县政府关于打造现代农业示范区推进农业产业化情况通报。会议认为，近年来，县委、县政府重视农业现代化建设，通过农业产业示范园区建设、农产品营销拓展、品牌创建和产业带动，全县农业现代化建设步伐不断加快，成效显著。会议建议，一是加强整体规划，根据地域和产业分布特点制定区域发展详细规划并依规组织实施，使全县农业尽快走上集约化、规模化、产业化、科技化的发展道路。二是改善生活条件，提升农业效益。三是加大农业招商力度，推动农业产业化经营。四是加大人才培养力度，壮大现代农业发展人才队伍。五是重品质监管，确保农产品质量安全。

会议传达全国政协十二届二次会议精神，要求用会议精神指导政协工作，履职尽责，在“推进二次创业，再造一个罗江”、全面建成小康社会中再立新功；传达学习《四川省党政机关国内公务接待管理办法》，会议要求认真学习会议精神，严格执行文件规定。

会议通报县政协开展党的群众路线教育实践活动情况。要求按照中央、省、市、县的统一部署和县政协党组开展党的群众路线教育实践活动安排，做好每个环节的规定动作。结合履职实践，突出政协特点开展好活动，确保教育实践活动取得实效。会议进行开展党的群众路线教育实践活动征求意见问卷调查。

会议安排近期工作。一是切实改进会风，进一步提高会议质量。二是切实开展好党的群众路线教育实践活动。三是切实履行职能，推进全年工作，根据2014年工作要点，抓好“五个一”活动与党的群众路线教育实践活动有机结合，开展好“五比五看”活动，建立各民主党派、工商联等政协参加单位在政协全会上作大会交流发言制度，做好界别工作，提高提案办理质量，筹备好人民政协成立65周年文化活动。

会议由白光裕主持。

第十三次会议

2014年6月27日，召开四届十三次常委会议。县政协主席白光裕，副主席古明水、张平富、陈志光、高晓梅，秘书长陈金平及全体常务委员出席会议；不是常委的专委会负责人及部分委员列席会议。县委副书记毛文华，县政府副县长宋联忠、江涛应邀参加会议。

会议学习《四川省依法治省纲要》和依法治县有关精神，并邀请县法制办主任严辉做辅导报告。会议要求，县政协常委组成人员、政协委员要带头学习，将法制意识贯穿到日常工作履职之中。要坚持会前学法制度，形成常态化机制。

会议专题协商德绵同城进展工作。会议认为，县委、县政府高度重视德绵同城工作，通过做好规划、加强对接、产业互联等措施，德绵同城前期工作取得积极进展。会议建议，一是争取市委、市政府支持，促成与绵阳对接，有序推进同城德绵的各项工作。二是强化组织领导，明确目标任务，专人负责。三是学习借鉴成德同城化经验，做好总体规划，完善城乡发展、产业发展详规和配套设施。四是抓重点突破，做好国道108线金山场镇至破庙子段二改一、成绵高速复线等重点道路建设。建立合作项目库，推进清华同方电商产业园和跨区物流园区等产业项目突破。

会议还专题协商推进改革开放、营造一流投资发展环境情况。会议认为，县委、县政府持续抓招商引资、不断提升政务服务、推进社会环境优化，全县招商引资工作和投资环境建设卓有成效。会议建议，一是坚持招商引资不动摇，实施招大引强，抓好经开区产业布局。二是不断提升服务水平，强化部门联动、服务前移，构建并联审批网络平台，努力做到服务对象“足不出户”即可完成审批资料准备，享受高效服务。三是转变政府职能，精简行政审批事项，提高办事效率。净化中介服务环境、建立中介库，构建优质、高效、便捷的中介服务环境。

会议通报县政协四届三次会议提案办理情况。县委、县政府高度重视提案办理工作，县委书记徐光勇、县长曾长江等亲自督办重点提案，承办单位认真办理提案，6月25日前基本办结。

会议表决通过有关人事任免事项。会议决定：周继兴任县政协教文卫委主任，柯贤良任县政协提案委主任；免去冯小平提案委主任职务、谢明的教文卫委主任职务；免去吴清满的农业经济委副主任职务。

毛文华在会上讲话，指出：县政协认真履行政治协商、民主监督、参政议政职能，政协委员围绕中心、服务大局、关注民生改善，建言产业发展，关心市政建设，为全县经济社会发展提出了大量真知灼见。他希望全体政协常委和委员，立足本职岗位，切实履职尽责，继续为全县经济社会发展建诤言、献良策；发挥政协智力密集、联系广泛的优势，发挥桥梁纽带作用，深入基层，深入群众，多做化解矛盾，促进和谐的好事实事，为全面建成小康社会凝聚更强大的力量；继续围绕县委、县政府中心工作和群众关心的热点问题，结合党的群众路线教育实践活动，积极开展调查研究，倾听民生民需，汇集民情民意，为县委县政府决策提供更加科学的意见建议。

会议安排工作，一是加强学习，常委要带头学；二是继续抓好党的群众路线教育；三是扎实开展好政协委员“五个一”活动；四是坚持两手抓、两不误、两促进，扎实有序地推进政协各项工作，圆满完成全年工作目标任务。

会议由县白光裕主持。

第十四次会议

2014 年 9 月 29 日，召开四届十四次常委会议。县政协主席白光裕，副主席古明水、张平富、陈志光、高晓梅，秘书长陈金平及全体常务委员出席会议；不是常委的专委会负责人及部分委员列席会议。县政府副县长李芳芳应邀参加会议。

会前，与会人员学习修订中的《中华人民共和国食品安全法》。会议邀请县食品药品监督管理局局长鲜灵作专题辅导。

会议听取县政府关于办理“十大民生实事”情况通报。会议认为，县委、县政府高度重视，加强领导、强化监管、保证投入，有力推进了民生实事办理，取得了明显成效。其中义务教育、医疗保险、养老保险三项工作已达到既定目标。为进一步做好“十大民生实事”，会议建议：一是做好统筹规划，着力重点项目。二是加大投入力度，强化监督管理。三是加大宣传力度，营造舆论氛围，让全县人民了解民生实事内容，便于群众监督。会议还听取县政府关于办理政协提案、调研报告、社情民意等情况通报。会议认为，县委、县政府有关部门办理政协提案、调研报告、社情民意工作取得良好效果，激发了政协委员参政议政、建言献策的积极性。会议建议：一是认真贯彻《中共罗江县委员会　罗江县人民政府关于人大代表建议，政协委员提案办理工作的规定》，确保办理实效；二是重视办理工作，促进成果转化；三是加强委员培训，提高建议质量。

会议学习中共中央总书记习近平在庆祝人民政协 65 周年大会上的讲话。会议要求全体常委起好表率作用，引领全体政协委员深入学习讲话精神，用讲话精神指导履职实践，为推进人民政协事业蓬勃发展贡献力量。会议还通报了县政协庆祝人民政协成立 65 周年文艺晚会活动情况。9 月 24 日，县政协在潺亭水城古戏台举办庆祝人民政协 65 周年文艺晚会，市政协副主席巫建平，县委书记徐光勇，县人大常委会主任唐华清，县委副书记、县长曾长江，县政协主席白光裕以及县人民法院、县人民检察院、县人民武装部主要负责人，县政协历届老领导、老同志出席活动。县级各部门及各镇党政负责人，部分企事业单位、村、社区负责人，社会各界人士代表、社区群众约2500人参加活动。徐光勇在活动开幕时发表讲话。

会议安排近期工作：一是开展好政协委员“五个一”活动；二是及早做好四届四次全会筹备工作；三是做好党的群众路线教育实践活动整改落实，做好《关于调整县级部门与县政协各专委会对口联系工作制度》《机关委（室）考核办法》《罗江县公民旁听政协罗江县委员会全体会议和常务委员会会议办法》等制度的修订、完善。要求全体常委要起好表率作用，发挥联系广泛的优势，积极参与政协委员联系帮扶困难群众活动，展示人民政协为民务实的良好形象。

会议由白光裕主持。

第十五次会议

2014年12月30日，召开四届十五次常委会议。县政协主席白光裕，副主席古明水、张平富、陈志光、高晓梅，秘书长陈金平及全体常务委员出席会议；不是常委的专委会负责人及部分委员列席会议。县委常委、县政府常务副县长张胜虎应邀参加会议。

会议学习中共十八届四中全会精神及《中共中央关于全面推进依法治国若干重大问题的决定》；听取协商县政府《关于“推进二次创业，再造一个罗江”进展情况》通报。

会议审议通过《罗江县公民旁听政协罗江县委员会全体会议和常务委员会会议的规定》《政协罗江县委员会关于开展界别委员专题协商的实施意见》《关于开展部分政协委员帮扶困难群众活动的实施意见》；审议通过县政协2014年度先进集体、先进个人名单及优秀提案、优秀社情民意信息名单；审议通过有关人事任命事项；审议通过增补四届县政协委员名单、辞去四届县政协委员职务人员名单；审议通过关于召开政协第四届罗江县委员会第四次会议有关事项；审议通过《四届县政协常委会工作报告》及《四届三次会议以来提案办理情况的报告（审议案)》。

会议书面通报2014年县政协“五个一”活动情况。

会议由白光裕主持。

第十六次会议

2015年1月23日，在四届四次全会期间，召开四届十六次常委会议。县政协主席白光裕，副主席古明水、张平富、陈志光、高晓梅，秘书长陈金平及全体常务委员出席会议；不是常委的专委会负责人及部分委员列席会议。

根据县政协主席会议提议，会议听取县政协四届四次会议7个讨论组组长柯贤良、俞斌、唐英、钟晶会、刘晓彪、范翠林、周继兴关于分组会议情况汇报；听取县政协常委、经科委主任唐英关于县长约谈委员代表座谈会情况汇报；听取县政协秘书长陈金平关于旁听县政协四届四次会议公民代表座谈会情况汇报；听取县政协提案委主任柯贤良关于县政协四届四次会议关于提案情况汇报；听取县政协常委、县政协办公室主任曾传聪关于审议县政协四届四次会议决议草案的情况汇报。

会议安排县政协四届四次会议相关工作。

会议由白光裕主持。

第十七次会议

2015年3月30日，召开四届十七次常委会议。县政协主席白光裕，副主席古明水、张平富、陈志光、高晓梅，秘书长陈金平及全体常务委员出席会议；不是常委的专委会负责人、部分委员及旁听公民代表列席会议。县政府副县长宋联忠应邀出席会议。

会前，与会人员学习《中华人民共和国宪法》，会议邀请县人民法院副院长秦琦作专题辅导。

会议听取协商县政府关于全面深化改革推进情况通报，会议认为，县委、县政府在农业农村改革、政府职能转变、民生领域改革、社会治理以及金融改革等重点领域取得突破而且收到实效，形成如邻里乡亲互助会、农村小型基础设施建设村民自建等“罗江模式”，会议建议：一是进一步转变政府职能。二是进一步统筹城乡发展。三是进一步完善就业创业机制。

会议通报县政协《关于开展民主评议全县经济发展环境工作方案》；书面通报《部分政协委员联系帮扶困难群众活动开展情况》。

会议组织学习中共中央《关于加强社会主义协商民主建设的意见》；传达学习全国政协十二届三次会议、省政协十一届三次会议、市政协七届四次会议精神。会议安排近期工作。

会议由白光裕主持。

第十八次会议

2015年6月29日，召开四届十八次常委会议。县政协主席白光裕，副主席古明水、张平富、陈志光、高晓梅，秘书长陈金平及全体常务委员出席会议；不是常委的专委会负责人、部分委员及旁听公民代表列席会议。县委副书记毛文华，县委常委、经开区党工委书记谢斌应邀出席会议。

会前，与会人员学习《中华人民共和国劳动法》。会议邀请县就业服务管理局局长王炜做专题辅导，要求与会人员要充分认识《劳动法》的意义、作用、适应范围、重点内容等，增强依法办事、依法维权的意识。

会议听取县依法治县领导小组办公室关于全面依法治县推进工作情况汇报。会议认为，县委县政府认真贯彻落实中央、省委和市委的决策部署，坚持将法治建设作为中心工作之一，通过推进“三项改革”、实施“三大工程”、开展“三类活动”，深入推进法治罗江建设，为“推进二次创业，再造一个罗江”营造良好的法治环境。会议建议：一是进一步加强组织领导，健全工作机制。乡镇、县级部门建立“一把手”负责制，统一部署，抓好落实。探索实行普法合格证制度和学法用法考核制度。二是深入开展普法教育，提高全民法律素质。三是全面推进依法行政，着力构建法治政府。四是强化司法职能，促进司法公正。

会议听取县政府关于打造宜居宜业区域中心县城工作情况通报。会议认为，县政府坚持“产城一体、宜居宜业”发展定位，建管并重，不断完善城市功能，成德绵区域中心县城已初具规模。会议建议：一是结合县十三五规划编制，做好城市总体规划修编，加快推进城市供、排水及交通系统等专项规划编制，加强城市景观、风貌的规划设计。二是坚持完善功能，加快基础设施、市政设施建设。三是坚持打造特色，提升城市建设品位。四是继续实施惠民工程，加大经济适用房、廉租房建设力度，加快推进棚户区改造。

会议通过有关人事任免。会议决定：高君任县政协联谊委主任、李世良任县政协社法委主任，许珺任县政协副秘书长。免去钟晶会联谊委主任、刘晓彪社法委主任，高君副秘书长职务。

会议通报了县政协民主评议全县经济发展环境工作。要求将被评议单位问题汇总并形成书面材料，经审定后反馈被评议单位。会议还通报县政协“三严三实”专题教育情况。会议要求，县政协党组成员要带头搞“三严三实”专题教育，委（室）党员负责人要认真完成专题教育各项任务，政协系统党员要积极参与所在单位（组织）“三严三实”专题教育，非党员政协委员要支持专题教育，多提意见。要结合政协工作实际，高度关注全县工作中的热点、难点、焦点问题，有针对性地议政建言、反馈社情民意。

毛文华在会上讲话。他代表县委对县政协上半年工作给予充分肯定和高度评价，对今后的工作提出希望和要求。

会议由白光裕主持。

第十九次会议

2015 年 9 月 29 日，召开四届十九次常委会议。县政协主席白光裕，副主席古明水、张平富、陈志光、高晓梅，秘书长陈金平及全体常务委员出席会议；不是常委的专委会负责人及部分委员列席会议。县委常委、县政府常务副县长张胜虎，县委常委、县委组织部部长王晓芬应邀参加会议。

会前，与会人员学习《中华人民共和国环境保护法》。县环保局局长文洋应邀做专题辅导。

会议听取县委组织部关于落实从严治党新要求加强干部队伍建设情况通报。会议认为，县委组织部在县委领导下，多举措全面落实从严治党要求，建设忠诚干净担当的干部队伍成效明显，为“推进二次创业，再造一个罗江”提供了组织保障。会议建议：一是深化讲政治、重公道、业务精、作风好干部队伍建设；二是加强对年轻干部的培训和指导；三是加强对机构改革后职能合并部门的指导与协调，及时形成合力；四是重视县城社区党组织居委会阵地建设；五是完善引进、培养、留住专业人才机制。

会议听取县政府关于加强社会民生建设工作情况和关于县政协提案、调研报告、社情民意信息办理情况的通报。会议认为，县政府坚持把保障和改善民生摆在政府工作重要日程，不断加大工作力度，相关职能部门狠抓落实，确保了各项民生工作扎实推进。会议建议：一是优化项目设置，做到科学规划；二是加大投入，强化资金保障；三是整合资源，形成工作合力；四是注重管养，发挥项目效益；五是适当倾斜，促进均衡发展；六是强化考核，落实工作责任。对于提案等办理工作，会议认为，县政府高度重视，创新县委、县政府、县政协领导承担提案办理督办责任，承办单位主要负责人承担办理责任，承办单位是提案办理主体即“两责任一主体”工作机制。实行委员全程参与、定期会商、台账管理、办结销号等制度。办理效果明显，委员满意。会议建议：一是加强对单位、部门相关人员培训，提升对办理工作的认识，杜绝消极、怠慢现象；二是继续坚持主要领导督办重点提案、分管领导协调督办相关提案和会商办理提案等制度，不断提高办理质量；三是协商到位，加强沟通，实现提案办理单位和委员双满意。

会议通过有关人事事项，决定唐英不再担任县政协经科委主任职务。

会议审定在委员中开展“我为扶贫攻坚做件事”活动，深化委员联系帮扶困难群众活动相关事宜。会议决定，一是按照会议意见修改后印发。二是拟定于10月召开工作推进会。

会议传达学习9月15日全省领导干部大会精神，学习传达市委七届十次全会、县委四届七次全会精神并提出具体要求。

会议安排近期工作，一是认真学习省、市、县委全会精神，认真履职尽责。二是认真完成全年各项工作任务。常委要带头完成“五个一”、提案、社情民意信息等工作。三是严格遵守中央“八项规定”，坚决纠正“四风”，常委会组成人员和各委（室）负责人要起好表率作用。

会议由白光裕主持。

第二十次会议

2015年12月30日，召开四届二十次常委会议。县政协主席白光裕，副主席古明水、张平富、陈志光、高晓梅，秘书长陈金平及全体常务委员出席会议；不是常委的专委会负责人及部分委员列席会议。县委副书记毛文华、县政府副县长宋联忠应邀参加会议。

会前，与会人员学习《中华人民共和国消费者权益保护法》。县工商质监局局长任延波应邀到会作专题讲解。

会议听取县政府关于“十二五”规划完成情况及“十三五”规划编制情况通报。会议认为，“十二五”规划的实施，在提升产业发展、改善基础设施、发展民生事业、推进改革开放各方面取得显著成绩；“十三五”规划的编制，思路明确、规划科学、重点突出。会议建议：一是细化规划，保持“十二五”工作的连续性，增强可行性；二是整合规划，整合各种项目资源，形成实施合力；三是对接规划，争取更多的项目列入省市专项。

会议审定2015年度先进集体、先进个人，优秀提案、优秀社情民意信息名单。

会议协商通过辞去四届县政协委员名单和增补四届县政协委员名单。

会议通过有关人事任命事项：唐万华任县政协联谊委主任，柯贤良任经科委主任，高君任提案委主任；免去柯贤良的提案委主任、高君的联谊委主任职务。

会议审定召开县政协四届五次会议有关事项；审议四届县政协常委会工作报告和提案工作情况报告；审议2015年“五个一”活动通报。

会议传达学习省委、市委政协工作会议精神，学习《中国共产党廉洁自律准则》《中国共产党纪律处分条例》；传达学习县委四届八次全会精神。

毛文华在会上讲话。

会议由白光裕主持。

第二十一次会议

2016年3月30日，召开四届二十一次常委会议。县政协主席白光裕，副主席古明水、张平富、陈志光、高晓梅，秘书长陈金平及全体常务委员出席会议；不是常委的专委会负责人及部分委员列席会议。县委常委、县纪委书记何学军，县政府副县长宋联忠应邀参加会议。

会前，与会人员学习《中华人民共和国文物保护法》，县文广新局副局长蒋寿军应邀到会作专题讲解。

会议听取县政府关于打造罗江特色文化旅游区工作通报，专题协商打造罗江特色文化旅游区工作。会议认为，罗江文化旅游百花齐放，影响力日益加大，已成为经济社会的重要组成部分。特色文化旅游区建设重点突出，特色鲜明，取得了一定成绩。同时，也存在线路多精品少、投资多效益少等问题。会议建议：一是抓规划。二是抓特色，在品牌塑造上下功夫。三是抓宣传，在品牌营销上下功夫。四是抓招商，在开发投入上下功夫。五是抓管理，在服务质量上下功夫。

会议听取县纪委关于全县落实从严治党新要求、全面深化党风廉政建设工作通报，会议专题协商全县落实从严治党新要求、全面深化党风廉政建设工作。会议认为，县委高度重视党建和党风廉政建设，县纪委、监察局坚持正风肃纪，全面深化党风廉政建设，努力做到让干部不敢腐、不能腐、不想腐。但也存在一些薄弱环节。建议：（一）进一步树牢讲政治、守纪律、懂规矩意识。（二）继续着力解决发生在群众身边的“四风”问题。（三）努力构建遏腐败制度机制。（四）不断强化纪检监察干部队伍建设。（五）切实抓好廉政文化建设。

县政协副主席陈志光向会议通报开展“我为扶贫攻坚做件事”及“部分政协委员联系帮扶困难群众”活动情况；县政协秘书长陈金平向会议通报召开四届五次会议相关工作，要求筹备组细化职责，精心组织，确保四届五次全会顺利召开。

县政协主席白光裕安排近期工作：一是按2016年政协工作要点扎实有效推进各项工作，按时间节点组织好年度协商计划的实施；二是做好《罗江县政协志》年度编纂工作，保质保量完成年度工作任务；三是按照“精心、精细、精准”要求，全力做好四届五次全会筹备工作。

会议由白光裕主持。

第二十二次会议

2016年4月6日，在四届五次全体会议期间，召开四届二十二次常委会议。县政协主席白光裕，副主席古明水、张平富、陈志光、高晓梅，秘书长陈金平及全体常务委员出席会议；不是常委的委（室）主任及部分委员列席会议。

会议听取各专委会主任关于四届五次会议分组讨论情况汇报；听取提案委主任高君关于县长约谈政协委员代表情况汇报；听取秘书长陈金平关于旁听公民代表座谈会情况汇报。

会议协商提案委《关于四届五次会议提案审查情况报告》；协商《四届五次全会决议（审议稿）》。

会议通过有关人事任免事项。

会议由白光裕主持。

第二十三次会议

2016年5月12日，召开四届二十三次常委会议。县政协主席白光裕，副主席古明水、张平富、陈志光、高晓梅，秘书长陈金平及全体常务委员出席会议；不是常委的专委会负责人及部分委员列席会议。县政府副县长宋联忠应邀出席会议，县政府办、县民政局负责人，部分政协委员、社会知名人士、公民代表应邀列席会议。

会议听取县政府关于撤销罗江县设立德阳市罗江区方案的通报。会议专题协商《县人民政府关于撤销罗江县设立德阳市罗江区的方案》，一致同意撤县设区方案，形成的意见建议通过建议案报送县委、县政府。

会议对"两学一做"学习教育工作作了安排。会议要求，县政协党员领导干部要带好头、作好表率，在学、做、改上下功夫，用履职实践检验学习教育成果。县政协党组成员、党员专委会主任要按照《关于在县政协机关全体中共党员中开展"学党章党规、学系列讲话、做合格党员"学习教育的实践方案》，开展好"三大主题"专题学习讨论。

会议开展了严肃换届纪律集体谈心谈话，要求认真吸取"两案"的深刻教训并引以为戒；熟读"明白卡"，熟记《换届纪律须知》，按照县委统一部署，做好县政协换届工作；牢记"九严禁""六个坚决查处""七个凡事""十不承诺"等规定，抵制违纪行为，确保换届风清气正。

会议由白光裕主持。

第二十四次常委会议

2016年6月28日，召开四届二十四次常委会议。县政协主席白光裕，副主席古明水、张平富、陈志光、高晓梅，秘书长陈金平及全体常务委员出席会议；不是常委的专委会负责人及部分政协委员、公民代表列席会议。县政府副县长屈志新，县政府办相关负责人应邀出席会议。

会前集中学习《中华人民共和国民法通则》部分内容。会议要求各常委、委员、政协工作者结合工作生活实际，学习遵守《民法通则》，做学法、守法、用法模范。

会议听取县政府关于建设卫生县城情况通报，专题协商建设卫生县城工作。会议认为：县委、县政府以"城市基础设施建设年"为契机，强力推进城市提档升级，县城面貌发生了显著变化，受到各方好评。同时，也存在城市规划滞后、部分公共设施疏于管理、城市经营管理水平有待进一步提升等问题。建议：（一）高起点科学规划。（二）高品位建设提升。（三）高水平经营发展。（四）高标准依法管理。

会议听取县政府关于脱贫攻坚工作的通报，专题协商了脱贫攻坚工作。会议认为，县委、县政府把脱贫攻坚工作作为第一民生工程，组织领导到位，工作措施有力，脱贫攻坚成效显著。同时，也存在个别单位扶贫攻坚措施机制不够健全、脱贫攻坚氛围不够浓、部分贫困户有等靠要思想等问题。建议：（一）进一步压实工作责任。（二）进一步加大帮扶力度。（三）进一步加强宣传引导。

会议通报县政协四届五次会议提案办理情况，要求各专委会把握好时间节点，做好跟踪对接，加强提案督办。

会议通过人事事项：（一）根据县委文件，决定免去高君的县政协提案委主任职务；（二）根据《政协章程》，决定撤销金维斌县政协委员职务。

会议通报县政协“两学一做”学习教育情况。会议认为：按照县委的总体部署，县政协“两学一做”学习教育形式多样、扎实推进、成效明显。会议要求：政协委员中的中共党员，特别是党员领导干部，要在学习教育中起好带头作用，严格按照“两学一做”学习教育要求，扎实开展学，认真落实做，要两学并进，学做相长，努力增强政治意识、大局意识、核心意识、看齐意识。不是中共党员的政协委员，要了解“两学一做”学习教育，参与学习教育，支持学习教育的开展，共同助力学习教育取得良好成果。

会议由白光裕主持。

第二十五次会议

2016年9月30日，召开四届二十五次常委会议。县政协主席白光裕，副主席古明水、张平富、陈志光、高晓梅，秘书长陈金平及全体常务委员，县委常委、县政协党组书记、县政府常务副县长、县政府党组成员张胜虎，县委副书记何学军，县委常委、县政府党组副书记江涛，县委常委、县政府副县长王小武出席会议；不是县政协常委的专委会负责人、副秘书长、部分委员列席会议，公民代表旁听会议。

会议学习《中华人民共和国安全生产法》。

会议听取县政府关于打造创新驱动发展先导区工作情况通报，专题协商打造创新驱动发展先导区工作。会议认为，县委、县政府高度重视创新驱动发展先导区工作，在工业制造业转型升级、双创示范基地建设等方面做了大量扎实的工作，取得了显著成效。同时，也存在创新理念认识不深、动力不足，成果转化不明显等问题。建议：（一）抓认识。（二）抓升级。（三）抓协作。（四）抓保障。（五）抓创建。尽快启动经开区争创国家级高新区工作，有针对性地引进高科技企业，巩固产业集群，不断提升经开区发展水平。

会议听取县政府关于县政协提案、调研报告、社情民意信息办理情况通报。会议认为：四届五次会议以来的提案办理工作呈现出领导重视到位、责任落实到位、认识到位、协商督办到位、沟通协调到位、督查督办到位“六到位”特点，使委员满意度不断提高。会议要求广大政协委员，要进一步围绕党委政府中心工作，深入实际，搞好调查研究，了解社情民意，履职尽责，不断提高建言献策水平。

会议由白光裕主持。

第二十六次会议

2016年12月1日，召开四届二十六次常委会议。县政协主席白光裕，县政协党组书记张胜虎，县政协副主席古明水、张平富、陈志光、高晓梅，秘书长陈金平及全体常务委员出席会议；不是常委的专委会负责人及部分委员列席会议。

会议书面听取并审议通过《政协第四届委员会主席会议工作报告》；审议通过《政协第四届委员会常务委员会工作报告》和《提案工作情况报告》，并决定提交县政协五届一次会议审议。

会议审议通过五届县政协委员名单、2016 年先进集体、先进个人表扬方案；审议通过县政协五届一次会议发言材料。

会议审议召开县政协五届一次会议相关事宜，决定同意召开县政协五届一次会议有关安排。要求扎实做好会议筹备工作，确保五届一次会议圆满召开；切实开展好换届纪律培训，确保换届风清气正。

会议由白光裕主持。

五　第五届常委会会议

第一次常委会议

2016 年 12 月 23 日，召开县政协第五届常务委员会第一次会议。县政协主席张胜虎，副主席古明水、陈培建、高晓梅（女）、俞斌，秘书长曾传聪及全体常务委员出席会议，不是常委的专委会负责人列席会议。

会议通报《五届县政协主席会议成员分工情况》；审议通过五届政协委员分组名单，其中经科委 25 人，驻县境内德阳市政协委员 2 人；农业委 22 人，市政协委员 2 人；联谊委 24 人，市政协委员 2 人；文史学习委 23 人，市政协委员 2 人；提案委 22 人，市政协委员 2 人；文教卫委 22 人，市政协委员 2 人；社法委 24 人，市政协委员 2 人。会议还通过有关人事任命事项。

张胜虎在会上讲话，要求常委会组成人员，要十分重视学习，提高政协素养与履职能力，发挥好领导和带头作用；要勇于创新，担当使命，进一步探索、创新工作机制，党的主张是政协的工作中心，更好地发挥上情下达、下情上传作用；要凝聚合力，关注民生、民主、和谐大事，发挥好政协话语权作用；要遵纪守法，遵守会议纪律，不误会缺会，不传播政治谣言，不转发负面信息，不做有违社会公德、职业道德、家庭美德之事，不接受被视察单位的礼品等。

会议由张胜虎主持。

第三节　县政协主席会议

根据《中国人民政治协商会议章程》《中国人民政治协商会议全国委员会常务委员会工作规则（修正案）》有关规定，政协罗江县委员会主席会议处理常务委员会重要日常工作，一般每月举行一次会议，主席会议组成人员出席会议。根据议题和需要，本会副秘书长、专门委员会主任或副主任，以及其他有关负责人列席会议。会议协商讨论贯彻党的方针政策，县委、县政府重要决策措施，以及统一战线和人民群众普遍关心的重大问题提出的建议和意见；审查以县政协或政协常委会名义向县委、县政府提出的建议案；拟订全体会议、常委会议议程日程，审议提交全委会、常委会文件、决议；审议县政协工作计划、工作报告和重要活动方案；审议专委会（委员小组）人事任免；执行常委会决议，处理常委会其他日常重要工作。1997 年 2 月至 2016 年 12 月，政协第一至五届罗江县委员会主席会议共召开 180 余次会议。

一　第一届主席会议

第一届县政协任期内召开主席会议 50 余次。首次会议于 1997 年 3 月 21 日举行，主席会议组成人员何天云、刘成国、李兴明、廖大礼、张明义出席。县政协主席何天云主持会议。会议主要议程有：议定第一次常务委员会会议议程、日程；议定专门委员会、委员小组设置及各负责人人选；审议 1 个《实施意见》、2 个《工作规则》和 1 个《管理办法》，以及决定提请常委会会议审议的其他事项。

此后，一届县政协主席会议原则上每月召开一次会议，就县政协委员增补和辞职认定、机构及其负责人的调整、《规章制度》和《管理办法》的制定、举行和召开各类重要会议、工作人员职级晋升和退休人员资格确认，以及第二届县政协委员、常委会组成人员候选人的确定、二届县政协一次会议的筹备及凡需常委会审议通过的重要事项，主席会议均于事前召开会议，进行专题协商，作出相关决定。如纪念中共十一届三中全会召开 20 周年座谈会、庆祝人民政协成立 50 周年活动、民主评议罗江县医卫行风建设、农业产业结构调整、农业产业化、非公有制经济发展等大型调研活动，以及委员活动日的举行等重要活动的开展，都在事前由主席会议通过会议协商作出决定，或提请县政协党组审定后组织筹备、实施。

2002 年 1 月 24 日，第一届六次全会增选段家琼、肖宗军为县政协副主席，至此，县政协主席会议成员由 5 名增至 7 名。

二　第二届主席会议

政协第二届罗江县委员会主席会议，由主席邓华明，副主席洪善斌、肖宗军、李兴明、陈培建、张平富，秘书长曹传海组成。届内召开主席会议 32 次，主席会议组成人员出席会议。自第十次主席会议起，根据会议议题需要，邀请不是主席会议成员的专委会负责人和办公室主任列席会议。自第十三次主席会议起，根据会议议题需要，邀请党政部门有关负责人和有关政协委员列席会议。

2003 年 1 月 9 日，召开政协第二届罗江县委员会主席会议第一次会议。会议决定主席会议成员分工和议定近期工作：邓华明负责全面工作，洪善斌分管工业委、财贸委、文史学习委和专委办、基建工作，肖宗军分管法制群团委和机关办公室、党建、精神文明建设工作，李兴明联系科教文卫委、提案委，陈培建联系农业委，张平富联系教科文卫委，曹传海负责机关办公室工作；近期工作主要有二届一次常委会筹备和春节期间慰问政协委员工作。

3月4日，召开第二次主席会议。会议宣读县委有关人员职务任免名单和机构设置方案，讨论《县政协2003年工作要点》和《政协常委会工作规则》《政协专委会工作通则》；协商增补政协委员事项；议定专委会划分方案及负责人；调整部分主席会议成员分工：洪善斌分管农业、工业、文史、提案委工作；肖宗军分管财贸、法制群团、教科文卫委及机关工作；李兴明联系提案委，陈培建联系财贸委，张平富联系教科文卫委。

4月8日，召开第三次主席会议。会议审议各专委会2003年度工作要点；审议《评议公安系统行风实施方案》；议定有关人事事项；议定副主席陈培建兼任工业委主任并按程序上报；议定常委会第二次会议议题等。

2003年5月13日，召开第四次主席会议。审议县政协关于农村税费改革后新情况新问题调查报告；审议县政协文史资料编委会组成人员方案；审定县政协机关管理制度；研究公安系统行风评议有关工作。

8月21日，召开第五次主席会议。会议听取主席会议成员走访部分企业界政协委员情况汇报；议定郑哲锐辞去政协委员职务事项；议定出版《首届罗江县政协》专辑等。

10月21日，召开第六次主席会议。会议学习中共中央十六届三中全会公报；议定按程序将县政协法制群团委员会更名为社会法制委员会并提交四次常委会议决定；审议县政协关于评议县公安局行业作风建设情况的报告；审议罗英辞去县政协委员事项；商议县政协二届二次全委会筹备方案。

11月11日，召开第七次主席会议。听取县政协秘书长曹传海关于县政协二届二次会议筹备情况通报；审议县政协先进专委会、优秀政协委员、优秀提案、优秀调研报告等事项；审议通过魏善述、黄开凤（女）辞去政协委员职务，以及撤销释如观、释照定政协委员资格事项；审议县政协二届二次会议有关事项。

12月18日，召开第八次主席会议。审议《二届县政协常委会工作报告》《提案办理情况报告》《二届二次会议决议（草案）》；审议通过县政协二届二次会议主席团成员名单、执行主席分组、大会秘书长副秘书长名单、提案审查委员会名单，邀请上主席台就座人员名单及有关会议材料等。

2004年2月1日，召开第九次主席会议，这次会议在县政协二届二次全会期间举行。会议听取政协委员提案收集情况汇报，研究全会有关工作。

2月23日，召开第十次主席会议，这次会议邀请县政协各专委会主任参加。此后，每次主席会议均有专委会主任列席会议。会议审议县政协2014年工作要点，各专委会工作计划；议定二届二次会议政协委员重点提案；商议《罗江县政府关于加强与县政协工作联系的制度》《关于建立县级工作部门与县政协各专委会对口联系工作的制度》《关于建立县政协领导干部联系政协委员的工作制度》《关于办理政协委员提案的规定》4个文件，决定修改后交县委办、县政协办印发实施；议定召开县政协二届六次常委会会议议题及开会时间，议定召开县政协2004年度宣传信息、文史资料工作会议事项。

4 月 14 日，召开第十一次主席会议。会议学习中共中央办公厅《关于学习〈中国人民政治协商会议章程〉的通知》；研究开展民主评议民营经济发展环境工作；主席邓华明就抓好学习和工作讲了话。

5 月 19 日，召开第十二次主席会议。审议县政协《提案工作条例》；听取有关川陕公路改道的重点提案办理情况通报，评议民营经济发展环境情况汇报；通过县政协农业委和工业委关于村道建设调研报告；议定县政协中心组学习事项。

7 月 28 日，召开第十三次主席会议。通报民主评议民营经济发展环境有关工作；协商通过县政协委员赖安海、刘洋华、景安华、陈德顺、周仁刚为四川省政协《委员风采录》人选；决定建立慰问委员制度；商定二届八次常委会会议有关事项；传达市政协五届七次常委会会议精神。

8 月 30 日，召开第十四次主席会议。会议原则通过县政协教科文卫委《关于罗江县教育资源配置情况的调查与建议》和农业委《关于罗江县农村专业合作经济组织的调查与建议》。决定修改完善后提交县政协二届八次常委会议审议；原则同意县政协关于民主评议民营经济发展环境的情况汇报。决定修改后交县政协二届八次常委会议审议；会议安排近期工作。

11 月 25 日，召开第十五次主席会议。会议讨论并原则通过县政协 2004 年度工作总结，决定修改后以正式文件行文；讨论并原则通过《二届县政协常委会工作报告》和《提案工作情况报告》，决定修改完善后提交二届九次常委会会议审议；协商议定 2004 年度优秀政协委员名单、先进专委会评比推荐方案、优秀调研报告评比推荐方案、优秀提案评比推荐方案，以及对先进集体、先进个人奖励方案。决定将名单、方案提交二届九次常委会会议审议；协商议定接受 8 名政协委员辞职事项并决定提交二届九次常委会议审议；协商议定县政协二届三次全委会议议程、议定召开二届九次常委会会议事项，研究安排筹备召开二届三次全委会有关事项。

2005 年 1 月 5 日，召开第十六次主席会议。县人民检察院检察长余长清，副检察长刘小彪、严聪应邀列席会议。会议听取县检察院关于 2004 年检察工作情况通报并提出希望；会议审议县政协 2005 年工作要点，决定修改完善后提交二届十次常委会议审议。

1 月 31 日，召开第十七次主席会议。会议传达四川省政协九届三次会议精神；原则通过县政协二届三次会议委员提案转办方案，决定修订后提交县政府。

3 月 15 日，召开第十八次主席会议。县委农工办主任叶国民应邀参加会议。会议听取县农协关于“三农”工作情况通报，会议对农工办 2004 年工作表示满意，认为 2005 年的工作安排切合实际，会议就全县“三农”工作进行协商并提出建议；会议传达政协德阳市五届三次全委会议精神；审定县政协各专委会 2005 年工作计划；商定召开县政协二届第十一次常委会议有关事项；安排部署近期政协工作。

4 月 12 日，召开第十九次主席会议。县政协机关党支部书记、副主席肖宗军通报县政协机关开展保持共产党员先进性教育活动征求意见的情况，并审议通过罗江县政协领导班子保持共产党员先进性建设总结分析材料；协商干部人事安排事项、办公室内设秘书股和综合股有关事项。会议安排近期工作。

5 月 25 日，召开第二十次主席会议。会议审议通过《罗江县政协领导班子先进性教育活动整改方案》，议定按会议意见修改完善后上报县委先教办；研究并通过县政协农业委调研报告《罗江县农村机电提灌站情况的调查与建议》。议定修改后按程序报县委、县政府；研究《关于对2004年民主评议全县民营经济发展环境进行回访的方案》，议定待征求5个被评议单位意见后，以正式文件印发；协商召开县政协二届十二次常委会议有关事项；安排县政协近期工作。

7月6日，召开第二十一次主席会议。会议研究并通过县政协2005年重点专题调研报告《关于我县社区建设的调查与建议》《罗江县卫生事业发展现状的调查与建议》，议定按会议意见修改后提交常委会议审议；协商讨论《罗江县政协委员管理暂行办法》《政协罗江县委员会"争先创优"评选办法》，议定按会议意见修改后提交常委会议审议。会议安排了近期做好民主评议民营经济发展环境回访、组织专委会主任视察考察活动、政协委员培训等工作。

8月19日，召开第二十二次主席会议。县政府副县长唐华清及县安监局局长付祥国、县经济和商务局局长谢明、县政府办副主任曾家华应邀参加会议。会议听取和协商全县安全生产工作、实施工业强县战略加快工业发展情况；商议《政协罗江县委员会督查工作试行办法》，议定修改后印发实施；商议编辑《罗江县政协文件资料汇编》事项，议定修订完善后组织实施；协商议定接受县政协委员因公辞职事项，决定提交常委会议审议；会议安排近期工作。

10月27日，召开第二十三次主席会议。县政府副县长周丽姬（女），县文化旅游体育局局长赖安海、县政府办副主任曾家华应邀参加会议。会议听取县文化旅游局关于制定我县旅游业发展战略规划的情况和县政府关于解决社情民意反映问题和采纳调研报告有关建议情况通报；组织学习《中国共产党十六届五中全会公报》；传达县委开展"贯彻落实五中全会精神，破满找差距，争先再跨越"思想大讨论活动文件精神；安排县政协近期工作。

12月1日，召开第二十四次主席会议。审议《罗江县政协主席会议关于2005年工作情况的报告》；审议通过《县政协常委会工作报告（审议稿）》《提案工作情况报告（审议稿）》及县政协二届四次全体会议议程草案；协商县政协2005年度"争先创优"评选建议名单及上报市政协"五个一"竞赛活动申报项目；审议通过调研报告《罗江县畜牧业发展情况的调查与建议》；协商有关人事变动，议定委员辞职事项按程序提交常委会议审议；会议安排了近期工作，要求认真做好机关工作人员年度考核、二届十三次常委会议筹备以及组织委员广泛搜集社情民意、准备提案等召开全委会的准备工作。

12月20日，召开第二十五次主席会议。县政府副县长白光裕，县政府办主任陈天航、副主任曾家华应邀参加会议。会议协商讨论《政府工作报告（征求意见稿）》。

2006年1月16日，召开第二十六次主席会议。县政协办公室正副主任、各专委会主任列席会议；县人民法院院长杨三荣，副院长饶明亮、执行局副局长赵昌贵；县人民检察院检察长余长清，副检察长刘晓彪、严聪应邀参加会议。会议听取、协商县法院、县检察院工作报告。

2月20日，召开第二十七次主席会议。会议专题研究举行县政协二届四次全体会议事项。

3月1日，召开第二十八次主席会议。商讨县政协2006年工作要点，议定按会议意见修改完善，报县委、县政府主要领导及联系政协工作的领导征求意见后，印发实施；审议各专委会2006年工作计划，议定修改完善后印发实施；审议县政协二届四次全体会议提案，确定6件提案由主席会议成员分别重点督办，7件提案由各专委会分别协商督办。会议议定，由提案审查委员会拟定承办、协办单位后转送县政府；协商召开县政协二届十五次常委会议有关事项。

3月30日，召开第二十九次主席会议。县委常委、县政府常务副县长苏刚，县民政局、县人事局、县财政局、县政府办有关负责人应邀参加会议。会议专题协商乡镇区划调整方案。苏刚向会议通报县行政区划调整有关情况，与会人员提出意见和建议。会议决定由县政协办公室将会议情况形成书面意见报县委、县政府。

6月21日，召开第三十次主席会议。县委农工办主任叶国民，县广电局局长曹传海，县文体局局长赖安海，县林业局局长吴兴仁，县政协常委陈德顺、县政协委员刘忠华应邀列席会议。会议听取县林业局关于退耕还林工程情况通报，提出5条建议；审议调研报告《关于我县农村广播电视事业发展的调查与建议》，议定由调研组按会议意见修改完善后报县委、县政府；商议县政协二届十六次常委会议有关事项。

10月27日，召开第三十一次主席会议。县委农工办主任古明水、县文体局局长赖安海、县地志办主任刘军、县政协常委陈德顺应邀列席会议。会议讨论《二届县政协常委会工作报告》和《关于二届县政协提案工作情况的报告（草案）》；组织学习《中共中央关于构建社会主义和谐社会若干重大问题的决定》；讨论县政协农业委《罗江县农业产业化现状及对策的调查报告（送审稿）》，决定由调研组按会议意见修改完善后报县委、县政府；协商通过县政协机关“四五”普法先进单位和个人；会议安排县政协近期工作。

11月21日，召开第三十二次主席会议。会议协商通过《关于召开县政协三届一次会议的决定（草案）》，议定根据协商意见修改后，提交县政协常委会审议，协商县政协三届一次会议议程、日程（草案），决定按会议意见修改后提交县政协常委会议审议；协商县政协三届一次会议《选举办法（草案）》，决定由县政协办公室送县委组织部审查后提交县委常委会、县政协常委会审议；协商二届县政协《关于表彰2006年度“争先创优”活动获奖单位和个人的建议名单》，议定按协商意见修改后提交县政协常委会审议；议定召开政协二届常委会第十七次会议有关事项，对筹备和召开县政协三届一次会议作进一步安排。

三　第三届主席会议

政协第三届罗江县委员会主席会议，由主席邓华明，副主席肖宗军、古明水、李兴明、张平富，秘书长薛建都组成。届内举行主席会议54次，主席会议组成人员出席会议，根据会议议题需要，不是主席会议成员的专委会主任、办公室主任列席会议；必要时，邀请党政有关部门负责人和有关政协委员列席会议。

2006年12月8日，召开政协第三届罗江县委员会主席会议第一次会议。商议三届政协专门委员会的设置、组成及其主任、副主任配备方案，议定按会议意见提交县政协常委会审议。

议定主席会议成员临时分工：主席邓华明主持政协全面工作；副主席肖宗军协助主席工作，分管教科文卫委、社会法制委、财贸委、工业委、办公室，联系县人大工作；副主席古明水协助主席工作，分管提案委、农业委、文史学习委，联系县政府工作；副主席李兴明联系教科文卫委；副主席张平富联系社法委、教科文卫委；秘书长薛建都协助主席工作，分管县政协机关工作。商议召开县政协三届一次常委会议事项。安排近期工作。

12 月 18 日，召开第二次主席会议。商议增补县政协委员事项，议定增补林绵聪为三届县政协委员；商议调整县政协专委会机构设置及各专委会主任人选事项；商议各专委会副主任及组成人员方案；商议三届县政协主席会议成员分工并议定按会议意见报送县委审定后印发；商议县政协三届一次会议政协委员的建议案，议定由县政协办公室按会议意见完善后报县委、县政府；议定主席重点督办提案事项；协商《政协罗江县委员会 2007 年工作要点（审议稿）》；商议开展“四个一”活动事项；商议召开县政协三届一次常委会议事项。

2007 年 1 月 17 日，召开第三次主席会议。审议各专委会 2007 年工作安排意见和目标考核办法，议定修改完善后印发实施；会议安排近期工作：一是要求各专委会按工作安排意见抓落实。二是筹备召开 2007 年文史资料工作会议，调整文史资料编委会组成人员。三是做好 2006 年大事记整理工作。四是开展春节前各种慰问走访活动。五是加强专委会和机关的学习，完善学习制度。

4 月 16 日，召开第四次主席会议。县政府副县长唐维露应邀参加会议。会议听取县政府关于县工业集中发展区（B 区）规划建设启动情况及全县工业发展情况的通报并提出意见和建议；审议《县政协主席会议成员和专委会主任联系基层委员办法（草案）》，议定按会议意见修改后印发实施，审议《政协罗江县委员会“四个一”活动优秀委员和单位评选办法（草案）》，议定按会议意见修改后提交县政协常委会议审议，议定召开县政协三届二次常委会议有关事项。

6 月 11 日，召开第五次主席会议。县委政法委副书记陈志光、县综治办主任刘武贵、县供销社主任吴兴仁应邀参加会议。会议听取关于全县平安建设进展情况通报、关于全县农村专业合作经济组织发展情况的通报，会议对平安创建工作和农村专业合作经济组织发展工作取得的成效表示满意，并提出意见和建议；听取和审议县政协社法委、经科委的调研报告《关于我县农业专业人才队伍建设情况的调查与建议（草案）》和县政协文史委、联谊委的调研报告《关于我县留守学生情况的调查与建议（草案）》，议定按会议意见修改后提交县政协常委会议审议；协商研究召开县政协三届三次常委会议有关事项；安排县政协近期工作。

8 月 22 日，召开第六次主席会议。县人事劳动和社会保障局局长宋联忠、县审计局局长卢昆应邀参加会议。会议听取县人社局关于完善城镇职工养老保险和医疗保险工作的情况通报和关于贯彻审计法规，加强审计工作情况通报；听取和审议县政协提案委《关于我县建立和实施医疗救助制度情况的调查报告（草案）》，议定按会议意见修改后提交县政协常委会议审议；审定《政协罗江县委员会秘书长、副秘书长工作规则》，议定按会议意见修改后印发实施。

9 月 29 日，召开第七次主席会议。县人口和计划生育局负责人应邀参加会议。会议听取县人口和计生局关于全县人口和计划生育工作的情况通报；县政协副主席古明水传达市政协提案工作会议精神；县政协各专委会汇报工作开展情况；县政协主席邓华明传达省政协新闻宣传工作会议精神。

10月31日，召开第八次主席会议。会议传达学习中共十七大精神，传达市委主要领导在德阳市传达学习中共十七大精神干部大会上的讲话精神。对学习贯彻十七大精神作出部署。

11月29日，召开第九次主席会议。县民政局、县慈善会负责人应邀参加会议。会议听取县慈善会关于资金募集使用管理情况通报；协商召开县政协三届二次全会有关事项，议定提交县政协常委会议审议；协商决定召开县政协三届四次常委会议有关事项；协商通过《罗江县政协主席会议2007年工作报告（草案）》，议定按会议意见修改后向县政协常委会议报告。

12月12日，召开第十次主席会议。会议协商通过《政协常委会工作报告（草案）》和《提案工作情况报告（草案）》，议定将这两个报告按会议意见修改后提交县政协常委会议审议；协商通过《县政协关于召开三届二次全委会的决定（草案）》和三届二次全会议程日程（草案），议定按会议意见修改后提交县政协常委会审议；协商通过县政协三届二次会议秘书长、副秘书长名单（草案），提案审查委员会名单（草案），邀请上主席台就座人员名单（草案），邀请列席人员名单（草案），《政协第三届罗江县委员会常务委员会关于授权主席会议审议三届四次常委会议未尽事宜的决定（草案）》，议定按会议意见修改后提交县政协常委会议审议；协商通过政协委员辞职事项和2007年度“四个一”活动先进单位和个人建议名单，议定按会议意见修改后提交县政协常委会议审议。

2008年1月2日，召开第十一次主席会议。协商《政协第三届罗江县委员会第二次会议决议（草案）》《政协罗江县委员会2008年工作要点（初稿）》，决定按会议意见修改后提交县政协常委会议审议；听取县政协秘书长关于县政协三届二次会议筹备工作情况通报，会议要求各工作组加强与县委办、县人大办、县政府办和有关部门联系，做好各项筹备工作，确保会议顺利召开；协商通过召开县政协三届五次常委会议有关事项。

2月26日，召开第十二次主席会议。会议传达学习《中共罗江县委关于印发〈中共罗江县委2008年工作要点〉的通知》；传达学习省政协十届一次会议、市政协六届二次会议精神；协商2008年提案交办和重点督办提案方案；协商通过《政协第三届罗江县委员会第二次会议政协委员建议案》，会议决定按会议意见修改后报县委、县政府；安排县政协近期工作。

3月27日，召开第十三次主席会议。县旅游局、县工商局、县农业局、县供销社负责人应邀参加会议。会议听取县旅游局关于全县旅游业发展情况通报和县工商局关于整顿农资市场的情况通报，并分别形成建议案报送县委、县政府；会议审议县政协各专委会2008年工作安排意见，决定按会议意见修改后发文实施，对县政协办公室和各专委会工作进行目标考核。

4月21日，召开第十四次主席会议。县气象局负责人应邀参加会议。会议听取县气象局关于全县气象工作的情况通报，决定将会议关于对进一步加强县气象工作的意见建议以建议案的形式，报县委、县政府；审议通过特邀审计监督员建议名单；协商通过县政协委员辞职事项；协商通过召开县政协三届六次常委会议有关事项；会议安排了近期工作。

6月8日，召开第十五次主席会议。会议对年初安排的2008年工作作了部分调整，对2008年的常委会议、主席会议议题和专题调研、视察题目进行部分调整，使县政协工作更好地服务于抗震救灾和灾后恢复重建工作；会议协商通过召开县政协三届六次常委会议有关事项。

7月15日，召开第十六次主席会议。县委农工办、县畜牧食品局、县卫生局、县水务局、县农机局负责人应邀参加会议。会议听取县畜牧局全县畜牧业生产灾后恢复与发展情况通报，决定将会议关于对全县灾后畜牧业生产恢复与发展的意见建议以建议案的形式，报送县委、县政府；协商《关于我县灾后水利基础设施建设的调查与建议（草案）》《关于我县灾后农村卫生事业发展与建议（草案）》，决定按会议意见修改后，提交县政协常委会议审议；协商通过召开县政协三届七次常委会议有关事项；安排部署县政协近期工作：一是学习中央、省、市有关灾后重建方针、政策和《汶川地震——罗江县火凤凰计划纲要》，围绕推进灾后重建献计出力。二是加强对提案办理工作的督办力度。三是做好文史资料的征集、编辑、出版工作，编辑出版《罗江非物质文化遗产》。四是促和谐、迎奥运，协助党委、政府做好稳定工作。五是做好县政协三届七次常委会议筹备工作。六是协助驻县市政协委员做好视察、调研工作。七是精心组织，召开好县政协中心组学习会议。

9月19日，召开第十八次主席会议。县委农工办、县农业局负责人应邀参加会议。会议听取县农村新能源恢复建设情况通报；协商通过召开县政协三届八次常委会议有关事项。

10月15日，召开第十九次主席会议。县发展和改革局负责人应邀参加会议。会议听取县发改局全县1—9月向上争取项目资金及灾后重建等有关工作落实情况通报；组织学习《中共十七届中央委员会第三次全体会议公报》，会议要求，县政协各参加单位、政协委员和政协工作者需进一步加强学习，把思想统一到会议精神上来，围绕下一步的农村工作目标任务，切实开展好调查研究、视察、反映社情民意等工作，为农村工作积极建言献策。

11月4日，召开第二十次主席会议。县民政局负责人应邀参加会议。会议听取县民政局全县2008年救灾救济工作情况通报；传达全市政协宣传信息及反映社情民意工作会议精神；安排县政协近期工作。

12月9日，召开第二十一次主席会议。商议《政协第三届罗江县委员会常务委员会工作报告（征求意见稿）》《政协第三届罗江县委员会常务委员会关于三届二次会议以来提案工作情况的报告（征求意见稿）》《政协罗江县委员会关于召开第三届罗江县委员会第三次会议的决定（草案）》《政协罗江县委员会常务委员会关于授权主席会议审议三届十次常委会议未尽事宜的决定（草案）》、县政协三届三次全体会议议程、日程及建议名单（草案），决定按会议意见修改后，提交县政协常委会议审议；协商通过《政协第三届罗江县委员会主席会议2008年工作报告（草案）》，决定按会议意见修改后，在县政协常委会议上书面通报；商议增补三届政协委员建议名单、2008年度“四个一”活动先进单位和个人推荐表彰方案，决定提交县政协常委会议审议；协商通过召开县政协三届十次常委会议有关事项和召开专委会主任会议有关事项。

12月31日，召开第二十二次主席会议。主要商讨《县政协2009年度工作意见（草案）》，与会人员充分发表意见和建议，决定按会议意见修改后，提交县政协常委会议审议；安排布置近期工作。

2009年3月17日，召开第二十三次主席会议。会议审议各专委会2009年度工作计划；

商议增补三届县政协委员建议名单、县政协三届三次会议增加议程事项、县政协主席会议成员在县政协三届三次会议上会务分工事项，会议决定提交县政协常委会议审议；协商通过新增政协委员分组安排、部分政协委员分组调整和召开县政协三届十一次常委会议有关事项。

4月2日，召开第二十四次主席会议。县政协三届三次全体会议上当选三届县政协副主席张宏琳（女）以主席会议组成人员出席会议。会议协商通过县政协三届三次会议重点提案办理建议案，会议决定报送县委、县政府确认；协商通过《政协第三届罗江县委员会第三次会议政协委员建议案》，会议决定修改后报县委、县政府；协商干部人事安排事项，决定提交政协常委会议审议；协商通过政协第三届罗江县委员会主席会议成员分工方案和召开县政协三届十三次常委会议有关事项；传达学习全国政协十一届二次会议精神；安排部署县政协机关开展深入学习实践科学发展观活动准备工作。

5月6日，召开第二十五次主席会议。县经济和商务局、县农业局、县工商联主要负责人和县国土局、县文体局负责人应邀参加会议。会议听取县支持中小企业发展情况和县农村土地流转情况通报，会议对以上两方面工作提出意见和建议；审议通过《关于我县农村文化工作情况的调查与建议》，会议决定按会议意见修改后，报送县委、县政府；会议学习《刘奇葆在双流县深入学习实践科学发展观活动座谈会上的讲话》《关于开展向刘庆禄同志学习活动的通知》。

6月16日，召开第二十六次主席会议。县科技局、德阳市住房公积金管理中心罗江管理部主要负责人应邀参加会议。会议听取县科技工作情况和县住房公积金管理运用情况通报；审议通过《政协罗江县委员会翻印社情民意信息工作条例（草案）》，决定按会议意见修改后，由县政协办公室印发实施；协商讨论《政协罗江县委员会全体会议工作规则（草案）》，决定按会议意见修改后，提交县政协常委会议审议。

6月30日，召开第二十七次主席会议。会议审议《关于我县农村土地流转情况的调查与建议》《关于优化税源结构培植壮大地方财力情况的调查与建议》，会议决定对这两个调研报告按讨论意见修改完善后，以正式文件的形式报送县委、县政府；审议通过关于召开三届十四次常委会建议方案。

7月28日，召开第二十八次主席会议。县检察院和县法院主要负责人应邀参加会议。会议听取县检察院关于查办和预防职务犯罪工作的情况通报、县法院关于集中清理执行积案工作的情况通报。会议对这两个方面的工作提出意见和建议。

8月18日，召开第二十九次主席会议。县农业局主要负责人应邀参加会议。会议听取县农业局关于加强和完善农村集体资产管理情况通报并提出意见和建议；听取县政协各专委会年初以来工作和活动开展情况的汇报；协商通过召开县政协三届第十五次常委会议有关事项。

9月29日，召开第三十次主席会议。会议学习中共十七届四中全会精神，学习总书记胡锦涛在庆祝中国人民政治协商会议成立60周年大会上的讲话。县政协党组书记、主席邓华明做学习辅导。与会人员观看电影《建国大业》。

10月30日，召开第三十一次主席会议。县发改局主要负责人应邀参加会议。会议听取县发改局关于罗江县实施节能减排、发展循环经济情况汇报；协商通过召开县政协三届第十六次常委会议有关事项；县政协副主席张宏琳向会议通报参加全国政协中西部地区干部培训班情况。

12月16日，召开第三十二次主席会议。会议商议《政协第三届罗江县委员会常务委员会工作报告（征求意见稿）》《政协第三届罗江县委员会常务委员会关于提案工作情况报告（征求意见稿）》《政协第三届罗江县委员会2010年工作意见（征求意见稿）》，会议决定，按会议意见修改后，提交县政协常委会审议；商议通过《政协第三届罗江县委员会主席会议2009年工作报告（草案）》，决定修改后提交县政协常委会议审议；商议县政协召开三届四次会议的决定（草案）、县政协三届四次会议决议（草案），决定修改后提交县政协常委会议审议；商议县政协三届四次全体会议议程、日程及各建议名单，增补三届县政协委员建议名单，县政协2009年度“四个一”活动先进单位和个人推荐表彰方案，会议决定，按会议意见修改后，提交县政协常委会议审议；协商通过召开县政协三届第十七次常委会议有关事项。

12月25日，召开第三十三次主席会议。会议听取《县政协三届四次全会筹备工作情况》汇报；协商通过县政协三届四次会议主持人、报告人建议名单；协商通过将《县“中国幸福家园”建设总体方案规划》列入县政协三届四次全体会议协商讨论的议程内容。

2010年1月20日，召开第三十四次主席会议。会议传达学习市政协六届四次全体会议精神；审议《县政协三届四次会议委员建议案》，决定修改后报送县委、县政府；协商通过县政协三届四次会议提案交办建议案和县政协主席会议成员重点督办提案建议案，会议决定，按会议意见修改，与县委办、县政府办协调后，报县委、县政府；会议安排县政协近期工作。

3月11日，召开第三十五次主席会议。县委常委、组织部部长王晓芬，县委组织部、县财政局、县教育局、县规划和建设局、县民政局相关负责人应邀参加会议。会议听取县委组织部《关于“特殊党费”援助资金使用管理情况通报》；商议增补三届县政协委员建议名单和增补县政协专委会副主任（兼职）建议名单，会议决定提交县政协常委会议审议；协商通过召开县政协三届十九次常委会议相关事宜；安排布置近期工作：一是主动追踪三届四次全会提案办理情况。二是启动专题调研，6月底前形成调研报告。三是按县委文件要求，分时间段组织好专题视察。四是及时启动文史资料编辑出版工作。五是以专委会为单位开展理论学习，重点学习省政协主席陶武先在省政协十届三次会议闭幕会上的讲话《发挥“三个作用” 促进科学发展》。

3月24日，召开第三十六次主席会议。会议传达学习全国“两会”精神；协商讨论《政协罗江县委员会关于对全县环境保护工作开展民主评议的实施意见（征求意见稿）》，会议决定，按会议意见修改完善后，报请县委批转实施。

3月27日，召开第三十七次主席会议。县水务局主要负责人应邀参加会议。会议听取水务局关于贯彻实施《中华人民共和国水法》情况通报并提出意见和建议；会议安排部署县政协近期工作。

5月25日，召开第三十八次主席会议。县畜牧局主要负责人应邀参加会议。会议听取县委畜牧局关于大力发展畜牧业、增加农民收入情况通报并提出意见建议；听取县政协秘书长通报民主评议环境保护工作有关情况；学习省委书记刘奇葆在全省灾后重建工作会议上的讲话和《廉政准则》；安排县政协近期工作。

6月13日，召开第三十九次主席会议。县林业局主要负责人应邀参加会议。会议听取县林业局关于推进林业生态建设的情况通报；议定《关于我县实施村级民主管理的调查与建议（草案）》和《关于我县幼儿教育发展的调查与建议（草案）》，决定按会议意见修改后报送县委、县政府；协商通过召开县政协三届第二十次常委会议有关事宜。

7 月 13 日，召开第四十次主席会议。县审计局主要负责人应邀参加会议。会议议定《关于推进生态县建设中应引起重视的问题及建议》调查报告（草案），决定修改后报送县委、县政府；听取县审计局关于我县开展灾后重建项目审计监督情况通报并提出意见建议。

8 月 6 日，召开第四十一次主席会议。县民政局主要负责人应邀参加会议。会议听取县民政局关于加强和改善老龄工作情况通报并提出意见和建议；协商召开县政协三届二十一次常委会议有关事项；审议有关人事安排事项，决定提交县政协常委会议审定。

9 月 7 日，召开第四十二次主席会议。县总工会负责人应邀参加会议。会议学习《中华人民共和国工会法》，观看县总工会工作开展情况专题片，听取县总工会关于贯彻实施《中华人民共和国工会法》情况通报并提出意见和建议；审议《政协罗江县委员会管理办法》《政协罗江县委员会专门委员会工作通则》《政协罗江县委员会提案工作条例》《政协罗江县委员会"争先创优"评选办法》，会议决定，按会议意见修改后，提交县政协常委会议审定。

11 月 11 日，召开第四十三次主席会议。县人民法院院长龙维斌应邀参加会议。会议听取县法院关于司法大调解工作情况通报并提出意见建议；会议安排县政协近期工作：一是要求各专委会按年初工作任务对照检查，确保年度工作目标圆满完成。二是以自学为主，认真开展中共十七届五中全会精神的学习，认真领会中共中央关于制定国民经济和社会发展第十二个五年规划的建议，为全县"十二五"规划的编制建言献策。三是做好年度工作总结，谋划来年工作，为县政协三届五次全会召开做准备。

12 月 17 日，召开第四十四次主席会议。会议主要研究三届五次全会有关事项：商议《三届县政协常委会工作报告（草案）》《三届四次会议以来提案工作情况报告（草案）》《召开县政协三届五次全会的决定（草案）》及三届五次会议议程日程（草案），会议决定，按会议意见修改后提交县政协常委会议审议；商议 2010 年度政协工作先进单位和个人建议名单，决定提交县政协常委会议审定；商议召开县政协三届五次会议有关事项，要求县政协机关全体人员按分工做好会务工作；协商通过召开县政协三届二十二次常委会议有关事项。

2011 年 1 月 29 日，召开第四十五次主席会议。会议传达学习省政协十届四次会议、市政协六届五次会议精神，要求县政协工作要立足县情，围绕全县科学发展，建设幸福家园工作大局，强化履职意识，确保本届政协收官之年队伍不散、人心不乱、工作不松，全力站好最后一班岗，把会议精神落实到议政履职中去，确保 2010 年工作目标任务圆满完成。

3 月 11 日，召开第四十六次主席会议。县委组织部副部长、县老干局局长、县人才工作领导小组办公室主任杨建桥及县政协常委杨中俊、陈德顺应邀列席会议。会议听取县委组织部关于罗江县贯彻中央人才强国战略，加强人才工作情况通报并提出意见和建议；商议《县政协三届五次全会提案交办方案》，决定修改后报送县委、县政府；审议 2011 年度县政协委（室）目标管理考核办法，决定印发实施。

4 月 14 日，召开第四十七次主席会议。县城乡环境综合管理局主要负责人应邀参加会议。会议听取县城乡环境综合管理局关于以创建"五十百千示范工程"为契机，全面推进农村环境综合治理情况通报并提出意见建议；会议传达学习全国政协十一届四次会议精神，安排县政协近期工作。

5 月 17 日，召开第四十八次主席会议。县卫生局主要负责人应邀参加会议。会议听取县卫生局关于加强卫生人才队伍建设情况通报并提出意见和建议；议定《关于我县当前农村广播现状的调查与建议（送审稿）》《关于加快我县服务业发展的调查与建议（送审稿）》，决定按会议意见修改后，报县委、县政府。会议通报有关人事事项；学习《中央组织部、中央宣传部、中央创先争优活动领导小组关于认真学习贯彻胡锦涛同志重要批示精神广泛开展向杨善洲同志学习活动的通知》。

7 月 15 日，召开第四十九次主席会议。县关工委办公室负责人应邀参加会议。会议学习中共中央总书记胡锦涛《在庆祝中国共产党成立 90 周年大会上的讲话》中有关青年工作部分章节和《人民日报》社论；听取县关工委关于我县重视和改善关心下一代工作情况通报并提出意见和建议；审议《关于推进绿色罗江建设的调查与建议（送审稿）》，决定按会议意见修改后报县委、县政府；学习县委《关于深入学习贯彻胡锦涛同志在庆祝中国共产党成立 90 周年大会上的讲话的通知》。

8 月 16 日，召开第五十次主席会议。县经济和商务局主要负责人应邀参加会议。会议听取县经济和商务局关于罗江县加快发展服务业情况的通报并提出意见建议；商议召开县政协三届二十六次常委会议有关事项。

9 月 26 日，召开第五十一次主席会议。县统计局主要负责人应邀参加会议。会议听取县统计局关于罗江县第六次人口普查情况通报并提出意见建议；会议安排县政协近期工作，会议要求及时转移工作重心，启动县政协四届一次会议筹备工作。

10 月 18 日，召开第五十二次主席会议。县委政法委副书记、县群工部部长陈志光应邀参加会议。会议听取县委政法委关于加强社会管理、推进“三项重点工作”情况通报并提出意见建议；学习中共中央总书记胡锦涛《在纪念辛亥革命 100 周年大会上的讲话》，会议要求，要深入学习讲话、高举爱国主义、社会主义旗帜，继承和发扬辛亥革命精神，进一步凝智慧和力量，坚持好、建设好、巩固好爱国统一战线，为助推罗江经济社会发展、建设幸福家园贡献智慧和力量。

11 月 16 日，召开第五十三次主席会议。县工商联主席刘华勇，县群工部部长陈志光，县林业局局长、农工民主党罗江支部副主委高晓梅，民建罗江支部主委邱朝蓉应邀参加会议。会议协商讨论《县政协常委工作报告（征求意见稿）》《县政协常委会关于提案工作情况报告（征求意见稿）》，会议决定，对这两个报告按会议意见修改后，提交县政协常委会议审议；会议研究召开县政协四届一次全体会议有关事项；会议还传达学习四川省地方政协工作经验交流会议精神。

12 月 2 日，召开第五十四次主席会议。会议通报政协第四届罗江县委员会委员名单，决定提交县政协常委会议商议；商议召开县政协三届二十七次常委会会议建议议程；研究召开政协第四届罗江县委员会第一次会议相关事项。

四　第四届主席会议

政协第四届罗江县委员会主席会议，由县政协主席白光裕，副主席古明水、张平富、陈志光、高晓梅，秘书长陈金平组成。届内举行主席会议51次，主席会议组成人员出席会议，县政协各委（室）主任、副秘书长列席会议；必要时，邀请党政有关部门负责人和有关政协委员列席会议。

2012年1月9日，召开政协第四届罗江县委员会主席会议第一次会议。会议审议通过县政协四届一次全体会议政协委员分组讨论意见和建议，会议决定按会议意见修改完善后按程序送审；审议专委会主任、副秘书长人选，决定提交县政协常委会议审议；会议通报主席会议成员分工，安排县政协春节前工作、活动。

2月15日，召开第二次主席会议。会议审议县政协2012年工作要点，审议四届县政协委员分组建议名单、县政协专委会副主任建议名单，审议县政协关于开展“五个一”活动的意见；审议关于调整县级工作部门与县政协各专委会对口联系工作制度，会议决定，按会议意见修改后，提交县政协常委会议审定；会议审议县政协四届一次会议政协委员提案交办建议意见，决定修改后按程序发文；会议传达县委经济工作会议精神并安排县政协近期工作。

4月1日，召开第三次主席会议。县民政局负责人应邀参加会议。会议听取县民政局关于全县社会保障体系建设情况的通报并提出意见建议；审议通过《政协罗江县委员会关于开展“行政效能建设年”活动的通知》和2012年县政协专委会工作目标及考核办法，会议决定，按会议意见修改后按程序发文；会议安排近期工作：一是组织引导委员扎实开展“五个一”活动；二是积极融入“招商引资突破年”活动；三是认真开展“行政效能建设年”活动；四是围绕“产业罗江、文化罗江、生态罗江”和“三个年”活动，完成调研报告、反映社情民意；五是《政协信息》要有计划宣传政协委员风采，展示政协委员履职为民良好形象。

5月3日，召开第四次主席会议。县食品药品监督局主要负责人应邀参加会议。会议听取县食品药品监督管理局关于全县食品药品安全监督管理工作的情况通报并提出意见建议；会议安排县政协近期工作。

6月7日，召开第五次主席会议。县城管局负责人应邀参加会议。会议听取县城管局关于全县城乡环境综合治理暨垃圾处理“罗江模式”创建巩固情况通报并提出意见建议；拟定召开四届政协第二次常委会议相关事项；审议通过《县政协委员视察工作条例》《县政协反映社情民意信息工作条例》《政协委员管理办法》《县政协秘书长、副秘书长工作规则》，要求进一步对接市政协相关文件精神，按会议意见修改、完善，再次征求意见后按程序印发；审议通过《县政协常委会工作规则》《县政协全体会议工作规则》《县政协专门委员会工作规则》，要求进一步对接市政协相关文件精神，按会议意见修改、完善后，提交县政协常委会议审议；审议通过《县政协提案工作条例》，决定由提案委牵头，结合中央、省、市加强提案工作相关文件精神，进一步修改完善，提交县政协常委会议审议；会议组织学习县委办、县政府办《关于重申工作纪律加强机关作风建设的通知》。

6月28日，召开第六次主席会议。县委政法委负责人应邀出席会议。会议听取县政法委关于进一步推进社会管理创新工作情况通报并提出意见建议；审议《关于我县农业产业化发展的调查与建议》《关于我县民营经济发展的调查与建议》《关于我县城乡公共文化服务体系建设的调查与建议》3个调研报告，会议决定，按会议意见修改后报县委、县政府参考；主席白光裕通报省政协组织的新任政协主席培训班学习情况，传达县招商引资突破年暨行政效能建设工作推进会会议精神。

7月31日，召开第七次主席会议。县发改局负责人应邀参加会议。会议听取县发改局关于2012年上半年全县经济运行情况通报并提出意见建议；审议《中国人民政治协商会议罗江县委员会提案工作条例》，会议决定，按会议意见修改完善，书面征求县委办、县人大办、县政府办意见后，送县政协常委会议审议；传达7月27日罗江县推进惩防体系工作暨“三项建设”活动动员部署会有关会议精神；安排县政协近期工作。

8月29日，召开第八次主席会议。县农业局负责人应邀参加会议。会议听取县农业局关于特色农产品基地建设情况通报并提出意见建议；议定召开县政协四届三次常委会会议相关事宜；会议安排了专委会会议准备工作和组织部分政协委员外出学习考察活动。

9月27日，召开第九次主席会议。县教育局负责人应邀出席会议。会议听取县教育局关于全县农村学校标准化建设情况通报并提出意见建议；通报召开省、市、县政协委员专题视察通报会相关事宜，会议要求，按照县委统一部署，定于10月16日召开视察通报会。县政协办公室及各专委会做好会议准备工作。会议部署召开四届县政协第二次全委会筹备工作。

11月7日，召开第十次主席会议。白马关实验区管委会负责人应邀参加会议。会议听取白马关实验区关于白马关统筹城乡发展实验区建设情况通报并提出意见建议；审议有关人事任免事项，会议同意：谢明任县政协教文卫委员会主任；邓启明兼任经济科技委员会副主任。免去薛建都的教文卫委员会主任职务，谢明的经济科技委员会副主任职务；通报县政协四届二次全体会议筹备工作方案；议定召开四届县政协四次常务委员会会议相关事项。

12月19日，召开第十一次主席会议。县纪委监察局、县发改局负责人应邀参加会议。会议听取县纪委监察局关于行政效能年建设情况通报、县发改局关于重点项目建设的情况通报并提出意见建议；研究召开县政协四届二次会议相关事宜；组织学习中共十八大精神。

2013年1月31日，召开第十二次主席会议。会议学习《省委省政府关于印发〈关于改进工作作风、密切联系群众的规定〉的通知》《县委办关于传达贯彻落实〈省委传达贯彻落实中央领导同志重要批示电视电话会议〉精神的通知》和县委常委会议有关精神；传达政协第十一届四川省委员会第一次会议精神；协商讨论《政协罗江县委员会2013年工作要点》；会议安排春节前后工作，强调安全、稳定工作。

3月13日，召开第十三次主席会议。县人力资源和社会保障局负责人应邀参加会议。会议听取县人社局关于大力促进城乡就业情况通报并提出意见建议；听取县政协四届二次会议提案交办情况汇报；审议召开县政协四届六次常委会会议相关事项；学习县委、县政府关于改进作风、密切联系群众的规定；安排近期工作：一是筹备政协委员培训会议。二是开展好调研，确保2013年调研报告质量有新的提升。三是做好社情民意信息刊发。四是倡导委员积极参与全员招商。五是做好文史资料工作。六是深入开展“五个一”活动。七是做好政协宣传工作。

4月27日，召开第十四次主席会议。县地方志办公室负责人应邀参加会议。会议听取县地方志办公室关于《罗江县志》编修情况通报并提出意见建议；审定《关于有效整合涉农项目资金的调研报告》，决定按会议意见修改完善后，报县委、县政府；商议《关于进一步加强人民政协提案办理工作的实施意见（征求意见稿）》，会议决定，要结合中共十八大会议精神和省、市加强提案工作相关文件要求，进一步修改完善，按程序报送县委、县政府。

5月24日，召开第十五次主席会议。县妇联负责人应邀出席会议。会议听取县妇联关于全县妇女儿童工作情况的通报并提出意见建议；县政协副主席古明水传达县委四届四次全会精神，学习《中共罗江县委关于深入贯彻落实党的十八大精神为与全市同步全面建成小康社会而奋斗的决定》及县委书记罗宗志在县委四届四次全会上的讲话；县政协秘书长通报县政协开展“实现伟大中国梦建设美丽繁荣和谐四川”主题教育活动情况，会议要求：把“实现伟大中国梦、建设美丽繁荣和谐四川”主题教育活动作为政协当前重要政治任务，抓紧抓好抓出成效；按照县委要求，开展“三问三查”活动，组织委员紧扣“三个罗江”建设开展调查研究，参加“金点子”评选活动；结合走访约谈委员活动宣讲“中国梦”，以“五个一”活动为载体将“中国梦”主题教育贯彻委员履职全过程。

6月19日，召开第十六次主席会议。县审计局负责人应邀参加会议。会议听取县审计局关于全县灾后重建项目竣工审计情况通报并提出意见建议；审议通过《关于促进农民增收的调查与建议》《关于城乡居民社会养老保险实施情况的调查与建议》，会议决定，按会议意见修改完善后报县委、县政府；会议议定召开县政协四届七次常委会议有关事项，要求县政协常委会组成人员围绕议题，搞好调查研究，积极建言献策，各委（室）密切配合，做好会议准备工作，确保会议顺利召开。

7月26日，召开第十七次主席会议。县城乡环境综合管理局、县财政局负责人应邀参加会议。会议听取关于全县城乡环境综合治理工作情况通报、关于全县2013年上半年财政收支情况通报并提出意见和建议；传达县委四届四十六次常委（扩大）会议精神；审议通过《政协罗江县委员会办公室关于政协新闻宣传、社情民意、理论调研工作奖励办法》，决定修改完善后印发实行。

8月27日，召开第十八次主席会议。县卫生局负责人应邀参加会议。会议听取县卫生局关于县级公立医院综合改革工作进展情况通报并提出意见和建议；传达学习中共罗江县委办公室、罗江县人民政府办公室关于修订《罗江县领导干部请销假制度》的通知。

9月17日，召开第十九次主席会议。县司法局负责人应邀参加会议。会议听取县司法局关于全县“六五”普法工作情况通报并提出意见和建议；传达学习中共德阳市纪委、德阳市监察局转发《关于严格监督执纪坚决刹住中秋国庆期间公款吃喝送礼等不正之风的通知》的通知；决定召开县政协第八次常务委员会会议相关事宜；安排县政协近期工作。

10月30日，召开第二十次主席会议。会议传达2013年县委第三季度中心组学习会议精神；议定《县政协系统2013年“嘉利豪”文化体育活动周系列活动方案》和《县政协四届三次全体会议筹备方案》；会议安排近期工作：一是启动《罗江县政协志》编纂启动工作，做好编辑文史资料第十九辑前期工作，完成《罗江宗教志》编撰工作。二是继续动员招商引资活动。三是做好“五个一”活动情况收集和资料填写工作。四是做好县政协中心组学习会议筹备工作。五是对照2013年工作要点，认真梳理、圆满完成各项工作，及早做好2014年工作的谋划。

12月31日，召开第二十一次主席会议。会议审议《四届县政协常委会工作报告（征求意见稿）》《县政协常委会关于四届二次会议以来提案工作情况报告（征求意见稿）》，会议决定，按会议意见修改后，按程序送县政协四届十次常委会会议审定；审议2013年“五个一”活动总结，决定修改后在县政协四届十次常委会议上通报；协商通过《政协第四届罗江县委员会主席会议工作报告（审议稿）》，决定修改后提交县政协四届十次常委会议通过；审议召开县政协四届三次会议相关事宜；安排县政协近期工作。

2014年2月21日，召开第二十二次主席会议。会议审议《县政协2014年工作要点（送审稿）》；传达学习省委十届四次全会，中央、省、市纪委全会，省、市、县依法治省、治市、治县会议，全市党的群众路线教育实践活动动员大会精神；安排近期工作。

3月21日，召开第二十三次主席会议。县监察局、县国土局负责人应邀参加会议。会议听取县监察局关于全县深化行政审批制度改革情况通报、县国土局关于全县农村土地确权颁证情况通报并提出意见建议；审议通过2014年县政协各委（室）工作目标任务及考核办法，会议决定，按会议意见修改后，按程序印发；议定召开县政协四届第十二次常委会会议有关事项；会议安排党的群众路线实践活动学习教育听取意见环节工作。

4月25日，召开第二十四次主席会议。县信用联社负责人应邀参加会议。会议听取县信用联社关于服务“三农”和县域经济发展情况通报并提出意见建议；通报县政协党的群众路线教育实践活动学习教育听取意见环节工作情况；学习中共罗江县委党的群众路线教育实践活动领导小组办公室《关于转发省委党的群众路线教育实践活动领导小组〈关于在教育实践活动中弘扬焦裕禄精神践行“三严三实”要求的通知〉的通知》精神；观看党的群众路线教育实践活动警示教育片《人生·蜕变》；安排近期工作。

5月23日，召开第二十五次主席会议。县纪委、县监察局负责人应邀参加会议。会议听取关于全县惩治和预防腐败体系建设情况通报并提出意见建议；安排党的群众路线教育实践活动查摆问题、开展批评环节工作；通报县政协四届三次会议提案办理情况；学习县纪委有关情况通报。

6月20日，召开第二十六次主席会议。县依法治县领导小组办公室、县保密局负责人应邀参加会议，部分政协委员列席会议。会议听取县依法治县办公室关于全县依法治县工作情况通报并提出意见建议；审议《关于对全县依法治县工作开展民主监督的实施方案》并决定按会议意见修改后，按程序送县政协常委会议审定；通报县政协四届三次会议提案办理情况；审定《关于全县义务教育均衡发展的调查和建议》，决定修改后按程序报送；安排关于召开党的群众路线教育实践活动专题民主生活会有关事项；审定关于召开四届县政协第十三次常委会议相关事项。

7月30日，召开第二十七次主席会议。县发改局、县统计局负责人应邀参加会议。会议听取县发改局、县统计局关于2014年上半年全县经济运行情况通报并提出意见建议；审定

《庆祝人民政协成立65周年活动方案》，会议决定，庆典文艺演出的主题为歌颂中国共产党的多党合作和政治协商制度，展现新时期人民政协风采，共筑中国梦，建设新罗江。参加活动的人员为驻县省、市政协委员、四届县政协委员、县政协机关工作人员以及邀请的领导和来宾。

8月29日，召开第二十八次主席会议。县委农工办负责人应邀参加会议，部分县政协委员列席会议。会议听取县统筹办关于“1+3+30”现代化城镇体系建设情况通报并提出意见建议，审议通过《关于打造成德绵区域特色县城的思考和建议》，决定修改后按程序报县委、县政府；审议通过《罗江县政协机关请销假制度》，决定按程序印发实施。

9月26日，召开第二十九次主席会议。县招商局负责人应邀参加会议。会议听取县招商引资局关于全县招商引资“一把手”工程实施情况通报并提出意见建议；审议通过《关于加快调元文化旅游区建设的调查与建议》《关于充分发挥人民政协职能着力社会主义协商民主制度建设的调查与建议》，会议决定，按会议意见修改后，报送县委、县政府；协商通过召开四届县政协第十四次常委会议相关事项；学习中共中央总书记习近平在庆祝人民政协成立65周年大会上的讲话；传达学习县委《关于做好“刹不为之风，换不为之将”工作的通知》，会议要求，主席会议成员和各委（室）主任要起好表率作用，不断转变作风，围绕中心，服务大局，工作积极作为，认真开展调查研究，多建务实之言，多献科学之策。

10月16日，召开第三十次主席会议。部分县政协委员列席会议。会议听取县政府关于全县“十大重点工程”建设情况通报并提出意见建议；审议通过《罗江县公民旁听政协罗江县委员会全体会议和常委会会议办法》，决定按会议意见修改后提交县政协常委会会议审议；审议通过《关于调整县级工作部门与县政协各专委会对口联系工作制度的通知》，决定按会议意见修改后，按程序发文；审议通过《关于完善走访约谈委员制度的意见》，决定按会议意见修改后，按程序发文实施；审议通过《关于开展部门县政协委员联系帮扶困难群众活动的通知》，会议要求修改完善后提交县政协常委会会议审议；审议通过《四届县政协四次全会筹备工作方案》；学习《德阳市干部操办婚丧喜庆等事宜监督管理办法》。

12月24日，召开第三十一次主席会议。会议学习中共十八届四中全会精神；审议《关于开展界别协商工作的意见（征求意见稿）》，决定修改、完善后提交县政协常委会会议审议；审议2014年度先进集体、先进个人名单，优秀提案、优秀社情民意信息名单；审议关于召开四届县政协第十五次常委会议相关事项；审议《四届县政协常委会工作报告（征求意见稿）》和《常委会关于四届三次会议以来提案工作情况报告（征求意见稿）》，决定按会议意见修改后，提交县政协常委会会议审议；传达学习罗江县“慵懒散浮拖”问题专项整治工作领导小组对“慵懒散浮拖”问题专项督查的通报，并提出要求。

2015年1月19日，召开第三十二次主席会议。会议审议召开四届四次会议相关事项。

2月27日，召开第三十三次主席会议。会议审议《县政协2015年工作要点（送审稿）》，决定按会议意见修改后提交县政协常委会会议审议。

3月23日，召开第三十四次主席会议。县政府副县长江涛应邀参加会议。会议听取县政府贯彻2015年中央一号文件《关于加强改革创新力度加快农业现代化建设若干意见》情况通报并提出意见建议；审议《2015年县政协各委室工作目标及考核办法》；通过部分委员联系帮扶困难群众活动开展情况；通报民主评议全县经济发展环境相关工作；审定召开四届县政协第十七次常委会议相关事项；传达学习全国政协十二届三次会议、省政协十一届三次会议精神；安排近期工作。

4 月 29 日，召开第三十五次主席会议。县人民检察院、县统筹办负责人应邀参加会议。会议听取县检察院关于民事行政检察工作情况通报，听取县统筹办关于统筹城乡发展工作情况通报并提出意见建议；通报县政协民主评议全县经济环境相关工作；学习中共四川省委《严守政治纪律严明政治规矩，加强领导班子思想政治建设的十项规定》，罗江县委《罗江县党员干部行为规范》；安排近期工作。

5 月 27 日，召开第三十六次主席会议。县委政法委负责人应邀参加会议。会议听取县委政法委关于全县创新社会治理机制推进网络格化服务管理工作情况通报并提出意见建议；听取县政协民主评议全县经济发展环境各评议组关于自查阶段工作开展情况汇报；通报《民主评议全县经济发展环境工作开展情况》，安排近期工作。

6 月 23 日，召开第三十七次主席会议。县政府办公室有关负责人应邀参加会议。会议听取县政府办关于法治政府建设情况通报并提出意见建议；决定召开“三严三实”学习教育“严以修身”专题研讨会；审议通过《2015 年县政协各委（室）工作目标及考核办法》；审定召开县政协四届十八次常委会议相关事宜。

7 月 22 日，召开第三十八次主席会议。县委组织部、县委群工部负责人应邀参加会议。会议听取县委组织部关于村级组织建设工作情况通报、县委群工部关于信访稳定工作情况通报并提出意见建议；审定《关于全民健身活动开展情况的调查与建议》《关于罗江经济开发区企业土地闲置情况的调查与建议》《关于全县新型农村合作医疗运行情况的调查与建议》调研报告，会议决定，按会议意见修改后按程序报送县委、县政府；安排民主评议全县经济发展环境整改总结阶段工作；学习《中国共产党统战工作条例》《中共中央办公厅关于加强人民政协协商民主建设的实施意见》，学习贯彻中共四川省委十届六次会议精神。

8 月 27 日，召开第三十九次主席会议。县政府有关领导和教育局负责人应邀参加会议。会议听取县政府关于新兴工业聚集区建设工作通报和县教育局关于高教改革示范区建设情况通报并提出意见建议；传达学习市委七届十次全会、县委四届七次全会精神；通报民主评议全县经济发展环境整改总结阶段工作情况；通报《县政协赴川北川南“全力实施‘11127’工程全域推进新型城镇化”考察报告》。

9 月 24 日，召开第四十次主席会议。县发改局负责人应邀参加会议。会议听取县发改局关于全县十大产业项目推进工作情况通报并提出意见建议；审定《关于在委员中开展“我为扶贫攻坚做件事”活动通知》《关于进一步深化部分委员联系帮扶群众活动的通知》；审定召开四届县政协第十九次常委会会议相关事项；安排近期工作。

10 月 23 日，召开第四十一次主席会议。县投资促进局、县财政局、县国税局、县地税局负责人应邀参加会议。会议听取县投促局关于全县推进全域开放深化招商引资工作情况通报，听取县财政局、县国税局、县地税局关于全县财政税收工作情况通报并提出意见建议；审定四届县政协第五次全体会议筹备方案。

2016 年 2 月 29 日，召开第四十二次主席会议。会议审议县政协 2016 年工作要点、县政协2016年度协商计划；传达省政协十一届四次会议和市政协七届五次会议精神；研究县政协四届五次全会筹备工作、协助县委筹备县委政协会议，安排县政协近期其他工作。

3月25日，召开第四十三次主席会议。县档案局负责人应邀参加会议。会议听取档案局关于全县档案事业发展情况通报，提出意见建议；审定四届政协五次会议议程、日程等事项；审定召开四届县政协第二十二次常委会相关事项；通报四届县政协第五次会议筹备工作情况。

4月20日，召开第四十四次主席会议。县安监局负责人应邀参加会议。会议听取县安监局关于全县安全生产工作通报，专题协商安全生产工作，形成建议案报送县委、县政府；审定县政协四届五次会议分组讨论意见建议、县长约谈委员代表意见建议，会议决定由提案委牵头，各专委会配合，按照会议意见修改完善后报送县委、县政府；审定四届五次会议督办提案、跨年度追踪提案方案，会议决定修改完善后印发实施；会议进一步学习贯彻落实县委政协工作会议精神，开展严肃换届纪律集体谈心谈话；传达省委“两学一做”学习教育座谈会精神；安排近期工作：一是抓好《罗江县政协志》编纂工作。二是抓好《社情民意信息》报送工作。三是发挥好政协微信群、公众号宣传教育作用，开辟新的舆论阵地。四是协助县政府办做好提案交办工作。五是开展好民主评议经济发展环境“回头看”相关工作。

5月25日，召开第四十五次主席会议。县法制办负责人、民建罗江支部负责人、部分政协委员应邀参加会议。会议听取县法制办关于推行清单制度深入推进依法行政工作通报，专题协商了推行清单制度推进依法行政工作，形成的意见通过建议案报县委、县政府；专题学习总书记习近平对四川工作重要批示精神，会议要求认真学习领会重要批示精神，结合“两学一做”学习教育，不断提升党员干部理论素养和综合素质，并落脚到做好本职工作、助推全县发展上来；会议安排了近期工作：一是抓好“两学一做”学习教育；二是各委（室）要配合筹备好“两学一做”学习教育专题辅导报告暨2016年委员培训会；三是扎实推进“我为扶贫攻坚做件事”活动；四是搞好调查研究；五是认真推进《罗江县政协志》编纂工作；六是做好四届政协委员基本情况和任期内履职情况摸底工作；七是协助县政府做好提案交办工作，搞好重点提案和跨年度追踪提案督办。

6月21日，召开第四十六次主席会议。县环保局、县农业局、县经科局、县畜牧局负责人，县工商联、民建罗江支部负责人，县政协委员代表应邀参加会议。会议听取县环保局关于加强环境监测、开展“三项治理”工作情况通报，重点协商加强环境监测、开展“三项治理”工作，形成的意见建议报县委、县政府；审定了2016年专题调研报告，原则上同意《关于全县村道建管养的调查与建议》《关于全县集镇建设与管理的调查与建议》《关于全县家庭农场发展的调查与建议》3个专题调研报告，决定按会议意见修改完善后报送县委、县政府；会议通报了《罗江县政协志》编修工作进展情况，决定专委会负责相关活动资料收集整理，办公室负责县政协全委会议、常委会议、主席会议资料收集整理，坚持志书编委会例会制度，及时研究解决编纂工作中的问题；会议通报了县政协四届五次会议提案办理工作进展情况，要求加强沟通协调、督办协商和宣传与信息反馈，推进提案办理；会议审定了召开县政协常委会第二十四次会议相关事项。

7月20日，召开第四十七次主席会议，县农业局、民建罗江支部负责人、政协委员代表应邀参加会议。会议重点协商了全县农村土地承包经营权确权登记颁证工作，会议形成意见建议报送县委、县政府；会议审定召开创建省级卫生县城专题议政协商会议事项，会议要求认真梳理、完善会议发言材料，达到客观真实、问题精准、建议可行；认真筹备会务相关事项，提前做好文印、通知、协调等工作；会议安排近期工作。

8月23日，召开第四十八次主席会议，县经科局、政协委员代表应邀参加会议。会议重点协商了全县农村电子商务发展工作，形成的意见建议报县委、县政府；会议学习了《关于加强脱贫攻坚干部人才队伍管理考核十项规定》，要求县政协机关干部贯彻落实，严格遵守，深化“我为扶贫攻坚做件事”活动，为打赢脱贫攻坚总体战贡献力量；会议安排了近期工作，强调要加强换届纪律学习，筹备好县政协五届一次全会。

9月22日，召开第四十九次主席会议。县投资促进局、县工商联、民建罗江支部、农工民主党罗江支部负责人，政协委员代表应邀参加会议。会议重点协商了全县精准招商引资工作，形成的意见建议报送县委、县政府；会议审定召开四届县政协常委会第二十五次会议相关事宜，原则同意会议议题，并定于2016年9月30日召开会议，会议要求做好相关准备工作；会议审定县政协五届一次会议筹备工作方案；会议传达学习中国共产党罗江县委员会第五次代表大会精神，要求抓好学习、宣传与落实，将大会精神体现在县政协五届一次全会的《常务会工作报告》和《提案工作报告》中，结合政协履职，使县委的决策部署在政协系统得到全面贯彻落实；会议学习《中共罗江县委关于严防“两代表一委员”“带病当选”的通知》，严防政协委员“带病当选”；会议安排近期工作。

10月28日，召开第五十次主席（扩大）会议。县发改局、民建罗江支部、农工罗江支部负责人应邀参加会议。会议听取县发改局关于“十大重点工程”（实施启动德阳——罗江城市干道建设；经开区道路建设；县城景乐大道、翰林路、狮舞路延伸拓宽，西山路、安平街道路、新区大道建设工程；10kV电力线路迁改工程；兰成渝输油管线迁改工程；秀水河综合整治工程；子汉路改扩建工程；县城滨江路及附属设施改造工程；启动8个集镇污水处理厂项目；启动三渔水库及附属设施建设工程）实施和“十大民生实事”（2800人脱贫解困；1900人就业培训及新增城镇就业1800人；姚家林二期、高教职教园区安置点408套安置房建设；启动5932户棚户区改造；400户“百万安居”工程建设；县人民医院、县妇幼保健院计生服务中心业务用房改建；县福利院老年养护楼项目建设；建幸福美丽新村10个、农村用水提灌站30座；建成1所公办幼儿园、1所民办幼儿园；建成8个城市、农村社区老年人日间照料中心、8个农村幸福院）办理工作通报。会议专题协商讨论“十大重点工程”实施和“十大民生实事”办理工作，并提出意见建议。会议安排近期工作。

12月1日，召开第五十一次主席（扩大）会议。民建罗江支部、农工罗江支部负责人应邀参加会议。会议审议通过《政协第四届罗江县委员会常务委员会工作报告》《政协罗江县委员会主席会议工作报告》《政协第四届罗江县委员会常务委员会四届县政协提案工作情况报告》及县政协2016年先进集体、先进个人表扬方案，并决定提交县政协常委会会议审定；会议审议通过《县政协2016年度政协委员“五个一”活动通报》；审议召开四届县政协第二十六次常务委员会相关事项，决定于2016年12月1日召开四届县政协第二十次常委会会议。会议根据《中共罗江县委关于邱朝蓉同志免职的通知》，通过免去邱朝蓉县政协副秘书长职务。会议学习传达市、县党代会精神，要求县政协班子成员、各委（室）负责人、全体常委、广大政协委员要深刻领会市、县党代会精神，积极谋划好人民政协事业发展。会议传达学习中央、省委组织部关于做好代表选举和委员提名有关文件精神和县委关于严防“两代表一委员带病当选”的通知精神，把好县政协委员提名关，严防委员“带病当选”。会议安排近期工作。

五　第五届主席会议

政协第五届罗江县委员会主席会议，由县政协主席张胜虎，副主席古明水、陈培建、高晓梅、俞斌，秘书长曾传聪组成。至本志下限，召开过一次主席（扩大）会议。主席主持主席会议。

2016 年 12 月 23 日，召开政协第五届罗江县委员会主席会议第一次（扩大）会议，县政协主席会议成员、各委（室）负责人参加会议。会议审议通过五届县政协主席会议成员分工、五届县政协委员分组名单；审议通过县政协五届一次会议分组讨论意见建议，决定按会议意见梳理后提交县政协五届一次常委会会议审议。

第三章　民主监督

《中国人民政治协商会议章程》规定，民主监督是对国家宪法、法律和法规的实施，重大方针政策的贯彻执行、国家机关及其工作人员的工作，通过建议和批评进行监督。

《中共中央关于加强人民政协工作意见》指出，人民政协民主监督的主要形式有：政协全体会议、常委会议、主席会议向党委和政府提出的建议案；各专门委员会提出的建议或有关报告；委员视察、委员提案、委员举报、大会发言、反映社情民意或以其他形式提出批评建议；参加党委和政府有关部门组织的调查和检查活动；政协委员应邀担任司法机关和政府部门特约监督人员等。

根据这些规定和意见，县政协就全体委员会议、常委会议、主席会议、根据需要召开的专题会议，以及组织委员、政协参加单位或公民、社区代表进行的大会发言等所形成的建议案、组织政协委员进行专题视察所形成的视察通报、委员提案、民情信息等，按程序送交县委、县政府有关部门。

第一节　提案工作

政协提案，是政协委员、参加政协的党派、人民团体和政协专门委员会向政协全体会议或常务委员会提出的、经提案审查委员会或提案委员会审查立案后，由承办单位办理的书面意见和建议。中华人民共和国成立之初的三十年间，政协提案是在政协举行全体委员会议期间，由委员个人或联名提出，大会全部受理。之后，实行委员一人提议、三人附议。1985 年起，实行时间、内容、人数不限制的“三不限制”原则，全委会期间和闭会后均可提出提案，由政协全体会议或政协提案委受理。1997 年 2 月罗江县政协成立后，根据《中国人民政治协商会议章程》和有关规定，实行这一办法并延续至 2016 年 12 月。

政协提案工作，是人民政协履行“政治协商、民主监督、参政议政”职能的重要形式，是人民政协协助党和政府加强与各族各界人士联系，了解民情，集中民智，凝聚民力，实现决策民主化、科学化的一条重要渠道。提案工作主要有组织征集提案，对提案进行审查立案，送交县人民政府办理，检查和督促提案办理，表彰或协助县人民政府表彰优秀提案和承办成绩显著的单位与个人等。

罗江县政协成立以来，历届领导班子高度重视提案工作，把提案工作列入重要议事日程，组建强有力的工作班子（县政协成立后较长一段时间内由一名副主席兼任提案委主任），工作有部署、有督促、有检查。不断完善工作制度，规范程序，明确责任，兑现奖惩。坚持以邓小平理论、“三个代表”重要思想和科学发展观为指导，坚持中国特色社会主义的基本路线和基本纲领，贯彻“长期共存、互相监督、肝胆相照、荣辱与共”方针，充分发扬民主，广开言路，调动一切积极因素，依靠全体政协委员和政协组织，紧紧围绕县委、县政府的工作中心和人民群众关心的“热点”问题，通过提案提出许多有价值的意见和建议。自1997年2月19日一届县政协一次会议产生政协提案至2016年12月14日五届县政协一次会议提交提案截止时，共有8523人次政协委员、参加政协的单位撰写、提交提案1705件，立案1633件，承办、协办单位办复1530件（第五届一次会议期间委员提案正在办理中）。提案工作为巩固和发展安定团结的政治局面，推进民主、和谐建设，促进县域经济、社会全面发展，发挥了重要作用。

一 组织征集与审查立案

1997年2月18—20日，县政协一届一次全体会议期间，大会主席团组织政协委员学习《中国人民政治协商会议全国委员会提案工作条例》和《提案须知》，组织委员围绕党和政府的中心工作及群众生活中的重大问题，为建设罗江、发展罗江经济献计献策，撰写提案。共收到提案56件，提议、附议委员228人次。大会提案审查委员会根据《提案工作条例》规定的立案标准，决定作提案办理的52件，作意见和建议转交有关方面办理的4件。提案涉及工业的3件、农业5件、商贸7件、基础设施12件、教育文化体育旅游16件、科技2件、医卫2件和其他方面的5件。县政协第一届一次全委会闭会后，县政协提案委收到委员提案1件，经审查立案并提交县政府办公室转承办单位。

1998年1月11日，县政协一届二次全体会议期间收到提案59件，其中集体提案1件。提议、附议委员234人。经审查立案55件，其中经济建设方面的14件，占提案总数的25.5%；基础设施建设方面的19件，占34.5%；科教文卫、社会事业等方面的15件，占27.3%；政治法律、劳动人事、廉政建设等方面的7件，占12.7%。未立案4件作为意见和建议转交有关方面办理。提案主要有：《关于加强果苗管理、严禁乱引乱调的建议》《关于加强村、社财务管理的建议》《关于落实乡镇农机站人员工资及事业经费的建议》《关于加强生猪税费征管、堵塞税费流失的建议》《关于加强在企业改制中对国有、集体企业出让的监督管理的建议》《关于大力发展我县银杏种植、加工基地的建议》《关于做好县境内中浅层天然气勘测和开发的建议》《关于抓紧整治谭（罗江县金山镇谭家坝）秀（今绵阳市安州区秀水镇）公路金山段的建议》《关于建立罗江县老人生活中心，解决老人后顾之忧的建议》《关于建立一支“素质教育”科研队伍的建议》《关于清理办学层次，提高全县中学教育质量的建议》《关于加强机关各部门内部财务管理及审计的建议》《关于组建罗江县城综合执法管理队

市场用地拆迁工程、围城建造及相关工作及时启动；县政协社法委提出的《关于加强凯江河污染治理的建议》，县环保局及时制订措施进行落实。是年，县委书记徐光勇督办《关于推进罗江“11127”发展战略的建议》，县长曾长江督办《关于打造罗江园林城市的建议》两件提案。

三　制度建设与工作机制创新

根据有关法律、规章和政策，县委、县政府、县政协制定出台一系列有关提案工作的意见、制度、规则、工作条例，并不断健全、完善，在实践中不断探索、创新工作机制和工作规范，保障了政协提案工作的顺利开展和提案工作质量、效果不断提高。

1997年2月，一届县政协一次全体会议印发《提案须知》，首次提出提案工作规范。须知包括政协提案特点、提案作用、提案目的、提案工作基本方针、政协委员应积极提出提案、提案规范性要求、重视提案质量发挥提案效益、提案征集截止日期、如何将《提案答复》寄交提案者和写好《提案办理征询意见表》共10条。在这个文件的指导下，首届县政协一次会议全面开展提案工作。同年3月28日，县政协印发《中国人民政治协商会议第一届罗江县委员会专门委员会工作规则》。《工作规则》第三条“工作任务”要求各专门委员会要“组织、推动委员和各界人士，对党的方针政策和国家法律法规的执行、重大决策的实施、党政机关廉政建设及群众普遍关心的问题，进行了解和反映，提出提案和批评，实行民主监督”。4月28日，县政府组织召开“罗江县办理人大代表建议、政协委员提案交办会”。分管人大代表建议、政协委员提案工作的常务副县长对办理工作提出五点要求；县政府办公室负责人表示将办理工作纳入县政府对承办单位的目标考核。11月，县政协办公室印发《政协罗江县委员会职位说明书》。明确由县政协办公室副主任“按要求完成和协调做好委员提案办理，并及时反馈情况。”“办理委员各种提案要注意时效、质量、方法，坚持原则，按政策办事”。要“熟悉掌握国家的法律、法规、政策和《政协章程》”。

1998年3月27日，县政协印发《关于进一步加强各专门委员会（委员小组）工作的意见》，要求“组织委员就国家的大政方针、地方重要事务、政策法令的贯彻、政府重大决策的实施、群众生活和统一战线中的重要问题等进行了解和反映，与党政有关部门或单位开展对口协商、参政议政。”“组织委员深入到对口单位视察、咨询，或与有关部门领导联系，召开情况通报会，献计进言，提出建议或批评”。

2000年8月16日，中共罗江县委办公室印发《关于进一步加强县级有关部门与县政协各专委会对口联系工作的通知》，要求对“县政协各专门委员会提出的调查报告、咨询建议，以及委员提出的提案、意见、建议送县级有关部门和单位后，县级有关部门和单位应认真办理，及时处理和反馈。”

2004年1月，二届县政协一次全体委员会议期间印发《提案须知》，明确了提案的作用、目的、规范性要求，提案工作基本方针、提案质量、征集截止日期及写好《提案办理征询意见表》等。同年2月26日，县政协办致函县委办、县政府办，请示转发《政协罗江县委员会办公室关于办理政协委员提案的意见》。《意见》对办理政协委员提案工作提出“提高认识，加强领导”“具体办理工作”“重点提案办理”“加强与提案人联系”“办理工作总结”“推荐优秀提案”六项措施。首次提出优秀提案的四条标准。3月10日，县委办、县政府办联合印发《关于建立县级工作部门与县政协各专委会对口联系工作制度的通知》。《通知》明确对口联系单位、对口联系主要内容和具体要求。为政协履行职能，包括办理政协提案等工作提供了制度保证。县政协根据《中共中央关于坚持和完善中国共产党领导的多党合作和政治协商制度的意见》《中国人民政治协商会议章程》，参照《全国政协提案工作条例》和《政协四川省委员会提案工作条例》及《政协德阳市委员会提案工作条例》，结合罗江县政协工作实际情况制定，经2004年6月29日二届县政协七次常委会议通过。县政协办印发《政协罗江县委员会提案工作条例》。《条例》对罗江县政协提案工作的性质、任务、工作程序和要求做了全面的规定，包括总则、提案委员会、提案的提出、提案的审查、提案的交办、提案的办理、附则，共7章33条。

2005年4月6日，县委印发《关于加强新世纪新阶段人民政协工作的意见》，意见规范人民政协民主监督的内容和形式包括“通过社情民意、座谈会、委员议政会、委员专题座谈会、政协提案、委员视察、委员举报、大会发言、反映社情民意或以其他形式提出批评和建议。”“对政协提案、社情民意和调研、视察、考察报告，党政负责同志要高度重视，有关部门要认真研究处理，并将处理情况以书面形式及时向政协反馈。政协机关应及时将情况反馈给提出意见的政协参加单位或委员个人。”“党政主要领导应参加政协全委会听取委员意见、亲自阅示政协的重要调查研究报告、重要提案、建议案和重要社情民意。”“县政协要根据界别的特点，经常组织界别开展学习研讨、撰写提案、视察调研等活动”。

是年8月26日，县政协办函请县委办转发《政协罗江县委员会督查工作试行办法》，明确“督查工作由县政协办牵头、各专委会参加、邀请相关党政部门协助”，督查范围和内容包括“县级有关部门、单位办理政协建议案、提案、社情民意、调研报告、专题协商的意见和建议的情况”。办法还规定了工作原则、工作程序、工作职责、工作纪律等。

2007年1月22日，县委办、县政府办联合印发《关于调整县级工作部门与县政协各专委会对口联系工作制度的通知》。为贯彻落实中共中央《关于加强人民政协工作的意见》，根据县政协专委会设置情况，县委、县政府、县政协决定调整县级工作部门与县政协各专委会对口联系工作制度，规定“县政协各专委会提出的调查报告、咨询建议以及委员提出的提案、意见、建议和反映的社情民意，县级有关部门和单位要认真办理，及时反馈”。

2009年7月16日，县政协办印发《中国人民政治协商会议罗江县委员会全体会议工作规则》。《工作规则》明确全体会议的主要任务有“听取和审议常务委员会工作报告，提案工作情况的报告和其他报告。”“各党派、团体、界别、专门委员会和委员、委员小组或联组均可提出提案。”“提案的审查工作由提案委员会或提案审查委员会负责”。

2010年12月31日，县政协办印发经县政协第三届二十二次常委会议修订、通过的《中国人民政治协商会议罗江县委员会提案工作条例》。修订后的条例主要在“提案委员会的职责”中增加了“组织召开提案办理协商会，与县委办、县政府办、县政协办共同商定承办单位”；在“提案的交办”中增加了“协助县委办、县政府办召开好提案交办会”“搞好提案办理工作培训，提高办理水平”；在“提案办理”中增加了“每次全会后，经县政协主席会议商定主席会议成员重点督办提案和专门委员会重点协商提案若干件，交由承办单位重点办理”等。

2012 年 3 月 30 日，县政协办将经县政协第四届党组会议、第二三次常委会议、第五次主席会议审议通过的《政协罗江县第四届委员会规章制度汇编》印发机关各委室。这套制度汇编包括工作规则、岗位职责、管理制度等方面的内容，共设置 29 个制度。制定这些制度的目的，是为了推进政协工作制度化、规范化、程序化建设，使各项工作有章可循，不断提高科学化管理水平，其中《政协第四届罗江县委员会提案工作条例》，将表彰对县域经济社会发展贡献大的提案和承办提案成绩显著的单位和个人的表彰条款升格为章，并细化评选条件和程序；将“提案审查”中不予立案内容，增加“属于学术研究的”“宣传、推介具体产品（作品）的”“为本人及亲属解决私人问题的”3 个条款。同年 8 月 31 日，县政协办将《中国人民政治协商会议罗江县委员会提案工作条例》印发机关各委室和各政协委员。

在提案工作实践中，不断探索创新工作机制和工作规范，保障提案工作顺利开展和质效不断提高。

罗江复县后第一年，县委、县政府高度重视提案办理工作，县政府将提案办理工作纳入重要议事日程，由常务副县长分管，县政府牵头办理。

1998 年 10 月，县政府县长在县政协第一届二次常委会议上作《关于县政协一届一次会议委员提案办理情况报告》，部分承办单位主动召开提案提议人会议，使答复意见在正式行文前与政协委员达成共识。此后，县政府县长或常务副县长在县政协常委会议上报告政协提案办理工作情况，并形成工作机制。

1999 年，县政府提出将各部门办理政协提案工作纳入年终考评。

2004 年 1 月 4 日，县政协印发《关于表彰 2003 年度优秀委员、先进专门委员会、优秀提案、优秀调研报告的决定》。在一年一度表彰先进专委会、优秀政协委员的基础上，增加表彰优秀提案和优秀调研报告。县政协从“加大领导督办力度、加大跟踪督办力度、加大现场督办力度、加大通报督办力度”四个方面加强督办工作。组织政协委员多次到承办委员提案部门进行走访座谈、实地察看、与承办单位交换意见等措施提高办案质量。

2005 年，在换届后举办新委员培训会，将提案工作作为培训的重要内容。各专委会分别召开提案座谈会，撰写提案有的放矢。主席会议确定重点提案，实行主席会议成员督办重点提案、专委会对口协商提案制度。

2006 年，县委书记、副书记、县长就提案办理作批示，分管提案工作的副县长主动征求委员对提案办理的意见。增加对“优秀文史作品”“优秀社情民意”进行表彰。第二届县政协任期内，主席会议督办提案 22 件，专委会对口协商提案 17 件。

2007 年，县政府把政协委员提案办理工作列入政务督办范围，对各承办部门的办理情况进行督查、通报。各专委会和政协委员在提案提出前，认真准备，围绕全县经济建设、基础设施建设、环境保护、政务管理、科技教育文化卫生，以及人民群众关心的难点热点问题进行调查研究，在选题、分析和提出建议等方面，都较好地体现了严肃性、科学性和可行性。

2008 年，县政协主席会议确定主席会议重点督办提案 7 件、专委会重点协商提案 7 件。充分发挥提案委在提案办理过程中的桥梁纽带和协调服务作用，对重点督办和重点协商提案与承办单位进行经常性协调和衔接。

2009 年，既注重提案征集数量，又注重提案质量，在提案提出前，通过专题座谈会、专题调研视察和情况通报会等多种形式，吃透上情，熟悉下情，掌握实情，认真做好准备，实现提案质量上新台阶。

2010 年，三届县政协四次全体会议期间收到集体提案 7 件，占提案总数的 7.4%，比上年增加 35%，其中民主党派及台胞台属联谊会共 5 件。

2011 年，积极探索提案办理工作新机制：建立回访制，准确掌握提案办理落实情况；向委员发出《致全体政协委员的一封信》，帮助委员如何选准题目，怎样掌握提出提案的原则、要领。

2012 年，县委书记、县长对重点提案和社情民意作批示，县委、县政府通过“将提案办理工作纳入对承办单位的年度目标考核”，县委办、县政府办印发通知，对提案办理的时间、程序、质量、要求进行安排。继续实行“主席会议成员重点督办、专委会重点协商督办、提案委跟踪督办”制度。

2013 年，县委办、县政府办印发《关于进一步加强人民政协提案办理工作的实施意见》，为提案办理工作创造了良好环境。县政协创新工作方法，建立跨年度提案跟踪办理制度，选定《关于加快三渔水库项目进展的建议》《关于完善金山工业园区配套设施的建议》《关于绘制罗江县文化旅游点线图的建议》3 件提案，进行跨年度跟踪督办。

2014 年，县委、县政府、县政协认真贯彻中央、省、市、县《关于进一步加强人民政协提案办理实施意见》，创新提案办理工作机制，县委书记、县政府县长带头督办提案。同年 12 月 31 日，县政协印发《关于开展界别委员专题协商工作的通知》，提出工作目标、协商内容、主要形式、具体要求和组织领导，进一步拓展了协商民主形式，增加了协商密度，界别协商更加活跃有序，协商成效得到提高。

2015 年 3 月 25 日，县长曾长江在政府研究提案办理工作专题会上提出“两责任一主体”的提案办理工作机制，即县政府分管领导承担督办责任，部门主要领导承担主要责任，承办部门是主体责任。县政协常委会认真落实中共中央《关于加强社会主义协商民主建设的意见》，实行例会、考察等活动前开展学法，请有关部门对委员进行法律法规知识辅导；提案办理过程中实行统一时间、统一格式、统一回复、统一督办“四个统一”工作规范，努力促进“提”与“办”质量提高。

2016 年，县政协常委会、主席会议加强了对提案工作的组织领导：坚持常委会、主席会议专题听取、讨论、研究、部署提案工作；结合政协工作特点，进一步深化政协各专委会协商督办重点提案工作；加强了提案工作考核、表彰，制定“四个统一”工作规范，提出“五个到位”工作要求，按时间节点对办理情况进行台账管理，提高了办理效率。

四　表彰优秀提案

2004 年 1 月 4 日，县政协印发《关于表彰 2003 年度优秀政协委员、先进专门委员会、优秀提案、优秀调研报告的决定》，自是年起，在一年一度的全体委员会议上表彰优秀政协委员、优秀专委会的同时，增加表彰优秀提案等。

2005 年 7 月 14 日，县政协办公室印发《政协罗江县委员会"争先创优"评选办法》，提出评选范围及名额、评选对象的条件、推荐评审办法和要求及表彰方式，优秀提案、优秀调研报告、优秀社情民意等纳入评选范围。优秀提案的基本条件是：一是提案应是紧密围绕全县的大政方针和重要事项，以及人民群众普遍关心的重大问题，提出的意见和建议；二是提案的提出经过认真地调查研究，反映大事，言之有据，案情清楚，重点突出，建议具体，一事一案，书写规范，具有严肃性和较强的科学性、可行性；三是提案经过承办单位的认真办理，使群众关心的热点和难点问题能得到较好的解决，并能产生较明显的经济和社会效益。

2010 年 12 月 22 日，县政协第三届二十二次常委会会议审议通过《政协罗江县委员会"争先创优"评选办法》并印发实施。

2014 年以来，县政协加强提案工作的考核表彰，制定"四个统一"的工作规范，提出"五个到位"的工作要求，按时间节点对办理情况进行台账管理，进一步加强了评选表彰优秀提案工作。

1997—2002 年，第一届县政协六次全体委员会议共征集提案 375 件，立案办理 357 件，期间，未评选表彰优秀提案。2003—2016 年，第二、三、四届县政协 14 次全体会议共征集提案1221件，立案及办理1173件，评选表彰优秀提案 114 件。

2003—2016 年罗江县政协优秀提案存目一览表

表 3—1

届次	年度	编号	标题	提案者
第二届	2003	47	关于尽快在我县建立以金花梨为龙头的农业标准示范区推广无公害农产品的建议	田洪、肖谋高等 3 人
		74	关于尽快将医疗保险卡发到职工手中的建议	米祯东、薛建都等 8 人
		83	关于规范行政部门待遇，切实解决不同部门公务员收入差距过大问题的建议	唐幼龙、高君等 5 人
	2004	45	关于编制川陕路改道罗江段经济社会发展规划的建议	付祥国、米娅等 5 人
		67	关于加大对农村弱势群体扶持力度的建议	范云萍、肖谋高等 5 人
		76	关于给人大、政协配备视察接待车的建议	江大富、李建珠等 13 人

续表 3—1

届次	年度	编号	标题	提案者
第二届	2005	21	关于加强乡村水泥道路维护和管理的建议	唐幼龙、罗通富等 7 人
		25	关于抓好乡村道路绿化的建议	释觉行、张开升等 3 人
		31	关于搬迁奶牛场的建议	谢宗智、李世元等 4 人
		50	关于大力弘扬兴县精神，构建罗江和谐社会的建议	政协提案委
		57	关于规范安居工程物业管理的建议	曹传海、金剑峰等
		63	关于投入资金加强对宝镜寺、奎星阁等文物进行保护的建议	政协文史学习委
		75	关于逐步解决行政机关事业编制人员养老保险的建议	李建珠、肖谋高等 4 人
		84	关于给我县教师每年进行一次常规体检的建议	林勋、袁正萱等 4 人
	2006	1	关于进一步提高依法行政水平的建议	付祥国、刘军等 5 人
		22	关于进一步优化对招商引资企业服务工作的建议	周仁刚、谢建学等 4 人
		24	关于切实推进我县社会主义新农村建设的建议	张永才、古明水等 5 人
		33	关于盘活私营企业财产，建立中小企业担保公司的建议	薛强、唐祖荣等 11 人
		42	关于提前实施水厂扩建二期工程的建议	朱富强、苏富贵等 4 人
		54	关于建立“罗江县书画院”的建议	周信廷、赖安海等 5 人
		61	关于加大对我县“新农合”宣传监管力度的建议	余华、张平富等 4 人
第三届	2007	1	关于把建设节约型社会落到实处的建议	付祥国、刘军等 6 人
		4	关于加强罗江县地方品牌、文化品名和自主知识产权保护力度的建议	景安华、廖世平等 6 人
		7	关于切实解决发展观光旅游农业设施用地问题的建议	张永才、俞斌等 5 人
		8	关于把中小企业作为新的经济增长点重点培育的建议	周仁刚、薛建都等 14 人
		15	关于加大对我县污染企业治污力度的建议	唐幼龙、付祥国等 10 人
		20	关于实施农村垃圾处理工程的建议	杨刚、俞斌等 5 人
		27	关于加快农村乡村客运实施进程的建议	陈志光、苏建益等 3 人
		36	关于强化潺亭水城管理，打造罗江文化名片的建议	黄国燕、叶鹏等 9 人
		87	关于重视农村“幼教”工作，增设专业教师，完善教学设施的建议	谢秀学、陈俊等 5 人
		89	关于加快建设罗江县职教中心的建议	古光华、张翠继等 5 人

续表 3—1

届次	年度	编号	标题	提案者
第三届	2008	1	关于将每年 12 月 10 日作为县庆节的建议	政协提案委
		11	关于制定政策采取措施，全面推进工业强县进程的建议	廖丁、谢升明等 7 人
		16	关于加强企业节能降耗监管工作的建议	付祥国、唐文孝等 10 人
		17	关于尽快实施罗江县城自来水二期工程的建议	苏富贵、叶文雯等 9 人
		18	关于整合旅游资源有效发展旅游业的建议	刘军、廖世平等 6 人
		29	关于加强对廉租房使用监督管理的建议	高占果、周继兴等 5 人
		33	关于理顺街道与小区的关系让居民平等享受公共服务的建议	杨中俊、邱双全等 5 人
		39	关于加快发展城乡公交，解决群众出行问题的建议	周洪平、周继兴等 5 人
		67	关于整治西外街车辆乱停乱放及脏乱差的建议	潘亦琼、黄国燕等 5 人
			关于抓住大好机遇进行灾后重建的建议	
	2009	1	关于健全我县县镇两级农业服务体系的建议	政协农业委
		12	关于进一步加强行政部门、事业单位工作人员心理健康教育的建议	刘军、曾会书等 8 人
		14	关于罗江县在新建民用建筑房屋开展规划设计和质量安全检测（试点）工作的建议	景安华、李兴明等 8 人
		24	关于规范工业企业集中统一检查的建议	廖丁、吴伯康等 6 人
		35	关于加强对灾后重建农房工程的质量安全监管的建议	周建绵、释觉行等 5 人
		39	关于规范城市管理，营造优美生活环境的建议	蓝珣、刘海等 4 人
		65	关于规划建设罗江县公园的建议	政协提案委
		67	关于残疾人免费乘城市公交车的建议	范云萍、周洪平等 5 人
		72	关于亟待点注清代罗江四部县志的建议	周贞籍、赖安海等 6 人
		73	关于尽快申报中国李调元文化之乡的建议	赖安海、陈仕恩等 5 人
	2010	1	关于妥善解决科级领导干部待遇的建议	提案委全体委员
		8	关于切实加强灾后重建工程监管的建议	李娅、江一彬等 6 人
		10	关于加强人民调解组织建设的建议	易礼全、范云萍等 4 人
		30	关于建立本土自主创新工业园的建议	刘军、张社林等 7 人
		38	关于规范畜禽宰杀保证肉食品安全的建议	马文乔、曾菊田等 3 人
		40	关于打造中国幸福罗江杜绝污染企业进入罗江境内的建议	彭华玥、唐宗甫等 4 人
		42	关于加强对“中国幸福家园建设总规划”进行宣讲解读的建议	冯小平、张翠继等 13 人
		44	关于为建设“中国幸福家园”提供水资源保障的建议	俞斌、卢昆等 4 人
		54	关于保障城市生活用水的建议	赵明发、唐祖荣等 3 人
		80	关于关注教师身心健康的建议	刘海、曾敏等 4 人

续表 3—1

届次	年度	编号	标题	提案者
第四届	2012	2	关于建立完善人才培养和引进制度的建议	郑德荣、高君等 4 人
		6	关于为罗江企业发展提供人才支持的建议	张萃旭、张琼芳等 4 人
		9	关于强化责任意识加强公务员职业道德教育的建议	张富刚、梁素英等 6 人
		11	关于大力提升罗江投资软环境的建议	许珺、范翠林等 7 人
		19	关于实行单位负责人任期内财务管理问责制的建议	米祯东、刘军等 4 人
		30	关于进一步强化经开区发展质效的建议	杨勇飞、李伦兴等 7 人
		32	关于政府多关心中小企业发展的建议	彭华明、吴伯康等 4 人
		43	关于绘制罗江县文化旅游点线图的建议	易礼全、杨中俊等 4 人
		47	关于编制罗江县生态环境建设总体规划的建议	李进宏、杨昌华等 5 人
		60	关于增强县城活力提升城市形象的建议	廖丁、李娅等 6 人
		63	关于加大对拖欠农民工工资问题的监督整治力度的建议	李海英、易礼全等 5 人
		78	关于制定文化产业发展优惠政策的建议	陈湖、刘小燕等 9 人
		83	关于加强罗江文化建设的建议	周荣、徐唐鑫科等 7 人
		108	关于健全第三方医患纠纷调解机制的建议	邹家英、罗晓寒等 8 人
	2013	3	关于举政府之力搭建资源平台，助力中小微企业跨越台阶的建议	张英、游弋等 5 人
		6	关于加快经开区发展建设的建议	李奎、刘刚等 5 人
		8	关于坚持引、建、管、扶并重，充分利用土地资源，为优势企业发展创造条件的建议	廖丁、李奎等 4 人
		24	关于加快“生态罗江”建设，推进“创森”、“创模”工作落实的建议	徐唐鑫科、杨秦兵等 6 人
		33	关于建立食品药品安全投诉机制的建议	谢秩华、范富琼等 4 人
		50	关于罗江县城街道命名的建议	周荣、饶明亮等 5 人
		51	关于成立农村土地租赁专合社的建议	龚莉佳、俞斌等 5 人
		64	关于加强八卦谷景区后续服务体系建设的建议	廖文、冯小平等 6 人
		74	关于加强综合市场整治的建议	陈先荣、张琼芳等 4 人
		105	关于进一步加强新农合工作的建议	农工党罗江支部

续表 3—1

届次	年度	编号	标题	提案者
第四届	2014	10	关于加快调元文化旅游产业发展的建议	农工民主党罗江支部
		11	关于加大白马关景区宣传推介力度的建议	民建罗江支部
		20	关于加快规划筹建罗江电影院的建议	杨昌华、杨勇飞等 9 人
		23	关于全县生态环境“重建设”向“重管理”转变的建议	刘军
		35	关于整治县城内涝的建设	颜正瑜、张富刚等 5 人
		41	关于在旧城改造中突出地方特色留下文脉传承的建议	杨中俊、易礼全等 5 人
		54	关于搭建公益慈善事业平台传递正能量的建议	许珺
		56	关于将拆迁户安置进商品住房的建议	罗江县工商联
		63	关于进一步加强惠民资金管理使用的建议	向梅、王辉等 4 人
		77	关于督促鼓励支持引资企业按协议约定投产达效的建议	廖丁、李奎等 5 人
	2015	8	关于保障我县服务业用地的建议	民建罗江支部、全体委员
		9	关于保护利用好“罗江花生”品牌的建议	县工商联、谢先辉等 5 人
		24	关于采取有效措施引进和留住广电专业技术人才的建议	刘蓉、陈湖等 5 人
		26	关于进一步规范农村土地经营权流转的建议	叶鹏、俞斌等 6 人
		34	关于加强集镇建设管理的建议	廖世平、何军等 7 人
		37	关于完成黄水河全流域防洪治理任务的建议	杨刚、周怡等 14 人
		60	关于加大环境整治发展旅游事业的建议	释觉行、释正金等 6 人
		63	关于旧城改造的建议	罗心平、钟玉彬等 10 人
		73	关于规范管理罗江城市公交的建议	颜正瑜、徐正培等 7 人
		84	关于罗江县城廊桥至橡胶坝凯江河段筑翻水坝打造河床生态湿地观光园的建议	易礼全、莫畏强等 5 人
	2016	1	关于深化精准扶贫措施的建议	陈湖
		8	关于加强罗江县贵妃枣品牌保护的建议	莫畏强
		9	关于加快发展家庭农场的建议	彭杰
		15	关于打造以白马关为核心的罗江县“智慧景区”的建议	农工党罗江支部
		27	关于做好三渔水库周边规划建议工作的建议	民建罗江支部
		28	关于打造沿河旅游观光经济发展带的建议	杨顺洪
		42	关于加快推进罗江新农贸市场建设的建议	县工商联
		43	关于加强罗中路道路交通安全工作的建议	蒋伟
		61	关于进一步完善市政公共设施管理制度的建议	华伟
		70	关于抓紧做好集镇规划工作的建议	高君
		73	关于做好县城内义务教育及幼教布局调整的建议	宋光芬
		75	关于引进和使用人才的建议	黄斯欣

说明：1997—2002 年及 2011 年未评选优秀提案

第二节 视 察

《政协全国委员会关于政治协商、民主监督、参政议政的规定》提出，民主监督的主要形式有：政协全国委员会的全体会议、常务委员会会议或主席会议向中共中央、国务院提出的建议案，各专门委员会提出的建议或有关报告；委员视察，委员提案，委员举报或以其他形式提出批评和建议；参加中共中央、国务院有关部门组织的调查和检查活动。地方委员会可根据本地情况参照执行。

县政协将视察参观、调查研究活动作为政协委员履行职责的一项基础性工作，即作为委员了解情况、检查工作、研究问题、建言献策的重要途径，坚持“有调查才有发言权，知情才好出力”理念，通过不同层次、不同规模、不同形式的视察调研，收集学习有关资料，了解社情民意，参加座谈，听取情况介绍，写出视察通报或情况反映等，提供或反映给党政机关或其他有关部门。每一届、每一年都未间断，达到体察民情、了解民意、集中民智、凝聚民力，发挥人民政协为党政排忧、为群众解难的作用。

一 第一届县政协视察

1997 年 2 月中旬，县政协一届一次会议组织全体委员和与会列席人员，视察复县后的“一号工程”——凯江工程施工现场，面对热火朝天的宏大施工场面，委员们为之振奋，为家乡建设出力的激情油然而生，现场慷慨解囊，踊跃向工程捐款 1. 1 万元。是年，县政协提案委视察白马关乡以旅游为主的国土开发整治项目实施情况；文史委主动配合县文化体育局文物普查，视察云盖山庄、醒园、万佛寺等配套开发建设情况，对保护人文景观、自然景观等方面的问题提出意见和建议；经科委、鄢家地区委员小组组织委员分别视察了德安等部分乡镇个体私营经济发展情况；文教卫委视察罗江中学综合楼建设工程和慧觉镇茅庵堂小学“广厦工程”。视察中，委员们“一看、二议、三会诊”，对这些地方和单位所取得的成绩和经验给予充分肯定，对存在的问题提出意见和建议，对亟待解决的问题以书面形式向县委、县政府及县级有关部门作了反映。这一年，县城建设规模大、进展快，为保证各项工程质量，群法委多次组织委员视察工地，及时向有关部门通报情况，避免出现“豆腐渣”工程。

1998 年 6 月，县政协农业委围绕巩固农业基础地位和发展农村经济、农民增收主线，开展对粮食仓库、生猪发展、兴修水利、开发滩涂、保护国土资源等先后到略坪、金山、谭家坝、罗江 4 个粮站，到略坪镇天龙养殖场与肉鸽驯养场，大井乡灯塔个体养猪场视察调查。提案委到鄢家镇部分村组对桑蚕果树、观光农业和场镇饮用水等工程进行视察调研。12 月，文史委对重点文物保护单位、文化旅游资源开发、发展第三产业进行专题视察调查。文教卫委27名委员深入白马关乡，对广播电视网络、村卫生站及计划生育“三结合”（把计划生育工作与发展社会主义市场经济相结合，与群众勤劳致富奔小康相结合，与建设文明幸福家庭相结合）建设进行视察、协商活动，肯定成绩，提出建议。财贸委对县域非公有制经济的发展优势和存在问题等进行视察调查。是年，万安地区委员小组视察境内金花梨及蔬菜基地建设情况；略坪地区委员小组视察、考察了略坪镇小康工程、广福镇多种经营工作情况；金山地区委员小组对金山企业改制、民营经济发展、多经生产发展、村镇建设等进行视察调查；鄢家地区委员小组对鄢家镇集镇建设、自来水工程、村务公开等进行视察调查。12月8日，受德阳市政协委托，县政协组织辖区内市政协委员，在主席会议成员带领下，听取县委书记通报县情，深入到万安、金山、略坪等镇，视察综合治旱工程和千亩黄花梨基地建设和琅峰饲料公司、养鸽场和天龙养殖场发展建设情况，还视察绵远河罗江段治理工程施工现场，并送去慰问品。

1999年1月，县政协工业委对御营镇企业改制后实施情况进行视察。5月4日，县政协主席、副主席及常务委员听取县建委、县林业局关于罗江县城市绿化工程、环城绿色屏障工程规划建设实施情况汇报后，深入现场进行视察并提出意见和建议。5月20日，由县政协专委办牵头，文史委、财贸委全体县政协委员，并约请县天然气公司、县文化体育旅游局、白马关镇等单位负责人，视察白马关镇“倒湾”景区开发情况。6月，文教卫委对县预防保健中心组建情况进行专题视察，针对存在的问题，委员们提出“加大宣传力度，争取县委、县政府在增加建设及设备投入和人员编制等方面支持”等意见和建议。12月，文教卫委再次视察县预防保健中心，并形成情况报告。12月9日，县政协主席会议组织县政协常委和驻罗江辖区的市政协委员共40人，在听取县委农工办、县农业局关于罗江县农业产业结构调整情况汇报后，深入到略坪镇、广富乡进行实地视察。在清理整顿农村合作基金会的各个阶段，县政协采取多种形式，深入乡镇视察，了解情况，分析问题，献计献策，为维护社会稳定做出了贡献。是年，各委员小组适时组织小组委员，就农业产业结构调整、集镇建设等进行视察调查。

2000年3月28日，县政协文史委视察白马温泉开发利用、三国蜀汉文化旅游区公路建设及罗江县首届梨花会进展情况，并以简报形式向县委、县政府反映情况。5月24日，县政协主席何天云、副主席刘成国、秘书长张明义到白马关乡天台村视察旱灾情况，26日，率县政协牵头的县林业、国土、文体、卫生等部门负责人，将干部职工捐集的抗旱款6800元送到白马关乡。6月22日，文教卫生委、提案委政协委员深入县内6所学校，就学习贯彻《中华人民共和国未成年人保护法》《中华人民共和国预防未成年人犯罪法》等进行视察，对县教委和各学校普遍成立法制教育领导小组、各校聘请法制副校长和法制辅导员、定期对学生进行法制教育等举措给予肯定。是年，法群委全体政协委员对公安、交通、城建、教育等县级部门的“政务公开”情况进行视察，向被视察单位通报意见和建议。8月，文史委政协委员视察大井镇广播电视发展情况，并形成视察报告送有关部门。10月24—26日，县政协组织文教卫委委员对全县卫生执法情况进行视察，针对存在的卫生监督体制不完善、监督执法力度不够等问题，提出意见和改进措施。11月20日，受德阳市政协委托，县政协主席何天云，副主席刘成国、李兴明，秘书长张明义陪同市政协副主席田进朝、宋玉华，秘书长龙旗云、农经委主任高应平等，率驻罗江辖区市政协委员和部分县政协委员，听取县畜牧工作情况汇报，深入回龙、略坪、广富等镇视察佛山养鸡场、牛源肉牛养殖场、同乐村庭院经济发展情况，田进朝作指导性讲话。是年，农业委先后到略坪镇建国村、广富镇齐心村视察生态建设、农业产业结构调整、微小滴灌等科技兴农示范基地建设情况；财贸委对税收征管工作进行视察，并提出意见和建议；鄢家、金山、万安等地区委员小组，分别对农村信贷工作、集镇及村道建设等进行视察。

2001 年 6 月，县政协法群委视察县人民法院民事审判工作，对其一些影响司法公正的问题提出意见和建议。9 月 19 日，县政协秘书长张明义率政协机关人员冒雨赴万安乡南塔村视察抗洪抢险工作，21 日，将机关干部职工捐集的1700元现金和 18 件物品送到县民政局。是月，文教卫委到罗江县双江中学视察，对该校虽历经三次搬迁，仍精神振奋、团结一心，内强素质、外树形象，开创学校工作新局面给予高度赞扬，并寄语学校教职员工，以创省重点学校为目标，各项工作更上一层楼。10 月下旬，工业委视察农村电网改造，并写出有关农网改造、电价电费执行管理情况的视察报告。11 月 9 日，县政协主席何天云、副主席刘成国、秘书长张明义陪同德阳市政协副主席陈久新等，率驻罗江辖区的市政协委员及县政协文史学习委委员视察白马关，了解三国蜀汉文化旅游区的规划、建设情况，实地考察倒湾，为罗江文化旅游发展建言。是月，法群委视察县人民检察院，通过听、看、查，委员们对该院的检务公开工作给予充分肯定，并针对不足提出建议。是年，财贸委视察县城罗江综合市场建设情况；万安地区委员小组视察万安蔬菜基地建设和产业结构调整；金山地区委员小组视察金山镇生态农业项目示范区建设和川中农业综合开发项目工程。

2002 年 1 月，县政协一届六次会议全体与会人员视察三国蜀汉文化旅游区建设情况。3 月 13 日，县四大班子领导左正、曾广友、卢也、何天云等陪同德阳市政协主席石友成等视察罗江三国蜀汉文化旅游区开发、工业区建设、农业招商、农业结构调整情况。3 月 28 日，县政府办印发《关于做好迎接县政协各专委会视察工作的通知》，安排有关视察工作。8 月 15 日，县政协工业委和部分驻县市政协委员，视察全县招商引资工作，听取县招商局工作汇报，考察工业园区建设和“四川工友”“四川振云”等民营企业的生产和改扩建工程并形成视察报告。9 月 9—12 日，县政协主席何天云率县委组织部负责人、县政府有关领导及县建设、计划发改、水务等部门负责人先后到略坪、广富、白马关 3 个镇和金融、保险等 7 个单位视察，督查调研 1—8 月目标任务完成情况，并向县委、县政府提交有关书面材料。10 月 23 日，县政协主席何天云，副主席刘成国、段家琼、肖宗军和秘书长张明义，陪同德阳市政协文史学习委一行 23 人，视察白马关三国蜀汉文化旅游区开发建设情况并举行座谈会。是月，县政协文教卫委视察县人民医院迁建二期工程进展情况，建议县委、县政府加大工程资金投入，县医院多渠道筹措资金以保证该工程顺利完成。11 月，财贸委到县地税局就农业特产税征收情况进行专题视察，并形成《罗江县小食品加工业发展状况》视察报告。12 月 15 日，县政协主席何天云，副主席刘成国、段家琼，秘书长张明义等，在县委书记左正率领下，陪同德阳市政协领导石友成、田进朝、袁济生、杨克洪、龙旗云和驻会专委会主任、常委一行 19 人，视察鄢家镇长堰村农业产业结构调整和“四川工友”“四川振云”“四川信元”等民营企业发展和招商引资情况。

二　第二届县政协视察

2003 年 5 月 14 日，县政协法群委视察医疗保险实施情况，写出《关于商请办理职工补充医疗保险》意见，得到县政府及县社保局的采纳，6 月落到实处，113 个单位的4637名参保人员办理补充医疗保险，并从 7 月 1 日起享受补充医疗保险待遇。6 月 17 日，农业委视察农业水利设施建设情况。7 月，文史委视察旅游资源开发建设情况，形成《为我县旅游开发建言献策》调查报告。10 月 14 日，社法委视察综合治理整体联动工作落实情况。10 月 23 日，工业委组织委员视察国道 108 线（川陕公路）罗江段改建工程和文（星）略（坪）公路建设情况。是年，教科文卫委组织委员先后视察《中华人民共和国人口与计划生育法》《四川省计划生育条例》贯彻执行情况和计划生育“三结合”工作及县人民医院迁建情况，形成《罗江县医院住院大楼修建视察情况反映》送交有关部门。是年 3 月 12 日，县政协配合四川省政协农经委主任文正经一行 15 人，视察调研罗江县农村税费改革情况，德阳市政协主席陈华国陪同视察。4 月 9 日，县政协配合省政协副主席等视察罗江县“合资企业发展”情况。8 月 15 日，配合陪同德阳市政协主席陈华国、副主席邓朝福率市政协农业委视察罗江境内国道 108 线扩（改）建工程水土保持情况、罗江县广富镇齐心村小流域水土保持“三合一”示范基地建设情况和“四川罗江水保培训中心”建设情况。9 月 15 日，接待配合省政协副秘书长陈宏志等视察调研罗江“人民政协民主监督制度化、规范化、程序化”建设情况。

2004 年 3 月 11 日，县政协主席邓华明率社法委视察慧觉镇残疾人保障工作，并举行座谈会。5 月 11 日，县政协主席邓华明、副主席肖宗军率财贸委全体委员视察罗江国家粮食储备库。8 月 11 日，县政协主席邓华明，副主席肖宗军、陈培建率财贸委、工商界政协委员及其他专委会主任等视察县信用联社支持县域经济发展情况，并举行座谈会。11 月 16 日，县政协主席会议成员率农业委委员及其他专委会主任视察大井镇农业经济发展情况。是年，县政协配合全国、省、市政协到罗江视察 4 次：4 月 1 日，省政协副主席杨海青等视察调研罗江县政协文史学习工作并参观庞统祠墓和李调元纪念馆；5 月 11—12 日，全国政协常委、民革中央副主席朱培康等在省、市有关领导陪同下，到罗江视察调研劳动力开发、乡镇负债、小城镇建设等情况；7 月 23 日，市政协副主席马俊东、谢能昌率部分市政协委员到罗江视察调研残疾人工作并召开座谈会；10 月 26 日，市政协主席陈华国率市有关部门负责人到罗江视察“扶贫新村建设”情况，县“四大班子”主要领导陪同视察。

2005 年 3 月 25 日，县政协主席邓华明率工业委部分委员视察县重点工程罗（江）绵（竹）路改建工程情况。4 月 29 日，县政协主席邓华明率文史学习委委员视察“奎星水城”拟建地及文保单位奎星阁。是日，县政协副主席肖宗军率社法委委员视察县公安局“创一流工作”情况。5 月 20 日，县政协主席邓华明率文教卫委委员视察教育局，督办 84 号提案。7 月 7 日，县政协副主席洪善斌率文史学习委委员视察全县宗教活动场所“文物保护”情况。7 月 19 日，县政协主席邓华明视察文星镇洪灾情况，然后召集联系文星镇的县级部门财政、人口计生、文化体育、电信及县政协办等召开协调会，议定共同出资4000元帮助抗洪救灾，次日，帮扶款送至文星镇。7 月 21 日，县政协副主席肖宗军等率农业委委员视察县扶贫新村建设和末端渠系整治工程建设情况。7 月 28 日，县政协主席邓华明率专委会主任视察慧觉、略坪镇敬老院。9 月 15 日，县政协主席邓华明率文史学习委视察庞统祠墓，并就文物保护工作开展咨询活动。10 月 11 日，县政协副主席洪善斌率工业委委员视察“工友”“艾华”“振云”“金府王”等企业，县政府副县长唐维露应邀参加。10 月 20 日，教科文卫委视察通用电子科技学校。12 月 29 日，县政协主席邓华明率专委会主任视察社区建设情况。是年，县政协配合陪同省、市政协视察罗江有关工作 6 次：3 月 31 日，省政协副秘书长、研究室主任陈宏志等到罗江视察；7 月 21 日，市政协主席陈华国率市有关部门负责人到罗江县万安乡视察减轻农民负担工作情况；11 月 3 日，市政协副主席邓朝福等视察罗江扶贫新村建设；11 月 30 日，市政协主席陈华国、副主席龙旗云率队视察罗（江）通（江）公路接壤部分建设情况，县领导左正、邓华明、白光裕陪同；12 月 13 日，省政协研究会顾问、省社科院副院长陈炳仁，省政协研究会会长、省政协办公厅巡视员陈宏志，副会长、巡视员魏秋菊到罗江视察县政协创建“学习型、服务型、创新型、效能型”政协机关情况。

2006 年 2 月 17 日，县政协主席邓华明、副主席陈培建到白马关镇视察旅游开发建设情况。3 月 29 日，县政协副主席洪善斌率提案委委员视察蟠龙镇编修镇志工作。3 月 31 日，县政协副主席肖宗军率社法委委员视察县公安局“110 平台”实施情况。4 月 20 日，社法委组织委员视察县看守所及调元公安派出所、略坪镇三塘村警务室等建设情况。6 月 13 日，县政协主席邓华明率农业委委员视察退耕还林情况，又于 20 日率农业委视察鄢家镇星光、长堰村新农村建设情况，与县委农工办协商、督办 24 号提案。21 日、23 日、27 日、28 日，县政协提案委、农业委、社法委、工业委先后视察县水务局、县规划和建设局、县自来水公司、县委农工办、县供销社、县经济和商务局，并与这些部门和县政府办对口协商，督办县政协 1 号、32 号、4 号、42 号、30 号、33 号等重点提案。7 月 5 日，县政协主席会议组织各专委会主任视察宗教工作，实地考察金莲寺、万佛寺宗教活动场所。7 月 6 日，县政协文史学习委、提案委组织委员视察文化旅游体育局工作及重点协商 54 号提案落实情况。7 月 11 日，县政协主席邓华明等率提案委、社法委就主席会议成员督办的 3 号、10 号提案视察县民政局，并进行协商。7 月 13 日，县政协主席邓华明等率县政协教科文卫委视察县农村卫生工作。是年，配合陪同省、市政协视察罗江县有关工作 3 次：2 月、3 月，市政协领导率文史学习委、联谊委和社法委，视察调研罗江县宗教工作和旅游业发展、农村医疗救助等情况；4 月 10 日，省政协副主席李进一行到罗江视察调研“企业自主创新”工作情况。

三　第三届县政协视察

三届县政协一次会议主席团于全会期间（2006 年 12 月 5 日）组织全体委员视察独具罗江人文特色的潺亭水城和在建中的罗江看守所，参观“罗江十年建设展”。2007 年 3 月 15 日，县政协主席邓华明、副主席肖宗军、秘书长薛建都率经科委政协委员视察国企四川省玻纤集团有限公司扩建情况。4 月 4 日，县政协主席邓华明，副主席肖宗军、李兴明率县政协文史学习委全体委员和部分驻县辖区市政协委员联合视察文化旅游和新农村建设情况。4月12日，县政协农业委组织政协委员视察农村组通工程建设情况，县政协副主席古明水、李兴明及各专委会主任参加视察，县交通局负责人参加并介绍情况。4月20日，县政协主席会议组织政协委员视察公安系统实施“三基”工程建设情况，主席会议成员、政协常委、各专委会主任、社法委全体委员参加视察。视察组先后到县看守所、调元派出所、略坪派出所、略坪镇三塘村警务室现场查看，听取县委常委、政法委书记尚建关于“三基”工程建设情况通报。4月27日，县政协提案委组织对“五一”黄金周安全生产情况进行视察，县政协主席邓华明、副主席李兴明参加视察。视察组对县汽车站、CNG加气站、城北加油站、县城烟花爆竹经营点、公安交警略坪中队进行视察。7月6日，县政协主席邓华明，副主席肖宗军、古明水、李兴明率提案委政协委员视察地方志工作，听取地方志办公室的工作汇报，并就加快编修《罗江县志（1912—2007）》进度、保证志书质量等提出意见和建议。7月13日，主席会议组织部分政协常委、委员和各专委会主任视察县新农村建设和新能源工作情况，县农村能源办、县农业局、县爱卫办、县财政局、县发改局相关负责人应邀参加。8月1日，县政协文史学习委组织委员及辖区内部分市政协委员对县新一轮广播电视“村村通”工程建设和实施情况进行视察，县政协主席会议成员邓华明、肖宗军、古明水、张平富、薛建都，县政协各专委会主任参加视察，县广电局负责人随同参加并通报有关情况。9月19日，县政协社法委组织委员对贫困学生和残障儿童救助工作进行视察，县政协副主席肖宗军、各专委会主任参加视察。视察组到新盛中心校实地查看贫困学生入学、特殊教育中心建设等情况。县教育局、县残联分别汇报有关情况。9月21日，县政协联谊委组织委员视察万安镇社区建设情况，县政协副主席肖宗军、李兴明和各专委会主任参加视察。到万安镇及有关社区实地查看，并听取万安镇负责人及富乐、黎明、朝圣3个社区负责人有关情况汇报。9月26日，县政协经科委组织本委全体委员、驻县部分市政协委员视察县工业园区伯康机械有限公司、金府王食品有限公司、艾华电子有限公司，县政协副主席肖宗军、古明水参加视察，视察组听取三家企业负责人有关情况介绍，并提出了意见和建议。10月9日，县政协主席会议组织各专委会主任及部分委员视察县经济适用住房、廉组房、城市供水建设情况，县规划和建设局负责人参加并通报情况。10月12日，县政协农业委组织委员视察县开展农户科学储粮工作，县政协主席邓华明、副主席古明水，各委室主任参加视察。到万安镇白龙村查看农户科学储粮试点情况，听取县粮食局、万安镇负责人有关情况通报。视察组提出意见建议。11月21日，三届县政协主席会议成员应县地税局邀请，对地税工作进行视察。主席会议成员邓华明、肖宗军、李兴明、张平富、薛建都，及各委室主任、部分市县政协委员参加视察。参观了县地税局办税大厅，听取了地税局主要负责人有关工作情况汇报，提出意见建议。

2008年3—5月上旬，县政协主席会议及各专委会，开展对文化、旅游、卫生事业、发展建设、法制教育进社区，以及国企四川省金路树脂有限公司、非公企业等发展情况进行视察、参观，提出意见和建议。“5·12”汶川特大地震发生后，县政协在全力以赴投入抢险救灾的同时，充分履行人民政协“政治协商、民主监督、参政议政”职能，注重对救灾物资的安排使用、灾后恢复生产及重建中项目落实、规划执行情况进行视察调研，提出意见和建议，助力各项工作深入开展。3月11日，县政协主席邓华明、县政府副县长周丽姬、县政协副主席古明水等，率部分市县政协委员、各专委会主任等对全县文化卫生事业发展情况、法律进社区等工作进行视察。4 月 24 日，县政协文史学习委组织部分市县政协委员对罗江县“十点五线”文化旅游线路进行视察参观，县委常委、常务副县长陈天航，县政协副主席肖宗军、古明水，县政协老领导洪善斌，以及各专委会主任参加视察。5 月 6 日，县政协主席会议组织部分委员、各专委会主任视察全县农村中小学体育活动开展情况，县文体局、县教育局有关领导应邀参加。5 月 8 日，县政协经科委组织委员视察四川金路树脂有限公司生产情况，县政协副主席肖宗军、秘书长薛建都、各专委会主任参加视察。6 月中旬，县政协联谊委组织委员对万安、蟠龙、白马关镇和政法口、发展口接收、管理、使用抗震救灾物情况进行视察督查。8 月 21 日，县政协主席会议成员及部分市县政协委员、各专委会主任对县地税工作进行视察。27 日，主席会议组织开展对县人民法院工作进行视察。9 月 5 日，县政协主席会议成员率县政协各委（室）主任和部分政协委员视察实施灾后重建规划、建设情况。9 月 12 日，县政协提案委组织委员视察农村集贸市场建设、监管情况，县政协副主席肖宗军、古明水、李兴明，各专委会主任参加视察，县政府副县长唐维露应邀参加。9 月 23 日，县政协联谊委组织部分委员视察地震灾损道路、交通设施恢复重建情况，县政协主席邓华明、副主席肖宗军，各专委会主任参加视察。是年，配合、陪同省市政协领导到罗江视察调研 15 次。

2009 年，县政协主席会议、各专委会分别组织政协委员对全县文化卫生法律进社区、“十点五线”建设、农村中小学体育教育、农村集贸市场建设及监管、灾后交通设施恢复重建、人口和计划生育工作、规划建设工作、地税工作、法院工作等进行专题视察。5 月 15 日，县政协主席会议成员邓华明、古明水、李兴明、张平富、张宏琳率政协各专委会主任及部分政协委员视察全县改善政务环境、促进经济发展情况。5 月 20 日，提案委全体委员深入调元镇东南新型建材厂、略坪镇建国页岩砖厂等现场视察安全生产情况，主席会议成员及各专委会主任参加，县安监局负责人参加并介绍 1—4 月全县安全生产情况。5 月 21 日，社法委全体政协委员深入蟠龙镇盐井村、万安镇朝圣社区等地视察社会治安综合治理进展情况，县政协主席会议成员及各专委会主任参加，县委常委、政法委书记张胜虎，政法委副书记莫畏强应邀参加并介绍情况。5 月 27 日，县政协主席会议成员邓华明、古明水、李兴明等率政协各委室主任、部分县政协委员对金山工业集中发展区进行视察，金山实验区、金山镇负责人参加并介绍情况。6 月 9 日，县政协经科委组织对全县装备制造产业发展情况进行视察，县政协主席会议成员、各委室主任、经科委全体政协委员参加视察，县经济和商务局负责人参加并介绍情况。6 月 18 日，县政协联谊委组织对全县乡村卫生站服务体系建设情况进行视察，主席会议成员、各专委会主任、联谊委部分委员参加视察活动。视察组深入农村卫生站查看、询问了解乡村医生和村民群众意见、听取县卫生局汇报情况，提出意见建议。6 月 23 日，县政协主席会议对县首批经济适用房及廉租住房建设使用情况进行视察，县政协主席会议成员、各委室主任、部分政协委员参加视察，县规划和建设局负责人参加并介绍情况，提出意见建议。7 月 16 日，县政协文史委视察白马关景区开发建设情况，县政协主席会议成员、各委室主任参加。7 月 21 日，县政协农业委组织视察略坪蔬菜种植专合社生产经营情况，主席会议成员、各专委会主任参加视察，副县长白光裕，县委农工办负责人应邀参加，县供销社负责人参加并通报情况。9 月 25 日，县政协主席会议对农产品安全生产情况进行视伍的建议》等。

1999 年 1 月 28 日，县政协一届三次全体会议期间收到提案 59 件。提议、附议委员 198 人次。经审查立案 58 件，其中经济建设方面的 33 件，占提案总数的 56.9%；教科文卫、社会事业等方面的 12 件，占 20.7%；劳动人事、廉政建设等方面的 13 件，占 22.4%。未立案 1 件作为意见和建议交有关方面办理。提案主要有：《关于建立健全金花梨流通体制的建议》《关于对金花梨进行深度开发，提高其品味价值的建议》《关于加快发展罗江旅游业的建议》《关于治理护城河污染、美化文明秀丽的罗江县城的建议》《关于商业街道综合市场入口污水沟亟待整治的建议》《关于整治旧城排污围城河的建议》《关于治理县人口委旁污水沟的建议》《关于加大贫困学生帮扶工作力度的建议》《关于加快罗江县职业高中建设步伐的建议》《关于提高公务员队伍素质的建议》《关于加强我县公文发送工作的建议》《关于对农民法定内的"双提款"应依法强制征收的建议》《关于对我县农村教育费附加的征收、管理、使用情况进行督查、审计的建议》《关于建议县政府制订对优秀提案及提案承办先进单位进行表彰的建议》等。

2000 年 1 月 26 日，县政协一届四次全体会议期间收到提案 38 件。提议、附议委员 190 人次。经审查立案 38 件，其中经济建设方面 10 件，占提案总数的 27%；基础设施建设方面 10 件，占 27%；教科文卫体、社会事业等方面 6 件，占 16.2%；环保、劳动人事方面 6 件，占 16.2%；政治法律、廉政建设等方面 6 件，占 16.2%。提案主要有：《关于农业税、水利费征收问题的建议》《关于尽快落实广播电视电价标准的建议》《关于制定水果运输商优惠政策和奖励措施，全面开拓罗江水果市场的建议》《关于自来水、城建部门应规范收费标准，创造宽松条件的建议》《关于巩固蚕桑生产的建议》《关于综合治理占道经营、统一规划邮亭建设的建议》《关于整顿县城环境卫生及市容市貌的建议》《关于尽快建成县电影院、开发利用玉京湖的建议》《关于县城南街修建公厕的建议》《关于太平桥两端、芙蓉溪桥、城北公铁立交等路面修筑的建议》《关于罗江县"光明工程"的建议》《关于慧觉镇教师广厦工程应尽快续建的建议》《关于加强县城区域的污水治理，改善历史文化名城环境状态的建议》《关于规范县城垃圾车辆上班时间和清除卫生死角的建议》《关于关闭四川省树脂厂小水电厂的建议》《关于加强农村合作基金会清欠工作力度的建议》《关于理顺村社财务管理关系的建议》《关于齐抓共管学校周边环境的建议》《关于建立政府法律顾问组的建议》等。

2001 年 1 月 11 日，县政协一届五次全体会议期间共收到提案 84 件。提议、附议委员 432 人次。经审查立案 81 件，其中经济建设方面 22 件，占提案总数的 26.4%；基础设施建设方面的 31 件，占 38.3%；科教文卫体方面 21 件，占 25.9%；政法统战、劳动人事等类 10 件，占 12.3%。未立案 3 件作为建议转交有关方面办理。提案主要有：《关于建立优质粮油生产基地，抓好落实优质优价政策的建议》《关于促进我县非公有制经济壮大发展的建议》《关于加快罗江县个体私营经济发展营造良好环境的建议》《关于开展"农业信息"服务的建议》《关于改善城区生态建设，加强我县道路标示标志安装的建议》《关于加快影剧院建设，丰富罗江人民的文化生活的建议》《关于取消或改建县城万安路中心转盘的建议》《关于围绕"三国蜀汉文化"大做旅游产业文章的建议》《关于旧城拆迁工作应注意文物保护的建议》《关于加强市民卫生习惯教育的建议》《关于建立农村广播改造专项基金的建议》《关于净化学校周边环境，为学生身心健康发展创造良好条件的建议》《关于综合治理县城社会治安，保护人民生命财产，维护地方平安的建议》《关于提高我县中层干部素质的建议》《关于设立罗江“110”的建议》等。

2002年1月24日，县政协一届六次全体会议期间收到提案66件。提议、附议委员338人次。经审查立案65件，其中经济建设27件，占提案总数的41.5%；科教文卫体17件，占26.2%；政法、统战、劳动人事、民族宗教、精神文明建设21件，占32.3%。未立案1件，作为意见建议转交有关方面办理。提案主要有：《关于建立县乡两级果技员队伍的建议》《关于加速建立罗江水果批发市场的建议》《关于要求粮食部门龙头企业与农户签订农产品收购合同的建议》《关于投资创办农业科技示范园区的建议》《关于鼓励涉外企业采取来料加工方式出口的建议》《关于加大城市环卫建设力度的建议》《关于加强安居工程物业管理的建议》《关于保障供电，确保广播电视正常运转的建议》《关于调整农业产业结构的建议》《关于加强农业特产税征收力度的建议》《关于大力发展罗江旅游经济的建议》《关于在纹江路设置公厕方便实验小学学生的建议》《关于加强社会主义精神文明建设的建议》等。

2003年1月8日，县政协二届一次全体会议期间收到提案84件。提议、附议委员360人次。84件提案中，法制群团委23件，农业委11件，工业委17件，文教卫生委20件，财贸委13件。经审查立案84件，其中经济类50件，占立案总数的60.9%；科教、文化、卫生、体育类14件，占16.7%；政法、统战、劳动人事、民族宗教、精神文明建设类20件，占22.4%。提案主要有：《关于制定本县非公有制企业享受招商优惠政策的建议》《关于依靠科技，加大对中小企业投入力度，推进工业经济跨越式发展的建议》《关于财政解决“车载式火箭”人工增雨经费的建议》《关于在我县建立以金花梨为龙头的农业标准化示范区，推广无公害农产品的建议》《关于兑现医保单位统筹资金中个人账户资金的建议》《关于尽快落实乡镇农技人员养老保险的建议》《关于落实农业体系人员编制和经费的建议》《关于开展资助贫困学生活动确保“双基”（基础知识和基本技能训练）成果得到巩固的建议》《关于消除学校周边安全隐患的建议》《关于以“三区县血防联动”为契机，搞好地方病防治工作的建议》《关于加强游戏厅、网吧监督管理的建议》《关于加强乡镇生活垃圾的管理与处理的建议》《关于完善路边电线，确保行人安全的建议》等。

2004年2月1日，县政协二届二次全体会议期间收到提案81件。提议、附议委员366人次，81件提案中，提案委10件，文史学习委15件，社会法制委10件，农业经济委11件，财贸委9件，工业委12件，教科文卫委14件。经审查立案81件，其中经济财贸方面17件，占提案总数的21%；基础设施方面29件，占36%；教育、科技、文化、卫生、体育方面11件，占14%；劳动人事、社保、经济方面6件，占7%；社会法制及精神文明建设方面5件，占6%；其他类13件，占16%。提案主要有：《关于编制川陕公路罗江段改道经济发展规划的建议》《关于整合农业资源，推进农村集体土地有序流转的建议》《关于加强农业科技储备，建立无公害养殖基地和养殖协会的建议》《关于建立万亩优质花生种植基地的建议》《关于保护罗江名特产品发展的建议》《关于加大对农村弱势群体扶持力度的建议》《关于壮大旅游产业，支持观光生态农业发展的建议》《关于加强滨江路沿岸休闲、人文景观建设的建议》《关于加快县城周围绿色屏障建设的建议》《关于鼓励农民进城，提高城镇化水平的建议》

《关于县城公交车向主要景点延伸的建议》等。

2005 年 1 月 13 日，县政协二届三次全体会议期间收到提案 91 件，其中集体提案 3 件。91 件提案中，提案委 16 件、文史学习委 13 件、社法委 7 件、农业委 11 件、财贸委 13 件、工业委 17 件、教科文卫委 14 件。经审查立案 84 件，其中经济建设方面 31 件，占立案总数的 37.1%；城建、环保方面 24 件，占 28.5%；政务方面 16 件，占 19%；科教文卫体、旅游方面 5 件，占 5.9%；其他方面 8 件，占 9.5%。未立案 7 件，作为意见建议转有关方面办理。提案主要有：《关于以川陕公路改道为契机，建设罗江经济绿色走廊的建议》《关于推进农业信息化工程的建议》《关于推进公民道德建设，加强对农民的教育和引导的建议》《关于切实减轻农民负担的建议》《关于加强乡镇、村水泥道路维护和管理的建议》《关于提高职工住房公积金计提基数和比例的建议》《关于执法机关建立公平的执法程序和咨询制度的建议》《关于县消防大队办公楼应尽快完工的建议》《关于加强城内公厕规划建设和管理的建议》《关于整治宇隆广场街口占道经营的建议》《关于处理好玉京湖两岸污水排放的建议》等。

2006 年 2 月 23 日，县政协二届四次全体会议期间共收到提案 67 件，其中集体提案 1 件。67 件提案中，提案委 14 件，文史学习委 8 件，社法委 10 件，农业委 8 件，财贸委 10 件，工业委 7 件，教科文卫委 10 件。经审查立案 65 件，其中经济建设方面 15 件，占立案数的 23.1%；基础设施建设和环境保护方面 13 件，占 20%；政务方面 23 件，占 35.4%；科教文卫体、旅游方面 10 件，占 15.4%；其他方面 4 件，占 6.1%。未立案 2 件，作为意见转有关方面办理。提案主要有：《关于切实推进我县社会主义新农村建设的建议》《关于打好中国金花梨之乡品牌，促进梨系列产品加工、销售进程的建议》《关于进一步关心城乡特困群众生活，促进和谐社会全面建设的建议》《提高农民工培训质量的建议》《关于城市建设严格执行相关法律法规的建议》《关于制定罗江种子业的持续发展措施的建议》《关于建立投资项目情况通报制度的建议》《关于增设天台湖两岸防洪堤、防护栏以消除安全隐患的建议》《关于盘活私营企业财产，建立中小企业担保公司的建议》等。

2006 年 12 月 6 日，县政协三届一次全体会议期间收到提案 108 件，提议、附议委员 516 人次。108 件提案中，集体提案 1 件，委员提案 107 件。经审查立案 101 件，其中经济建设方面 15 件，占立案总数的 14.8%；基础设施建设和环境保护方面 34 件，占 33.7%；教育、科技、文化、卫生、体育和旅游方面 15 件，占 14.8%；政务管理方面 31 件，占 30.7%；其他方面 6 件，占 6%。未立案 7 件，作为意见建议转交有关方面办理。本次会议委员提案件数、提议人和附议人数均创历次会议新高。各专委会和政协委员在提出提案前，认真做好准备，围绕全县经济建设、基础设施建设、环境保护、政务管理、科技、教育、文化、卫生，以及人民群众关心的热点难点问题，作了大量的调查研究。提案主要有：《关于加强罗江县地方品牌文化品名和自主知识权保护力度的建议》《关于落实凯江河水面清污机制、提升“潺亭水城”形象的建议》《关于取缔街边邮亭的建议》《关于关注农村贫困教师维护教师队伍稳定的建议》《关于加大治理污染企业力度的建议》《关于建立农村实用技术人才考核评价管理体系的建议》《关于稳定和加强乡镇治安巡逻队伍建设的建议》等。

2008 年 1 月 9 日，县政协三届二次全体会议期间收到提案 98 件，其中集体提案 3 件。提案提议、附议委员 596 人次。经审查立案 98 件，其中政务管理方面 15 件，占立案总数的

15.3%；经济发展方面13件，占13.3%；民生方面15件，占15.3%；城乡统筹方面7件，占7.1%；城市管理方面23件，占23.5%；社会事业方面6件，占6.1%；生态文明方面13件，占13.3%；其他方面6件，占6.1%。提案主要有：《关于将每年12月10日作为县庆节的建议》《关于健全我县镇级农业服务体系的建议》《关于整合资源加强干部培训阵地建设的建议》《关于加强企业节能降耗监管工作的建议》《关于尽快实施县城自来水二期工程的建议》《关于在实施征地农转非人员社会保险的基础上，在全县建立农民养老保险制度的建议》《关于加强对廉租房使用监督管理的建议》《关于政府统筹，着力打造范家大院的建议》《关于加快旧城改造步伐的建议》《关于加强城市管理，提升文化罗江整体形象的建议》《关于进一步加强县城卫生管理的建议》《关于充分利用撤并乡镇闲置资产建立文化中心示范点的建议》《关于保护母亲河纹江河的建议》《关于完善县城绿化规划的建议》《关于进一步建立和完善生态环境保护奖惩激励机制的建议》等。

2009年3月24日，县政协三届三次全体会议期间收到提案86件，其中集体提案2件。提议、附议委员419人次。86件提案中，提案委18件，文史学习委18件，社法委9件，农业委9件，联谊委13件，经科委11件，教文卫委8件。经审查立案83件，其中政务管理方面17件，占立案总数的20.5%；经济发展方面11件，占13.2%；关注民生方面9件，占10.8%；城市管理方面27件，占32.5%；社会事业方面17件，占20.5%；生态文明方面2件，占2.5%。提案主要有：《关于规划建设罗江县公园的建议》《关于在新建民用建筑房屋开展规划设计和质量安全检测（试点）工作的建议》《关于调高住房公积金缴存比例的建议》《关于进一步加强行政部门、事业单位工作人员心理健康教育的建议》《关于支持农民自主创业的建议》《关于加快旧城改造、打造城市新形象的建议》《关于加快城镇居民住房灾后恢复重建步伐的建议》《关于我县特色农业发展的建议》《关于健全我县县镇两级农业服务体系的建议》《关于重视灾后经济振兴、切实关注本地民企发展的建议》《关于点校清代罗江四部县志的建议》等。

2010年1月6日，县政协三届四次全体会议期间收到提案94件，其中集体提案7件。提议、附议委员626人次。94件提案中，提案委16件，文史学习委10件，社法委10件，农业委8件，联谊委11件，经科委29件，教文卫委10件。经审查立案93件，其中政务管理方面22件，占立案总数的23.7%；经济发展方面16件，占17.2%；幸福家园建设方面9件，占9.6%；关注民生方面7件，占7.5%；城市管理和建设方面23件，占24.7%；社会事业方面11件，占11.8%；生态文明方面5件，占5.4%。提案主要有：《关于加强我县新型农村合作医疗基金监管力度的建议》《关于设立旅游产业发展专项基金的建议》《关于发展罗江文化产业的建议》《关于规范畜禽宰杀，保证肉食品安全的建议》《关于鼓励现有企业增资扩产，促进产业链招商的建议》《关于开通县城—白马关庞统祠—万佛寺环山公交车的建议》《关于为建设“中国幸福家园”提供水资源保障的建议》《关于加强对“十点五线”景点管理利用的建议》《关于加快县城南、北老街改造的建议》《关于加快县城综合市场、零售水果市场、零售小食摊位功能区规划建设的建议》《关于腾笼换鸟推动功能区规划建设的建议》《关于对白马关景区群众进行素质培训和法制教育的建议》《关于加强乡镇基础设施建设和卫生环境整治的建议》《关于妥善解决科级领导干部待遇的建议》等。

2011 年 1 月 10 日，县政协三届五次全体会议期间收到提案 89 件，其中集体提案 7 件。89 件提案中，提案委 14 件，文史学习委 13 件，社法委 10 件，农业委 10 件，联谊委 9 件，经科委 17 件，教文卫委 16 件。经审查立案 87 件，其中政务管理方面 23 件，占立案总数的 26%；经济发展方面 11 件，占 12.6%；改善和关注民生方面 10 件，占 112.5%；城市管理和建设方面 23 件，占 26.5%；社会事业方面 17 件，占 19.5%；生态环保方面 3 件，占 3.4%。提案主要有：《关于建立罗江本土智囊团的建议》《关于恢复和建立镇农业技术推广站的建议》《关于建立大学生创业园（孵化园）的建议》《关于加强城市社区建设的建议》《关于加强旅游景区管理的建议》《关于将卫生与教育系统离退休职工生活补贴同等对待的建议》《关于支持社会力量建设社会养老院的建议》《关于解决村医生养老保险的建议》《关于解决村通广播电视维护经费确保村通不"返盲"的建议》《关于加强罗江污水处理厂建成后运行管理的建议》《关于加强公车管理，积极稳妥推动我县公车改革的建议》等。

2011 年 12 月 14 日，县政协四届一次全体会议期间收到提案 122 件，其中集体提案 2 件。提议、附议委员 525 人次。122 件提案中，联谊委 13 件，提案委 16 件，文史学习委 18 件，社法委 18 件，农业委 11 件，经科委 31 件，教文卫委 15 件。经审查立案 113 件，其中产业类 17 件，占立案总数的 15%；文化建设类 10 件，占 8.8%；生态建设类 4 件，占 3.5%；民生类 26 件，占 23%；社会事务类 29 件，占 25.7%；政务管理类 27 件，占 23.9%。未立案 9 件，作为意见建议转有关方面办理。提案主要有：《关于进一步强化经开区发展质效的建议》《关于进一步强化城乡建设规划的建议》《关于尽快配齐乡镇文化专干的建议》《关于着力发展经济、切实改善民生的建议》《关于增强县城活力，提升城市形象的建议》《关于建设罗江文化广场的建议》《关于巩固"双创"成果，强化人口计生优质服务体系的建议》和《关于建立罗江县引进实用型专业技术人才激励机制的建议》等。

2013 年 1 月 4 日，县政协四届二次全体会议期间收到提案 110 件，其中集体提案 3 件。提议、附议委员 542 人次。110 件提案中，提案委 17 件，联谊委 13 件，文史学习委 19 件，社会法制委 18 件，农业委 12 件，经科委 16 件，教文卫委 15 件。经审查立案 105 件，内容涉及产业发展类 11 件，占立案总数的 8.7%；民生类 22 件，占 21.29%；文化建设类 8 件，占 7.7%；生态类 6 件，占 5.7%；社会事务类 26 件，占 25%；政务管理类 33 件，占 31.7%。未立案 6 件，作为意见建议转有关方面办理。提案主要有：《关于合理分配政府安置房的建议》《关于大力发展乡村旅游的建议》《关于加强县城生态屏障工程保护完善利用的建议》《关于整治综合市场乱搭乱建的建议》《关于建立秸秆禁烧和综合利用长效机制的建议》等。

2014 年 1 月 12 日，县政协四届三次全体会议期间收到提案 88 件，其中集体提案 6 件。提议、附议委员 507 人次。88 件提案中，提案委 13 件，联谊委 12 件，文史学习委 13 件，社法委 13 件，农业委 11 件，经科委 13 件，教文卫委 13 件。经审查立案 87 件，其中产业类 6 件，占立案总数的 7%；文化建设类 14 件，占 16%；生态建设类 4 件，占 4.6%；民生类 22 件，占 25.3%；社会事务类 12 件，占 13.8%；政务管理类 29 件，占 33.3%。未立案 1 件，作为意见建议转有关方面办理。提案主要有：《关于加快罗江产业发展，做强工业，提升品牌意识，构建罗江花生产业新格局等建议》《关于促进生态文明建设，加强"一江三河八岸"水源保护等建议》《关于不断改善民生，整合资源，探索村级公共社会化服务模式，发展城市公交等建议》《关于建设务实高效政府，不断加强机关作风建设，在机关开展“五比五看”，弘扬新时期罗江精神，提高行政效能，办好罗江政务微博等建议》等。

2015 年 1 月 23 日，县政协四届四次全体会议期间收到提案 91 件，其中集体提案 3 件。提议、附议委员 587 人次。91 件提案中，提案委 13 件，联谊委 20 件，文史委 14 件，社法委 14 件，农业委 7 件，经科委 10 件，教文卫委 13 件。经审查立案 84 件，其中产业发展类 12 件，占立案数的 14.3%；文化旅游类 7 件，占 8.3%；生态建设类 4 件，占 4.8%；民生实事类 18 件，占 21.4%；社会事务类 13 件，占 15.5%；政务管理类 30 件，占 35.7%。未立案 7 件，作为意见转有关方面办理。提案主要有：《关于利用经开区闲资资源建立小微企业孵化园的建议》《关于成立企业服务协商小组的建议》《关于构建城乡便民服务圈的建议》《关于推进城乡供水一体化的建议》等。

2016 年 4 月 6 日，县政协四届五次全体会议期间收到提案 102 件，其中集体提案 5 件。提议、附议委员 543 人次。102 件提案中，经审查立案 99 件，其中产业发展类 10 件，占立案数的 10.1%；文化旅游类 12 件，占 12.1%；生态建设类 5 件，占 5.1%；民生实事类 31 件，占 31.3%；社会事务类 14 件，占 14.1%；政务管理类 27 件，占 27.3%。未立案 3 件，作为意见建议转有关方面办理。提案主要有：《关于在县城新建西街幼儿园的建议》《关于在旧城改造中注入文化元素的建议》《关于实施“11127”工程，大力推进新型城镇化建设的建议》《关于加快发展家庭农场的建议》等。

2016 年 12 月 14 日，县政协五届一次会议期间收到提案 128 件，其中集体提案 10 件。经审查立案 103 件，其中 26 件经协商并案为 10 件，作为委员来信转送有关部门研究参考的 12 件。提案主要内容有：围绕县委、县政府提出的“同城德绵，协作发展”，以创建德阳北部新城和绵阳科技城产业协作区为目标，聚焦全县发展的重点工作和事关全县人民群众切身利益的热点难点问题，共谋罗江发展大计。围绕经济发展方面的 20 件，社会民生提案 27 件，政务管理方面提案 22 件，机制创新方面提案 18 件，其他方面 16 件。

二　交办与督办

根据《政协章程》和《提案工作条例》有关规定，县政协及其工作机构提案委员会，在对提案进行审查立案后，根据提案内容和有关职能部门的职责分工，按照分级负责、归口办理原则，提出承办、协办单位建议，及时送交县人民政府组织办理。县政协全体会议期间的提案，由县政府办公室和县政协办公室联合召开会议，集中交办；闭会期间的提案，县政协提案委直接交付承办、协办单位办理。

为推动承办、协办单位认真办理、落实提案，县政协及其提案委对提案办理情况进行检查、跟踪、督促。根据实际需要组织提案者与承办单位座谈，或组织委员实地考察；有重点地邀请承办单位座谈、督促办理进度，推动办理工作；对提案中当年不能解决的问题，实行跨年度督促办理，促进落实；对提案办理不够认真的，及时商请、督促承办单位重新办理。

在对提案办理的督查催办中，关注办理质量和强化服务质量。实行主席会议重点督办提案、专委会重点协商提案机制，促进提案办理和落实；定期听取县政府关于提案办理情况通报并进行协商讨论，推动提案落实；政协主席、副主席到承办单位听取意见，指导督办；政协常委会议、主席会议按程序听取提案委提案工作情况汇报，协商解决提案办理中的问题，促进提案办理落实。充分发挥提案委在提案办理过程中的桥梁纽带和协调服务作用，加强与承办单位联系，共商对策，解决问题；通过视察、信息等宣传提案成果转化，提高提案影响力，营造提案工作良好环境氛围。

1997 年 2 月，县政协一届一次全体会议结束后，主席会议专题研究、部署提案工作，对立案和按意见处理的 59 件提案，按逐层处理、分级负责和归口办理的原则及有关工作程序，转送县政府办公室。同年 4 月 28 日，县政府召集各承办单位部署提案办理工作，将县政协提案分别交由县级各职能部门办理。至 1997 年 7 月底，26 个县级党政有关部门所承办的 55 件提案及 4 件转为意见办理的提案，全部办理完毕。已经解决和基本解决的 21 件，占提案总数的 35.6%；已着手解决的 25 件，占 42.4%；因受客观条件限制或因财力制约等因素一时难以解决、并向委员作出解释的 13 件，占 22%。95% 的委员表示满意或基本满意。委员李定银提出的《关于大力发展基础农业的建议》，引起县委、县政府高度重视，在部署下半年工作中强调狠抓粮油生产，确保稳粮增收，加大科技支农力度，探索集约化经营方式，走农业产业化发展道路。委员李明、杨勤提出的《关于尽快建立农副产品、粮油、建材等综合市场、专业市场的建议》，县政府决定在县城中心地段新建大型综合市场。易祖平等 10 名委员提出的《关于扩大县医院建筑面积，改变医院狭小拥挤状况的建议》，县国土、建设部门及时启动县医院迁建方案。

1998 年，县政协一届二次会议期间收到提案 55 件，会后收到 2 件，经审查全部立案。同年 4 月 13 日，县政府办、县政协办召开政协提案交办会议，分管政协提案工作的常务副县长吴忠金出席会议并向各承办单位提出办理要求。县政协秘书长张明义在会上提出提案办理“改文来文往为人来人往”意见，得到各承办单位的赞赏和支持。至 6 月末，所有提案全部办理完毕，并书面答复了有关政协委员。已经解决和基本解决的 26 件，占提案总数的 46%；已着手解决的 25 件，占 44%；因条件限制一时难以解决，并向有关政协委员作出解释的 6 件，占 11%。95.5% 的委员表示满意和基本满意。唐成俊等委员提出的《关于尽快落实乡镇农机站工作人员工资及事业经费的建议》，得到县委、县政府重视，县财政局在财政经费十分紧张的情况下，决定从是年起，拟定每乡镇农机站 2 名编制人员的工资及工作经费纳入财政预算；陈修（女）等委员提出的《关于提高农村合作基金会抗风险能力的建议》，县政府及时深入调查研究，制定出《罗江县农村合作基金会管理暂行办法》；向元强等委员提出的《关于建议加强村社财务管理的建议》，县政府高度重视，县农业、财政、地税等部门及时进行调查，并于是年下半年在全县推行村务公开制度，促进农村社会稳定。冯小平、刘小彪等委员提出的《关于进一步改善县城西门的交通秩序的建议》和《关于建议对罗江县城进出口道路进行维修以提高通行质量的建议》，县交通运输局高度重视，于 1998 年 6 月上旬将西门口路面铺筑沥青；对西门口公交站台交通秩序进行整治：人力三轮车按指定地点停放，各类公共汽车顺序停放，旅客排队等候等，提案所提建议全部落实。范华清等委员提出的《关于组建罗江县城综合执法管理队伍建议》提案，县政府及时进行研究，决定由副县长宋玉华牵头，从工商、城建、卫生、交通、公安等部门抽调人员，组建城市联合管理监察大队。1998 年 7 月，罗江县城市联合管理监察大队成立，履行县城市场、卫生、环保、交通及社会治安综合管理职能，归口县城建委管理。

1999 年，县政协一届三次会议结束后，对 71 件提案经审查全部立案。同年 4 月 12 日，县政府办主持召开提案交办工作会议，县政府分管提案工作的常务副县长戴厚麟参加会议并对提案办理工作提出具体要求。县政协根据有关规定认真抓催办、督办和复函工作，对重点督办重点协商提案组织人员采取走访、座谈、协商、回访等办法，使全部提案于 7 月底前在法定期限内办理完毕，已经解决和基本解决的 40 件，占提案总数的 56%；因客观条件制约一时难以解决、并向提案人作出解释的 12 件，占 17%。98.9% 的委员表示满意和基本满意。杨素琼等 7 名委员提出的《关于对农民法定内的“双提款”应依法强制征收的建议》，得到了县政府及政法部门的重视，县人民法院加强了这方面的工作，对乡镇依法提起诉讼予以支持。付祥国等 3 名委员提出的《关于加强私营个体企业税收征管的建议》，罗江地税局依照有关法律法规制定《个体工商户税收定期定额管理实施办法》，堵住了税收“跑、冒、滴、漏”。杨勤等委员提出的《关于政府医药主管部门加大个体私营中西药经营的监管力度的建议》后，县卫生等部门立即行动，从加大查处假劣药力度、强化从业资格审查、严格检查个体经营证照是否齐全等方面强化了医药市场管理，同时严格“药品经营企业许可证”审验、核发，全县医药市场逐步规范化。

2000 年，县政协一届四次会议以来，共收到提案 38 件，经审查全部立案。同年 3 月 10 日，提案送交县政府办公室。3 月 22 日，县政府召开提案交办会议，31 个部门承办提案。7 月 1 日，提案全部办理完毕。提案所提问题，已经解决或基本解决的 22 件，占提案总数的 58%；作出规划准备解决的 4 件，占 10%；因条件制约留待以后研究解决的 12 件，占 32%。100% 的委员表示满意和基本满意。黄定寿等委员提出的《关于切实加强农村合作基金会清欠工作力度的建议》，县委、县政府十分重视，成立清理整顿农村合金会后期工作领导小组，协调县公安、司法、纪检、财政、农业等部门人员，负责合金会清欠、变现、查案工作。陈德顺等委员提出的《关于制定水果运销优惠政策和奖励措施，开拓罗江水果市场的建议》，得到县政府采纳，于 2000 年 8 月举行“水果销售订货暨农产品营销大户表彰会”，表彰营销大户 40 户，成立以县政府常务副县长戴厚麟为组长的水果专业市场建设领导小组抓市场建设。杨勤等委员提出的《关于为民营企业提供“一站式”服务的建议》，受到工商部门重视，县工商局进一步规范民营企业登记注册程序，规定一般企业申注登记注册在 5 ~ 10 个工作日内完成。廖大礼等委员提出的《关于加强县城区域内的污水治理，改善历史文化名城环境状态的建议》，县环保局高度重视，多次前往查看安县雎水纸厂超标排污情况，邀请德阳市、安县环境部门等多方协调，达成治理意见，使问题最终得以解决。俞斌等委员提出的《关于建立政府法律顾问组的建议》，县政府决定聘请两名常年法律顾问，为政府工作提供法律咨询，同时制定《罗江县规范文件制发程序规定》。

2001 年，县政协一届五次会议期间，收到委员提案 84 件，经审查立案 71 件。提案委按分级负责、归口办理原则，及时将立案提案送请县政府交办。同年 3 月 13 日召开提案交办会，县委常委、县政府常务副县长戴厚麟安排部署提案办理工作。县政协组织相关委组进行走访、座谈、对口协商等，促使71件提案均在法定时间内办结。提案所反映问题，已经解决和基本解决的43件，占立案总数的60.6%；作出规划并着手解决的9件，占13%；因条件限制或财力制约，一时难以解决并向委员作出解释的19件，占27%。75.5%的委员表示满意，24.5%的委员表示基本满意。段家琼等委员提出的《关于建立优质粮油生产基地，抓紧落实优质优价政策的建议》，引起县政府重视，县粮食局严格执行收购政策，坚持优质优价；县农业局在白马关、御营、金山等镇建立优质粮油示范基地100公顷，在全县推广优质稻1万公顷。周容平等委员提出的《关于保护发展罗江鳜鱼的建议》，县水务局通过走访调查和水域检测后，制定三条措施保护境内生态水域以保障鳜鱼自然繁殖和人工养殖，促进了地方名土特产发展。廖大礼等委员提出的《关于在玉京湖两岸修建公厕和安装座椅的建议》等，县建委及时落实座椅安装和制订在滨江中段、太平桥东头各修一座公厕的规划。蒋登轩等委员提出的《关于对无证行医应于取缔的建议》，县卫生局会同有关部门及时开展医疗市场专项整治，处理6个无证行医、超范围行医摊点。李德明等委员提出的《关于精减部门负责人会议的建议》，县委、县政府高度重视，县委办、县政府办联合印发《关于贯彻省委、省政府进一步精减文件、会议和减少应酬的意见通知》，规定会议审批制度及会议时长。

2002年，县政协一届六次会议期间，共收到提案65件，经审查全部立案。同年3月28日，县政府召开政协提案交办会议，将提案交由有关职能部门办理。至6月底，全部提案办结，并向每位提议人寄送了办理答复意见。65件提案中，已经解决和基本解决的30件，占提案总数的46%；作出规划并着手解决的22件，占34%；因条件限制，或因财力制约或因提案内容与现行政策不符难以解决，而向委员作出解释的13件，占20%。74.1%的委员表示满意，25.3%表示基本满意。顾晓江等委员提出的《关于对调整农业产业结构的两点意见的建议》，县委农工办对此非常重视，通过进一步调查研究后，调整全县近三年发展目标和措施；水果产、销突出抓水果龙头企业发展；鼓励科技人员领办果技投资服务组织。金剑锋等委员提出的《关于建议有关部门拆除或改建庞统祠墓保护区和控制区内与景区不相协调的设施的建议》提案，县文体局对此高度重视，经实地调查后，即与违章建筑单位协商，达成共识，于5月动工拆除。杨勇飞等委员提出的《关于设立“金桥工程”专项经费的建议》，县财政局在办理提案中，打紧安排5万元“金桥工程”及科普专项经费。沈建军等委员提出的《关于加强广告管理、规范广告市场的建议》，县工商局在办理中，依法对辖区内虚假、违法、具有误导性广告进行查处，对广告用语等进行规范，使广告为消费者提供正确信息，为地方经济发展创造良好环境。

2003年，县政协二届一次全体会议期间和会议结束后，共收到委员提案85件，立案82件。3月31日，县政府召开政协委员提案交办会，县政府副县长独远程在会上部署办理工作，28个承办单位参加会议。全部提案均于法定时间内办结。已经解决和基本解决的71件，占立案总数的86.6%，作出规划并着手解决的5件，占6.1%，因条件限制一时难以解决，并向委员作出解释的6件，占7.5%。78.1%的委员表示满意，21.9%表示基本满意。县政协加大领导督办、跟踪督办、现场督办、通报督办四方面力度，使件件提案落到实处，办出实效。组织提案委员多次到承办部门座谈、协商，既调动承办单位办案积极性，又增强政协委员履职自觉性。将提案办理落实情况作为督查重点，采用重点督察、协同督察、跟踪督察、现场督察等形式，使提案工作成为经常性工作。唐幼龙、高君等5名委员提出的《关于规范党政部门福利待遇，切实解决不同部门公务员收入差距过大的建议》，引起县委、县政府高度重视，县政府采取四条措施：一是建立县级机关会计集中核算中心，将县级行政事业单位的资金实行统一收支统一管理；二是严格按中共德阳市委、市政府《加强作风建设，严肃工作纪律的七条禁止性规定》执行，严禁乱发钱物；三是清理以前文件，重新制定严格的目标考核和奖惩办法；四是针对干部、职工的奖金标准要求各单位严格按文执行。田洪、肖谋高等3名委员提出的《关于尽快在我县建立以金花梨为龙头的农业标准示范区，推广无公害农产品的建议》，县农业局在办理过程中召开了三次有关部门和技术人员座谈会，制定四条措施使提案落到实处。

2004年，县政协二届二次全体会议期间收到委员提案81件，县政协提案审查委员会根据有关规定，经审查立案81件。确定主席会议重点督办提案3件、专委会重点协商7件。同年3月10日，县政府召开提案交办会，40个职能部门承办全部提案。至6月30日，提案办理完毕。81件提案中，已解决或基本解决的45件，占立案总数的56%；按计划分阶段落实的30件，占37%；因条件限制、财力制约而向委员作出解释说明的6件，占7%。98.2%的委员表示满意或基本满意。范云萍、肖谋高等5名委员提出的《关于加大对农村弱势群体扶持力度的建议》，县政协主席邓华明率有关专委会主任与县民政局座谈，到农村实地了解情况。县民政局除采取危房改造、扶贫济困等多种形式外，在2003年享受低保人数的基础上增加30%、资金增加一倍，全县2400余户6300余人实现低保应保尽保。

2005年，县政协二届三次全体会议期间及闭会以后，共收到委员提案95件，经审查立案86件。同年3月28日，县政府召开提案交办会，立案的86件提案和未立案的9件建议案交由县政府35个职能部门研究办理。至6月30日，全部提案办理完毕。86件提案中，已经解决或基本解决的70件，占立案总数的81.4%；按计划分阶段落实并着手解决的8件，占9.3%；因客观条件限制和财力制约一时难以解决而向委员作出解释的8件，占9.3%。86.5%的委员表示满意，11.7%的委员表示基本满意。县政协主席会议成员督办《关于将农村丧失劳动能力的残疾人纳入城市居民最低生活保障的建议》《关于强化乡镇干部农业技能培训的建议》《关于为我县教师每年进行一次常规体验的建议》《关于投入资金，加强对宝镜寺、奎星阁等文物进行保护的建议》等提案，通过组织调研、实地视察和召开协商办案会等形式开展督办工作，使件件提案落到实处，办出成效。政协各专委会对涉及工作范围的提案，结合调查视察、走访座谈等方式督促办理，取得明显实效。唐幼龙等委员提出的《关于加强乡村水泥道路维护管理的建议》提案，县政协工业委进行现场督办，县交通运输局相继出台《罗江县村道、联网公路管理办法》和《罗江县农村公路养护与管理实施细则》，对全县106千米联网公路实行专人养护，落实每千米每月50元养护经费。

2006年，县政协二届四次全体会议期间及会议后共收到委员提案和建议69件，经审查立案67件。同年3月28日，县政府召开提案交办会，26个承办单位在会上接受了提案办理任务。6月30日前，全部提案办结，已解决和基本解决的28件，占立案总数的41.8%；作出规划并着手解决的30件，占44.8%；因客观条件制约暂不能解决并向委员作出解释的9件，占13.4%。80.8%的委员表示满意，17.5%表示基本满意，1.7%不满意。在提案办理过程中，县政协有关专委会主动与承办单位沟通、协商并争取上级支持，促使提案办理落到实处。县文化旅游体育局在办理《关于建立罗江书画院的建议》提案时，在办理中委员表示不满意，承办单位根据反馈的信息，向县政府作专题汇报，县政府高度重视，责成有关单位落实书画院场所，提案最终得到落实。县政协专委会督办对口协商提案，组织委员走访督办，或学习借鉴兄弟县（市、区）经验，有效推动提案办理工作。

2006 年 12 月，县政协三届一次全体会议期间，共收到提案 108 件，经审查立案 101 件。县政协于 2006 年 12 月 25 日将提案转送县政府办。县政府于 2007 年 3 月 9 日召开提案交办会，将立案的提案分别交由 27 个部门和单位研究办理。县政协第三届一次常委会议确定主席会议督办重点提案 6 件、专委会重点督办协商提案 7 件。主席会议成员主席、副主席通过组织调研、委员视察和协商会议等多种形式进行督促办理，促进了重点督办提案取得良好的办理效果。至 2006 年 6 月 30 日，全部提案办结，已解决和基本解决的 53 件，占立案总数的 52.5%；作出规划并着手解决的 43 件，占 42.6%；因客观条件制约或提案内容与现行政策不符，需向委员作出解释的 5 件，占 4.9%。77.5% 的委员表示满意，21.9% 基本满意，0.6% 不满意。县发改局在办理《关于建立健全广播电视“村村通”工程长效机制的建议》提案中，县政协会同县政府有关部门对全县广播电视“村村通”工作进行视察，形成视察情况通报，县政府对视察情况通报中的建议采取相应措施，使建议得到落实。此提案的形成和办理情况，产生了较大反响：2006 年 6 月 28 日，德阳市广播电视局印发《关于罗江县在农村综合改革试点中建立乡镇广播电视服务点，实现县乡广电垂直管理的调研报告》并报中共德阳市委、市政府和四川省广电局主要领导；7 月 13 日，四川省广播电影电视局印发《〈关于罗江县在农村综合改革试点中建立乡镇广播电视服务点，实现县乡广电垂直管理的调研报告〉的通知》，并抄报国家广电总局和中共四川省委宣传部、省委编办、省人事厅；国家广电总局期刊 2007 年 3 月 20 日《广播电视社会管理 · 市县之光》（第三期）全文刊载省广电局《四川罗江县对乡广播电视垂直管理体制运行情况的调研报告》；《四川经济日报》全文刊发该报记者李新的《罗江经验——农村广电体制改革新尝试》的专题报道都分别提到县政府所进行的基础性工作。德阳市广电局文件和《四川经济日报》记者的专题报道：县政协组成调研小组，针对县内农村广播电视事业存在的问题及对策，走访村民，问卷调查，召开座谈会，然后形成建议报告。

2008 年，县政协三届二次全体会议期间及会后共收到委员提案 99 件，经审查立案 99 件。3 月 25 日，县政府会同县人大、县政协联合召开提案交办会。99 件提案分别由 28 个部门承办和 112 个单位协办。法定时间内，提案所提建议已解决和基本解决的 38 件，占立案总数的 38.4%；作出规划并着手解决的 57 件，占 57.6%；因客观条件制约或因政策原因不能解决需向委员作出解释的 4 件，占 4%。90.2% 的委员表示满意，9.1% 基本满意，0.7% 不满意。廖丁等委员提出的《关于制定政策措施，全面推进工业强县进程的建议》，县委、县政府高度重视，先后出台《罗江县加快工业经济发展实施意见》《罗江县加快民营经济发展实施意见》，采取多种措施帮助企业解决生产经营中遇到的问题和困难，着力推进工业园区建设。刘军等委员提出的《关于整合旅游资源有效发展旅游产业的建议》，县政府高度重视，出台《关于进一步加快罗江县旅游产业发展的意见》，通过一系列优惠政策支持旅游业发展，结合省旅游九环线和“三国文化”线旅游建设，积极打造白马关庞统祠 AAAA 级景区，加快入口处形象标志、游客接待中心、旅游商品销售中心、自驾旅游项目等建设。高占果等委员提出的《关于加强对廉租房使用监督管理的建议》，县政府制定出台《罗江县廉租房管理办法》，清理空关、转租情况，规范廉租房管理，加大廉租房建设资金投入，在万安镇黎明社区划地5000平方米，建筑面积9080平方米，至6月末，完工72套4008平方米，以解决县城低收入家庭住房困难问题，促进和谐社会建设。

2009年，县政协三届三次会议期间收到委员提案90件，经审查立案85件。立案提案送交26个部门和单位研究办理。4月2日，县政协第三届二十四次主席会议确定主席会议成员重点督办提案8件、专委会重点协商提案8件。对重点提案的办理，实行座谈、交流、协商等形式，共同探讨办理办法，提高办理质效。各承办单位加强与委员的沟通，采取上门走访、电话征求意见、邀请委员座谈、现场办理等多种形式，增进委员对提案办理情况的了解和共识，提高提案办理满意率。至2009年12月2日，85件提案全部办复，已解决和基本解决的30件，占提案总数的35.2%；正在解决和列入规划逐年解决的48件，占56.5%；因条件限制向委员作出解释说明的7件，占8.3%。92.6%的委员表示满意，6.9%基本满意，0.5%不满意。委员提出的《关于我县特色农业发展的建议》，县政府高度重视，采取多项措施推动成片水果生产基地和无公害标准化养殖基地建设，发展以农家乐为龙头的休闲观光农业；《关于解决中小企业融资难、推进中小企业发展的建议》，县政府采取县财政投资撬动民间资金，搭建银行、政府、企业合作平台，在灾后重建资金中安排指标给予县内企业灾后重建贷款贴息等，推动中小企业健康发展。灾后重建是全县中心工作之一；政协委员在深入调查研究的基础上，提出《关于进一步加快灾后恢复重建的建议》，县政府高度重视，科学制定重建规划，优先实施民生工程，实行重建项目行政审批“绿色通道”，促进重建工作提速。

2010年，县政协三届四次会议期间及闭会以后共收到提案95件，经审查立案94件。提案委对立案提案按分级负责、归口办理原则，提出提案承办单位建议方案，会同县委办、县政府办、县政协办召开提案交办协商会议，确定承办单位，全县29个县级部门、10个镇和白马关景区、城南新区管委会承担办理。同年1月20日，县政协第三届三十四次主席会议决定将《关于发展罗江文化产业的建议》等7件提案列为主席会议成员重点督办提案，将《关于建立本土自主创新工业园区的建议》等8件提案列为专委会重点协商提案。采取听取县政府办理提案情况通报并进行协商讨论推动落实、主席会议成员经常到承办单位听取意见指导督办、常委会议及主席会议按程序听取提案委提案工作情况汇报并协商解决提案办理中的问题等措施，提高提案办理质效。刘军等委员提出的《关于建立本土自主创新工业园区的建议》，紧扣县委决策，相关部门高度重视，积极采纳，依托金山综合实验区、城南新区，全力创建省级经济开发区。围绕文化旅游产业发展，县政协提案委提出的《关于我县设立旅游产业发展专项基金的建议》，民建罗江支部提出的《关于发展罗江文化产业的建议》，陈湖等委员提出的《关于培训一支具备一定讲解技能的导讲人员队伍的建议》等，相关部门认真落实。2010年年初，县委、县政府出台《罗江县文学艺术创作和群众文化活动突出贡献奖暂行办法》；县财政每两年安排专项奖励资金20万元，用于奖励获奖作品和重要文化活动；每年安排10万元资金，用于旅游行业规划、景区拓展、宣传促销等。县台胞台属联谊会《关于提高公务员综合素质的建议》提出，部分公务员政治意识淡薄、思想涣散、工作作风漂浮、铺张浪费等。县委、县政府高度重视，积极采纳，采取多项措施，促使公务员作风根本好转。县政协提案委提出《关于妥善解决科级领导干部待遇的建议》，县委高度重视，县委组织部深入调研，认真分析，征求意见，召开专题会议，研究解决办法。2010年4月，县委第三届123次常委会会议讨论通过《关于提高部分副科级领导职务时间较长人员生活待遇的方案》和《关于享受副县级待遇人选的推荐办法》。

2011年，县政协三届五次会议期间及会后共收到委员提案和建议89件，经审查立案88件。同年4月2日，县委办、县政府办印发《关于认真办理人大代表建议和政协委员提案的通知》，部署提案办理工作，由28个部门、3个镇、县经开区及白马关景区管委会承担提案办理工作。在提案办理法定时限内，88件提案全部办结，已经解决或基本解决的42件，占立案总数的47.7%；作出规划并着手解决的29件，占33%；因客观条件制约或提案内容与现行政策不符，向委员作出解释的17件，占19.3%，委员满意率达99.2%。县交通运输局在办理《关于开通县城至白马关庞统祠、万佛寺一线环山公交车的建议》中，对白马关景区道路线形、路宽、安保设施等进行改造、完善，开通两条线路。县城乡环境综合管理局在办理《关于设立城市建筑装饰垃圾堆放点的建议》中，深入调研，召开座谈会，选择出合适地点作建筑垃圾堆放场，并广泛宣传，加强监管，使县城建筑垃圾乱象得以遏制。在办理《关于解决村通广播电视维护费，确保村通不“返盲”的建议》中，县财政局解决广播电视维护运行经费，县人社局解决维护人员编制。

2012年，县政协四届一次会议期间及会后共收到委员提案122件，经审查立案113件。县政协按照分级负责、归口办理原则，提出提案承办单位建议方案，及时与县委办、县政府办、县政协办召开提案交办协商会议。同年3月22日，县政府组织召开提案交办会议，包括县级部门、乡镇和经开区在内的41个单位承办，44个单位协办。县委、县政府高度重视政协委员提案，县委书记、县人民政府县长对政协提案办理提出明确要求，对重点提案、社情民意作出批示。县委、县政府分管领导提出“将提案办理工作纳入承办单位年度目标考核”意见并提交县政府常务会议、县委常委会议通过。县委办、县政府办印发《关于办理人大代表建议和政协委员提案的通知》，对提案办理的时间、程序、质量、要求进行安排。县政协常委会、主席会议始终把提案工作作为政协民主监督的重要形式，加强对提案工作的领导，不断提高提案工作质量：2012年2月15日，县政协第四届二次主席会议确定《关于进一步强化经开区发展质效的建议》《关于扎实开展三渔水库建设前期工作的建议》等7件列为主席会议重点督办提案，对《关于进一步加强人才培养和人才引进的建议》等7件列为政协专委会重点协商提案。县政协主要领导、分管领导经常深入提案承办工作量大的单位调研指导。县政协提案委与提案承办单位保持密切联系，对重点督办提案做到先分析案情，后制定办理方案，及时反馈委员对提案办理的意见。在法定时限内，立案的113件提案全部办结，其中已经解决和基本解决的63件，占立案总数的55.8%；作出规划并着手解决的38件，占33.6%；因客观条件制约或因政策原因不能解决而向委员作出解释的12件，占10.6%。杨勇飞等委员提出的《关于进一步强化经开区质效的建议》，彭华明等委员提出的《关于支持中小民营企业发展的建议》，县委、县政府高度重视，制定出台《关于进一步加快推进重点项目攻坚工作的通知》，要求“发改、住建、国土、环保等部门要加大工作力度，及时解决项目业主报建审批、建设用地等实际问题”。促进了项目落实和经开区建设。为加强饮用水水质保护，委员提出的《关于加强城市水源水质保护的建议》提案，县委、县政府于 2012 年 8 月印发《罗江县河道禁养及污染整治实施方案》，提出“河道禁养和污染治理”目标、六个阶段的工作要求、职责分工和验收考核标准。通过组织实施，有效地提高市民保护水源意识，保证饮用水水源质量。

2013 年，县政协四届二次会议期间及会后共收到委员提案 110 件，经审查立案 105 件。同年 3 月初，县委办、县政府办、县政协办召开提案交办联席会议。3 月 21 日，县政府召开提案交办会，105 件提案分别由 37 个部门承办、32 个单位协办。县委、县政府认真贯彻执行中共中央《关于加强人民政协工作的意见》和中办、国办转发的《全国政协办公厅关于办理政协提案的意见》，印发《中共罗江县委办公室、罗江县人民政府办公室关于印发〈关于进一步加强人民政协提案办理工作的实施意见〉的通知》，为提案办理工作提供了良好环境。县政协常委会、主席会议始终把提案工作作为政协的重要工作，着力抓提案工作质量，坚持并完善“主席会议成员重点督办、专委会重点协商、提案委跟踪督办”制度，建立跨年度提案督办制度。围绕产业建设和县域小微企业发展现状，委员们提出的《关于大力支持小微型企业发展的建议》《关于进一步完善我县民营经济服务体系建设的建议》和《关于加快经开区发展建设的建议》等提案，县委、县政府高度重视，要求有关部门加大工作力度，加大经开区投入，完成《四川省罗江县经开区总体规划》，实施路网、供排水、供气等基础设施建设。围绕民生福祉，委员提出的《关于尽快清理护城河排洪沟的建议》，经万安镇及有关部门努力，4 月底，跨 5 个社区、长4800余米的县城排洪沟清淤工程完成。对《关于大力推行垃圾分类处理的建议》提案，有关部门探索出有效方法并在万安镇金雁社区试点。围绕罗江文化建设，委员们提出的《关于大力发展罗江乡村旅游的建议》《关于加快文化罗江及旅游产业发展的建议》，县级有关部门高度重视，扶持罗江民间品牌文艺队伍——鄢家嫂子艺术团发展壮大，2013 年春节，组团到成都杜甫草堂专场演出；邀请中央电视台中文国际频道来罗江拍摄《贵妃香枣》文化专题片。围绕行政效能建设，委员提出《关于继续抓好行政效能建设，降低行政成本、提高行政效率的建议》《关于树立勤俭节约过紧日子的建议》，县委、县政府推出行政效能建设系列措施，深化行政审批制度改革。县政务服务中心建立“一窗受理、分送相关，一窗发证、并联审批”等工作模式，理顺代办机制，将 19 个招商投资项目纳入全程代办。在规定时间内，所立案的 105 件提案全部办结，提案所提建议，已经解决和基本解决的 70 件，占立案数的 66.7%；正在解决或已经明确计划逐步解决的 28 件，占 26.7%；因法律政策原因或受客观条件制约不能解决的 7 件，占 6.6%。

2014 年，县政协四届三次全体会议期间及会后共收到提案 88 件，审查立案 87 件。分别由 35 个部门承办、26 个单位协办。县委、县政府高度重视并切实加强提案督办工作，书记、县长带头督办重点提案。县政协领导积极协商协调提案办理工作：县政协常委会专题协商有关提案办理工作，听取县政府办理委员提案情况通报；坚持主席会议成员督办重点提案制度；听取提案工作专题汇报，解决提案办理中的困难与问题。委员提出的《关于建设德阳绵阳大工业园区的建议》《关于发展罗江现代农业的建议》《提升品牌意识，构建罗江花生种植加工新格局的建议》，县委、县政府高度重视，出台《关于支持全县企业发展的意见》，建立中小企业发展专项扶持基金；经开区投入4.75亿元，完成13条道路建设；“罗江花生”获得“国家地理标识”认证；县委农工办、县农业局、县供销社等部门切实加强农业产业结构调整和农民专业合作社的建设管理，调元镇万亩青花椒基地、鄢家镇万亩蜜柚基地建设初具规模。委员提出的《关于加强传统文化教育的建议》《关于规划建设职教园区的建议》《关于在旧城改造中突出地方特色留下文脉传承的建议》。2014年9月，罗江县成功承办德阳市第四届文化旅游发展大会；县住建局、县文广新局主动作为，对棚户区改造中涉及文物保护的建筑，实施登记并制订保护方案；职教产业园第二期征地工作全面完成。在规定时间内，提案所提建议全部办结：已经解决和基本解决的49件，占立案总数的56%；正在解决或已明确规划，逐步解决的32件，占37%；因法律政策原因或受客观条件制约，不能解决向委员作出说明的6件，占7%。对提案办理结果有97.7%的委员表示满意，2.3%基本满意。是年，县委书记徐光勇督办《关于推进“同城德绵借力发展”战略的建议》《关于建设德阳绵阳大工业园区的建议》和县长曾长江督办《关于提升城市整体形象的建议》《关于增设景乐路至新108国道万安路环线公交车的建议》《关于加强城市道路交通执法提高公民安全行车意识的建议》提案，有力地促进了提案办理工作的落实，激发了政协委员建言献策的热情。

2015年，县政协四届四次全体会议期间及会后共收到委员提案92件，经审查立案85件。提案分别由28个部门承办、35个单位协办。在规定时间内，提案所提建议已经解决和基本解决的37件，占立案数的44%；正在解决或已明确计划，逐年解决的38件，占45%；因政策原因或客观条件制约，暂不能解决的10件，占11%。98.8%的委员对办理结果表示满意，1.2%的委员表示基本满意。县政协第四届四次会议以来，县委、县政府继续贯彻落实中央、省、市、县《关于进一步加强人民政协提案办理的实施意见》，创新提案办理机制，增强提案办理实效。坚持书记、县长督办重点提案，3月25日，县政府组织召开提案办理工作专题会议，提出建立“县分管领导承担督办责任，部门主要领导承担主要责任，承办部门承担主体责任”工作机制，试行“提案办理会商会”，定期研究解决办理过程中的困难和问题；县政协常委会、主席会议设专题研究提案工作和督办重点提案，组织提案人视察办理情况，对《关于加快三渔水库项目进程的建议》等4件提案进行跨年度追踪督办，走访承办部门，电话询访委员，印发提案办理工作简报等。周荣等4名委员提出的《关于通过邮政电子商务平台打造农特“罗江馆”的建议》，县经科局联合县供销社，指导各专业合作社和罗江特色农产品企业，提供构建“罗江馆”所需产品信息，结合《罗江县电子商务发展专项资金管理暂行办法》有关规定，奖励、扶持相关项目，在各镇建农村电子商务服务站。邱林等5名委员提出的《关于加强治安管理创造良好投资环境的建议》，县公安局实行警务前移，配齐园区警力，指导督促园区企业完善内保制度，划设园区、区域、企业三圈治安防线，构筑立体巡防体系和警务联动框架格局；钟晶会等5名委员提出的《关于构建城乡便民服务圈的建议》，县有关部门全面整合罗江移动、农商银行、重点专合社等优势资源，加快推进便民服务网点建设，开展缴费、邮政、票务、消费、通信等活动；李海英等5名委员提出的《关于规范市民行为提升城市品位的建议》，县有关部门通过电台、电视台、固定及车载LED显示屏、手机报等媒体轮番播放公益广告，免费开放县图书馆、李调元纪念馆、图书分馆等场所，定期推荐优秀读物，开展“阅读伴我成长”等系列活动，发放《罗江市民手册》，定期开展市民培训及“道德模范”“罗江好人”“最美家庭”等评选活动。陈仕恩等4名委员提出的《关于给予县文联工作经费支持并纳入预算的建议》，县财政当年就安排文联工作经费、县书画院补助经费各5万元；张琼芳等5名委员提出《关于残疾人免费搭乘城市公交车的建议》，有关部门认真办理，当年就落实残疾人持证免费搭乘城市公交车试行。李克俭等5名委员提出《关于清理城区污水管网及污水处理问题的建议》，县住建局认真办理，组织专人排查排水管网，制定分期改造规划，启动污水处理厂提标、扩建工程建设；俞斌等14名委员提出《关于保护与恢复罗江城市生态水系统的建议》，县住建局会同县水务局、县环保局，组织专业人员进行为期3个月的普查，依法规范全县水资源、水能源、砂石资源和渔业养殖水面的开发建设管理，严密监控绵远河、凯江河及全县水库水质状况，加强秀水湾水源地保护工作。是年，继续开展书记、县长督办重点提案工作。县委书记徐光勇督办《关于促进人才向金山工业园区流动的建议》《关于支持德阳通用职教集团创建高等职业院校的建议》两件提案，县长曾长江督办《关于完成黄水河流域防洪治理工程的建议》《关于集镇管理的建议》两件提案。

2016年，县政协四届五次会议期间及闭会后，共收到委员提案102件，经审查立案102件。分别由22个部门承办。在规定的时间内，提案所提建议已经得到解决和基本解决的35件，占立案总数的32.3%；已经采纳并在今后逐步解决的49件，占立案49.5%；因受国家政策或客观条件限制暂不能解决向委员作出说明的18件，占18.2%。98.6%的委员对办理结果表示满意，1.4%的委员表示基本满意。任鹏等委员提出的《关于大力帮扶农产品龙头企业做大做强的建议》，县农业部门根据各自职能，帮助企业建立产品标准化体系，发展订单生产基地，建立电商平台；苏明斌等委员提出的《关于开设罗江电商线下实体店的建议》，县供销社，电信公司积极配合，是年6月10日，罗江电商线下实体店在罗江电信公司营业大厅开业运营；米祯东等委员提出的《关于进一步强化人才培养使用机制的建议》，县委组织部专题研究，开展专题培训和“名师帮带工程”，落实“六支人才队伍”建设；周义雄等委员提出的《关于加大食品安全监管的建议》，县食药监局严格落实“四有责任”，调整行政执法人员，开展专项检查，加大查处力度，实行在重点节点安装电子卡口设备；段兴蓉等委员提出的《关于加强县城内义务教育及幼儿园布局调整的建议》，县教育局组织专题调研，采取措施对福和希望小学改造升级，将县实验小学改扩建工程列入省项目库，对已列入规划新建幼儿园进行选址等；刘爱华等委员提出的《关于在企业和职工集中区建职工活动中心或生活区的建议》，经开区积极回应，计划投资200万元新建“党群活动服务中心”；徐唐鑫科等委员提出的《关于打造罗江县园林城市的建议》，县住建局等积极回应，委托德阳市城乡规划设计研究所编制《罗江县城市森林工程建设规划》，并实施城市升级改造工程；县工商联提出的《关于加快推进罗江县城新农贸市场建设的建议》，县级相关部门及万安镇积极工作，新

察，主席会议成员、各专委会主任及农业委副主任参加视察。实地考察县供销社鄢家农业生产资料有限责任公司配送中心和略坪无公害蔬菜基地，听取县农业局负责人关于罗江县农产品质量安全工作的情况汇报。提出意见和建议。11月4日，县政协主席会议对全县新农村建设情况进行视察，主席会议成员、各专委会主任及农业委部分委员参加视察，县政府副县长白光裕，县委农工办主要负责人参加并介绍情况。实地考察调元镇百花村、蟠龙镇宝峰村、鄢家镇新农村建设，听取汇报、举行座谈会，提出意见建议。是日，县政协教文卫委组织视察全县职业教育情况，主席会议成员、各委室主任及教文卫委部分委员参加视察。实地查看警安职业学院、电子科技学校，听取县教育局负责人关于职业教育的情况汇报，提出建议，形成视察通报报送县委、县政府及有关部门。11月11日，县政协主席会议对全县重点环保项目实施情况进行视察，县政协主席会议成员、各委室主任参加视察，县环保局主要负责人参加并介绍情况。实地考察重点环保项目白马关绿尔康生态养殖场、略坪镇污水处理站，听取汇报，进行座谈，提出意见建议。11月12日，县政协主席会议应县地税局邀请，组织开展对县地税工作视察，主席会议组成人员、各专委会主任及部分政协委员参加视察。视察组听取县地税局主要负责人情况汇报，对全县地税收入过亿元表示祝贺，对进一步做好地税工作提出了意见建议。11月27日，县政协主席会议对县公安“三基”建设情况进行视察，县政协主席会议成员、各委室主任及部分政协委员参加视察，副县长、公安局局长聂建及领导班子成员参加并介绍情况。实地考察了白马关、略坪、调元派出所“三基”建设情况，听取县公安局负责人关于2009年公安工作情况汇报并举行座谈会。对把公安工作更好地推向前进提出意见建议。全年主席会议视察6次，各专委会视察37次。是年，配合、陪同省市政协在罗江视察、调研11次。

2010年，县政协进一步规范视察活动，增强视察实效性。3月30日，县政协经科委组织对全县工业企业灾后恢复生产情况进行视察，县政协主席会议成员、各委室主任、经科委全体委员参加视察，县政府分管副县长、经济和商务局负责人参加并介绍情况。先后到四川天泉电子材料有限公司、四川玻纤集团有限公司、四川德阳罗江通路塑胶厂听取情况，提出意见建议。4月22日，县政协组织对全县实施政务公开、村务公开进行视察，县政协主席会议成员、各委室主任、社法委全体委员参加，对新盛镇土城村、老君村村务公开进行视察，听取县民政局负责人情况汇报，提出意见和建议，并印发视察通报。5月14日，县政协主席会议对县畜牧养殖污染防治暨现代畜牧经济助农增收情况进行视察。县政协主席会议成员邓华明、李兴明及县政协各专委会主任、民主评议环境保护工作第一小组成员参加视察，县畜牧局主要负责人参加并介绍情况。对德阳市农友猪业养殖有限公司、德阳市金富生态农业有限责任公司（四川省白獭兔良种扩繁场）、蜀江牧业有限公司进行视察，听取了情况汇报，提出意见建议。5月27日，县政协文史学习委组织视察县部分文物保护单位修缮管理情况，县政协主席会议成员、各委室主任、文史学习委全体委员参加视察，县委常委、宣传部部长邹远骏应邀参加。先后到李调元纪念馆、范家大院、醒园、庞统祠等文物保护单位实地查看，县文体局、县文馆所主要负责人参加并汇报情况，提出意见和建议。6月2日，县政协主席会议对县农业机械化发展情况进行视察，县政协主席会议成员、各专委会主任参加，县政府副县长白光裕应邀参加。先后到罗江县东惠农机销售经营部、白马关、略坪镇部分提灌站、机耕机插现场查看，县农机局主要负责人参加并汇报情况。提出了六条建议：一是深化认识，转变观念；二是明确发展思路，科学规划；三是加大宣传力度，营造发展环境；四是组建专合社，加强服务体系建设；五是加强教育培训，强化农机安全作业意识；六是部门通力配合，加强技术攻关和专业协作，提高农业机械化水平。6 月 10 日，县政协农业委组织视察县经济林果技改项目实施情况，县政协主席会议成员、各专委会主任、农业委委员参加，实地查看略坪镇建国村、齐心村新品种梨高换及技术改良现场并进行座谈，县林业局分管负责人汇报情况，书面听取农业局关于隐逸山梨园技改简介、县林业局关于蟠龙镇太三村巩固退耕还林成果核桃技改情况介绍。提出意见建议。7 月 15 日，县政协主席会议对县敬老院建设及“五保户”供养情况进行视察，主席会议成员、各委室主任参加，视察组现场查看御营、略坪镇敬老院修建、使用情况，县民政局主要负责人参加并汇报情况，提出意见建议。9 月 20 日，县政协主席会议对县教育援建项目竣工使用情况进行视察，县政协主席会议成员、各委室主任及副秘书长参加视察。现场查看万安福和希望小学、蟠龙小学、白马关明德学校灾后重建项目竣工、使用情况。县教育局主要负责人参加并汇报情况。提出意见建议。10 月 21 日，县政协主席会议视察县重点水利工程建设情况，县政协主席会议成员、各委室主任和副秘书长参加。现场查看鄢家镇新庵堂水库、金山镇红玉村集中供水站、万安镇南塔村堤防、天台湖橡胶坝管理站、太平闸桥等水利项目建设实施情况，县水务局主要负责人参加并汇报情况。提出意见建议。10 月 28 日，县政协联谊委视察县灾后卫生重建项目竣工使用情况，县政协主席会议成员、各委室主任、联谊委全体委员参加，县政府分管副县长应邀参加座谈。视察组先后到县妇幼保健院、慧觉镇卫生院实地查看，县卫生局主要负责人参加并介绍情况，提出意见建议。11 月 5 日，县政协教文卫委对县人口和计划生育工作情况进行视察，县政协主席会议部分成员、各委室主任、教文卫委全体委员参加。县政府分管副县长应邀参加座谈。视察组先后到万安镇芒江村、略坪镇建国村计划生育服务站实地查看，县人口和计划生育局主要负责人情况汇报，提出意见建议。11 月 25 日，县政协主席会议应县地税局邀请，组织对地税工作进行视察，县政协主席会议成员、政协各委室主任及部分委员参加。实地查看金山税务所建设及使用情况，县地税局主要负责人参加并汇报情况。对进一步做好地税工作提出意见和建议：一是总结经验，搞好调查研究，分析税源结构，预测税收收入，为县委、县政府提出合理建议；二是继续抓班子、带队伍，增强凝聚力，提高执行力，为依法征收提供有力保障；三是继续加强税务文化建设，推陈出新，营造和谐法制纳税护税和征收管理环境，促进全县税收事业健康发展；四是希望县政府和有关部门对影响地税干部职工收入减少问题予以关注和研究。12 月 17 日，县政协提案委对县污水处理厂建设情况进行视察，县政协提案委全体委员参加，县政协主席会议部分成员及各委室主任应邀参加。实地查看全县污水处理厂，听取县住房和城乡规划建设局主要负责人情况汇报，提出意见建议。是年，协助完成省、市政协对罗江县新农村建设、经济开发区和白马关实验区发展等调研视察活动。

2011 年，坚持精心选题、规范有序、统筹协调，有序开展视察工作，组织对土地整理项目实施、幸福家园“精品村”建设、农村公路建设、县人民医院创“二甲”、城市社区建设、农村集镇环境综合整治、村级卫生站建设、农村文化中心建设、创新社会管理试点、招商引资企业发展情况等进行视察。3 月 3 日，县政协社法委组织对全县城市社区建设及工作情况进行视察，社法委全体委员参加，县政协主席邓华明、副主席李兴明、秘书长薛建都和各委室主任应邀参加。现场视察县城富乐社区、朝圣社区建设及管理情况。县民政局主要负责人、万安镇政府有关负责人参加并汇报情况，提出意见建议。3 月 24 日，县政协提案委组织视察县人民医院创建“二甲”情况。提案委全体委员参加，县政协主席邓华明、副主席张宏琳、秘书长薛建都和各委室主任应邀参加。现场视察县人民医院建设、服务、管理等情况，县卫生局有关负责人、县人民医院院长参加并汇报情况，提出意见建议。3 月 29 日，县政协主席会议对县土地整理项目建设运行情况进行视察。县政协主席会议成员、各委室主任、副秘书长参加，县国土局主要负责人参加并汇报情况，提出意见建议。4 月 15 日，县政协经科委组织对县重点招商引资企业发展情况进行视察，经科委全体委员、县政协主席会议成员、各委室主任、副秘书长应邀参加，县政府副县长唐维露、县招商引资局主要负责人参加并介绍情况。实地对四川利森建材集团有限公司、四川亚科智能（集团）股份有限公司、四川迪弗电工科技有限公司、德阳致达精密电子有限公司进行了视察，并分别听取了企业负责人关于企业生产经营情况及未来发展的介绍。针对存在的困难和问题提出意见建议。4 月 19 日，县政协主席会议应邀对县创新社会管理情况进行视察，县政协主席会议成员、各委室主任、副秘书长参加，县委常委、县委政法委书记、县经济开发区党工委书记张胜虎，县政府办主任、金山镇党委书记王大进及调元镇负责人参加并介绍情况。现场查看了调元镇百花村、金山镇家和社区创新社会管理试点情况，建议一是要以科学发展观为统揽，以人为本，求真务实，总结提升，形成具有适用性、可操作性、长效性的经验方法；二是坚持党委领导、政府主导、部门配合、群众参与、注重实效的原则，做好社会管理创新工作的巩固、发展、延伸和推广，在发展中完善，在延伸中巩固，要切实制定工作计划，分类指导，循序渐进，积极稳妥，在试点的基础上搞好推广；三是加大对社会管理创新投入，解决好阵地、人员、经费、载体、制度、政策等问题，强化社会管理基础保障；四是发挥群团组织和驻村（社区）单位作用，整合资源，协同配合，形成共驻、共建、共享局面，提升社会管理综合水平。并印发视察通报。4 月 20 日，县政协联谊委组织对全县村级卫生站建设竣工运行情况进行视察，联谊委全体委员、县政协主席会议成员及各委室主任、副秘书长参加。现场查看调元镇百花村、酒垭村，略坪镇锦屏村，白马关镇接引村卫生站建设竣工运行情况，县卫生局主要负责人参加并汇报情况。5 月 19 日，县政协农业委组织对县农村集镇环境治理情况进行视察。农业委全体委员参加，县政协主席会议成员、各委室主任、副秘书长应邀参加。现场参看万安镇芒江村生态垃圾分类处理和白马关镇倒湾古镇集镇污水处理站运行情况，县城管局负责人参加并介绍情况，视察提出意见建议。5 月 26 日，县政协文史学习委对县农村文化阵地建设运行情况进行视察，文史学习委全体委员、县政协主席会议部分成员、各委室主任参加。现场查看调元镇、金山镇、御营镇部分镇村文化阵地建设运行情况，县文体局主要负责人参加并介绍情况。7 月 14 日，县政协主席会议应邀对三渔水库坝址选择及防汛工作进行视察，县政协主席会议成员、各委室主任及副秘书长参加。现场查看三渔水库拟选择坝址及县防汛指挥部流域综合管理平台运行情况，县政府副县长白光裕及县水务局主要负责人参加并介绍情况，提出意见建议。7 月 26 日，县政协主席会议对建设幸福家园精品村情况进行视察，县政协主席会议成员、各委室主任及副秘书长参加。现场查看慧觉镇三井村、略坪镇双柏、高玉等村莲藕、核桃种植基地及双佳现代农业公司、循环农业蔬菜科技园生产运行情况。县委农工办及慧觉、略坪镇主要负责人参加并介绍情况，县政府副县长白光裕参加座谈。建议：一是总结经验，巩固精品村建设成果；二是广泛深入宣传，增强群众的自觉性和主动性；三是健全机制，加强监管，确保建设资金安全投入；四是深入调查研究，切合实际，分层面、分类别稳步实施，整体推进幸福家园精品村建设。并印发视察通报。是年，协助完成省、市政协对罗江县新农村建设、经济开发区和白马关实验区发展4次调研视察活动。

四　第四届县政协视察

2012年，县政协主席会议、专委会对畜牧业助农增收、经济开发区建设管理、中小企业发展、文化旅游产业发展、机动车安全技术检测中心建设、宗教活动场所灾后恢复重建、基层医疗机构综合改革、保障性住房建设管理、《中华人民共和国文物保护法》贯彻实施情况等进行视察，形成视察通报10期，提出意见和建议60余条送县委、县政府和相关部门参考。7月5日，县政协社法委组织部分政协委员视察县公安交警大队和车管所的建设情况，县政协主席白光裕，副主席古明水、陈志光及各委室主任参加。现场视察交警大队办公楼及交通指挥大厅、车管所业务办证大厅，参观车辆检测中心检测（演示），副县长、县公安局局长黄宪礼参加并介绍情况。建议：一是继续坚持以创一流班子、建一流队伍、创一流业绩为目标，发扬成绩、再创佳绩，推动公安工作再上台阶；二是坚持立警为公，执法为民，切实加强全县社会治安管理，不断改善便民利民服务环境，进一步增强全县人民的安全感和满意度；三是从优待警、以严治警，抓好队伍建设，抓好警营文化建设，提升全县公安队伍的战斗力和精气神，加强宣传，树立公安队伍良好形象。8月16日，县政协教文卫委组织全体政协委员对全县基层医疗机构综合改革情况进行视察，县政协副主席张平富、高晓梅及各委室主任参加。视察县人民医院、县中医院、金山中心卫生院、金山镇罗家湾村卫生站等医疗机构建设运行和综合改革等情况，县卫生局主要负责人参加并汇报情况。建议：一是巩固、深化基层医疗机构综合改革，逐步完善服务功能，提升服务能力；二是广泛宣传医改，让社会各界关注、认同和支持，确保改革顺利推进；三是加强人才队伍建设，适当增加医护人员；四是加大政府投入，将医疗卫生事业发展基金纳入财政预算。8月23日，县政协主席会议对2010年民主评议全县环境保护工作意见建议落实情况进行视察，县政协主席会议成员、各委室主任参加。现场视察四川亚科智能科技有限公司、德阳致达精密电子有限公司、劲达节能科技有限公司、四川金路树脂有限公司和县污水处理厂的生产运营情况。县环保局负责人参加并汇报情况。建议：一是正确处理环境保护与发展的关系；二是进一步增强全民环境保护意识；三是充分发挥环境保护基础设施作用；四是加大环境保护执法监督力度；五是加强环境保护人才队伍建设。9月25日，县政协主席会议对县经济开发区建设管理情况进行视察，县政协主席会议成员、各委室主任及副秘书长参加。现场视察四川百分百家私有限公司、德阳致达精密电子有限公司、亚科智能科技有限公司的生产经营状况及县经开区基础设施建设情况。县委常委、县经开区党工委书记谢斌参加座谈会，县经开区管委会主任邓启明参加并汇报情况。提出“坚定发展信心”“做好规划”“抓好建设”“搞好招商引资和入园企业服务”“建和谐园区”五点建议。9 月 28 日，县政协联谊委全体委员对全县宗教活动场所灾后重建情况进行视察，县政协主席白光裕，副主席、县委统战部部长古明水，副主席陈志光、高晓梅及各委室主任参加。现场视察金莲寺、南塔寺、万佛寺等宗教场所灾后建设情况，县委统战部、县民宗局负责人参加并介绍情况。建议：一是宗教管理部门要始终围绕县委、县政府中心工作，服务全县经济社会发展大局，组织团结信教群众，依法管理，科学推进；二是宗教管理部门要加强沟通协调，争取各单位、部门、社会各界理解支持，保障宗教活动场所灾后重建工作稳步推进；三是要科学规划、合理实施，注重整体实效，保障质量和安全；四是政协委员特别是宗教界委员要关心支持民族宗教工作，建言献策，助推全县宗教事业健康发展。11 月 2 日，县政协文史学习委对全县《中华人民共和国文物保护法》实施情况进行视察，县政协主席会议成员、各委室主任和文史学习委全体委员参加。现场视察了醒园、奎星阁、李调元纪念馆文物保护情况，县文广局负责人参加并介绍情况。建议：一是加大《文物保护法》宣传力度，形成全县上下爱护文物、保护文物良好风气；二是增加财政对文物保护投入力度，同时争取上级支持，保证各级文物保护单位基本经费需求；三是围绕打造“文化罗江”，坚持发掘与保护并重，科学规划，合理开发利用，促进罗江文化旅游产业发展；四是加强文物保护队伍建设，开展对专兼职文物工作者培训，提高业务水平，增强责任感，推进全县文物保护工作再上新台阶。11 月 9 日，县政协提案委全体委员对全县保障性住房建设使用情况进行视察，县政协主席白光裕、副主席陈志光及秘书长陈金平和各委室主任参加。现场视察帛汉电子公司公共租赁房、麓峰社区保障性住房项目和黎明社区三期保障性住房的建设使用情况，县住建局负责人参加并介绍情况。建议：一是科学规划，合理布局；二是重视质量，好事办好；三是公平公正，合理利用；四是规范管理，和谐文明；五是勇于探索，不断创新。并印发视察通报。12 月 5 日，县政协主席会议对县文化旅游产业发展情况进行视察，县政协主席会议成员、各委（室）主任参加。现场视察香山鹭岛、白马关 CS 基地、庞统祠等旅游景点建设情况，县旅游局负责人参加并汇报情况。建议：一是完善规划；二是完善设施；三是搞好促销；四是用好政策；五是二三产业并进。

2013 年，视察活动适度有序，主席会议对全县水利基础设施建设、重点项目实施、高等职业教育园区规划建设，各专委会对县城居民饮用水安全、县检察院灾后重建及检察文化建设、残疾人无障碍环境建设、交通建设发展、白马关 AAAA 级景区建设等进行视察，组织市政协委员对万亩蜜柚基地建设发展情况进行视察。4 月 2 日，县政协主席会议对水利基础设施建设情况进行视察，县政协主席会议成员、各委室主任及部分政协委员参加，现场视察鄢家镇星光村、慧觉镇二龙村等水利基础设施示范点建设情况，县水务局负责人参加并汇报情况。4 月 11 日，县政协经科委对县交通工作进行视察，县政协主席白光裕、副主席陈志光、部分委室主任及经科委全体委员参加。现场视察成绵高速公路白马匝道服务区等建设情况，县交通局负责人参加并汇报情况。是日，县政协联谊委对县残疾人无障碍环境建设情况进行视察。县政协副主席高晓梅、部分委室主任及联谊委全体委员参加。实地视察县城八景苑广场、玉京名居步行街、县政务中心、县城主要干道无障碍环境配套设施建设及管护情况。县住建局、县残联、县城乡建设环境综合管理局等部门负责人参加，县住建局汇报情况。4月17日，县政协教文卫委组织对白马关AAAA景区建设情况进行视察，县政协副主席张平富、高晓梅，各委室主任参加。实地视察五丁谷、五美寨、倒湾古镇等景点建设及管护情况，白马关实验区负责人参加并汇报情况。5月30日，县政协提案委对县城居民饮用水情况进行视察，县政协副主席陈志光、各委室主任及提案委全体委员参加。现场视察县自来水厂水净化生产线、化验室、地下水取水车间等运行情况，县住建局、县自来水公司有关负责人参加并汇报情况。7月19日，县政协主席会议对全县重点项目实施情况进行视察，主席会议成员、县政府副县长唐维露、县政协各委室主任及部分委员参加。现场查看了乐明食品项目、诚易食品项目、恒锦仓储物流项目、小球运动场项目等建设实施情况，县发改局负责人参加并汇报情况。提出意见建议。9月3日，县政协文史学习委对县广电网络建设发展情况进行视察，县政协主席白光裕、副主席古明水、秘书长陈金平及文史学习委全体委员参加。现场查看四川广电网络罗江分公司、新盛站点和御营站的广电网络建设实施情况，广电网络公司负责人汇报情况。9月11日，县政协主席会议对御营镇城乡统筹工作进行视察，主席会议成员、各委室主任及副秘书长参加。现场查看御营镇万寿村等新农村建设、第三产业发展和城乡统筹推进情况，御营镇主要负责人参加并介绍情况。提出意见建议。11月20日，县政协组织省、市政协委员和县政协主席会议成员对县万亩蜜柚产业基地建设情况进行视察。现场查看鄢家镇长堰村、星光村等万亩蜜柚产业基地建设情况，鄢家镇党委政府主要负责人参加并介绍情况。11月27日，县政协主席会议对全县职业教育发展情况进行视察，主席会议成员、各委室负责人参加。实地视察通用电子科技学校、四川工业管理学院建设情况，县教育局主要负责人参加并汇报情况。提出了意见和建议。并印发视察通报。全年通过视察，共提出意见建议40余条，及时向有关方面协商交流，促进相关工作的改进。

2014年，主席会议对全县关心下一代工作、筹备德阳市第四届旅发大会、金山镇统筹城乡区域重点镇建设、“十大产业项目”推进，专委会对全县农民专业合作社发展、全县养老服务体系建设、山地户外运动基地打造、全县基层群众文化活动阵地建设、县法院司法服务中心及法官队伍建设、“一江三河八岸”水资源生态环境保护、经济开发区建设发展等情况开展专题视察。5月30日，县政协主席会议对关心下一代工作进行视察，县政协主席白光裕，县委常委、县关工委主任黄琦，县关工委执行主席邓华明，县政协副主席陈志光、高晓梅，机关各委室负责人参加。现场查看了万安镇奎星阁社区、鄢家中学、鄢家镇岭南社区等关心下一代工作示范点建设情况。建议：一是强化包括政府、学校、家庭在内的全社会共同参与、共同责任意识；二是加大经费投入；三是整合社会力量；四是加大宣传力度；五是建立长效机制。6月6日，县政协联谊委对县养老服务体系建设情况进行视察，县政协副主席高晓梅、联谊委全体委员参加。实地查看了县社会救助福利中心、万安镇金雁社区养老服务中心、慧觉镇二龙村互助养老幸福院、狮子会慧觉敬老院等养老服务机构，县民政局负责人参加并汇报情况。提出“制定优惠政策，整合社会资源”“城乡统筹安排，科学规划建设用地”“加强舆论宣传、营造养老氛围”“创新机构模式，提高服务水平”等促进全县养老服务体系建设的意见建议。6月24日，县政协农业委对全县农民专业合作社发展情况进行视察，县政协副主席古明水、高晓梅，农业委全体委员参加。实地查看罗江县建峰养殖专业合作社农产品物流配送中心，县供销社负责人参加并汇报情况。建议：一是完善扶持政策，整合项目资金，加大财政扶持力度；二是加强指导服务，帮助专合社理清发展思路，编制发展规划，加强合作社经营管理；三是创新经营机制，加强督查监管。7 月 15 日，县政协主席会议对县筹备德阳市第四届旅发大会情况进行视察，县政协主席会议成员、机关各委室负责人，部分县政协委员参加。实地查看天泉山、蟠龙镇宝峰村、白马关八卦谷等旅游景点建设情况，县旅游局负责人参加并汇报情况，提出意见和建议。11 月 12 日，县政协教文卫委对全县基层群众文化活动阵地建设情况进行视察，县政协副主席高晓梅、教文卫委全体委员参加。实地查看万安镇何家大院、鄢家镇星光村文化院坝、县图书馆李调元分馆等文化活动阵地，县文广新局负责人参加并汇报情况。提出“加强队伍建设，增加机构编制”“加大群众文化活动阵地建设经费投入力度”“建议尽快落实县影剧院的修建”意见建议。11 月 14 日，县政协主席会议对金山镇统筹城乡区域重点镇建设情况进行视察，县政协主席会议成员、各委室主任、部分政协委员参加。实地查看了金山镇大井村新农村建设综合体、德阳市申丰隔音材料制造有限公司、德阳市聚阳特种玻璃有限公司、金山镇家和社区等统筹城乡重点项目建设情况，金山镇党委政府负责人参加并汇报情况。建议：一是坚持不懈抓发展，主动融入成德绵经济圈；二是继续深化改革，实现三产互动；三是持续抓民生工程，促进社会和谐稳定；四是科学规划，推进城乡统筹发展。11 月 19 日，县政协文史学习委对打造白马关实验区中国西部山地户外运动基地情况进行视察，县政协主席白光裕、副主席古明水、文史学习委全体委员参加。实地查看了白马关 CS 基地、山地自行车赛道、拓展训练基地和八卦谷丛林穿越等项目建设，白马关实验区管委会、县旅游局、县文广新局和白马关镇党政负责人参加并汇报情况。建议“加大宣传推介力度提升基地影响力”“丰富拓展项目内涵增强基地吸引力”“强化景区管理完善基地服务能力”“坚持政府引导扶持增强基地发展动力”。12 月 17 日，县政协主席会议组织县政协四届三次会议提案办理视察活动，县政协主席会议成员、副秘书长、各委室主任、部分政协委员参加。县政府副县长、县公安局局长黄宪礼，及县城管执法局、县住建局、县农业局负责人应邀参加并通报情况，天泉山片区项目、罗江上品汇风情美食商业街项目负责人介绍情况。视察组就 52 号政协提案《加强城市交通执法提高公民安全行车意识的建议》办理，实地查看宇隆广场红绿灯交警执法、路口交通设施建设、群众交通秩序等情况；就 57 号提案《关于提升城市整体形象的建议》办理，实地查看八景苑、小吃一条街、万安大道整治、高铁站前广场、天泉山、南塔建设情况；就 12 号提案《关于加快罗江县城影剧院等公共文化设施建设的建议》办理情况，查看“上品汇”私人新建影剧院建设情况；就 6 号提案《关于发展罗江现代农业的建议》办理，实地查看调元青花椒基地建设情况。

2015 年，县政协主席会议对绵罗、罗中公路改造，经开区道路建设，涪江流域秀水河、湍水河河道治理，罗干渠续建配套节水改造，水文监测站和农村人口饮水安全工程，金山、调元、白马关镇 6 个美丽幸福新村建设；纹江河太平廊桥至橡胶坝段河道清淤，亲水平台和安全护栏建设工程，县城区和金山镇四、五期雨污管网改造，职教园区西南财大天府学院项目建设，陕西馆棚户区改造，实施万亩国家级种子基地项目，三渔水库前期工作“十大重大工程”推进开展专题视察，提出意见建议45条。专委会对农村人口安全饮用水、公安天网建设、家庭农场发展等7个方面工作开展专题视察，提出意见和建议41条。4月14日，县政协主席白光裕率县政协主席会议成员、各委室主任、部分政协委员视察县自来水公司运行情况。实地查看秀水河取水点，深入水处理车间和水质检测室了解县城饮用水处理情况，召开座谈会，听取县住建局负责人情况汇报。提出“统筹协调，建立供水安全组织体系”“强化责任，健全饮用水水源保护机制”“着力监管，提高制水供水能力和水平”“拓宽渠道，推进供水管网改造升级”“防患未然，完善全县供水应急预案”“共同关注，确保饮用水工作健康发展”等意见建议。4月16日，县政协联谊委组织工会、共青团、妇联等界别政协委员对县留守儿童之家建设情况进行视察，县政协主席白光裕、副主席高晓梅及教文卫委主任参加。现场查看慧觉镇、御营镇学校留守学生之家和慧觉镇富荣村、御营镇范家大院幸福驿站建设情况，团县委负责人、县教育局有关负责人参加并汇报情况。提出意见和建议：一是加大对关爱留守儿童方面工作经费的投入，确保必要的工作及活动经费；二是完善组织体系，建立对相关部门的考核机制形成各尽其职、齐抓共管、统筹协调态势；三是加大宣传力度，一方面发动社会各方力量，关心、关注、积极参与关爱留守儿童工作；另一方面加大对留守儿童家庭的沟通协调，使每个家庭担当起对自己下一代的关爱责任，有效形成家庭与学校共管的教育网络；四是相关职能部门发挥好关爱留守儿童工作的主体作用，继续创新，开展好儿童喜闻乐见、丰富多样的活动。4月17日，县政协联谊委组织民宗台联界委员对全县宗教活动场所建设和管理情况进行视察，县政协副主席高晓梅及教文卫委主任参加。现场查看金莲寺、南塔寺、万佛寺、基督教堂等宗教场所的建设和管理情况，县委统战部、县民宗局负责人参加并汇报情况。提出意见和建议。5月19日，县政协主席会议对绵罗、罗中公路改造工程进行视察，县政协主席会议成员、各委室主任、副秘书长、部分政协委员参加。实地查看绵罗公路改造工程白马关凤鸣桥段（二标段）和罗中公路改造工程新盛场镇段（五标段）施工现场，详细了解工程建设进展情况。建议：一是抓住发展契机，做好“十三五”规划；二是抓好项目建设，确保工程质量；三是消除稳定隐患，抓好交通安全；四是积极争取项目，提供资金保障。8月21日，县政协主席会议对鄢家镇现代农业产业发展情况进行视察，县政协主席会议成员、各委室主任、部分县政协委员参加。实地查看鄢家镇星光村万亩蜜柚、万亩杂柑基地，灯盏村青州家庭农场、春见基地等现代农业产业发展情况，鄢家镇党委、政府负责人参加并汇报情况。提出意见和建议：一要在规模化、标准化、品牌化“三化”上下功夫；二要在产村相融、农旅相融和产业与互联网融合“三融合”上做文章；三要在引领群众上有定力；四要在整合资源上有突破。9月25日，县政协教文卫委组织全体委员视察全县警校共育情况，县政协副主席张平富、高晓梅参加。实地查看四川工业科技学院、县幼儿园、蟠龙小学等学校警校共育开展情况，县公安局、县教育局相关负责人参加并汇报情况。提出意见和建议：一是县公安局和县教育局加强协作，完善“警校共育”工作机制，定期、不定期对学校治安、安全工作进行检查，开展隐患排查；二是县财政对“警校共育”工作经费给予支持、保障；三是相关部门齐抓共管，落实责任，结合法律“七进”和普法教育，加大法制宣教力度，助推“警校共育”工作深入开展。10月15日，县政协主席会议对社区巡回审判工作进行视察，县政协主席会议成员、各委室主任、部分县政协委员参加。实地查看金山镇家和社区巡回法庭及开庭现场。建议：一是抓好组织筹划，确保开展顺利；二是抓好队伍建设，提升工作水平；三是抓好宣传推广，深化全民普法；四是抓好运行保障，巩固工作成果。并印发视察通报。

2016 年，县政协主席会议及专委会组织政协委员对创建卫生县城、棚户区改造、十大重点工程、十大民生实事、十大产业项目等进行专题视察，并提出建议意见，形成视察通报报送县委县政府。视察中注重发挥民主党派和工商联等界别委员意见，助推全县经济社会发展。4 月 15 日，县政协主席会议对蟠龙镇农旅融合发展工作进行视察，主席会议成员、专委会主任、副秘书长、部分政协委员参加视察。听取蟠龙镇在农旅融合发展走“连片发展、抱团发展”路子，着力打造以贵妃枣、九叶青花椒、雷竹等产业为主的万亩特色农业生态旅游示范基地情况汇报。实地查看、了解后建议：一是坚持发展定力，巩固提高贵妃枣等成熟产业，把新产业青花椒、雷竹等做细做实；二是坚持科学规划，与白马关景区紧密衔接，优势互补；三是坚持富民增收，结合扶贫攻坚，发挥专合组织引领作用，使老百姓脱贫奔小康；四是争取各方支持；五是坚持“互联网 +”理念；六是强化管理。4 月 22 日，形成《关于县政协主席会议视察蟠龙镇农旅融合发展的情况报告》报送县委、县政府。5 月下旬，县政协主席会议先后对民主评议县人力资源和社会保障局、县工商管理和质量监督局、县政务服务中心经济发展环境问题整改落实情况进行视察，向被评议单位发送《关于反馈工作中存在的问题及意见建议》，深入各有关部门单位实地查看、听取汇报。县政协主席会议成员、专委会主任、副秘书长及部分政协委员参加视察。6 月 14 日，形成《关于县政协主席会议视察民主评议经济发展环境问题整改落实情况报告》报送县委、县政府。6 月 8 日，县政协文史学习委组织文化界别政协委员视察鄢家镇年画上墙宣传社会主义核心价值观情况。听取鄢家镇情况介绍，现场查看，举行座谈会，提出意见建议。8 月 30 日，县政协主席会议对县高等职教综合改革试验区建设工作进行视察，听取县教育局关于高等职教综合试验区建设情况的汇报，现场察看建设情况。县政协主席会议成员、专委会主任、副秘书长、部分市县政协委员参加视察。9 月 9 日，形成《关于县政协主席会议视察高等职教综合改革试验区建设的情况报告》送县委县政府。10 月 19 日，县政协副主席古明水率政协文史学习委视察县图书馆开放情况，听取县文广新局有关工作汇报，举行座谈会，提出意见建议。文史学习委政协委员及文广新局有关负责人参加视察活动。10 月 21 日，县政协副主席陈志光率政协社法委视察县检察院工作，听取检察院工作汇报，现场察看检务公开开展情况，提出意见建议。政协社法委政协委员及县检察院中层以上干部参加座谈会。10 月 24 日，县政协主席白光裕、党组书记张胜虎率市政协委员罗江小组全体成员、县政协主席会议成员、县政协社法委负责人视察罗江县城市提档升级工作。视察组听取住建局有关工作情况汇报，实地察看实施进展情况，提出意见建议。11 月 2 日，县政协组织视察全县食品安全工作。视察组听取县食品药品监督管理局食品安全工作汇报，现场察看食品生产企业和学校各 1 个。举行座谈交流，提出意见建议。县政协副主席陈志光、县政协社法负责人和特邀界一组、二组全体政协委员参加视察。11 月 10 日，县政协主席会议组织视察重点提案办理和“城市基础设施建设年”活动开展情况。视察组先后听取县政府办和县发改局有关情况汇报，现场察看承办单位办理工作和活动开展情况，举行座谈交流，提出意见建议。县政协主席会议成员，专委会主任、副秘书长、部分市县政协委员参加视察活动。

第三节　民主评议

县政协在履行民主监督职能中，运用包容各界、联系广泛、人才聚集的优势，针对党政重视、人民群众关注的行业或部门，开展民主评议。首届政协开展对医疗卫生行业作风，二届政协开展对公安行风、民营经济发展环境的评议，三届政协开展对环境保护工作，四届政协开展对全县经济发展环境的民主评议等。

一　评议医疗卫生行业行风

1998 年 9 月至 2000 年 1 月，县政协组织政协委员，会同县级有关部门，对以县人民医院为主的医疗卫生行业作风开展民主评议。

1998 年 9 月 17 日，中共罗江县委《关于批转县政协党组〈关于组织政协委员民主评议医卫行业行风的实施方案〉的通知》（罗县委发〔1998〕23 号），印发各乡镇、县级有关部门遵照执行。《实施方案》明确，为贯彻落实党的十五大和县第一次党代会精神，根据人民政协“政治协商、民主监督、参政议政”职能，按照中共德阳市委〔1998〕15 号文件要求，结合罗江实际，组织政协委员开展对全县医疗卫生行业行风进行评议。评议的目的与指导思想是：以邓小平理论和中共十五大精神为指导，以行业服务标准为依据，广泛听取意见，深入调查研究，肯定成绩，总结经验，指出问题，提出整改措施，促进医疗质量和服务水平的提高。评议的对象是全县医卫行业，重点是县人民医院。各乡镇卫生院和其他医疗机构要按照《实施方案》精神，加强学习，进行自我教育、自我整改、自我完善，促进本单位医疗质量和服务水平不断提高。评议内容是以全国卫生大会精神和卫生部颁发的《文明医院条件》为依据，结合省、市、县有关规定，重点评议县人民医院复县以来医疗质量、医德医风（即服务态度、廉洁行医）、合理收费等方面的情况。评议的方法，一是听、看、查、议，座谈与走访相结合；二是专业评议与总体评议相结合；三是边评边改与集中整改相结合。评议工作分为准备、动员培训、调查评议三个阶段。各乡镇卫生院和其他医疗机构，要按照方案精神和要求，加强领导，将评议工作纳入议事日程，加强组织、宣传和动员，抓好落实。县政协主席会议组织实施罗江县政协评议医卫行风工作。

1998 年 10 月 30 日，县政协召开罗江县评议医卫行风工作会议，县政协主席、副主席、秘书长、副秘书长，县政协办公室、专委会办公室正副主任，县政协文教卫生委正副主任，县直机关党工委、县委宣传部、县精文委、县卫生局、县监察局、县物价局、县审计局、县技术监督局、县广播电视局等部门负责人参加会议。会议宣布县医卫行风评议领导小组及领导小组办公室组成人员，研究评议人员分组名单，研究通过评议工作议程、日程和各评议小组工作职责。县政协主席何天云在会上讲话。

医卫行风评议领导小组由县政协主席何天云任组长，副主席刘成国、李兴明、廖大礼任副组长，政协秘书长张明义、县卫生局局长薛品峰、县直机关党工委书记伍泽亮、县监察局局长唐幼龙、县委宣传部副部长冯小平、县财政局副局长杨文龙、县广电局副局长李代长、县审计局副局长何万洋、县技术监督局副局长肖坤富、县物价局副局长王东任成员；领导小组办公室由李兴明兼主任，张明义、薛品峰、县文体局副局长赖安海、县教委副主任曹莉琳任副主任；医疗质量评议组由刘成国任组长，县卫生局副局长王祖兴、县文体局副局长赖安海任副组长，薛品峰、李代长、肖坤富、县教委工会副主席江一彬、县医院副主任医师袁炳忠任评议委员；医德医风评议组由李兴明任组长，张明义、唐幼龙任副组长，冯小平、曹莉琳、农工民主党罗江支部主委方绍荣、县医院团总支书记黄国燕、医院主管护师护士长周容萍任评议委员；合理收费组由廖大礼任组长，县政协副秘书长卢明富、县物价局副局长王东任副组长，伍泽亮、杨文龙、何万洋、县文体局文化市场稽查队队长江德明、县计生指导站站长袁新明、县医院副主任医师儿科主任刘继明任评议委员。

医疗质量评议组职责：调查了解县医院在提高医疗质量方面的主要做法、措施及取得的主要成果；调查了解治疗效果、典型医疗事故等医疗质量方面存在的主要问题；讨论提高医疗质量的途径和措施；对有关部门在提高医疗质量上的意见和建议；对被评县医院医疗质量做出书面评议意见。

医德医风评议组职责：调查了解县医院在医德医风建设方面的主要做法、措施和取得的成绩，以及了解廉洁行医的先进事迹；了解在服务态度和廉洁行医等方面存在的主要问题和表现形式；讨论研究解决医德医风上存在的问题的办法措施；调查了解对政府及有关部门抓医德医风的意见和建议；对被评县医院的医德医风做出书面评议意见。

合理收费组职责：调查了解依法收费、减轻病人负担的主要做法和效果；调查了解不合理收费的主要表现和收益分配上存在的问题；研究杜绝违法收费，增加病人负担的办法措施；调查了解对政府及有关部门在收费上的意见和建议；对被评县医院的收费情况作出书面评议意见。

各评议工作遵照全国卫生大会精神和国家及省、市卫生部门制定的有关标准，经过深入调查研究，听取领导班子汇报，召开各类座谈会，走访病员和医务人员，查阅有关档案、资料，不记名问卷调查等，收集意见，客观评议。

各评议组在对县医院评议完毕后，还要跟踪随访至1999年年末。

1999年8月23日，县政协向全县各乡镇、县级各部门、罗江县人民医院发出《关于完成医卫行风评议问卷调查工作》的通知，要求在8月30日前完成所发送的150份调查问卷的填写、回收工作。调查问卷分医卫行风调查问卷、县医院职工调查问卷两种，共40条179个选项和4个问卷。是日，县政协向县医院、各乡镇及卫生院发出《关于医卫行风被评议单位进行自查自评》的通知并附《评议表》。《评议表》分医德医风、医疗质量、合理收费3种，分别设评议内容（项目）、评议要求、评议方法、标准分值、扣分记录和得分7项，其中评议内容（项目）分设18个大项和31个小项（医疗质量评议未设小项）。问卷调查工作于8月30日前完成，自查自评工作于9月25日前结束。

9月15日，县政协召开医卫行风评议第二次工作会议，县政协主席何天云，副主席刘成国、李兴明、廖大礼，秘书长张明义，以及参加县政协医卫行风评议的领导和工作人员参加会议，张明义主持会议。会议学习中共罗江县委《关于批转县政协党组〈关于组织政协委员民主评议医卫行业行风的实施方案〉的通知》和县政协办公室《关于印发医卫行风评议领导小组、领导小组办公室及分组名单的通知》；刘成国通报第一次工作会议以来医卫行风评议工作情况，安排部署下一阶段工作，要求县政协文教卫委要抓好评议具体工作；各评议组要落实组评意见撰稿人。何天云讲话，要求医卫行风评议工作要突出重点，高度重视，精心组织，认真调研，指出问题，及时整改，被评单位要写出整改情况报告；张明义作总结讲话，要求参评人员要处理协调好本职工作与评议工作的关系，把评议工作搞好。

10月14日，县政协在县医院五楼会议室召开医卫行风评议县医院自查汇报会，县政协主席何天云，县委副书记邓华明，县政府副县长宋玉华，县政协副主席李兴明、廖大礼，秘书长张明义出席会议，参加评议的领导小组成员、各有关单位负责人、县医院各科室负责人，以及部分县政协委员参加会议，何天云主持会议。

县医院院长张开升、县卫生局局长薛品峰在会上分别作自查汇报和县卫生系统行业作风建设工作情况汇报。张开升在汇报中说：县医院成立自查自评领导小组，召开全院职工动员会，对全院医德医风、医疗质量、合理收费等方面的工作进行全面自查自评；对查出的问题和差距在医院行政会议上专题通报。张开升表示，医院要发扬成绩，纠正发展中出现的问题，努力把县人民医院建成一流的县级医院。薛品峰在汇报中要求全县卫生系统借鉴重点被评单位的经验，在这次评议中，认真解决本系统、本单位存在的问题，深入扎实搞好医卫行风建设，为建设新罗江做出贡献。

县政协主席何天云在会上对评议标准进行分项讲解并通报前期评议工作情况，部署下一步工作。要求参评单位和人员，认真负责，突出重点，认真扎实地把医卫行风评议工作开展好，达到医德医风进一步好转，医疗质量进一步提高，收费更加合理。

县委副书记邓华明在会上讲话，要求医卫行风评议工作实事求是，不走过场，被评单位要主动积极配合，共同搞好评议工作。县医院要主动接受县卫生局领导、管理、指导，在调动各方面积极因素上多做文章，敢于承认问题，认识问题，着重落实整改，致力于医院建设和发展。通过评议，在职工中树立起医院兴个人荣，为争创一流医疗质量、一流服务质量、一流县级医院做出贡献。

10月27日，县政协办印发《关于县政协医卫行风评议对县医院进行进场评查的通知》，要求县政协医卫行风评议领导小组和各评议组全体人员于11月2—3日在县医院开展评议工作。11月2日，各评议小组按照实事求是、客观公正的原则，根据有关医疗质量、文明医院标准和收费政策，通过听取汇报、实地考察、查阅资料、走访病员、进行座谈，对县医院近两年的工作进行全面了解和评议。11月5日，医疗质量评议组报送《罗江县政协医卫行风评议县医院医疗质量评议材料》，11月8日，政协医卫行风评议合理收费评议组报送《罗江县政协医卫行风评议合理收费组汇报材料》，11 月 10 日，政协医德医风评议组报送《罗江县政协医卫行风评议罗江县医院医德医风建设》。11 月 24 日，根据现场多次考察、收回的问卷结果及各评议小组的评议意见，形成《政协罗江县委员会关于民主评议县人民医院行业作风的总评意见》，并由县政协党组和主席会议审议通过。11 月 26 日，《总评意见》由县政协一届十三次常委会议审议通过。12 月 11 日，将《总评意见》报送县委、县政府，并分发县级有关部门、乡镇及县医院。

2000 年 1 月 6 日，县政协医卫行风评议总结大会在县医院召开，评议领导小组、各评议小组全体人员，县卫生局、县医院各科室及以上负责人参加会议；县委副书记邓华明，县人大常委会副主任田芬金，县政府常务副县长戴厚麟、副县长宋玉华等到会指导。县政协主席何天云宣读《关于民主评议县医院行业作风的总评意见》，县政协秘书长张明义对评议工作总结报告，县卫生局和县医院负责人在会上发言，县委副书记邓华明在会上发表讲话，县政协副主席刘成国主持会议。

《总评意见》扼要回顾历时半年多的评议工作情况，肯定县医院在医德医风、医疗质量、合理收费方面的成绩，指出在这几方面存在的问题。医德医风建设有机构有专职人员，纳入日常管理，有考核与奖惩，问卷调查满意度较高；医疗质量管理体系较为健全，三级医师查房、病历讨论和护理“三查七对”（操作前查、操作中查、操作后查，查对床号、查对姓名、查对药名、查对剂量、查对时间、查对浓度、查对用法）等制度执行较好，采取业务学习、专题讲座培训及送出去请进来等方式提高医务人员业务素质；收费管理制度较为健全，基本无乱收费行为，药品采购、加价等执行了有关规定；民主评议促进了医院各项规章制度的进一步健全落实，促进了医德医风、医疗质量、合理收费和医院容貌进一步改进。《总评意见》针对存在的问题和医院的建设发展提出八条意见和建议，其中主要有：进一步建立完善各项规章制度；设立个人医德医风档案并与年度考核和职称晋升挂钩；尽快完善收费程序，纠正个别科室收费和项目填写不规范行为；着力培养名医师名护师及知名专科门诊；建议县委、县政府将县医院搬迁列入全县重点建设工程之一。

邓华明代表县委在会上讲话，要求县医院进一步加强班子建设、队伍建设和行风建设，鼓励县医院上下同心，为“两个文明”（物质文明和精神文明）建设双丰收，为县医院取得更大的社会和经济效益，克服困难，不断有新的进步。

县政协医卫行风评议领导小组宣布对县人民医院总评意见暨工作总结会之后，县政协继续对县医院进行了多次追踪随访，交换意见。11 月 3 日，县政协第一届十七次常委会议听取县医院副院长周守聪作的《关于县政协医卫行风评议后医院整改落实情况的通报》。会议对县医院积极整改、不断进步表示满意。

二　评议公安行风

2003 年 4—7 月，县政协根据《中国人民政治协商会议章程》有关规定和县公安局《关于邀请政协委员评议公安行风的申请》，按照德阳市政协关于开展行风评议市县联动的要求，经中共罗江县委同意，开展对全县公安行风的评议活动。

4 月 24 日，县政协印发《关于对公安行风评议实施方案》。方案规定公安行风评议工作的指导思想和目的、组织领导、评议内容、评议时间和工作安排。

公安行风评议的指导思想和目的是：坚持以邓小平理论、“三个代表”重要思想和中共十六大、十五届六中全会精神为指导，以公安部、省公安厅有关法规、法纪、作风建设、职责要求为依据。在广泛听取意见、深入调查研究、充分肯定成绩的基础上，实事求是地分析公安系统行业作风建设的现状和存在的问题及原因，帮助、指导公安机关制定整改措施，切实解决存在的问题，增强为民服务意识，树立公安部门严格、公正执法，勤政爱民、廉洁高效的良好形象，努力把县公安队伍建设成为一支政治合格、纪律严明、作风优良、勤政高效，为实现罗江县第二次党代会提出的全面建设小康社会，实现富裕、文明、秀丽新罗江的建设目标做出应有的贡献。

成立评议领导小组。领导小组由县政协主席邓华明任组长，副主席洪善斌、肖宗军、李兴明、陈培建、张平富和秘书长曹传海任副组长；成员由县政协常委、县政协法群委主任李建珠，县政协常委、农经委主任张永才，县政协常委、文史委主任王心祥，县政协常委、县委农工办主任周信廷，县政协常委、德阳罗江乐明食品有限公司董事长张社林，县政协委员、提案委主任刘军，县政协委员、教科文卫委主任李世元，县政协委员、财贸委主任薛建都，县政协委员、团县委副书记廖小华，县政协委员、县纪委副书记、县监察局局长唐幼龙，县政协委员、县政府办主任唐维露，县政协委员、县人社局副局长高君，县政协委员、县委统战部副部长唐英，县政协委员、县委宣传部副部长罗通富，县政协委员、县广电局局长冯小平，县政协委员、县委政法委副书记苏富贵，县政协委员、县人民法院副院长郑哲锐，县公安局局长何守先，县人民检察院副检察长刘晓彪，驻县内德阳市政协委员、市农工民主党罗江支部主委秦寿安，县直党工委副书记赖朋，县总工会副主席罗蓉组成。评议人员分成两个组，洪善斌、肖宗军分别担任组长。

评议内容主要是四个方面：一是履行职责，严格公正的执法形象；二是勤政爱民，为政清廉的执法形象；三是遵纪守法，文明执法的形象；四是落实公安部“五条禁令”（严禁违反枪支管理使用规定，违者予以纪律处分，造成严重后果的，予以辞退或者开除。严禁携带枪支饮酒，违者予以辞退；造成严重后果的，予以开除。严禁酒后驾驶机动车，违者予以辞退；造成严重后果的，予以开除。严禁在工作时间饮酒，违者予以纪律处分；造成严重后果的，予以辞退或者开除。严禁参与赌博，违者予以辞退；情节严重的，予以开除），省公安厅“七项要求”，市委、市政府“七条禁止性规定”执行情况等。

评议方法采用听取汇报、公开走访、实地暗访、虚拟报案模拟求助、发放问卷、召开座谈会、自查自纠、集中整顿等方法。力求客观、真实，努力使评议工作做到委员满意、被评单位满意、群众满意。评议组在调查结束后，写出有分析、有建议的民主评议意见。评议意见力求客观公正，成绩讲够，问题讲明，建议切实可行。

5 月 8 日，县政协评议公安行业作风动员大会在县公安局五楼会议室召开。县政协评议公安行风领导小组成员，参加评议工作的全体政协委员，县公安局全体干警、协警参加动员大会。德阳市政协副主席龙旗云、市政协法制群团委主任田希全到会指导，县委副书记黄亮、县人大常委会副主任石昌明、县政府副县长刘诚应邀参加会议。会议由县政协副主席洪善斌主持。

会上，县政协副主席肖宗军代表行风评议领导小组作动员报告，县公安局局长何守先代表被评单位作迎评发言，表示自觉、主动接受政协评议，恳请政协委员对公安工作提出宝贵意见，对政协委员提出的存在问题，认真加以整改，使公安队伍建设和形象得到进一步改善，以新的面貌、新的气象展现在人民群众面前。市政协副主席龙旗云、县政协主席邓华明、县委副书记黄亮、县政府副县长刘诚在会上讲话，并就正确认识县政协对全县公安行风评议，县公安局如何做好迎评工作，以及政协参评人员如何开展好评议工作提出要求。希望参加评议的政协委员和被评单位的全体干警，要提高认识，高度重视，努力工作，圆满完成评议工作，为推动和促进全县公安工作再上新台阶，全面完成县第二次党代会提出的奋斗目标，为推进罗江二次创业，实现罗江发展新跨越做出更大的贡献。

5 月 20 日，评议组全体人员听取县公安局行风建设自查自纠情况汇报。

5 月 22—30 日，县政协评议第一组听取县公安局各科室、大队的情况汇报，座谈了解，查阅资料；评议第二组先后到罗江、金山、鄢家、略坪公安派出所听取汇报，座谈了解情况，查阅资料。

6 月 3—12 日，评议组分组到县级有关部门、企业、学校、社区听取情况反映，了解对公安行业的意见和建议。其间，问卷调查 183 人，组织座谈 187 人。

6 月 16—20 日，评议组召开有关县级部门和乡镇、学校、社区代表对公安行风的意见和建议座谈会。

6 月 24—25 日，评议组按照评议标准对被评单位进行评议检查打分。并于 27 日与县公安局交换意见。

6 月 30 日至 7 月 10 日，县公安局对照整改。

9 月 25 日，县政协在县公安局五楼会议室召开评议公安行业作风总结大会。县政协评议公安行风领导小组成员、评议组全体成员和全体公安干警参加总结大会。县委副书记黄亮，县委常委、政法委书记、统战部部长向元强，县人大党组书记、常委会副主任杨育林应邀到会指导。会议由县政协副主席洪善斌主持。

县政协副主席肖宗军代表评议行风领导小组作关于评议县公安行业作风建设情况总结。行风评议组通过深入公安局各科室、基层派出所及县级部门、乡镇召开座谈会，个别了解，查阅资料，发放问卷调查，虚拟报案模拟求助等方式，就公安行风广泛征求意见，充分肯定罗江县公安队伍是一支政治合格、作风优良、业务素质好、能打硬仗，党和人民信赖的队伍。评议中对群众反映的问题，原汁原味地向县公安局党委进行反馈。还就县公安局行风建设提出建议。

行风评议组成员唐幼龙、县公安局局长何守先先后在会上发言。县领导黄亮、杨育林分别代表县委、县人大对公安行风评议工作给予充分肯定，并对如何促进公安工作迈上新台阶提出要求。

县政协主席邓华明就如何巩固行风评议成果，建立一支高素质公安队伍提出四点希望：一是希望县公安局领导班子要保持清醒的认识，长期抓队伍建设，建立和完善加强队伍建设的工作机制；二是希望广大公安干警做到“四个珍惜”（即珍惜人民警察的光荣称号，珍惜来之不易的工作岗位，珍惜亲人的关爱和寄托，珍惜队伍整顿和行风评议的成果），遵章守纪，爱岗敬业，做一名满意的人民警察；三是希望广大政协委员继续履行好“三项职能”（政治协商、民主监督、参政议政），一如既往关注、关心、理解和支持公安队伍建设和公安工作；四是希望县委、县政府继续加强对公安工作的领导，切实帮助公安机关解决好工作条件和执法环境，特别是落实好从优待警、科技强警的措施。要从政治上信任、工作上支持、生活上关心、舆论上鼓励、管理上严格要求。

10 月 27 日，县政协向县委报送《关于评议公安局行业作风建设工作情况的报告》。本次评议公安系统行风建设工作圆满结束。

三　评议全县民营经济发展环境

为贯彻中共十六大和省、市、县民营经济发展工作会议精神，充分发挥政协民主监督作用，推动全县民营经济得到快速健康发展，根据省、市政协民营经济发展环境民主评议整体联动的要求，依据《中国人民政治协商会议章程》有关规定，经县政协党组和主席会议商定，并报经县委同意，县政协于 2004 年 4—10 月组织实施全县民营经济发展环境民主评议工作，并于 2005 年 7 月对被评议单位进行追踪回访。

2004 年 4 月 21 日，县政协印发《政协罗江县委员会关于全县民营经济发展环境民主评议工作方案》。方案明确民营经济发展环境评议工作的指导思想和目的、评议内容、评议范围、组织领导和时间安排。

评议工作的指导思想和目的是：坚持以中共十六大和十六届三中全会精神为指导，以省、市、县《关于进一步加快民营经济发展的实施意见》为依据，按照省、市政协民主评议民营经济发展环境会议的要求，对全县有关重点行政管理部门政策落实、政务公开和行业作风等服务情况进行评议。通过评议，进一步了解有关行政管理部门在贯彻落实发展民营经济政策措施、改进部门工作作风、改善民营经济发展环境中存在的问题和原因，以便提出相应的对策与建议，进一步增强为全县民营经济发展服务意识，树立公正执法、勤政为民、廉洁高效的良好形象，促进民营经济发展环境的改善，推动全县民营经济的发展。

评议的内容：一是在贯彻落实省、市、县民营经济发展工作会议精神，市、县《关于进一步加快民营经济发展实施意见》方面取得的主要成绩和经验，重点是查找存在的问题；二是优化政策和政务公开情况，包括依法行政和行政审批制度的改革、部门职能的转变，主要是政策的配套与落实情况；三是行政作风情况，以及清理有关民营经济的地方性法规和规章制度情况，保护民营企业的合法权益，杜绝“三乱”（乱收费、乱罚款、乱摊派）现象的情况。

评议的范围：所有涉及民营经济发展的行政执法部门，重点是工商、税务、质量技术监督、食品药品监督管理等行政管理部门。

组织领导：成立县政协民主评议领导小组，在县委领导下组织开展评议工作。县政协主席任组长，副主席、政协办主任任副组长，县纪委（监察局）、县委政法委、县委政策研究室、县政府办公室、县政协办公室、县委统战部、县经贸局、县政府法制办、县工商联、县政协社法委、财贸委、工业委负责人为成员。县政协从民主党派和工商联、人民团体及相关委员界别中选聘政治素质好、参政议政能力强、作风正派、有一定政策水平和工作经验的县政协委员及相关专业人员担任评议人员，组织评议组负责评议工作。各被评单位建立迎评小组，组织单位干部职工学习文件，总结经验，查找问题，制定整改措施。

评议工作自2004年4月上旬开始，是年8月末结束。分准备动员、自查和调查研究、评议小组集中评议、整改总结四个阶段。

4月27日，县政协组织召开罗江县政协民营经济发展环境民主评议动员大会。县委书记、县人大常委会主任左正，县政协主席邓华明，县委副书记张春蓉，县人大常委会副主任石昌明，县政府副县长苏刚，县政协副主席洪善斌、肖宗军，评议组全体成员出席会议。五个重点被评议单位股级以上干部、县级有关部门负责人共170余人参加会议。会议由邓华明主持。会上，肖宗军代表县政协民营经济发展环境民主评议领导小组作动员讲话，张春蓉宣读县委同意县政协开展民营经济发展环境民主评议《批复》。左正在讲话中强调：非公有制经济是社会主义市场经济的重要组成部分，要充分认识民营经济在社会主义经济建设中的重要地位，要充分准备、密切配合，讲成绩时不要羞羞答答，对问题要敢于暴露，有的放矢地开展评议，从而更好地落实各项政策措施，达到优化环境、促进发展的目的。邓华明对评议工作提出具体要求，要求被评议单位和评议组全体成员密切配合、各司其职，要吃透评议工作实质，按《工作方案》具体要求，把评议的各项工作落到实处，使评议工作真正出实效，为罗江“三个文明”（物质文明、政治文明、精神文明）建设贡献力量。5个重点被评议单位负责人在会上发言，表示将积极配合各评议组开展工作，自觉接受政协委员和广大人民群众的监督。以评议为契机，努力查找自身工作不足，改进工作作风，增强服务意识和法制观念，更好地优化民营经济发展环境，为罗江经济发展做出新的贡献。

5月14日，县政协印发《关于开展全县民营经济发展环境民主评议的公告》，公开征求社会各界人士对民营经济发展的意见和建议，欢迎广大群众来信来电或以其他方式提出意见和建议，积极参与本次评议。

6月7—25日，4个评议小组深入到全县24家民营企业、21个县级部门、乡镇和单位，以及重点被评议单位的股室、基层（站）所，就民营经济发展环境广泛征求意见。采用召开座谈会、走访调查、查阅资料、发放调查问卷等，先后召开会议20次、专题视察5次、发放问卷160份（收回154份），收集到群众反映的意见和建议77条。

评议领导小组办公室将走访座谈、阅卷调查收集的意见进行整理，形成《关于我县民营经济发展环境状况的调查反映》报送县政协党组。8月2—4日，县政协就评议中征求到的意见和建议，分别转给5家重点被评单位，并在综合分析的基础上，以正式文件的形式发出评价意见。

各被评单位高度重视县政协的反馈意见，认真研究分析存在的问题，制定整改方案，分别于8月上、中旬以正式文件的形式报送县政协及有关部门。

8月31日，县政协在县政府三楼会议室召开全县民营经济发展环境民主评议工作总结会。县政协民主评议领导小组及各评议小组全体人员，被评议单位股级以上干部共100多人参加会议。县政协主席邓华明，县委副书记张春蓉，县人大常委会副主任田芬金，县人民政府副县长刘诚，县政协副主席洪善斌、肖宗军、李兴明、陈培建出席会议。会议由邓华明主持。

肖宗军代表评议领导小组作《县政协民主评议民营经济发展环境工作总结报告》。报告回顾开展民主评议工作的进程、采取的主要措施和取得的成效，并对进一步落实整改措施提出要求。

张春蓉在讲话中指出：这次民主评议工作，使县委、县政府及时了解了全县民营经济发展的现状，找出了影响发展的问题，有利于今后工作进一步开展。希望政府职能部门切实转变思想观念，提高办事效率，努力为民企发展服务，进一步加强对国家新出台的法律法规政策的学习，宣传好、运用好，进一步加强行业自律，严格执法，为民企发展营造宽松和谐的环境。

刘诚在讲话中指出：政协开展民主评议，是对政府工作的极大支持。他要求各职能部门继续提高对支持民营经济发展工作重要性的认识，对评议中提出的问题要切实整改，不断优化政策、政务及法治环境，促进民营经济健康快速发展。

邓华明在讲话中指出：这次民主评议工作，县委重视，政府支持，各被评单位密切配合，各评议员认真参与，达到了预期目的，将对全县民营经济发展产生积极影响。为政协履行民主监督进行有益地探索，为推进民主建设积累了经验。讲话强调：支持民营经济发展是一项长期的工作，面对存在的问题，既要在整改上真抓实干，还要考虑解决问题的现实性，正确对待目前还没有能力解决的问题。

5家重点被评议单位负责人在会上发言，对落实整改作了郑重承诺。

9月2日，县政协党组向县委报送《关于民主评议全县民营经济发展环境工作的报告》。县政协印发《关于民主评议全县民营经济发展环境的工作总结》。

2005年6月8日，县政协印发《政协罗江县委员会〈关于对2004年民主评议全县民营经济发展环境进行回访的方案〉的通知》，部署民主评议回访工作。评议回访的领导小组及办公室成员均由2004年行风评议领导小组及办公室成员担任，回访分组与2000年一致，组长、成员等基本不变，参加回访的委员基本不变。评议回访的单位为2000年重点评议的工商、国税、地税、质监、药监等5部门。回访的主要内容为优化发展环境政策落实情况、行业作风和政风转变情况，重点是行风评议后整改措施落实情况及成效经验。回访的主要方式一是召开部门、企业代表座谈会，听取对评议单位整改成效及意见；二是听取被评议单位整改措施落实及工作情况汇报；三是深入基层、单位查访。

自7月5日起，评议回访领导小组成员分别率评议回访组按照日程安排，听取被评议单位汇报，走访企业、基层，总结经验、分析研究，提出整改建议，写出评议回访总结报告。

在走访座谈、收集反馈信息中，回访组结合开展保持共产党员先进性教育活动，深入民企、乡镇、部门和社区，走访座谈，广泛了解社情民意。听取重点被评议部门对整改措施落实及工作情况汇报，并结合了解的情况，向各评议部门提出意见和建议。

8月1日，县政协办公室形成《关于对2004年民主评议全县民营经济发展环境进行回访的工作总结》报送市政协办、县委办、县人大办、县政府办及有关部门，回访工作结束。

四　评议全县环境保护工作

根据德阳市政协《关于对全市环境保护工作开展民主评议的通知》精神，依据《中国人民政治协商会议章程》有关规定，经县委同意，县政协于2010年4—6月组织对全县环境保护工作开展民主评议。

2010年3月26日，县政协党组向县委报送《政协罗江县委员会关于对全县环境保护工作开展民主评议的实施意见》，请示审定和转发。

民主评议环保工作的指导思想和目的是：以邓小平理论、“三个代表”重要思想和中共十七大精神为指导，按照县委作出全域建设“中国·罗江幸福家园”的决策部署，通过开展广泛深入的调查研究，掌握全县环境保护工作的基本情况，充分肯定成绩，认真总结经验，实事求是地分析当前环境保护的现状和存在的问题，提出整改意见，进一步促进各级、各部门重视环境保护工作，努力提高全社会的环保意识，切实推动罗江县向节约型、生态环保型社会发展，为建设“出如画、入有余、大和谐、同快乐”的“中国·罗江幸福家园”奠定坚实基础。

评议的内容：一是贯彻落实省、市环境保护工作会议精神情况；二是解决处理人民群众关心的环保难点、热点、重点问题情况；三是推进生态县建设的情况；四是在环境保护工作中依法行政情况，在服务企业污染防治、节能减排、发展低碳经济、清洁能源、城乡环境综合治理工作履行职责的情况；五是在环境保护工作中勤政高效、创新工作方法、提高办事效率及完善环境保护监督长效机制情况。

组织领导：一是成立县政协民主评议领导小组。县政协主席邓华明任组长，副主席古明水、李兴明、张平富、张宏琳任副组长；下设办公室，县政协秘书长薛建都任主任，县政协办公室主任曾传聪、县政协经科委主任米文宝任副主任；县政协经科委负责日常工作。二是组织政治素质高、参政议政能力强、有一定政策水平和相关工作经验的县政协委员及相关领域的专业人士担任评议委员，担负评议工作。三是民主评议对象以县环境保护局为主，包括县城乡环境综合执法局（涉城乡环境综合治理、城市噪音、油烟污染、扬尘污染等）、县发展和改革局（涉节能减排、新建项目环境保护前置审批、城市生活污水及垃圾处理等）、县水务局（涉农村安全饮用水、水土保持、河道采砂等）、县农业局（涉秸秆禁烧及其他农村面源污染防治等）、县林业局（涉生态保护、野生动植物保护等）、县卫生局（涉医疗废弃物的规范处理、有毒药物及放射性医用设施的监管等）、县畜牧局（涉畜牧养殖污染防治等）、县工商行政管理局（工商执照环保前置审批等）、县国土资源局（涉土地开发利用环保前置审批、基本农田保护、农田禁采砂石、土地整理等）。四是被评议单位建立迎评小组，组织动员单位干部职工，学习文件，总结经验，查找制定整改措施等。

4月23日，县环境保护工作民主评议动员大会在县政协常委会议室召开。县政协民主评议领导小组成员、县环保局等12个被评议单位负责人、各评议小组成员参加会议，县政府副县长聂建出席会议，会议由县政协副主席古明水主持。

县政协主席邓华明作动员讲话。他指出：民主评议是政协履行民主监督职能的重要形式，是围绕中心服务大局助推“中国·罗江幸福家园”建设的重要举措，是发挥政协独特优势的重要平台；各评议小组要始终坚持发现问题是手段，解决问题是目的；发现差距是手段，缩小差距是目的；促进工作是手段，切实提高群众生活环境质量是目的的原则，形成共识，精心组织，确保民主评议工作取得实效。

副县长聂建代表县政府就环境保护工作民主评议提出要求。他要求各部门一要提高认识，切实增强民主评议工作责任感；二要明确目标要求，扎实开展民主评议；三要强化责任落实，确保民主评议取得实效。为进一步推进环境保护工作再上新台阶，为人民营造良好的生活环境，为推进“中国·罗江幸福家园”建设做出更大的贡献。

县环保局局长陈尔平代表被评议单位发言。他表示，被评单位将统一思想，充分认识民主评议的重要性；积极组织，主动接受评议；评、建结合，扎实推进民主评议工作。

县政协副主席张宏琳布置民主评议相关工作。

5月5—6日，县政协民主评议环境保护工作各小组成员深入镇、社区走访、座谈。邓华明率第一小组成员到调元、鄢家镇，同基层干部、驻镇企事业单位、村居民代表等进行座谈，发放调查问卷150余份；古明水率第二小组成员到万安镇景乐、翰林社区，与社区干部、居民组长、居民代表等进行访问、座谈，发放调查问卷100余份；张宏琳率第三小组成员到万安镇朝圣、麓峰社区，与社区干部、退休人员、企事业单位负责人、环卫工人等座谈，发放调查问卷100余份。评议组成员与干部群众就贯彻落实环保工作方针政策、法律法规，人民群众普遍关心的环保热点、难点、重点问题，推进生态县建设进展情况，各部门在环境保护工作中依法行政情况，在服务企业污染防治、节能减排、发展低碳经济、清洁能源、城乡环境综合治理工作中履行职能情况，在环境保护中勤政高效、创新工作方法、提高办事效率及完善环境保护监督长效机制等情况，进行深入交流，广泛听取意见建议，对存在的问题进行梳理，为下一步评议工作奠定基础。形成题为《深入基层群众，倾听社情民意》信息送德阳市政协和县委办、县人大办、县政府办、评议领导小组、评议组成员及县级被评议单位。

5月12—14日，县政协民主评议环境保护工作各小组分别到各评议单位就环保工作进行座谈交流。县政协主席邓华明率第一小组成员到县林业、农机、水务局，与职工座谈，了解情况，提出建议；县政协副主席古明水率第二小组与社会各界人士座谈，通报评议工作，发放问卷调查表，征求意见和建议；县政协副主席张宏琳率第三小组与企业代表、人大代表、政协委员、行风监督员代表、社区乡镇代表进行座谈，通报民主评议环保工作的目的、内容和进展情况，听取意见和建议。县政协办根据座谈交流情况，形成《广泛听取意见，共商民主评议》信息报送有关方面。

5月18日，县政协副主席古明水率民主评议环保工作第二小组到县发展和改革、经济和商务、规划和建设、国土资源局进行走访、座谈。4个单位分别成立领导小组，召开职工大会，制定工作方案，开展自查、剖析。评议小组深入了解情况，提出进一步做好环保工作的意见和建议。县政协办根据情况形成《集中座谈，听取意见》信息报送有关方面。

6月1日，县政协召开民主评议环境保护工作情况通报会，县政协副主席古明水、秘书长薛建都和县环保局等 12 个被评议单位办公室负责人参加会议。薛建都主持会议。

薛建都对评议环境保护工作前两个阶段的工作进行总结，将收到的意见建议以书面的形式反馈给被评议单位。

古明水就下一阶段集中评议工作提出要求：各被评单位要对收集到的意见认真研究，结合实际，开展自查自纠，边评边改；各评议小组要根据评议情况，对被评议单位书写全面、准确的评议总结；被评议单位要根据评议组指出的问题，提出整改措施，进行整改，为最后总结阶段的工作做好准备。

7 月 6—11 日，县政协民主评议环境保护工作各评议小组到各被评单位召开座谈会，听取被评单位整改落实情况汇报，针对各被评单位自查整改情况进行集中评议。

县政协主席邓华明率第一评议小组到县水务、畜牧、林业、农业局进行集中评议。评议小组成员与被评议单位领导班子成员进行座谈，听取被评单位整改落实情况汇报。就进一步做好水资源保护、畜禽污染防治、林业生态资源保护、农业面源污染防治等进行集中评议，并宣读评价意见。邓华明讲话，希望各被评议单位通过民主评议，增强责任感和使命感，以科学发展观为指导，以维护广大人民群众根本利益为目的，深入广泛地进行宣传，增加群众参与度；积极作为，不断增强执行力，依法行政，为构建资源节约型、生态环保型社会做出应有的贡献。

县政协副主席古明水率第二评议小组对县经济和商务局、发展和改革局、国土资源局、规划和建设局进行集中评议。组织评议组成员、被评议单位中层以上干部召开集中评议大会，听取各被评单位整改落实情况汇报，针对情况汇报及环保工作中存在的问题，评议组成员进一步提出意见和建议。评议组现场宣读评价意见。古明水讲话，要求一是强化委员个体监督，将民主评议触角不断延伸，继续发挥委员在环境保护中的民主监督作用；二是要搭建情况交流平台，密切委员与被评单位联系，为委员建言献策创造条件；三是被评议单位要增强改进工作主动性，正确理解评议，切实接受意见并整改落实。

县政协副主席张宏琳率第三评议小组到县环保、城乡环境综合执法、卫生、工商局，与领导班子成员进行座谈，开展集中评议，沟通并形成评议意见。张宏琳在座谈中肯定被评单位高度重视评议工作，积极配合，按要求完成了各项规定动作，通过评议，增强了单位干部职工环保法律法规意识，强化了环保责任心，提高了履行环保职能水平。并希望各受评议单位把整改措施落到实处，为绿色罗江、生态罗江建设积极履职作为。

县政协办汇集集中评议情况形成《认真查找问题，集中评议整改》信息报送各有关方面。

7 月 21 日，县政协召开民主评议全县环境保护工作总结大会。县政协民主评议领导小组成员、县环保局等 12 个被评议单位负责人、各评议小组成员参加会议，县政府副县长唐维露出席会议。会议由县政协副主席张宏琳主持。

县政协主席邓华明作总结讲话。他指出：民主评议全县环境保护工作在县委、县政府重视支持和被评议单位的积极配合下，通过评议小组委员们的辛勤努力，取得了积极的成效，对各被评单位在环保工作中取得的成绩给予充分肯定。通过评议，对全县环境保护工作有了比较深入的了解。针对宣传、农业、工业、生态建设、环境资源保护、城市生活、制度建设等方面存在的问题提出了意见和建议。他要求，政协要为委员搭建平台，密切委员与党委政府的联系；政协委员要在履职实践中不懈努力，大胆探索，不断总结，一如既往关心关注环保，建言献策；被评单位、各级各部门要站在对人民群众负责的高度，始终坚持环保工作不动摇、不懈怠、不折腾，自我加压，改进工作，共同推进环境保护工作向纵深发展，为建设“出如画、入有余、大和谐、同快乐”的“中国·罗江幸福家园”再立新功。

副县长唐维露代表县政府讲话。他要求各被评议单位要认真总结评议工作，充分运用评议成果，推进全县环境保护工作健康发展，促进环保系统政风行风持续好转；要自觉接受政协的民主监督，以这次民主评议为新起点，乘势而上，真抓实干，开拓进取，为进一步开创全县环境保护工作新局面做出更大贡献。

县环保局负责人代表被评议单位发言，就各被评议单位迎接县政协民主评议所做的工作、取得的成绩和效果等情况作汇报，并对进一步深化民主评议工作提出意见和建议。

县政协办以《履职尽责抓评议，服务大局献良策》为题形成信息报送有关方面。

8 月 6 日，县政协向德阳市政协报送《关于开展民主评议全县环境保护工作情况的报告》书面报告。

五　评议全县经济发展环境

根据中共德阳市委、市人民政府关于开展民主评议全市经济发展环境工作要求，依据《中国人民政治协商会议章程》有关规定，县委、县政府、县政协决定，由县政协牵头，于 2015 年 3—8 月，市、县政协对县发展和改革局等 40 个单位的政策服务环境、行政执法环境、就业创业环境、投资融资环境、宣传舆论环境等五个方面服务全县经济发展环境进行民主评议。

2015 年 3 月 23 日，县委办、县政府办、县政协办联合印发《罗江县政协民主评议全县经济环境工作实施方案》。实施方案提出本次民主评议全县经济发展环境工作的意义、工作原则、评议内容、评议范围和对象、组织领导、评议方式、实施步骤、职责分工和工作要求。

工作原则。深入贯彻县委第四届六次全会精神，紧紧围绕全县中心工作，以优化发展环境，促进经济发展为主题，以实事求是、客观公正、突出重点、注重实效为原则，以加强作风建设为核心，以促进职能部门权责明晰、政策落实、政务公开、作风转变、效能提高、服务提升为着力点，通过开展广泛深入的调研座谈、视察暗访、问卷调查，全面掌握全县经济发展环境中存在的主要问题，提出操作性强的整改意见，为“推进二次创业，再造一个罗江”，建设富裕美丽幸福罗江，全面建成小康社会创造良好的经济发展环境。

评议范围和对象。本次评议涉及 40 个部门和单位，包括县政府相关部门和经开区、实验区 26 个，即县发改局、县经科局、县工质局、县公安局、县民政局、县残联、县司法局、县财政局、县人社局、县国土局、县环保局、县住建局、县交通局、县城管局、县农业局、县水务局、县食药监局、县教育局、县卫计局、县文广新局、县畜牧局、县粮食局、县供销社、县政务服务中心、县经开区管委会、白马关实验区管委会；垂直管理或省、市双重领导部门

4 个，即县国税局、县地税局、罗江供电局、广电网络罗江分公司；公共行业 10 个，即中国银行罗江支行、农业银行罗江支行、工商银行罗江支行、德阳银行罗江支行、罗江农商银行、邮政储蓄银行罗江支行、县天然气有限公司、金山龙洲天然气公司、罗江县同辉天然气公司、县自来水公司。

组织领导。本次评议活动在县委、县政府领导下，由县政协牵头组织，成立民主评议工作领导小组负责评议工作开展，下设办公室和 3 个评议小组。评议小组成员由政治素质高、参政能力强的市、县政协委员、政协工作者担任。评议组成员 68 人。

评议方式。本次评议由企业和个体工商户业主、政协委员、基层干部群众、对口部门，被评议单位及其工作人员参与。实行开门评议、座谈评议和问卷评议。开门评议主要是在政务服务中心设置“民主评议征求意见箱”和发放《罗江县民主评议全市经济发展环境专项调查问卷》，其中企业（含个体工商户）发放面在 60% 以上，广泛征求意见和建议。

3 月 24 日，县政协民主评议全县经济发展环境领导小组召开工作会议。县政协副主席、民主评议领导小组副组长古明水，县政协秘书长、民主评议领导小组成员陈金平，被评议部门分管领导及办公室主任参加会议，会议安排部署民主评议前期准备工作，古明水在会上讲话。

4 月 2 日，罗江县政协民主评议全县经济发展环境工作动员会召开。县政协主席白光裕，县委副书记毛文华，县委常委、县政府副县长张胜虎，县政协副主席古明水、张平富、陈志光出席会议，县发改局等 40 个被评议单位负责人、评议小组全体成员参加会议。

会议对民主评议工作进行动员部署，对评议自查、调查研究阶段工作作出具体安排。县发改局、罗江农商银行等单位负责人代表被评议单位就如何做好迎评工作作发言。会议强调：在新常态下，开展民主评议全县经济发展环境工作，是推进政府职能转变、优化经济发展环境的迫切需求。要将思想和行动统一到县委、县政府的重大决策上来，加强领导，强化责任，齐心协力，尽职尽责，加大宣传，强化监督，确保圆满完成民主评议各项工作。

4 月 9 日，县政协民主评议全县经济发展环境工作领导小组召开专题会议，研究民主评议全县经济发展环境自查、调研阶段工作。县政协主席白光裕、县政协副主席陈志光，县政协民主评议领导小组成员及各评议小组负责人参加会议。

会议安排部署民主评议自查、调研阶段工作，要求各评议小组深入被评议单位，通过调研走访、听取汇报、查阅资料、视察暗访等进行形式、查找问题并做好记录。

会议强调，一是分组召开工作培训会；二是抓好点与面、重点与一般的结合，强力、有序推进自查、调研；三是加强宣传，利用广播、电视、网络、手机报、简报等多种形式对民主评议工作进行宣传。

4 月 10 日，县政协经科委召开会议，就民主评议自查、调研阶段如何通过走访、听取汇报、查阅资料、视察暗访等进行研究、讨论，委员们认真学习实施方案，各抒己见，提出许多意见和建议。县政协副主席陈志光、经科委全体委员参加会议。

4 月 17 日，县政协民主评议工作领导小组办公室通报民主评议全县经济发展环境工作情况。至 4 月 15 日，全县被评议的 40 个单位中，有 39 个单位先后召开了民主评议动员会，36

个单位报送了自查报告。通报要求各评议小组和被评议单位要加强领导，确保自查、调研阶段工作扎实开展，各评议组要做好查阅资料、视察暗访、广泛召开座谈会，准确掌握情况，为下一阶段的集中评议奠定基础；各被评议单位要对照工作职责和评议内容，开展自查自纠工作。

4 月 28 日，县政协主席、县政协民主评议全县经济发展环境工作领导小组组长白光裕率评议小组成员深入县工质局、县国税局、县天然气公司、县发改局进行调研，听取单位民主评议工作情况汇报，要求被评议单位一要将评议工作与自身工作紧密结合，抓好抓实各评议阶段工作；二要深入开展自查自纠，边查边改边提高，做到“两促进、两不误”确保活动不走过场，收到实效。

5 月上旬，县政协评议全县经济发展环境工作第一评议组分小组以普通群众身份分别到国税、农行、中行、工行等单位服务大厅、营业部进行暗访，到罗江国家粮库、县粮油总公司等单位走访，收集相关服务对象对被评议单位的评价、建议。评议组根据所看、所听，向被评议单位进行了反馈，提出意见和建议。

5 月 12 日，县政协评议全县经济发展环境工作第三评议组召开各界人士座谈会。来自全县各界 24 人与会，就全县政务服务环境、行政执法环境、就业创业环境、投资融资环境和宣传舆论环境五个方面存在的问题和不足进行座谈讨论，收集意见、建议 33 条。

6 月 8 日，县政协召开民主评议全县经济发展环境集中评议阶段工作会议，总结筹划动员、自查调研阶段工作，部署集中评议阶段工作。县政协主席、民主评议领导小组组长白光裕出席会议，县政协主席会议成员、评议工作领导小组成员参加会议。

白光裕在会上讲话。指出：民主评议前两个阶段工作扎实有序推进，取得较好成效，但仍存在“两个不”问题，一是各评议组、评议小组工作开展不平衡，个别小组不够深入；被评部门迎评工作开展不平衡，个别部门对民主评议认识不够，评议效果差。二是开展不平衡，不到位，问题查找不够到位，存在不准确、不深入；部分意见建议梳理不到位，未梳理出带共性的问题和建议。要求在集中评议阶段努力弥补存在的问题，做到“四个认真”：一是要认真做好集中评议阶段工作。6 月 12 日前制定出各组本阶段工作方案，抓好各环节工作，6 月 26 日前完成问卷调查和意见反馈初稿，7 月上旬前将意见反馈给各部门。二是要认真遵守评议工作纪律，杜绝评议工作中弄虚作假、违反中央“八项规定”的现象出现。三是要认真指导被评议部门做好整改提高工作，通过座谈交流、问卷调查等，加强意见反馈与整改指导，真正达到评议目的。四是要认真做好工作总结提炼，为形成系统性强、有深度、有血有肉的汇报材料打下基础。

县政协副主席、民主评议领导小组常务副组长陈志光在会上总结筹划动员、自查调研阶段评议工作和部署集中评议阶段工作。

6 月 10 日，县政协民主评议全县经济发展环境第一评议组到新盛、鄢家镇对 14 个被评议部门开展问卷调查，征集群众意见建议。县政协副主席、民主评议第一组组长古明水参加活动。镇政府工作人员、村组干部、群众代表共 105 人参与问卷调查。古明水向参会人员通报本次民主评议经济发展环境工作开展情况。发放问卷 105 份，收回 105 份。收集到“加强农村基础设施建设”“非入驻经开区企业缺乏相关部门关注支持”等意见建议19条。

6月12日，县政协民主评议全县经济环境第三评议组到县地税局召开民主评议座谈会。县政协主席、民主评议领导小组组长白光裕到会指导。会议听取县地税局局长黄登华关于地税局开展民主评议工作汇报。委员们就县地税局在优化政策服务环境、行政执法环境、就业创业环境、投资融资环境、宣传舆论环境等方面所做出的成绩和存在的问题展开热烈地讨论，并积极建言献策。白光裕就地税局在优化全县经济发展环境上所做的艰苦细致工作给予充分肯定，并就进一步扎实有效开展好评议工作提出要求。

6月下旬，县政协民主评议全县经济发展环境第二评议组先后在邮政储蓄银行、县政协会议室召开座谈会，邀请部分政协委员、企事业法人代表、村（社区）干部、群众代表共110人参加，分别对县公安局、县发改局、县经科局、罗江供电公司、德阳银行罗江支行、农商银行罗江支行、邮政储蓄罗江支行等14个部门单位在服务罗江经济、改善民生方面做得好的、做得不到位的、存在的问题以及对今后工作的建议，集中座谈征求意见。共收到问题40个，建议19条。请与会人员代发放调查问卷420份。

6月26日，根据市政协评议全市经济发展环境工作第二评议组的要求，县政协召开市政协民主评议经济发展环境罗江县对口部门座谈会。县发改局等40个被评议部门（单位）负责人、驻罗江县的市政协委员、县政协各专委会主任参加会议。会议听取了对口部门对市级被评议对象的意见建议。会议在县政协常委会议室举行。

7月13日，县政协民主评议领导小组办公室对3个评议小组评议工作情况进行汇总：全县被评议单位40个，组织市、县政协委员542人次，开展调研视察50次，召开单位职工座谈会45次、参加766人次，召开服务对象座谈会36次、参加662人次，走访服务对象328人次，暗访268人次，查阅资料253件次，收集问题119个，征求意见建议203条，梳理意见建议115条，发放调查问卷1173份。

7月21日，县政协民主评议领导小组办公室印发《县政协民主评议全县经济发展环境整改总结阶段工作安排》，要求各评议组抓好落实。工作安排提出整改总结阶段的任务：全面汇总问题及意见建议；客观公正反馈问题及意见建议；注重跟踪整改落实；做好评议工作。同时印发《县政协民主评议全县经济发展环境评议组收集的问题、意见建议一览表》《民主评议经济发展环境自查调研阶段工作情况统计表》《民主评议经济发展环境专项调查问卷小组汇集表》以及评议组关于部门工作存在的主要问题及反馈意见清单的报告、部门整改落实情况报告、各评议组工作总结等提纲。

9月1日，县政协党组向县委报送《关于民主评议全县经济发展环境工作情况报告》，并附《罗江县政协民主评议全县经济发展环境被评议单位测评满意度汇总表》和《罗江县政协民主评议全县经济发展环境被评议单位存在问题汇总表》。

9月25日，县政协召开评议全县经济发展环境工作总结会。县政协主席会议成员，县委副书记毛文华，县委常委、县纪委书记何学军出席会议。民主评议小组成员、被评议单位负责人、“两代表一委员”代表、服务对象代表参加会议。会议由县政府副县长宋联忠主持。

县政协党组书记、主席、县政协民主评议工作领导小组组长白光裕就全县经济发展环境的总体评价、评议工作总体情况及所取得的成效、全县经济发展存在的主要问题、对改善全县经济发展环境的建议四个方面情况对评议工作进行总结。

毛文华代表县委、县政府对评议全县经济发展环境工作准备充分、组织周密、评议到位、效果明显等表示充分肯定。对巩固评议工作成果提出5点要求：正视问题，加强整改落实；转变观念，提升服务质量；多措并举，支持企业发展；加强学习，提升服务质量；严肃纪律，落实责任追究。要全力打造最优的经济发展环境。

被评议单位县发改局、县教育局负责人及民主评议组成员易礼全在大会上发言。

2016年5月26日，县政协主席会议组织开展民主评议经济发展环境回头看视察活动，县政协主席会议成员、专委会主任、副秘书长及政协委员代表共22人参加。视察组先后到县政务服务中心、人社局察看现场，查阅资料；到县工质局听取情况汇报、座谈交流。提出意见建议，形成《关于县政协主席会议视察民主评议经济发展环境问题整改落实情况的报告》报送县委、县政府。

第四节 大会发言

一 大会发言概况

根据《中共中央关于加强人民政协工作的意见》“积极推进人民政协的民主监督”和《中国人民政治协商会议章程》有关规定，县政协组织政协参加单位、界别委员，对罗江县大政方针以及政治、经济、文化和社会生活中的重要问题在决策之前和决策执行进程中的重要问题进行协商，以大会发言的形式，提出意见、批评和建议。

县政协所组织的大会发言，一般是发言人就当地建设和发展中某一方面的工作、某一种问题，在深入调查研究、分析梳理的基础上形成发言材料，经审定、打印，然后根据会议安排在全体委员会议上，向政协委员、当地党政领导，以及来自各个方面应邀列席会议的代表人士，反映情况、分析问题，提出意见、批评和建议。

县政协自成立以来，被正式列入县政协全体会议议程、并认真组织实施的大型大会发言有4次：一届县政协四次全体会议上11名政协委员发言；四届县政协四次全体会议上8个政协参加单位、2名委员发言；四届县政协五次全体会议上3名政协委员、8个县政协参加单位发言；五届县政协一次全体会议上2名政协委员、2个县政协参加单位发言。

二　发言材料存目

罗江县政协委员参加单位大会发言情况表

表 3—2

会议届次	发言材料题目	发言人及时任职务
一届四次会议	加快农业结构调整，促进农业产业化发展	段家琼　县政协农业委主任、县农业局局长
	罗江复县 3 年来工业经济发展情况及“十五”期间经济工作设想	付祥国　县政协工业委副主任、县经委主任
	坚定不移地走科教兴县之路	吕兴中　县政协委员、县科委主任
	全面推进素质教育，迎接 21 世纪挑战	曹莉琳　县政协文教卫委副主任、县教委副主任
	履行职能，服务大局发挥作用	白光裕　县政协略坪委员小组组长、略坪镇党委书记
	深化卫生政策，促进我县卫生事业全面发展	薛品峰　县政协常委、文教卫委主任、县卫生局局长
	对我县招商引资工作的一点思考	刘德聪　县政协工业委主任、县外贸经委主任
	加强干警队伍建设，为罗江社会稳定服务	向元强　县政协常委、县公安局政委
	不辱使命，做一名合格的政协委员	杨勤　县政协常委、县个私协会副会长
	拓展民营企业发展空间，迎接新的挑战	张社林　市政协委员、县政协常委、德阳罗江乐明食品公司董事长兼总经理
	对罗江县水资源保护工作的一点建议	杨再兴　县政协委员、县环保局局长
四届四次会议	罗江县工会职工维权现状与对策	罗江县总工会
	关于建立健全关爱留守儿童机制的建议	共青团罗江县委员会
	罗江县妇女儿童工作现状分析及对策建议	罗江县妇女联合会
	罗江县残疾人就业现状与对策	罗江县残疾人联合会
	关于推进我县养老服务体系建设的调查与建议	民建罗江支部
	关于在全县农村推行“驻村家庭式医生”服务的建议	农工党罗江支部
	罗江县省级经济开发区建设有关问题的建议	罗江县工商业联合会
	委员的荣誉和责任	陈勇　县政协委员、罗江力王无纺制品厂董事长、德阳丰力机械有限公司董事长
	积极参与“五个一”活动，做一名称职的政协委员	杨中俊　县政协常委、县中医院副院长
	为“推进二次创业，再造一个罗江”提供水资源保障的建议	俞　斌　县政协委员　无党派人士

续表 3—2

会议届次	发言材料题目	发言人及时任职务
四届五次会议	严格监管、有序推进、健康发展，把新农合办成真正的惠民工程	农工民主党罗江支部
	关于我县食品安全监管工作的调查与建议	民建罗江支部
	关于把罗江县城打造成山水园林休闲城市的建议	罗江县工商业联合会
	罗江县基层工会集体协商工作现状与对策	罗江县总工会
	关于进一步推进青年志愿服务的调查与建议	共青团罗江县委员会
	罗江县妇女儿童工作现状与思考	罗江县妇女联合会
	罗江县农村科普工作问题研究	罗江县科学技术协会
	罗江县残疾人扶贫工作现状与思考	罗江县残疾人联合会
	珍惜荣誉，做合格委员	陈勇　县政协常委、四川力宏无纺制品科技有限公司董事长
	罗江县农村小型公共基础设施村民自建的调查思考与对策建议	俞斌　县政协常委、县政协农业委主任
	关于罗江县社区特色文化建设的思考	雷建平　县委宣传部副部长　郭薇　县委宣传部宣传股长
五届一次会议	关于罗江县农村电子商务发展的建议	罗江县工商业联合会
	强化三种意识，切实履职尽责——争做人民满意的政协委员	李克俭　县政协常委　德阳市金慧劳务派遣公司董事长、党支部书记
	深化改革，突出特色，为地方经济发展服务——关于我县职业教育发展的调查与建议	民建罗江支部
	脚踏实地，做好政协专委会工作	李世良　县政协常委　县政协社法委主任

第四章　参政议政

《中共中央关于加强人民政协工作的意见》指出，人民政协的参政议政是人民政协履行职能的重要形式，也是党政领导机关经常听取参加人民政协的各民主党派、人民团体和各族各界人士的意见和建议、切实做好工作的有效形式。人民政协要选择经济社会发展中具有综合性、全局性、前瞻性的课题，深入调查研究，开展咨询论证，提出意见和建议。要运用包容各界、联系广泛、人才聚集的有利条件，了解和反映社会不同阶层、不同群体的愿望和要求。人民政协的重要考察活动及重大外事活动要请参加政协的民主党派有关负责人参加，政协专门委员会要积极开展与参加政协的各党派团体的联合调研。

《中国人民政治协商会议章程》规定，参政议政是对政治、经济、文化和社会生活中的重要问题以及人民群众普遍关心的问题，开展调查研究，反映社情民意，进行协商讨论。通过调研报告、提案、建议案或其他形式，向中国共产党和国家机关提出意见和建议。

根据这些意见和规定，县政协积极拓展参政议政内容和形式，履职尽责：坚持选择全县经济社会发展中具有综合性、全局性、前瞻性的课题，深入调查研究，撰写调研报告，反映社情民意，开展专题议政；运用包容各界、联系广泛、人才聚集的有利条件，将参政议政的对象延伸到基层组织、非领导机关的工作部门和企事业单位，了解和反映不同社会阶层、不同群体的愿望和要求，实行上情下传、下情上达，有针对性地组织委组开展专题调研视察和动员委员个人走访调查，撰写报送专题调研报告，印发社情民意，探索专题议政新路径等。

第一节　专题调研

《政协全国委员会关于政治协商、民主监督、参政议政的规定》规定，参政议政是政治协商和民主监督的拓展和延伸。参政议政的内容与形式除第三、四条规定的以外，还包括选择人民群众关心、党政部门重视、政协有条件做的课题，组织调查和研究，积极主动地向党政领导机关提出建设性意见；通过多种形式，广开言路，充分发挥委员专长和作用，为改革开放和社会主义现代化建设献计献策等。

县政协根据有关规定，坚持“有调查才有发言权，知情才好出力”理念，深入开展调查研究，听取有关情况介绍，收集有关资料，了解社情民意，撰写调研报告。至2016年年末，县政协组织集体专题调研48次，撰写并报送专题调研报告48篇。

一 调查研究工作概况

1997年，县政协党组和主席会议决定，对全县农村多种经营进行重点专题调研。8月20日，县政协召开专题工作会议，部署调研工作，21日至月末，20多名委员和县政协机关全体干部分成4个组，对全县14个乡镇的多种经营生产情况进行全面调查，写成调研报告初稿。9月3—11日，县政协党组和主席会议成员选择具有不同代表性的4个乡镇，深入调查，召开座谈会，探讨新举措，调查组汇总有关情况后，数易其稿，形成《围绕中心调研多经 履行职能献计出力》调研报告，经县政协第一届四次常委会议审议通过，以“罗县政协发〔1997〕01号”文报送县委、县政府。是年，是罗江复县后第一年，百业待举、百事待兴，给县政协提供了知情出力的宽广舞台，县政协要求调查研究工作要选准角度，发挥优势，早作安排，狠抓落实。政协各专门委员会和委员小组，先后对个体经济、私营企业和乡镇企业的发展，以及等级（重点）文物单位保护、社会治安综合治理、广播电视达省标和小康工程实施等进行了专题调查研究，或当面交换意见，或以书面建议的形式，积极进言添计。

1998年，县政协重点进行“非公有制经济发展”课题调研。11月9日，县政协一届八次常委会议审议通过对全县非公有制经济发展情况进行调研的工作安排，在县工商行政管理局、县工商业联合会等部门配合下，组织部分县政协常委、委员，到私营企业、个体工商户和部分乡镇进行广泛深入调查。分批次与私营企业和个体工商户代表座谈，并邀请县级有关部门和乡镇负责人参加。在掌握大量第一手资料的基础上，形成《解放思想，立足实际，创造环境，把大力发展非公有制经济作为建设新罗江的重头戏》调研报告，并按程序报送县委。随后，县委办公室将该调研报告在《工作简报》中加按语印发全县各部门和乡镇。按语称：县政协党组所组织的专项调查活动，体现了“围绕中心服务大局”指导思想，为各级各部门认清县情、切实抓好非公有制经济发展提供了帮助。是年，各委组按照县政协一届二次全体会议和常委会议的要求，加大了调研工作力度。县政协农业经济委员会围绕“巩固农业基础地位、发展农村经济、促进农民增收”主线，先后开展粮食仓储、生猪发展、兴修水利、开发滩涂、保护国土资源等专项调查；文史学习委员会就保护重点文物景点、开发文化旅游资源、发展第三产业等情况进行了专题调研；文化教育卫生委员会就白马关镇广播电视网络建设、乡村卫生站建设、计划生育“三结合”（把计划生育工作与发展社会主义市场经济相结合、与群众勤劳致富奔小康相结合、与建设文明幸福家庭相结合）建设情况进行调研；财贸委员会对非公有制经济发展情况进行调研。县政协将质量较高、操作性强的调研报告编印成《政协简报》《情况反映》，送交市、县有关部门，部分调研报告由德阳市政协转送四川省政协，引起有关部门重视。

1999年3月，县政协配合四川省政协开展“关于扩大内需，增加农民收入，启动农村市场”专项调查。3月16日，省政协农业经济委员会主任刘忠彬等在罗江县农业产业结构调整工作总结会议上确定此专题调研课题。之后，县政协组织农业委和县级有关部门，在全县走访、座谈、考察，反复研究与论证，形成《狠抓农业产业结构调整，努力开辟农民增收途径》调研报告，于5月24日印制200份通过德阳市政协转送省政协，作为省政协八届七次常委会议交流材料之一。县政协以此为基础，以金花梨发展成果为切入点，进一步深入调研，专题分析，于12月10日形成另一份调研报告《产业结构调整初见成效，农民增收前景广阔》报送县委、县政府，为推动全县农业产业结构调整尽职出力。是年，县政协各委组将专题调研列为重点工作，大兴调查研究之风，部分委组、委员写成调研报告按程序报送县委、县政府及送交有关市县部门，或以《政协简报》《情况反映》上报下发，其中县政协文史委组织调研等级文物保护工作，形成《加大文物保护力度，促进旅游产业发展》调研报告；农业委调研农业机械化发展情况，形成《罗江县农业机械化服务体系建设的现状与对策》；文教卫委调研鄢家镇计生“三结合”建设，形成《婚育新风进万家活动调查报告》；法制群团委调研大井乡群团工作，形成《当好党的助手，充分发挥桥梁纽带作用》调查报告；工业经济委调研略坪乡镇企业金刚石厂等改制工作，形成《罗江县工业企业产权制度改革情况调查报告》。

2000年4月20日，县政协副主席刘成国、秘书长张明义率县政协办公室、县人民检察院、县民政局、县文化体育局、县总工会和县信用联社等部门负责人，到新盛镇调研“治理整顿农村合作基金会清欠”工作。下半年，根据县委安排，县政协成立课题调研组，组织县政协办、县商业贸易委员会、县工商局、县乡镇企业局、县工商联等部门，对全县个体私营经济发展情况进行广泛深入地调查研究，形成《对我县个体私营经济发展的调研和思考》调研报告，县委于次年2月以《调查研究》（第四期）印发全县各级各部门，为制定《罗江县国民经济和社会发展第十五个规划（纲要）》提供参考。县政协农业委到略坪、广富等乡镇科技兴农示范基地，就全县深化农业产业结构调整、种草养畜的现状及发展前景进行专题调研；工业委到金山镇大米加工企业进行专题调研；财贸委在县地方税务局配合下，对全县农业特产税、个人所得税和生猪税费征管等情况进行专题调查，提出意见、建议或写成调研报告。是年3月，县政协配合并陪同省政协农经委副主任陈一谦、市政协农经委主任高应平等，深入罗江稻麦原种场（农场）和广富、略坪、蟠龙等乡镇对农业产业结构调整情况进行调研。

2001年，县政协调研活动的特色是围绕全县经济建设重点更紧密、委组活动更活跃、委员个人有新起色。农业委针对全县微型水利工程、畜牧业发展和推进“万亩蚕桑基地”“万亩大枣基地”建设等进行调研，摸清现状，找出制约发展的症结，提出具体对策，形成多份调研报告；文史学习委围绕文物保护、推进旅游业发展进行深入调研，为党政部门决策提供参考；提案委员会开展“农村土地流转”专题调研，为县委、县政府出台农业招商、推进农业产业化相关决策提供基本依据；县政协机关就三国蜀汉文化旅游区开发、县城历史文化遗存保护等进行专题调研，共谋罗江新发展；县政协常委杨勤撰写的《关于我县鲜肉销售若干问题的调查》，并联系与配合有关部门解决存在的问题；叶家富委员撰写的《关于行政执法与监督的思考》调研文章，被德阳市工商局内刊《调查与研究》采用，在更大范围内发挥参考作用。万安、鄢家等地区委员小组围绕全县经济建设中心和群众普遍关注的热点问题，认真开展调研，积极建言献策。

2002 年 1 月，在县政协一届六次全体会议上，就调查研究工作作出部署，要求县政协各委组及全体委员“急党政领导之所需，想人民群众之所求”“发挥人民政协位置超脱、人才荟萃、代表广泛的特点和优势”，为全县改革发展稳定“努力提出一些理论性的思考和政策性的建议，为推进罗江‘依法治县’‘科教兴县’‘可持续发展’战略的实施出谋划策”。3 月 29 日，县政协副主席段家琼召集农业委和县政府农口部门负责人座谈，安排县政协“土地使用权流转”调研工作。经两个多月的调研，形成《让土地流转起来，促经济活跃起来——对我县农村土地使用权流转的调研报告》，经县政协党组会议、主席会议审议通过，于 5 月 29 日函报县委、县政府。7 月 4 日，县委办以《调查研究》（第一期）加按语印发全县各级各部门，“以启发思维，推动工作。”县政协农业委组织委员调研全县水果生产，并形成《关于对我县水果生产发展的调查与思考》；工业委组织委员调研房地产交易及房改二级市场运作情况，形成调研报告；财贸委组织委员调研城市建设与管理情况，形成《罗江县城市建设与管理状况及思考》调研报告。是年，县政协主席会议成员、有关专委会委员配合并陪同省、市政协调研多次：4 月 11 日，德阳市政协副主席张绍炳、教文卫体委副主任曾道志等到罗江调研师德、校风情况；5 月 16 日，市政协秘书长龙旗云率“非公有制经济发展”课题组到罗江调研并召开座谈会，罗江辖区各类私企老板（主要是市、县政协委员）参加，县委书记左正、县人民政府县长卢也看望市政协课题组成员；8 月 22 日，省政协地方政协工作委员会副主任张兴廷等到罗江调研县政协换届工作情况，左正、卢也、县政协主席何天云看望调研组成员，县政协副主席刘成国、肖宗军及秘书长张明义汇报有关情况。

2003 年 3—4 月，县政协农业委组织委员和邀请部分专委会主任，在县人大常委会办公室和县委农村工作领导小组办公室配合下，对全县农村税费改革深入调查研究，于 4 月 28 日形成《农村税费改革后新情况、新问题的调查报告》，经县政协主席会议审议通过后报送县委、县政府。5 月 22 日起，教育科学文化卫生委员会组织委员深入德安、新盛、鄢家、大井、金山、白马关镇和东升等中小学，对校舍情况进行调查。8 月 28 日，形成《罗江县中小学校舍危房改造情况的调查报告》，经县政协主席会议审议通过后报送县委、县政府。7 月 13 日，财贸委组织 30 余名委员对罗江水果批发市场运作情况进行专题调研。8 月 12 日，形成《罗江县水果批发市场综合开发利用的调查报告》，经县政协主席会议审议通过后报送县委、县政府，县政府针对该报告提出的五条建议，及时协调县工商、税务等部门研究落实有关政策，有序地将水果商引入批发市场，对市场保鲜库用电按工业用电价执行，对“金花梨”商标由绿苑公司一次性买断进行商业化运作，及时按有关政策解决水果批发市场土地办证问题。9 月 27 日，财贸委组织部分委员，对国家税务总局调整个体工商户税收征管政策后出现的新情况进行调研。10 月 11 日，形成《关于进一步加强我县个体税收征管工作的建议》经县政协主席会议审议通过后报送县委、县政府及有关部门。农业委组织委员对农村税费改革后村社误工补助等问题进行调查，形成《关于农村税费改革后新情况新问题调查报告》等。

2004 年 3 月 25 日，县政协农业委、工业委联合调研“乡村道路建设”活动启动。之后，社会法制委员会开展农村“五保”人员供养情况调研；文史学习委开展旅游资源开发利用调研；农业委开展农村专业合作经济组织、禽流感防治及万安乡芒江村、文星镇百花村水土流失情况调研；教科文卫委开展教育均衡发展与资源配置调研；文史学习委开展广播电视发展情况调研等，并分别形成调研报告经县政协主席会议审议后送县委、县政府及有关部门。

2005年2月，县政协主席会议和常委会议根据二届三次全体会议总体安排，围绕全县经济社会发展中带全局性、前瞻性的重大问题和人民群众普遍关注的热点、难点和重点问题，确定当年开展关于城市社区建设、畜牧业发展、医疗卫生改革发展、农村机电提灌设施维护利用和《中华人民共和国行政许可法》实施情况等5个重点专题调研课题。5月25日，县政协二届二十次主席（扩大）会议审议通过农业委的调研报告《罗江县农村机电提灌站情况的调查与建议》，县政府据此研究制定《关于进一步加强农村机电提灌站建设的意见》。7月6日、12日，县政协二届二十二、二十三次主席会议，二届十二次常委会议先后审议通过教科文卫委的《罗江县卫生事业发展现状的调查和建议》、财贸委的《关于我县社区建设的调查和建议》调研报告，并于7月14日报送县委、县政府。7月18日，县委常委、县委办主任伍泽亮召集有关县级部门负责人，将上述两个报告分发给有关部门办理落实。11月28日，县政协社法委调研报告《罗江县实施行政许可法情况的调查与建议》印送县委、县政府。12月1日，县政协二届二十四次主席会议审议通过农业委的《罗江县畜牧业发展情况的调查与建议》调研报告，并于次日印送县委、县政府。这些调研成果，为党政部门民主科学决策提供了依据，并在实际工作中得到转化与利用，其中《罗江农村机电提灌站情况的调查与建议》，先后被《四川农机》2005年第四期、德阳市委机关刊物《调查与决策》2005年第三期刊载，并被评为“德阳市第十次哲学社会科学优秀科研成果”二等奖；《罗江县卫生事业发展现状的调查与建议》，被市委《调研与决策》2005年第四期刊载，在更大范围发挥作用。

2006年2月，县政协二届四次全体会议对当年的专题视察调研工作作出总体安排：“按照‘小型、专题、适度、实效’的原则，围绕全县学习贯彻落实科学发展观、实施‘十一五’规划、建设社会主义新农村、推进工业化进程、加快第三产业发展、建设‘八大工程’、完善城乡社会保障体制、加强基层民主建设、构建和谐罗江等方面开展视察调研。”明确要求“要加强组织协调、明确目的、注重效果”。根据县委、县政府确立的“文化立县、工业强县、农业稳县、旅游兴县”发展思路，县政协确定两个主要课题进行专题调研并成立调研组。3月13日，县政协主席邓华明召集县政协农村广播电视事业发展调研组全体成员，针对农村广播电视事业资金投入不足、管理体制不顺、服务水平不高等问题开展调研，形成《关于我县农村广播电视事业发展情况的调查与建议》，于6月23日印送县委、县政府，县委、县政府采纳“对乡镇广播电视实行垂直管理体制”的建议。县政协组织开展“种植业产业化发展现状及对策”调研，为县委、县政府提供了重要决策参考。

是年，县政协配合省、市政协开展对罗江县宗教事务管理、文史资料征集工作、旅游开发与利用、农村医疗救助体系、企业自主创新和农村义务教育经费保障机制改革等方面的调研。

2007年，专题调研工作围绕县委、县政府中心工作和人民群众普遍关注的热点问题，结合政协特点，由县政协主席、副主席牵头，各专委会和县级有关部门承办，委员参与，就全县推行新型农村合作医疗制度、巩固退耕还林成果、农业专业人才队伍建设、留守学生教育、建立和实行医疗救助制度等课题进行专题调研。3月2日，县政协党组书记、主席邓华明到所联系的调元镇指导领导干部作风整顿建设活动和“三农”（农业、农村、农民）工作，他建议镇党委领导班子要按县委统一部署，结合工作实际，抓好查找问题阶段的工作，重实际、重成效、重发展，以作风整顿促进工作作风转变，以工作成效检验作风整顿效果，以发展取信于民；作风整顿在“三农”工作中一要不误农时，二要关注民生，三要突出调元镇工作特点，四要以社会主义新农村建设为主线帮助农业增效与农民增收，五要在加强农村基层组织建设中提高基层干部工作能力和水平上有新的进步。3月中旬起，县政协副主席古明水牵头，农业委组织委员深入基层，深入群众，对全县退耕还林成果进行调查研究，形成《关于巩固我县退耕还林成果的调查与建议》调查报告。报告分析全县退耕还林工程实施情况，指出了工程建设、工程管理等方面存在的问题和市场变化情况，提出了三点对策与建议：一是依法管理退耕还林；二是采取多种措施助农民富裕起来；三是把国家政策与地方配套政策相结合，保障退耕还林农户的基本生活。该调查报告经县政协三届三次常委会议审议通过，于5月11日报送县委、县政府。4月，县政协主席邓华明率教文卫委部分委员对全县新型农村合作医疗制度实施情况进行调研。调研组采取座谈、走访、发放调查问卷、查阅资料等方式，先后对3个镇的6个村、4个医疗机构和县新农合服务中心进行调研，广泛收集意见建议，形成《关于我县推行新型合作医疗制度情况的调查与建议》调研报告，归纳出“新农合”试点工作中存在的主要问题是：农村卫生服务体系的现状不能满足参合农民的医疗需求；报销比例偏低、报销程序繁杂，影响农民参合积极性；机构不健全、管理不到位，少数定点医疗机构有趋利行为；宣传形式单一，影响“新农合”覆盖率等。对完善“新农合”制度，调研报告提出六点对策和建议：一是加强领导，充分发挥政府在推进“新农合”制度中的主导作用；二是加大宣传力度，建立宣传发动长效机制；三是探索科学管理模式，完善补偿方案，扩大参合农民受益面；四是加强对“新农合”运作的监管；五是加强“新农合”经办机构自身建设；六是增加卫生事业经费投入，加强农村医疗卫生服务体系和队伍建设。该调研报告经县政协三届二次常委会议审议通过，于5月30日报送县委、县政府。5月，县政协副主席李兴明牵头，县政协文史学习委、联谊委会同县教育局、县妇联、团县委组成调研组，对全县留守学生情况进行专题调研，深入基层，深入群众，广泛听取各方面的意见和建议，形成《关于我县留守学生情况的调查与建议》调研报告。报告以翔实的资料与数据分析了全县留守学生的基本情况、存在的问题和学校抓留守学生管理的举措并提出建议。经县政协三届三次常委会议审议通过后，于7月20日报送县委、县政府。按照县委重点调研课题安排，结合政协工作实际，县政协副主席肖宗军牵头，社法委、经科委组织部分委员，并协同县级相关部门，就全县农业专业人才队伍建设情况进行调研。调研组分别走访了农业、畜牧、水务、林业、农机、气象、科技、科协等县级部门及相关技术人员，到两个镇与部分镇村干部、专业技术人员、专合组织负责人及种植养殖专业户代表座谈，到有关部门查阅资料等，广泛收集意见和建议，形成《关于我县农业专业人才队伍建设的调查与建议》调研报告。报告分析了全县农业专业人才队伍建设现状，肯定了农业专业人才在社会主义新农村建设和服务“三农”工作中发挥的作用，指出全县农业专业人才队伍建设存在的主要问题是：人才总量严重不足，人才水平普遍偏低且学历不高、年龄偏大，人才流失严重、农业科学技术推广普及已成断层，人才结构比例失调、复合型人才匮乏，激励机制不健全，农业人才作用未能得到充分发挥等。

调研报告就全县农业专业人才队伍建设提出五点建议与对策：一是开发引进；二是培训提高；三是健全农技推广服务体系；四是健全激励机制发挥人才作用；五是理顺政府部门职能以加强人才管理。调研报告经县政协三届三次常委会议审议通过，于7月20日报送县委、县政府。按照县委重点调研课题安排，县政协结合工作实际，由副主席张平富牵头，提案委组成调研组，会同相关县级部门，深入基层、深入群众，对全县城乡医疗救助情况作了大量深入细致的调查，广泛听取各方面意见建议，形成《关于我县城乡医疗救助情况的调查与建议》调研报告。报告在分析基本情况、现行医疗救助措施和存在的主要问题的基础上，提出七点对策与建议：一是各级党委政府要把实施医疗救助制度作为一项惠民措施来抓，医疗救助水平要逐步提高；二是着力解决低保对象的医疗保险；三是完善社区卫生服务体系，缓解贫困人员看病难、用药难问题；四是充分利用新型农村合作医疗和农村人员基本医疗保险政策，整合资源，以解决日常患病治疗和降低患病后巨额医药费支付比例矛盾；五是加大医疗机构经费投入，探索“平价医院”建设，关注弱势群体医疗救助；六是加强医疗救助资金管理；七是加强组织领导，积极推进城乡医疗救助工作。该调研报告经县政协三届七次主席会议审议通过，于10月15日报送县委、县政府。

2008年，县政协坚持调研为决策服务和注重时效的原则，针对“5·12”汶川特大地震灾后恢复重建新情况，及时调整调研课题，对全县灾后农村卫生事业发展、农村水利设施建设、工业生产恢复发展等情况开展专题调研。6月8日，县政协三届十五次主席会议决定对全县工业企业灾后恢复发展情况进行专题调研。调研由县政协副主席肖宗军牵头，提案委、经科委会同县工商联、县经济和商务局有关人员组成调研组，深入企业、乡镇和有关部门广泛了解情况、征求意见，提出企业灾后重建和恢复发展的建议，形成《罗江县工业生产恢复发展的调查与建议》调研报告。报告分析全县企业受灾基本情况和存在的主要问题，提出十一点对策与建议，其中有政府要加强对企业灾后恢复重建的领导协调，帮助企业排忧解难；金融部门要放宽受信条件，确保企业重建、复产所需资金；有关部门对企业要加强指导与服务，就水、电、气、油、煤、运等的调度，制定具体措施，帮助企业解决实际困难；县物价部门要加大物价管理力度对企业原辅材料和建筑材料等实行价格干预，防止价格大幅上涨；要简化行政审批手续、减免“规费”；企业要做好重建规划，分步实施，先易后难，恢复生产；有关部门帮助企业解决用工难问题。调研报告经县政协三届六次常委会议审议通过后，于6月19日报送县委、县政府。县政协组织农业委、财贸委部分委员对全县水利基础设施恢复重建工作进行专题调研，形成《关于大力推进我县灾后水利基础设施恢复建设与发展的建议》，提出“水利灾后重建的目标”“珍惜历史机遇，加强组织领导”“科学规划”“以水利建设项目为载体，用足用好用活政策”“增大投入，确保水利设施灾后重建工作顺利进行”“简化行政审批手续”“加强水利管理队伍建设”“增添措施，确保农村饮水安全”“协调金融部门予以支持”等九条建议。经县政协三届七次常委会议审议通过，于8月12日报送县委、县政府。6—7月，县政协主席会议成员组织教文卫委政协委员对灾后全县农村卫生事业发展情况进行专题调研，形成《关于我县灾后农村卫生事业发展的调查与建议》调研报告。报告提出五点发展建议：一是政府要协调有关部门认真落实灾后重建配套政策；二是加大对医疗卫生机构灾后重建资金投入；三是建立医疗卫生应急快速反应机制和应急物资储备制度；

四是完善公共卫生服务体系；五是解决乡村医生待遇低、养老难等后顾之忧和后继无人问题。调研报告经县政协三届七次常委会议审议通过，于8月12日报送县委、县政府。

2009年，专题调研工作实行主席、副主席牵头，各专委会承办，委员参与，主席会议、常委会议审议工作机制，立足实际，关注民生，围绕促进全县农村群众文化事业发展、促进土地流转、优化培植地方财力的情况进行专题调研。为进一步了解全县税源结构现状，找准存在的主要问题，及时总结经验，探讨培植地方财力新举措，根据县政协年度工作安排，由县政协副主席张宏琳牵头，率经科委、提案委、社法委部分政协委员及县级有关部门负责人，通过座谈、走访、实地调查等形式，对优化税源结构、培植壮大地方财力情况进行专题调研，以翔实的资料、系统的数据和深刻的分析形成《关于优化我县税源结构　培植壮大地方财力的调查与建议》调研报告。报告在分析税源结构现状中列出2007年和2008年税源结构统计分析表，分析影响税源情况的因素，归纳出存在的问题，提出“稳步推进园区建设”“优化招商引资环境”“解决企业用工缺短”“采用灵活的土地供给政策”等建议。调研报告经县政协三届二十七次主席会议审议通过，于7月1日报送县委、县政府。为了解全县农村土地流转现状，总结经验，探索发展新思路，进一步推进和规范农村土地有序流转，调研组深入有关镇和业主单位就农村土地流转情况进行专题调研，形成《关于我县农村土地流转情况的调查与建议》调研报告。报告分析全县农村土地流转的基本特点、成效和存在的主要问题，提出“建立土地流转平台奠定流转基础”“打造亮点吸引业主参与流转”“创新方式增强流转后劲”“规范并鼓励流转推进土地流转有序进行”四点对策及建议，经县政协三届二十七次主席会议审议通过后报县委、县政府。

2010年，专题调研工作坚持深入调查研究，认真分析整理，形成3个调研报告送县委、县政府。为全面了解全县村级实施民主管理状况，提出进一步推进村级实施民主管理的意见和建议，县政协“村级实施民主管理”专题调研组深入镇村组，以走访、座谈、查阅资料、专题视察等形式，掌握第一手资料，通过认真梳理、客观分析，书面征求县纪律检查委员会、县委组织部、县民政局、县农业局等有关方面意见，形成《关于我县村级实施民主管理的调查与建议》。该调研报告分析全县自1997年实施以村务公开为核心的村级民主管理工作的现状，归纳村级民主管理存在的主要问题及原因，提出“完善组织领导机制加大督查考核力度”“规范管理制度注重制度落实”“加强领导总结经验推广典型”“增加财力投入建立经费保障机制”“加大教育培训力度提高干部群众素质”“创新载体全方位搭建信息公开平台”六项加强村级民主管理的对策与建议，并经县政协三届三十九次主席会议审议通过后，于6月18日报送县委。为贯彻落实县委、县政府提出的“经济要发展，教育要先行”发展思路，掌握全县幼儿教育工作的现状，县政协成立以副主席张宏琳为组长，有关专委会主任、政协委员、县政协机关部分人员参与的幼儿教育发展专题调研组，深入学校及村组、社区，通过现场调查、听取汇报、座谈讨论、发放调查问卷等方式，对全县各级各类幼儿园进行专题调研，对幼儿教育现状有较全面的了解，对普遍存在的问题进行分析和研究，形成《关于我县幼儿教育发展的调查与建议》。该调研报告汇集全县幼儿教育基本情况，分析存在的“资源不足教育机构不健全”“重视不够幼教发展受制约”“投入不足教学设施不完善”“师资队伍建设滞后”“学前教育过早小学化”“家庭教育与幼儿园教育脱节”等主要问题，提出五项建议。

经县政协主席会议审议通过，于6月28日报送县委、县政府。为促进生态县建设沿着创建达标、巩固完善、可持续发展的目标推进，县政协生态县建设调研组结合全县民主评议环境保护工作，深入镇村、企业、机关单位，明察暗访、座谈调研、征求意见，就全县生态建设进展情况进行专题调研，形成《关于推进生态县建设中应引起重视的问题及建议》调研报告。该报告提出“关于生态环境保护存在的问题和建议”“关于生态与经济协调发展的几点建议”“关于生态县建设基本条件中存在的问题和建议”，并经县政协三届四十次主席会议审议通过，于7月13日报送县委、县政府。

2011年，完成对农村广播管理服务、绿色罗江建设、服务业发展3个课题专题调研。3月21—23日，县政协主席邓华明率专题调研组对全县农村广播事业的发展及现状进行调研。调研组走访5个镇3个村，分别采取与镇党委政府交换意见、召开基层干部群众座谈会、发放问卷表等方式，进行全方位调查了解，对取得的第一手资料进行认真分析、归纳、提炼，形成《关于我县当前农村广播现状的调查与建议》调研报告。报告分析农村广播事业的发展和现状，指出存在的问题及原因，提出对策与建议，经县政协三届四十八次主席会议审议通过后报送县委、县政府。为推动服务业发展，县政协成立“加快我县服务业发展调研组”，对全县服务业发展情况进行专题调研，形成《关于加快我县服务业发展的调查与建议》调研报告。报告指出：全县服务业的基本情况是总量规模稳步扩大，行业结构逐步改善，消费市场日渐活跃，旅游业正在兴起，房地产业加快扩张，金融行业发展态势良好，服务业领域投资增长强劲，对地方税收贡献较大，并分别用5幅图表对近五年情况加以纵横比较；存在的问题是增加值比重、发展层次、对经济发展的贡献份额，整体竞争力均偏低。就加快发展，针对存在的问题提出七点具体建议。经县政协三届四十八次主席会议审议通过后报县委、县政府。为推动“绿色罗江”建设进程，县政协组织有关人员专题对“绿色罗江”建设有关情况进行走访调研，形成《关于“绿色罗江”建设的调查与建议》调研报告。报告分析“绿色罗江”建设现状，指出“绿色罗江”建设中存在的问题，提出“提高认识，把‘绿色罗江’建设工作提到县委、县政府的重要议事日程上来抓紧抓好”“加强领导，整合县绿化委员会、县生态建设领导小组领导资源和部门资源，订立目标责任，层层抓落实”“搞好规划”“加大投入”“落实林地”“环境保护”“创新工作体制机制”七条“绿色罗江”建设的对策与建议。经县政协三届四十九次主席会议审议通过后报县委、县政府。

2012年，完成关于县农业产业化发展、民营经济发展、城乡公共文化服务体系建设专题调研，并形成调研报告报县委、县政府决策参考。县委书记罗宗志，县委副书记、县长曾长江等领导高度重视调研成果，均在报告上作出批示，要求相关领导与部门在实际工作中学习借鉴。为助推德阳“一三五八”发展战略，围绕“一城、一区、两园”，做强“五大产业”，打造“产业罗江”“文化罗江”“生态罗江”，建设四川丘区经济文化强县，县政协组织县工商局、县工商联、金山工业园区等和县政协经科委全体委员，专门听取县经济和商务局关于全县中小企业发展情况介绍，并深入到部分企业和部门走访、座谈，对民营经济发展情况进行专题调研，形成《我县民营经济发展情况的调研报告》。报告分析全县民营经济发展现状，归纳出存在的问题和困难，提出加快发展七点建议：一是搭建金融平台，帮助企业发展；二是延伸产业链，形成产业集群；三是政策扶持，助推发展；四是打造品牌，引导和协助企业争创“知名商标、著名商标和驰名商标”；五是加强技能培训和引进技术人才；六是重视质量，科学发展；七是优化政务服务，提升投资环境。《我县民营经济发展情况的调研报告》经县政协四届六次主席会议审议通过，于7月25日报送县委、县政府。为加快建设覆盖全县城乡公共文化服务体系，不断满足人民群众日益增长的精神文化需求，着力打造“产业罗江、文化罗江、生态罗江”，助推建设四川丘区经济文化强县，自4月起，县政协组织部分政协委员及相关县级部门人员走访镇村（社区）、文化部门，通过现场考察、查阅资料、座谈交流等方式，就全县文化服务体系建设等情况进行专题调研，并形成《关于我县公共文化服务体系建设的调查报告》。报告分析全县公共文化服务体系建设的现状及成效，归纳出存在的主要问题，提出五点对策与建议：一是强化政府在公共文化服务体系建设中的主导作用；二是建立健全县、镇、村三级公共文化服务网络；三是加强公共文化服务人才队伍建设；四是建立稳定增长机制，加大对公共文化服务体系建设的资金投入；五是因地制宜，探索建设多元化公共文化服务体系。该调研报告经县政协四届六次主席会议审议通过，于9月12日报送县委、县政府及有关部门。为全面落实县四次党代会精神，努力构建现代农业体系，加快农业产业化发展步伐，助推“三个罗江”（产业罗江、文化罗江、生态罗江）和社会主义新农村建设，切实促进农业发展、农民增收，根据县委批转的《县政协2012年工作要点安排》，县政协组织开展农业产业化发展专题调研，形成《关于我县农业产业化发展的调研报告》。报告分析全县农业产业化发展现状，归纳出产业化经营存在的问题，提出三点对策和建议：一是理清发展思路；二是明确发展目标和重点；三是增添发展措施。发展措施包括加快农业的工业化进程、加快农产品市场化进程、加快农业规模化进程、加快农产品品牌化进程、加快农业组织化进程和进一步加强品牌创新的培育和宣传推介等。该调研报告经县政协四届六次主席会议审议通过，于9月19日报送县委、县政府及有关部门。

2013年，县政协主席会议成员有针对性地选择促进农民增收、整合涉农项目资金、实施城乡居民社会养老保险、加强经开区治安管理等重点课题，精心组织，深入调研，形成质量较高的调研报告。县委书记徐光勇在《关于促进农民增收的调查与建议》上批示：“政协的调查与建议很好，非常有针对性，望在工作中推进落实，实现我县农民收入可持续增长。”县长曾长江在《关于有效整合涉农项目资金的调查与建议》上批示：“政协的调研报告很好，整合项目资金也是县委、县政府中心工作之一，要有效吸纳好的建议到实际工作中。”县政府组织相关部门，制定具体整合措施，促进了涉农项目的统筹实施。民主党派中国农工民主党罗江支部、中国民主建国会罗江支部及县工商联撰写的《关于推动白马关景区经济持续发展的建议》《浅议提高参政党建设的科学化水平》《关于推动公共服务均等化　促进农业转移人口市民化的建议》《强化企业文化建设　助推民企健康发展》等调研报告均得到县委、县政府的高度重视。同时，组织部分驻县市政协委员和县政协委员围绕“同城德绵、借力发展”开展联合调查，为“推进二次创业，再造一个罗江”营造良好发展环境。3月，县政协牵头，组织县委农工办、县财政局、县发展和改革局、县审计局、县监察局等部门负责人和县政协经科委、提案委、社法委主任等成立关于有效整合涉农项目资金调研组，深入基层，深入群众，通过走访调查、召开座谈会等形式，广泛听取相关镇、部门和部分政协委员的意见和建议，形成《关于有效整合涉农项目资金的调研报告》。报告深入分析涉农项目资金整合基本情况和存在的困难和问题，提出五点对策和建议：一是紧扣新农村建设示范片目标，坚持“统一规划、统筹安排、渠道不乱、用途不变、优势互补”原则，整合涉农项目资金，建成样板示范工程；二是关注规划在前、申报跟进，避免项目重报漏报和突出重点、统筹兼顾，提高整合效益；三是强化机构保障、政策保障、制度保障，优化实施环境；四是动员基层政府、涉农部门、龙头企业、农民群众四方面力量，形成工作合力；五是坚持组织领导和广泛宣传相统一、统筹布局和区别对待相统一、建设标准和管理程序相统一、检查验收和审计结算相统一、奖励到位和处罚逗硬相统一。报告经县政协四届十四次主席会议审议通过，于4月24日报送县委、县政府。县委四届四次全会通过《中共罗江县委关于深入贯彻十八大精神，为与全市同步全面建成小康社会而努力奋斗的决定》，为加快同步全面建成小康社会步伐，扎实推进“三个罗江”和全县新农村建设进程，县政协组织县委农工办等相关部门，开展农民增收专题调研，深入基层走访农民群众，总结农民增收经验，分析存在的问题，听取各方意见，研究对策措施，分别召开农口和涉农部门促进农民增收座谈会，听取助农增收的意见和建议，形成《关于农民增收的调查与建议》调研报告。报告分析2012年全县农民收入基本情况和农民增收的特点和态势，归纳出存在的问题，并提出六条农民增收的工作思路和建议：一是突出发展劳务经济，努力实现农民工资性收入有突破性增长；二是加速推进农业现代化，做好农业内部增收文章；三是扶持发展农村二、三产业，大力开辟农民经营性收入新的增长点；四是加速推进新型城镇化，加快农村人口城镇化步伐；五是持续加大强农惠农富农政策支持力度，不断强化政策性增收措施；六是加强对农民增收工作的组织领导，为农民增收提供坚强保障。经县政协四届十六次主席会议审议通过，于7月9日报送县委、县政府及县级有关部门。2013年上半年，县政协牵头，组织县人社局、县财政局、县民政局、县残联、县委编办等部门参与，通过听取汇报、座谈、问卷调查等方式，对全县2012年7月以来实施城乡居民社会养老保险的制度运行、机构设置、队伍建设、经费保障、服务水平和服务能力等情况进行调查，形成《关于罗江县城乡居民社会养老保险实施情况的调查与建议》调研报告。报告分析全县城乡居民社会养老保险实施情况、存在的困难和问题，提出五点对策与建议：一是加强劳动就业社会保障公共服务平台建设；二是充分发挥职能部门功能，增强工作配合度；三是研究完善配套政策，增强制度吸引力；四是加强基金监管力度，确保基金安全运行；五是加大政策宣传力度，增强群众参保主动性。报告经县政协四届十六次主席会议审议通过，于7月11日报送县委、县政府及县级有关部门。8月，县政协组织社法委、提案委、经科委主任、部分政协委员，以及县公安局、经济开发区相关部门负责人到广汉市、三台县经开区考察学习社会治安管理工作，并对本县经开区社会治安管理工作进行调查研究，形成《关于加强经开区社会治安管理的调查与建议》调研报告。报告分析罗江经开区社会治安现状、存在的问题及原因，提出五点对策与建议：一是成立由经济开发区管理委员会、公安派出所、企业共同参与的社会治安综合管理办公室；二是组建经开区综合巡逻队；三是优化经开区警力配置；四是完善园区技防设施；五是强化宣传教育和完善工作机制。该报告经县政协主席会议审议通过，于9月26日报送县委、县政府及县级有关部门。

2014年，县政协坚持“大局至上、群众关注、规模适度”的原则，精心选题，深入基层、深入群众，广泛开展专题调研。3月26日，县政协党组书记、主席白光裕，县政府副县长李芳芳到“挂包帮”（领导挂点、部门包村、干部帮户）联系点慧觉镇调研2013年“挂包帮”帮扶项目建设管理情况，实地查看该镇龙王村文化活动广场硬化、三井村埝塘防渗、提灌站建设，以及柑橘、大枣、慈菇种植及养鱼等情况，听取慧觉镇关于党的群众路线教育实践活动开展情况汇报。调研组要求镇、村高度重视党的群众路线教育实践活动，把教育实践活动与当前农村工作相结合；“双联双帮”（单位联村或居委会社区，帮助强班子促发展；干部联户，帮助办实事解难题）联系部门要加强沟通交流，认真做好2014年的帮扶工作。上半年，县政协根据四川省人民政府《关于深入推进义务教育均衡发展的实施意见》和德阳市人民政府相关文件精神，为推进全县义务教育均衡发展，体现教育公平，组织教育、财政、人社等8个相关部门和部分政协委员，深入部分学校和部门，通过走访、座谈和问卷调查等形式，对义务教育均衡发展情况进行专题调研，形成《关于我县义务教育均衡发展的调查与建议》调研报告。报告分析全县义务教育发展现状和存在的问题与困难，对全县义务教育均衡发展提出六点建议：一是加强财政投入，提供均衡发展经费保障；二是合理规划学校布局，解决小学生入学难问题；三是合理配置教师资源，整体提高教师素质；四是创新办学和管理体制，推进素质教育，提高义务教育教学质量；五是保护弱势群体，实行平等就学一体化；六是相关部门齐抓共管，为义务教育均衡发展营造良好氛围。同时还附录了《罗江县义务教育学校教育技术装备和教育信息化建设资金缺口概算表》。报告经县政协四届二十六次主席会议审议通过，于7月1日报送县委、县政府。围绕县委、县政府提出的建设“文化罗江”，推进调元文化旅游产业发展，加快调元文化资源整合，形成县内两大文化产业协调发展，打造与三国蜀汉文化产业园遥相呼应的调元文化产业园，建设独具特色的调元文化旅游区。县政协组织专人，深入相关镇和部门进行专题调研，并到外地考察学习，经反复讨论，形成《关于调元文化旅游区建设的调查与建议》调研报告。报告分析建设调元文化旅游区的现状及问题，提出了建设调元文化旅游区的对策与建议：调查与建议经县政协四届二十九次主席会议审议通过，于9月28日报送县委、县政府。按照县委安排部署，县政协组织开展发挥政协职能着力社会主义协商民主制度建设专题调研，形成《关于发挥政协职能着力社会主义协商民主制度的调查与建议》调研报告。报告总结县政协协商民主制度建设所取得的成效：一是协商民主渠道通畅，形式多样，效果良好。全体会议整体协商质量较高，专题协商、重点协商、对口协商效果较好，提案办理有创新见实效，调研视察活动适度有序，民主评议突出重点，义务监督关注热点，社情民意信息聚焦难点；二是各族各界、民主党派参政议政有平台。县委、县政府就全县经济运行、重大事项、重点工程、项目论证（听证）等向各族各界、民主党派、工商联通报情况、征求意见已形成制度，农工党罗江支部、民建罗江支部和县工商联等每年都围绕县委决策部署和县政府中心工作积极参政议政，独立开展调研、视察、座谈，充分发表意见，助推全县经济社会发展。调研报告就县人民政协协商民主制度建设提出四点意见和建议：一是营造协商氛围；二是完善协商制度；三是力促成果转化；四是加强自身建设。该调查与建议经县政协四届二十九次主席会议审议通过，于9月29日报送县委、县政府。全年共形成调研报告3个，提出意见建议47条，县委书记徐光勇在《关于调元文化旅游区建设的调查与建议》上批示：“建议很好，送县旅游局、文体局研究落实。”

是年，县政协配合德阳市政协到罗江开展调研活动2次：3月19日，市政协主席刘哲率市政协办公室相关人员到“双联双帮”联系点蟠龙镇太三村开展调研，县委书记徐光勇、县政协主席白光裕、县政府副县长江涛参加调研。5 月 22 日，市政协秘书长陈运兴率市政协区域重点镇建设调研小组到罗江调研区域重点镇建设情况，实地查看了金山镇基础设施建设管理和民居风貌改造情况，听取金山、新盛、白马关等镇建设情况汇报，提出意见和建议。县政协副主席陈志光、秘书长陈金平参加调研。

2015 年，按照县委要求，县政协组织委员对全县新型农村合作医疗制度运行、经开区企业土地闲置、全民健身活动开展等情况进行专题调研，以及为全域推进新型城镇化建设赴川北、川南学习考察活动。为全面掌握全县新型农村合作医疗制度实施九年来的运行现状、存在的问题和制约发展的原因，进一步推进新农合健康有序发展，县政协组织教文卫委、联谊委及部分委员，会同县卫生、财政、监察、审计、民政、文广新、公安、农办等部门，走访部分镇政府、村委会、医院卫生院及参合农民，对“新农合”的运行、监管、民生实惠、医疗机构发展、政府民生保障效果等情况进行调研，形成《关于全县新型农村合作医疗制度运行情况的调查与建议》调研报告。报告分析全县“新农合”运行情况、取得的成效和存在的问题，并提出五点意见和建议：一是积极落实医改政策，强化全程协同质量管理；二是强化经济杠杆调控，引导病员合理就医；三是完善评价考核体系，创新监管运行模式；四是及时创新宣传方式，阳光明白公示内容；五是主动争取定期审计，接受多维监督评价。报告经县政协四届三十八次主席会议审议通过，于 7 月 24 日报送县委、县政府。为切实提高经开区土地利用率，县政协组织提案委、经科委、社法委及部分委员，会同县国土、发改、经科、投资促进等部门及经开区管委会，对经开区土地利用和企业土地闲置情况进行调研，形成《关于罗江经开区企业土地闲置情况的调查与建议》调研报告。报告分析经开区土地利用现状、存在的问题及原因，并提出六点意见建议：一是把握好用地预审、土地供应、批后监管“三关”，规范项目用地机制；二是严格标准，拟订工业企业投入产出控制指标；三是建立健全低效用地再开发激励约束机制，统筹低效用地开发；四是出台政策，强化工业用地管理；五是企业诚信履约，加大闲置土地清理；六是盘活存量，强力推进招商引资。该调查与建议经县政协四届三十八次主席会议审议通过，于 7 月 27 日报送县委、县政府。为全面掌握全县农民健身活动的开展现状和存在的问题，进一步促进全县全民健身活动持续健康协调发展，县政协组织文史学习委、农业委及部分政协委员，会同县住建、城管、文广新、卫生、教育等部门，通过走访座谈、实地视察调研，形成《关于全民健身活动情况的调查与建议》调研报告。报告分析了全县全民健身活动开展的基本情况、存在的主要问题和困难，并提出六点意见建议：一是加大对全民健身活动项目经费投入力度；二是完善健全全民健身服务体系；三是加强全民健身基础设施建设和管理；四是壮大体育工作者队伍；五是切实加强学校体育工作；六是大力发展体育产业。调研报告经县政协四届三十八次主席会议审议通过，于 7 月 28 日报送县委、县政府。按照县委安排，为全面助推实施建设一个突出省级历史文化名城及省乡村旅游示范县中心县城，以镇为单位 10 个卫星城镇和全域 127 个村（社区）即“11127”工程，打造新型城镇化样板示范区，县政协主席会议成员于 7 月下旬、8 月上旬分成两个组，组织各委室负责人、县级相关部门负责人、部分县政协常委，分别赴川北广元市剑阁县、昭化区，巴中市平昌县、巴州区、恩阳区，南充市西充县，遂宁市船山区；川南成都市金堂县、温江区、双流县，眉山市仁寿县，自贡市沿滩区，内江市市中区等13个县（市、区）、19个镇、21个村、51个学习点学习考察统筹城乡、推进新型城镇化工作，总结了这些地方的主要做法和成功经验，结合罗江实际，形成《全力实施“11127”工程全域推进新型城镇化——县政协赴川北川南考察报告》。《考察报告》提出六点建议：一是科学编制全域城镇化规划；二是提升县城建设品质；三是加速卫星集镇建设；四是强化产业支撑；五是加快新农村建设；六是落实好措施保障。《考察报告》经县政协主席会议审议通过，于8月26日报送县委、县政府。

2016年，县政协调研视察有的放矢，对德阳城际道路建设、整合涉农项目资金、乡村旅游发展等课题进行调研。4月，县政协组织联谊委、教文卫委及部分委员，会同县委农工办、县财政局、县农业局等相关单位，到泸州市进行考察，并走访罗江县部分家庭农场，对家庭农场发展现状、运行模式、业态方向、规模大小、制度建设等情况进行专题调研，形成《关于全县家庭农场的调查与建议》调研报告。调研报告分析了全县家庭农场发展取得的初步成绩和存在的突出问题，对下一步发展提出了意见建议：一、强化行业主管部门的管理与服务；二、强化对家庭农场的扶持保障；三、强化土地预流转等要素保障；四、强化家庭农场多样业态的培育；五、强化示范创建，提升品质效益；六、强化全程社会化服务体系的构建。《关于全县家庭农场发展的调查与建议》经县政协四届四十六次主席会议审议通过，于7月12日报送县委、县政府。集镇是城市与农村的重要连接点，是加快城乡一体化进程的重要环节，县委县政府高度重视以县城为中心的城市和集镇建设。县政协紧紧围绕这一发展战略，组织调研，形成《关于我县集镇建设与管理的调查与建议》调研报告。调研报告分析了全县城镇化建设工作的成就与存在的主要问题，提出5点意见和建议：一、坚持科学规划；二、理顺管理机制；三、严格建设管理；四、突出区域特色；五、加大资金投入。《关于我县集镇建设与管理的调查与建议》经县政协四届四十六次主席会议审议通过，于7月20日报送县委县政府。4月至6月，县政协召集县委农工办、县交通局、县农业局、县旅游局等单位，对调元镇、新盛镇、白马关镇等镇的村道管养工作进行走访，与群众座谈，又组织相关人员前往眉山市丹棱县，乐山市犍为县、沐川县实地考查学习，借鉴经验。在深入分析研究的基础上，形成《关于全县村道管养情况的调查与建议》调研报告。该报告分析了全县村道现状和存在的问题及原因，提出4点建议：一、搞好规划，简化程序，分步实施；二、加大建设资金投入，促进村道建设提档升级；三、完善镇村的村道建设、管理、养护机构；四、加强对村道建管养的指导、督促和检查服务工作。《关于全县村道建管养情况的调查与建议》经县政协四届四十六次主席会议审议通过，于7月25日报送县委县政府。8月，在德阳市政协“德阳城际道路和交通设施建设”议政协商会议上，县政协提出的《关于加快德罗干道建设并延伸至绵阳的建议》得到市委、市政府的充分肯定和积极采纳。

二　部分调研报告存目

1997—2016 年罗江县政协部分调研报告存目一览表

表 4—1

年　度	形成时间	题　目	组织者
1997	11 月 20 日	围绕中心调研多经，履行职能献计出力	县政协主席会议
1998	11 月 9 日	解放思想，立足实际，创造环境，把大力发展非公有制经济作为建设罗江的重头戏	县政协财贸委
1999	12 月 2 日	关于鄢家镇“婚育新风进万家活动”的调查	县政协文教卫委
	12 月 10 日	产业结构调整初见成效，我县农民增收前景广阔	县政协主席会议
2000	11 月 26 日	对我县个体私营经济发展的调研和思考	政协办 财贸委
2001	6 月 28 日	关于我县鲜肉（猪肉）销售若干问题的调查	县政协财贸委
	9 月 20 日	关于行政执法与监督的思考	
2002	5 月 29 日	对我县“农村土地使用权流转”的调研	县政协农业委
2003	4 月 28 日	关于农村税费改革后新情况新问题调查报告	县政协农业委
	8 月 12 日	罗江县水果批发市场综合开发和利用调查报告	县政协财贸委
	8 月 28 日	罗江县中小学校舍危房改造情况的调查报告	县政协教科文卫委
	10 月 11 日	关于进一步加强我县个体税收征管工作的建议	县政协财贸委
2004	2 月 18 日	关于对我县高致病性禽流感防治工作的调查与建议	县政协农业委
	7 月 1 日	罗江县农村“五保”人员供养情况调查与建议	县政协社法委
	7 月 1 日	罗江县乡村道路建设情况的调查与建议	县政协农业委
	7 月 1 日	罗江县旅游资源开发与利用情况的调查与建议	县政协文史学习委
	7 月 9 日	关于加快罗江县广播电视发展的思考与建议	县政协文史学习委
	9 月 2 日	关于罗江县农村专业合作经济组织的调查与建议	县政协农业委
	9 月 3 日	关于罗江县教育资源配置情况的调查与建议	县政协教科文卫委
2005	5 月 31 日	罗江县农村机电提灌站情况的调查与建议	县政协农业委
	7 月 14 日	罗江县卫生事业发展现状的调查与建议	县政协教科文卫委
	11 月 28	罗江县实施行政许可法的调查与建议	县政协社法委
	12 月 2 日	罗江县畜牧业发展情况的调查与建议	县政协农业委

续表 4—1

年　度	形成时间	题　目	组织者
2006	6 月 23 日	关于我县农村广播电视事业发展情况的调查与建议	县政协主席会议
	11 月 1 日	关于罗江县种植业产业化发展现状及对策的调查报告	县政协农业委
2007	5 月 11 日	关于巩固我县退耕还林成果的调查与建议	县政协农业委
	5 月 30 日	关于我县推行新型农村合作医疗制度情况的调查与建议	县政协教文卫委
2008	6 月 19 日	罗江县灾后工业生产恢复发展的调查与建议	县政协主席会议
2009	5 月 6 日	关于我县农村文化工作情况的调查与建议	县政协文史学习委 县政协教文卫委
2010	6 月 18 日	关于我县村级实施民主管理的调查与建议	县政协“村级实施民主管理”专题调研组
	6 月 28 日	关于我县幼儿教育发展的调查与建议	县政协有关专委会　政协委员　机关部门人员参加的幼儿教育专题调研组
2011	5 月 18 日	关于我县当前农村广播现状的调查与建议	县政协专题调研组
	5 月 18 日	关于加快我县服务业发展的调查与建议	县政协专题调研组
	7 月 21 日	关于“绿色罗江”建设的调查与建议	县政协主席会议
2012	7 月 25 日	我县民营经济发展情况的调研报告	县政协经科委 社法委
	9 月 12 日	关于我县公共文化服务体系建设的调研报告	县政协教文卫委 联谊委
	9 月 19 日	关于我县农业产业化发展的调研报告	县政协农业委
2013	4 月 24 日	关于有效整合涉农项目资金的调查与建议	县政协经科委 提案委　社法委
	7 月 9 日	关于农民增收的调查与建议	县政协主席会议
	7 月 11 日	关于罗江县城乡居民社会养老保险情况的调查与建议	县政协主席会议
	9 月 26 日	关于加强经开区社会治安管理的调查与建议	县政协主席会议
2014	7 月 1 日	关于我县义务教育均衡发展的调查与建议	县政协教文卫委 联谊委
	8 月 16 日	关于打造成德绵区域特色县城的调查与建议	县政协提案委 社法委
	9 月 28 日	关于调元文化旅游区建设的调查与建议	县政协文史学习委
2015	7 月 24 日	关于全县新型农村合作医疗运行情况的调查与建议	县政协教文卫委 联谊委
	7 月 27 日	关于罗江经济开发区企业土地闲置情况的调查与建议	县政协提案委 经科委　社法委
	7 月 28 日	关于全民健身活动开展情况的调查与建议	县政协文史学习委 农业委
2016	6 月 21 日	关于全县村道管养的调查与建议	县政协文史学习委 农业委
	6 月 21 日	关于全县集镇建设与管理的调查与建议	县政协经科委 提案委　社法委
	6 月 21 日	关于全县家庭农场发展的调查与建议	县政协联谊委 教文卫委

第二节　反映社情民意

《中国人民政治协商会议章程》规定，中国人民政治协商会议全国委员会和地方委员会组织委员视察、参观和调查，了解情况，就各项事业和群众生活的重要问题进行研究，通过建议案、提案和其他形式向国家机关和其他有关组织提出建议和批评。《中国人民政治协商会议罗江县委员会专门委员会工作通则》规定，专门委员会根据《中国人民政治协商会议章程》的要求，以及政协罗江县委员会全体会议、常委会议和主席会议提出的各项任务，团结和联系委员及有关方面人士，充分发挥委员的主体作用，学习、宣传党和国家的方针政策，积极反映社情民意；本着“量力而行，尽力而为”原则，就罗江的政治、经济、文化和社会生活中的重要问题调查研究，提出意见、建议和提案；以团结、和谐、活跃、务实精神，组织各种活动，积极为委员知情出力、履行职责创造条件。《政协罗江县委员会“争先创优”评选办法》提出：“通过视察、调查、反映社情民意、联谊活动等形式，拓宽委员的知情渠道，为政协委员写出高质量的提案创造条件。”“充分发挥政协委员广泛联系群众的优势，不断发现人民群众高度关注的民生民情问题，积极真实地反映社情民意。”“优秀社情民意的基本条件：能着眼大局，贴近实际，贴近群众，实事求是，反映及时，注重质量，充分反映需要党政机关了解或党政机关需要了解的信息。”

根据这些规定和要求，县政协运用《社情民意》《情况反映》《政协简报》等文头专用笺，把委员们一事一议、情况真实、见解独到、文字精练的材料，送达党政机关及县级有关部门，为委员们拓展了履职尽责的平台。

一　反映社情民意工作概况

第一届罗江县政协任期内，形成《情况反映》5 期、《社情民意》7 篇，其中有《粮丰库缺，大春粮食无处储》（县政协农业委员会，1998 年 7 月 20 日）、《宝峰山森林公园开发前景广阔》（县政协文史委员会，1998 年 9 月 12 日）、《加快旅游业开发步伐，促进罗江县经济发展》（县政协委员视察情况通报，1999 年 5 月 20 日）、《加快文物保护力度，促进旅游产业发展》（县政协文史委，1999 年 11 月 16 日）、《关于尽快维修罗江历史文化名城标志性古建筑奎星阁的建议》（2001 年 12 月 18 日）、《关于加强玉京湖畔环卫管理的建议》（2002 年 4 月 2 日）、《关于广告管理费过高需加强管理问题》（2002 年 4 月 2 日）、《还百姓一个洁净的纹江河》（2002 年 4 月 2 日）、《光纤电视网工程资金压力大》（2002 年 7 月 10 日）、《大力加强农村青年培训》（2002 年 7 月 10 日）和《老城区路面坑多不平》（2002 年 7 月 10 日）。

第二届县政协反映社情民意工作有了新的发展和进步，内容涉及面更宽，程序更规范。

届内四年共送出《社情民意》47 期。此后，反映社情民意工作逐步加强，并不断完善办理机制。

2003 年，县政协收集、整理，形成《社情民意》12 期报送县委、县政府。

2004 年，形成并报送《社情民意》12 期，其中《给玉京湖的鱼虾有个繁衍后代的机会》送出后，县委书记左正，县委副书记、县政府县长卢也作出批示，要求县水务局采取措施，保护纹江河水产资源生态平衡；《工业园区脏乱差问题亟待整顿》《罗江县城西门外停车站周边交通秩序亟待规范》《县城内红绿灯须发挥应有作用》，县领导均作了批示，要求有关分管县领导负责，相关部门协商解决。

2005 年，反映社情民意工作更加注重贴近民生，共收集、报送《社情民意》11 期。县委、县政府领导对每期均作出批示，所反映的问题和建议均得到较好的解决与落实。四川省玻纤集团有限公司门前的断头路已修好，玉京湖两岸增设了安全警示标志，城市公交车线路已延伸到搬迁后的县人民医院门口。

2006 年，收集报送《社情民意》12 期。县委、县政府坚持每期作批示，使问题和建议得到较好地解决落实，其中德阳通用电子科技学校供水严重不足、新型农村合作医疗试点工作宣传力度应当加大、县城西门外公交车站台交通秩序混乱等问题已解决落实，过境车辆运输危险化学品已不再穿越县城等。

2007 年，共收集报送《社情民意》14 期，其中政协委员尹德针对天台湖竣工改善了人居环境、提升了城市品位，但无栏杆存在安全隐患，建议尽快修建两岸防洪堤栏引起县政府重视；县民政局建议解决全县 14 所敬老院管理人员待遇、县政协社会法制委员会提出“整治城市防洪、排污体系死角”的建议、委员叶鹏反映“罗江县公益性社会化服务组织建设存在的问题与建议”，县政协加按语送达县委、县政府；7 月 19 日，县政协文史委主任苏富贵等参加罗江餐饮协会座谈会后，根据参会人员讨论中提出的意见和建议，整理出“政府支持，尽快将潺亭水城搞活”“研究和制定支持罗江餐饮业走出困境的优惠政策”两项六条建议送有关领导和部门；县水务局针对 1999 年 8 月 19 日发生 3 小时降水 147. 5 毫米暴雨、县城部分地段发生严重内涝情况，及时调查分析，写出《搞好城市防洪工作，为经济社会发展提供支撑——罗江县“8・19”暴雨过后的思考》，建议强化贯彻执行《四川省〈中华人民共和国防洪法〉实施办法》力度，建立健全城市应急系统，协调好《城市防洪规划》与《城市发展总体规划》的关系，编制好《城市洪水风险图》，坚持以人为本，科学防控，为罗江发展“第三空间”提供坚实的防洪支撑。该建议编为《社情民意》第 11 期报送县委、县政府领导及有关部门。

2008 年，进一步完善社情民意信息汇集机制、策划和分析机制、跟踪反馈和激励机制，充分发挥政协委员代表性强、联系广泛的优势，利用信件、互联网等向广大政协委员、社会各界人士征集社情民意，全年报送《社情民意专报》14 期。县委、县政府高度重视，有关领导对每期均作出批示，承办部门认真办理，所反映的问题和提出的建议都得到较好地解决落实，其中《关于建立和实行县级部门联系帮扶社区制度的建议》，县委书记卢也批示：“政协此报很及时……，社区建设要有新突破。”有关部门迅速办理落实；《关于加强抗震救灾档案工作的建议》以《社情民意》简报送出后，《四川政协报》予以刊载，县委书记卢也批示：

“县档案局从现在起，要把各行业的资料收起来，逐步整理好。此事要纳入督办。”县政府办公室及时印发《关于加强档案安全管理及抗震救灾专题档案工作的通知》。

2009年，形成《社情民意》12期，反映的主要问题有：县城西门口公共汽车补员点存在安全隐患、城镇居民基本医疗保险门槛高报销少、依法监管页岩砖厂安全生产、设置停车场（点）规范机动车辆停放、东升学校门口应安装减速带、纹江玉京湖两岸应修建公厕、万安镇福和希望小学内输电线路需整治等。县委、县政府领导和有关部门高度重视，促进了问题的解决和工作的落实。

2010年，县政协坚持把了解和反映社情民意、畅通群众诉求渠道作为政协服务和谐社会建设的重要内容，建立健全反映社情民意的工作机制，认真做好社情民意了解、汇集、分析、整理和反馈工作。全年向县委、县政府报送《社情民意》17期，所反映的问题和建议涉及农业基础设施建设、招商引资、灾后恢复重建项目监管、城乡环境综合整治、生态环境保护、民生改善、发展社会事业、基层干部队伍建设等方面。县委、县政府领导高度重视，对所反映的情况均作出批示，有关部门认真对待和办理，有效地化解矛盾和解决问题，促进了社会大和谐。

2011年，县政协把客观、真实地反映社情民意作为履职为民的一项重要工作，全年搜集、分析、整理和反馈《社情民意》14期，涉及的内容有：进一步做好全县道路交通安全工作、加强新型农村合作医疗管理、修建县城老年活动中心、兴办县公立幼儿园、完善城镇职工医疗保险门诊管理、建设和改善社区办公用房、开展打击入室盗窃与抢劫专项行动、在太平桥西段引桥增设防护栏、进一步巩固城乡环境综合整治成果、设立罗江地方文化展览中心、解决乡村医生待遇普遍偏低、重视和加强乡村医生培训、在凯江流域建立综合自然生态保护区、在部分部门设置总工程师等。所反映的问题得到县委、县政府的高度重视，县领导批示率达到100%，有效地促进了有关问题的解决。

2012年，县政协更加重视反映社情民意工作，全年共收到委员单独或联名反映涉及城市建设、社会管理、文化发展、行政效能、民生改善等方面信息60余条，参与委员190余人次，刊发《社情民意》16期。县领导以民生优先，认真研究每期专报，全面了解民心民盼，及时批示相关部门制定措施，抓好落实，促进了相关问题的解决。

2013年，县政协向县委、县政府报送《社情民意》15期。重点就打造核心生态湿地、搭建用工就业平台、做好涉农项目产业配套与基础设施管护、加大对罗江中学周边环境整治力度、提升公民道德素质、加快市政工程施工进度、加强群众性文艺组织建设、解决恶意欠薪等问题提出意见建议。县委、县政府高度重视，相关领导及时批示，县委书记徐光勇在《社情民意》第13期《关于解决恶意欠薪问题的建议》上批示：“要强化管理，依法规范，杜绝类似事件再次发生，确保当事人利益不受影响，维护全县大局和谐稳定。”向德阳市政协报送《社情民意》20期，被市政协内刊采用8期，其中《关于做好涉农项目产业配套与基础设施管护的建议》等5期，得到中共德阳市委书记李向志的批示，《关于完善免除中职学生学费政策的建议》被四川省政协内刊采用。市县党委、政府将社情民意信息批转有关部门抓好落实，促进了相关问题的有效解决，较好地发挥了社情民意信息“直通车”作用。

2014年，反映社情民意解民忧，真诚倾听群众呼声，真实反映群众愿望，真情关心群众疾苦，促进关系民生民利问题得到妥善解决。向县委、县政府报送《社情民意信息》17 篇、市政协 16 篇、省政协 6 篇。市委书记李向志在《关于加强水利工程建后管护的建议》上批示，要求市水务局研究落实。县委书记徐光勇在《社情民意专报》第 16 期《关于家庭农场审批中对职业农民身份认定的建议》上批示："全省深化农村改革工作会议中有类似的典型先进经验可学习，可把'建议'纳入工作内容去探索。"县委副书记、县长曾长江在《关于在全县实施小块并大块耕地整治的建议》上批示："政协建议很好，政府县长办公会已研究决定先试行，并进一步在实施中完善相关监管措施。"市、县党政领导将社情民意信息及时批转有关部门采纳落实，促进了相关问题得以有效解决。

2015 年，广大政协委员坚持深入基层、深入群众调查研究，倾听民众心声，为民鼓与呼，向县委、县政府报送《社情民意》22 篇、市政协 18 篇、省政协 7 篇。各级领导高度重视，及时批转有关部门采纳与落实。县委书记徐光勇在《关于加大鄢家场镇污水处理力度全面提升生态环境质量的建议》上批示："对于全县 10 个镇都应统筹规划，争取上级支持，尽早解决污水处理问题。"在《关于试行特色农业保险相关事宜的建议》上批示："农民有期盼，市场有需求，请相关部门研究落实。"

2016 年，县政协委员深入群众、深入基层、深入企事业单位，了解民声民愿，收集《社情民意》55 篇，向县委、县政府报送《民情信息》38 篇、市政协 13 篇、省政协 8 篇。县委书记徐光勇对张茂林等 8 名委员编报的信息作出批示，其中，对米祯东编报的《关于治理农村三资管理中"白条入账"独家的建议》信息上批示：请学军（县纪委书记）、江涛（副县长）组织研究，做好落实，想千方设百计把"白条入账"现象治理好，解决好农村稳定及改善干群关系。县政府县长曾长江对邱双全等编报的信息作出处理批示。是年，俞斌等 4 篇信息被省、市政协采用。

二　部分社情民意存目

1998—2016 年罗江县政协部分《社情民意》《情况反映》存目一览表

表 4—2

年　度	形成及报送时间	题　目	编辑人
1998	7 月 20 日	关于粮丰库缺，大春粮食无处贮；肉多猪少，青黄不接令人忧	农业委
	9 月 12 日	关于宝峰山森林公园开发前景广阔的建议	文史委
1999	5 月 20 日	关于加快旅游开发步伐，促进罗江经济发展的建议	文史委　财贸委
	11 月 16 日	关于加大文物保护力度，促进旅游产业发展的建议	文史委
2001	12 月 18 日	关于尽快维修罗江历史文化名城标志性古建筑"奎星阁"的建议	文史学习委

续表 4—2

年　度	形成及报送时间	题　目	编辑人
2002	4 月 2 日	关于加强玉京湖畔环卫管理的建议	杨　勤
	4 月 2 日	关于还百姓一个洁净的纹江河的建议	杨　勤
	7 月 10 日	关于大力加强农村青年培训的建议	刘　军
	7 月 10 日	关于老城区路面坑多不平问题的建议	刘　军
2004	2 月 19 日	关于给玉京湖的鱼虾有个繁衍后代的机会的建议	政协办
	3 月 1 日	关于工业园区脏、乱、差问题亟待整顿的建议	唐祖荣
	8 月 18 日	关于罗江西外停车场周边秩序亟待规范管理的建议	李　娅
2005	6 月 30 日	关于群众期盼公交车开至县医院的建议	廖德智
	7 月 29 日	关于借影视为媒，促餐饮发展的建议	甘其德
2006	4 月 30 日	关于城市干道应设立“三危品”禁过标志的建议	农业委
	6 月 9 日	关于加大对新型农村合作医疗点的宣传力度的建议	工业委
2007	3 月 6 日	关于解决我县敬老院管理人员待遇的建议	县民政局
2008	5 月 28 日	关于加强对使用地震帐篷的指导	付祥国
	6 月 7 日	关于尽快对全县公共设施建筑进行灾后鉴定、评估的建议	杨中俊
	6 月 9 日	关于加强抗震救灾档案工作的建议	邓华明
2009	4 月 10 日	关于重视和解决西门口公共汽车补员点安全隐患的建议	潘亦琼
	5 月 25 日	关于页岩砖厂生产违法现象严重，依法监管确保安全刻不容缓的建议	付祥国
	6 月 5 日	关于设置停车场（点）规范机动车辆停放的建议	高占果
2010	3 月 1 日	关于进一步完善安全生产监管措施势在必行的建议	付祥国
	3 月 25 日	关于加强黄水河流域生态环境保护的建议	谢升明
	4 月 13 日	关于村民小组组长队伍建设亟待加强的建议	曾传聪
	8 月 6 日	关于重视和支持我县老年人体育事业的建议	林绵聪
	9 月 13 日	关于江河养鸭危害大隐患多的问题亟待解决	俞　斌
	11 月 12 日	关于重建南塔的建议	苏富贵

续表 4—2

年　度	形成及报送时间	题　目	编辑人
2011	2 月 24 日	关于加强新型农村合作医疗管理的建议	唐祖荣
	3 月 16 日	关于修建县城老年活动中心的建议	王大华
	5 月 19 日	关于解决乡村医生待遇普遍偏低问题的建议	联谊委
	5 月 23 日	关于在我县凯江流域建立综合自然生态保护区的建议	杨中俊
2012	3 月 1 日	关于发掘周家坝战国船棺墓葬群的建议	周继兴
	3 月 15 日	关于修复罗慧路树脂公司背后道路的建议	彭华明
	4 月 6 日	关于整治天台湖的建议	农工党罗江支部
	4 月 13 日	关于加强“行政效能建设年”活动督查的建议	颜正瑜
	4 月 18 日	关于清理农村违法违规用地的建议	易礼全
	5 月 21 日	关于排出县城内涝隐患的建议	俞　斌
	10 月 30 日	关于加强庞统祠博物馆管理的建议	教文卫委
	11 月 2 日	关于加强非机动车和流动商贩管理的建议	刘丽萍
2013	4 月 8 日	关于打造核心生态湿地的建议	俞　斌
	4 月 10 日	关于搭建用工就业平台的建议	彭华明
	5 月 8 日	关于加大对罗江中学学校周边环境整治力度的建议	唐启纲　谢秀学 宋光明　林　勋
	6 月 7 日	关于提升公民道德素质的建议	游　弋
	9 月 22 日	关于规范城市沿街步行道停车管理的建议	米祯东
	10 月 10 日	关于尽快解决白马关搬迁农民安置问题的建议	杨中俊
	10 月 29 日	关于解决“恶意欠薪”问题的建议	张　荣　张富刚
2014	2 月 18 日	关于加强水利工程建后管护的建议	俞　斌
	3 月 27 日	关于将新增设金山场镇小学幼儿园纳入区域重点镇建设总体规划的建议	钟晶会
	5 月 4 日	关于整治凯江河两岸防洪堤安全隐患的建议	彭华明
	5 月 26 日	关于加强秸秆无害化处理的建议	刘晓彪
	6 月 5 日	关于加强道路标志标识管护保障驾驶安全的建议	杨秦兵
	7 月 3 日	关于进一步加强艾滋病防治工作的建议	华　伟
	7 月 15 日	关于在县城饮水保护区设立警示标志的建议	柯贤良

续表 4—2

年　度	形成及报送时间	题　目	编辑人
2015	1 月 2 日	关于在罗江全面推行农村小型公共基础设施“村民自建”的建议	俞　斌
	2 月 2 日	关于严格交通执法确保道路畅通的建议	刘晓彪
	2 月 4 日	关于增加高铁罗江站停车班次的建议	彭华明
	3 月 18 日	关于扶持和保护我县云峰诗社文脉传承的建议	杨俊富
	4 月 14 日	关于全县乡村旅游发展存在的问题和建议	周　荣
	6 月 3 日	关于试行特色农业保险相关事宜的建议	提案委　柯贤良
	6 月 8 日	关于维修改造县城围城道路的建议	李伦兴
		关于尽快落实西幼临时搬迁并在原地址建修幼儿园的建议	张茂林
	8 月 24 日	关于恢复金雁桥下穿涵洞通行高度的建议	经济界一组
	9 月 11 日	关于加强信访信息平台建设的建议	社法委
2016	3 月 24 日	关于完善财政项目资金整合机制的建议	俞　斌
	4 月 19 日	关于成立罗江乡村旅游商会的建议	俞　斌
	5 月 4 日	关于通过校本课程大力宣传传承罗江地方文化的建议	张茂林
	5 月 20 日	关于治理农村三资管理中“白条入账”现象的建议	米祯东
	6 月 8 日	关于制定市民卫生守则的建议	李世良
	6 月 28 日	关于以壁画形式在我县宣传社会主义核心价值观的建议	罗通富　范翠林 肖　勇
	7 月 8 日	关于尽快解决县城区适龄儿童秋季入学难的建议	民建罗江支部
	7 月 14 日	关于帮助经开区企业破解资金难的建议	邓启明
	8 月 1 日	关于打造罗江全域旅游目的地的建议	县工商联
	9 月 30 日	关于加大对县城电动三轮车营运整治力度的建议	邱双全

第三节　专题议政

一　专题议政会议概况

2016年7月26日，县政协首次召开专题议政会议，就罗江县创建省级卫生县城工作进行专题议政协商并提出建议。县委书记、县创省卫指挥部指挥长徐光勇，县政府副县长、县创省卫副指挥长屈志新，县政协主席会议成员出席会议。县委办、县政协各委室负责人，县创省卫办、县创省卫督察组负责人，县卫生和计划生育局、县公安局、县环境保护局、县食品药品监督管理局、县城乡综合管理局、县工商和质量监督局、万安镇等县创省卫相关单位主要负责人，市县政协委员代表、社区代表、公民代表参加会议。会上，屈志新通报罗江县创省卫情况，政协委员及社区、公民代表发言，政协有关领导总结发言，县卫计局等创卫专项整治领导小组牵头部门作表态发言，徐光勇讲话。县政协主席白光裕主持会议。

屈志新在会上通报罗江县创建省级卫生县城工作情况。2015年，县委、县政府正式提出创建省级卫生县城目标，成立工作机构，建立工作机制，明确创省卫责任与任务分工，强化督导检查，严格按照《四川省卫生县城（乡镇）标准》及创省卫指挥部下达的创卫工作目标任务要求，有序开展各项工作，并已通过省级暗访组评审。下一步工作重点：一是对暗访组报告提出的问题和建议认真整改，并及时将整改情况向德阳市爱国卫生运动委员会办公室报告；二是做好县城区病媒生物防治工作，力争在2016年7月底前通过省爱卫办复查评审；三是推进综合市场专项整治，制定和落实鸡鸭市场整治方案；四是推进县城环境卫生、道路交通秩序维护与管理，重点是市场周边区域及各临时市场区域治理；五是加强社区、村卫生治理，尤其是小区卫生与背街小巷卫生死角治理；六是抓好“五小行业”（小食品经营及加工单位，含小食品店、卤食店、职工食堂、糕点、冷饮等；小理发美容店；小旅店，含旅社、招待所等；小浴室，含洗浴、沐足等；小歌舞厅，含歌厅、舞厅、影剧院及娱乐场所等）餐饮单位创省卫工作落实；七是完善创卫资料收集与整理，做好技术评估及迎检准备工作。

县公安局通报创省卫工作所取得的成绩与存在的问题。表明下一步工作措施：一是完善创省卫工作长效机制，把创省卫融入日常业务工作中，形成常态化；二是持续对重点区域和重点路段开展“四乱”交通违法行为查处，配合相关部门开展专项治理并合理规划城区停车位；三是做好县局各部门定量考核；四是强化宣传，不断提高人民群众对有关情况的知晓率。

县工质局负责人就集贸市场环境秩序整治工作作专题汇报。表明下一步工作重点：一是督促各成员单位对照省创卫暗访组提出的问题抓好整改；二是会同相关部门和责任单位，落实对鸡鸭市场进行规范和整治；三是深入调查研究，随时掌握创省卫过程中出现的新情况新问题，不断完善长效管理机制；四是加大督查力度，强化指导与检查，加强工作衔接，确保创卫工作有序推进。

县食药监局负责人通报开展省级卫生城市创建活动情况，表明下一步将根据前期四个片区工作组摸底整改食品生产、流通、餐饮服务单位情况，巩固工作成果，进一步查漏补缺，健全食品安全管理制度，督促剩余的130家单位制度上墙。按照《创建省级卫生城市工作实施方案》确定的目标任务和完成时限，推进创建工作有序开展。

县环保局负责人通报创省卫工作情况，表示将按照《创建省级卫生城市工作实施方案》，努力完成相关目标任务，深入开展大气污染防控，狠抓饮用水源地保护，着力实施宁静工程，为全县成功创建省级卫生县城做出新的贡献。

为开好创建省级卫生县城专题议政协商会议，县政协于2016年7月20日召开四届四十七次主席会议审定相关事项并印发会议纪要。会议认为：对于县政协首次举行的专题议政协商活动，主席会议高度重视，县政协教文卫委、联谊委、社法委等做了大量的调查研究和谋划组织工作。会议要求：一是认真梳理、完善会议发言材料，做到客观真实，问题精准，建议可行；二是认真筹备会务相关事项，提前做好文印、通知、协调等工作，确保专题议政协商会议顺利召开。

在创省级卫生县城专题议政协商会议上，有5名县政协委员、1名公民代表、1名社区干部作高质量的发言，所提问题翔实精准，所提建议中肯可行。

县政协常委、县司法局干部易礼全在发言中说：县委、县政府作出的创建省级卫生县城的决策部署，对推动城市基础设施建设，加强城市管理、改变城市面貌，改善人居和投资环境，促进经济发展，提高人民生活水平，具有重要意义。是县委、县政府践行“三个代表”重要思想、落实科学发展观、坚持以人为本的重要举措。通过近两年的努力，前期工作已初见成效。他建议：对于重灾区小食一条街商铺，清理垃圾死角；要按照《餐饮服务许可规范要求》及相关规章制度，规范检查餐饮服务单位的相关设施和服务流程，对未达要求的要下达限期整改通知或采取其他有效措施；要建立创建卫生县城长效管理机制，创卫、爱卫意识要全民化，从社区、小区和家庭抓起，努力提高城市居民素养。

县政协委员、万安镇朝圣社区党委书记颜正瑜在发言中说：自创省级卫生县城活动开展以来，城市道路拓宽了，绿化景观增多了，城市照明亮堂了，卫生死角减少了，城市变得更有生机活力了。我与生活在这座城里的其他市民一样，有了更多的幸福感与安全感。对照省级卫生县城标准，创建工作也还存在不小的差距和问题。根据实地走访调研，他建议：一是增设交通警示标志，强化交通秩序管理。县城干道扩宽后相应的指路牌和车道、非机动车道标志欠缺。摩托车、三轮车逆向行驶频发，十字路口行人乱窜、闯红灯、非机动车乱行等经常发生，交警警力不足等。建议尽快完善交通标志标牌；在城市人口密集路段设置交通劝导员。二是科学设立公共停车车位，规范流动摊贩管理。随着城市的发展繁荣，县城车流量成倍增长，停车车位供需矛盾突出，滨河路、金雁路、综合市场等地停放车秩序尤为混乱。县城东、西街一到傍晚流动商贩占道经营现象突出，交通事故等隐患严重。建议对现有城市公共用地进行科学规划，合理增设临时停车车位；加强对流动摊贩的管理，认真推行划片设点集中摆摊经营。三是街道绿化要查漏补缺，要治理噪音污染。县城部分区域绿化未达标，如潺水路同力医院至县幼儿园、升平西路天合佳苑至阳光丽景商住楼段，绿化带杂草丛生或寸草不生；东、西街部分商铺播放的促销广告等噪音扰人。建议采取措施整治，提高城市整体形象。四是加快老城区改造步伐，强化规划区内民房建设监管。县城西街口道路狭窄，影响交通，南街旧房坍塌较多，影响市容。建议加快改造步伐，整体推进卫生城市建设。

县政协委员、罗江三三超市负责人罗心平在发言中建议县级部门、万安镇在创省卫工作中要“打好组合拳”，制定整体方案，具体事项统筹协调，统一行动，行成合力；对阻碍工作的“老大难”“钉子户”在做耐心细致的思想工作后仍不行的，应通过法律途径解决。

县政协委员、县文广新局干部刘蓉在发言中说：创建省级卫生城市是一项全民参与的庞大工程，需要广大市民共同参与，养成良好卫生习惯，遵守社会公德，维护城市容貌，摒弃陋习，倡导健康生活方式，同各种不文明及破坏创卫的行为作斗争，形成人人爱护环境卫生的社会风气。她建议：县创省卫办和相关责任单位要及时、主动加强与新闻媒体联系，将创卫工作中的新举措、好方法、新问题、新成果、好典型及时报送新闻媒体，强化舆论宣传，营造良好的氛围；宣传方式要灵活多样，让群众喜闻乐见，强化宣传效果；抓好学校对学生的创卫宣传教育，通过学生带动家庭成员，扩大宣传教育面。

公民代表王大华在发言中说：人民群众对县委、县政府创省卫决策十分赞成、支持和积极参与，县城面貌变化也很大。他对下一步创建工作提出六个方面的问题和建议：一是综合市场、实验小学门口等地摊贩占道经营造成交通拥堵问题，建议加强劝导和依法整治；二是综合市场、兴发小区、老西街、北门外等处乱搭建现象突出。建议有关部门加强执法力度。还建议将预防乱搭建纳入社区与小区物管监管范围；三是公交车、货车等在机关下班后挤占人行道乱停放问题。建议有关职能部门及时研究解决；四是货车随意在人行道上停车卸货损坏地板砖，以及乱泼污水、乱扔垃圾等问题。建议实行“门前三包”（包卫生、包绿化、包秩序）及有关部门加强监管；五是天台湖北岸部分小区内脏乱差、蟠龙信用社宅院门口绿化带杂草丛生等问题，建议及时整治；六是存在个别单位将生活废水直接排入凯江问题。建议有关单位尽快采取措施改变这一做法。

社区代表李定碧在会上作题为《万安镇社区创建省级卫生城市工作的调查与建议》发言，汇报社区的主要做法，提出存在的突出问题和工作建议。其做法一是各社区成立创建工作领导小组和卫生督察队，形成由社区书记负总责，各分管干部、小组长、巡逻员、网络员具体负责辖区内主次干道、背街小巷、小区、楼群院落的卫生监管和督促整改等工作；二是组建由中共党员、青年、妇女、离退休人员参加的志愿者队伍，开展宣传教育、环境监督、卫生整治等公益活动，将社区责任分解到居民小组，签订《责任书》，做到卫生问题不拖延、有人管、及时扫、无死角；三是通过宣传栏、LED、标语、微信号、QQ 群、大小会议、活动、发放资料、市民学校宣讲等形式和途径，广泛开展舆论宣传，达到家喻户晓，人人皆知；四是抢抓整改，组织发动人员参与创卫清扫、清理卫生死角、清除路边杂草、清除小广告、整治占道经营等。针对存在的断头路需硬化、公厕数量不够、个别污水管网堵塞和朝圣社区需增建 1 处排污管、建筑垃圾乱堆放、停车位严重不足、综合市场鸡鸭市脏乱差和老街区与城郊结合部有乱搭建等问题，李定碧建议有关职能部门加大工作力度，及早解决。

二　专题议政建议案

县政协对此次专题议政协商会议情况进行梳理，形成建议案并按程序上报县委、县政府。

附：《政协罗江县委员会建议案〔2016〕11》

政协第四届罗江县委员会
关于专题议政协商创建省级卫生县城的建议

县委、县政府：

2016年7月26日，政协第四届罗江县委员会召开专题议政协商创建省级卫生县城会议。县委书记、县创省卫指挥部指挥长徐光勇，县政府副县长、县创省卫指挥部常务副指挥长屈志新，县政协在家主席会议成员出席会议。县委办、县政协各委室负责人，县创省卫办、县创省卫督察组负责人，县卫计局、县公安局、县环保局、县食药监局、县城管局、县工质局、万安镇等县创省卫相关单位主要负责人，市县政协委员代表、社区代表、公民代表参加会议。县政协主席白光裕主持会议。

会议认为，在县委政府坚强领导下，创省卫工作组织有力、推进有序，宣传到位、氛围浓厚，县城环境卫生和秩序面貌明显改变、县城食品卫生安全专项整治有力、城区道路交通畅通有序、县城空气质量明显改善，专项治理重点突出、效果显著，县城基础设施建设强力推进，提档升级成绩斐然，创省卫工作取得阶段性成果。同时，也存在县城集贸市场管理失序、城市配套设施有待进一步完善、县城环境秩序有待进一步规范、社区治理有待进一步加强、城市居民文明素质有待提升、创卫长效机制有待建立健全等问题。为此，会议建议：

一、着力整治城区集贸市场

一是重点抓好县城综合市场整治。应引导综合市场经营管理主体带头拆除乱搭乱建，消除占道经营，各市场管理职能部门联合执法，搞好监督，打通安全通道，消除安全隐患，进一步促进市场交易规范、安全。二是做好家禽市场整治。应对市场地面实施硬化，对市场中的宰杀脱毛区、清洗分割区、销售区采取物理隔离措施，以确保安全卫生；应加强市场内气味、污水、有害生物的防治，落实消毒工作；应设立垃圾箱，做到垃圾入箱和及时清运，改变市场脏乱差的面貌。三是加快建设新集贸市场。应从化民怨、解民忧的角度出发，加快姚家林集贸市场建设的相关工作，适时对县综合市场、县人民医院原址等地的流动摊贩实施分流，以分流促整治；应广泛征求群众意见建议，结合城市提档升级，搞好科学规划；相关部门、镇应各司其职，密切配合，统筹协调，切实推进市场建设项目的实施；应高度重视市场建设项目实施的监管，保证这项民生工程能如期高质量建成。

二、不断完善城市配套设施和服务功能

一是应统筹规划。坚持开门搞规划，在规划过程中广泛征求各方意见，积极回应城市居民关切，形成科学、合理的规划方案。二是应加快公厕等配套设施的规划建设，尽快形成合理的公厕布局。三是应根据实际需要开展地下排污管网改造，逐步增加地下排污管网建设、排查、维护资金投入。四是应加快小区数据信息线缆整合。督促移动、联通、广电、电信等部门和机构加强整合，统筹协调，避免乱结“蜘蛛网”。五是应探索设立自行车租用站。方便市民短途出行，减少城区机动车辆行驶。六是应尽快实施火凤凰饮食文化广场旁垃圾中转站搬迁。

三、严格监管建筑工地

一是应严格按照相关法律法规，责令工程建设单位完善安全防护措施，妥善安排好作息时间。县环保局等职能部门应加强监督执法，对各建筑工地防尘、防噪等涉及超标的要严肃处罚。二是应严格监管建筑垃圾的科学处置。针对翰林公园建筑垃圾乱埋现象，应责成承建单位及施工队严格遵守建设规程，将建筑垃圾运离公园，进行科学处理。相关职能部门应高度重视建筑垃圾的处理，做好县内建筑工地垃圾处理的监管，减少环境污染。

四、深化交通秩序整治

一是应不断完善道路交通标识标牌设置，做到科学合理，美观简洁，容易辨认。二是针对县城交通秩序差，车难停、乱停车的问题，应科学规划，增设停车位，并分时段收取机动车停车费；加强交通违规行为监管和处罚力度，提高违法成本，使城区道路通畅便捷。三是应加强大型货运车辆进城监管，对违规入城、超载超限、乱停乱放及时予以处罚，确保道路交通安全。四是应对机动车流动经营商贩进行疏导，做到定时定点经营，对扰乱交通秩序的应依法给予教育处罚。

五、不断推进城市社区治理

一是应严格执行城区商户“门前三包”，同时包车辆停放有序，包环境清洁卫生，包治安安全防范；全面实行坐店经商、商品归店，把公共区域还给大众。二是应开展城市“牛皮癣”清理整治，注重从源头上打击乱画乱贴行为。三是应鼓励社区探索建立垃圾分类处理奖励机制，如可设立积分制，居民用垃圾分类奖励积分可换购商品，用切实可行的措施强化居民环保意识。四是应做好规划，加快建设，搞好整治，促进天台湖片区周围环境与县城相协调。五是应做到权力进社区、道路改造进社区、安保设施进社区，不断强化社区职能，做好服务工作。

六、不断提升城市居民文明素质

一是应通过广播电台、电视台、网络平台、LED 显示屏等多种途径将创卫工作中实施的新举措、好做法、发现的新问题和整改取得的新成果“广而告之”，教育和引导广大群众知晓创卫，自觉参与创卫。二是应结合“潺亭之夏”系列文化活动，创作演出创卫文艺节目，寓教于乐，扩大影响。三是应制定城市居民行为规范准则，使其成为市民共同遵守的守则。四是应以学校为依托，积极开展“小手拉大手”“争当文明小市民”“创卫志愿者”等系列活动，让学生及家长进一步养成爱卫习惯，进一步培养文明意识，不断提升城市居民整体素质。

七、建立健全创卫长效机制

一是创卫决不能一阵风，应重视成果巩固，防止反弹。应建立健全长效机制，尽快构建“条牵头、块为主、条块结合”的城管模式，并在抓“常”“长”抓上下功夫，制定考核措施办法，明确考核结果运用，用制度机制使创卫成为一种工作常态和自觉。二是应给予创卫工作经费保障，确保各项任务保质保量完成，确保创建省级卫生县城的目标如期实现。

第五章　重要活动

1997—2016 年，县政协在履行“政治协商、民主监督、参政议政”主要职能的同时，根据工作需要，组织广大政协委员、政协参加单位和社会各界人士，发挥他们的特长和优势，先后举办纪念改革开放 20 周年座谈会，庆祝人民政协成立 50、60、65 周年庆典，以及开展扶贫帮困、抗震救灾等公益活动，充分拓展政协组织的活动平台，丰富政协委员的活动内容，有效地发挥人民政协的独特作用。

第一节　纪念改革开放 20 周年

1998 年 12 月 30 日，召开县政协第一届九次常务委员会（扩大）会议，会议将纪念中共十一届三中全会召开 20 周年座谈会列为主要议题。县政协党组书记、主席何天云，党组成员、副主席刘成国，副主席李兴明、廖大礼，党组成员、秘书长张明义，常务委员石清玉、江一彬、向元强、李定银、李建珠、李明、李永贤、杨勤、杨文龙、杨勇飞、肖宗军、陈德顺、张光斗、张社林、易祖平、龚泽民、薛品峰出席会议；县政协专门委员会办公室，各专门委员会、委员小组正副主任（组长）及县政协副秘书长列席会议；县工商业联合会、县国土局、县工商行政管理局等部门负责人应邀参加会议。

座谈会上，主持人刘成国首先讲话，他说：1978 年 12 月召开的中国共产党第十一届中央委员会第三次全体会议，在我党的历史上具有划时代的意义，至今已过去二十年了。二十年来，祖国的经济、社会发生了翻天覆地的变化。我们举行这次座谈会，是要回顾这一光辉历程，总结我们的工作，以有利于把今后的工作做得更好，取得更大的成绩。

县政协学习委员会主任、县委宣传部副部长冯小平，县政协秘书长张明义，县政协常委、德阳乐明食品有限公司董事长张社林，县政协常委李建珠，县政协常委、县农业局经济作物站站长陈德顺，县政协委员、县国土局局长张永才，县政协委员、县工商行政管理局副局长范华清，县广播电视局副局长李代长，县政协参加单位、县工商联副会长刘述岚等先后在会上发言，大家畅所欲言，畅谈中共十一届三中全会召开二十年来，改革开放和社会主义现代化建设所取得的巨大成就，盛赞改革开放总设计师邓小平的丰功伟绩，并回顾坚持中国共产党领导下的多党合作和政治协商制度的光辉历程和结出的丰硕成果。

与会者认为：中共十一届三中全会是中国共产党和中国历史上非常重要的一次会议。这次会议，重新确立了解放思想、实事求是的思想路线，实现了把全党和全国工作中心转移到社会主义现代化建设上来。二十年来，全国的社会生产力水平不断提高，综合国力持续增强，人民生活日益改善，国际地位与影响力大幅提升。这二十年，已经成为中国近代史上最富生机活力、最为辉煌的时期。特别是党的十一届三中全会以来形成和发展的邓小平理论，是这一时期最可宝贵的理论成果，为建设有中国特色社会主义和中国社会主义市场经济体制的建立和完善，实现民族振兴、国家富强和人民幸福安康奠定了坚实的理论基础。二十年的实践昭示，我们坚持解放思想、实事求是的思想路线，坚持邓小平理论为指导，坚持党的基本路线，改革发展和中国特色社会主义建设事业就有了根本保证，就能够取得成功并继续稳定发展。罗江的建设发展，一定会在中共罗江县委领导下，按照1998年3月，中国共产党罗江县第一次代表大会确立的“振奋精神，艰苦创业，开拓前进，富民强县”兴县精神，围绕县委“夯实一个基础（粮油生产），壮大两个支柱（多种经营、工业经济），抓住三项重点（骨干企业、旅游商贸、以县城为中心的基础设施建设），着力四个突破（农业产业化、非公有制经济、招商引资、创名优产品）努力实现全县经济健康协调发展，促进城乡共同繁荣”经济发展路子，认真履行人民政协“政治协商、民主监督、参政议政”职能，坚持团结和民主两大主题，高举爱国主义、社会主义旗帜，立足本职岗位，为建设富裕、文明、秀丽的新罗江献计出力，不断做出新的贡献。

县政协主席何天云作总结讲话。

罗江电视台、罗江人民广播电台对此次座谈会作专题报道。

纪念改革开放20周年座谈会激发了县政协委员和各界人士爱党、爱国、爱家乡和建设新罗江的更大热情。为开好这次纪念座谈会，县政协主席会议事先作出安排，要求各有关方面认真准备，县政协办公室三易其稿形成《在探索中前进，在前进中探索》会议材料。该材料还由县政协秘书长在市政协“纪念改革开放20周年暨政协工作经验交流会”作交流发言，后被收入《中共德阳市委政协工作会议·政协德阳市委员会经验交流材料汇编》一书。

第二节　庆祝人民政协成立

一　庆祝人民政协成立50周年活动

1999年9月21日，县政协以召开座谈会、举办文艺演唱会等形式，纪念全国政协成立50周年。

座谈会于是日上午在县政协常委会议室举行。县委书记张法祥，县人大常委会主任曾广友，县政协主席何天云，县委副书记邓华明，县委常委罗文庆，县政协副主席刘成国、李兴明、廖大礼，秘书长张明义，以及县政协常委会委员、各（委）组负责人，以及部分政协委员、各界人士代表参加座谈会。张法祥、何天云在会上讲话。与会政协委员和各界人士代表在会上踊跃发言，从不同角度、以不同形式，回顾人民政协五十年的光辉历程，缅怀毛泽东、周恩来、邓小平等老一辈党和国家领导人为创立中国人民政协、发展人民政协事业所作出的卓越贡献和丰功伟绩；总结罗江复县、政协罗江县委员会建立以来，为推进全县政治、经济、文化、社会建设和发展所做出的贡献。

张法祥在讲话中首先回顾人民政协在中国共产党的领导下，自建立以来，以其自身独有的特色和优势，在社会主义革命和建设的各个历史时期，发挥了重要的作用，创造了辉煌的业绩。罗江复县以来，县政协发扬人民政协的优良传统，继往开来，组织全县政协委员，坚持以邓小平理论为指导，紧紧围绕经济建设这个中心，认真履行“政治协商、民主监督、参政议政”职能，为推进全县“两个文明”（社会主义物质文明和社会主义精神文明）和民主政治建设做出重要贡献，发挥了应有的作用。张法祥要求在今后的工作中，要在党内广泛深入开展有关统一战线和人民政协理论知识的宣传教育，进一步提高中共党员和党委领导干部对新时期人民政协的性质、地位、作用和政协工作的必要性、重要性、长期性的认识，增强做好人民政协工作的自觉性；政协组织和政协委员要继续推进以制度化、规范化、程序化为主要内容的自身建设，认真履行职责，发挥优势，为建设富裕、文明、秀丽新罗江做出更大的贡献。

何天云在会上作《光辉的历程，宏伟的业绩》主题报告。报告回顾人民政协成立五十年来的光辉历程，提出罗江县政协在新世纪的任务，要求县政协在县委领导下，在县人大、县政府及社会各界的支持配合下，高举爱国主义和社会主义两面旗帜，突出民主和团结两大主题，紧紧围绕经济建设这个中心，充分发挥人民政协人才荟萃、联系广泛的优势和政协委员的主体作用，认真履行“政治协商、民主监督、参政议政”职能，为推进全县经济建设、精神文明建设和民主法制建设积极献计出力，谱写人民政协事业新的华彩乐章。

政协委员、各界人士代表踊跃发言，畅谈人民政协走过的光辉历程，盛赞人民政协成立五十年来为巩固安定团结的政治局面，为祖国的社会主义革命，为改革开放和社会主义建设，为实现祖国和平统一、民族兴旺和社会主义现代化建设做出的贡献。表示在今后的工作中，继续发挥人民政协的优势和特点，为建设富裕、文明、秀丽的新罗江做出新贡献。其中县政协常委、工商界委员杨勤作题为《珍惜荣誉、不辱使命、当好参谋》发言，县政协常委、教育界委员江一彬作题为《发扬人民政协光荣传统，继往开来履行神圣职责》发言，县政协常委、农林界委员陈德顺作题为《我国农业巨变的50年》发言，妇女界委员刘爱华作题为《走过光辉历程，开创美好明天》发言，工商界委员周安娜作题为《庆祝人民政协成立50周年》发言，教育界委员黄定寿作题为《风雨同舟，荣辱与共》发言，文化体育界委员刘良国作题为《风雨同舟50年，荣辱与共谱新篇》发言，中共界委员白光裕、刘军、刘洋华分别代表略坪、万安、鄢家地区委员小组发言，县政协学习委主任冯小平作题为《服务经济是政协委员的重要职责》发言。

由县政协主办、德阳市音乐家协会罗江县委员小组承办的庆祝人民政协成立50周年文艺演唱会，于9月20日下午在县政府三楼会议室举行，来自罗江本土的近百名文艺爱好者，以声乐（合唱、独唱）、舞蹈、戏曲小品和器乐演奏等形式，表演了20个节目，其中演唱歌曲《罗江　罗江　创业的地方》《罗江啊罗江》《凯江托起一条船》《纹江的风》《罗江跃起一条龙》《御营妹子歌儿多》《罗江火锅麻辣烫》等均由本土人士作词作曲。

整台节目以罗江复县三周年来的发展变化和县政协在县委领导下，认真履行“政治协商、民主监督、参政议政”职能为主线，歌颂共产党、歌颂祖国、颂扬罗江日新月异的新面貌，以昂扬向上的主旋律感染鼓舞人。

县委书记张法祥，县委副书记、县政府县长刘成鸣，县委副书记邓华明，县委常委罗文庆，县委常委、组织部部长王友贵，县人大常委会副主任田芬金，县政府副县长宋玉华，县政协副主席刘成国、李兴明、廖大礼，秘书长张明义，市音乐家协会副主席刘琪等应邀观看节目。驻罗江的省、市政协委员，全体县政协委员，以及各界人士代表、县级各部门和各乡镇主要负责人等观看节目。

德阳电视台、罗江电视台、罗江人民广播电台对这次活动作了新闻报道。

二　庆祝人民政协成立60周年演唱会

2009年9月19日，县政协在县政府三楼会议室举办“迎国庆·颂祖国”——庆祝人民政协成立60周年演唱会。

演唱会由序曲和红旗飘飘、时代颂歌、和谐中国三个乐章组成，由县政协委员和本土文艺爱好者演出，县政协党组书记、主席邓华明，副主席古明水、李兴明、张平富、张宏琳等带头登台演唱。整台节目由县政协有关人员策划、编导、主持，部分节目由县政协委员创作、演唱。节目不求精彩但求精神，不求奢华但求实效，不求专业但求专注。整场演唱会热情讴歌了伟大的中国共产党、伟大的祖国、伟大的社会主义、伟大的改革开放和伟大的人民群众，全方位地展示了全县政协委员及政协各参加单位的昂扬斗志和精神风貌。

县委、县人大、县政府领导，县级各部门和各镇主要负责人，各民主党派、工商联和社会各界人士代表，退休老同志，驻罗江的省、市政协委员，第二届县政协委员共300多人观看了演出。

县委书记、县人大常委会主任卢也出席演唱会并致辞。他说：人民政协六十载风雨征程，在巩固新生的人民政权，恢复和发展我国国民经济，促进社会主义革命、建设和改革开放，推进社会主义民主政治建设，巩固和发展爱国统一战线，促进祖国和平统一，推动构建和谐社会等方面作出了重大贡献。当前，我县正处于“两个加快”（加快建设灾后美好新家园、加快建设西部经济发展高地）的关键时期，保增长、保民生、保稳定的任务十分艰巨，推进科学发展任重道远，县政协要继承和发扬人民政协的优良传统，提供长期积累的宝贵经验，高举社会主义和爱国主义两面旗帜，牢牢把握团结和民主两大主题，围绕中心，服务大局，切实履行“政治协商、民主监督、参政议政”职能，充分发挥协调关系、汇聚力量、建言献策、服务大局的重要作用，在促进我县经济和社会事业又好又快发展中再立新功。要继续坚持“长期共存，互相监督，肝胆相照，荣辱与共”的方针，积极构建“党委重视、政府支持、政协主动、各方配合”的工作格局，大力支持各民主党派、无党派人士、各人民团体、工商联参政议政、建言献策，为促进科学发展、推进“两个加快”、建设“中国·罗江幸福家园”做出新的更大贡献。

演唱会结束后，县政协举行庆祝中华人民共和国和人民政协成立60周年招待会。邓华明在招待会上致辞。他代表县政协向关心和支持政协工作的县委、县人大、县政府及各级各部门领导，向致力于多党合作事业的各民主党派、社会各界人士，向为推进人民政协事业做出重要贡献的广大政协委员、政协工作者及退休老同志，向参加演唱会的全体演职人员和新闻媒体记者表示衷心感谢。他说：刚刚结束的演唱会，用洪亮的歌声歌颂了伟大的党、伟大的祖国、伟大的社会主义、伟大的改革开放、伟大的人民，用真心和激情向新中国和人民政协成立60年华诞献礼。历史的使命昭示着我们砥砺奋进，全域建设“中国·罗江幸福家园”责任在肩，让我们在中共罗江县委的领导下，风雨同舟、肝胆相照，围绕中心、服务大局，为建设幸福美好家园继续前行。

9月21日，县政协对这台演唱会成绩突出的编导、创作及演唱人员进行了通报表彰，其中赖安海获编导奖，周贵绵获艺术策划奖，李蕾（女）、肖勇获节目主持奖，穆志英（女）、唐琪（女）、王金凤（女）、何梅（女）获领唱奖，高翔获舞美设计奖，张明义获音乐编辑奖，蓝珣获演唱指挥奖，冯小平获诗歌创作奖，洪善斌、杨万嘉获书画作品奖，曲睿（女）获伴乐奖。

罗江县庆祝人民政协成立60周年演唱会节目单

一、齐　唱：《中华人民共和国国歌》（田汉词　聂耳曲）
　　演　唱：县政协机关　县政协联谊委　县政协提案委　县委统战部　县工商业联合会　全体来宾
　　指　挥：张明义

二、诗朗诵：《七律·人民解放军占领南京》（作者　毛泽东）　《肝胆相照60年》（作者　冯小平）
　　朗　诵：刘晓彪　冯小平

三、合　唱：《没有共产党就没有新中国》（曹义星词曲）　《社会主义好》（希杨词　李焕之曲）　《团结就是力量》（牧虹词　卢肃曲）
　　演　唱：县政协机关　县政协联谊委　县政协提案委　县委统战部　县工商业联合会
　　指　挥：张明义

四、诗朗诵：《三十年中国（节选）》（作者　梁平）
　　朗　诵：李颖

五、合　唱：《在希望的田野上》（晓光词　施光南曲）　《走进新时代》（蒋开儒词

印青曲）　《让党旗更鲜艳》

演　唱：县政协文史学习委　社法委　农业委　教文卫委　经科委　民建罗江支部

指　挥：蓝　珣

六、诗朗诵：《有一个强大的祖国》

朗　诵：蒋寿军

七、合　唱：《真诚的友爱》《重建美好家园》（卢也词　周贵绵曲）　《祝福祖国》（清风词　孟庆云曲）　《爱我中华》（乔羽词　徐沛东曲）

演　唱：宗教界合唱团　农工党罗江支部

领　唱：朱　平

指　挥：蓝　珣

八、音诗书画：《梦仙游·罗江月韵》（赖安海词　周贵绵曲）

演　唱：蓝　珣

配　器：古筝/曲睿　洞箫/张欢

书　法：杨万嘉　洪善斌

九、齐　唱：《歌唱祖国》（王华词曲）

演　唱：全体与会人员

三　庆祝人民政协成立65周年文艺演出

为庆祝人民政协成立65周年，歌颂中国共产党领导的多党合作和政治协商制度，展示新时期人民政协良好精神风貌，深入践行党的群众路线，丰富人民群众精神文化生活。经县委同意，县政协决定举办“共筑中国梦　建设新罗江——庆祝人民政协成立65周年”主题文艺演出。

2014年8月1日，县政协成立庆祝人民政协成立65周年演出活动领导小组。县政协党组书记、主席白光裕任组长；县政协党组副书记、副主席兼县委统战部部长古明水，副主席张平富，县政协党组副书记、副主席陈志光，副主席高晓梅，党组成员、秘书长陈金平，县政协社法委主任刘晓彪任副组长；党组成员、办公室主任曾传聪，县政协联谊委主任钟晶会、经科委主任唐英、教文卫委主任周继兴、农业委主任俞斌、提案委主任柯贤良；县委统战部副部长、县政协副秘书长高君，副秘书长邱朝蓉任成员。并成立文艺演出活动办公室和节目演出、文秘宣传、安全保障、后勤保障四个组以具体筹办演出活动。县政协决定将此次活动纳入各委室组年终考核，并记入委员“五个一”（每位委员每年至少提一件提案、参加一次调研视察活动、提出一个合理化工作建议、反映一条社情民意、为贫困弱势群体献一份爱心）活动档案。

9月24日晚，“共筑中国梦　建设新罗江——庆祝人民政协成立65周年”文艺晚会在潺亭水城古戏台举行，驻罗江的省、市政协委员，第四届县政协委员，县政协机关工作人员观看文艺晚会；应邀出席活动的市政协副主席巫建平，县委书记徐光勇、县人大常委会主任唐华清、县政府县长曾长江、县政协主席白光裕及县四大班子在罗江的其他领导，县人民武装部政委、县人民法院院长、县人民检察院检察长，县级各部门、各镇党政主要负责人、部分企事业单位负责人，部分村（社区）负责人、社会各界人士代表出席。县政协委员，政协参加单位及各民主党派、工商联等单位干部职工参加演出。整台演出分三个章节、历时105分钟，以合唱、独唱、表演唱、舞蹈、小品和戏曲等形式为主，回顾人民政协六十五年的光辉历程，展现新时期人民政协的精神风貌。

县委书记徐光勇在文艺晚会演出前讲话。指出：人民政协为新中国的成立，为祖国的建设和发展发挥了重要而独特的作用，做出了重大贡献。罗江复县以来，县政协在中共罗江县委领导下，以邓小平理论、“三个代表”重要思想和科学发展观为指导，突出团结和民主两大主题，紧紧围绕全县工作大局，认真履行“政治协商、民主监督、参政议政”职能，各项工作成效显著，自身建设不断加强，人民政协事业健康发展，为全县政治、经济、文化、社会和谐建设发挥了重要作用，做出了重大贡献。他还说：当前，罗江县正处于全面建成小康社会的关键时期，促增长、促发展、保稳定的任务十分艰巨，“推进二次创业，再造一个罗江”任重道远。县政协要继承和发扬人民政协的优良传统和宝贵经验，高举社会主义和爱国主义两面旗帜，牢牢把握团结和民主两大主题，围绕中心、服务大局，切实行使“政治协商、民主监督、参政议政”职能，充分发挥协调关系、汇聚力量、建言献策、服务大局的重要作用，在助推建设美丽幸福新罗江的征程中再立新功。

县政协主席白光裕致辞。他代表县政协向全县25万人民表示问候，向出席文艺晚会的各位领导、来宾表示欢迎。他说：人民政协伴随着共和国成长，走过了坚实的六十五周年，成为最广泛的爱国统一战线组织，成为中国共产党领导的多党合作和政治协商机构，成为国家政治生活中发扬社会主义民主的重要形式，在政治、经济、文化与社会生活中做出了不可磨灭的贡献。县政协成立十八周年来，在县委领导、县人大关心、县政府支持下，在全县各界人士配合下，动员、组织和团结政协委员和政协各参加单位，围绕中心、服务大局，认真履行“政治协商、民主监督、参政议政”职能，为“推进二次创业、再造一个罗江”做出了积极贡献。

罗江县庆祝人民政协成立65周年文艺晚会节目单

一、大合唱《跟着共产党走》（沙洪词　王久鸣曲）　《奋进罗江》（赖安海词　蓝珣曲）

　　演　唱：罗江县政协合唱团

　　指　挥：蓝　珣

二、舞　蹈《仓央嘉措》

　　送选单位：县政协经科委

　　表　演：龚元钊蒋晓兰等

三、配乐诗朗诵《这个金秋》（作者　宋光明）

　　选送单位：县文化体育广播电视新闻出版局

朗　诵：肖　勇　龚　萍等

四、男女声二重唱《节日欢歌》（贺东久词　印青曲）

选送单位：县政协提案委

演　唱：何正军　周仕佳

五、方言小品《误会》（作者　龙敦仁）

选送单位：县政协农业委

表　演：唐久荣　范华秀　谢洪梅

六、舞　蹈《秋的收获》

选送单位：县政协教文卫委

表　演：刘　丽　刘莉萍等

七、女声独唱《万山之巅》（何沐阳词曲）

选送单位：县政协文史委

演　唱：李　琳

八、大合唱《感恩》

选送单位：县委统战部、县民族宗教管理局

演　唱：开东法师、木子曼女士等

指　挥：蓝　珣

九、舞　蹈《心中那支温柔的荷》

选送单位：农工民主党罗江支部

表　演：农工民主党罗江支部成员

十、女声组合《桃花谣》（贺东久　李峰词　印青曲）

选送单位：民建罗江支部

演　唱：米　娅　杨红梅　等

十一、舞　蹈《喜夸罗江新面貌》

选送单位：县工商业联合会

表　演：陈光颐　杨红梅　等

十二、男声独唱《中国梦》（周贵绵曲）

选送单位：县政协联谊委

演　唱：王　建

伴　舞：杨　璋　李　超等

十三、大合唱《鸿雁》（吕燕卫词　张宏光曲）　《祝福祖国》（清风词　孟庆云作曲）

选送单位：县政协社法委

演　唱：刘晓彪　廖　克等

指　挥：刘青林

第三节 扶贫帮困办实事

1997年2月，政协罗江县委员会成立。县政协机关及全体政协委员，在认真履行“政治协商、民主监督、参政议政”主要职能的同时，关注社会发展，重视社会服务。县政协第一届一次全体会议期间，正值县委组织实施“凯江工程”建设，全体委员慷慨解囊，向该工程捐款1.1万元。县政协文化教育卫生委员会在“六一”国际儿童节前夕，放弃星期日休假，在县城设点为少年儿童义诊义检。年内，县政协机关和政协委员积极热情助残济困，送温暖、献爱心，捐款捐物；到所联系的乡镇、村组和企业，为基层和企业出谋划策，排忧解难。

1998年，县政协按照县委确立的“夯实一个基础（粮油生产），壮大两个支柱（多种经营、工业经济），抓住三项重点（骨干企业、旅游商贸、以县城为中心的基础设施建设），着力四个突破（农业产业化、非公有制经济、招商引资、创名优产品），努力实现全县经济健康协调发展，促进城乡共同繁荣”经济发展路子，努力从多方面、多层次、多渠道、多形式为建设富裕文明秀丽的新罗江做出新贡献。1月26—28日县政协二次全体会议期间，113名委员和与会者为“罗江县教育基金”捐款5500余元。入夏，长江中下游、嫩江、松花江流域相继发生特大洪灾。8月12日，县政协率先印发《关于组织政协委员和各界人士向灾区捐钱捐物支援抗洪斗争的通知》。两天内，县政协办公室收到现金2950元、物资35件转交县民政局。年内，县政协委员多形式帮扶小康建设、支持农业产业结构调整，送温暖献爱心。据统计，除捐物外，捐款达3万余元。各委组和委员们积极参加各类科普咨询和社会服务，深入基层出谋划策、排忧解难，受到领导和各界群众好评。

1999年，全县清理整顿农村合作基金会，县政协密切配合，献计献策，在理顺情绪、化解矛盾、维护稳定等方面，做了大量扎实工作。年内，大力捐助“安身工程”，到基层传授科普知识，为边远乡镇病患者送医送药。充分发挥委员专长和优势，热心服务社会。

2000年2月16日春节后上班第一天，县政协副主席刘成国、秘书长张明义即根据县委统一安排，到鄢家中学落实帮扶贫困学生事宜。5月26日，县政协主席会议成员率县政协办及县林业、国土、文体、卫生等5部门主要负责人到白马关乡，送去干部职工捐集的抗旱款6800元。11月24日，县政协机关干部职工与党群口各部门干部职工到大井镇白土村，为当地村民挖掘旱地微型蓄水池一口。12月6日，县政协办牵头，组织县委统战部、县教育委员会、县文化体育局、县科学技术委员会等部门为万安乡修建微型蓄水池送去捐款7000元。年内，县政协农业经济委员会和县级有关部门相配合，发挥委员专长，开展农业科普知识培训51期6100余人次，印发科普宣传资料万余册；县政协法制群团委员会组织委员到万安、蟠龙等乡镇，针对村级财务管理等问题进行调查与指导，提出意见建议；县政协文教卫委组织委员到县内6所中小学校开展未成年人“两法”（《中华人民共和国未成年人保护法》《中华人民共和国预防未成年人犯罪法》）宣传与咨询，利用“三八”“五一”“六一”“十一”等节假日上街摆摊设点，开展义诊义检；到略坪、鄢家、蟠龙等镇开展卫生下乡活动，宣传卫生保健知识。全年为群众义诊义检488人次、卫生咨询760人次、发放宣传资料2200余份。

2001年，境内先后发生干旱、洪涝灾害，政协委员心系灾区、牵挂着人民群众的安危冷暖。县政协领导身先士卒，在关键时刻多次到受灾乡镇、企业、农户家中和抢险救灾现场，慰问群众，稳定人心，指导和参与排除险情及抗灾自救工作。政协委员们活跃在抢险救灾、生产自救第一线，出力献策，捐款捐物，其中县政协机关干部职工捐款2570元，捐物20余件。是年，县政协领导为白马关镇三叉河村、文星镇酒垭村等地的贫困党员、贫困农户、残疾人捐钱捐物，送去仔禽和化肥农药，为新盛、白马关镇特困学生资助学杂费。县政协文教卫委开展为民服务活动，在多个节假日下乡摆摊设点，到敬老院等地送医送药，全年义诊义检1046人次，卫生咨询2250人次，发放宣传资料2770份。县政协农业委组织委员开展畜牧、果蔬、蚕桑、农机、国土、水利、粮油生产和收储等技术培训与咨询工作。县政协法群委开展"送法下乡""法制宣传一条街"等活动。县政协提案委员会等积极参与科普知识宣传与咨询服务等活动。

2002年，县政协继续关注社会发展，重视社会服务，坚持帮贫扶困助学。1月18日，罗江县"三国蜀汉文化旅游区"建设捐款仪式在白马关凤雏广场举行，县政协机关全体干部职工参加，分别捐款600元、300元、200元不等。3月8日，县政协机关干部参加"公民道德宣传一条街"活动。6月1日，县政协领导到广富镇（2006年4月并入略坪镇）小学祝贺儿童节日，送去慰问品。6月27日，县政协主席会议成员率县级相关部门负责人到白马关镇三叉河村二组、八组黄贵明、邹昌琼两户贫困户家中走访慰问，送去仔猪和木床，并现场决定为黄贵明家安装照明线路，10日内落实。9月16日，县政协秘书长张明义率县政协办、县民政局、县财政局有关负责人为蟠龙镇贫困大学生肖杰文送去帮扶款2000元。

2003年，县政协机关科级以上干部为困难群众、弱势群众捐款4350元，捐物价值1800余元。组织动员委员捐钱捐物支持防治非典型性肺炎工作。县政协牵头协调县级有关部门，为文星镇计划生育"三结合"（把计划生育工作与发展社会主义市场经济相结合、与群众勤劳致富奔小康相结合、与建设文明幸福家庭相结合）工作、万安镇奎星阁社区阵地设施建设及资助贫困大学生募集资金3.1万元。是年，县政协派出一名驻会副主席参与地方维护稳定工作。

2004年，完成"七个一"（搞好一个规划、引进一个项目、培植一个专业合作社、打造一个低碳节能的示范社区、培养一个特别能战斗的坚强堡垒、为社区办一件事实、做好一次调研）和"三个一"（突出开展好一系列的视察调研、开展好一系列的专题协商、掀起为群众办一系列实事好事的热潮）联系任务；为贫困学生、贫困群众捐款3000多元，为金山镇计划生育"三结合"工作、万安镇奎星阁社区阵地设施建设等捐助资金1.37万元。

2005年，结合开展"七个一""三个一"对口联系帮扶活动，牵头组织县级有关部门为联系乡镇、社区和困难群众捐款捐物3万多元。春节前，县政协文艺界委员在县文体局、县美术书法摄影家协会配合下，开展文化下乡活动，为村民书写春联2000余副。组织联系社区的县级部门为万安镇奎星阁社区捐赠衣物800余件、图书100余册、资金3600元。县政协一名驻会副主席专门参加全县维稳工作。政协机关及各专委会认真做好群众来信来访工作，办理接待来信来访30余件（次）。

2006年，县政协组织县文体局、财政局、人口计生局和中国移动罗江分公司为调元镇（2006年4月改文星镇为调元镇）“状元节”捐助资金4000元。县政协副主席张平富率8名医卫界委员到新盛镇德安场（2006年4月德安镇所属行政区域划归新盛镇）送医卫下乡，为群众义诊义检300余人次，发放宣传资料千余份。是年，县政协为联系的乡镇、社区和个人捐助和协调资金8000元；全年办理接待群众来信来访30余件（次）。

2007年，积极开展“富民惠民、改善民生”行动。在县政协第三届一次全体会议上，委员们为县慈善会捐款11965元。年内，县政协委员为敬老院、贫困群众捐助钱物计1.3万元；文化、卫生下乡为村民写春联1600余副、义诊义检100余人次；组织有关单位落实各类帮扶资金2万余元；配合德阳市政协、市委宣传部、调元镇举办德阳市第三届百名政协委员“三下乡”（文化、科技、卫生）活动，为当地群众赠送种子1800袋；义诊义检730余人次，送药品价值5000元，医治白内障病人10例；演出文艺节目等。年内，办理接待群众来信来访30余件（次）。

2008年5月12日地震，灾情发生后，县政协主席会议成员率机关干部分赴金山、调元、略坪镇和部分医院、企业、宗教场所等察看灾情、安抚人心、指导救灾。并及时通过德阳市政协反映罗江灾情争取援助，获得首批急需的食品、帐篷，为抢险救灾提供有力支持。发扬“一方有难，八方支援”“团结友爱，共渡难关”精神，踊跃为灾区捐款捐物，主动参与自愿服务。据统计，全县政协委员、县政协机关工作人员、退休职工捐款共计143万元、捐物价值141万元支持受灾群众。政协各参加单位也纷纷捐款捐物，组织各种志愿服务队参与抢险救灾。

2009年，县政协继续开展“富民惠民、改善民生”活动。邀请和协助四川省政协书画院在金山镇开展送文化献爱心活动；继续做好联镇帮村助组和社区工作，为调元镇、万安镇麓峰社区等捐助资金3万多元，为万安镇朝圣、翰林、奎星阁等8个社区赠送文史资料、科普读物等1600册，演出文艺节目，开展科技、卫生、法律咨询服务，送种子、农药及书籍等价值5万余元。县政协机关干部向因“莫拉克”台风受灾的台湾同胞捐助人民币3900元。充分发挥政协联系广泛、包容性强、反映社情民意渠道畅通的优势，切实做好来信来访工作，认真倾听群众诉求，耐心解释相关政策，疏导群众情绪，全年共办理接待来信来访20件（次）。

2010年，县政协继续弘扬团结和民主两大主题，坚持以为民办事、助推民富和善解民意而服务和谐社会建设。主动为青海省玉树、舟曲地震及四川省绵竹清平泥石流灾区群众捐款12.7万元，其中县政协委员、德阳市三三商贸有限责任公司董事长申庆学捐款3万元；积极参加义务植树活动，捐款打造“和谐林”0.67公顷；送文化下乡，为4所学校赠送《罗江文史资料》等1000多册，为调元镇群众义务书写春联400余副，赠送图书500余册。贯彻落实县委开展的“领导挂点、部门包村、干部帮户”（简称“挂包帮”）活动要求，县政协驻会领导、各委室主任坚持到联系的镇、村组和农户家中，了解民意，宣传政策，调查研究，指导发展，尽其所能帮助引进项目及资金技术，助推社会主义新农村建设。全年办理接待来信来访24件（次）。

2011年，开展迎新春送文化、送医疗下乡活动，为慧觉镇群众义务书写春联500余副，赠送图书、科普读物、宣传资料2000余册，义诊义检150余人次，发放药品价值1000余元。全年办理接待来信来访41件（次）。

2012年，县政协继续组织委员开展“三下乡”活动，为群众科普知识咨询500余人次，义诊义检300余人次，义务书写春联500余副。组织县级相关部门到慧觉、新盛、调元等镇开展帮扶5次，召开座谈会、协调会10次，协调帮扶资金55万余元。为46户贫困户、贫困党员、残疾人送种苗、肥料折价及慰问金共4万余元。企业界委员参与捐资助学、扶贫济困、修桥补路等公益事业捐款捐物折价20余万元。

2013年，县政协高度重视“领导挂点、部门包村、干部帮户”“走基层、解难题、办实事、惠民生”“直接联系服务群众”等活动。组织县级相关部门到慧觉、新盛、调元等镇和万安镇麓峰社区开展帮扶专题调研13次，召开座谈会、协调会11次，协调扶贫资金60余万元，协助落实项目4个，为贫困户、贫困党员、残疾人送化肥、农药等农用物资折价5000元，送慰问金2.6万元。引导民营企业继续开展“百企联百村帮千户”活动，支援“4·20”四川省雅安市芦山县抗震救灾工作，扶贫济困，助学励志等，捐物折价及捐款共23万元。组织姚敏荣等企业界委员到金山镇敬老院和县救助中心开展慰问活动，为老人、儿童发放慰问品折价及慰问金共1.4万元。组织政协委员和政协参加单位开展“三下乡”活动，义诊义检400余人次，义务书写春联500余副。联合县关心下一代工作委员会组织17名本土书画爱好者开展“关爱青少年，我们在行动”书画慈善义捐活动。筹集“明天工程”（资助优秀贫困学生和残疾儿童）关爱基金4.7万元。全年办理接待来信来访31件（次）。

2014年，县政协组织开展“走基层，深入基层、深入群众、了解群众生产生活新情况、新变化”“双联双帮”（单位联村或居委会或社区，帮助强班子促发展；干部联户，帮助办实事解难题）“社区双报到（县级机关党组织到所在地社区报到，实行共驻共建；在职党员到居住地社区报到，组织党员开展志愿服务）”“银龄守护（指组织党员干部深入社区为空巢、残疾、贫困、孤寡、失能老年人提供志愿服务）”“三下乡”等活动，努力为基层组织和群众排忧解难。县政协主席会议成员坚持经常到联系的镇、村、社区、企业调查研究，帮助其解决实际问题。协调相关县级部门帮助村组解决道路建设、塘堰整治、提灌设施改造、果树技改等问题15个。走访察看重点企业21次，协助企业解决问题7个。协调资金2.3万元，支持万安镇麓峰社区养老日间照料中心和社区阵地设施建设。协调资金3万元为慧觉镇富荣村特困户康太富进行土坯危房改造。走访慰问困难群众、贫困党员、贫困学生80余人次，发放慰问品折价及慰问金共6万余元。组织开展部分政协委员联系帮扶困难群众活动，首轮以工商界为主体的65名政协委员与96户（名）困难群众结对帮扶。“三下乡”活动为群众义诊义检500余人次，义务书写春联600余副，科普咨询600余人次。全年接待群众来访30余批、110余人次，办理群众来信13件。

2015年，县政协按照县委统一部署，组织全体委员参与“脱贫帮扶、组织结对帮扶、干部驻村帮扶、结对认亲帮扶”活动，扎实开展精准扶贫工作。县政协主席会议成员以上率下，深入所联系指导的贫困村、贫困户调查研究，宣讲扶贫政策，协助制订脱贫攻坚规划、精准扶贫到户计划。帮助解决村（社区）阵地设施建设、道路建设、塘堰整治、提灌设施改造、产业发展等实际问题47个，落实帮扶项目7个，协调相关部门解决帮扶资金90余万元。在委员中广泛开展“我为扶贫攻坚做件事”“深化部分政协委员联系帮扶困难群众”等活动，共联系帮扶103户，协调落实帮扶资金120余万元，其中农业界杨刚等3名委员结合自身工作，深入灌区了解到慧觉镇明月村高庙支渠年久失修，群众用水困难，随即向都江堰管理局汇报，争取到水利基础设施扶贫项目，并于2016年完成；经济界姚敏荣委员为慧觉镇富荣村特困户付大金土坯危房改造捐助2万元。年内，政协委员慰问困难群众、贫困党员、贫困学生等90余人次，发放慰问金及物资等折价7万余元。县政协扶贫工作得到四川省政协肯定，刊发罗江县政协《我为扶贫攻坚做件事》等简讯5条。

2016年，县政协继续在委员中开展“我为扶贫攻坚做件事”和深化委员联系帮扶困难群众活动。据统计，全年共帮助各类困难群众574户，帮扶资金达46.335万元，其中，帮扶贫困户171户，资金18.745万元；帮扶贫困党员30户，资金5.58万元；资助贫困学生72人，资金5.22万元；帮扶贫困职工51人，资金11.36万元；慰问各类人员190人次，送去慰问金及物品折资5.43万元。在“我为扶贫攻坚做件事”及办好事办实事活动中，主席会议成员率先垂范，身体力行，主席白光裕多次深入所联系的慧觉镇7户贫困户家中，宣讲扶贫政策，商量脱贫措施，帮扶龙王村、明月村协调落实产业扶贫项目，为贫困户送去价值4000元的鸡苗、饲料，为贫困学生送去助学金2000元。主席会议其他成员紧密结合各自分管工作，深入基层和群众，协调解决疑难问题，做好事办实事，为委员做表率。委员张社林出资1.6万元，帮助蟠龙镇太和村李才宏发展养殖业；委员施胜带领单位职工，出资7万元为调元镇红安村村委会购置电脑和打印设备，硬化活动场地，安装体育活动设施和防护栏，为村组道路铺垫碎石5公里；委员李克俭出资1.95万元，帮助金山镇新塘村赖伯庭等3户贫困户增收；委员陈勇采用产业扶持和增加就业等措施帮助新盛镇土城村唐章汉等7户贫困户脱贫；委员陈玫奇多方奔走，筹集社会资金5万余元，为新盛镇龙形村等50名留守儿童建立星级留守儿童之家，新建沟渠200米解决10户贫困户生产用水问题；委员徐虎啸带领单位职工利用各种资源，出资4.5万元对金山镇五埝村等6个村予以帮扶，为白血病患者邓雨梅募集爱心资金3000余元，协调争取项目在全县建设电商便民服务站86个；张英委员出资2万余元为帮扶对象申庆富解决治病手术费用，并解决其长期就业。年内，委员们立足实际，采取出资、出力、出智等多种形式，全面参与扶贫攻坚做好事实事活动，参与率达100%。县政协系统扶贫帮困工作得到省、市政协的充分肯定。

第四节　抗震救灾

2008年5月12日14时28分，四川省阿坝藏族羌族自治州汶川县发生特大地震，震级达里氏8.0级，最大烈度Ⅺ（11度），涉及四川、甘肃等10省（自治区、直辖市），灾区面积达50万平方千米，受灾群众4600余万人，造成69227名同胞遇难、17923余名同胞失踪。直接经济损失8400余亿元。罗江县距震中汶川县映秀镇直线距离89千米，震感强烈，造成重大人员伤亡和财产损失。全县10个镇20.3万人受灾，人员伤亡328人（其中死亡23人），倒塌房屋8.3万间，造成危房33.8万间；43所中小学幼儿园、518千米道路、74座桥梁、36座水库、981口埝塘水池、9030口农用沼气池、116处渠系和814处提灌设施，以及水、电、气、通信、广播电视等设施严重受损；307户中小型企业的1.8万间厂房、18902台（套）机器设备等受损。“5·12”汶川特大地震给罗江县造成直接经济损失116.33亿元。中国地震局专家多次到罗江考察，认定地震在县域的破坏烈度为Ⅶ～Ⅷ（7～8）度，国务院公布罗江县为重灾县。

灾情发生后，县政协按照县委、县政府统一部署，上下同心，众志成城，把抗震救灾作为最紧迫任务，一切服从、服务于抗震救灾。县政协机关干部职工自地震发生后至6月13日期间，取消周六、周日休息，全力投入抗震救灾工作。其具体措施是：

（一）反应迅速，行动到位

第一时间了解灾情，指导抗震救灾工作。5月12日15时，在县抗震救灾临时指挥部的统一指挥下，县政协主席邓华明，副主席肖宗军、古明水分赴灾情最重的金山、调元、略坪镇，传达指挥部的抗震救灾意见，察看灾情，了解情况，指导抢险救人。随即又先后率领有关人员，到四川省玻纤集团有限公司、四川省金路树脂有限公司、各宗教活动场所、部分非公有制企业及中小学校了解灾情，安抚人心。县政协副主席张平富及时组织所在县人民医院医护人员和住院病人安全转移，并开展抢救地震受伤人员救治工作。

及时召开县政协机关干部职工会议，安排部署抗震救灾工作。要求机关人员坚守工作岗位，服从大局，听从指挥，认真履行职责，为抗震救灾做贡献。印发《政协罗江县委员会关于积极参与抗震救灾工作的意见》，要求政协各参加单位、全体政协委员及社会各界人士，树立大局意识，积极投入抗震救灾工作，向受灾群众施援手、献爱心、送温暖，为取得抗震救灾胜利和灾后恢复重建献计出力。坚持向县抗震救灾指挥部和德阳市政协日报制度，及时报送抗震救灾工作信息。主动争取到市政协协调送来全县首批救灾物资，特别是为县人民医院送来抢救伤员急需的帐篷。

（二）团结互助，奉献爱心

地震发生后，县政协机关干部职工、全体政协委员及社会各界人士，发扬“一方有难，八方支援”精神，积极奉献爱心。

县政协主席会议成员带头向县慈善会捐款、缴纳“特殊党费”。县政协老领导洪善斌及其他退休干部职工闻讯主动捐款，县政协机关干部职工共捐款5750元，缴纳“特殊党费”3100元。县政协及时与极重灾区绵竹、什邡市联系，送去纯净水、食品等物资，向受灾群众表示慰问。

县政协委员慷慨解囊，为灾区捐款捐物，主动开展志愿服务。企业界政协委员在自身遭灾的情况下，不忘社会责任，主动支援其他受灾群众，其中县政协委员、帛汉电子公司董事长潘咏民专程从广州乘飞机赶回德阳，捐款20万元；县政协常委、德阳乐明食品有限公司董事长张社林向县红十字会捐赠床上用品50套价值5000余元，购买1000余元食品慰问在县中医医院接受救治的受灾群众；县政协委员、伯康机械有限公司总经理吴伯康捐款25万元、捐物价值4万元；县政协委员郑凤捐款6万元、焦在群捐款6万元、申庆学捐款捐物5万元、曾菊田捐款3.47万元、唐宗甫捐款2万元、苏银刚捐款1.1万元、雷金元捐款1万元，驻县的市政协委员谢明捐款捐物1.26万元等。据统计，全县政协委员和政协工作者捐款达143万元，捐物价值41万元。

罗江县社会各界人士在半月内捐款捐物达96.3万元，其中佛教界人士24万元，非公有制企业人士57.43万元及捐物价值10420元，县个体私营协会会员捐款3.5万元及食品等173件，民主党派组织及县民族宗教事务管理局干部职工捐款万余元。

地震发生后第四天，县政协副主席古明水率县委统战部、县民宗局干部唐英、郑德荣、周建绵、诸毅等为绵竹市委统战部、民宗局送去搭建帐篷所需的塑料布及生活用品，以解燃眉之急。

（三）帮村助组，服务“三农”

地震发生后，适逢农村“双抢”（抢收、抢种）时节，根据县委安排，县政协联系调元、略坪、慧觉镇。县政协协调、组织县级相关部门，深入村组，召开“双抢”工作动员会，了解、解决农民群众抢收、抢种中的困难和问题。组织机关干部职工协助缺劳户抢收抢种，协调解决栽插中的种苗调剂及用水矛盾，帮助解决农机器具维修、更换等，确保“双枪”工作顺利进行。

（四）立足本职、积极参与

县政协领导及各委室负责人履职尽责，努力推进各项工作。地震发生后，县政协领导坚持24小时带班值班，机关干部职工出全勤，自5月12日至6月末，全体干部职工放弃双休日休假，坚守工作岗位。县政协办公室报送《抗震救灾工作信息》《社情民意》《政协简报》30多期。县政协及时调整常委会议、主席会议议题和专题调研、视察课题，以便使政协工作更好地服从、服务于抗震救灾大局。及时召开抗震救灾专题会议，听取和协商全县开展抗震救灾工作情况，提出切实可行的意见和建议。支持和鼓励政协委员、社会各界代表人士建言献策，为抗震救灾出力。

支持、鼓励政协委员履行民主监督职能，推荐两名政协委员担任德阳市抗震救灾工作社会监督员，1名专委会主任担任特邀审计监督员。

切实做好参政议政，积极反映社情民意，及时开展专题调研。政协委员围绕抗震救灾工作提出了《关于尽快对全县公共设施建筑进行灾后鉴定、评估的建议》《加强对使用地震帐篷的指导》《关于加强抗震救灾档案工作的建议》等社情民意，促进了抗震救灾工作的开展。驻会副主席组织专委会主任，及时启动灾后工业生产恢复和发展、农村卫生事业发展、水利设施恢复建设情况的专题调研，为灾后恢复重建提供决策参考。

各界别政协委员、政协各参加单位发挥各自优势，以实实在在的成绩支援抗震救灾工作。

政法系统和医卫战线的政协委员，舍小家顾大家，克服重重困难，奋战在抗震救灾第一线。县政协常委、县中医医院副院长杨中俊在灾情发生的第一时间赶到金山镇卫生院救治伤员，又率医疗队赶赴极重灾区绵竹市，冒着余震、滑坡、山崩等危险，顶着暴雨，徒步到达绵竹市最西北端的金花镇龙宝坪，在通讯中断、缺水缺食品药品等艰难条件下，与队友、部队官兵、当地干部群众等一道，解救出 80 多名受困群众。县政协副主席、县人民医院院长张平富在地震发生后及时启动《灾害事故防范及应急处置预案》，组织人力物力，及时转移病员，开展伤病员救治。

教育系统的政协委员，在灾害来临时，组织疏散学生，抢搬学生学习用品，及时组织学生复课。

县群团部门，组织政协委员和青年志愿者、巾帼志愿者参与抗震救灾。

宗教界政协委员发扬爱国爱教、慈悲济世的优良传统，为受灾群众捐款捐物计 24 万元。万佛寺方丈释觉行在本寺庙受损严重的情况下，捐款捐物 15 万元，组织僧众 60 余人分三批赶赴极重灾区绵竹、什邡市和绵阳市北川羌族自治县参与救援，运送物资、帮忙煮饭、细做心理疏导等，时间长达半个月。

（五）严守纪律，恪尽职守

抗震救灾期间，县政协严守纪律，一是按中共罗江县纪律检查委员会、罗江县监察局《关于进一步加强抗震救灾期间有关纪律的通知》要求，严守政治纪律，深入灾区开展群众工作。二是在县政协《关于积极参与抗震救灾工作的意见》中，要求政协各参加单位、全体政协委员、社会各界人士，要自觉遵纪守法，积极响应党中央号召，时刻保持与党中央高度一致。三是针对县政协机关干部，除在各次会议上强调严守纪律外，还制定抗震救灾期间的纪律，要求干部职工切实做到：不准散布违背政治纪律的言论；不准擅离工作岗位；不准接受基层部门的宴请；不准在工作时间玩电脑游戏和进行其他娱乐活动；不准接受任何形式的救灾物品。整个抗震救灾期间，政协系统无一例违纪违法案件发生。

第六章　文史资料工作

具有统一战线特色的文史资料工作，是人民政协工作的一个重要方面，在人民政协工作中占有特殊地位。1959 年 4 月 17—29 日，全国政协第三届一次全体会议在北京召开。会议闭幕后，当选全国政协主席周恩来在他特意为部分六十周岁以上的全国政协委员举行的茶话会上指出："政协在成立工作组时，其中要有收集历史资料的组。"是年 7 月，成立全国政协文史资料研究会（1988 年改为文史资料委员会）。此后，各地方人民政协相应成立文史资料委员会或文史资料委员小组，多措并举鼓励各界人士撰写回忆录和纪念文章。1960 年 1 月，第三届全国政协文史资料研究会编辑出版《文史资料选辑》第一辑。其《发刊词》提出："我们征集和编印稿件所要求的，是第一手的真实的历史资料，也就是作者根据他们的亲身经历和见闻所写的具有历史价值的资料。"这以后，人民政协文史资料工作者把"亲身经历和见闻"概括为"亲历、亲见、亲闻"，并被确立为文史资料征研编印工作的一条重要原则，简称"三亲"原则。1982 年 12 月 11 日，全国政协第五届五次全体会议审议通过，将文史资料工作写进了新修订的《中国人民政治协商会议章程》。从此，文史资料工作被列为人民政协工作的重要内容之一。

1997 年 2 月至 2016 年 12 月，第一至五届（截至县政协第五届一次全体会议闭幕后）县政协文史资料编辑委员会和文史学习委员会陆续征研、编印了以记本土典型的人和事为主要内容的《罗江文史资料》第一至十九辑，以及《首届罗江县政协》《罗江历代人物传略》《同舟纪实》《罗江文物集萃》《罗江宗教》《记忆罗江》等十余部史料专集，"匡史志之误、辅史学之证、补档案之缺"，在继承历史优秀文化遗产、弘扬社会主义核心价值观和充实人民群众的精神文化生活等方面具有广泛影响力，也有效地促进罗江县社会主义政治文明、物质文明、精神文明与和谐社会建设。

第一节　工作机构

一　文史学习委员会

1997 年 3 月 27 日，县政协第一届一次常委会会议议定设置包括文史资料委员会、学习委员会在内的 7 个专门委员会和金山等 3 个地区委员小组。县政协文史资料委员会的职责包括征集、编撰、审定、出版《罗江文史资料》。是年 12 月 30 日，县政协第一届五次常委会会议议定，将文史资料委员会与学习委员会合并为文史学习委员会，其职责包括征集、编撰、审定、出版《罗江文史资料》。至 2016 年年末，已历五届。

自 2006 年 12 月第三届县政协起，不再设置"县政协文史资料编辑委员会"及"县政协文史资料编辑委员会办公室"。县政协文史资料的征集研究、编辑出版工作职能由文史学习委员会在县政协常务委员会和主席会议领导下履行。

文史学习委员会成员职名一览表

表 6—1

届　次	职　务	姓　名
第一届	主　任 副主任 委　员 特　邀	张明义 赖安海　卢明富 刘良国　刘　军　周福贵　李　明　金剑锋 黄公石　张明笙　吕玉尊　陈文斗
第二届	主　任 副主任 委　员	王心祥 赖安海　高　君　张开升 曹传海　黄国燕（女）　金剑锋　释觉行　释隆宗（女）　刘祥永 张运锡　冯小平　王晓燕（女）　米祯东　张萃旭　郑燕平（女） 江大富　袁正萱（女）　贺　玫（女）
第三届	主　任 副主任 委　员	苏富贵 赖安海　曹传海　张萃旭 刘丽萍（女）　叶文雯（女）　袁正萱（女）　黄荣斌　代　丽（女） 周蓉萍（女）　冯小平　周贞籍　史小勇　谢秀学　叶　鹏　陈仕恩 段兴蓉（女）　米祯东　尹帮斌　曾传聪
第四届	主　任 副主任 委　员	周继兴　刘　军　范翠林 刘　军　张萃旭　罗通富　肖　勇 曾传聪　刘丽萍（女）　徐唐鑫科　史小勇　谢秀学　叶　鹏　陈仕恩 段兴蓉（女）　米祯东　陈昌华　黄荣斌　杨俊富　陈　俊　杨秦兵 宋光芬（女）

续表 6—1

届　次	职　务	姓　名
第五届	主　任 副主任 委　员	范翠林 肖　勇　廖小华　刘　蓉（女） 周义雄　赵　勇　段兴蓉（女）　唐久荣　许安辉　李　静（女） 周玉建　范华平　严代红　宋光芬（女）　许　珺（女）　龙绍英（女） 周　祜　叶青青（女）　贾婷婷（女）　王桂琼（女）　李世荣 刘圣建

说明：1. 表内第一届机构称名文史资料委员会，不包括学习委员会；

2. 第四届三任主任任职时间：周继兴 2011. 12—2014. 04，刘军 2014. 04，范翠林 2014. 11—2016. 12

二　文史资料编辑委员会

1997 年 6 月 16 日，为了加强对《罗江文史资料》编辑工作的领导、协调和扩大编撰文史资料队伍，县政协党组和主席会议决定成立“罗江县文史资料编辑委员会”，并设立“罗江县文史资料编辑委员会办公室”。文史资料委员会与文史资料编辑委员会办公室在文史资料编辑委员会领导下，开展文史资料征编工作。

罗江县文史资料编辑委员会及其工作机构编辑委员会办公室历时两届，自第三届县政协起不再设立。文史资料征编工作由文史学习委员会负责。

文史资料编辑委员会成员职名一览表

表 6—2

届　次	职　务	姓　名
第一届	编委会　主　任 副主任 委　员 编委办　主　任 副主任	何天云 刘成国　李兴明（女）　廖大礼　张明义　赖安海 卢明富　刘　军　刘良国　高　翔　李正源　何世俊　李代长　杨　勤 谢鹤龄　张明笙　刘康镛　郝绍仁　周朝良　黄公石　梁瘦萍 张明义 卢明富　刘　军　刘良国
第二届	编委会　主　任 副主任 委　员 编委办　主　任 副主任	邓华明 洪善斌　陈培建　曹传海　王心祥 赖安海　高　君　张开升　刘　军　张永才　薛建都　李建珠（女） 李世元　唐祖荣　刘良国　郑燕平（女）　张明义 王心祥 赖安海　高　君　张开升

第二节　文史资料征研编印

一　征集研究

（一）征集

自1997年2月政协第一届罗江县委员会成立，文史资料工作就纳入了县政协领导班子成员的重要议事日程。何天云、邓华明、白光裕、张胜虎等县政协主席会议成员自觉增强做好文史资料工作的使命感和责任感，在广大县政协委员中营造出关注和参与文史资料工作的良好氛围；通过向广大政协委员及统战人士征集“三亲”史料，敦请其交流历史经验和剖析历史教训，逐渐达成对基本历史事实的共识，既增进了彼此间的友谊，也最大限度地巩固了最广泛的统一战线和人民政协的共同政治基础；始终把史料的系统征集与实用性研究视为基础性工作，多形式、新角度和宽领域地广泛征集“三亲”史料；建立健全文史资料工作机制，文史资料编辑委员会或文史学习委员会适时召开征稿会、审稿会，对年度文史资料征集进行规划安排，对征集到的文史稿件组织人员研读、归类、整理和利用；文史资料内容涉及境内政治、经济、军事、宗教、社会和文化等诸多方面，注重把编印综合性文史资料集与出版专题性文史资料集结合起来，有计划地编印有史料价值、教育意义和体现政协特色的文史资料集；加强县政协文史工作队伍建设，创造条件展示委员们的“史德、史才、史学、史识”。

1998年4月9—12日，县政协文史资料委员会组织部分委员和编委会部分成员赴川内阆中、剑阁、梓潼等地学习考察。此后十余年间，县政协文史资料编辑委员会或文史学习委员会委员在县政协主席何天云、邓华明、白光裕等的带领下，多次到省内外学习交流。2015年9月16日，县政协主席白光裕率《罗江县政协志》编辑人员到遂宁市蓬溪县等地学习考察。

在文史史料征集的二十年中，历届县政协坚持对撰稿人“不扣帽子、不抓辫子、不打棍子”；对应征文史资料提出“求实存真，秉笔直书”“不夸大缩小、不溢美贬损、不杜撰歪曲，不因当前某种需要而刻意取舍”“不为亲者讳、不为长者讳、不为贤者讳”等，始终做到“征集无禁区，编辑有规矩，出版有纪律”，严格把好“政治关、史实关、文字关”，从而确保文史资料工作的有序持续开展。

附：

《罗江文史资料》（晚清至新中国成立前）选题征集纲目

一、主要历史事件及社团机构

1. 大事记　清宣统三年（1911 年）至 1959 年

2. 罗江旅省学会（《德阳回首录》　周亨达）

3. 忆在大革命浪潮中兴起的罗江“新派”（《德阳回首录》　米庆云）

4. 民国时期罗江县的派系斗争（《德阳回首录》　米贞海）

5. 中共地方党组织在国立六中四分校的活动（罗江中学　郑思远）

6. 罗江抗日救亡战地服务团始末

7. 罗江进步青年反贪官恶霸纪实（《德阳回首录》　王凌云）

8. 罗江四大家族

9. 民国时期罗江手工业

10. 民国时期罗江教育

11. 民国时期罗江农桑局

12. 民国时期罗江水利

13. 民国时期罗江交通、邮电、通讯、电力

14. 民国时期罗江县城

15. 民国时期的罗江剧团（蒋方谷“文玲剧团”、略坪新斋“杰英科社”、金山毛君五“金玉班”）、新中国成立后的“同乐”剧团。

16. 民国时期罗江保甲制度

17. 道德药堂

18. 民国时期罗江卫生院

19. 金山、大井红灯教起义

20. 鄢家“云峰诗社”

21. 罗江启明书局

22. 国民党政府在罗江的“禁政”

23. 国民党政府的货币

二、名人轶事

24. 多宝道人·林瑞峰

25. 刘继荣（中医）

26. 刘康燮（中医）

27. 黄松如（中医）

28. 何北衡（爱国实业家）

29. 孟本斋（成都工运领袖之一）

30. 叶茂林（四川著名学者）

31. 孔叔宛（教育界知名人士）
32. 谢曼秋（解放战争时期干部）
33. 严次笙（民国时期教育界知名人士）
34. 唐小年（新中国成立后罗江县副县长）
35. 蒋修伍（国民党三青团罗江县分团干事长、县党部书记）
36. 何露浓（“同心社”首领）
37. 兰藻善（罗江旅台知名人士）
38. 向次元（民国时期知名学者）

《罗江文史资料》（新中国成立后）选题征集纲目

一、政治方面

1. 罗江解放初期城市接管和政权建设。解放初期，罗江新生政权在困难、复杂情况下，没收官僚资本、平抑物价，统一财经政策；在建设民主政治，建立和巩固革命秩序，恢复和发展生产，保障人民生活；各条战线上新旧势力交替的斗争；主要县领导干部工作与生活等方面的史料。

2. 清匪、反霸，镇压反革命运动。解放初期清匪反霸，安定社会秩序，巩固人民政权的历史情况；残留县境内的反革命分子破坏活动的重大案件和对罪大恶极的反革命分子的镇压等方面的史料。

3. 取缔反动会道门及封建迷信组织的史料。

4. 社会各界支援抗美援朝纪实，抗美援朝大后方的史料，如爱国生产竞赛运动，增产节约运动，社会各界捐款捐物以及参军、参战、支前运动等。

5. 民主人士在反右派斗争中。“反右”斗争中有代表性的民主人士或知识分子的经历等。

6. 1959 年罗江撤县并入德阳县的历史。撤县原因、过程、事权划分等。

7. 社会主义教育运动。1962—1966 年的“社教”运动试点，农村的“小四清”、城市的“五反”运动，城乡“四清”运动始末。

8. 对“文化大革命”中一些重大事件和重要群众组织的参与者的回忆文章。

9. 知识青年上山下乡。知青中有代表性人物的经历，农村插队落户知青的情况。

10. “五七”干校。知名知识分子和主要领导干部在白马关“五七”干校的经历。

11. 平反冤假错案。县境内重大冤假错案的平反经过。

二、经济方面

1. 土地改革运动。1950—1953 年“土改”运动的全过程；农业生产的恢复和发展，政策制定，实施和甄别；各界人士参加“土改”的情况；“土改”工作队访贫问苦、扎根串连的情况。

2. 农业合作化运动。农业互助活动兴起、发展和偏向，合作化运动中的互助组，初、高级社的典型人和事。

3. 手工业和资本主义工商业的社会主义改造纪实。有关重大决策的制定和实施、知名企业的合营及企业主在运动中的经历和感觉。

4. “大跃进”运动。“大跃进”运动中深翻土地、竞放高产卫星、全民大炼钢铁等方面的史料。“共产风”“浮夸风”对农民生产积极性挫伤的沉痛教训。当时罗江地区流传的诗文、民谣、谚语等。

5. 人民公社化运动。典型的人民公社创办历程。

6. 农业学大寨、工业学大庆运动的兴起、展开及经验教训。

7. 农业生产责任制的实行。中共十一届三中全会后，农村实行“联产承包责任制”的基本情况。

8. 罗江金花梨基地建立、发展及典型的人和事等史料。

9. 现代化民营企业的崛起。罗江境内有影响的民营企业和企业家的创业历程。

10. 小城镇建设与发展，乡镇企业的崛起及典型乡镇企业的创业历程。

11. 新建城市干道及凯江防洪堤、南塔湾改道等工程的经历及典型的人和事。

12. 罗江名优特产品及创名保优的经历。

三、科技、教育、文化、卫生等方面

1. 罗江境内的重点科研成果及省、市重点科研项目的实施及成果。

2. 重点文物保护与考古新发现。

3. 罗江境内的民众教育、私塾、书院、中小学、职业教育的发展变化情况。

4. 罗江境内的防疫、计划生育、血吸虫病防治、麻风病的控制和消除各种地方病的过程；计划生育政策的实施和取得的成果。

四、民族、宗教方面

1. 宗教场所设置及恢复情况，有代表性的宗教人物的历史和事迹。

2. 罗江境内的民主党派、人民团体的基本史料。

3. 罗江境内的台胞台属、海外侨胞知名人士；罗江籍在外县（市、区）及国外的知名人士。

4. 罗江天主堂创建历史及活动开展情况。

政协罗江县委员会办公室
关于征集《罗江文史资料》第十五辑稿件的通知

县级有关部门：

根据县委办、县政府办《关于组稿〈罗江文史资料〉的通知》（罗县委办函〔2003〕47号），《罗江文史资料》第十五辑征稿重点已经确定，请相关部门根据要求尽快落实人员组稿，并于7月底前将稿件交县政协文史学习委员会。

一、征集内容及组稿单位

“融达”公司非法经营股票案侦破纪实	县公安局
“四八”放火案中案侦破纪实	县公安局
复县初罗江镇与县级相关部门合署办公纪实	罗江镇

罗江综合市场建设纪实	县工商局
群众性文化娱乐设施建设纪实	县文体局
罗江农村成人教育与联合国教科文组织的交往	罗江镇　万安乡
罗江稻麦原种场建立与发展纪实	县农业局
罗江复县后重点基建工程审计纪实	县审计局
罗江县水果市场建设纪实	县供销社
罗江境内的公路、铁路立交桥建设纪实	县国土局
太平桥加宽设闸及玉京湖建设纪实	县交通局
升平桥建设纪实	县交通局
农村合作基金会的建立、运行及清理整顿情况	县农业局
集雨节灌与微水工程建设纪实	县水务局
退耕还林、还草工程建设纪实	县林业局
“教师新村”建设纪实	县教育局

二、几点说明

1. 文史资料的内容要按要求写，标题可以另拟。
2. 内容尽可能详细，不能太略。
3. 资料应署上作者名，并附上作者简介。
4. 单位要审查并加盖公章。
5. 报送史料磁盘及文稿 2 份。

特此通知

2005 年 4 月 8 日

政协罗江县委员会办公室
关于征集《罗江文史资料》第十六辑稿件的通知

县级有关部门：

根据县委办、县政府办《关于组稿〈罗江文史资料〉的通知》（罗县委办函〔2003〕47 号），《罗江文史资料》第十六辑征稿重点已经确定，请相关部门根据要求尽快落实人员组稿，并于 7 月底前将稿件交县政协办。

一、征集内容及组稿单位或作者

（一）大事记	（县志办　刘　军）
（二）罗江巡礼——奋进中的十年	（县委宣传部）
（三）政协第二届罗江县委员会工作回眸	（县政协办）
（四）罗江县农村综合改革纪实（总结）	（县农村综合改革领导小组办公室）
（五）“2006 中国·罗江诗歌节”纪实	（彭　杰）
（六）罗江中学创建国家级示范性普通高中纪实	（罗江中学）

（七）罗江复县十周年文化艺术成果综述　（周贵绵　肖　勇　高　翔）

（八）罗江县乡镇行政区划调整纪实　（县民政局）

（九）现代著名散文家、诗人李广田在罗江（1939. 12—1942. 2）　（赖安海）

（十）《三国蜀汉政权与罗江》学术研讨会综述　（赖安海）

（十一）"融达"公司非法经营股票案侦破纪实　（县公安局）

（十二）罗江综合市场的建设　（县工商局）

（十三）群众性文化娱乐设施建设纪实　（县文体局）

（十四）罗江复县后重点基建工程审计纪实　（县审计局）

（十五）罗江境内的公路、铁路立交桥建设纪实　（县国土局）

（十六）太平桥拓宽设闸工程及玉京湖建设纪实　（县交通局）

（十七）升平桥建设纪实　（县交通局）

二、几点说明

（一）文史资料的内容要按要求写，标题可以另拟。

（二）内容尽可能详细，不能太略。

（三）资料应署上作者名，并附上作者简介。

（四）单位要审查并加盖公章。

（五）报送史料磁盘及文稿2份。

特此通知

2006年5月23日

（二）综述

古往今来，研究历史有两条最基本的价值取向：一是还原历史，一是解读历史。

1997—2016年，政协第一至四届罗江县委员会先后组织1000余人次通过多种形式参与文史资料工作，广泛征集了近360万字的文史资料，陆续编辑出版总计逾160万字的《罗江文史资料》共十九辑，其中第一至十二辑编审何天云、刘成国、张明义（第四至十二辑），责任编辑先后有张明义、刘军、卢明富等。第十三至十八辑编审邓华明、洪善斌（第十三至十六辑）、陈培建（第十三辑）、曹传海（第十三辑）、古明水（第十七至十八辑），责任编辑先后有王心祥、张明义、刘军、周信廷、廖德智、赖安海、苏富贵、薛建都等。第十九辑编审白光裕、古明水，责任编辑范翠林、周继兴等。封面题字，第一至十二辑张明义，第十三至十六辑洪善斌，第十七至十九辑依次为卢也、苏富贵、陈仕恩。第一至十九辑封面设计高翔。

二十年来，县内外沈伯俊、白航（原名刘新民，笔名谢燕白）、黄大明（又名黄文澍）、李元、严代泽、张家顺、罗贵荣、赖安海、刘良国、张明义、刘军、何世俊、周贵绵、龙敦仁等120余位亲身经历某一历史事件（或熟悉某一方面情况）与热爱文史资料工作的作者，立足罗江本土，恪守"三亲"原则，讲求实在、准确和精细，新视野多角度地切入纷繁复杂的重大历史事件，427人次搜集整理了内容丰富、可读性强和有一定历史价值的文史资料382

篇；县地方志办公室、县总工会等38个县级部门（含企事业单位）供稿39篇，总成《罗江文史资料》共19辑载文421篇。

《罗江文史资料》第一至十九辑中，先后载有县委、县人大、县政府、县政协主要领导彭坚、刘成鸣、何天云、张法祥、左正、卢也、徐光勇等的题词11幅；第一至四届县政协主席何天云、邓华明（第二、三届连任）、白光裕的序言4篇。

纵观《罗江文史资料》，第一、二辑所载史料未设栏分类，第二辑为县文物旅游资料专集（与县文化旅游体育局合编），自第三辑起始设子栏目。第三至十九辑先后设有22个子栏目：原收入和修本志时重新归入“大事记”栏目的史料22篇，如刘良国的《罗江大事记（1911—1949年）》简述民国时期罗江县的大事要事新事，刘军的《乘势而上求发展　负重自强思跨越——罗江富民强县纪实》（连载九篇）记述1996—2004年全县政治、经济、科教文卫、社会生活等方面的史实与现实，刘丽萍（女）的《中国共产党罗江县第一次代表大会概况》等（连载四篇）记录1998年3月、2002年12月、2006年11月、2011年11月罗江县四次党员代表大会概况。“建置沿革”栏目108篇，如刘良国、刘军的《罗江县乡镇建置沿革》，邓仁友的《罗江中学建置沿革》等道明其名称的由来与演变过程，厘清其行政设置、管辖区域变化的历史脉络；伍泽亮、刘丽萍的《中共罗江县委办公室建置沿革》，张明义的《政协第一届罗江县委员会委员及常务委员的变化情况回顾》等，记述1996年8月罗江复县以来所在部门（单位）的建立及其发展变化情况，使读者既知其然，又知其所以然。“文物志”栏目40篇，如张辅国的《罗江建立过“大顺”政权吗?》、赖安海的《汉潺亭　晋万安故城　古罗江水今考》《蜀都门户　三国遗踪　东西两川古战场——鹿头山史事考述》、刘军的《庞统祠四大景观》、薛和全的《擘窠手迹留今世　敬教劝学为后师——杨周冕“深雪堂”匾发现记》等，将境内众多不可移动的古建筑及历史纪念建筑、古遗址、古墓葬等和可移动的馆藏文物，以及独特的人文流韵与旅游资源，寻根溯源地作了全面翔实地介绍。“人物传记”栏目原收入和重新归入42篇，讲述148名在境域出生、寓留、任职和乐善好施等有影响的历史人物，以及驻县内的全国、省（部）、市、县（区）级劳动模范（先进工作者）和罗江县道德模范的生动感人故事，如白航的《战友谢明的人生》、刘良国的《张思全传略》、何世俊的《罗江循吏何易于》、杨勤的《记解放后罗江县卫生院第一任院长杨景森》等，所记人物或清正廉明，政声卓著；或术有专攻，声名远播；或临危不惧，浩气长存；或造福桑梓，受民拥戴。随着他们辞世时间的久远，他们的人格魅力、优良品行、脱俗壮举和潜心著述永留人间，为历史所铭记，受民众所景仰；县总工会的《罗江县全国、省（部）、市、县（区）级劳动模范　先进工作者名录》、县精神文明建设领导小组办公室的《罗江县道德模范集萃》，汇集各行业经纬之才，以彰其功、以励来者，更使人感受到俊彦乡贤复生的力量。“史海钩沉”栏目57篇，如沈伯俊的《蜀汉政权与罗江》，黄大明的《重庆中山大学建党斗争的回忆》，李元的《攻占罗江城》，严代泽的《解放初期的“罗江县临时治安委员会”情况》，张家顺、罗贵荣的《罗江1959年撤县探由》，赖安海的《解读周家坝　考史问古潺——罗江开明王蜀时期船棺墓葬群发现始末及其他》，周贵绵、龙敦仁的《诗情画意话“云峰”——鄢家“云峰诗社”拾遗》等，选题独到、用材精准，叙事、记人不拘一格，行文流畅，娓娓道来。这些本是过去的故事，也映射着现实与未来。究其实，新与旧的冲突与融合，永远是每个大时代交替之际被不同经历的人们反复演绎的时空的历史和历史的故事。“创业篇”或“创业新篇”“纪实篇”“改革篇”“成就篇”等同类栏目87篇，如邓仁友的《百年铸炼 厚积薄发——纪念罗江中学建校100周年》、彭燕光的《穷则思大变 苦干换新天》、苏富贵的《罗江县处置5000多名“农转非”人员安置补偿遗留问题及上访事件始末》、冯小平的《罗江·三国蜀汉文化旅游节纪实》；县委农工办的《罗江县市级首批社会主义新农村示范村建设纪实》、县地志办的《〈罗江县志（1912—2007年）〉编修始末》、县科学技术局的《罗江县首届人才与科技表彰大会》等，字里行间浸透着25万罗江儿女在历届中共罗江县委、县人民政府的坚强领导下，从“团结拼搏，艰苦创业，建设富裕文明秀丽新罗江”到“全面建设小康社会，实现罗江发展新跨越”，从“万众一心、乘风破浪，建设活力幸福新罗江”到“建设四川丘陵地区经济文化强县”，再到中共罗江县第五次代表大会提出的“同城德绵，协作发展，为决战决胜全面小康、建设美丽幸福新罗江而奋斗”的共同情怀和人文精神。“人文拾萃”栏目6篇，如刘期文的《罗江明代探花高节三兄弟》等，启人心智，给人教益。“名人觅踪”栏目4篇，如赖安海的《李调元编年事辑》；“温故知新”栏目7篇，如张黎群的《以史为镜 温故知新——记白马关绵阳地区“五·七”干校的一段劳动生活史实》，以及“抗日纪实”2篇、“建国之初”4篇、“国计民生”4篇、“纪念建国五十周年特稿”3篇、“纪念人民政协成立五十周年特稿”5篇、“委员风采”2篇、“历史文化名城创建”2篇、“宗教民俗”2篇、“乡风民俗”2篇、“地方特产”4篇、“民间传说”2篇、“附录”9篇和“其他”7篇等。此外，还收录歌曲4首，如张明义作词作曲的《罗江 罗江 创业的地方》等；图照29幅。

这些宝贵的文史资料，凝结着作者们辛勤的汗水，也还原着历史的功力和解读着前人的智慧，有效地拓展罗江历史与现实的空间，对人们的德行起着不可忽视的社会教化作用；这些文史资料，对人们了解罗江历史、弘扬优秀民间文化、加强民族团结、促进交流、共同进步、进行社会主义教育和爱国主义教育都起到重要作用；这些文史资料，文笔生动、各具特色，“补史之缺、修史之误、详史之略、续史之无”，不失为罗江历史上一套较好的乡土资料，既起到“存史、资政、团结、育人”的作用，也得到社会各界有识之士的肯定与赞誉。

二 编印存目

1997—2016年，县政协共编辑出版《罗江文史资料》19辑。第一至十五辑由县政协文史资料编辑委员会编印，其中第二辑由县政协文史资料编辑委员会与县文化旅游体育局联合编印；第十六至十九辑由县政协文史学习委员会编印。

《罗江文史资料》目录一览表

表6—3

辑　别	标　题	编撰者
第一辑	罗江建县纪要（一）	刘　军
	古城罗江建置沿革	刘良国
	罗江县乡镇建置沿革	刘良国　刘　军
	罗江群众文化事业机构建置沿革	刘良国
	罗江县城区及城郊小地名考	刘良国
	罗江人文史话	赖安海
第二辑	众多的文物古迹　独厚的旅游资源·罗江县文物旅游概述	刘　军
	李调元纪念馆	刘良国
	李调元故里：文星散记	赖安海
	蜀汉胜迹·庞统祠墓	刘　军
	庞统祠四大景观	刘　军
	“云盖仙峰”话沧桑	刘良国
	川西名胜·大霍山	赖安海
	新盛宝镜寺	刘　军
	回龙乡千佛山摩崖造像	刘　军
	钟灵毓秀话南寺	何世俊
	罗江奎阁古今谈	何世俊
	川陕咽喉太平桥	刘良国
	袁通儒与罗江豆鸡	刘良国
	罗江青椒的由来	申育碧
	话说四川特产“天府花生”	李玉斌

续表 6—3

辑　别	标　题	编撰者
第三辑	罗江大事记（1911—1949 年）	刘良国
	罗江县青年抗日救亡战地服务团事略	刘良国
	无悔当年“远征”时	何世俊
	罗江循吏何易于	何世俊
	李调元编年事辑	赖安海
	独辟蹊径修方志　一腔热血赋乡情·浅谈李调元编《罗江县志》及其特色	刘良国
	淫雨阻卢龙　群小陷翰林·探李调元落职之源	段小玲　刘良国
	叶秉诚传略	刘良国
	范英士传略	刘良国
	向次元传略	刘良国
	兰藻善传略	刘良国
	诗情画意话“云峰”·鄢家“云峰诗社”拾遗	周贵绵　龙敦仁
	罗江初建农桑局始末	刘良国
	歌曲：罗江　罗江　创业的地方	张明义（词曲）
第四辑	努力建设富裕文明秀丽的新罗江·罗江富民强县纪实（二）	刘　军
	解放罗江县始末	张家顺
	罗江县万安镇土地改革纪实	刘良国
	罗江县第一个农业生产合作社·黎明社建社始末	刘良国
	罗江县人民医院的历史变迁	陈文斗
	罗江计划生育政策实施成果	苏承高
	风云商海潮起潮落·罗江集体商业总店发展历程	何世俊
	杨甦传略	刘良国
	林茂先中西医馆	林代诚
	以史为镜　温故知新·记白马关绵阳地区“五·七”干校的一段劳动生活史实	张黎群
	歌曲：凯江托起一条船	龙敦仁（词） 周贵绵（曲）
第五辑	南塔湾改道工程纪实	刘良国
	古城新兴工业的崛起	何世俊
	情系育龄群众·罗江县鄢家镇计生优质服务工作纪实	苏承高
	诚信为本　艰苦创业·记罗江县政协常委张社林	刘良国
	在古城“舞龙头”的人·记罗江县政协委员周福贵	刘良国
	周嘉禾传略	周贵绵　龙敦仁
	张思全传略	刘良国
	游广居传略	李其根
	罗江明代探花高节三兄弟	刘期文

续表 6—3

辑 别	标 题	编撰者
第五辑	南朝罗江典故·廉泉让水	赖安海
	李新斋与杰英科社	李其根 徐勋炳
	罗江历代碑铭石刻录（一）	刘良国
	川西名刹：万佛寺	廖德智
	“百年一鹤”历尽沧桑 精诚寻觅终见天日·叶秉诚墓志铭发现记	刘良国
	潺亭的遗址在哪里？	刘期文
	略坪天主堂创建史及其活动情况	刘祥永
	啼血的“凤凰”·罗江县鄢家传统鸽子会探源	龙敦仁 周贵绵
	1959 年罗江撤县探由	张家顺 罗贵荣
	歌曲：白马翘首待客临	春 风（词） 肖泽友 张明义（曲）
第六辑	团结一致创佳绩 万众一心铸辉煌·罗江富民强县纪实（三）	刘 军
	在庆祝人民政协成立五十周年座谈会上的讲话	张法祥
	光辉的历程 宏伟的业绩	何天云
	艰苦创业 探索前进·写在人民政协五十周年华诞之际	张明义
	履行职能 服务大局 发挥作用·在纪念人民政协成立五十周年座谈会上的发言	白光裕
	风雨同舟五十年 荣辱与共谱新篇·在纪念人民政协成立五十周年座谈会上的发言	刘良国
	不懈的奋斗 丰硕的成果·记罗江县改革开放二十周年计生工作	苏承高
	罗江县和万安镇“清匪反霸”纪实	刘良国
	清代四川名宦·罗江知县杨周冕	赖安海
	鞠躬尽瘁 死而后已·清乾隆罗江知县沈潜“兴县”事略	赖安海
	陆游行吟罗江	赖安海
	人民公社 大跃进琐记	刘良国
	一九七一年白马公社李家大院大爆炸始末	张 坤
	沧桑岁月话“马头”	何世俊
	歌曲：走近罗江	周贞籍（词） 周贵绵（曲）
第七辑	四川省人民政府《关于将罗江县列为省级历史文化名城的批复》	—
	罗江县人民政府《关于申报省级历史文化名城的报告》	—
	汉潺亭 晋万安故城 古罗江水今考	赖安海
	罗江历代碑铭石刻录（二）	刘良国
	罗江历史上的一桩消费官司	何世俊
	记诗人贺敬之两次来罗江	刘良国
	新中国成立前新盛的教育事业	米全芳
	一条走向富裕的黄金通道·罗桂公路罗江县段改建工程纪实	周贵绵

续表 6—3

辑　别	标　题	编撰者
第七辑	鄢家镇广播电视事业的兴起与发展	龙敦仁
	路通百业旺·御营镇村道建设纪实	刘志富
	敢于破天荒的人·记罗江县鄢家镇计划生育服务站站长孙世静	龙敦仁
	罗江县农村区委和区公所的设置与撤销	周贵绵
	新盛的由来	沉建军
	群龙起舞闹新春	黄　蕾
	镜子石对镜梳妆	黄　蕾
	纹江鳜鱼及其传说	刘良国
	罗江赋	何世俊
第八辑	振奋精神　求真务实　开拓前进·罗江富民强县纪实（四）	刘　军
	罗江历史上首届县政协的建立	张明义
	蜀都门户　三国遗踪　东西两川古战场·鹿头山史事考述	赖安海
	拾遗补阙纹江考	何世俊
	罗江历代碑铭石刻录（三）	刘良国
	当代著名诗人白航赋诗悼念战友·罗江籍解放军烈士谢明	刘良国
	战友谢明的人生	白　航
	邱子明传略	刘良国
	御营镇教育的奠基人范育生	范纂承　范国光
	整风“反右”运动中我的“一般右派”经历	赵光余
	“大跃进”时期大炼钢铁琐记	刘良国
	“格式合同”与“蛮纸”	何世俊
	略坪末代土匪头子杨兴隆的灭亡	陈炳林
	“文化大革命”趣事录	龙敦仁
	记一支老年骑游队	李其根
	麻雀东南飞	龙敦仁
第九辑	政协第一届罗江县委员会委员及常务委员的变化情况回顾	张明义
	罗江县鄢家镇建置沿革	龙敦仁
	大井乡建置沿革	陈文国
	绵远河综合治理工程纪实	刘良国
	罗江金花梨发展纪实	魏　崛
	广富镇迎龙寺	黄传虎
	罗江的“四大名坟”	陈炳林
	靖侯祠古钟新千年重唱　先师殿香鼎逢盛世再焚	何世俊
	李调元纪念馆第一批楹额制作始末	刘良国
	坛罐窑大桥话今昔	李其根
	清罗江“四李”	赖安海

续表 6—3

辑 别	标 题	编撰者
第九辑	叶庭槐传略	刘良国
	御营坝兴场设市的开创人及其发展简史	范纂承　范国光
	罗江啟民书局始末	罗贵荣
	罗江历史上的一次袍哥争斗	陈炳林
	一九四五年的罗江教师罢课	陈炳林
	原罗江文化站图书室及其藏书	刘良国
	罗江地方志书概说	赖安海
	庞统祠墓的保护与开放	刘期文
	罗江的天主教	廖德智
	赏罗江迎春书画美术展感怀	何世俊
	纹江赋	刘良国
第十辑	只有改革才能强县　只有发展才能富民·罗江富民强县纪实（五）	刘　军
	广富镇建置沿革	黄传虎
	罗江县首届龙舟经贸交易会纪实	廖德智
	首届罗江县政协常委会第一至十三次会议略况	张明义
	蟠龙大桥修建记	杨通荣
	着眼生态观光农业　探索发展旅游文化·广富镇千亩梨花生态观光园建设纪实	黄传虎
	牛角堰水利工程建设纪实	刘　生
	蟠龙儿女战洪灾	杨通荣
	大井古庙·白土寺	陈文国
	罗江历代碑铭石刻录（四）	刘良国
	清宣统云龙公立小学堂《众议稟定条规》碑管见录	赖安海
	杨兴才传略	刘良国
	李化楠之死	齐海燕
	抗战时期罗江县的中共党组织	杨通荣
	智擒肖化龙	陈炳林
	川西吆鸭人	周贞籍
	李调元故里管理所及其书画作品的征集与收藏	刘良国
	锦江春色似江南	刘斌夫
第十一辑	乘势而上求发展　负重自强思跨越·罗江富民强县纪实（六）	刘　军
	万众一心抗洪抢险　多方赈灾重建家园·罗江“9·18”特大洪涝灾害纪实	杨通荣
	百年铸炼　厚积薄发·纪念罗江中学建校100周年	邓仁友
	欢歌劲舞庆盛世　万众欢腾贺新春·罗江县群众文化活动杂记	周贵绵
	回龙镇建置沿革	魏　崛
	解放前慧觉大事略记	佚　飞

续表 6—3

辑　别	标　题	编撰者
第十一辑	慧觉的由来	钟千金
	刘武传略	刘良国
	记解放后罗江卫生院第一任院长砀景森	杨　勤
	李调元和他的《童山自记》	齐海燕
	李鼎元出使琉球	刘良国
	缅怀故人　启迪今人	叶家富
	罗江历代碑铭石刻录（五）	刘良国
	罗江历代高僧传略（一）	廖德智
	张任墓碑文及其石刻楹联小考	齐海燕
	广富镇古寺庙变迁始末	黄传虎
	记国立第六中学罗江四分校	杨通荣
	“右派”赖霖其人其事	周贞籍
	罗江县消灭麻雀运动小记	周元知
	罗江历史上的迷信抗旱	陈炳林
	“文化大革命”趣事录	黄传虎
	咏罗江	何世俊
第十二辑	艰苦创业谱新篇　与时俱进展宏图·罗江富民强县纪实（七）	刘　军
	光辉历程　辉煌成就·罗江复县六周年发展纪实	杨通荣
	鄢回分干渠节水改造与续建配套工程建设纪实	刘良国
	历史上的罗江县乡镇村组	杨通荣
	王国仁传略	刘良国
	赵凡钦传略	刘良国
	罗江历代碑铭石刻录（六）	刘良国
	罗江历代高僧传略（二）	廖德智
	玉京山景乐宫话今昔	齐海燕
	擘窠手迹留今世　敬教劝学为后师·杨周冕“深雪堂”匾发现记	薛和全
	文星镇 1990—1996 年文化驱动回眸	赖安海
	移官罗江非等闲·记罗江廉吏盛昶二三事	何世俊
	民国时期的广富教育	黄传虎
	从“麻嫂”到“戏嫂”·记罗江县鄢家镇嫂子歌舞团	龙敦仁
	我参加“七千人会战绵远河”	周贞籍
	通古晓今　启迪心智·《罗江文史资料》（第 1 ~ 12 辑）综述	刘　军

续表 6—3

辑　别	标　题	编撰者
第十三辑	政协第二届罗江县委员会纪实	刘　军
	群众性精神文明创建活动的新探索	廖德智
	德安镇土城村计划生育工作纪实	黄仁林
	“狂飙”系列行动纪实	何守先
	联合收割机在罗江建县以来的发展	凌　剑
	罗江县人民武装部建置沿革	吴　飘
	中共罗江县纪律检查委员会　罗江县监察局建置沿革	唐幼龙
	罗江县人民法院建置沿革	邓绍彬
	罗江县人民检察院建置沿革	张贵平
	中共罗江县委办公室建置沿革	伍泽亮　刘丽萍
	中共罗江县委组织部建置沿革	刘　勇　周先宏
	中共罗江县委宣传部建置沿革	彭　杰　郑燕平
	中共罗江县委统一战线工作部建置沿革	唐　英
	中共罗江县委政治法律委员会建置沿革	张　军
	中共罗江县委党校建置沿革	张萃旭
	罗江县总工会建置沿革	刘德聪
	共青团罗江县委建置沿革	廖小华
	罗江县妇女联合会建置沿革	刘玉蓉
	罗江县科学技术协会建置沿革	杨勇飞
	罗江县工商业联合会建置沿革	张明祥
	罗江县人民政府办公室建置沿革	唐维露　熊传信
	罗江县人事劳动与社会保障局建置沿革	潘纪贵
	罗江县民政局建置沿革	米亨清
	罗江县审计局建置沿革	林绵聪
	罗江县残疾人联合会建置沿革	范云萍
	罗江县档案局建置沿革	杨万明
	罗江县公安局建置沿革	文敦述
	罗江县司法局建置沿革	邹桂蓉
	中共罗江县委农村工作领导小组办公室建置沿革	范云辉
	罗江县农业局建置沿革	古明水　王俊杰
	罗江县林业局建置沿革	吴兴仁　谢先书
	罗江县农业机械管理局建置沿革	凌　剑
	罗江县畜牧食品局建置沿革	郑兴东
	罗江县水务局建置沿革	罗　森
	罗江县气象局建置沿革	李伦兴
	罗江县发展计划局建置沿革	陈　勇

续表 6—3

辑　别	标　题	编撰者
第十三辑	罗江县物价局建置沿革	张建宁　蒋宜成
	罗江县招商引资局建置沿革	罗关友
	罗江县建设局建置沿革	黄文翰
	罗江县环境保护局建置沿革	李先平
	罗江县国土资源局建置沿革	李世模
	罗江县交通局建置沿革	蒋寿军　郑有斌
	罗江县统计局建置沿革	唐怀松
	罗江县经济贸易局建置沿革	杨代杰
	罗江县安全生产监督管理局建置沿革	付祥国
	罗江县供销合作社联合社建置沿革	邓仁信
	罗江县财政局建置沿革	张宏琳　李　颖
	罗江县粮食局建置沿革	宋建郦
	罗江县教育局建置沿革	周　明
	罗江县科学技术局建置沿革	吕兴中　廖世平
	罗江县卫生局建置沿革	黄　炯
	罗江县人口与计划生育局建置沿革	黄仁林
	罗江县广播电视局建置沿革	冯小平　邓小梅
	周亨达	刘良国
	西安藏之“罗江县印”考	荣鸿琪
	《西安藏之“罗江县印”考》补	赖安海
	罗江建立过“大顺”政权吗？	张辅国
	我的一生	黄大明（文澍）
	重庆中山大学建党斗争的回忆	黄大明（文澍）
第十四辑	推进新创业　实现新跨越·罗江富民强县纪实（八）	刘　军
	四川金路树脂有限公司技改工作纪实	胡永奇
	四川省公安厅挂牌系列抢劫杀人案侦破纪实	文敦澍
	自成体系谋发展　协会带富一方人	龙敦仁
	来自希望田野　充满泥土芬芳	周贵绵
	罗江县城征地“农转非”人员一次性安置纪实	李世模
	穷则思大变　苦干换新天	彭燕光
	罗江县文化旅游体育局建置沿革	赖安海
	罗江供电局建置沿革	付　刚　陈廷科
	罗江县国家税务局建置沿革	周仁刚　龙　海
	罗江县地方税务局建置沿革	杨显德　余　进
	罗江质量技术监督局建置沿革	文　宏　田　洪
	罗江县工商行政管理局建置沿革	林玉安　龙　志

续表 6—3

辑　别	标　题	编撰者
第十四辑	罗江烟草专卖局建置沿革	邓仁贵
	罗江药品监督管理局建置沿革	谭必林　谢宏义
	中国农业银行罗江县支行建置沿革	瞿正茂
	罗江县农村信用合作社建置沿革	李定银
	罗江中学建置沿革	邓仁友
	罗江县职业高级中学建置沿革	谢贤良　陈　波
	罗江县西街小学建置沿革	杨明书　黄社民
	罗江县实验小学建置沿革	唐昌金　钟华福
	罗江县人民医院建置沿革	廖　文
	罗江县中医医院建置沿革	杨中俊
	罗江县计划生育与疾病控制中心建置沿革	刘向林　肖寿宝
	四川金路树脂有限公司建置沿革	王继隆
	四川玻纤有限责任公司建置沿革	周天学
	李化楠传	赖安海
	双江书院旧址遗存及出土文物简述	刘良国
	蜀汉政权与罗江	沈伯俊
	罗江行政建制撤并复置史小考	刘良国
第十五辑	创建平安罗江　构建和谐社会·罗江富民强县纪实（九）	刘　军
	罗江县退耕还林工程建设纪实	甯佐财
	罗江县水果市场建设纪实	杨　兵
	“罗江·三国蜀汉文化旅游节”纪实	冯小平
	罗江化解养殖业规模和生态矛盾纪实	陈　昆
	罗江“4·8”放火案中案侦破纪实	景安华
	川西北“盐枭”走私食盐大案侦破纪实	景安华
	罗江县“教师新村”建设纪实	龙继国　周　明
	罗江县率先建设“乡村信息高速公路”纪实	夏　丹
	罗江县人民医院搬迁工作纪实	张开升
	罗江县旱山村集雨节灌工程建设纪实	范青廷
	罗江县“三馆”建设回眸	江德明
	罗江人民广播电台　罗江电视台建置沿革	县广播电视局
	罗江县私营个体经济协会建置沿革	杨　勤　邵亚雄
	德安镇建置沿革	杨通荣
	罗江县稻麦原种场建置沿革	钟国敏
	罗江基督教教会沿革	张运锡　周建绵
	罗江县幼儿园建置沿革	袁正萱　罗　莉
	百岁老人刘显庭	刘　军

续表 6—3

辑　别	标　题	编撰者
第十五辑	攻占罗江城	李　元
	解放初期的“罗江县临时治安委员会”情况	严代泽
	忆在罗江县的征粮剿匪工作	王维新
	清理整顿撤并农村合作基金会始末	李定银
	罗江“11·18”交通安全事故纪实	杨通荣
	罗江袍哥二三事	薛和全
	白马关前	赵金光
	庞统祠墓	赖安海
	罗江曾经是水乡	何世俊
	广富茶厂兴衰始末	黄传虎
	罗江县首批下放干部劳动锻炼始末	唐焕林　唐　英
	罗江农村成人教育与联合国教科文组织的交往	邱　燕
	建县初罗江镇部分职能部门与县相关部门合署办公纪实	邱　燕
	罗江镇老年大学	吴谦亮
	李化樟与千叟宴	薛和全
	宝峰山也有贵妃池	张兴友
	杨贵妃与大霍山宝峰寺	肖　勇
第十六辑	中国共产党罗江县第一次代表大会概况	刘丽萍
	中国共产党罗江县第二次代表大会概况	刘丽萍
	政协第二届罗江县委员会工作回眸	廖德智　李　蔷
	罗纹滔滔涌文潮·罗江复县十周年文学艺术主要成果综述	周贵绵　高　翔
	历史名城彰显古蜀魅力·罗江“文化立县”纪实	刘　勋
	莫道岁月随风过　调元诗韵遍地飞·“2006 中国·罗江诗歌节”纪实	彭　杰
	第二届罗江县龙舟经贸交易会纪实	廖德智
	罗江县太平桥拓宽设闸工程建设纪实	罗　强
	罗江县升平桥建设纪实	罗　强
	罗江中学创建国家级示范性普通高中纪实	邓仁友
	罗江县乡镇建置沿革	刘　军
	中共罗江县委私企工作委员会建置沿革	唐　英
	追忆陈邦本先生	陈邦文　刘斌夫等
	李广田寓教罗江事略	赖安海（整理）
	戏剧家李调元	李祥林
	冯玉祥在罗江	薛和全
	罗江惊现《范仲淹族谱》·德阳罗江御营镇响石村发现范仲淹后裔	李　新
	罗江复县后重点基建竣工决算审计概况	向　梅
	罗江县《三国蜀汉政权与罗江》学术研讨会综述	赖安海
	融达科技咨询有限公司非法经营股票证券特大案件侦破纪实	景安华
	罗江赋	刘　军

续表 6—3

辑　别	标　题	编撰者
第十七辑	中国共产党罗江县第三次代表大会概况	刘丽萍
	罗江县第三届人民代表大会第一次会议概况	刘华龙　聂　殷
	政协第三届罗江县委员会第一次会议概况	廖德智
	政协第二届罗江县委员会工作回眸（续）	廖德智
	调元故里山青水绿·罗江县国家生态环境综合治理工程建设纪实	俞　斌
	罗江县处置5000多名“农转非”人员安置补偿遗留问题及上访事件始末	苏富贵
	罗江县2007年“夏之声·城乡和谐游”系列文化活动回顾	周贵绵
	十年砺志铸辉煌·罗江县人民法院建院十周年工作回顾	邓绍彬　彭　华
	罗江县广播电视事业发展简史	田　健
	罗江县潺亭水城建设纪实	史小勇
	罗江县看守所建设纪实	县公安局
	罗江县地方志工作综述	刘　军
	罗江县人大常委会办公室建置沿革	江大富
	罗江县民族宗教事务管理办公室建置沿革	周建绵
	罗江县鄢家中学沿革	鄢家中学
	万佛寺沿革	周建绵
	宝峰寺沿革	周建绵
	金莲寺沿革	周建绵
	南塔寺沿革	周建绵
	罗江县人民群众来信来访办公室建置沿革	县信访办
	罗江丰碑·革命先驱孟本斋	赖安海
	邓翰成传略	刘良国
	谢明刚传略	刘良国
	观音崖五百年纪	赖安海
	赤色的罗江·革命青年的摇篮	赖安海
	罗江城内壁报小史	刘良国
	潺亭记	卢　也
	今日罗江·纪念罗江复县十周年	苏富贵

续表 6—3

辑　别	标　题	编撰者
第十八辑	罗江县群众工作部发展纪实	苏富贵
	筑希望大地　建丰收沃土·罗江复县后农业综合开发项目建设纪实	周蜀川
	罗江复县后农业灾害纪实	县委农工办
	罗江县市级首批社会主义新农村示范村建设纪实	县委农工办
	罗江县农村专业合作组织发展纪实	杨　兵
	罗江县供销社流通体制改革纪实	杨　兵　陈会玲
	罗江县实施新型农村合作医疗制度纪实	黄　炯
	罗江县粮食流通体制改革纪实	县粮食局
	潺亭春风绿　罗江诗意浓·“2008 中国·罗江诗歌节”纪实	冯小平
	中共罗江县委直属机关工作委员会建置沿革	江大富
	中共罗江县委“两新”工作委员会建置沿革	唐　英
	中共罗江县委老干部局建置沿革	江大富
	罗江县文学艺术界联合会建置沿革	冯小平
	罗江县全国、省（部）、市、县（区）级劳动模范先进工作者名录	县总工会
	谢宇衡传略	赖安海
	严代泽传略	赖安海
	黄大明传略	刘良国
	清乾隆罗江县《东村六七甲堆会合同碑记》随感录·238 年前的金山镇谭家坝“村民自治”碑	赖安海
	罗江壁画·古今妙丹青　美轮美奂耀剑南	赖安海
	晋《绵州巴歌》溯源·兼论巴氐賨人李特　李雄罗江赤祖根据地与“成汉”政权的建立	赖安海
	罗江县节庆日简介	周贵绵
第十九辑	中国共产党罗江县第四次代表大会概况	县委办公室
	罗江县第四届人民代表大会第一次会议概况	县人大常委会办公室
	政协第四届罗江县委员会第一次会议概况	县政协办公室
	罗江县城乡居民社会养老保险试点工作纪实	县劳动和社会保障局
	罗江县政务服务中心建设纪实	县政务服务中心
	罗江县医药卫生体制改革纪实	黄国燕　苏　杰
	中共罗江县委党校办学体制改革纪实	县委党校
	2011—2013 年罗江县机构改革纪实	县机构编制委员会办公室
	第三届中国·罗江诗歌节	刘晶晶
	第四届中国·罗江诗歌节	刘晶晶
	《罗江县志（1912—2007 年）》编修始末	县地志办
	省级生态县建设纪实	县环境保护局
	四川省环境优美示范县城建设纪实	苏　锐

续表 6—3

辑　别	标　题	编撰者
第十九辑	罗江县首届人才与科技表彰大会概况	县科学技术局
	第一届罗江县文学艺术创作和群众文化活动突出贡献奖评选表彰工作纪实	雷建平
	第二届罗江县文学艺术创作和群众文化活动突出贡献奖评选表彰工作纪实	雷建平
	罗江县“招商引资年”工作回顾	县招商引资局
	罗江县工商业联合会第四届会员代表大会概况	县工商业联合会
	万佛寺承办四川省第十八届传戒法会概况	县民族宗教局
	罗江建县十五周年经济社会发展概述	县统计局
	四川罗江经济开发区发展概述	县经开区管委办
	罗江县工业发展概述	县经济商务局
	罗江县民生事业发展概述	县民政局
	罗江县平安建设纪实	县委政法委
	建产村相融新农村　筑和谐幸福新家园	县委农工办
	“5·12”汶川特大地震灾后恢复重建概述	县发展和改革局
	建县十五周年人口与计划生育工作概述	县人口和计划生育局
	万佛寺被评为第二届全国和谐寺观教堂先进集体	县民族宗教局
	罗江县城市管理行政执法局建置沿革	肖　敏
	罗江县民族宗教事务管理局建置沿革	县民族宗教局
	罗江县国有资产管理局建置沿革	潘仁其
	罗江县城南新区概况	县城南新区管委办
	罗江县经济开发区管理委员会建置沿革	县经开区管委办
	罗江县白马关统筹城乡实验区管理委员会建置沿革	县白马关实验区管委办
	罗江县佛教协会建置沿革	县民族宗教局
	罗江县火凤凰艺术团概况	周贵绵
	罗江县天台寺沿革	县民族宗教局
	罗江县道德模范集萃	县精文办
	解读周家坝　考史问古孱·罗江开明王蜀时期船棺墓葬群发现始末及其他	赖安海

说明：表内部分标题文字有改动

三　史料选录

(一)《罗江文史资料》序

第一届县政协主席何天云为第一辑作序（1997 年 10 月）

罗江县悠久的历史，有据可考的可上溯到西汉高祖六年（公元前 201 年），时罗江县地属广汉郡涪县（治在今绵阳市区）之孱亭，距今2200年了。正式置县始于晋末（约 418—420 年）乱时，将梓潼郡万安县移就孱亭，距今近1600年。万安县于唐天宝元年（742 年）更名为罗江县。

在罗江县的历史上，就建置而言，曾经历了“四次变革，两落两起”：

明洪武十年（1377 年）五月，绵州降为县，所属的罗江县随之降格。洪武十三年十一月，复置绵州，同时复置罗江县，仍隶属绵州，历时三年。

四川连年战乱，罗江“生民凋敝，邑几为墟”，“罗邑自明季兵燹后，生民窜亡，烟消户绝，故于顺治十六年（1659 年）裁归德阳兼管”（摘自沈潜清乾隆十年即 1745 年《直隶绵州罗江县志》序）。清雍正七年（1729 年），复置罗江县，历时七十年。清乾隆三十四年（1769 年），因涪江突发洪水，绵州城坏，省（减省、合并）罗江县入绵州，并移州治于罗江。清嘉庆七年（1802 年），复置罗江县，还州治于绵州旧址，历时三十三年。

1959 年 3 月，因“大跃进”后的三年困难，裁罗江县并入德阳县。1996 年 8 月，经国务院批准撤销德阳市市中区（1984 年 9 月改德阳县为德阳市市中区）建制，分设德阳市旌阳区和罗江县。同年 10 月，中共德阳市委决定成立罗江县筹备组，正式筹建罗江县。1997 年 2 月，罗江县人民政府诞生，罗江县正式恢复，历时三十八年。

四次变革中，明洪武时期的降格、清乾隆时期的合署，可视为机构变化，罗江县政体实质未变。清顺治时期和 1959 年，罗江县两次被德阳县兼并，历时一百零八年，就无可奈何了。更有意味的是，两次衰败的时间，一在 1659 年，一在 1959 年，看来“59”对罗江流年不利。下次衰败或属 2259 年了，但愿上苍有眼。

纵观罗江2200年的历史，也曾有过长期的繁荣昌盛、兴旺发达，真可谓山清水秀、人杰地灵。而两次衰败，除连年战乱和政治错误外，最根本的原因就是县域经济崩溃、民不聊生，因而县之不存。以史为鉴，令人警醒。

今天，罗江再次复县，历史又翻开了新的一页。是非成败、兴衰荣辱，就看今日和后世了。好在复县伊始，我们就听到了推动罗江历史前进的铿锵脚步声，同时又有对罗江未来的深重感和责任感。作为历史上首届罗江县政协，我们有责任“存史、资政、团结、育人”，书写罗江的真史、信史，于是着手编辑《罗江文史资料》。收入本辑的资料主要是从纵横两个方面再现了罗江的历史，并记述了第二次复县良好的开端。以后，我们还将陆续编辑出版。

流行歌曲云：爱是什么？“这就是爱，说也说不清楚。”“这就是爱，稀里又糊涂。”那么，史是什么？也是“说也说不清楚”，但绝不是“稀里又糊涂”。历史是社会综合动力的产物，我们和后人都在书写新罗江的历史，好自为之吧！有道是："青山依旧在，几度夕阳红。"作为史官，我们"惯看秋月春风"。

以上几段是文是史、非文非史的文字，是为序。在此，我谨向县政协文史资料编辑委员会全体同仁及所有合作者致以诚挚的谢意！

第二届县政协主席邓华明为第十三辑作序（2003 年 11 月）

文史资料工作是人民政协工作的重要组成部分，是具有统一战线特色的社会主义文化事业。它将随着人民政协事业的发展而不断向前发展，在"存史、资政、团结、育人"等方面发挥独特的不可替代的作用。

1996 年 8 月罗江重新复县后，县政协第一届委员会十分重视文史资料工作。在十分困难的条件下，想千方设百计，锲而不舍辛勤劳作，先后搜集整理、编辑出版了《罗江文史资料》共十二辑，为"存史、资政、团结、育人"事业做了开创性的工作。同时，也为传承和弘扬罗江优秀的历史文化，为加强社会主义精神文明建设做出了重要的贡献。因而得到广大政协委员和社会各族各界人士的认同和赞誉，成为上届县政协工作的一大亮点。

作为一名历史见证人，我写上述的那段话绝不是一时的心血来潮，而是感觉感知后发出的肺腑之言。其用意有三点：一是要从前人的成果和成功的经验中吸取营养，找准前进的方位。二是要接过接力棒再立新功，进一步做好文史资料工作，让更多的尚未发掘整理的有光彩有价值的历史文化精神遗产展现在世人面前，更好发挥其应有的作用。三是寄希望于广大政协委员和社会各族各界有识之士，一如既往地关心支持和积极参与罗江文史资料的搜集整理、编辑出版和宣传利用工作。文史资料工作涉及一个地方政治、经济、文化和社会生活的各个领域，要做好这方面工作除政协组织的自身努力外，非常需要全社会的关心和支持。唯有如此，此项工作才会有丰厚的人脉资源和坚实的智力保障。

罗江历史悠久，人杰地灵，既有厚重的历史文化，又有当代的文化建设成果，这就为文史资料工作提供了永不枯竭的源泉。我们将继续发扬人民政协的优良传统，进一步增强做好文史资料工作的使命感和责任感，始终坚持文史资料工作为"三个文明"（物质文明、政治文明、精神文明）建设服务的正确方向，恪守"三亲"（亲历、亲见、亲闻）原则，扬长避短，发挥优势，与时俱进，推陈出新，在求真、求实、求精、求新上狠下功夫，为进一步提高文史资料工作的水平和质量，为读者提供更多更好的精神产品做出新的贡献。

第三届县政协主席邓华明为第十七辑作序（2007 年 10 月）

人民政协的文史资料工作具有鲜明的政协特点和统战特色，在"存史、资政、团结、育人"等方面发挥着独特而又重要的作用。1996 年 8 月罗江复县以来，县政协十分重视文史资料工作，始终坚持以科学的理论为指导，始终坚持先进文化的前进方向，始终坚持把征集研究和编辑出版文史资料作为政协工作的一项重要内容。历经十年艰辛，先后共编辑出版《罗江文史资料》十六辑，为传承罗江悠久的历史文化，加快我县文化事业发展，促进社会主义和谐社会建设做出了积极的贡献。

“雄关漫道真如铁，而今迈步从头越。”中共罗江县第三次代表大会提出了“文化立县、工业强县、农业稳县、旅游兴县。”“全面落实科学发展观，充分发挥罗江的比较优势，以文化旅游产业为突破口，推进第一、二、三产业互动，城乡经济共融，提升县域经济整体水平，维护公平正义，促进社会和谐，实现经济、社会、环境和人的全面可持续发展，建设活力幸福新罗江”的发展思路，为我们进一步做好政协文史资料工作提供了更大的空间和宽阔的舞台。在谋划新一届县政协工作时，第三届县政协主席会议商定：要继承和发扬人民政协的优良传统，继续强化政协文史资料工作。要始终坚持正确的政治方向，紧紧依靠各级党政部门的重视和支持，紧紧依靠社会各界人士的关心和参与，更新理念，开拓创新，求真务实，加强指导，突出特色，注重质量，多出精品，努力推动文史资料工作再上新台阶、再出新成果，为促进文化立县、建设活力幸福新罗江再立新功。

文史资料工作是一项艰苦细致的创造性劳动，《罗江文史资料》第十七辑的编辑出版，是文史资料工作者、文史作品作者，以及编辑组织人员辛勤劳动的结晶，也是各方面配合支持的结果。在此，我谨代表政协第三届罗江县委员会向大家表示诚挚地谢意。在收笔之际，我真诚地希望各级党政领导、广大政协委员和社会各界有识之士，一如既往地关心和支持罗江文史资料工作，让《罗江文史资料》这朵璀璨的奇葩在文化百花园里更加绚丽多彩，为促进文化事业建设、构建和谐罗江发挥出更加独特的作用。

第四届县政协主席白光裕为第十九辑作序（2015 年 1 月）

马驰原野繁花茂，羊跃神州事业兴。

《罗江文史资料》第十九辑经过各方面的共同努力，在羊年来临之际，今天正式和大家见面了。

罗江，这块古老而秀丽的热土，历史悠久，文化灿烂，既有深厚的历史文化积淀，又有独特的现代文明地标。发掘、抢救和整理这一历史文化宝库，发挥其应有的作用，是罗江人民的共同愿望和义不容辞的历史责任。努力做好人民政协的文史资料工作，对于帮助人们学习和了解罗江的历史，激发人们热爱祖国、热爱家乡，增强自信心和责任感，为打造“产业罗江”“文化罗江”“生态罗江”，“推进二次创业、再造一个罗江”，努力加快小康社会建设进程，具有重大的现实意义和深远的历史意义。

做好文史资料工作是人民政协的优良传统。古人云：“以铜为镜，可以正衣冠；以史为镜，可以见兴替；以人为镜，可以明得失。”征研和编印文史资料，充分发挥其“存史、资政、团结、育人”的作用，是政协工作的一个重要方面。自《罗江文史资料》第十八辑编印后，我们主要以专题记述的形式征编出版了《罗江文物集萃》《罗江宗教》等，时隔五年再次续编。本辑文史资料收录时间为 2010—2013 年，广泛征集了社会各方面的史料，得到了县级各部门的积极配合与支持，凝结了撰稿人、编辑人员和文史工作者的心血与汗水。在此，一并向他们表示诚挚地谢意！

读罢全书，有以下三个特点：首先是内容丰富。本辑文史资料主要内容分为大事记、改革篇、纪实篇、成就篇、建置沿革、人物传记和史海钩沉等七大类，共收录39篇文章，给人以形象、真实和直观的感觉，加深了阅读者的印记。其次是资料性强。本辑收录的每一件文史作品，都是撰稿人根据他们的亲身经历，或所见所闻写成。虽不可能以偏概全，但都力求实事求是地再现了历史的昨天，恪守“三亲”（亲历、亲见、亲闻）原则，因而具有较高的史料价值。再次是地方特色。本辑文史作品所记都是发生在罗江历史上的人和事，从远古到当代，从人文流韵到地方风物，都真实地体现了罗江地域特色，突出了罗江复县后的发展脉络，展现了罗江儿女奋发有为、与时俱进的昂扬斗志和精神风貌。

由于编纂时间有限，书中如有不妥之处，敬请读者谅解！

（二）《罗江文史资料》选录

以史为镜　温故知新

——记在白马关绵阳地区“五·七”干校的一段劳动生活史实

张黎群

引　言

八十周岁生日前夕，1998年4月2日，我收到四川省罗江县庞统祠墓管理办公室金剑锋写的一封信，要求我“就当年在绵阳地区‘五·七’干校的亲身经历写一份资料……”他对这个要求如愿以偿的评价是，就其意义来说，“您老的这份资料，是您送给罗江人民的宝贵文史财富……”

我经历了“文化大革命”（1966年5月至1976年10月）的全过程。自1966—1973年这八年中，我过着被囚禁、批斗、劳改和认罪的非人生活，屈指算来，刚好是打败日本帝国主义的时间（即八年抗战），整整八年。这可以分为三个阶段：一段为接受万人大会大批斗大批判的时期（1966—1968年），二段为囚禁深山劳动改造时期（1968—1970年），三段为囚居白马关绵阳地区“五·七”干校审判定案时期（1970—1972年）。本文就是这三个时段的真实记录。

一、转移囚禁地，到白马关绵阳地区“五·七”干校去

1970年的一天，关押在广元市剑阁县剑门关武连山上的我，被造反派头目叫去宣布道：“你去罗江白马关绵阳地区‘五·七’干校。”“五·七”干校一事，缘起于1968年10月黑龙江省柳河农场，他们自称根据中共中央委员会主席毛泽东两年前的“五·七”指示（5月7日签发）的精神办了一所学校，名曰“五·七”干校。宣扬“五·七”干校是广大干部下放劳动锻炼的广阔天地，是反修防修的前沿阵地。《人民日报》一时间又是配“编者按”，又是发“评论员文章”，好不热闹。“上有好者，下必有甚焉。”各省（自治区、直辖市）及地

区造反派组织、革命委员会便群起而效尤，把广大干部赶进“五·七”干校去“反修防修”。“文化大革命”期间，革命干部饱受煎熬。以坑人整人为能事的造反败类们，总是在响亮动听的政治口号下想千方设百计残害好人。全国数以千计的“五·七”干校的丑恶表演，是应该永远被钉在耻辱柱上让后人引以为戒的。

我去的白马关绵阳地区“五·七”干校设在鹿头山汉靖侯（庞统）祠内，当我走到那儿抬起头来一看，大门左边廊厅石柱上悬挂一块白漆木牌，大约四尺长一尺宽，写了一竖行字：绵阳地区五·七干校。一眼望去，蹩脚的毛笔字，字里行间显露出一副无精打采名不符实的样儿。

放下行李，在院内粗略看看，来此的学员全是被封为“走资派”“臭老九”“牛鬼蛇神”的“一小撮”。回忆得起来的有：中共绵阳地委书记彭华，绵阳地委副专员于桐林；绵阳地委局长和科长一级的干部有孙登寿、杨廷秀（女）、燕承志、刘玉泉、雷从舟、徐斯常、罗志文、谢茜（女）等；还有两位去国外留过学的刘述义（工程师）、邹龄昌（工程师）；另有一位年轻右派分子邹应奎（大学毕业生）等，共有30～40人，挤在两间约20平方米的屋里（二师殿前东西厢房）。

学校管理人员是宋文英（结合干部）、×××（当过某县县委书记，忘其名）、孙廷章（科长）、驾积厚（绵阳地委机关干事，造反派勤务员）。还有绵阳农业专科学校的教职员工，他们的地位比我们（走资派）略高。带领我们劳动的，我记得有一对夫妇叫范文龙、周显珍。四川大学农学系毕业的我就在男的（范文龙等）领导下挖地挑大粪，在女的（周显珍等）领导下修枝嫁接苹果树。毕竟是“臭老九”有文化讲礼貌，我们相处得还和平友好。

二、爆发了一场维护中国共产党人尊严的斗争

我的人生体会是：哪里有压迫，哪里就有反抗；哪里有侮辱中国共产党人的人格尊严，哪里就有反击！

有一天，被囚禁的干部到齐了，在庞统祠的前院（二师殿前天井）站着四十多人，“五·七”干校的头目在激情演讲：“你们大家听着：你们到这个干校来，不能称之为‘学员’，更不能称之为‘同志’。你们要服从管教，遵规守矩，拼命劳动，不准自由走动……”

人群中有人在交头接耳，站不安稳脚了。有人厉声问道：“你们这里是‘五·七’干校还是劳改所？你刚才宣布的条规，是对付劳改犯的！”

一场唇枪舌剑展开了：

干校头目：“张黎群，你不许捣乱，你服从就是了。”

张黎群：“按你的说法，立即把祠堂大门的招牌取下，换成这么一个招牌：绵阳地区‘五·七’劳改犯学校。这才名实相符。”

干校头目：“你捣乱，这是反动行为，死不改悔的走资派！我们请白马关的贫下中农来参加，斗争你。”

不知从哪里钻出来了几位尹姓农民，莫名其妙地东张西望着。

燕承志站了出来，用浓重的山西音调怒吼起来：“自己开会把外人请进来，评评理嘛，究竟是劳改所还是‘五·七’干校？”他边说边走边跳，一次训话会便一哄而散了。

干校头目气急败坏地吼道：“张黎群，你带头闹事，你是什么人！”

张黎群："你们听着：我是中国共产党正式党员！"

忽然间，那几位贫下中农一转身溜向大门外，一群办校的人员也不知所措无精打采地站在那里。

干校头目一呼啸："以后给你们这一小撮算账！"

死不改悔的走资派？其实这些才是铁骨铮铮的革命派，带着胜利的微笑，又扛起锄头下地劳动生产去了。这场旗帜鲜明的抗争，惊动了绵阳地委的革命委员会、"支左"部队，他们意识到"驯服工具"一旦觉醒起来，造反派便完蛋了。于是派出驻军的师政治部主任臧其祥前来白马关，对"走资派"进行个别访谈，然后开大会讲话，大意是：我们应当办好"五·七"干校，到这里来学习、劳动的学员，把问题弄清楚了，大家都是同志嘛！这次的争论是过去的了，大家向前看吧！

三、白马关"五·七"干校干部在觉醒，共产党员自己救自己

白马关"五·七"干校，一开办就存在两个矛盾，一个是"文化大革命"的错误路线、方针同党的实事求是的正确路线的矛盾，一个是主办"五·七"干校的工作人员素质普遍偏低和学员（人称"走资派"）的政治理论、文化素养普遍较高的矛盾。这两个矛盾的对立和斗争反映在各个方面，从而凸显了共产党人在任何困难逆境下的高尚品质。其矛盾突出地表现在三个方面：

一是热爱劳动、勤于劳动。劳动生产的活路有：喂猪、放牛、种地、挑大粪、从罗江酒厂运回猪饲料、剪接果木树、蒸饭等，总之举凡人群生活、生产之事，无一不有，大家都尽力而为。

二是热爱学习、刻苦学习，都是自学。"五·七"干校负责人从来不抓学习，既无课程设置，也无政治理论讲座。我们一天二十四小时劳动、听其摆布、睡觉，造反派就心满意足了。可是，"走资派"却不甘心浪费时间，专心读书。那个留学生刘述义，是与陈毅元帅同时留学法国的，他一有空就演算几何题。徐斯常是四川大学数学系毕业的，天天温习功课。如此等等。

三是急公好义、遵纪守法，都是自己管好自己。"五·七"干校工作人员从不接近学员，更不用说交换意见了。"日出而作，日落而息。"需要干什么活，扛起锄头就下地。偌大一个祠庙的清洁卫生，我们都自觉地打扫得干干净净。

"走资派"们还关心着自己后代的教育，不幸的是子女们四处逃亡。于桐林把他两个儿子（一个上初中，一个上初小）都弄到"五·七"干校来了，送到白马场（1970 年前，白马乡公所位于今白马关镇广济村 5 组，即老白马场。1981 年 11 月，改白马为白马关）中小学就读，早出晚归，三个人挤在上下铺里。他白天劳动，晚上课子。我的小儿子 13 岁读初中一年级时就离开了绵阳，1970 年在白马关火车站相遇时，已是一米七的小伙子了，一身油脏衣服，活像"小油鬼"。与我同到庞统祠，约法三章，努力自学成才；就在乡村种地，还每年到白马场学校读三个月的书。他后来考上了大学。1978 年 12 月改革开放后，他留学美国，成了一名计算机专家。总之，老干部们倒霉了，还不忘记教育后代，千方百计培养子女成才。

四、“五·七”干校主办者从上到下的日子都不好过，只有散伙一条路可走了

在“五·七”干校劳动的一群人，逐渐和当地村民、四川玻璃纤维厂（厂址位于罗江东门外琵琶岩）的工人，以及那些常来白马关览胜的旅游者有了联系，交上朋友了。

有一天，从罗江来了几位青年工人，要“五·七”干校头头讲一讲有关白马关的故事。那个头头说：“找那个煮饭的老头儿来讲。”我讲结束后，看得出听者满意的神色。此后，每个星期天都有人来庞统祠参观，来了大多要找“煮饭的老头”聊一聊。一天，一对年轻恋人和“煮饭的老头”谈了两个小时，天南地北、古往今来，涉及问题广泛，那位青年人忽然冲着我说：“你真的是靠煮饭为生的人吗？”我说：“我是在这儿劳动改造的干部。”他笑得非常天真：“你叫张黎群！”

雷从舟是负责采买的，每天下山到白马场买菜，到代销店购买油盐酱醋茶，商店小伙计们对他十分客气，经常问长问短。

每逢到罗江酒厂去拉猪饲料，“壮丁”们都得去，每次都是十几二十人，那个酿酒师傅二十岁出头，名叫卢裔田，喜欢同“拉车人”聊天。有一次，他冲着大家说：“我知道你们是什么人，绝非常人，我可以猜出你们当中谁是官人。”

有一天，我在下地途中碰到几位农民，他朝我喊：“张主任，你到哪里去？”我说：“你喊错了，我是被劳改的！”他笑着说：“你不要多心，现在主任比书记大呵！”闹了半天，我才明白过来，那位农民原来是在赶潮流：你当年是绵阳地委书记，而今是革命委员会主任吃香，我称你为主任，是抬举你呵！

总而言之，许多人已经知道庞统祠内关押的是什么人了，这些人是昔日的书记、专员、局长、科长，是好人，是人民的公仆，从他们的脸色上充分表现出友善尊敬的神色，同时又表现出一种惶惑的疑问：为什么让好人受压、受气呢？

1971 年 9 月 13 日，时任中共中央委员会副主席、中共中央军事委员会第一副主席、国防部部长林彪叛逃，乘坐的中国人民解放军空军的一架 256 号“三叉戟”飞机坠毁在蒙古人民共和国的温都尔汗，真正令造反派们六神无主了。

我得知林彪所乘“三叉戟”专机失事的消息或许比造反派要早一天，为了证实这一令人振奋且关系到国家兴盛的特大事件的确切性，我们进行了一个“测试实验”，即在有“五·七”干校大小头目参加的小组会上，或者同他们侧身而过时，都口中念念有词：“林副主席永远健康，林副主席永远健康。”一说再说，此起彼伏。造反派们屁股坐不稳了，将“走资派”们集中起来训话，就短短两句：“林彪失事了，对你们没有传达任务。”

从此日此时起，造反派们一个个夹着尾巴灰溜溜的，话也不多说了，对于大家的自由行动也不大过问了。是的，“文化大革命”期间造反的乱臣贼子们的末日即将来临了。

五、绵阳地区五·七干校的招牌，被大风刮跑谁也记不起它了

白马关绵阳地区“五·七”干校从“九一三”事件发生后，骤然间冷清了许多，造反派们的呵斥声再也听不见了，恶狠狠的眼光也难以见到了。那位从绵阳地委调来的厨师李××（忘其名）整天提不起精神，三天两头请假走了，就由我这位副手代劳。看来，这块“绵阳地区‘五·七’干校”的牌子也支撑不住了。

可是，那些受过磨难与迫害的党的干部的革命劲头被激发出来了，他们在思考，这些年的混乱局面该收拾收拾了，获得自由的日子不会远了。

从种种迹象表明：那个不得人心的革命委员会实在维持不下去了，他们也不知道该如何收场，可能谁也说不清楚白马关这个绵阳地区“五·七”干校是怎么收拾烂摊子的。在我的印象中，是各自背起背包作鸟兽散了。但是，“走资派”们还是以国家利益为重，不计较个人得失，又走上了新的工作岗位。据我听知：

雷从舟，派到绵阳水电学校去当校长，他下了很大力气整顿那个被造反派闹得乱糟糟的学校。

于桐林，派到四川经济管理学院去当院长。之后我拜访过他，他办学很有成效。

彭华，派到内江地委当了书记，工作兢兢业业，干劲不减当年。

总之，所有白马关绵阳地区“五·七”干校的“囚犯”调到哪里就到哪里，工作从不讲价钱，全员上岗了，他们誓言要夺回已失去的年华。

至于本人，调到成都，住在走马街招待所，一家五口人挤在一间半小屋里。我们二话没说，我去干基本建设，到长寿四川维尼纶厂、泸州天然气化工厂两个工地兴建工厂，那是特大型的国有企业。1976 年 10 月粉碎江青反革命集团后，我先后当了厂长、指挥长、书记，获得了报效国家的机会。

结　语

“文化大革命”，致使中国人民、中国共产党的功臣们做了十年噩梦。他们被一伙民族败类百般陷害，统统打入地狱，长达十年之久，死的死，逃的逃，病残的病残，活着的又毅然挑起兴邦治国的担子。

粉碎“江青反革命集团”后，迎来了中华人民共和国的浴火重生。盛世重来，此后的兴旺情景与愉悦心情，非本文的记述范围了。

1998 年 4 月 17 日

（录自《罗江文史资料》第四辑）

【作者简介】张黎群，原名黎富敏，民国 7 年（1918 年）5 月生，四川省成都市蒲江县人。时任中共中央纪律检查委员会教育室主任。2003 年 3 月病逝，享年 85 岁。

战友谢明的人生

白　航

Ⅰ　抗日战争胜利后，他为了追求正义和民主，谢明出川去。在外地转了一个大圆圈之后，穿上了中国人民解放军的军装，又回到了故乡，但是……

谢明，四川省罗江县人，是追求光明和正义的那类知识分子。学生时代，胸中充满了激情和憧憬。民国 35 年（1946 年），他在国立第六中学绵阳三分校（校址在绵阳新店子）读书时，因不满国民党的腐败统治，参加了民主运动，而被学校除名。他满腔义愤，就和几个同学偷偷离开四川的家，去到遥远的北方，投奔到共产党领导的解放军，以求实现自己的理想。他历经千难万险，摆脱了国民党的封锁和盘查，经过陕西、河南，来到河北省南部的晋冀鲁豫解放区的邢台地区，而进入了北方大学艺术学院学习。北方大学校长为革命学者范文澜（范后著有《中国通史》等），艺术学院的教员有创作《黄河大合唱》歌词的光未然（即后来的张光年）及作家陈荒煤等诸多名人学者。

民国36年夏天，晋冀鲁豫解放区和晋察冀解放区连成一片，改称华北解放区。谢明和艺术学院的十五位同志一起参军到新组建的华北野战军第一兵团（后改为中国人民解放军第十八兵团）文工团，谢明被分配在创作组。兵团的司令员兼政治委员为徐向前，副司令员为周士弟，政治部主任为胡耀邦。同年11月，河北重镇石家庄被我军解放后，文工团曾去石家庄演出，以慰问前线将士。之后，他们就到了山西阳泉。晋中被我军解放后，文工团即去了山西太原前线，谢明和十几位同志（还有我——白航）在最前方的战壕里，和战士们生活战斗在一起，亲身感受到了死亡的惊险和胜利的喜悦。这也是解放战争中最为惨烈的一场攻坚战，阎锡山在太原附近的东山上修筑了无数座钢筋水泥的大小碉堡及地下掩体工事。打掉敌人一个碉堡，我们的连队官兵甚至要伤亡半数以上。阎锡山的兵工厂，一天可以生产一门山炮。太原的城墙上，一个城墙垛口后面就有一门山炮，随时可向我们开火。有时炮弹会落在炊事班煮饭的饭锅里开花开朵。这种弹炮横飞的战斗场面，给谢明的心灵以震撼和洗礼，越锻炼越坚强。山西太原解放后，文工团又随大军解放了陕西西安、宝鸡，而后翻越秦岭，攻破四川的北大门——朝天关，一举解放了四川广元。之后，大军突破剑门关天险，以摧枯拉朽之势解放了四川绵阳。此时，谢明穿着解放军的黄色军装，又回到了他曾经生活和学习的地方。这一个大圆圈，转得真够刺激而又奇妙的了。然而，想不到的是，当他随部队踏上生他养他的罗江地界时，却遭到了国民党军胡宗南残队的伏击，而猝然不幸牺牲于故乡了，这真是一个意想不到的悲剧。当此时，他走回家乡的土地，本该是扬眉吐气一展英姿的时候，但却倒下作了地下的鬼魂。革命，就是如此地悲壮和艰辛。为了后人的幸福，必有前赴后继的先行者，他们抛头颅、洒热血，一切为了后人。在此，我们向战友谢明致敬！应记着这一天，那是在1949年12月21日的中午，正当太阳高高升起的时候，第一野大军从陕西宝鸡向四川进军途中，谢明、杜彬和我下放到全兵团的尖兵师（第一八〇师）中的两个团（第539团、540团）中的连队中，跟战士们战斗、行军和生活在一起。我们同样背着全部行李和干粮，一天行军一百多里，还要和敌人打仗。最后，顺利走到了成都。只不过我们带的是笔，而战士们背的是枪罢了。

Ⅱ　在绵阳解放的第二天，我在街上碰见了风尘仆仆进城来买红纸为战士写立功喜报的谢明，我们站在街沿边说了一会儿话。他说：他们连队在离绵阳城20多里的前方，还要赶紧赶回去呢……

那时约在上午10点钟左右，一些商店还大门紧闭，只有一家杂货店开着门，但红纸已经卖光，他要急急忙忙赶到另一条街区去买红纸。故此，我们的谈话是杂乱而又仓促的，他的脸红扑扑的而神情极为兴奋，呼吸急促两眼放光。这里曾是他读过书的地方，旧地重游，当更有一番人生的感悟和胜利的激动。我们匆匆见过这一面后，便成永诀了，再也无缘和他共论创作与生活的话题了。

人生无情，我与谢明相聚在文工团，也仅有一年的短短的时间，而且我们大部分时间都分散在连队中各自去体验生活，很难得相会在一起。特别是我们两人的性格都极为内向，缺乏交流。虽然同志之间极为友好，却彼此间并不了解各自的经历以及出身状况。当时，同志交往只能谈论工作，而谈论私事和经历是违规非法的。这些情况，只能由组织上掌握和知道。在总攻山西太原前夕，华北的三个兵团（第 19、20 兵团及我们的第 18 兵团）将在太原前线会师，要创作一批剧目欢迎前敌委员会的成立。届时，彭德怀和贺龙等首长都要来参加。我所属的兵团由宣传部承头（胡耀邦兼任宣传部部长，白戈任副部长），召集兵团文工团及各军种文工队的领导和编创人员开了一个小型的创作会议，要求我们及时创作一批剧目，以迎接这次的解放太原大会师。我团团长郑红羽带领我和谢明，参加了这次会议，并聆听了胡耀邦主任的教导和讲话。谢明和我合作创作了一个活报剧《追》，该剧描写解放大军英勇作战，打得国民党军鸡飞狗跳，四散奔逃，溃不成军。国民党的军官太太为了逃命，连高跟鞋都跑掉了一只。此剧出尽了国民党军队的洋相。其实，这与我们这次进军四川的遭遇颇有相似之处。我们在解放四川广元时，在国民党军驻地内就发现了洗干净的几只老母鸡，还来不及下锅，就留给了我们，而慌忙逃窜了。《追》在剧团里虽然排练了，但因战争形势的快速发展，终于也没有机会在舞台上演出。我和谢明的合作成果，由于他的牺牲，也就永远结束了。

谢明在团里的人缘很好，至少比我要好。他常在演出时，乐意当一个群众演员，而我呢，不屑为此。因此，有人送我一个外号，叫我“老爷”，前面再加一个白字，就叫“白老爷”，有嘲笑我在文工团是白混饭吃的“老爷”的意思。虽然我也发表了一些诗作，但那是属于不务正业的作品，用现在的话来说，是“假冒伪劣产品”。我无可奈何，只有羡慕谢明的人缘而自叹弗如了。

Ⅲ　他身后的遗物，只有一个白布小包。

部队从绵阳向罗江进军的那天，谢明所在的连队为先头部队，走在最前面，我所在的这个营则为殿后，因为攻打绵阳时，我们营是主攻部队。大军顺着川陕公路向前推进。大约到了中午时分，不知何故，部队停了下来。估计是遇到了小股敌军的抵抗，我们连便埋锅煮饭了。吃完午饭后接到了命令，让我们快步行军，超越前面的友军，再次担当尖兵连的重任。此时，战士们都精神抖擞地大步向前走去，不一会儿就走到了部队的最前面。这时，道路的左边是连绵起伏的矮山包，只见从一处竹林盘里陆陆续续走出几十个军人来，他们朝我们行进的后方走去了。彼此相遇时，有人小声问他们：这儿出了什么事？他们回答说：部队遭敌人伏击了，赶跑敌人后他们去清理战场。在向四川进军时，发生这种事是不足奇怪的。对此，大家也只有提高警觉了，但没有想到，谢明就是在此处牺牲的。当时我不很在意地匆匆走过去了。此后，一路上再没遇到什么敌人。当天，在离罗江县城不很远的地方宿了营，这时，天尚未黑下来。不想，通讯员突然通知我，营部有我的电话。我不知道发生了什么事，谁会打电话给我？就匆匆跑到营部去接，电话是杜彬从另一个团里打来的，他是我们三个人下部队体验生活的领导，他告诉我一个不幸的消息，说："谢明今天在和敌人遭遇的战斗中，不幸牺牲了。"我听后很感意外，简直从未想到过他会牺牲，况且我和他前天还刚刚见过面，印象尚如在目前。难道他就这样离我们而去了么？实在不可思议！回到住地不久，又接到团政治处打来的电话，要我去取谢明的遗物，我找到政治处的住地。他们交给我一个白色的小包裹，里面有一两件洗得发白的军衣、一双布鞋和一个笔记本，还有一些零星的物品。他们告诉我：谢明是在今天的一次战斗中牺牲的，打扫战场时才发现了他的遗体。当时，天已经黑了下来，我也来不及多问一些情况，就赶回到了宿营地。我的心里乱糟糟的，一直呆坐在背包上，不愿相信这是事实，直到有战友喊我去吃饭，我才清醒过来。这里离罗江县城已经很近了，第二天中午，我们早早就到了罗江县城。这是一座较有生机的小县城，大约当天正逢场期，街道两边的商店都开着门。如果谢明活着，来到这里找着家人或亲戚朋友，那情景一定是十分动人的。可惜，这人间欢乐场景他竟没能享受到。

在一处杂货铺里，我见到有酒出售，便急急忙忙用水壶买了一壶，是绿色的甜酒。在那艰苦的行军打仗的岁月里，这酒对于一名军人来说，真是如获至宝了。我们没在这里吃饭，大队人马转向左边的一条山路，去了白马关庞统祠。这座祠是为纪念三国时期蜀汉军师庞统而修建的。祠在山顶上，小巧玲珑，是这一带的制高点，极具军事价值。我们不能再往前行进了，因为我们是第一野大军的先头部队，只有一个师，后面的大军离我们还有两天的路程，附近有国民党的几百万部队，想要吃掉我们是很容易的。那两天，气氛很紧张，口令一日三变，真是如临大敌。我趁休息时，取出谢明的笔记本来翻阅，里面有他到了北方大学写的一篇文章，还有在陕西渭中的扶（风）眉（县）战役打垮西北王二马（马步芳、马鸿奎）战斗的十几篇活捉俘虏的报道剪报，是谢明为兵团报纸《子弟兵》在战场所写的（那时，我们都在战斗部队中），写得都很简洁生动，说明他是很有创作才能的。另外，笔记本里还有画家罗工柳为北方大学文学组的同学画的漫画像。个个画得十分有趣，其中就有当代著名歌词作家乔羽等。此后，这个本子我一直随身带着，一有空时就拿出来翻阅一番。待到成都解放后，兵团政治部来函索要谢明的遗物，说他妹妹参军当了护士，我才把这个本子交了上去。但后来才知道，他妹妹谢挺庄并没有收到这件遗物，至今仍然感到十分遗憾。

谢明牺牲已经五十多年了，他的名字深深地刻在我的脑海中。20 世纪 50 年代，我曾用"谢燕白"的笔名发表文章（文工团创作组共有三个人，一个是谢明，一个是燕征，还有一个就是我——白航）。用这三个姓连在一起组成一个名字，就是为了纪念这段可歌可泣、艰苦战斗的革命人生历程。幸好我的姓排在最后，所以我还健康地活着。

谢明为了追求理想，最终倒在了自己家乡的土地上，虽然可惜，但也称幸福，因为家乡的土地是深厚的温暖的，覆盖在他身上，将永远为他挡风遮雨。

一朵花凋谢了　在故乡

有一朵花
凋谢在战火纷飞的路旁

那里，恰是他的故乡
我唱一首挽歌，在他墓前
歌声摇动着青草
伤悼他过早地夭亡
战斗，行军
行军，战斗
多少个日日夜夜
终于一步步
翻过巴山，走近罗江
脚和心跳动得同样有力
眼睛，闪耀着太阳的光
但是，一阵枪声之后
他便倒下去了，倒下去了
没有恐怖，没有痛苦，没有忧伤
但却有一点怅惘
因为，没有能来得及轻拍一声那篱笆的门房
亲亲地喊上几声乡邻大嫂
告诉他们：
谢家老二终于回来了
从那遥远的地方……
这里曾是他走熟了的土地
水田里，也许还留有他的汗珠未凉
但，这一切发生得那么突然
（冷静一想又是那么自然）
一个军人最终把鲜血洒在
生他养他的故乡
安息吧！战友
永远陪伴着你的：
有那流着绵长乡音
清澈而又亲切的罗江
和那长声吆吆的山歌
慰你饥渴的情肠

（录自《罗江文史资料》第八辑）

【作者简介】白航，男，汉族，原名刘新民，笔名谢燕白，民国14年（1925年）生，河北省高阳县人。民国34年，入晋察冀解放区参加革命工作。时任四川《星星》诗刊主编。

蜀汉政权与罗江

沈伯俊

在三国（220—280 年，是中国东汉与西晋之间的一段历史时期，主要有曹魏、蜀汉、东吴三个政权）时期蜀汉政权的发展过程中，今罗江县占有非常重要的地位。其主要标志是：其一，庞统墓是四川省最早、最完整的三国蜀汉遗迹。其二，鹿头山是诸葛瞻抵御邓艾的古战场。其三，白马关金牛古驿道是四川境内保存最为完整的一段古蜀道。可以说，罗江山山水水见证了蜀汉政权的兴亡。

研究三国历史和三国文化，应该是“条块结合”、纵横交错。所谓“条”，主要是指政治、军事、经济、文化等各个领域，历来为专家学者所重视；所谓“块”，主要是指区域研究，比之前者则相对薄弱。用这一眼光来观照三国蜀汉历史研究，除了继续纵向清理刘蜀集团的兴衰过程，系统研究其政治得失、军事成败、经济兴废和文化荣衰之外，还应大大加强对蜀汉辖区的分区研究，具体分析各个区域对蜀汉政权大小不等的支撑作用，以及蜀汉政权各项政策在各地的实施情况及其影响力，才能更加全面、更富实感地把握蜀汉历史的整体。在这个意义上，认真考察蜀汉政权与罗江县的关系，便是一个很有价值的课题了。

罗江，今属四川省德阳市，位于德阳、绵阳两大中心城市之间。两汉（西汉、东汉）时，罗江县域属涪县（治今四川省绵阳市）。北宋乐史撰《太平寰宇记》卷八十三云：“罗江本涪县地。晋于梓潼水尾万安故城置万安县。晋未乱，移就孱亭，今县是也。梁置万安郡。隋开皇二年（582 年）废郡，为主要县。唐天宝元年（742 年），改为罗江县。”尽管县名几经存废，但位于成都平原东北边缘、川陕古道上的这一区域，却具有非同小可的战略价值；而在蜀汉政权的发展过程中，更是占有非常重要的地位。正如清嘉庆二十年（1815 年）重修之《罗江县志卷四·形势志》所云：“罗纹水合，龙池山开。东绕双江之流，南耸千寻之塔。北接潼绵孔道，四达通衢。西瞻鹿马雄关，两峰对峙，为三国险阻之区，实两川咽喉之地。”

一、庞统墓与刘备取蜀

刘蜀集团的全部发展战略，乃是诸葛亮在《隆中对》中所规划好的：首先争取跨有荆州（古称江陵，位于湖北省中南部）、益州（今四川省成都），然后西和诸戎，南抚夷越。外结孙权，内修政理。待时机成熟，再两路北伐，以成霸业。如果说，夺取荆州的最大功臣是诸葛亮的话，那么，夺取益州的最大功臣则是庞统。

《三国志·蜀书·庞统传》及裴松之注解写得很清楚：东汉建安十四年（209 年），刘备自领荆州牧。建安十五年，庞统归刘备，不久便深受器重，与诸葛亮并为军师中郎将。建安十六年，益州牧刘璋遣法正迎刘备入蜀，欲使其攻汉中张鲁。刘备曾一度时间有所顾虑，庞统却力劝其借机夺取益州，并剖析利害道：“今日不取，终为人利耳。”一席话点醒了刘备，促使他立即下定决心，亲自率兵入蜀。这是刘蜀集团的一大战略步骤，也是刘蜀大军前所未有的一次分兵。两位军师，诸葛亮留镇荆州，庞统则辅佐刘备入蜀。当刘备与刘璋初会于涪城（今四川省绵阳市）时，庞统主张就此擒获刘璋，不战而定益州；刘备因“初入他国，恩信未著”而未予采纳。次年，即建安十七年，庞统又进献取蜀三策：“阴选精兵，昼夜兼道，径袭成都……一举便定，此上计也。杨怀、高沛，璋之名将，各仗强兵，据守关头……将军因此执之，进取其兵，乃向成都，此中计也。退还白帝（今重庆市奉节白帝城），连引荆州，徐还图之，此下计也。”刘备取其中策，诈称欲还荆州，擒斩杨怀、高沛，从而正式开启了夺取益州之役。我在拙著《三国演义》评点本第六十三回总评中写道：“历史上的庞统在夺取益州的过程中，作为刘备的主要助手，协助指挥全军，取白水、袭涪城、夺绵竹，节节胜利。进围雒城（今四川省广汉市）时，发挥了关键性的作用。直到建安十九年（214 年），他在率兵攻城时不幸中流矢身亡，年仅三十六岁。此后不久，刘备便夺得雒城，进逼成都。而诸葛亮则是在这年年初统兵入蜀，与张飞、赵云等‘分定郡县’，然后‘与先主共围成都’。罗贯中为了突出诸葛亮的作用，在《三国志平话》的基础上，虚构了庞统在‘落凤坡’遭到埋伏，被乱箭射死的情节，有意将庞统之死提前，以便诸葛亮尽早入蜀。这样，庞统所起的关键作用则被降低，诸葛亮则被写成夺取益州的主要指挥者。这对庞统来说不够公平。”刘备夺取益州，顺利实现了“跨有荆益”的第一步战略目标。随后又以益州为根据地，夺取陕西汉中，达到其一生事业的顶峰，庞统对此功莫大焉。而庞统的不幸牺牲，则使刘备失去一臂，是刘蜀集团的巨大损失。如果庞统不早死．诸葛亮要么可以晚几年入蜀，要么可在刘备定蜀后与庞统互相置换（诸葛亮到成都辅佐刘备，庞统则去镇守荆州）。果真如此的话，荆州或许不会失守，三分天下的格局可能会大不一样。尽管史实无法改变，但英才早逝却不能不令人扼腕长叹！

关于庞统死后的归葬地，《庞统传》未作明确记载，这在《三国志》中是非常普遍的现象（如夏侯淳、夏侯渊、曹仁、荀彧、马超、赵云、法正、张昭、周瑜、鲁肃等重要人物的归葬地，《三国志》均未明确记载）。唐代以后，历代均有文献记载庞统墓在罗江县鹿头山上，这是可信的。我曾经指出：“其故乡襄阳距离遥远，且为曹操控制的地盘，还葬原籍是不可能的。由于这里（鹿头山）地势高阜，背景开阔，距雒城亦不过数十公里，痛失良佐的刘备将庞统葬于此处是很有可能的。”正如《三国志》未记关羽归葬地，却并不影响洛阳关陵和当阳关陵的真实性；与《三国志》未记张飞归葬地，却并不影响阆中张飞墓的真实性一样。庞统是刘备夺取益州的最大功臣，庞统墓则是这一战役的一座丰碑。它与刘备入蜀后与刘璋欢聚饮宴的富乐山（在今四川省绵阳市区）、曾经驻扎过的葭萌关（在今四川省广元市）一起，成为三国时期蜀汉在今四川境内最早的一批遗迹，而论保存之完整，在广大民众中知名度之高，庞统墓无疑居于首位。从宋代起，墓前修建了靖侯祠（庞统谥靖侯，故名“汉靖侯祠”，俗称庞统庙），清乾隆、嘉庆、道光、光绪年间曾有过修葺扩建。千百年来，祠墓相伴，翠柏青青，成为蜀中一方名胜。

二、鹿头山与蜀汉之亡

鹿头山在今罗江县城西，其西麓直抵绵远河（古称绵江），与绵竹故城（位于今罗江县白马关镇与德阳市旌阳区黄许镇之间的宏恩村、双江村一带）隔水相望。成都平原至此与北部山地丘陵相接，使鹿头山成为西蜀北面最后一道屏障。这里俯瞰四周，视野开阔，实为屯兵之要地。清朝初年顾祖禹撰《读史方舆纪要》评曰：“自山以西，道皆坦平，西川恒以此为巨防。”刘备取蜀之役，以涪城为大本营，而以鹿头山为指挥中心。庞统中箭死后，刘备将其归葬于此处，不仅符合古人讲究风水、重视环境的风俗，而且与鹿头山在当地的战略地位有关。

魏景元四年（亦即蜀景耀六年，263 年），司马昭命征西将军邓艾、镇西将军钟会、雍州刺史诸葛绪等五道伐蜀（其中钟会大军由斜谷、骆谷、子午谷三路进攻汉中，故与邓艾、诸葛绪合称“五道”）。此时，驻守沓中的蜀汉大将军姜维上表后主，建议“宜并遣张翼、廖化督诸军分护阳安关口、阴平桥头以防未然”。然而，操纵朝政的宦官黄皓却“征信鬼巫谓敌终不自致，启后主寝其事，而群臣不知。”致使丧失了大好战机。钟会攻取汉中后，姜维会合廖化、张翼、董厥，退保剑阁。“冬十月，（邓）艾自阴平道行无人之地七百余里，凿山通道，造作桥阁。山高谷深，至为艰险。将士皆攀木缘崖，鱼贯而进。先登至江油，蜀守将马邈降。”蜀汉朝廷闻讯大惊，急遣行都护、卫将军诸葛瞻率兵抵御。“（诸葛）瞻督诸军至涪停住，前锋破，退还，往绵竹。”这里所说的“绵竹”，不是指位于平原地区的绵竹县城，而是指与县城隔水相望，隶属于绵竹的鹿头山。这里不仅控扼川陕古道，为魏军前进所必经，而且地势雄峻，易守难攻，实为抵御邓艾的最佳阵地。任乃强先生《华阳国志校补图注·刘后主志》注云：“（诸葛瞻）住绵竹，为守鹿头关。上引《钟会传》所谓‘蜀军保险拒守，艾遂至绵竹’者是也。涪距剑阁二百里，仅隔梓潼一县，两军易于并力。而瞻退绵竹者，益与（姜）维、（张）翼、（董）厥、（廖）化等商为保据险阻困敌于平之计。翼、化等盖亦已分军出马鸣阁与江油等处截击田章，断艾后援。上引《钟会传》云‘破蜀伏兵三校’可证。”又云：“绵竹之战，艾军死中求生，存亡所系。《艾传》云：‘（诸葛）瞻自涪还绵竹，列阵待艾。艾遣子惠唐亭侯忠等出其右，司马、司纂等出其左。忠、纂战不利，并退还，曰：‘贼未可击。’……盖瞻等凭山险为阵，故忠与纂言未可击也。”这一判断是正确的。今庞统祠西北 300 米处的山上有一座高 10 米、宽 10 米、长 30 余米的平台，《罗江县志》称为“诸葛将台”，应该就是当年诸葛瞻扼守鹿头山的指挥部所在。可惜诸葛瞻将略不足，本应固守，等待姜维大军回援，却气盛易怒，死拼硬打，“遂战，大败，临阵死，时年三十七。众皆离散……瞻长子尚，与瞻俱没。”诸葛瞻以死报国的赤胆忠心固然令人崇敬，但其一误再误，迅速败亡的结局却实在令人惋惜！

诸葛瞻败亡后，邓艾大军直逼雒城。蜀汉已无险可守，后主刘禅及其亲信更是斗志全无，于是仓促采纳谯周之策，遣使请降。至此，姜维等人已无法再战，只得诈降钟会，欲伺机复国，惜乎失败被杀。可以说，鹿头山是蜀汉政权的最后屏障，鹿头山之战是蜀汉政权的最后一战，鹿头山的失守也就标志着蜀汉政权的最后灭亡。

三、古驿道与兴废之理

鹿头山上，庞统墓东侧，有一段数百米长的古驿道，人称“金牛古驿道”。

需要说明的是，唐代于鹿头山设置关戍，重兵屯守。五代时，移鹿头关戍于绵江（今绵远河）西岸，另置白马关于鹿头山。因此，今天人们熟知的白马关，就是原先的鹿头关。

这段古驿道，即陇、蜀之间的古道之一小部分。三国时期，诸葛亮几度北伐，姜维屡次攻魏，大军征调，粮草运输，都要经过这里。遥想当年，这里不知有多少旌旗飘舞，战马嘶鸣，有多少民伕挥汗，车轮咿呀。鹿头山之战时，这里是魏、蜀两军拼死争夺的要冲，不知曾洒下多少斑斑血迹。诸葛瞻败亡后，这里又是邓艾大军、钟会大军耀武扬威地涌向成都的通道，不知留下了多少战胜者得意的吼叫和狂乱的足迹。蜀汉政权的兴衰存亡，都在这条古驿道上留下了难以磨灭的印记。三国以后，这里仍是南北交通的必经之路，历代的贡赋都要从这里运往京城，士子出外游学，官员上任离任，商品往返流通，也都要经过这里。一千八百年来，这条驿道屡经修整，长期承担着繁重的使命，至今在青石板上，仍是车痕宛然。在今川陕路上，许多地方都保留着古蜀道的遗迹，其中绵阳至梓潼的石牛坝、梓潼至剑阁的"翠云廊"等还相当有名。而白马关古驿道，可以说是四川境内保存得最为完整的一段古蜀道。

千百年来，人们走过这段深邃而又斑驳的古驿道，总是情不自禁地涌起思古之幽情，总会想起蜀汉的历史——前期国运昌盛，将士们出征时的英姿豪情；末年国势衰败，将士们捐躯时的慷慨悲歌。是的，三国英雄们向往统一的政治理想，勇往直前的忠义气节，永远值得后人尊崇。但是，站在古驿道上，我们应该想到的又不仅仅是对蜀汉灭亡的惋惜和对蜀汉英雄的同情，还应该认真思考蜀汉亡国的深层次原因。我在《三国演义》评点本第一百十八回总评中曾指出：蜀汉之亡"是不可避免的结局。蜀汉灭亡时，总共只是二十八万户，九十四万人。如此少的人口，却要供养十万二千军队、四万官吏，加上连年战争，百姓的负担该是多么沉重！仅就这一点而言，蜀汉政权已经无法维持。即使后主刘禅决定拼死一战，也不可能支撑多久。"在《大江东去　遗韵无穷——（三分归晋）赏析》一文中也指出："在三国之中，蜀汉本来就疆域最小，实力最弱。到了蜀汉末年，后主刘禅昏庸无能，沉溺酒色；宦官黄皓专权乱政，结党营私。朝政腐败，百姓疲惫，以致'入其朝，不闻直言；经其野，民有菜色'。国势如此衰微，姜维还只凭一厢情愿，年年出兵，徒耗民力。这样，蜀汉最先灭亡也就毫不奇怪了。"正因为如此，邓艾攻蜀之时，蜀汉民力已经涣散，军队的战斗力也已大大削弱。尽管姜维、诸葛瞻等人忠心耿耿，仍不可能长久维持国运；一旦战败，后主刘禅便只能选择投降了。因此，蜀汉的灭亡，根本原因还在于失去了立国之本——最广大人民群众的坚决支持。这一点，乃是我们徜徉于古驿道上时，最应记取的兴废之理。

总之，从庞统墓到鹿头山，再到古驿道，罗江的山山水水见证了蜀汉政权的兴亡，值得后人回味与思索，从中开发出有益于提升人的精神境界，有益于当今"三个文明"（物质文明、政治文明、精神文明）建设的文化价值。

2004 年 6 月

（录自《罗江文史资料》第十四辑）

【作者简介】沈伯俊，男，汉族，祖籍今安徽省庐江市。民国 35 年（1946 年）4 月生于四川省重庆市。时任四川省社会科学院哲学文化研究所所长、研究员，四川大学文学与新闻学院教授、博士生导师。

四　交流评优

（一）交流

《罗江文史资料》第一至十九辑和《同舟纪实》《罗江文物集萃》《罗江宗教》《记忆罗江》等史料专集，赠阅对象主要是本年度出席县政协全体会议的委员（含列席政协全体会议的驻罗江县的省、市政协委员，受邀各族各界与会人士等）和政协参加单位，县委、县人大、县政府领导，以及各乡镇、县级各部门和驻县主要企事业单位。同时，分送省市政协有关部门，以及省市档案馆、图书馆，四川大学图书馆等；赠送到罗江县考察的省内外党政参访团成员；本县到外地召开招商引资推介会时，常作为嘉宾礼品；适时与市和省内外兄弟单位交换；赠送文史爱好者。

1997—2016 年，县政协历年召开文史资料工作会议，多次邀请省、市政协领导及文史学习委员会负责人到会指导，探讨交流有效做好文史资料工作的方法途径、心得体会。其中 2004 年 2 月，召开县政协文史资料工作会议，市政协副主席谢能昌等到会指导。是年 4 月，省政协副主席杨海清率文史学习委委员到罗江调研县政协文史资料工作并给予充分肯定，市政协副主席谢能昌、文史委主任章复金等参与交流。7 月，在省政协文史资料和学习委员会工作会议上，罗江县政协就文史资料工作作了经验交流发言，获得与会者一致好评。

（二）评优

1997—2004 年，县政协当年未从《罗江文史资料》第一至十四辑中评选优秀文史作品。2005 年，从《罗江文史资料》第十五辑 36 篇史料中，评选甯佐财的《罗江县退耕还林工程建设纪实》、赖安海的《庞统祠墓》、刘军的《百岁老人刘显庭》、邱燕（女）的《建县初罗江镇部分职能部门与县相关部门合署办公纪实》为优秀文史作品。2006 年，从《罗江文史资料》第十六辑 21 篇史料中，评选景安华的《融达科技咨询有限公司非法经营股票证券特大案件侦破纪实》，周贵绵、高翔的《罗纹滔滔涌文潮——罗江复县十周年文学艺术主要成果综述》，刘军的《罗江县乡镇建置沿革》为优秀文史作品。2007 年，从《罗江文史资料》第十七辑 29 篇史料中，评选赖安海的《观音崖五百年纪》、刘良国的《罗江城内壁报小史》、卢也的《潺亭记》为优秀文史作品。2009 年，从《罗江文史资料》第十八辑 21 篇史料中，评选赖安海的《罗江壁画——古今妙丹青　美轮美奂耀剑南》、黄炯的《罗江县实施新型农村合作医疗制度纪实》为优秀文史作品。2015 年，县政协未就《罗江文史资料》第十九辑评选优秀文史作品。

2010—2016 年，县政协以组织编辑出版专集为主，适时评选优秀文史作品集。2008 年，杨正等编著的《袍哥轶事》被评为优秀文史作品集。2010 年 12 月，从《同舟纪实》收录的 30 篇史料中，评选古明水的《参与抗震救灾　服务灾后重建》、张平富的《责任在心　使命在肩》、俞斌的《鏖战绵远河——罗江县抗击“6 · 12”堰塞湖纪实》、苏富贵的《难忘的中秋之夜》、杨中俊的《天使之歌》、周贞籍的《眼泪不属于罗江》为优秀文史作品。2012年12月，《罗江文物集萃》被评为优秀文史作品集，并于2014年10月被德阳市社会科学界联合会评为德阳市第八次哲学社会科学优秀科研成果社科奖。2013年12月，《罗江宗教》被评为优秀文史作品集。

第三节　专集编辑

1997—2016年，第一至五届县政协文史资料编辑委员会和文史学习委员会先后征集研究、编辑出版十余部罗江文史资料专集和图文集，其中2002年选印刘良国辑注的《罗江历代楹联精选》，2003年选印李调元著、齐海燕编译的《童山自记》和刘良国编撰的《罗江历代人物传略》，2008年选印杨正等编著的《袍哥轶事》，2010年编印《同舟纪实》，2011年适当增补后再次刊印刘良国编撰的《罗江历代人物传略》，2012年公开出版《罗江文物集萃》，2013年编印《罗江宗教》，2016年编印《记忆罗江》等。

一　《罗江历代楹联精选》

《罗江历代楹联精选》一书由第一届县政协主席何天云撰写前言。卷首载清代杨周冕撰书的“两人有一安天下；千古成双伴夕阳”、清代李调元撰书的“红雨欲飞惊宿鸟；碧波不动待游船”等联文图照12幅。书中收录庞统祠、李调元纪念馆、万佛寺等寺庙道观联、公署宅院祠堂联、墓庐联、挽联联、民间流传联如清代李光汉撰书的“真儒者不徒文章名世；大丈夫当以马革裹尸”等联140幅，并简要介绍了联文作者及撰书背景等。附录李调元撰“千年古树成衣架；万里长江作澡盆”等名联、趣对56则。楹联，又称对联，俗称“对子”，是中华民族汉语文独有的一种文学形式，其最根本的特点是它的对偶性。

该书主编何天云，副主编刘成国、张明义，编注刘良国，封面设计赤子。成全一册，11万余字，2002年6月由政协第一届罗江县委员会编印。

二　《童山自记》

《童山自记》由第二届县政协主席邓华明作序。李调元（1734—1802），字羹堂，号雨村，清代绵州罗江县云龙坝人。清乾嘉时期著名文学家、诗人、戏剧理论家、藏书家，他以一生的心血编著《函海》，为传承巴蜀文化做出突出贡献。《童山自记》是其晚年自修的一部年谱，以编年纪事体记述，是人们了解、研究李调元一生事迹最为可信的第一手史料。齐海燕将《童山自记》译为白话文，为人们了解、研究李调元文化提供了方便。

该书主编邓华明，副主编洪善斌、曹传海，编审王心祥、刘良国，编译齐海燕，封面题字洪善斌。成全一册，近9万字，2003年6月由政协第二届罗江县委员会编印。

三　《罗江历代人物传略》

《罗江历代人物传略》一书由中共罗江县委书记左正，县委副书记、县人民政府县长卢也题词，第二届县政协主席邓华明作序。卷首载叶秉诚、何北衡等图照18幅，正文收高节、高跃等45位历代人物传略，附白大信、何易于等11位唐至清代在罗江较有政声的知县传略。他们或以高尚品格、急公好义留名乡间，或以为官清廉、刚正爱民流芳民间，或以难得的敬业精神和高超卓越的技艺造福于世，或以维护正义而义无反顾，或为民族之荣辱存亡而置个人生死于度外，堪称后世楷模。正文后附参考书目。

该书主编邓华明，副主编洪善斌、曹传海，编著刘良国，封面题字洪善斌。成全一册，近15万字，2003年11月由政协第二届罗江县委员会编印。

2011年12月该书内容作适当增补后，由政协罗江县委员会编、刘良国撰、中国戏剧出版社出版。

四　《袍哥轶事》

《罗江文史资料》专辑《袍哥轶事》一书由第三届县政协主席邓华明撰写前言。本书收录袍哥兴起、初入袍哥、袍哥序列、袍哥规矩、袍哥茶馆、袍哥经费、袍哥戒律、袍哥聚会、袍哥交往、袍哥禁忌、闲话袍哥、袍哥趣事、袍哥结局等十五个方面的内容，较为系统、全面、生动地再现了当年四川及罗江袍哥组织的本来面目及其生存、发展、消亡的历史。袍哥的生存是历史的产物，袍哥的消亡也是历史的必然。袍哥会对本域社会各方面都有一定的影响，甚至在今天社会生活中也能看到“袍哥”的旧习和“袍哥文化”的影子。

该书编审邓华明、古明水，责任编辑苏富贵、薛建都，史料口述杨永锡，史料整理杨正、杨韬，封面设计高翔，封面题字苏富贵。成全一册，近5万字，2008年11月由第三届县政协文史学习委员会编印。

五　《同舟纪实》

《同舟纪实》一书由县委书记卢也题写书名，县委副书记、县政府县长徐光勇题词“同心同德”，第三届县政协主席邓华明作序。正文收录《政协罗江县委员会“5·12”抗震救灾大事记》《政协罗江县委员会“5·12”地震以来抗震救灾工作的情况通报》，以及古明水的

《参与抗震救灾　服务灾后重建》、张平富的《责任在心　使命在肩》、陈仕恩的《“5·12”特大地震见行实录》、杨中俊的《守护生命　医者天职》、俞斌的《鏖战绵远河——罗江县抗击“6·12”堰塞湖纪实》、赖安海的《凤凰涅槃——“5·12”特大地震蹦出的诗魂》等。附录收录周贞籍的《眼泪不属于罗江》、杨勤的《难以释怀的政协情结》等文史作品15篇。

2008年5月12日14时28分，四川省阿坝藏族羌族自治州汶川县发生里氏8.0级特大地震。罗江县距震中汶川县映秀镇直线距离89千米，突如其来的地质灾难致使全县10个镇20.3万人受灾，人员伤亡328人；造成直接经济损失116.33亿元。中国地震局专家多次到罗江县实地考察，认定破坏烈度为Ⅶ～Ⅷ（7～8）度。国务院确定罗江县为重灾县之一。是年5月，成立罗江县地震灾后恢复重建工作领导小组。依据国务院《汶川地震灾后恢复重建总体规划》等，截至2011年9月，全县完成灾后恢复重建项目456个，投资总额105.41亿元，县政协委员参与其中众多重建项目。

该书编审邓华明、古明水，主编苏富贵，责任编辑苏富贵、薛建都、曾传聪。成全一册，20万字，2010年12月由第三届县政协文史学习委员会编印。

六　《罗江文物集萃》

《罗江文物集萃》图文集由县委书记罗宗志作序。上编不可移动文物，从不同属性与质地精选境内30处等级文物保护单位和历史遗迹的照片92幅并配以简要说明。按区域分类有：位于白马关镇的庞统祠墓、落凤坡金牛古驿道、庞统血坟（衣冠冢）和万佛寺等27幅；县城及万安镇奎星阁、景乐宫（宝明寺）、文昌宫（南塔寺）、太平桥（罗江东大桥）、芒江堰、罗安匝道、周家坝船棺墓葬群、罗江故城南街老宅、纹江书院（又名双江书院）、谢家大院、何家大院和国立第六中学罗江四分校旧址（原三圣宫）等27幅；蟠龙镇宝峰寺（又名余家庵）1幅；御营镇范家大院5幅；调元镇双堰村东汉崖墓群、《李氏宗祠敦本堂存赎》石刻、葛麻庵（又名宝华寺）壁画、鹡鸰寺（李调元读书台）、观音岩石刻和新辟醒园等20幅；鄢家镇千佛山摩崖造像（该造像2006年4月前属回龙镇）2幅；新盛镇宝镜寺、罗汉寺和罗汉桥（罗汉寺和罗汉桥2006年4月前属德安镇）等6幅；金山镇白土寺（又名白雀寺，该寺2006年4月前属大井镇）1幅。下编可移动文物，收入县文物保护管理所馆藏的不同历史时期的出土文物、社会征集文物等的照片152幅并配以简介。按文物的质地与存在形态分类有：铜器80幅、铁器4幅、石器3幅、陶器42幅、瓷器4幅、木器10幅及书画作品9幅。

该书主编古明水，副主编赖安海、肖勇、周继兴，编委会成员陈金平、张萃旭、刘军、罗通富、曾传聪、蒋寿军、李伟、尹帮斌；责任编辑古明水、赖安海、周继兴、刘军、尹帮斌；摄影杨启礼、唐久荣、谢方强等。成全一册，由第四届县政协文史学习委员会、县文化体育广播影视新闻出版局编纂，2012年12月由《光明日报》出版社出版。

七　《罗江宗教》

《罗江宗教》一书由第四届县政协主席白光裕作序、著名书法家洪厚甜题写书名。分卷首、主志和附录三大部分，卷首载“领导关怀”“友好交往”“宗教活动”等图照42幅，以及编纂委员会和编辑部组成人员名录、编辑说明等。大事记上溯至汉代，记“东汉（25—220年）初期，汉明帝刘庄（58—75年）时曾任巴郡江州（今重庆市）县令的张道陵，率家人及弟子入鹤鸣山（今成都市大邑县境内）修道，创‘正一道’道教，自称‘天师’，为最高教主。先后在蜀郡、广汉郡及京都洛阳等地分设24治（教区），其中鹿堂治所在地‘原绵竹故城，在绵竹治东五十里’（唐李吉甫撰《元和郡县图志》），即今县域大霍山中”事。下限止于2013年6月，记“是年6月10日，金莲寺正山门、广场、廊房建成”事。第一章佛教，分三节记述佛教的传入、发展和变革，万佛寺、宝峰寺等佛教活动场所，佛教信徒、佛事活动等。第二章道教，分三节记述道教源流、道教的神仙谱系与典籍和罗江道教的兴废等情况。第三章天主教，分三节记述天主教的传入、禁教与开禁、冲突与变化、应变活动，教区、教堂，修会、社团和教职人员等情况。第四章基督教，分五节记述基督教的传入、外籍教会与自立教会、自办教会、教堂与教职人员，以及基督教机构、经费和公益事业等情况。第五章伊斯兰教，分三节记述伊斯兰教的传入，经典、教仪和教职人员，境内伊斯兰教活动等情况。第六章寺观遗存，分二节简介景乐宫、宝镜寺等，选录历史上存在的平氿寺、凤凰寺等。第七章人物，为释僧群、释海山等立传，记罗公远、释洪静等事略。第八章宗教管理，分三节记述宗教机构沿革、宗教工作、服务宗教场所建设等情况。第一至八章随文附图照50幅。附录选录境内宗教活动场所的碑刻、楹联、诗词、匾额，以及法物遗迹、寺藏书画、民间习俗、轶闻传说和宗教法规制度等，配照片55幅。

佛教、伊斯兰教、基督教是世界公认的三大宗教。宗教文化，特别是佛教与道教文化，是中华传统文化的重要组成部分。他已渗透到中国社会的各个领域，并产生广泛而深远的影响，至今我们还处处能感受得到它的存在。《罗江宗教》是罗江1700余年的建县史上首本有关宗教的专业志书，弥足珍贵。

该书编委会主任古明水，副主任赖安海、刘军、周继兴、郑德荣，编委会成员陈金平、肖勇、张萃旭、罗通富、曾传聪、尹帮斌等。主编古明水，副主编赖安海、刘军、周继兴、郑德荣、易礼述，编辑释觉行、释仁清、释能法（女）、释寂霖、释能严（女）、张运锡、胡发勇等，摄影白光裕、易礼全、谢方强等。成全一册，20万字，2013年12月由第四届县政协文史学习委员会、县地方志办公室、县民族宗教事务管理局编印。

八　《记忆罗江》

《记忆罗江——恢复县制二十周年实录》一书由县委书记曾长江作序。卷首载有关县领导活动照片4幅，序列编纂委员会名录。崛起篇收录县地方志办公室的《行政区划调整与复县时机构设置》、县委办公室的《中共罗江县历次代表大会确定的全县经济社会发展目标》等9篇。奋进篇收录周小琼（女）的《罗江农村这些年》、县城乡规划和建设局的《古城展新颜——忆二十年县城基础设施变化》等31篇。重建篇收录陶长友、陈湖、彭杰的《洒向灾区都是爱——记丁培荣一家三代中共党员积极抗震救灾的故事》，古明水的《参与抗震救灾　服务灾后重建》等11篇。幸福篇收录余健的《印象罗江》、陈仕恩的《风雨廊桥忆故人》等17篇。随文配图86幅。

该文集编辑委员会顾问曾长江、李栋、白光裕，主任委员张胜虎，副主任委员古明水，委员（按姓氏笔画排列）尹帮斌、龙敦仁、刘军、范翠林、周继兴、罗诗春、易礼述、赖安海。主编张胜虎，副主编古明水，责任编辑刘军、龙敦仁、尹帮斌，摄影谢方强、唐久荣等。成全一册，16万字，2016年12月由政协第五届罗江县委员会编印。

第四节　文献汇编

1997—2016年，第一至五届罗江县政协先后汇编县政协文献资料近10本，其中2003年编印《首届罗江县政协》，2006年编印《诤言——政协第二届罗江县委员会调研报告　提案　社情民意汇编》，2011年编印《中国人民政治协商会议第三届罗江县委员会文选》。2012—2016年分年度编印《优秀调研报告　优秀提案　优秀社情民意专辑》5本。此外，还分年度编印《罗江县政协》《中国人民政治协商会议第×届罗江县委员会第×次会议文件汇编（会议指南）》《社情民意（专报）》等70余期。

一　《首届罗江县政协》

《首届罗江县政协》一书由第一届县政协主席何天云作序。卷首载有关县领导活动照片7幅，序列编纂委员会和编辑部人员名录。第一章大事记述，分年度记述1996年8月至2002年12月首届县政协的大事要事新事，以及1998年9月至2000年1月县政协组织开展的医疗卫生行业作风评议。第二章组织机构，简述首届县政协的筹建、委员酝酿产生与界别构成、领导机构和工作办事机构等情况。第三章重要会议和活动，记述1997年2月至2003年1月首届县政协历次全体委员会议、常务委员会会议，以及1998年12月县政协“纪念党的十一届三中全会召开二十周年座谈会”、1999年9月县政协“庆祝人民政协成立五十周年座谈会”和2002年12月“首届罗江县政协委员活动日暨2002年度表彰大会”等概况。第四章历程回眸，记述首届县政协及其专门委员会和委员小组履职尽责等情况。第五章重要文存，收录县委有关人民政协工作的文件与县委书记、县政协主席的讲话，首届县政协六次全体会议《常务委员会工作报告》，以及部分调研报告、研讨交流文章等。第六章规章制度，收录首届县政协制定的《实施意见》《工作规则》《岗位责任制》《管理制度》等。第七章附录，收录首届县政协编印的《罗江文史资料》（第1～12辑）目录分类索引、委员提案分年度索引和首届县政协历年表彰的先进委（组）、优秀（先进）政协委员名录等。

“俯仰不愧天地，褒贬自有春秋。”《首届罗江县政协》较系统完整地记述罗江历史上首届县政协六年来艰苦创业的历程、所取得的成绩和积累的经验。该书主编何天云、邓华明，副主编刘成国、洪善斌、段家琼（女）、肖宗军、张明义、曹传海，编辑委员会委员何天云、邓华明、刘成国、洪善斌、段家琼、肖宗军、张明义、曹传海、刘军、王心祥。执行主编张明义，责任编辑张明义、曹传海、刘军、王心祥。成全一册，36万字，2003年5月由第二届县政协文史学习委员会编印。

二 《诤言——政协第二届罗江县委员会调研报告 提案 社情民意汇编》

《诤言——政协第二届罗江县委员会调研报告 提案 社情民意汇编》由第二届县政协主席邓华明作序。第一篇调研报告，收录第二届县政协文史学习委员会2004年的《罗江县旅游资源开发与利用情况的调查及建议》，县政协农业委、工业委2004年的《罗江县乡村道路建设情况的调查及建议》，县政协社法委2004年的《我县农村“五保”人员供养情况的调查与建议》，县政协教科文卫委2005年的《罗江县卫生事业发展现状的调查与建议》（此文原载于市委《调研与决策》2005年第4期），县政协农业委2005年的《罗江县农村机电提灌站情况的调查与建议》（此文原分载于《四川农机》2005年第4期、市委《调研与决策》2005年第3期，2005年10月获德阳市第十次哲学社会科学优秀科研成果二等奖），县政协办、县政协财贸委2005年的《关于我县社区建设的调查与建议》等18篇。第二篇提案，收录县政协第二届一次会议期间，付祥国、王周模等352人次委员撰写的《关于进一步完善城市配套设施的建议》《关于在蟠龙镇余家庵村一组实施枣园农家乐的建议》等提案83件；县政协第二届二次会议期间，唐幼龙、唐宗甫等349人次委员撰写的《关于加快县城周围“绿色屏障工程”建设步伐的建议》《关于建立无公害养殖基地和成立养殖协会的建议》等提案81件；县政协第二届三次会议期间，县政协提案委、文史学习委、农业委提交的集体提案《以川竢公路改造为契机 建设“绿色经济走廊”》《关于提高职工住房公积金计提基数和比例的建议》《关于投入财政资金加强对宝镜寺、奎星阁等文物点进行保护的建议》《关于将大井镇列为全县小康建设示范镇的建议》，以及周仁刚、李桢（女）等393人次委员撰写的《关于进一步规范民营企业发展的建议》《关于建立行政服务中心的建议》等提案86件；县政协第二届四次会议期间，县政协提案委提交的集体提案《城市建设要严格执行相关法律法规》，以及廖世平、张永才等278人次委员撰写的《关于充分发挥科技创新专用资金作用的建议》《关于切实推进我县社会主义新农村建设的建议》等提案67件。第三篇社情民意，收录第二届县政协2004年度的《为制止乱收费出一策》《瘟神卷土重来 血防亟待加强》等社情民意信息13条，2005年度的《净化校园周边环境　及时消除安全隐患》《当前农民的期盼与呼声》等11条，2006年度的《加大对新型农村合作医疗试点的宣传力度》《加强国有资产监管　防止国有资产流失》等12条。

该书编审邓华明、洪善斌、肖宗军，责任编辑廖德智、李蔷（女）。成全一册，22万字，2006年11月由县政协办公室编印。

三　《中国人民政治协商会议第三届罗江县委员会文选》

《中国人民政治协商会议第三届罗江县委员会文选》一书，设"'三化'（制度化、规范化、程序化）建设""讲话节选""调查研究""提案集萃""社情民意""心得交流""红色颂歌"栏目。"'三化'建设"栏目收录2006年12月至2011年12月第三届县政协期间，县委印发的《关于进一步加强全县人民政协工作的意见》，县政协制定和修订的《政协罗江县委员会全体会议工作规则》《政协罗江县委员会提案工作条例》《政协罗江县委员会专门委员会工作通则》，县委办、县政府办、县政协办印发的《关于调整县级工作部门与县政协各专委会对口联系工作制度的通知》等规章制度12篇。"讲话节选"栏目收录县委书记卢也在县政协第三届二次全体会议闭幕会暨县委政协、统战工作会议上的讲话、县政协当选主席邓华明在县政协第三届一次全体会议上的讲话等发言稿7篇。"调查研究"栏目收录《关于我县推行新型农村合作医疗制度的调查与建议》《关于我县村级实施民主管理的调查与建议》等9篇。"提案集萃"栏目收录县政协提案委、农业委、农工民主党罗江支部提交的集体提案《关于将每年12月10日作为县庆节的建议》《关于健全我县县镇两级农业服务体系的建议》《关于加强城市社区建设的建议》，以及付祥国、周仁刚、易礼全、刘军、张永才等256人次委员撰写的《关于进一步提高依法行政水平的建议》《关于把中小企业作为新的经济增长点重点培育的建议》《关于加强人民调解组织建设的建议》《关于建立本土自主创新工业园区的建议》《关于切实推进我县社会主义新农村建设的建议》等提案50件。"社情民意"栏目收录《关于解决我县敬老院管理人员待遇的建议》《关于加强抗震救灾档案管理工作的建议》《关于重视和支持我县老年人体育事业的建议》等信息20条。"心得交流"栏目收录邓华明的《正确处理履职中的几个关系》（此文2005年获省委宣传部、省政协办公厅第七届四川省政协好新闻言论类一等奖）、《政协委员发挥好主体作用应具备的综合素质》（此文原载于2010年5月27日《四川政协报》，系2010年5月市政协委员发挥主体作用经验交流会发言材料），县政协的《加强组织领导　发挥专委会作用》（此文原载于2009年11月10日《四川政协报》），苏富贵的《以人为本　参政议政》（此文原载于2007年11月《中国政协理论与实践汇编》），县政协办的《做好反映社情民意工作　促进社会和谐稳定》（此文系2011年10月省地方政协经验交流会发言材料）等8篇。"红色颂歌"栏目收录县委书记卢也2009年9月在县政协"迎国庆·颂祖国"——庆祝人民政协成立60周年演唱会上的讲话、县政协主席邓华明在县政协庆祝新中国和人民政协成立60周年招待会上的祝词，以及"迎国庆·颂祖国"——庆祝人民政协成立六十周年演唱会演出台本。

第三届县政协的五年间，县政协委员和县政协组成单位提交提案立案430件、完成调研课题16个、开展视察70次、撰写社情民意信息69条，组织开展民主评议环境保护工作。五年间，全县政协工作呈现出党委重视、政府支持、政协主动、各方配合、社会关注的新格局，彰显人民政协方向明晰、和衷共济、心无旁骛、履职为民的良好形象。

该文选成全一册，30万字，2011年12月由第三届县政协办编印。

四　《优秀调研报告　优秀提案　优秀社情民意专辑》

2012—2016年，第四届县政协的五年间，由县政协办分年度在下次全体会议召开前编印《优秀调研报告　优秀提案　优秀社情民意专辑》（以下简称《专辑》）5本，共收录优秀调研报告18篇、优秀提案54篇、优秀社情民意信息42篇和被省、市政协采用的社情民意信息24篇，附录市委书记李向志、副书记刘宏葆，县委、县政府领导罗宗志、徐光勇、曾长江、雷光明、陈天航、毛文华、王晓芬（女）、戴书文、谢斌、张胜虎、唐维露等的批示及办理落实情况。

2012年，《专辑》收录《关于我县农业产业化发展的调研报告》《关于我县民营经济发展的调研报告》等调研报告3篇、《关于大力提升罗江投资软环境的建议》《关于进一步强化经开区发展质效的建议》等提案14篇和《关于编制〈罗江县城市总体规划〉（白皮书）的建议》《关于将全县农村敬老院纳入事业单位法人登记的建议》等社情民意信息8篇。

2013年，《专辑》收录《关于城乡居民社会养老保险的调查与建议》《关于有效整合涉农项目资金的调查与建议》等调研报告4篇、《关于注重对引资企业“引、建、管、扶”并重，充分利用土地资源，为优势企业发展创造条件的建议》《关于加快经开区建设发展的建议》等提案10篇、《关于解决“恶意欠薪”问题的建议》《关于加大对罗江中学周边环境整治力度的建议》等社情民意信息7篇和《关于进一步完善民办中职学校免除学费政策的建议》《关于搭建用工就业平台的建议》等被省、市政协采用的社情民意信息8篇。

2014年，《专辑》收录《关于充分发挥政协职能　着力社会主义协商民主制度建设的调查与建议》《关于调元文化旅游区建设的调查与建议》等调研报告4篇、《关于旧城改造中突出地方特色留下文脉传承的建议》《关于加快规划筹建罗江电影院的建议》等提案10篇、《关于在县城饮水保护区设立警示标志的建议》《关于加强水利工程建后管的建议》等社情民意信息7篇和《关于在四川实施小块并大块耕地整治的建议》《关于推广家庭责任医生服务模式的建议》等被省、市政协采用的社情民意信息7篇。

2015年，《专辑》收录《关于全县新型农村合作医疗制度运行情况的调查与建议》《关于罗江经济开发区企业土地闲置情况的调查与建议》等调研报告4篇、《关于保障我县服务业用地的建议》《关于保护利用好“罗江花生”品牌的建议》等提案10篇、《关于全县乡村旅游业发展存在的问题和建议》《关于维修改造县城围城道路的建议》等社情民意信息10篇和《关于在四川全面推行农村小型公共基础设施“村民自建”的建议》《关于强化我市农产品质量安全的建议》等被省、市政协采用的社情民意信息5篇。

2016 年，《专辑》收录《关于全县家庭农场发展的调查与建议》《关于我县集镇建设与管理的调查与建议》等调研报告 3 篇、《关于深化精准扶贫措施的建议》《关于加快罗江县新农贸市场建设的建议》等提案 11 篇、《关于通过校本课程大力宣传传承罗江地方文化的建议》《关于制定〈市民卫生守则〉的建议》等社情民意信息 10 篇和《关于完善“村民自建”模式的建议》《关于完善涉农项目资金整合机制的建议》等被省、市政协采用的社情民意信息 4 篇。

这些《专辑》的编印，及时给委员提供学习交流的资料，不断提升他们建诤言、献良策的能力和水平，不断增强他们议政履职的实效。

第七章　自身建设

县政协认真贯彻落实《中共中央关于加强人民政协工作的意见》，切实抓好人民政协的自身建设，充分发挥人民政协作为中国共产党领导的多党合作和政治协商的重要机构的作用，支持各民主党派和无党派人士参与国家重大方针政策的讨论协商及其履行职责的各种活动。尊重和保障各民主党派和无党派人士开展视察、提出提案、举报、反映社情民意信息以及参加调查和检查活动的权利；保证各民主党派成员和无党派人士在政协委员、常务委员和政协领导成员中占有较大比例；政协各专门委员会要有民主党派和无党派人士参加，并做到有职、有权、有责。认真组织政协委员的学习和培训，大力加强人民政协的机关建设，完善为履行职能服务的各项工作制度，造就一支政治坚定、作风优良、学识丰富、业务熟练的高素质政协工作干部队伍。

根据《中国人民政治协商会议章程》（以下简称《政协章程》）有关规定，组织委员学习马克思列宁主义、毛泽东思想、邓小平理论、“三个代表”重要思想、科学发展观和习近平总书记的系列重要讲话；组织政协机关和政协委员中的中共党员开展党内学习教育活动；按规定做好在政协机关和组织中的人事安排，保证民主党派人士和无党派人士有职有权有责。在政协机关中认真开展党的建设、“四个能力建设”（政治把握能力、调查研究能力、联系群众能力、合作共事能力建设）和精神文明建设，推进政协机关思想、作风及制度建设，提高政协机关为委员履职尽责的服务水平。

第一节　党内教育

开展党内集中学习教育活动，是我们党加强自身建设的一大特色和历史经验，其主要有以下特点：时机的关键性、目标的一致性、对象的明确性、程序的规范性和成效的显著性等。

1997—2016 年，第一至四届县政协党组遵照中共中央及省、市、县委的统一部署，就每一次的学教活动都切实做到：精心安排，做好学前的组织发动工作；立足本职，制定切实可行的学教活动实施方案；多措并举，做好规定动作确保学教活动取得实效；全员参与，促使县政协机关党员干部整体素质不断提高；学以致用，推动政协工作再上新台阶。

一　学习邓小平理论

1997年9月，中共十五大提出“邓小平理论”概念。1998年6月，中共中央印发《关于在全党深入学习邓小平理论的通知》。是年7月17日，召开罗江县政协第一届七次常务委员会会议，县政协主席会议成员、常委会委员出席会议；县政协各委（组）室主要负责人列席会议。会议组织学习《中共中央关于在全党深入学习邓小平理论的通知》，县政协党组书记、主席何天云就学习邓小平理论作题为《高举旗帜　埋头苦干》讲话。是月，印发《县政协党组关于深入学习邓小平理论的实施方案》，就学习内容、时间、形式和参学人员等作了明确规定，要求学习邓小平理论要理论联系实际，要系统地学、比较地学和学以致用地学。

县政协通过请专家学者作专题辅导报告，召开党组会、主席会、常委会、委组会等形式集中学习，印发学习资料并结合工作实际自学。通过系统地学习邓小平理论，所有参学人员更加明晰：（一）邓小平理论是一个完整的科学体系，“解放思想，实事求是”是贯穿邓小平理论的精髓。（二）要毫不动摇地坚持党的基本路线，深刻理解我国社会主义初级阶段的基本国情。党的“一个中心，两个基本点”（以经济建设为中心；坚持四项基本原则，坚持改革开放）的基本路线告诉我们，经济建设是社会主义初级阶段的工作中心，“四项基本原则”（是指坚持社会主义道路，坚持人民民主专政，坚持中国共产党领导，坚持马克思列宁主义、毛泽东思想）是立国之本，改革开放是强国之路。（三）要实事求是地运用邓小平理论，深刻理解我们肩负的重大历史责任；要把邓小平理论同县政协的具体工作实际结合起来，才能正确认识和解决遇到的问题，切实有效地推进人民政协的各项工作。

二　“三讲”教育

1996年10月，中共十四届六中全会作出决定，对县处级以上领导干部进行一次以“讲学习、讲政治、讲正气”（以下简称“三讲”）为主要内容的党性党风教育。1998年11月，中共中央印发《关于在县级以上党政领导班子、领导干部中深入开展以“讲学习、讲政治、讲正气”为主要内容的党性党风教育的意见》，决定从1998年12月开始，在县级以上党政领导班子、领导干部中以“三讲”为主要内容深入开展党性党风教育。其总的要求是：努力推动县级以上党政领导班子和领导干部搞好深入学习邓小平理论和中共十五大精神，提高政治素质，加强党性修养，端正思想作风，增强在改造客观世界的同时改造主观世界的自觉性。

2000年2—12月，按照中共中央及省、市、县委的统一部署和要求，县政协党组及其成员集中开展“三讲”教育活动。是年2月，印发《中共罗江县政协党组〈关于罗江县政协领导班子和县级领导干部“三讲”教育实施方案〉的请示》。此次“三讲”教育活动分为四个步骤进行：一是宣传发动，提高认识。2月28日，县政协党组召开“三讲”教育活动动员大会。省委“三讲”巡视组成员赵敏应邀到会指导，县政协党组书记、主席何天云作动员报告。明确“三讲”教育活动的目的、意义和学习方法、步骤等。二是学习相关文件，对照检查。采取集中学习和自学相结合的形式，组织党员细读必读篇目，进行学习和讨论，领会其精神实质，并针对各自的思想、作风和工作情况，进行自我总结与深刻反思，认真对照检查，寻找差距。3 月 27 日，县政协办公室将县政协领导干部参加“三讲”教育活动的个人剖析材料（第二稿）送至县委“三讲”教育办公室。4 月 17 日，县政协党组召开“三讲”教育活动专题民主生活会。省委“三讲”巡视组成员王锋应邀到会指导。三是交流思想，形成共识。7—9 月，在县政协领导班子和县政协机关党员干部中开展交心谈心活动。先后召开县政协党组（扩大）会、党组民主生活会、党员民主评议会等 12 次，认真开展批评与自我批评。四是联系县政协工作实际，认真整改。10—12 月，针对存在和反映的问题，认真梳理，集中分析研究，落实整改措施，完善相应制度，促进“三讲”教育正常化、制度化。在整个学习教育活动中，共组织专题学习 12 次、各层级交流学习会 20 余次。是年年末，县政协“三讲”教育活动通过县委“三讲”领导小组的检查验收。在《中共罗江县政协党组关于县政协领导班子开展“三讲”集中教育的总结》中强调：第一届县政协常委会中的中共党员干部“投身‘三讲’教育、推进自身建设”，领导班子及其成员在思想上有明显提高、政治上有明显进步、作风上有明显转变、纪律上有明显增强。

这次“三讲”教育活动，发扬 1941 年 5 月至 1945 年 4 月延安整风运动的精神，采取自上而下、分期分批进行、党内的批评和自我批评相结合等方式，使党员领导干部受到一次深刻的党性党风教育，达到预期的效果。

三　“三个代表”重要思想学教活动

2000 年，中共中央办公厅印发《关于在农村开展“三个代表”重要思想学习教育活动的意见》，提出在两年时间里，分批开展“三个代表”（始终代表中国先进生产力的发展要求、始终代表中国先进文化的前进方向、始终代表中国最广大人民的根本利益）重要思想学习教育活动（以下简称“学教活动”），使全国县、乡、村领导班子和基层干部受到一次马克思主义理论的洗礼。

是年 7 月 21 日，召开县政协第一届十六次常委会会议。县政协主席会议成员、常委出席会议；县政协各委（组）主要负责人列席会议。组织学习中共中央总书记江泽民关于“三个代表”重要思想的论述，县政协党组书记、主席何天云就学习江泽民总书记重要讲话提出具体要求。

是年 12 月 16 日，县委召开“三个代表”重要思想学习教育活动动员大会。从 2001 年 2 月开始，县政协党组、机关党支部根据县委的统一安排，在机关党员、干部中广泛深入开展“三个代表”重要思想学教活动。本次学教活动分为学习培训、对照检查、整改提高、“回头看”四个阶段，采取搞好带头学与分层次学相结合、做好笔记与深入基层相结合、自学与集中学相结合、真心查与真心改相结合（即“四个结合”），突出责任落实强化示范带动、突出形式多样丰富“学做”内涵、突出抓常抓细推进常态长效、突出践行实际发挥服务经济职能、突出问题导向狠抓整改落实（即“五个突出”）等措施，有计划分步骤地组织实施。12月27日，召开县政协第一届十八次常委会会议。县政协主席会议成员、常委出席会议；县政协各委（组）主要负责人列席会议。县政协党组书记、主席何天云要求全体政协委员要认真学习、努力践行“三个代表”重要思想，为全县物质文明、精神文明建设献智出力。

2001年3月12日，召开县政协第一届十九次常委会会议。县政协主席会议成员、常委出席会议；县政协各委（组）主要负责人列席会议。会议要求全体政协委员要在县政协党组和主席会议领导下，强化学习、身体力行，努力践行好“三个代表”重要思想。是年4月3日，县政协办公室向县委“三代”办公室报送《关于“三个代表”重要思想学习教育活动的总结》。

2002年7月31日，召开县政协第一届二十四次常委会会议。县政协主席会议成员、常委出席会议；县政协各委（组）主要负责人列席会议。县政协党组书记、主席何天云要求县政协全体常委、各委（组）负责人及全体委员，认真践行“三个代表”重要思想，搞好调查研究，写好调研文章，做好政协各项工作。是年年末，印发《中共罗江县政协党组开展“三个代表”专题学习讨论的情况报告》《中共罗江县政协党组关于县政协领导班子党性党风问题的整改措施》等。

是年11月，中共十六大把“三个代表”重要思想同马克思列宁主义、毛泽东思想、邓小平理论一道，确立为党必须长期坚持的指导思想，实现了我们党指导思想上的又一次与时俱进，在全党兴起学习贯彻“三个代表”重要思想新高潮成为必然选择。

2003年6月，中共中央印发《关于在全党兴起学习贯彻“三个代表”重要思想新高潮的通知》，要求全党同志兴起学习贯彻“三个代表”重要思想新高潮，在认真贯彻“三个代表”重要思想的根本要求、始终做到“三个代表”上取得新的成效。要求把“三个代表”重要思想贯彻到社会主义现代化建设的各个领域，体现在党的建设的各个方面，落实到改造客观世界和改造主观世界中，使广大党员干部真正在思想上有所提高，使各地区各部门的工作切实得到改进。

7月，县政协党组书记、主席邓华明参加全国政协在河北省北戴河举办的市（地、州）政协主席培训班，较系统地学习了“三个代表”重要思想。

9月16日，召开县政协第三届三次常委会会议。县政协主席会议成员、常委出席会议；不是常委的专委会主任列席会议。组织学习中共中央《关于印发〈“三个代表”重要思想学习纲要〉的通知》和省、市委《关于加快推进“三个转变”》的文件，以及县委《关于兴起学习贯彻“三个代表”重要思想新高潮的通知》。县政协党组书记、主席邓华明要求全体县政协委员要加强学习，提高综合素质，履行好人民政协“政治协商、民主监督、参政议政”职能。

县政协党组的主要措施是：（一）切实加强领导，周密部署。将“三个代表”重要思想学教活动作为当前干部思想政治工作的头等大事，统筹兼顾，全面安排。成立由县政协党组书记、主席邓华明任组长的“三个代表”重要思想学教活动领导小组，制定《中共罗江县政协党组关于认真开展“三个代表”重要思想学习教育活动的实施意见》；充分发挥县政协领导班子成员的示范带头作用，把“三个代表”重要思想学教活动列入年度工作考核目标。（二）注重理论教育，提高学习效果。在第一阶段的学习培训中，采取形式多样、内容丰富、灵活机动和注重实效的学习方法。做到集中辅导与个人自学相结合，安排相关人员在县委党校进行集中学习，邀请德阳市政协副主席龙旗云为全体县政协委员作专题辅导，结合工作实际开展讨论，重点学习规定的必读篇目；组织党员干部观看《扭曲的权力》等警示片和收看中央电视台连续8天播放的40位中共党员的先进典型事迹，进行系统的党性党风党纪教育。中共中央总书记江泽民在中国共产党建党80周年大会上的重要讲话发表后，组织县政协机关干部职工专题学习讨论，更加深了对“三个代表”重要思想的科学内涵的理解和认知。在“三个代表”重要思想学教活动中，坚持做到读原著与写读书笔记、心得体会相结合。县政协干部职工共作笔记近30万字，撰写心得体会10多篇。坚持做到理论与实践交流相结合。县政协组织两次学习心得体会交流活动，有近10名同志在会上畅谈自己的学习体会。（三）广泛深入调查研究，找准突出问题。采取多种途径，广泛征求意见。县政协党组成员走群众路线，下到基层单位，倾听群众的呼声，广泛听取干部职工的意见，层层开展交心谈心活动。其中班子成员个别访谈8人次，共征集意见和建议30余条；发放《征求意见函》100余份，征集到各类意见和建议90余条。对这些意见和建议进行认真分析反思，严于剖析，撰写个人对照检查材料8份。

县政协党组按上级党委统一要求，完成“三个代表”重要思想学教活动三个阶段的任务，取得明显效果，达到“使干部受到教育，让群众得到实惠”的预期目的。

四　“保先”教育活动

中共十六大在部署党的基层组织建设时提出：“在全党开展以实践‘三个代表’重要思想为主要内容的保持共产党员先进性教育活动。”中共十六届四中全会就这一重大教育活动进一步提出明确要求。

2004年11月7日，中共中央印发《关于在全党开展以实践“三个代表”重要思想为主要内容的保持共产党员先进性教育活动的意见》，明确保持共产党员先进性教育活动（以下简称“保先”教育活动）的指导原则：一是坚持理论联系实际，务求实效。二是坚持正面教育为主，认真开展批评与自我批评。三是坚持发扬党内民主，走群众路线。四是坚持领导干部带头，发挥表率作用。五是坚持区别情况，分类指导。

2005年1月18日，县委召开保持共产党员先进性教育活动动员大会。全县“保先”教育活动自2005年1月至2006年6月用一年半左右的时间分三批开展。县政协作为第一批开展“保先”教育活动的单位，分学习动员、分析评议和整改提高三个阶段积极组织开展“保先”教育活动。

2005年1月25日，县政协党组召开保持共产党员先进性教育活动动员会，县政协党组书记、主席邓华明就开展好“保先”教育活动提出明确要求。是年2月，县政协党组、机关党支部按照中共中央的部署和省、市、县委的要求，坚持“讲求针对性、注重实效性”原则，紧紧抓住学习实践“三个代表”重要思想的主线，采取“严、会、看、专、议、查、赛、帮”的“八个字”学习方法，扎实有效开展“保先”教育活动。县政协机关全体党员参加此次“保先”教育活动，组织学习《中国共产党章程》《保持共产党员先进性教育读本》、中共中央总书记胡锦涛在专题报告会上的重要讲话、《专题摘编》等规定篇目，集中学习达30学时，自学均在60学时以上。每位党员认真撰写读书笔记、心得体会。深入开展“一个党员一面旗”“争做构建和谐社会的先锋战士”等主题实践活动，使县政协“保先”教育活动搞得有声有色，其做法和经验得到县委的肯定。4月1日，召开县政协第二届十一次常委会会议。县政协主席会议成员、常委出席会议；不是常委的专委会主任列席会议。县政协党组书记、主席邓华明要求县政协各委室负责人要把“保先”教育抓好抓扎实，以教育活动促进工作，以工作成绩检验“保先”教育效果。4月12日，召开县政协第二届十九次主席会议，审议通过《罗江县政协领导班子保持共产党员先进性教育总结分析材料》。4月20日，中江县政协党组书记、主席岳素华率政协机关干部到罗江县政协，学习交流开展“保先”教育活动情况。5月25日，召开县政协第二届二十次主席会议，审议通过《罗江县政协领导班子保持共产党员先进性教育活动整改方案》，议定按会议意见修改完善后报送县委“保先”教育办公室。是月，县政协机关干部参加县委、县政府组织开展的“保持先进性　情系老百姓　共建和谐罗江”市民月活动。组织联系驻罗江镇奎星阁社区的单位为社区居民捐赠衣物800余件、图书100余册及现金3600元，并组织党员参与社区服务工作。随后，形成《关于我县社区建设的调查与建议》调研报告，经县政协第二届十二次常委会会议审议通过，报送县委、县政府。11月4日，中共中央“保先”教育活动巡回检查组成员管雷（中共青海省委常委、省人大常委会副主任）到罗江县调研，对县政协“保先”教育活动予以肯定。

“保先”教育活动是中国共产党在新的历史条件下用发展着的马克思主义武装全党的一项重大举措，是加强党的执政能力建设和先进性建设的一次成功实践。县政协开展“保先”教育活动，组织委员和各界人士认真开展学习讨论，进一步增强了用邓小平理论和“三个代表”重要思想统揽政协工作全局的自觉性和坚定性；进一步增强了树立和贯彻落实科学发展观，履职为民，热爱人民政协事业，努力做好新时期人民政协工作的自觉性和坚定性。

五　“科学发展观”学教活动

（一）“科学发展观”学习实践活动

根据中共十七大部署，中共中央决定“科学发展观”（即坚持以人为本，树立全面、协调、可持续的发展观，促进经济社会和人的全面发展，其内涵主要包括发展必须是全面的、发展必须是协调的、发展必须是可持续的、发展必须坚持以人为本）学习实践活动从2008年3月开始试点，是年9月正式启动，用一年半左右的时间，在全党分批开展深入学习实践“科学发展观”活动。此次“科学发展观”学习实践活动重点为县级以上领导班子和党员领导干部，分学习调研、分析检查和整改落实三个阶段进行。

遵照中共中央和省、市、县委的统一部署，县政协党组迅即组织开展学习实践“科学发展观”活动。2009年4月2日，召开县政协第三届二十四次主席会议，传达学习全国政协第十一届二次、省政协第十届二次全体会议精神；安排县政协机关开展深入学习实践“科学发展观”活动准备工作。同年5月6日，召开县政协第三届二十五次主席会议，组织学习《刘奇葆在双流县深入学习实践科学发展观活动座谈会上的讲话》《关于开展向刘庆禄同志学习活动的通知》等。随后，先后印发《中共罗江县政协党组〈关于印发县政协机关深入学习实践科学发展观活动工作方案〉的通知》《中共罗江县政协党组〈关于印发县政协机关深入学习实践科学发展观活动学习调研阶段实施意见〉的意见》《中共罗江县政协党组〈关于建立深入学习实践科学发展观活动领导责任制〉的通知》《中共罗江县政协党组关于学习实践科学发展观活动分析检查阶段的工作总结》《中共罗江县政协党组〈关于印发县政协党组学习实践科学发展观活动整改落实阶段实施意见〉的通知》《中共罗江县政协党组〈关于印发县政协党组学习实践科学发展观活动整改方案〉的通知》《中共罗江县政协党组关于学习实践科学发展观活动整改落实阶段的工作总结》《中共罗江县政协党组关于深入学习实践科学发展观活动的总结》等，使县政协学习实践“科学发展观”活动得到深入扎实开展。

通过学习实践“科学发展观”活动，县政协领导班子成员和机关党员干部履行“政治协商、民主监督、参政议政”职能的自觉性和主动性明显增强，突出问题得到初步解决，凝聚“以人为本”“科学发展”“人与自然和谐相处”等共识。

（二）“创先争优”活动

2010年5月，中共中央办公厅转发《中央组织部、中央宣传部关于在党的基层组织和党员中深入开展创先争优活动的意见》，明确以创建先进基层党组织、争当优秀共产党员为主要内容。先进基层党组织的基本要求是：学习型党组织建设成效明显，出色完成《中国共产党章程》规定的基本任务，努力做到领导班子好、党员队伍好、工作机制好、工作业绩好、群众反映好（即“五个好”）和带头学习提高、带头争创佳绩、带头服务群众、带头遵纪守法、带头弘扬正气（即“五带头”）。

2010—2012年，先后印发《中共罗江县政协党组2010年领导班子创“四好”活动规划》《中共罗江县政协党组〈关于印发县政协党组关于在基层党组织和党员中开展“创先争优”活动的实施意见〉的通知》《中共罗江县政协党组关于召开贯彻落实〈廉政准则〉 切实加强领导干部作风建设 领导班子专题民主生活会情况报告》《中共罗江县政协党组2011年领导班子创“四好”活动规划》《中共罗江县政协党组2012年领导班子创“四好”活动规划》《中共罗江县政协党组关于深入开展“五个一”活动的意见》《中共罗江县政协党组关于开展“创先争优”活动工作总结》等。

此次活动的最大特点是与中心任务、日常工作和本职岗位紧密结合，把发挥党员主体作用作为关键，把创新特色鲜明、务实管用的活动载体作为着力点，把重在实践、重在基层、重在取得实效作为基本要求，推进“创先争优”岗位化、日常化和社会化。县政协党组精心组织、扎实推进和有效开展“创先争优”活动，基本实现中共中央确定的目标任务：一是推动了科学发展，二是促进了社会和谐，三是服务了人民群众，四是加强了基层组织建设，五是改进了干部作风，有力促进了党的基层组织建设和党员作用发挥。

六　党的群众路线教育实践活动

中共十八大在部署新时期党的建设时提出：“围绕保持党的先进性和纯洁性，在全党深入开展以为民务实清廉为主要内容的党的群众路线教育实践活动。”

2013 年 4 月 19 日，中共中央政治局召开会议，决定从 2013 年下半年开始，用一年左右时间，在全党自上而下分两批开展党的群众路线教育实践活动（以下简称“群教活动”）。是年5 月，中共中央印发《关于在全党深入开展党的群众路线教育实践活动的意见》，要求着力抓好学习教育、听取意见，查摆问题、开展批评，整改落实、建章立制三个环节的工作。每批大体安排半年时间，每个单位集中教育的时间一般不得少于三个月，计划到 2014 年 7 月基本完成。

第一批“群教活动”于 2013 年 6 月 18 日启动，时间为一年左右。第二批“群教活动”于 2014 年 1 月开始进行，是年 10 月结束，这次活动更为贴近基层。

“群教活动”的指导思想是：全面贯彻中共十八大精神，高举中国特色社会主义伟大旗帜，坚持以马克思列宁主义、毛泽东思想、邓小平理论、“三个代表”重要思想、科学发展观为指导，紧紧围绕保持和发展党的先进性和纯洁性，以“为民、务实、清廉”为主要内容，按照“照镜子、正衣冠、洗洗澡、治治病”的总要求，自上而下在中共全党深入开展。以县处级以上领导机关、领导班子和领导干部为重点，切实加强全体中共党员马克思主义的群众观点和党的群众路线教育，把贯彻落实中共中央“八项规定”作为切入点，进一步突出作风建设，坚决反对形式主义、官僚主义、享乐主义和奢靡之风（简称“四风”），着力解决人民群众反映强烈的突出问题，提高做好新形势下群众工作的能力，保持党同人民群众的血肉联系，发挥党密切联系群众的优势，为推动经济持续健康发展、全面建成小康社会、实现中华民族伟大复兴的中国梦提供坚强保证。

在第二批“群教活动”中，县政协党组及其成员坚持“五个结合”，把开展“群教活动”融入各项工作，统筹兼顾，确保“群教活动”有实效。一是开展“群教活动”与改革发展相结合。在开展“群教活动”中，以查找问题、整改问题为契机，对现有工作体制机制进行梳理，对滞后于发展与服务群众需求的工作体制机制进行改革完善。二是开展“群教活动”与立行立改相结合。按照“坚持边学边改、立行立改”的要求，用实践来贯彻路线，用行动来取信于民。探索实行定量走访、定责交办、定时办理、定向反馈（即“四定”）工作法。三是开展“群教活动”与加强基层组织建设相结合。通过结对帮扶、精准扶贫、县政协领导直接联系帮扶等措施，全力推进后进基层党组织整顿提高工作。四是开展“群教活动”与建章立制相结合。认真贯彻中共中央和省、市、县委要求，坚持治标与治本相结合、“当下改”与“长久立”相结合，边学习、边实践、边总结，建立健全制度机制。五是开展“群教活动”与加强干部队伍建设相结合。多措并举抓好干部队伍建设。

2013 年 5 月，县政协在开展“群教活动”的同时，按照省委《关于在全省广泛开展“实现伟大中国梦　建设美丽繁荣和谐四川”主题教育活动的意见》，开展“实现伟大中国梦　建设美丽繁荣和谐四川”主题教育活动。是年 5 月 13 日，县政协向全体县政协委员和驻罗江县的省、市政协委员发出《实现伟大中国梦　建设美丽繁荣和谐四川》倡议书。5 月 24 日，召开县政协第四届十五次主席会议，通报县政协开展“实现伟大中国梦　建设美丽繁荣和谐四川”主题教育活动情况。在开展“实现伟大中国梦　建设美丽繁荣和谐四川”主题教育活动中，县政协围绕“建净言、助发展，惠民生、促和谐，记党恩、求奋进”总体要求，主席会议成员深入联系的镇、村（社区）、企事业单位和县政协参加单位宣讲国情、省情、县情；组织政协委员中的县级道德模范、司法干部等现身说法，阐释“中国梦”的内涵，激发全县各族各界人士投身建设美丽幸福新罗江的热情，凝聚正能量。按照县委要求，开展“三问三查”活动，并围绕“共筑中国梦，我为罗江献一策”活动，组织政协委员紧扣“三个罗江”（产业罗江、文化罗江、生态罗江）建设开展调查研究，参加“金点子”征集评选活动，共征集到“金点子”62 条。结合走访座谈、约谈委员等活动，宣讲“中国梦”，以“五个一”（一件提案、一条社情民意、一次调研或视察、一件实事好事、一项专门任务）活动为载体，将“中国梦”主题教育贯穿于政协委员履职全过程。是年，县政协被县委评为“群教活动”主题教育先进单位。

2014 年 2 月 21 日，召开县政协第四届二十二次主席会议，传达学习德阳市党的群众路线教育实践活动动员大会精神。是月，印发《中共罗江县政协党组关于印发〈开展党的群众路线教育实践活动工作方案〉的通知》《中共罗江县政协党组关于贯彻执行中央八项规定和省委省政府市委市政府县委县政府十项规定的报告》等。是年 2 月 25 日，召开县政协党组（扩大）会议，专题学习传达中央及省、市、县委党的群众路线教育实践活动动员会议精神。3 月 21 日，召开县政协第四届二十三次主席会议，安排“群教活动”学习教育、听取意见环节工作。3 月 28 日，召开县政协第四届十二次常委会会议，县政协党组书记、主席白光裕通报县政协开展党的群众路线教育实践活动情况，并要求广大政协委员要按照中共中央和省、市、县委的统一部署和县政协党组开展“群教活动”安排，做好每个环节的规定动作。结合委员履职实践，突出政协特点开展好活动，确保“群教活动”取得实效。会上，还进行《党的群众路线教育实践活动征求意见问卷》调查。4 月 8 日，召开县政协第四届二十四次主席会议，专题研究县政协“群教活动”工作。4 月 9 日，县政协开展党的群众路线教育实践活动指导讲专题辅导活动，县政协党组书记、主席白光裕要求，切实做好查摆问题、开展批评与自我批评、召开专题民主生活会做好整改落实等工作。4 月 25 日，召开县政协第四届二十五次主席会议，通报县政协党的群众路线教育实践活动学习教育、听取意见环节工作；学习县委“群教活动”领导小组办公室《关于转发省委党的群众路线教育实践活动领导小组〈关于在教育实践活动中弘扬焦裕禄精神　践行“三严三实”要求的通知〉的通知》精神；观看警示教育片《人生·蜕变》。5 月 20 日，召开县政协党组会议，专题研究“群教活动”相关事宜。

5月23日，召开县政协第四届二十六次主席会议，安排“群教活动”查摆问题、开展批评环节工作。6月20日，召开县政协第四届二十七主席会议，安排关于召开“群教活动”专题民主生活会有关事项。6月30日至7月11日，县政协党组成员、主席会议成员开展“群教活动”专题民主生活会会前交心谈心。9月29日，召开县政协第四届十四次常委会会议，县政协党组书记、主席白光裕要求做好“群教活动”整改落实工作。10月13日，县政协党组书记、主席白光裕撰写的《坚持党的群众路线　深化履职为民实践——开展党的群众路线教育实践活动心得体会》获罗江县党的群众路线教育实践活动理论征文二等奖。11月3日，县政协党组召开“群教活动”总结会。

2015年9月29日，召开县政协第四届十九次常委会会议，县政协党组书记、主席白光裕要求严格遵守中央“八项规定”，坚决纠正“四风”，县政协常委会组成人员和各委室负责人要起好表率作用。2016年，县政协党员领导干部，到各自所联系点及联系委员征求意见。

县政协党组开展“群教活动”的主要措施是：第一环节，结合工作实际抓好学习教育，县政协党组书记、主席白光裕带头讲党课，并直接到群众中去听取意见，查摆问题。第二环节，找准找实突出问题，认真撰写对照检查材料，开好专题民主生活会和组织生活会，开展批评与自我批评。第三环节，上下联动抓整改，抓好正风肃纪和专项整治工作，健全和落实各项规章制度。县政协着力提升履职能力：一是从严从实开展“群教活动”。按照县委统一部署，开展以“为民、务实、清廉”为主要内容的“群教活动”，围绕落实中央“八项规定”及省、市、县“十项规定”要求，开展正风肃纪专项整治行动。查摆形式主义、官僚主义、享乐主义和奢靡之风“四风”问题，自我剖析，即知即改。二是丰富载体加强队伍建设。开展“群教活动”期间，共举办委员培训四期，健全履职档案。组织委员开展“五个一”活动。探索发挥界别协商作用的方法和途径，制定开展界别专题协商工作意见，形成以界别为主体、专委会联系界别制度，调动界别履职积极性。三是创新提升履职水平。围绕社会主义协商民主制度建设和深化改革等重点课题开展深入研究，不断探索践行社会主义协商民主制度的有效途径。不断完善开展专题协商、对口协商、界别协商、提案办理协商、党派协商工作机制。坚持县政协常委会会前学法制度，不断提高常委会一班人运用法治思维和方式推动工作实践。建立全体会议委员大会发言制度，为各民主党派、工商联、无党派人士、政协参加单位、广大政协委员议政建言搭建更加广阔的平台。四是健全机制抓机关自身建设。狠抓中央“八项规定”和省、市、县“十项规定”的贯彻落实，进一步建立健全各项规章制度，开展“庸、懒、散、浮、拖”专项整治，进一步改进文风会风，努力建设学习型、服务型、效能型、创新型机关，巩固学习、民主、勤政、廉洁“四好”领导班子创建成果。县政协机关团结和谐、履职为民、奋发进取的氛围更加浓厚。

在整个“群教活动”中，县政协党组坚持围绕中心、服务大局，全面贯彻落实中共十八大提出的各项任务要求，把作风建设放在突出位置，以作风建设的新成效凝聚起推动人民政协事业发展的有生力量。教育引导党员干部树立群众观点，弘扬优良作风，解决突出问题，保持清廉本色，使干部作风进一步转变，干群关系进一步密切，“为民、务实、清廉”形象进一步树立。以好的作风组织开展“群教活动”，把握“正面教育为主、批评和自我批评、讲求实效、分类指导和领导带头”的原则，确保“群教活动”沿着正确轨道健康深入推进，努力在解决作风不实、不正、不廉上取得实效，在提高群众工作能力、密切党群干群关系、全心全意为人民服务上取得实效。通过此次“群教活动”，促使党员干部得到了党性锻炼，刹住了“四风”蔓延势头，带动了社会风气整体好转，贯彻群众路线的长效机制和刚性约束初步形成，“群教活动”带来了新变化新气象。

七　“三严三实”专题教育活动

2015 年 4 月 10 日，中共中央办公厅印发《关于在县处级以上领导干部中开展“三严三实”专题教育方案》，对 2015 年在县处级以上领导干部中开展“三严三实”（“三严”即严以修身、严以用权、严以律己，“三实”即谋事要实、创业要实、做人要实）专题教育活动提出明确要求和作出具体安排。

自 2015 年 5 月起，县政协党组先后印发《中共罗江县政协党组关于在县政协机关科级及以下党员干部中开展践行“三严三实”和“忠诚干净担当”学习教育的通知》《中共罗江县政协党组关于召开县政协党组中心组“三严三实”严以修身专题研讨会议的通知》《中共罗江县政协党组关于召开县政协党组中心组“三严三实”严以律己专题研讨会议的通知》《中共罗江县政协党组关于召开县政协党组中心组“三严三实”严以用权专题研讨和南充拉票贿选案专题剖析反思会的通知》等。

是年 6 月 23 日，县政协召开“三严三实”学习教育“严以修身”专题研讨会，会议要求县政协党员领导干部要按要求上好党课，过好民主生活会。6 月 29 日，召开县政协第四届十八次常委会会议，通报县政协“三严三实”专题教育情况。会议要求，县政协党组成员要带头搞好“三严三实”专题教育，各委室中共党员负责人要认真完成专题教育各项任务，县政协系统中共党员要积极参与所在单位（组织）的“三严三实”专题教育，非中共党员的政协委员要支持专题教育，多提意见和建议。要结合政协工作实际，高度关注全县工作中的热点、重点和难点问题，有针对性地议政建言、反馈社情民意信息。

开展“三严三实”专题教育活动的主要措施是：（一）坚持“专”字抓推进，确保工作落实。“三严三实”专题教育是党的群众路线教育实践活动的延展深化，是持续深入推进党的思想政治建设和作风建设的重要举措，是严肃党内政治生活、严明党的政治纪律和政治规矩的重要抓手。首先在“专”字上狠抓落实。一是开好专题会议，学习传达中共中央和省、市、县委关于“三严三实”专题教育的有关会议、文件精神，明确专题教育的任务、目标、要求，凝聚践行“三严三实”的思想共识。二是讲好专题党课。按照市委组织部《关于印发〈全市“三严三实”专题教育具体安排〉的通知》要求，结合开展纪念中国共产党成立 94 周年活动，在“七一”前后，由县政协党组书记、主席白光裕围绕“三严三实”要求，紧密联系党员干部思想、工作和作风实际，为党员干部讲一次专题党课。三是开展专题研学。把专题教育与县政协党组中心组学习、“三会一课”（是指定期召开县政协机关全体党员会及机关支部委员会、党小组会，按时上好党课）和班子民主生活会结合起来，重点学习中共中央总书记习近平系列重要讲话精神，学习《中国共产党章程》和《中国共产党纪律处分条例》《中国共产党廉洁自律准则》《中国共产党问责条例》等。注重读原著、学原文、悟原理，从先进典型中学习经验，从典型案例中汲取教训，进一步增强县政协组织党员干部的道路自信、理论自信和制度自信。（二）坚持抓活动开展，注重工作实效。"三严三实"专题教育活动开展以来，县政协严格按照省、市、县委要求，扎实开展各项活动，在抓活动开展中见实效。一是扎实开展调查研究工作。县政协党组成员按年度工作总体安排，结合自身工作实际，深入自己所联系的帮扶点开展不少于3天的蹲点调研，并撰写有深度可操作的调研报告。二是积极开展"我为扶贫攻坚做件事""爱心进社区，圆梦微心愿"等行动。5月初，县政协领导多次带队到所联系的村组（社区）走访座谈，了解民情，收集社情民意，找准最需要抚慰的困难党员、困难群众。县政协党组成员、主席会议成员多次率相关县级部门负责人到慧觉镇看望慰问残疾人，到慧觉镇三井村、龙王村、富荣村看望慰问困难党员群众。三是学习先进典型，争当"群众满意"的好干部。坚持以先进典型为镜，向先进典型看齐，把"三严三实"要求转化为可感知、可学习的生动鲜活样本，激发县政协系统党员干部争当群众满意好干部的工作热情。组织党员干部观看《焦裕禄》《杨善洲》等宣传先进人物的影片，阅读他们先进事迹的文字材料，学习先进典型的公仆情怀、务实作风、奋斗精神和高尚的道德情操，做到心有标杆、学有榜样，把思想上的升华转化为行动上的自觉。四是组织开展征文交流活动，每名党员干部认真撰写心得体会。五是立足本职岗位践行"三严三实"，为全县经济持续发展和社会全面进步献计出力。

通过"三严三实"专题教育，既维护了中国共产党的先进性和纯洁性，又增强了县政协系统党员干部忠诚干净担当的思想自觉和行动自觉。

八　"两学一做"学习教育

为深入学习贯彻中共中央总书记习近平系列重要讲话精神，推动全面从严治党向基层延伸，巩固拓展党的群众路线教育实践活动和"三严三实"专题教育成果，进一步解决党员队伍在思想、组织、作风和纪律等方面存在的问题，保持党的先进性和纯洁性，2016年2月，中共中央办公厅印发《关于在全体党员中开展"学党章党规、学系列讲话，做合格党员"学习教育方案》。

是年5月9日，召开县政协党组会议，研究县政协"两学一做"学习教育、主题党日活动等有关工作。5月12日，县政协第四届二十三次常委会会议对"两学一做"学习教育活动作出安排。会议要求，县政协党员领导干部要带好头、做好表率，在"学、做、改"上狠下功夫，用履职实践检验学习教育成果。县政协党组成员、中共党员的专委会主任要按照《关于在县政协机关全体中共党员中开展"学党章党规、学系列讲话，做合格党员"学习教育的实施方案》，开展好"讲政治重信念""讲纪律守规矩""解放思想转变观念"（即"三大主题"）专题学习讨论。为推进"两学一做"学习教育扎实有序开展，先后印发《中共罗江县政协党组关于成立县政协"学党章党规、学系列讲话，做合格党员"学习教育工作协调领导小组的通知》《关于召开县政协党组中心组（扩大）第二季度学习暨“坚定理想信念、明确政治方向”专题学习讨论会的通知》《关于印发〈关于开展“争做‘两学一做’的表率，争当狠抓落实的先锋”大讨论的工作方案〉的通知》。5月25日，召开县政协第四届四十五次主席会议，专题学习中共中央总书记习近平对四川工作重要批示精神。会议要求，认真学习领会习近平总书记重要批示精神，结合“两学一做”学习教育，不断提升党员干部理论修养和政治素质，并落脚到做好本职工作、助推全县经济发展和社会进步上来。近期工作一是抓好“两学一做”学习教育。二是各委室负责人要按要求做好“两学一做”学习教育专题辅导报告会暨2016年委员培训会筹备工作。三是扎实推进“我为扶贫攻坚做件事”等活动。是月，县政协印发《关于举办“两学一做”学习教育辅导报告会暨2016年委员培训会的通知》，强调指出：“两学一做”学习教育是推进思想建党、组织建党、制度治党的有力抓手，是全面从严治党的基础性工程，要坚持不懈地抓下去。要把思想政治建设摆在首位，坚持用党章党规规范党员干部言行，用党的创新理论武装全党，引导全体党员争做合格党员。要抓住“关键少数”，抓实基层支部，坚持问题导向，发挥先进典型示范作用。要落实基层党组织的主体责任，落实好“两学一做”学习教育常态化、制度化的各项举措，保证党的组织履行职能、发挥核心作用；保证领导干部忠诚干净担当、发挥表率作用；保证广大党员以身作则、发挥先锋模范作用，为统筹推进“五位一体”（经济建设、政治建设、文化建设、社会建设、生态文明建设五位一体）总体布局和协调推进“四个全面”（全面建成小康社会、全面深化改革、全面依法治国、全面从严治党）战略布局提供坚强的组织保证。6月2日，举办县政协“两学一做”学习教育辅导报告会暨2016年政协委员培训会，邀请成都市温江区政协副主席甄先尧作“学习党史，坚定信仰，追逐梦想”主题报告，县政协党组书记、主席白光裕出席并讲话。6月3日，县政协党组召开中心组（扩大）第二季度学习暨“坚定理想信念，明确政治方向”专题讨论会。6月13日，县政协党组中心组（扩大）“双争”（争做“两学一做”的表率，争当狠抓落实的先锋）大讨论集中学习会议。6月23日，县政协党组书记、主席白光裕到联系点慧觉镇富荣村作“两学一做”学习教育专题党课报告。6月下旬，县政协党组副书记、副主席等到各自联系点作“两学一做”学习教育专题党课报告。6月28日，召开县政协第四届二十四次常委会会议，通报县政协“两学一做”学习教育情况。按照县委总体部署，县政协“两学一做”学习教育形式多样、扎实推进、成效明显。会议要求：县政协委员中的中共党员，特别是党员领导干部，要在学习教育中起好带头作用，严格按照“两学一做”学习教育要求，扎实开展学，认真落实做，要“两学”并进，“学做”相长，努力增强政治意识、大局意识、核心意识、看齐意识。非中共党员的县政协委员，要了解“两学一做”学习教育，参与学习教育，支持学习教育的开展，共同助力学习教育取得良好成效。7月22日，县政协党组召开中心组（扩大）第三季度学习暨“坚持根本宗旨，勇于担当作为”专题讨论会。8月18日，召开县政协党组会议，通报“两学一做”学习教育开展情况。11月1日，召开县政协党组（扩大）会议，专题学习中共十八届六中全会精神。

“两学一做”学习教育的主要措施是：（一）围绕“三大主题”学习讨论。把个人自学与集体学习结合起来，明确自学要求，引导党员搞好自学。按照“三会一课”制度，县政协党组定期组织党员集中学习。县政协机关党支部每季度召开一次全体党员会议，每次围绕一个专题组织讨论。学习讨论时紧密结合工作现实，联系个人思想、工作和生活实际，看自己在新任务、新考验面前，能否坚守共产党人信仰、信念和宗旨，能否正确处理公与私、义与利、个人与组织、个人与群众的关系，能否努力追求高尚道德、带头践行社会主义核心价值观、保持积极健康的生活方式，能否自觉做到党规党纪面前知敬畏、守规矩，能否保持良好精神状态、积极为党的事业担当作为。通过学习讨论，真正提高了认识，找到了差距，明确了努力方向。（二）创新方式讲党课。讲党课一般在县政协机关党支部范围内进行。党支部结合专题学习讨论，对党课内容、时间和方式等作出安排。党员领导干部在所在党支部讲党课，到村组、社区等基层单位党支部讲党课。注重运用身边事例、现身说法，强化互动交流、答疑释惑，增强党课的吸引力和感染力。“七一”前后，县政协机关党支部结合开展纪念中国共产党成立95周年活动，集中安排了一次党课。（三）召开党支部专题组织生活会。下半年，党支部召开专题组织生活会。支部班子及其成员对照职能职责，进行党性分析，查摆在思想、组织、作风和纪律等方面存在的问题。面向党员和群众广泛征求意见，严肃认真开展批评与自我批评，针对突出问题和薄弱环节提出整改措施。组织全体党员对支部班子的工作、作风等进行评议。（四）开展民主评议党员。县政协机关党支部召开全体党员会议，组织党员开展民主评议。对照党员标准，按照个人自评、党员互评、民主测评和组织评定的程序，对党员进行评议。党支部综合民主评议情况和党员日常表现，确定评议等次，对优秀党员予以表扬；对有不合格表现的党员，按照《中国共产党章程》和党内有关规定，区别不同情况，稳妥慎重给予组织处置。（五）立足岗位做贡献。提出党员发挥作用的具体要求，教育引导党员在任何岗位、任何地方、任何时候和任何情况下都要铭记党员身份，积极为党工作。组织引导党员立足岗位、履职尽责。（六）党员领导干部作表率。党员领导干部在“两学一做”学习教育中走在前面、深学一层，严格执行双重组织生活制度，以普通党员身份参加所在支部的组织生活，与党员一起学习讨论、一起查摆解决问题、一起接受教育、一起参加党员民主评议。召开县政协党组会，专题学习党章党规和习近平总书记系列重要讲话；以党组、中心学习组等形式组织集中研讨，深化学习效果。年度民主生活会以“两学一做”为主题，领导班子和领导干部把自己摆进去，查找存在的问题。

第二节　机关建设

县政协切实加强政协组织的思想、作风和制度建设，突出人民政协协调谋划、综合服务、参谋助手和联谊交友的功能，深入推进学习型、服务型、效能型、创新型、和谐型机关建设；着力抓好政协委员的思想政治教育、服务宗旨教育、党风廉政教育和法制教育，不断增强其责任意识、大局意识和服务意识。

一　党的建设

1997—2016 年，在中共罗江县政协党组和县政协办公室党组（2015 年 8 月设县政协办公室党组）的领导下，县政协机关党支部结合政协职能，充分发挥党支部战斗堡垒作用和党员先锋模范作用，支部委员会成员以身作则，率先垂范；全体党员以求真务实的作风，身体力行，自觉实践，带头爱岗敬业，用实际行动创建先进基层党组织和争当优秀共产党员。

（一）思想政治建设

根据各级党委有关加强政治思想工作的要求，结合县政协机关的工作实际，县政协机关不断探索加强职工队伍思想政治工作的新路子。其主要措施有：1. 加强政治思想教育。一是开辟“机关讲堂”。通过组织学习时事政治、业务知识，采取上党课、开展主题研讨会、举办专题讲座、交流学习心得等形式，强化对机关职工的思想观念、行为准则、工作作风的教育，有计划、有步骤、有目的地办好“机关讲堂”，帮助职工更新观念、解放思想、增长知识，全面提高思想素质。在实践中，采取县政协党组或中心学习组与职工学习相结合、集中学习与个人自学相结合等形式，有计划、有重点地学习党的会议和全国、省、市政协会议精神，以及《中华人民共和国宪法》《中国人民政治协商会议章程（修正案）》《中华人民共和国国家公务员法》和政治理论知识、时事政治、业务知识、计算机技能等内容。对全体职工进行履职理念、职业道德、宗旨教育，引导职工争做有理想、有道德、有文化、有纪律的“四有”新人、合格党员和合格政协工作者。二是鼓励全体职工深入一线，去学习基层干部职工谦虚谨慎、踏实苦干、艰苦创业的优良作风，增强党员的开拓意识和务实作风。三是开辟“委员课堂”。县政协机关重结合、强引导，动员职工到委员所在部门岗位，开展学习教育活动，从中把政协委员的思想情操、人格魅力、创新思维和务实作风作为机关全体职工的形象教材，加以潜移默化，强化执政为民意识，进一步密切与委员联系，推动政协机关工作再上新台阶。2. 加强作风建设。遵照邓小平在全国政协第五届二次全体会议开幕词中提出的“人民政协是发扬团结民主、联系各方面人民群众的一个重要组织”的精神，确定了“干、实、活”的工作思路，即干，少说空话，多干实事，同心同德干工作；实，脚踏实地，扎扎实实，讲求实效，一年中认真办好几件实事；活，把政协工作搞活跃起来，不断开创人民政协工作的新局面。

1997—2002 年，首届县政协在加强自身建设中，始终坚持把思想作风建设放在首位，采用灵活多样的形式加强学习，不断加强领导干部、机关职工、政协委员三支队伍建设。2003—2005 年，第二届县政协按照“民主、团结、求实、鼓劲”原则，全面加强政协系统的思想、组织、作风和制度建设，取得明显成效，为罗江县物质文明、政治文明、精神文明建设和构建社会主义和谐社会献计出力。2003 年 4 月，县政协机关认真开展保持共产党员先进性教育活动（简称“保先”教育活动），努力践行“三个代表”重要思想，切实为群众办实事。根据县委对开展“保先”教育活动的安排部署，县政协结合工作实际，及时成立“保先”教育活动领导小组，制定《关于开展保持共产党员先进性教育活动的实施意见》。从2005年1月25日活动开始，始终坚持在县委先教办及督导组的指导下，精心准备，适时推开，严格程序，深入基层，深入群众，实事求是，扎实工作，稳步开展以践行“三个代表”重要思想为主要内容的“保先”教育活动。“保先”教育活动共涉及机关支部14名党员，覆盖县政协领导班子、机关支部及办公室领导班子。至2005年6月，圆满完成“保先”教育活动各阶段目标任务，达到“提高党员素质、加强基层组织、服务人民群众、促进各项工作”的目标要求。“保先”教育活动结束后，适时开展“回头看”，广泛深入开展“与党同心，与群众贴心，保持党员先进性”主题实践活动。切实开展“贯彻落实五中全会精神，破满找差距，争先再跨越”“转变作风，为民服务”思想大讨论活动。是年7月，县政协机关党支部被县委评为2004—2005年度“先进基层党组织”。2005年12月，省政协理论与实践研究会顾问、省社会科学院副院长陈焕仁，省政协理论与实践研究会会长、省政协办公厅巡视员陈宏志，省政协办公厅巡视员魏秋菊（女）等到罗江县，就县政协自身建设、创建“学习型、服务型、效能型、创新型”政协机关进行调研，对县政协在自身建设中所取得的成绩给予充分肯定。2007—2011年，第三届县政协进一步加强机关思想作风建设，按照县委统一部署开展领导干部作风整顿建设活动及“富民惠民，改善民生”行动，为构建和谐罗江做出了新贡献。通过开展“学习型、服务型、效能型、创新型、和谐型”机关建设，县政协机关干部履职能力明显提高，坚守岗位，担当责任，建言献策，为助推罗江县“十二五”规划实施、建设幸福美丽家园做出了新贡献。2012—2016年，第四届县政协立足本职，着力自身，深入学习贯彻全面从严治党新要求，加强党建和党风廉政建设，贯彻落实中央“八项规定”，巩固“四好”班子创建成果。

第一至五届县政协自觉坚持和服从县委对政协工作的领导，结合新世纪人民政协的任务，加强政协组织中党的基层组织建设，充分发挥了政协党组的领导核心作用。紧紧围绕省、市、县委“举旗帜、抓班子、带队伍、促发展”的工作思路，以创“四好”活动为载体，以促进履行政协职能、发挥政协作用、推动人民政协事业发展为目的，加强县政协领导班子建设，努力使县政协领导班子成为政治坚定、勤政为民、廉洁高效、团结和谐、业务熟练、作风正派的领导集体。

（二）党员教育管理

1997—2016年，县政协机关党支部注重成员的教育与管理，其主要措施是：1. 强化党员教育，发挥形象作用。一是发动全体党员开展查党性观念强不强，做执行政策的带头人；查宗旨意识牢不牢，做联系群众的贴心人；查自我约束严不严，做遵纪守法的正派人；查精神风貌好不好，做文明新风的倡导人的“四查四做”活动，引导党员认真查找思想、作风和工作上的差距和不足，有针对性地激励党员发挥先锋模范作用。2007年6月21—22日，县政协机关党支部组织全体党员到四川省南充市仪陇县“朱德故里”开展红色教育活动。二是开展创新求变活动。机关全体党员按照“三个有利于”（有利于发展社会主义社会的生产力、有利于增强社会主义国家的综合国力、有利于提高人民的生活水平）的标准，自觉做到“三个解放出来”（自觉把思想认识从那些不合适的观念、做法和体制的束缚中解放出来，从对马克思列宁主义的错误的和教条式的理解中解放出来，从主观主义和形而上学的桎梏中解放出来），冲破“条件论”“程序论”“是非论”，克服“等”的意识、“满”的思想、“看”的习惯、“懒”的作风，打造与时俱进的时代品格、海纳百川的开放勇气、求真务实的奋斗精神，以前瞻的眼光、开阔的视野和先进的观念去思考问题，增强工作创新的自觉性和积极性，围绕提高政协履职水平，优化工作环境，进行工作创新；围绕转变作风，提高服务质量，进行机制创新；围绕加强视察调研、提案、社情民意三项基础性工作，提高工作实效，进行工作方法创新。同时，还在全体党员中开展“金点子”评选活动，组织党员为县政协机关自身建设提出改革创新的“新点子”，推动机关工作再上新台阶。2010 年 6 月 25 日，县政协机关党支部组织全体党员到绵竹市考察工业集中发展区建设和新农村示范片区建设情况。三是注重与工作相结合。把基层组织党建工作与政协工作融为一体，一起部署、一起实施、一起检查、一起落实，做到“两手抓”（一手抓物质文明建设，一手抓社会主义精神文明建设）、“两不误”（精神文明、物质文明两不误）。充分利用《罗江县政协》《社情民意专报》等内刊，及时反映人民群众普遍关注的热点、难点和重点问题，编发的《关于加强抗震救灾档案工作的建议》《关于重视和支持老年人体育事业的建议》等社情民意信息，被省、市政协等部门采用。2. 抓好党员管理，发挥带头作用。一是建立交流谈心制度。在县政协机关思想政治工作中，做到职工思想苦闷、情绪波动时主动谈心，工作遇到困难或出现失误时个别谈心，职工之间有意见分歧时沟通谈心，对领导有意见、不理解时交换谈心。二是推行考核、奖惩制度。对机关干部实行出勤登记、工作日志、实绩评估、民主测评和定期通报，将目标责任与经常性考核有机结合，注重强化落实效果。同时，建立健全机关党建工作目标管理责任制、党建工作例会制、党风廉政建设责任制、党员干部帮扶贫困户和联系企业制和党建“创先争优”奖励制等，以制度推动机关党建工作的落实；逐步完善组织生活、民主评议党员、党员教育管理监督、“创先争优”活动和党费收缴管理等制度。2008 年 5 月 24 日，县政协机关党支部全体党员交纳“5·12”汶川特大地震抗震救灾“特殊党费”共3100元。三是深化创建“学习型、服务型、效能型、创新型、和谐型”（即“五型”）机关活动。在抓党建工作中推行首问责任制、服务承诺制和社情民意恳谈会制、委员接待日制、帮扶贫困户制等；开展“当时入党为什么、今天为党干什么、今后为党留什么”等主题讨论活动，教育和引导党员、职工严格遵守《中国共产党章程》和《中华人民共和国公务员法》等，爱岗敬业，忠于职守，廉洁务实，依法行政。推行热心接待群众、细心听取反映、耐心解答问题、诚心提供帮助、真心解决问题的“五心”工作法；提倡为委员、为群众办实事不遗余力、落地有声和“马上就办”的精神，增强全体党员文明服务、诚信服务、优质服务的服务理念，在为领导服务、为政协委员服务、为基层和群众服务中开拓创新，讲求真情，做到尽责、便捷和高效的服务，执行“一线工作法”，帮助委员和群众排忧解难，增进与委员和群众的联系，推动了全机关工作高效运转。

（三）作风建设

1997—2011 年，第一至三届县政协期间，机关党支部注重成员的作风建设，其主要措施是：一是大兴学习之风。定期组织党员学习政策理论和业务知识，积极参加省、市、县委党校举办的各类培训，引导党员树立终身学习的理念，培养自觉学习的浓厚兴趣，养成持之以恒的学习习惯，做到“学习工作化，工作学习化”，实践“全员学习、全程学习、终身学习”。在全体党员中开展学理论、学政策、学法律、学技能的“四学”活动，举办专题讲座、组织中心发言、交流学习心得，不断提高党员的理论水平和工作能力。二是加强团结协商。根据各个阶段的情况和人民政协的特点，加强党员、职工的思想政治工作，建立和完善民主生活会、交心谈心、情况通报、走访慰问等制度，努力形成团结、和谐、文明、向上的良好风气。三是务求勤政之实。推行目标管理和“一线工作法”，明确支部委员会成员的工作职责，讲求分工协作，立足政协、服务委员，引导党员办实事、求实效，争创一流业绩。第四届县政协期间，县政协机关干部职工积极参与全县的全员招商引资（每年都完成一个招商引资项目）、项目资金整合、特色文化旅游景点景区建设、扶贫帮困助学、维护社会稳定等重点工作和重点项目建设，广泛开展“走基层”“脱贫攻坚”“双联双帮”“银龄守护”“假日走基层”等活动，适时约谈委员、走访慰问委员，取得一定成绩，得到县委的充分肯定。县政协主席会议成员分别多次到各自联系点召开“双联双帮”工作协调会，指导软弱涣散基层党组织转化升级工作。

（四）党风廉政建设

1997—2016 年，县政协机关党支部组织全体党员，认真学习贯彻执行《中国共产党章程》《中国共产党纪律处分条例》《中国共产党廉洁自律准则》《中国共产党问责条例》《党风廉政建设责任制五项制度》及《中华人民共和国行政监察法》《建立健全教育制度、监督并重的惩治预腐体系实施纲要》等规章制度，对党员进行经常性的党风党纪教育和廉洁自律教育，认真执行党风廉政建设“四个不准”（不准在行使行政审批权和分配使用财政资金过程中搞权钱交易，为个人谋利；不准利用职权违反规定干预土地承包活动；不准收受与其行使职权有关系的单位、个人的现金、有价证券和支付凭证；不准默许和授意配偶、子女及身边工作人员打着自己的旗号以权谋私）、“五个严禁”（严禁搞沽名钓誉、劳民伤财的“形象工程”“政绩工程”；严禁超编制、超标准配备使用物品；严禁公款互相宴请和送礼；严禁参加用公款支付的高消费娱乐活动；严禁在公务活动中超标准接待）、中央“八项规定”等，坚决反对“四风”（官僚主义、形式主义、享乐主义、奢靡之风）。组织机关党员干部通过观看警示教育专题片，到廉政基地开展警示教育活动，作出廉政承诺等措施，切实加强党风廉政建设。运用人才优势，协助推荐党风廉政巡视员、组织巡视员、政风行风评议员、特邀监察员和教育督导员等。

二　精神文明建设

1997 年 2 月罗江县政协成立后，县政协机关认真学习宣传中共中央《关于社会主义精神文明建设指导方针的决议》《关于加强社会主义精神文明建设若干重要问题的决议》《公民道德建设实施纲要》等，贯彻精神文明重在建设的方针，坚持以“培养有理想、有道德、有文化、有纪律的社会主义公民，提高全民族的思想道德素质和科学文化素质”为根本任务，明确由县政协办公室负责精神文明建设工作，力促机关精神文明建设取得显著成绩。是年 8 月 9 日，县政协办公室印发《关于我会“九五”期间社会主义精神文明建设规划》。2003 年 1 月 9 日，县政协第二届一次主席会议决定，由驻会副主席肖宗军分管精神文明建设工作。第三至五届县政协，均确定有一名驻会副主席分管精神文明建设工作。

1997—2016 年，县政协机关从三个方面着力抓好精神文明创建工作。1. 加强领导，落实责任，把精神文明建设当着大事来抓。一方面，县政协机关每届都根据人员变化情况，及时调整和充实机关精神文明建设领导小组成员，由县政协办公室主任或分管县政协办公室工作的副主席任组长，秘书长或副秘书长为副组长，相关委室负责人为成员，具体工作由县政协办公室牵头落实，明确领导小组职责与任务，并建立学习、会议、督查制度，以加强对机关精神文明工作的领导。另一方面，推行机关精神文明建设责任制。按照“两手抓，两手都要硬”的要求，把加强职工政治思想建设和职工队伍建设纳入重要议事日程，建立主席会议成员及县政协办公室、全体职工人人参与的责任机制，推动机关政治思想建设经常化和制度化。2. 与时俱进，常抓不懈，加强职工的思想道德建设。在“双创”（创建文明单位、创建卫生单位）工作中，对全体职工加强思想道德教育和法制教育，强化爱国主义、集体主义、社会主义教育和“五讲四美三热爱”（五讲：讲文明、讲礼貌、讲卫生、讲秩序、讲道德；四美：心灵美、语言美、行为美、环境美；三热爱：热爱祖国、热爱社会主义、热爱共产党）的教育，培养全体职工的良好道德风尚和振奋向上的精神风貌。3. 立足办事，着眼服务，搞好机关各项工作。在深化机关“文明细胞”建设中，采取有效措施，推动文明、卫生委室创建工作，以开展活动为载体，促使“双创”工作卓有成效。每年都订阅《人民日报》《四川日报》《四川政协报》《德阳日报》《精神文明报》《党员文摘》《健康报》等 10 多种报纸刊物，为全体职工及家属提供丰富的精神食粮。县政协各专门委员会（委员小组）每年都组织委员开展科技、文体、法律、卫生等“七进社区”、乡镇活动和文化、科技、卫生“三下乡”活动，力促精神文明创建活动健康发展。

2003 年 4 月，县政协机关开展“推进新创业　实现新跨越”大讨论活动。通过学习动员、找差距添措施，重定新目标、总结，明确目标任务三个阶段，采取集中与自学相结合的方式，学习规定内容，讨论并制定加强工作作风建设的具体措施，完善有关规章制度，制定工作目标和实现新跨越的主要措施。通过大讨论，进一步推进机关精神文明创建工作，促进政协工作的有效开展。县政协机关相继创建成“省级卫生单位”“市级文明单位”并连年保持至今。2013 年以来，县政协机关支部开展警示教育活动落实中央“八项规定”，纠正“四风”“廉政承诺”。

2012—2016 年，县政协机关党支部结合党的教育，先后开展“中国梦”“社会主义核心价值观”（即富强、民主、文明、和谐、自由、平等、公正、法治、爱国、敬业、诚信、友善）及“三讲三爱两进步”（即讲科学、讲法律、讲文明，爱党、爱国、爱家，发展进步、文明进步）系列活动。二是本着“学习雷锋，奉献他人，提升自己”理念，发扬“奉献、友爱、互助、进步”精神，组织干部职工开展“银龄守护”活动，为老人献爱心、办实事。

三　队伍建设

（一）委员学习与培训

1997—2016 年，第一至五届县政协在强化委员队伍建设方面，一是加强学习和培训，夯实委员履职基础。按照自己提出问题、自己分析问题、自己解决问题（即“三自”）原则，通过印发学习资料、订阅报纸刊物、邀请专家作专题辅导讲座、外出参观学习等形式，组织和推动委员加强政治理论、方针政策和政协知识的学习，努力提高委员的自身素质和履职能力。二是搞好服务工作，努力为委员履职创造条件。坚持以人为本，依法维护政协委员依照《中华人民共和国宪法》和《政协章程》履行职责的权利，尊重委员、关心委员、帮助委员，努力为委员履行职能、参加政协活动营造民主和谐、生动活泼的社会环境。积极组织政协委员听取各级党政领导通报有关情况，组织政协委员参观视察、考察调研等，保证和扩大委员的知情权、参与权。实行县政协机关领导干部联系基层委员制度和慰问委员制度，认真办理委员的来信来访，积极帮助委员维护合法权益，热情为委员服务。三是构建奖惩机制，充分调动委员履职的积极性、主动性和创造性。先后制定和完善《县政协关于开展“创先争优”活动的实施意见》《县政协关于深入开展“五个一”活动的意见》《县政协新闻宣传奖励办法》等，深入开展“创先争优”和“五个一”活动，激励政协委员和社会各族各界人士立足本职，积极参政议政，主动献计出力。在每次县政协全体会议上，都对上年度的优秀（先进）政协委员及优秀提案、调研报告、社情民意信息、优秀文史作品等进行表彰。同时，进一步落实委员参加县政协活动的纪律规定，先后制定《罗江县政协委员管理暂行办法》《关于加强委员组织纪律的决定》等，对委员的学习、活动、联系和纪律等作出明确规定。县政协多措并举，不断深化委员队伍建设，以抓综合素质提高和履职能力提升为主题的委员培训，坚持年度专题培训与各委室以会代训相结合、县内培训与外出考察相结合，着力提高培训实效。

1997 年 2 月 20 日，在县政协第一届一次全体会议闭幕会上，当选县政协主席何天云要求首届县政协，要发扬人民政协自我教育的优良传统，组织政协委员和各界人士加强学习，并将其作为人民政协的一项重要任务。组织学习邓小平建设有中国特色社会主义理论，增强维护改革、发展、稳定的大局意识；学习社会主义市场经济基本知识，提高经济建设本领和参政议政能力。通过学习和培训，不断提高对事物的观察与辨别能力，对问题的分析与判断能力，对政情的认识与评价能力，对党委、政府的谋策与建议能力，对人才的熟悉与举荐能力等。2002 年 12 月 13 日，县政协在云盖山庄举行“罗江县首届政协委员活动日暨2002 年度表彰大会”，县政协主席何天云，县委副书记邓华明、刘龙春等出席并讲话，对政协委员履职提出新要求。2003 年 3 月 6 日，召开县政协第二届一次常委会会议，县政协主席邓华明就加强县政协常委会自身建设和提高委员履职能力提出四点意见：加强学习，提高素质；树立政协意识，增强历史使命感；增进团结，同心同德干事业；与时俱进，保持良好工作状态。是年 6 月 13 日，县政协举办委员培训会，邀请市政协副主席龙旗云为委员授课，县政协主席邓华明就提高委员履职能力提出新要求。2005 年 8 月 9 日，县政协举办委员培训会，邀请省政协副秘书长陈宏志作《落实中央精神　推进政协工作》专题报告。2007 年 6 月 20 日，县政协举办新任委员培训会，邀请省政协理论与实践研究会常务副会长魏秋菊（女）作《认真学习贯彻中央 5 号文件精神　做新世纪合格政协委员》专题讲座。2008 年 1 月 5 日，县政协、县地方税务局联合举办学习《中华人民共和国企业所得税法》与 2007 年度企业所得税汇算培训会，邀请省地税局所得税处钟成建授课，工商企业界委员参训。2009 年 8 月 25 日，召开县政协第三届十五次常委会会议，组织学习《政协四川省委员会关于认真学习贯彻省委政协工作会议精神的通知》，强调要以学习贯彻本次会议精神为契机，积极作为，为全县推进“5·12”汶川特大地震灾后恢复重建和“两个加快”（加快建设灾后美好新家园、加快建设西部经济发展高地）建言献策。是年 11 月 10 日，在县政协第三届十六次常委会会议上，县政协主席邓华明就学习贯彻中共十七届四中全会精神和胡锦涛总书记在庆祝人民政协成立 60 周年大会上的讲话提出六点要求：一是要把学习贯彻十七届四中全会精神和胡锦涛总书记重要讲话抓紧抓好。二是要始终坚持与中国共产党在思想上同心、政治上同向、工作上同步。三是要把推动科学发展作为履行职能的第一要务，为推动罗江幸福家园建设贡献力量。四是要坚持团结和民主两大主题，努力促进政党关系、民族关系、宗教关系、阶层关系的和谐。五是要加强自身建设，充分发挥委员作用和界别作用、推进政协工作制度化、规范化、程序化建设。六是要解放思想，开拓创新，不断开拓全县人民政协工作的新局面。2010 年 3 月 11 日，召开县政协第三届三十五次主席会议，县政协主席邓华明要求以专委会为主体开展政策理论学习，重点学习省政协主席陶武先在省政协第十届三次全体会议闭幕会上的讲话《发挥“三个作用”　促进科学发展》。是年 4 月 1 日，在县政协第三届十九次常委会会议上，组织学习传达全国“两会”精神。会议要求全体政协委员，一是要立足本职，胸怀全局，把思想和行动统一到党和国家的决策部署上来。二是要充分发挥带头作用、主体作用、代表作用，做好本职工作，说好政协话、做好政协事、当好政协人，不断增强履职责任感和使命感。是年，印发《中共罗江县政协党组 2010 年领导班子创“四好”活动规划》《中共罗江县政协党组 2010 年度中心学习组理论学习方案》。2011 年 5 月 17 日，召开县政协第三届四十八次主席会议，组织学习中共中央组织部、中央宣传部、中央“创先争优”活动领导小组《关于认真学习贯彻胡锦涛同志重要批示精神　广泛开展向杨善洲同志学习活动的通知》。第三届县政协进一步注重加强委员队伍建设，充分发挥政协委员主体作用、专委会基础作用；开展“学习型、服务型、效能型、创新型、和谐型”机关建设，履职能力明显提高，他们坚守岗位，担当责任，建言献策，为助推罗江县“十二五”规划实施，为罗江幸福家园建设做出新贡献；举办“做新时期合格政协委员”专题讲座，与县税务部门联办税收政策知识讲座，培训非公有制企业中的政协委员，进一步增强委员献计出力的主动性。2013 年以来，第四届县政协多措并举加强对委员的管理与教育。一是制定《政协委员管理办法》，实行委员出勤考核制，辞退不合格政协委员。二是搭建委员知情明政平台，实行委员列席县政协常委会会议、主席会议制。三是分年度举办委员培训会，邀请专家学者作专题讲座。四是在委员中广泛开展“五个一”活动，分年度评选先进个人和先进专委会等。五是适时由委员典型现身说法，交流好的经验。六是开展委员文化活动周，提升委员履职热情。2012 年 12 月 25 日，召开县政协第四届四次常委会会议，县政协主席白光裕要求认真精读中共十八大报告原文，研习《中国共产党章程（修正案）》；要做好宣讲、培训工作，使十八大精神入脑入心。2013 年 3 月 13 日，召开县政协第四届十三次主席会议，学习县委、县政府《关于改进作风密切联系群众的规定》。是年 4 月 11 日，县政协举办委员培训会，邀请市政协常委、市文艺评论家协会主席、市委党校副校长傅三齐，市政协副秘书长、民进德阳市委副主委、市对外友好协会副会长张清良授课。2014 年 6 月 27 日，召开县政协第四届十三次常委会会议，县政协主席白光裕要求政协委员要加强学习，尤其是常委会组成人员更要带头学习，将法制意识贯穿到履职和日常工作中。要坚持常委会会前学法制度，并形成常态化机制。是年 9 月 26 日，召开县政协第四届二十九次主席会议，学习中共中央总书记习近平在庆祝人民政协成立 65 周年大会上的讲话；传达学习县委《关于做好“刹不为之风，换不为之将”工作的通知》。会议要求：主席会议成员和各委室主任要起好表率作风，不断转变作风，围绕中心、服务大局，工作积极作为；认真开展调查研究，多建务实之言、多献科学之策。11 月 26 日，举办县政协委员提案撰写培训会，县政协主席白光裕、副主席陈志光就提案撰写的几要素作了深入浅出的讲解。2015 年 3 月 30 日，召开县政协第四届十七次常委会会议，组织学习《中共中央关于加强社会主义协商民主建设的意见》；传达学习全国政协第十二届三次会议、省政协第十一届三次会议、市政协第七届四次会议精神。是年 4 月 22 日，举办县政协委员培训会，县政协主席白光裕、副主席古明水就委员理论学习、履职建言等提出具体要求。7 月 22 日，召开县政协第四届三十八次主席会议，组织学习《中国共产党统战工作条例》《中共中央办公厅关于加强人民政协协商民主建设的实施意见》；学习贯彻省委第十届六次会议精神。6 月 2 日，举办县政协“两学一做”学习辅导报告会暨 2016 年政协委员培训会，县政协主席白光裕就“两学一做”学习教育和委员履职建言提出具体要求。是年 12 月 23 日，召开县政协第五届一次常委会会议，县政协主席张胜虎对常委会组成人员提出四点要求：一是要十分重视学习，提高政治素养与履职能力，发挥好领导和带头作用。二是要积极担当，努力提升委员助推建设美丽幸福新罗江议政建言质效。三是要关注民生，团结各方，努力营造建设美丽幸福新罗江的良好氛围。四是要强基固本，树新形象，努力增强建设美丽幸福新罗江的能力。

（二）委员联系与帮扶

为确保来自各行业和各条战线上的县政协委员在做好本职工作的同时，又能认真履行委员的职责和义务，县政协主要建立和坚持“四项制度”：一是接待委员制度。自第一届县政协起每月20日的上午（如遇“双休”日顺延），为县政协领导接待委员日，由正副主席轮流值班，听取和协调委员在履职过程中的问题、意见、建议和要求。二是走访委员制度。2004年2月23日，召开县政协第二届十次主席会议，审议通过《关于建立县政协领导干部联系政协委员的工作制度》。是年7月28日，召开县政协第二届十三次主席会议，决定建立慰问委员制度。2007年4月16日，召开县政协第三届四次主席会议，审定《县政协主席会议成员和专委会主任联系基层委员办法》。2012年3月6日，召开县政协第四届一次常委会会议，审议通过《关于调整县级工作部门与县政协各专委会对口协商工作制度》《关于完善走访约谈重点联系委员制度的意见》等，明确主席会议成员分工联系常委和常委联系委员的工作，通过节日前的走访慰问委员，对非中共的常委、委员有困难则进行帮扶，生病住院则到医院探视，把政协组织的关怀送到委员心头，以增强县政协的凝聚力和向心力。县政协正副主席及机关各委室负责人分组开展走访委员活动，到委员所在单位召开座谈会，了解工作情况，掌握履职信息，收集社情民意信息，征求意见和建议。还与委员所在单位党政领导加强联系，对委员履行职责、参加政协的会议和活动等进行协调。三是联系指导委组工作制度。县政协正副主席分工联系各委组的年度工作，参加委组的专题会议和视察调研活动，增进同各界别委员的联系，推动委员联系工作的开展。四是信息宣传通联制度。一方面办好《罗江县政协》《社情民意专报》《政协简报》等内刊，落实专人将其办出政协与统战特色，扩大政协工作的社会影响力和辐射力。另一方面，与罗江电视台、罗江人民广播电台、《罗江手机报》等联合开办《委员论坛》《委员风采》《委员之声》栏目，宣传委员的履职情况与先进事迹，树立县政协在全县政治经济和社会生活中有为有位的良好形象。

1998年8月12日，县政协印发《关于组织政协委员和各界人士向灾区捐钱捐物支援抗洪斗争的通知》。截至8月14日，县政协办公室共收到捐款2950元、衣被35件，并及时转交县民政局。2006年12月20日，召开县政协第三届一次常委会会议，审议通过《县政协开展“四个一”活动的决定》。2007年5月10日，召开县政协第三届二次常委会会议，审议通过《政协罗江县委员会“四个一”活动优秀委员和单位的评选办法》。2008年7月25日，县政协办公室印发《关于开展我为灾后重建献计献策活动的通知》，在县政协各参加单位和广大政协委员中开展“我为灾后重建献计献策活动”。2010年12月22日，召开县政协第三届二十二次常委会会议，审议通过《政协罗江县委员会“创先争优”评选办法》。2012年3月6日，召开县政协第四届一次常委会会议，审议通过《县政协关于深入开展“五个一”活动的意见》，县政协主席白光裕要求：一是重学习，不断增强履职能力。二是重履职，努力担当履职为民责任。三是重示范，切实发挥常委会组成人员的表率作用。2013年5月13日，县政协向全体县政协委员和驻罗江县的省、市政协委员发出《实现伟大中国梦　建设美丽繁荣和谐四川》倡议书。2014年12月30日，召开县政协第四届十五次常委会会议，审议通过《关于开展部分政协委员帮扶困难群众活动的实施意见》。2015 年 9 月 29 日，召开县政协四届十九次常委会会议，审定在委员中开展“我为扶贫攻坚做件事”活动方案，深化委员联系帮扶困难群众活动，进一步明确相关事宜。2016 年 3 月 30 日，召开县政协第四届二十二次常委会会议，通报县政协开展“我为扶贫攻坚做件事”及“部分政协委员联系帮扶困难群众”活动情况。是年，印发《中共罗江县政协党组关于党组成员联系统一战线代表人士的通知》。

第八章　人　物

本章采用传记、事略、简介、名录等体裁记载入志人物。

人物收录的标准是：时间范围是以本志的上、下断限为准；空间范围是以在罗江县政协担任过一定职务，并在工作、活动中有一定贡献或影响的本、客籍人士。

遵循人物入志有关原则，本志为五位罗江县政协常委以上已故人物立传，以卒年时间先后为序；记第二、三、四、五届三位县政协主席事略，录第一至五届十一位县政协副主席简介，按在县政协任职时间先后排序；列历届县政协优秀（先进）委员名录。

第一节　传　记

肖宗军

肖宗军（1950—2009）　男，汉族，中共党员，大专文化，湖北省宜城县（今宜城市）人。第一至三届罗江县政协副主席。

1950年2月，肖宗军出身于一个干部家庭。1968年2月，在中国人民解放军海军某部服役。1970年4月加入中国共产党。1972年9月，在一次军事攻防演练中伤腿致轻微残疾。1973年4月转业至上海市海洋地质调查局工作。是年9月以“工农兵大学生”身份入成都地质学院（今成都理工大学）地质仪器系学习。1977年1月毕业后留校，任该系助教兼团总支书记。1983年8月，调任中共湖北省宜城县委组织部干部培训科副科长。1986年3月，调任中共四川省德阳市市中区委组织部干部科科长、区委组织员。1990年11月，任德阳市市中区特殊钢管厂建设工程指挥部副指挥长兼办公室主任。1991年7月，任区工业交通政治部副主任。1992年12月，增补为区总工会副主席。1993年7月，当选区总工会主席。1995年3

月，任区工交政治部主任兼区计划委员会副主任。1996 年 12 月，任罗江县劳动人事局筹备组组长。次年 2 月，任该局党组书记、局长，兼任中共罗江县委组织部副部长。2001 年 12 月，改县劳动人事局为县人事劳动和社会保障局，继任该局党组书记、局长。其间，有效组织实施全县的人事档案、考核聘用、工资福利和劳动保险等管理，开展各类人员实用技能培训。

1997 年 2 月，肖宗军当选第一届县政协常务委员会委员。2002 年 1 月，增选为第一届县政协副主席。是年 7 月，增补为县政协党组成员。2003 年 1 月，当选第二届县政协副主席，任县政协党组成员。2006 年 12 月，当选第三届县政协副主席，任县政协党组副书记。其间，注重县政协组织"三化"（制度化、规范化、程序化）建设，参与《中国人民政治协商会议罗江县委员会全体会议工作规则》《中国人民政治协商会议罗江县委员会提案工作条例》等的制定与实施；重视《罗江文史资料》征研编印工作；组织委员开展专题调研，向县委、县政府提交《罗江县旅游资源开发与利用情况的调查及建议》等调研报告；与有关县级部门对口协商办理重点提案。2008 年 5 月 12 日，四川省阿坝藏族羌族自治州汶川县发生里氏 8.0 级特大地震，罗江县被国务院列为重灾县之一。肖宗军积极参与指挥抗震救灾和灾后恢复重建工作。

2009 年 1 月 27 日，肖宗军在春节假日值班期间突发疾病，是日晚去世，终年 59 岁。

廖大礼

廖大礼（1948—2011）　男，汉族，大专文化，四川省罗江县人。无党派人士，副总工程师。第一届罗江县政协副主席。

民国 37 年（1948 年）10 月，廖大礼出身于一个世代农耕家庭。1961 年 9 月，就读于罗江县立初级中学（今罗江中学）初中部。1964 年 9 月，就读于德阳中学高中部。1966 年"文化大革命"开始后，学校停课，回乡务农。1974 年 9 月，经当地群众推荐、罗江公社革命委员会政治审查合格、学校复审通过，被招收为"工农兵大学生"入四川农学院（今四川农业大学）机械工程专业学习。1977 年 9 月毕业分配到四川省（罗江）钢板弹簧厂工作。1978 年 11 月，任该厂技术科科长。次年 6 月，任该厂副厂长，主要负责农用运输车及拖挂车、平板车等的钢板弹簧生产，仿制和制造翻身犁、简易人力插秧机、手摇打谷机和红苕切片机等半机械化机具农具，改良适合家庭小规模经营的农机具。1997 年，钢板弹簧厂建成罗江金属容器有限责任公司，任公司副总经理，负责产品营销业务。2001 年，该公司改制为民营企业，前期仍负责产品营销业务，不久后下岗，自谋职业。

1997 年 2 月，廖大礼当选第一届县政协副主席（不驻会），任职至届末，同时兼县政协文史资料编辑委员会副主任。2001 年，被评为优秀县政协委员。廖大礼任县政协副主席期间，积极参与县政协组织"三化"（制度化、规范化、程序化）建设，组织所联系的工业经济委员会和万安地区委员小组委员开展专题调研与视察活动，引导委员针对全县工业企业和民营经济组织的重点问题撰写提案，鼓励委员及时反映社情民意信息。

2011 年 6 月病逝，享年 63 岁。

何天云

何天云（1943—2012）　男，汉族，中共党员，大学文化，四川省盐亭县人。第一届罗江县政协党组书记、主席。

民国 32 年（1943 年）5 月，何天云出身于一个贫苦农民家庭。1962 年 9 月，考入西南师范学院（今西南大学）中文系学习。1966 年 7 月毕业留校待分配。1968 年 12 月，被派遣到德阳县农场劳动锻炼。1970 年 6 月，调任中共德阳县委宣传部宣传干事、理论教员兼秘书。1973 年 4 月加入中国共产党。1984 年 1 月，任中共德阳县委宣传部副部长。1985 年 5—10 月，任德阳市金山劳改支队政治部主任。是年 10 月，任中共德阳市市中区委宣传部部长。1987 年 3 月，当选第二届德阳市市中区政协常委。1990 年 2 月，当选中共德阳市市中区委常委，兼区委宣传部部长。其间，组织开展以坚持党的四项基本原则、反对资产阶级自由化和党的“三基”（基本路线、基本理论、基本知识）等为主要内容的宣传教育活动；组织举办“调元杯”等农村文艺调演，开展群众性精神文明创建活动。

1996 年 10 月，何天云任罗江县筹备组成员。是年 12 月至次年 2 月，任罗江县政协筹备组组长。1997 年 2 月，当选首届罗江县政协主席。次月，任县政协党组书记。1998 年 2 月，当选第四届德阳市政协常委。2003 年 4 月改任正县级调研员，次年 5 月退休。

何天云任县政协主席六年里，团结带领班子成员，以“振奋精神，艰苦创业，开拓前进，富民强县”兴县精神为动力，围绕县委确立的“建设富裕文明秀丽新罗江”作为工作中心和履职重点，先后为“凯江综合治理工程”“太平桥拓宽设闸工程”“绵远河防洪治理截弯取直工程”等重点建设项目献计出力；继原有太平桥后，倡导将跨纹江（凯江）的新建桥依次命名为“升平桥”“永平桥”“安平桥”“昌平桥”等；组织参与“三讲”“三个代表”重要思想学习教育活动；强化县政协自身建设，主持制定《中国人民政治协商会议罗江县委员会全体会议工作规则》《中国人民政治协商会议罗江县委员会岗位责任制》等；重视委员提案和反映社情民意信息工作，组织召开“纪念党的十一届三中全会召开二十周年座谈会”“庆祝人民政协成立五十周年座谈会”等，举办“首届罗江县政协委员活动日”；重视《罗江文史资料》征研编印工作，编审第一至十二辑《罗江文史资料》；组织县政协委员开展医疗卫生行业作风评议工作。

2012 年 1 月病逝，享年 69 岁。

杨 勤

杨勤（1934—2012） 男，汉族，无党派人士。祖籍今福建省福州市鼓楼区。第一届罗江县政协常委。

民国23年（1934年）9月，杨勤出身于一个军官家庭，其父杨大钊是国民党军胡宗南部第九十军六十一师师部的军需处主任（中校军衔）、姑父王壁儒是该师师长（少将军衔），自幼随父母在陕西省西安市生活。就读于西安市东门中正中学，高中毕业。民国36年，其姨父徐跃光到台湾省台北市定居。次年秋，杨勤随其父所在部队流转至陕西省汉中。不久后，又辗转至四川省成都。1949年12月，在中国人民解放军第十八兵团进军西南时，该部在成都和平起义。

1952年，杨勤18岁时被分配到绵阳专区剑阁县（今属广元市）军分区附属医院工作。1959年被划为“右派分子”，“文化大革命”中因其家庭出身及众多亲属随国民党军败退台湾，被以“内奸”“特务”等罪名受到批判斗争，遣送到绵阳专区旺苍（今属广元市）钢铁厂劳动改造。其在失魂落魄之际，与罗江县鄢家公社一女子完婚。1978年12月中共十一届三中全会后，被摘掉“右派分子”帽子，选择回德阳县鄢家乡。随后筹资开办“德阳闽德商行”，成为鄢家岭百货行业的纳税大户。同时，成立德阳县个体劳动者协会鄢家区分会，其成为首批加入该协会的会员。

1983年8月德阳建市后，先后被推选为德阳市个协副会长，德阳市市中区个协副会长、区工商业联合会执委。1990年9月，被共青团中央、国家税务总局评为“协税、护税和依法纳税模范个人”。次年4月，出席“全国个体劳动者第二次代表大会暨第二次全国先进个体劳动者表彰大会”，被授予“全国先进个体劳动者”称号。1994年，应中国台湾省“福建省同乡会”邀请，赴台北市与分离六十余年的姨父徐跃光团聚。1997年，被推选为罗江县个私协常务副会长。2003年4月，被推选为县中小企业协会秘书长。2004年12月，成立县台胞台属联谊会，被推选为秘书长，履职至去世。

1990—1992年，任第三届德阳市市中区政协委员、鄢家地区委员小组组长。1993年2月，当选第四届德阳市市中区政协常委。1997年2月，当选第一届罗江县政协常委，兼县政协鄢家地区委员小组组长、财贸委员会副主任。撰写《加速罗江县非公有制经济发展 营造宽松发展环境》等提案，收集整理《解放后罗江卫生院第一任院长杨景森》《难以释怀的政协情结——任政协委员十四年的回忆》等文史资料。多次被评为优秀（先进）县政协委员，被县工商行政管理局等部门聘为特邀监督员。

2012年11月病逝，享年79岁。

释海山

释海山（1928—2013）　俗名马廷耀，男，汉族，四川省西充县人。历任省、市、县（区）政协委员。

民国17年（1928年）2月，马廷耀出身于一个佛化世家。15岁时出家为僧，素食诵经习禅。18岁时在成都文殊院受具足戒，得法名“海山”。民国36年2月，入成都昭觉寺佛学院习禅。1949年12月，到成都市华阳县（今并入双流县）定光寺，亲近净土宗如岑法师。1959年8月，到成都净慈寺常住。1963年4月，到山西五台山礼能海法师，笃学《比丘戒广诵》《印光法师文钞》等。1978年12月中共十一届三中全会后，到温江地区新都县（今成都市新都区）宝光寺修持。此后数年，云游国内名山宝刹，回川后任成都文殊院首座。1986年10月，任罗真观（今罗江万佛寺）住持，率众修殿堂、建道场，使其成为川西北十方丛林。1990年，兼遂宁广德佛学院院长。次年，升座为万佛寺中兴第一代方丈。1992年8月，任四川省佛学院副院长。1993年2月，当选四川省佛教协会副会长。是年10月，任中国佛协常务理事。是年，任德阳崇果寺管理委员会主任兼住持。1994年10月，任遂宁广德寺方丈。次年，当选四川省佛教慈善功德会副主席。1997年2月，任四川省佛学院院长。1998年，在万佛寺主持举办“中国佛教2000年纪念法会”。1999年6月，新都宝光寺传授三坛大戒时任教授和尚。2001年，任峨眉山传戒大师父。2002年、2004年，成都石经寺、遂宁广德寺传授三坛大戒时任戒和尚。2005年3月，退院万佛寺方丈，继任德阳市佛协会长。2007年，任四川省佛协咨议委员会主席。2008年7月，在万佛寺会见中国台湾地区佛教界净良、长智、圆宗等长老。2009年6月，出席中国佛协第七届理事会议。次年3月，出席中国佛协第八次全国代表大会，当选中国佛协咨议委员会副主席。2012年，万佛寺传授三坛大戒时任戒和尚。

1993年7月，应邀到美国旧金山极乐寺开光传教数月。次年7月，以副团长身份率四川省佛教参访团赴日本、韩国、泰国、新加坡及我国香港地区。1996年9月、1997年10月，以副团长身份率团分赴韩国、日本出席“韩中日佛教友好交流大会”“日中韩佛教友好交流大会”。2006年，出席“首届世界和平论坛大会”。

1995年，释海山为乐山市峨边彝族自治县失学儿童捐资助学2万元。次年，为南充市西充县碾垭乡失学儿童捐款3万元。1997年，中共四川省委统战部授予其“资助教育　功德无量”铜牌。1998年，为其家乡修建小学、乡村公路捐款7万元。2008年6月，为“5·12”汶川特大地震极重灾区捐款40余万元。

1987—1996年，先后任第六、七届四川省政协委员，第二、三届德阳市政协委员，第二、三届德阳市市中区政协委员、常委。1995年，当选德阳市市中区人大代表。1997—2003

年，当选第一届罗江县政协常委。在其历任省、市、县（区）政协委员期间，在宣传落实党的宗教政策，以及保护宗教场所、恢复宗教活动等方面积极建言献策。

2013年4月，释海山圆寂于遂宁市蓬溪县高洞禅院，世寿86岁。

第二节 事 略

邓华明

邓华明 男，汉族，中共党员，大专文化。1952年8月生，四川省德阳县（今德阳市旌阳区）人。农艺师。第二、三届罗江县政协党组书记、主席。

1972年9月，邓华明考入绵阳农业专科学校农作专业学习。1974年12月，任绵阳地区农业科研所技术员。1981年6月，调入德阳县农业局工作。1984年3月，任德阳县农业局副局长。是年5月加入中国共产党。1985年3月，任德阳市市中区农业局党组书记、局长。1993年3月，任德阳市市中区人民政府党组成员，区政府办公室党组书记、主任。1995年3月，任中共德阳市市中区委办公室主任。1996年8—12月，任中共德阳市市中区委常委，兼区委办公室主任。

1996年10月，任罗江县筹备组成员。是年12月，任中共罗江县委副书记。1998年3月，当选县委副书记，分管党务、政法和农业农村工作。是年6月，取得中共四川省委党校函授学院经济管理专业大专学历。11月，兼县纪委书记。次年12月，兼县委党校校长。2000年11月，兼县人大常委会党组书记（正县级）。其间，着力抓好干部选拔与培训、知识分子和老干部等工作，使全县党务工作健康有序发展，2000年获第四届四川省培育选拔女干部“巾帼之友”奖；以发展特色农业为抓手、以增加农民收入为目标，使全县“三农”（农业、农村、农民）工作跃上新台阶；在“绵远河防洪综合治理工程”“鄢（家）回（龙）分干渠节水改造与续建配套”等重点工程建设中，发挥独特作用；在加强政法工作与锻造政法队伍、推进社会治安综合治理、维护社会和谐稳定工作中，发挥重要作用，被中共德阳市委、市人民政府授予“优秀责任人”称号。

2003年1月，当选第二届罗江县政协主席。次月，任县政协党组书记。是年，当选第五届德阳市政协常委。2006年12月，当选为第三届县政协主席。是月，任县政协党组书记。2008年，当选第六届德阳市政协常委。2011年12月改任正县级干部，2012年9月退休。

邓华明任县政协主席期间，着力抓好县政协组织“三化”（制度化、规范化、程序化）建设，制定和修订《中国人民政治协商会议罗江县委员会全体会议工作规则》《中国人民政治协商会议罗江县委员会提案工作条例》等；重视专题调研和反映社情民意信息工作，视其为履行“政治协商、民主监督、参政议政”职能的基础环节和主要工作方法，适时向县委、县政府提交调研报告，助推了全县经济持续发展和社会全面进步；注重委员和县政协组成单位提案，坚持主席重点督办和专委会协商办理提案工作，力求创新见实效；重视文史资料征研、编辑和出版工作，组织编印《罗江历代人物传略》《同舟纪实》《诤言——政协第二届罗江县委员会调研报告、提案、社情民意汇编》等；开展理论研究与实践活动，撰写《正确处理履职中的几个关系》《政协委员发挥好主体作用应具备的综合素质》等文章，获得省、市政协好评；组织开展公安、环保、民营经济发展环境等行风评议工作，促使其行业作风根本好转；组织举办“迎国庆·颂祖国——庆祝人民政协成立六十周年演唱会”等活动。

白光裕

白光裕　男，汉族，中共党员，研究生学历。1963 年 3 月生，四川省射洪县人。第四届罗江县政协党组书记、主席。

1979 年 9 月，白光裕考入四川省孝泉师范学校学习。1982 年 9 月，在德阳县大井乡白土村小学校任教。1984 年 7 月，任大井乡中心小学校教导处副主任。1987 年 3 月，任德阳市市中区金山区教育办公室教研员。1988 年 8 月，调德阳市市中区教育局工作。1990 年 5 月后，先后任区人民政府办公室秘书科副科长、科长。次年 8 月加入中国共产党。1996 年 12 月，任罗江县人民政府办公室筹备组副组长。次年 3 月，任县政府办公室副主任，同时下派任略坪镇党委书记、镇人大主席团主席，兼县政协略坪地区委员小组组长、提案委员会副主任。1999 年 3—6 月，参加中共德阳市委党校中青班学习。2000 年 1 月，任县广播电视局党组书记、局长。其间，2000 年 9—12 月，挂任上海市虹口区文化局局长助理。2001 年 6 月，取得中共四川省委党校函授学院经济管理专业在职研究生学历。2002 年 2 月，任县委办公室主任。是年 9—12 月，增补为县委常委。2003 年 1 月，当选第二届县人民政府副县长。是年 2 月，任县政府党组成员。其间，2008 年 4—9 月，在中共四川省委藏区工作组驻阿坝藏族羌族自治州松潘县小组工作。2006 年 12 月，当选第三届县政府副县长。次年 1 月，任县政府党组成员。2011 年 12 月，当选第四届县政协主席。是月，任县政协党组书记。2016 年 9 月，任县人大常委会党组书记。是年 12 月，当选第五届县人大常委会主任。

白光裕任县政协主席期间，坚持围绕中心、服务大局，履职尽责、开拓创新，推进人民政协事业蓬勃发展。突出团结和民主两大主题，组织政协委员、各界人士认真学习习近平总书记系列重要讲话精神，始终与县委同心同向同力。实施公民代表旁听全体会议、常委会会议及委员列席常委会会议制度。制定年度协商计划，组织全体会议整体协商、常委会会议重点协商、主席会议专题协商，召开专题议政协商会议，健全全体会议委员大会发言制度，探索建立界别协商制度。重视提案督办工作，坚持主席会议成员督办重点提案。重视发挥社情民意信息直通车作用，积极促成相关问题的解决。开展民主评议经济发展环境活动，参与全员招商引资、项目资金整合、特色文化旅游区建设、民生稳定等重点工作和重点项目建设。组织编印《罗江文物集萃》《罗江宗教》等专集，组织编修《罗江县政协志（1996—2016）》。开展政协系统首届文化体育周活动，举办庆祝人民政协成立六十五周年演唱会等活动。切实加强机关纪律制度建设，巩固提升创建“四好班子”成果。抓好政协委员队伍建设，建立健全委员履职档案。坚持每年组织一次全体委员集中培训，邀请专家名师授课、委员典型现身说法。坚持走访约谈委员制度，不断深化“五个一”活动，“部分政协委员联系帮扶困难群众”和“我为扶贫攻坚做件事”活动，受到省政协通报表扬、县委肯定和社会各界好评。

张胜虎

张胜虎 男，汉族，中共党员，大学文化。1964 年 12 月生，四川省绵阳市涪城区人。第五届罗江县政协党组书记、主席。

1983 年 9 月，张胜虎考入四川省供销合作学校财会专业学习。1985 年 7 月，在绵阳废旧物资回收公司工作。1988 年 4 月，调任德阳市市中区棉麻公司经营部经理。1990 年 4 月，任区供销合作社审计兼工业公司经理。1991 年 1 月加入中国共产党。1996 年 12 月起，任罗江县供销社财计科（股）科（股）长。2000 年 6 月，通过高等教育自学考试取得会计专业大专学历。2001 年 12 月，任县供销社党组成员、副主任。2002 年 12 月，取得中共四川省委党校函授学院财会专业大学学历。2003 年 3 月，任县供销社党组书记、代理主任。次年 3 月，任县供销社党组书记、主任。2005 年 5 月，任县环境保护局局长、县建设和环境保护局党组副书记。2006 年 7 月，任中共罗江县委办公室主任。2008 年 5 月，任县委办公室主任、县委政法委书记、县委群众工作部部长，系第三届中共罗江县委委员。2008 年 8 月，任县委常委，兼县委办公室主任、县委政法委书记、县委群工部部长。2009 年 2 月，当选县委常委，兼县委政法委书记。2010 年 3 月，兼县城南新区党工委书记。2013 年 10 月，任县委常委，县人民政府党组副书记、副县长（负责县政府常务工作）。2013 年 12 月，兼县行政学校校长。2016 年 9 月，任县政协党组书记，县政府常务副县长、党组成员，兼县行政学校校长。2016 年 12 月，当选第五届罗江县政协主席，任县政协党组书记。

张胜虎就任县政协主席以来，坚持团结和民主两大主题，践行“创新、协调、绿色、开放、共享”发展理念，紧紧围绕县委“同城德绵，协作发展，打造德阳北部新区和绵阳科技城产业协作区”工作中心，服务经济社会发展大局，坚持定力、增进共识，紧扣中心、勇于担当，强基固本、树新形象，切实履行“政治协商、民主监督、参政议政”职能，加强县政协常委会思想、组织、作风和制度建设，提升常委会班子的履职能力。引领政协委员开展好“五个一”（提交一件提案、反映一件社情民意信息、参加一次调研或视察、办一件实事好事、承担一项专门任务）活动。把关注民生、推进社会和谐建设作为履职的重大使命。关注社会热点难点问题，关心民众期盼与疾苦，多形式组织开展建言献策和反映社情民意信息工作。引导委员保持政治上的清醒和行动上的自觉，保持与县委同心同向同力。注重提案的征集与审查工作，力求接地气、见实施。采取以适当增添生活设施、助力发展农牧业生产、提供政策咨询服务和进行智力帮扶等措施，开展好“脱贫攻坚”帮扶济困工作。组织编印《记忆罗江》文集，受到社会各界人士好评。

第三节　简　介

刘成国

刘成国　男，汉族，中共党员，大专文化。民国36年（1947年）11月生，四川省罗江县人。第一届罗江县政协副主席。

1963年9月，刘成国考入四川省孝泉师范学校学习。1966年5—12月，在广元参加“四清”（清思想、清政治、清组织和清经济）运动。1967年1—7月，在校待分配。1967年8月至1980年8月，在德阳县蟠龙公社（今罗江县蟠龙镇）小学校任教。1974年8月加入中国共产党。其间，1968年11月，任蟠龙小学校副校长，主持学校工作。1975年3月，任该校党支部书记。1980年9月至1981年8月，调任德阳县罗江区教育办公室主任。1981年9月至1987年10月，先后任德阳县文教局、德阳市市中区教育局人事股（政治工作科）副股长（副科长）。1987年10月至1988年2月，在中共德阳市市中区委政策研究室工作。1988年3月至1989年3月，在区体制改革委员会办公室工作。1989年4月至1990年3月，任区国土局办公室主任。1990年3月至1993年2月，任区委统一战线工作部副部长，兼区对台湾事务办公室副主任。1992年6月，取得中共四川省委党校函授学院经济管理专业大专学历。1993年2月，任区政协办公室主任。是年3月，任区政协党组成员、区委统战部副部长。1996年12月，任罗江县政协办公室、县委统战部筹备组组长；政协罗江县委员会筹备组副组长。1997年2月，当选第一届罗江县政协副主席，任县政协党组成员。是年3月，兼县委统战部部长。2003年1—3月，在县政协工作。是年3月提前退休，享受正县级干部待遇。

李兴明

李兴明 女，汉族，大学文化。1955 年 11 月生，重庆市北碚区人。无党派人士，中学高级教师。第一、二、三届罗江县政协副主席。

1974 年 8 月至 1977 年 2 月，李兴明为四川省凉山彝族自治州冕宁县宏模公社知识青年。1977 年 2 月至 1978 年 7 月，考入冕宁师范学校学习。1978 年 7 月至 1981 年 9 月，在冕宁县泸沽中学校任教。1979 年 9 月至 1985 年 6 月，取得四川师范学院（今四川师范大学）中文系汉语言文学专业函授大学学历。1981 年 9 月至 1987 年 6 月，在四川省渡口市（今攀枝花市）西区平江中学校任教。1987 年 6 月至 1988 年 6 月，在攀枝花市仁和区大河中学校任教。1988 年 6 月至 1993 年 8 月，在攀枝花市仁和区沙沟中学校任教。1993 年 8 月至 1996 年 8 月，在德阳市市中区罗江中学校任教。1996 年 8 月至 2011 年 1 月，在罗江县罗江中学校任教。其间，被评聘为中学语文高级教师。

1997 年 2 月、2003 年 1 月、2006 年 12 月，先后当选第一至三届罗江县政协副主席（不驻会）。2011 年 1 月退休，享受正县级干部待遇。

段家琼

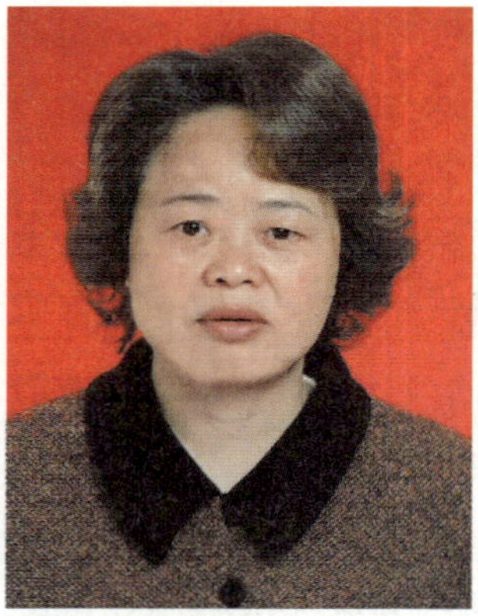

段家琼 女，汉族，中共党员，大专文化。1953 年 9 月生，四川省新都县（今成都市新都区）人。农艺师。第一届罗江县政协副主席。

1972 年 1 月至 1973 年 8 月，段家琼为新都县龙虎乡知识青年。1973 年 8 月至 1975 年 8 月，考入四川省南充蚕桑学校学习。1975 年 8 月至 1996 年 12 月，历任德阳县、德阳市市中区农业局蚕桑站站长、局办公室主任、副局长、局党总支副书记。其间，1984 年 11 月加入中国共产党。1996 年 12 月至 1997 年 3 月，任罗江县农牧局筹备组组长。系第一届罗江县政协委员。1997 年 3 月至 1998 年 3 月，任县农牧局党组书记、局长。1998 年 3 月至 2002 年 1 月，任县农业局党组书记、局长。1998 年 7 月，取得中共四川省委党校函授学院经济管理专业大专学历。2002 年 1 月，增选为第一届罗江县政协副主席。是年 7 月，增补为县政协党组成员。2003 年 1 月，当选罗江县人大常委会副主任。2006 年 12 月改任副县级干部，2008 年 10 月退休。

洪善斌

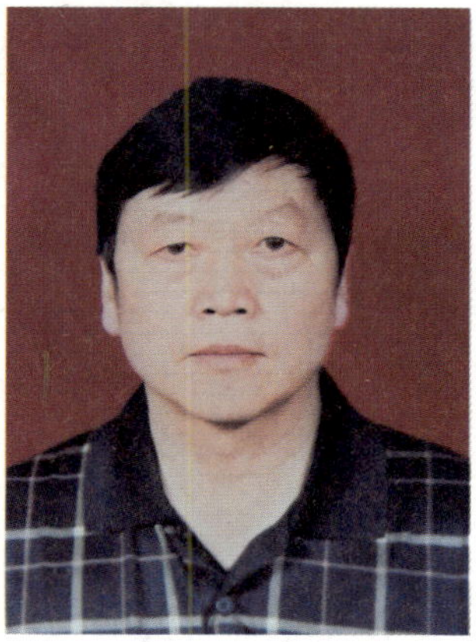

洪善斌　男，汉族，中共党员，大专文化。民国37年（1948年）7月生，四川省罗江县人。第二届罗江县政协副主席。

1967年“文化大革命”期间，洪善斌从德阳中学高中部回乡务农。1974年任罗江公社农业技术员。1975年招入四川农学院（今四川农业大学）绵阳地区“社来社去”试点班学习。1977—1978年，留本校水稻教研室任教。1978年7月至1983年11月，任德阳县罗江公社革命委员会、管理委员会副主任。其间，1979年7月加入中国共产党，1980年取得大专学历。1983年11月至1992年10月，先后任德阳县、德阳市市中区罗江公社、罗江乡、罗江镇党委书记。其间，1986年12月至1990年3月，兼罗江镇人民政府镇长。1992年10月至1994年11月，任罗江区委副书记，兼罗江镇党委书记。1994年11月至1996年10月，任罗江区委书记，兼罗江镇党委书记。1996年10月至1997年2月，任罗江县筹备组成员，兼罗江镇党委书记。1997年2月，当选第一届罗江县人民政府副县长，兼罗江镇党委书记。1997年9月至2003年1月，任县政府党组成员。2003年1月，当选第二届罗江县政协副主席。次月，任县政协党组副书记。2006年12月享受正县级干部待遇，2008年7月退休。

陈培建

陈培建　男，汉族，大学文化。1964年7月生，四川省盐亭县人。无党派人士，农艺师。第二、五届罗江县政协副主席。

1980年9月至1983年7月，陈培建考入绵阳农业专科学校中专班农作专业学习。1983年7月至1987年6月，在德阳县、德阳市市中区农业局农业技术站工作。1987年6月至1996年12月，任区农业局农技站站长。1996年12月至1997年3月，在罗江县农牧局筹备组工作。1997年3月至2003年1月，任县农业局副局长。2000年1月至2003年1月，任罗江县白马关镇人民政府镇长，兼县农业局副局长。2001年6月取得中共四川省委党校函授学院经济管理专业大专学历，次年6月取得农业高新技术与管理专业大学学历。2003年1月，当选第二届罗江县政协副主席。系第五届德阳市政协委员。其间，2003年1—3月，任县政协副主席，兼白马关镇镇长、县农业局副局长。2003年3月至2006年12月，任县政协副主席，兼县工商业联合会会长。2006年12月、2011年12月，先后当选第三、四届罗江县人大常委会副主任。其间，2006年12月至2007年10月，兼县工商联会长，系第四、六、七届德阳市人大代表。2016年12月，当选第五届罗江县政协副主席。

张平富

张平富 男，汉族，大学文化。1965 年 3 月生，四川省安县（今绵阳市安州区）人。农工民主党罗江支部主委，副主任医师。第二、三、四届罗江县政协副主席。

1984 年 9 月至 1989 年 7 月，张平富考入四川泸州医学院（今西南医科大学）医学系学习。1989 年 7 月至 1996 年 3 月，在德阳市市中区人民医院（今罗江县人民医院）从医。1996 年 3—8 月，在四川省人民医院进修。是年 12 月，晋升为区人民医院外科主治医师。1997 年 1 月，任罗江县人民医院外二科主任。2003 年 1 月，当选第二届罗江县政协副主席（不驻会），当选第五届德阳市政协常务委员。2004 年 2 月，任县人民医院副院长。2005 年 7 月，任农工民主党罗江支部主委、农工民主党德阳市委委员。2006 年 12 月，当选第三届罗江县政协副主席（不驻会），当选第六届德阳市政协常务委员。是月，评聘为县人民医院外科副主任医师。2008 年 3 月，任县人民医院院长。2011 年 12 月，当选第四届罗江县政协副主席（不驻会），当选德阳市第七届政协常务委员。2015 年 7 月，任农工民主党德阳市委副主委。2016 年 12 月，当选第五届罗江县人大常委会副主任（不驻会）。

古明水

古明水 男，汉族，中共党员，大学文化。1963 年 1 月生，四川省德阳县（今德阳市旌阳区）人。助理工程师。第三、四、五届罗江县政协副主席。

1980 年 9 月至 1983 年 7 月，古明水考入绵阳农业专科学校农学专业学习。1983 年 7 月至 1985 年 7 月，在德阳县、德阳市市中区农业局工作，执教于中央农业广播电视学校德阳分校。1985 年 7 月至 1990 年 7 月，先后任德阳市市中区农业经济委员会多种经营科副科长、区多经办公室种植科科长。1990 年 7 月至 1995 年 3 月，先后任区人民政府办公室秘书科科长、区政府办公室副主任。1990 年 11 月，任德阳市市中区特殊钢管厂建设工程指挥部副指挥长。是年 12 月加入中国共产党。1995 年 3 月至 1996 年 12 月，任区林业局副局长。1996 年 12 月至 1997 年 3 月，任罗江县人民政府办公室筹备组组长。1997 年 3 月至 1998 年 3 月，任县政府党组成员，县政府办公室主任，兼县体制改革办公室主任、县住房制度改革办公室主任。1998 年 3 月至 2002 年 2 月，任县财政局党组书记、局长。1998 年 8 月至 2000 年 12 月，取得中共中央党校函授学院经济管理专业大学学历。2002 年 2 月至 2006 年 7 月，任县农业局党组书记、局长。2006 年 7—12 月，任县委农村工作领导小组办公室主任。是年 12 月，当选第三届罗江县政协副主席。次年 1 月，任县政协党组副书记，兼县委统战部部长、县社会主义学校校长。2011 年 12 月，当选第四届县政协副主席。次年 1 月，任县政协党组副书记，兼县委统战部部长。系第一、四届中共罗江县委委员，第六、七届德阳市政协委员。2016 年 12 月，当选第五届县政协副主席。

张宏琳

张宏琳 女，汉族，中共党员，大专文化。1958 年 4 月生，陕西省渭南县（今华阴市）人。第三届罗江县政协副主席。

1975 年 6 月至 1978 年 10 月，张宏琳为新疆维吾尔自治区喀什专区莎车县知识青年。1978 年 10 月至 1984 年 10 月，先后任莎车县百货公司出纳员、记账员、主办会计。1984 年 10 月至 1987 年 8 月，调入莎车县人大常委会办公室工作。1987 年 2 月加入中国共产党。1987 年 8 月至 1996 年 12 月，调入德阳市市中区财政局工作。1996 年 12 月后，在罗江县财政局工作。1997 年 9 月至 2000 年 6 月，取得中央广播电视大学行政管理专业大专学历。1998 年 10 月至 2001 年 1 月，任县财政局党组副书记。2001 年 2 月，任县财政局党组副书记、副局长。2001 年 4 月，任县财政局党组副书记、代理局长。2002 年 2 月，任县财政局党组书记、局长。2006 年 7 月至 2008 年 4 月，任县财政局党组成员、局长。2008 年 4 月至 2009 年 3 月，任县财政局党组书记。2009 年 3 月，增选为第三届罗江县政协副主席。次年 4 月，任县政协党组副书记。2011 年 12 月享受副县级干部待遇，2013 年 4 月退休。

陈志光

陈志光 男，汉族，中共党员，大学文化。1963 年 2 月生，四川省德阳县（今罗江县）人。第四届罗江县政协副主席。

1982 年 9 月至 1984 年 5 月，陈志光在德阳县金山中学校任教。1984 年 5 月至 1986 年 12 月，任德阳市市中区马驰乡（1986 年 11 月并入金山镇）团委书记、公安员。其间，1985 年 7 月加入中国共产党。1986 年 12 月至 1996 年 1 月，先后任德阳市市中区金山区委团委副书记，金山镇团委书记、党委委员、党委办公室主任、精文办主任、机关工会主席。1993 年 1 月至 1997 年 1 月，任德阳市市中区（1996 年 12 月后为罗江县）金山镇人民政府副镇长。1997 年 1 月至 1998 年 12 月，任罗江县金山镇党委副书记。1998 年 12 月至 2001 年 12 月，任慧觉镇党委副书记、镇长。2001 年 12 月至 2003 年 3 月，任慧觉镇党委书记、镇人大主席团主席。2003 年 3 月至 2005 年 12 月，任县水务局党组成员、副局长。2003 年 12 月，取得中共四川省委党校函授学院法律专业大学学历。2005 年 12 月至 2006 年 12 月，任县安全生产监督管理局党组书记、局长，兼县安全生产委员会办公室主任。2006 年 12 月至 2011 年 12 月，任县委政法委副书记，兼县委群众工作部副部长、部长。系第三届县政协委员。2011 年 12 月，当选第四届罗江县政协副主席。次年 1 月，任县政协党组副书记。2016 年 12 月，当选第五届罗江县人大常委会副主任。

高晓梅

高晓梅　女，汉族，大学文化。1964 年 1 月生，四川省德阳县（今罗江县）人。农工民主党罗江支部副主委。第四、五届罗江县政协副主席。

1983 年 9 月至 1990 年 9 月，高晓梅在德阳县（德阳市市中区）大井乡小学校任教。1990 年 9 月至 1997 年 9 月，在德阳市市中区（罗江县）罗江镇纹江中学校（今潺亭实验中学校）任教。1997 年 9 月至 2001 年 12 月，初为罗江县档案局办事员，后任该局办公室主任。2001 年 12 月至 2003 年 3 月，在罗江县人民政府办公室工作。其间，2002 年 12 月，取得中共四川省委党校函授学院行政管理专业大学学历。2003 年 3 月至 2006 年 3 月，任文星镇副镇长。2006 年 4—10 月，任调元镇副镇长（2006 年 4 月改文星镇为调元镇），2006 年 11 月任调元镇镇长。2009 年 2 月至 2011 年 12 月，任县林业局局长。2011 年 12 月，当选第四届罗江县政协副主席。2014 年 12 月，兼罗江县白马关实验区管理委员会主任。系第七、八届德阳市政协委员。2016 年 12 月，当选第五届罗江县政协副主席。

俞　斌

俞　斌　男，汉族，大学文化。1964 年 8 月生，四川省德阳县（今德阳市旌阳区）人。无党派人士。第五届罗江县政协副主席。

1979 年 9 月，俞斌考入绵阳水电学校水工建筑专业学习。1982 年 7 月至 1987 年 3 月，在德阳县（德阳市市中区）水利电力局平坝所工作。1987 年 3 月，在德阳市市中区水电局工作。1995 年 6 月，通过高等教育自学考试取得西南财经大学农业经济专业大专学历。1996 年 12 月，任罗江县水电农机局江河股股长。1999 年 7 月，任县水电局副局长。2000 年 6 月，任县水务局副局长。是年 12 月，取得中共四川省委党校函授学院法律专业大学学历。2007 年 4 月，兼罗江县政协副秘书长。2010 年 8 月，任县政协农业经济委员会主任，兼县政协副秘书长。2011 年 12 月，任县政协农业经济委员会主任。系第五、六届德阳市人大代表，第七、八届德阳市政协委员。2016 年 4 月，任县工商业联合会主席。是年 12 月，当选第五届罗江县政协副主席（不驻会）。

第四节　优秀政协委员名录

一　第一届县政协优秀委员（1997—2002 年）

1997 年

先进政协委员（23 名）：

冯小平	何桂蓉（女）	杨勇飞	刘良国	龙华雄
周裕学	方绍荣（女）	张永才	苏　刚	甯佐财
谢玉钧	周福贵	黄国燕（女）	伍泽亮	高占果
黄　忠	李代长	刘　军	王大华	江一彬
邹家明	杨　勤	白光裕		

政协工作积极分子（2 名）：

张鸣笙　　黄公石

1998 年

优秀政协委员（32 名）：

李建珠（女）	张永才	彭华德	唐成俊	赖家华
白光裕	杨勇飞	江一彬	周福贵	袁正萱（女）
刘良国	高占果	王心祥	唐幼龙	马桂珍（女）
毛汝军	吕兴中（女）	刘继明	苏承高	薛品峰
范华清	周裕学	张光斗	赵辉先	刘小琴（女）
龚泽民	刘荣健	赵家米	金剑峰	黄定寿
罗诗礼	刘洋华			

政协工作积极分子（2 名）：

张鸣笙　　黄公石

1999 年

优秀政协委员（34 名）：

甘其德	刘　军	刘祥永	刘德聪	刘爱华（女）
刘良国	江德明	向元强	周蓉萍（女）	李国荣
李定银	李兴华	余长清	陈德顺	周安娜（女）
陈振平	罗德福	杨勇飞	杨　勤	杨再兴
秦洛琼（女）	周福贵	周书绵	赵辉先	黄定寿
张光斗	梁　燕（女）	付祥国	唐幼龙	高　君
黄荣忠	黄国燕（女）	谢宗智（女）	魏　华（女）	

政协工作积极分子（2 名）：

张鸣笙　黄公石

2000 年

优秀政协委员（34 名）：

赖安海	刘　军	刘小琴（女）	李国荣	杨勇飞
张永才	梁　燕（女）	俞　斌	甯佐财	刘德聪
付祥国	陈振平	朱兹贵	赵辉先	吕兴中（女）
刘良国	王思长	叶家富	周裕学	尹　强
肖宗军	李开俊（女）	刘书光	张开升	罗诗礼
刘爱华（女）	廖长廷	沈建军	周建绵	谢黎平
蒲君辉（女）	郑　蓉（女）	周安娜（女）	曹莉琳（女）	

政协工作积极分子（2 名）：

张鸣笙　黄公石

2001 年

优秀政协委员（35 名）：

赖安海	卢明富	杨勇飞	梁　燕（女）	张永才
刘良国	段家琼（女）	俞　斌	谢升金	付祥国
龚泽民	张新竖	廖大礼	陈振平	李开俊（女）
周蓉萍（女）	杨　勤	叶家富	张志强	刘元袖
米全芳（女）	刘晓彪	余长清	顾晓江	唐幼龙
马桂珍（女）	谢玉钧	黄定寿	江一彬	罗德福
黄国燕（女）	高　君	吕兴中（女）	魏　华（女）	

政协工作积极分子（3 名）：

张鸣笙　黄公石　孙　冰

2002 年

优秀政协委员（38 名）：

金剑峰	周福贵	杨　勤	甘其德	李光琼（女）

刘良国	张志强	张秀华（女）	王大华	王心祥
雷金元	陈振平	刘晓彪	黄　忠	顾耀屏（女）
刘德聪	李建珠（女）	何万洋	伍泽亮	付祥国
刘荣建	江一彬	周建绵	曾家华	马桂珍（女）
高　君	黄国燕（女）	张开升	薛品峰	张永才
方绍荣（女）	李国荣	彭华德	俞　斌	杨勇飞
杨素琼（女）	吕兴中（女）	秦洛琼（女）		

二　第二届县政协优秀委员（2003—2006 年）

2003 年

优秀政协委员（21 名）：

唐幼龙	方绍荣（女）	杨中俊	林　勋	刘洋华
杜显荣	甘其德	苏银刚	尹　强	张　群（女）
景安华	戴传富	陈德顺	吴兴仁	袁正萱（女）
赖安海	张开升	唐宗甫	薛　强	顾耀屏（女）
李　娅（女）				

2004 年

优秀政协委员（22 名）：

米　娅（女）	田　洪	唐幼龙	杨中俊	张萃旭
陈其林	甘其德	罗丽萍（女）	陈德顺	戴传富
余连松	鲍继华	金剑峰	廖小华	李　娅（女）
邱朝蓉（女）	邓雅雯（女）	张社林	范云萍（女）	刘忠华
黄国燕（女）	郑燕萍（女）			

2005 年

优秀政协委员（22 名）：

金剑峰	牟志政	付祥国	朱富强	宋联忠
刘　宁	王周模	陈德顺	刘忠华	周仁刚
甘其德	谢建学	鲍继华	张社林	刘　云
余连松	陈其林	杨中俊	林　勋	杜显荣
唐幼龙	马文乔（女）			

三　第三届县政协优秀委员（2007—2011 年）

2007 年

优秀政协委员（24 名）：

刘　军	冯远迈	刘忠华	廖世平	黄国燕（女）
景安华	朱富强	曾菊田	周仁刚	易刚超
邓雅雯（女）	雷保顺	梁　亮	颜正瑜	曹传海
陈志光	范云萍（女）	史小勇	陈德顺	杨中俊
刘向林	邱双全	曾会书（女）	叶　鹏	

2008 年

优秀政协委员（23 名）：

刘　军	张社林	方绍荣（女）	释觉行	周建绵
唐祖荣	易刚超	雷金元	郑　凤	钟晶会（女）
谢忠秀（女）	华　勇	颜正瑜	赖安海	叶　鹏
周蓉萍（女）	卢　昆	陈德顺	蓝　珣	杨中俊
焦在群（女）	高　敏	易礼全		

2009 年

优秀政协委员（24 名）：

严崇平	邱朝蓉（女）	张述华	释觉行	刘晓彪
雷保顺	曾菊田（女）	苏银刚	郑　凤	陈　勇
范云萍（女）	邹建卿	张萃旭	颜正瑜	谢秀学
陈德顺	刘向林	陈　俊	袁正萱（女）	冯远迈
曾　敏（女）	蓝　珣	钟晶会（女）	潘亦琼（女）	

2010 年

优秀政协委员（23 名）：

唐幼龙	黄国燕（女）	林绵聪	释觉行	戴伍闻
景安华	苏富贵	尹帮斌	陈仕恩	饶明亮
范　英（女）	周洪平	陈　俊	李伦兴	陈德顺
申庆学	潘亦琼（女）	苏银刚	蒋寿军	陈秀林
叶长义	钟晶会（女）	曾会书（女）		

四　第四届县政协优秀委员（2012—2016 年）

2012 年

“五个一”活动先进委员（28 名）：

陈　湖　邹家英（女）　王　辉　文　宏　黄荣斌
杨中俊　廖世平　刘小燕（女）　张萃旭　杨昌华
杨　刚　谢秀学　释觉行　彭华明　谢　艳（女）
刘丽萍（女）　罗　强　周　荣　刘云全　廖　丁
颜正瑜　苏银刚　饶明亮　金丽萍（女）　杨建桥
张　英（女）　罗晓寒（女）　许　珺（女）

“招商引资突破年”活动先进委员（4 名）：

唐　英（女）　邓启明　刘　刚　余安华（女）

2013 年

“五个一”活动先进委员（30 名）：

邱　林　易礼全　罗晓寒（女）　许文彬　莫畏强
郑德荣　何　芸（女）　释仁清　罗通富　米祯东
李　奎　邓国亮　张富刚　谢　艳（女）　崔超强
颜正瑜　杨　刚　周义雄　范富琼（女）　姚敏荣
彭华明　黄登华（女）　苏银刚　王　辉　陈　勇
邓启明　廖　丁　周义雄　宋光芬（女）　罗心平
张社林　钟玉彬（女）　徐唐鑫科　龚莉佳（女）

招商引资先进个人（6 名）：

邓启明　廖　丁　周义雄　罗心平　俞　斌
唐　英（女）

2014 年

“五个一”活动先进个人（30 名）：

廖世平　文　宏　龚莉佳（女）　易礼全　杨中俊
何永刚　杨　刚　金丽萍（女）　姚敏荣　彭华明
苏银刚　向　梅（女）　罗心平　杨建桥　陈先荣
朱富强　潘益福　张茂林　王晓琼（女）　华　伟
段兴蓉（女）　颜正瑜　李克俭　张富刚　周义雄
杨秦兵　肖　勇　陈　勇　谢　艳（女）　叶　鹏

招商引资先进个人（6 名）：

廖　丁　　刘　刚　　邓启明　　黄　河　　刘华勇
唐　英（女）

2015 年

“五个一”活动先进个人（30 名）：

钟晶会（女）　　杨建桥　　饶明亮　　释仁清　　陈　湖
杨中俊　　颜正瑜　　黄登华（女）　　刘　海　　易礼全
苏银刚　　陈　勇　　尹　德　　邹家英（女）　　杨　刚
姚敏荣　　曾会书（女）　　廖　丁　　彭华明　　李克俭
周义雄　　周　荣　　陈　俊　　何　芸（女）　　叶　鹏
谢秀学　　王晓琼（女）　　徐唐鑫科　　李海英（女）
金丽萍（女）

2016 年

“五个一”活动先进个人（30 名）：

张社林　　易礼全　　李海英（女）　　邱　林　　姚敏荣
苏银刚　　唐　英（女）　　陈　勇　　张茂林　　刘　海
罗晓寒（女）　　华　伟　　肖　勇　　米祯东　　叶　鹏
谢秀学　　谢秩华　　任　鹏　　范富琼（女）　　周义雄
杨　刚　　颜正瑜　　李克俭　　许　珺（女）　　徐征培
张　英（女）　　郑德荣　　朱富强　　向　梅（女）　　张　勇

说明：2006 年、2011 年县政协未评选优秀委员。

附　录

一　文献辑录

（一）主要文件存目

1. 中共罗江县委文件

《中共罗江县委关于批转县政协〈关于政治协商　民主监督　参政议政的实施意见〉的通知》（罗县委发〔1997〕17号）

《中共罗江县委关于批转县政协党组〈关于组织政协委员民主评议医卫行业行风的实施方案〉的通知》（罗县委发〔1998〕23号）

《中共罗江县委关于县人大　政协领导同志及县政协委员政治生活待遇问题的通知》（罗县委发〔2001〕24号）

《中共罗江县委关于加强新世纪新阶段人民政协工作的意见》（罗县委发〔2005〕7号）

《中共罗江县委关于调整县政协专委会机构设置的批复》（罗县委发〔2006〕29号）

《中共罗江县委关于进一步加强全县人民政协工作的意见》（罗县委发〔2007〕3号）

《中共罗江县委关于加强人民政协协商民主建设的实施意见》（罗县委发〔2016〕10号）

《中共罗江县委关于转发〈中共罗江县委统战部关于政协罗江县第五届委员会人事安排意见〉的通知》（罗县委发〔2016〕38号）

《中共罗江县委关于成立政协罗江县委员会党组的通知》（罗县委函〔1997〕10号）

《中共罗江县委关于政协第一届罗江县委员会增补常务委员会委员候选人的建议书》（罗县委函〔2000〕1号）

《中共罗江县委关于调整县政协机关工作机构的批复》（罗县委函〔2003〕3号）

《中共罗江县委办公室关于印发〈罗江县政协机关机构改革方案〉的通知》（罗县委办发〔1997〕43号）

《中共罗江县委办公室　罗江县人民政府办公室关于进一步加强县级有关部门与县政协

各专委会对口联系工作的通知》(罗县委办发〔2000〕79 号)

《中共罗江县委办公室关于印发〈中国人民政治协商会议罗江县委员会机关机构改革方案〉的通知》(罗县委办发〔2002〕24 号)

《中共罗江县委办公室　罗江县人民政府办公室　政协罗江县委员会办公室〈关于建立县级工作部门与县政协各专委会对口联系工作制度的通知〉》(罗县委办发〔2004〕14 号)

《中共罗江县委办公室　罗江县人民政府办公室转发政协罗江县委员会办公室〈关于办理政协委员提案的意见〉的通知》(罗县委办发〔2004〕16 号)

《中共罗江县委办公室　罗江县人民政府办公室　政协罗江县委员会办公室关于调整县级工作部门与县政协各专委会对口联系工作制度的通知》(罗县委办发〔2005〕54 号)

《中共罗江县委办公室　罗江县人民政府办公室　政协罗江县委员会办公室关于调整县级工作部门与县政协各专委会对口联系工作制度的通知》(罗县委办发〔2007〕6 号)

《中共罗江县委办公室　罗江县人大常委会办公室　罗江县人民政府办公室　政协罗江县委员会办公室关于印发〈罗江县对内政务接待工作(暂行规程)〉的通知》(罗县委办发〔2007〕22 号)

《中共罗江县委办公室　罗江县人民政府办公室　政协罗江县委员会办公室关于调整县级部门与县政协各专门委员会对口联系工作制度的通知》(罗县委办发〔2014〕96 号)

《中共罗江县委办公室关于印发〈罗江县政协民主评议全县经济发展环境工作实施方案〉的通知》(罗县委办发〔2015〕30 号)

《中共罗江县委办公室关于印发〈县政协 2016 年度协商计划〉的通知》(罗县委办发〔2016〕32 号)

2. 罗江县人民政府文件

《罗江县人民政府关于支持人民政协履行职能的意见》(罗府发〔2007〕33 号)

《罗江县人民政府办公室　政协罗江县委员会办公室关于印发〈罗江县政府加强与县政协工作联系的制度〉的通知》(罗府办发〔2004〕32 号)

3. 政协罗江县委员会文件

《中共罗江县政协党组关于建立中共罗江县政协机关支部委员会的报告》(罗县政协党组〔1997〕1 号)

《中共罗江县政协党组关于县政协领导班子开展“三讲”集中教育的总结》(罗县政协党组〔2000〕1 号)

《中共罗江县政协党组开展“三个代表”专题学习讨论的情况报告》(罗县政协党组〔2000〕2 号)

《中共罗江县政协党组关于县政协领导班子党性党风问题的整改措施》(罗县政协党组〔2000〕3 号)

《中共罗江县政协党组关于建立县政协机关中心学习组的通知》（罗县政协党组〔2003〕3号）

《中共罗江县政协党组关于我县学习贯彻〈中国人民政治协商会议章程〉的建议》（罗县政协党组〔2004〕2号）

《中共罗江县政协党组关于政协领导班子专题民主生活会的情况报告》（罗县政协党组〔2005〕1号）

《中共罗江县政协党组关于调整县政协中心学习组成员的通知》（罗县政协党组〔2005〕2号）

《中共罗江县政协党组关于调整县政协专委会机构设置的请示》（罗县政协党组〔2006〕3号）

《中共罗江县政协党组关于印发〈县政协机关深入学习实践科学发展观活动工作方案〉的通知》（罗县政协党组〔2009〕1号）

《中共罗江县政协党组关于印发〈县政协机关深入学习实践科学发展观活动学习调研阶段实施意见〉的意见》（罗县政协党组〔2009〕2号）

《中共罗江县政协党组关于建立深入学习实践科学发展观活动领导责任制的通知》（罗县政协党组〔2009〕4号）

《中共罗江县政协党组关于学习实践活动分析检查阶段的工作总结》（罗县政协党组〔2009〕9号）

《中共罗江县政协党组关于印发〈政协党组学习实践活动整改落实阶段实施意见〉的通知》（罗县政协党组〔2009〕11号）

《中共罗江县政协党组关于印发〈政协党组学习实践科学发展观活动整改方案〉的通知》（罗县政协党组〔2009〕12号）

《中共罗江县政协党组关于学习实践活动整改落实阶段的工作总结》（罗县政协党组〔2009〕15号）

《中共罗江县政协党组关于深入学习实践科学发展观活动的总结》（罗县政协党组〔2009〕16号）

《中共罗江县政协党组关于转发〈政协罗江县委员会关于对全县环境保护工作开展民主评议的实施意见〉的请示》（罗县政协党组〔2010〕2号）

《中共罗江县政协党组2010年领导班子创“四好”活动规划》（罗县政协党组〔2010〕3号）

《中共罗江县政协党组2010年度中心学习组理论学习方案》（罗县政协党组〔2010〕4号）

《中共罗江县政协党组关于印发〈县政协党组关于在基层党组织和党员中开展创先争优活动的实施意见〉的通知》（罗县政协党组〔2010〕7号）

《中共罗江县政协党组关于召开贯彻落实〈廉政准则〉切实加强领导干部作风建设领导班子专题民主生活会情况报告》（罗县政协党组〔2010〕8号）

《中共罗江县政协党组2011年领导班子创“四好”活动规划》（罗县政协党组〔2011〕2号）

《中共罗江县政协党组2012年度中心学习组理论学习方案》（罗县政协党组〔2012〕1号）

《中共罗江县政协党组2012年领导班子创“四好”活动规划》（罗县政协党组〔2012〕2号）

《中共罗江县政协党组关于开展“创先争优”活动工作总结》（罗县政协党组〔2012〕4号）

《中共罗江县政协党组关于在县政协机关科级及以下党员干部中开展践行“三严三实”和“忠诚干净担当”学习教育的通知》（罗县政协党组〔2015〕1号）

《中共罗江县政协党组关于召开县政协党组中心组“三严三实”严以修身专题研讨会的通知》（罗县政协党组〔2015〕3号）

《中共罗江县政协党组关于召开县政协党组中心组“三严三实”严以律己专题研讨会的通知》（罗县政协党组〔2015〕4号）

《中共罗江县政协党组关于党组成员联系统一战线代表人士的通知》（罗县政协党组〔2015〕6号）

《中共罗江县政协党组关于召开县政协党组中心组“三严三实”严以用权专题研讨和南充拉票贿选案专题剖析反思会的通知》（罗县政协党组〔2015〕7号）

《中共罗江县政协党组关于召开县政协党组班子“三严三实”专题民主生活会的请示》（罗县政协党组〔2015〕8号）

《中共罗江县政协党组关于印发〈关于在县政协机关全体中共党员中开展“学党章党规、学系列讲话，做合格党员”学习教育的实施方案〉的通知》（罗县政协党组〔2016〕3号）

《中共罗江县政协党组关于成立县政协“学党章党规、学系列讲话，做合格党员”学习教育工作协调领导小组的通知》（罗县政协党组〔2016〕4号）

《中共罗江县政协党组关于召开县政协党组中心组（扩大）第二季度学习暨“坚定理想信念、明确政治方向”专题学习讨论会的通知》（罗县政协党组〔2016〕5号）

《中共罗江县政协党组关于印发〈关于开展“争做‘两学一做’的表率，争当狠抓落实的先锋”大讨论的工作方案〉的通知》（罗县政协党组〔2016〕6号）

《中共罗江县政协党组〈关于罗江县政协领导班子和县级领导干部“三讲”教育实施方案〉的请示》（罗县政协党组函〔2000〕1号）

《中共罗江县政协党组关于开展对全县民营经济发展环境民主评议的请示》（罗县政协党组函〔2004〕1号）

《中共罗江县政协党组关于县政协领导班子召开民主生活会的情况报告》（罗县政协党组函〔2005〕1号）

《中共罗江县政协党组学习贯彻执行〈中共中央关于加强人民政协工作的意见〉的情况报告》（罗县政协党组函〔2006〕1号）

《中共罗江县政协党组关于印发〈开展党的群众路线教育实践活动工作方案〉的通知》（罗县政协党组函〔2014〕3号）

《中共罗江县政协党组关于贯彻执行中央八项规定和省委省政府市委市政府县委县政府十项规定的报告》（罗县政协党组函〔2014〕6号）

《中共罗江县政协党组关于五届县政协拟继任委员初步建议人选有关意见的复函》（罗县政协党组函〔2016〕8号）

《中国人民政治协商会议四川省罗江县委员会公告》（罗县政协发〔1997〕1号）

《政协罗江县委员会关于印发本会〈专门委员会　委员小组的设置及组成人员名单〉的通知》（罗县政协发〔1997〕2号）

《政协罗江县委员会关于印发本会〈主席会议　常务委员会会议和常委会专题座谈会工作规则〉的通知》（罗县政协发〔1997〕3号）

《政协罗江县委员会关于印发〈专门委员会工作规则〉的通知》（罗县政协发〔1997〕4号）

《政协罗江县委员会关于印发本会〈评选先进委组和先进个人的办法〉的通知》（罗县政协发〔1997〕5号）

《政协第一届罗江县委员会1997年工作要点》（罗县政协发〔1997〕6号）

《政协罗江县委员会关于建立罗江县政协文史资料编辑委员会的通知》（罗县政协发〔1997〕7号）

《政协第一届罗江县委员会常务委员会关于增补政协第一届罗江县委员会委员的决定》（罗县政协发〔1997〕8号）

《政协罗江县委员会关于调整本会专门委员会（委员小组）设置及人员组成的通知》（罗县政协发〔1997〕10号）

《政协罗江县委员会关于进一步加强各专门委员会（委员小组）工作的意见》（罗县政协发〔1998〕1号）

《中国人民政治协商会议第一届罗江县委员会常务委员会关于增补政协第一届罗江县委员会委员的决定》（罗县政协发〔2000〕3号）

《中国人民政治协商会议四川省罗江县委员会公告》（罗县政协发〔2000〕4号）

《政协罗江县委员会关于机关职能配置　内设机构和人员编制规定》（罗县政协发〔2001〕1号）

《中国人民政治协商会议四川省罗江县委员会公告》（罗县政协发〔2002〕4号）

《中国人民政治协商会议四川省罗江县委员会公告》（罗县政协发〔2003〕1号）

《政协罗江县委员会关于印发〈对公安行风评议实施方案〉的通知》（罗县政协发〔2003〕4号）

《政协罗江县委员会“推进新创业　实现新跨越”工作目标及措施》（罗县政协发〔2003〕5号）

《政协罗江县委员会关于成立罗江县政协文史资料编辑委员会的通知》（罗县政协发〔2003〕8号）

《政协罗江县委员会关于协商乡镇行政区划调整的意见》（罗县政协发〔2006〕2号）

《政协罗江县委员会关于学习贯彻〈中共中央关于加强人民政协工作的意见〉的通知》（罗县政协发〔2006〕3号）

《政协罗江县委员会关于深入开展“四个一”活动的决定》（罗县政协发〔2006〕6号）

《政协罗江县委员会关于调整县政协专委会机构设置的决定》（罗县政协发〔2006〕11号）

《政协罗江县委员会关于调整“罗江县政协文史资料编辑委员会”的通知》（罗县政协发〔2007〕2号）

《政协罗江县委员会关于县政协机关领导干部作风整顿建设活动的实施意见》(罗县政协发〔2007〕3号)

《政协罗江县委员会关于进一步做好我县文史资料工作的意见》(罗县政协发〔2009〕1号)

《政协罗江县委员会关于广泛开展“实现伟大中国梦 建设美丽繁荣和谐四川”主题教育活动的实施意见》(罗县政协发〔2013〕1号)

《政协罗江县委员会关于进一步深化部分政协委员联系帮扶困难群众活动的通知》(罗县政协〔2015〕5号)

《关于2016年度政协委员“五个一”活动的通报》(罗县政协发〔2016〕5号)

《关于政协第五届罗江县委员会委员名单的公告》(罗县政协发〔2016〕6号)

《政协罗江县委员会关于对我县高致病性禽流感防治工作的情况及建议》(罗县政协函〔2004〕1号)

《政协罗江县委员会关于印发〈关于完善走访约谈重点联系委员制度的意见〉的通知》(罗县政协函〔2014〕5号)

《政协罗江县委员会关于组织编纂〈罗江县政协志〉的通知》(罗县政协函〔2014〕6号)

《政协罗江县委员会关于印发〈罗江县公民旁听政协罗江县委员会全体会议和常委会会议〉的通知》(罗县政协函〔2014〕7号)

《政协罗江县委员会关于开展部分政协委员联系帮扶困难群众活动的通知》(罗县政协函〔2014〕8号)

《政协罗江县委员会关于开展界别委员专题协商工作的通知》(罗县政协函〔2014〕9号)

《政协罗江县委员会关于撤销罗江县设立德阳市罗江区的协商意见》(罗县政协函〔2016〕1号)

《政协罗江县委员会关于〈罗江县公安局关于申报“全国公安机关执法示范单位”征求意见的函〉的回函》(罗县政协函〔2016〕2号)

《政协罗江县委员会职能配置、内设机构和人员编制方案》(罗县政协办筹发〔1996〕1号)

《政协罗江县委员会办公室关于印发〈政协各专门委员会和委员小组1997年工作计划要点〉的通知》(罗县政协办发〔1997〕2号)

《政协罗江县委员会办公室关于印发〈我会“九·五”期间社会主义精神文明建设的规划〉的通知》(罗县政协办发〔1997〕8号)

《政协罗江县委员会办公室关于印发〈罗江县政协机关工作管理制度汇编〉的通知》(罗县政协办发〔1997〕9号)

《政协罗江县委员会办公室关于机关参照试行〈国家公务员暂行条例〉实施办法》(罗县政协办发〔1997〕15号)

《政协罗江县委员会办公室关于进一步加强各专门委员会(委员小组)工作的意见及先进评选办法的通知》(罗县政协办发〔1998〕1号)

《政协罗江县委员会办公室关于印发〈政协各专门委员会和委员小组1998年工作要点〉

的通知》（罗县政协办发〔1998〕3号）

《政协罗江县委员会办公室关于翻印和组织学习中共中央政治局常委、全国政协主席李瑞环文章的通知》（罗县政协办发〔1998〕7号）

《政协罗江县委员会办公室关于隆重纪念人民政协成立五十周年活动的安排意见》（罗县政协办发〔1999〕11号）

《政协罗江县委员会办公室关于召开庆祝人民政协成立五十周年座谈会的通知》（罗县政协办发〔1999〕15号）

《政协罗江县委员会办公室关于调整县政协各专门委员会和委员小组的通知》（罗县政协办发〔2000〕6号）

《政协罗江县委员会办公室关于加强反映社情民意工作的通知》（罗县政协办发〔2000〕7号）

《政协罗江县委员会办公室关于推荐身体力行“三个代表”重要思想的学习文章的通知》（罗县政协办发〔2000〕16号）

《政协罗江县委员会办公室关于认真学习“狠抓落实、力戒空谈”开展大讨论和机关作风大整顿工作的意见》（罗县政协办发〔2000〕21号）

《政协罗江县委员会办公室关于学习贯彻江泽民总书记在庆祝中国共产党成立80周年大会上的讲话的通知》（罗县政协办发〔2001〕12号）

《政协罗江县委员会办公室关于机关健康教育的安排意见》（罗县政协办发〔2002〕10号）

《政协罗江县委员会办公室关于“推进新创业　实现新跨越”大讨论的总结》（罗县政协办发〔2003〕13号）

《政协罗江县委员会办公室关于建立政协机关领导干部联系政协委员制度的通知》（罗县政协办发〔2004〕2号）

《政协罗江县委员会办公室关于建立政协机关委员慰问制度的通知》（罗县政协办发〔2004〕12号）

《政协罗江县委员会办公室关于印发〈县委县政府领导对政协情况反映批示〉的通知》（罗县政协办发〔2004〕22号）

《政协罗江县委员会办公室关于领寻班子继续深入开展创“四好”活动的意见》（罗县政协办发〔2005〕10号）

《政协罗江县委员会办公室关于印发〈罗江县政协委员管理暂行办法〉的通知》（罗县政协办发〔2005〕13号）

《政协罗江县委员会办公室关于印发〈政协罗江县委员会“争先创优”评选办法〉的通知》（罗县政协办发〔2005〕14号）

《政协罗江县委员会办公室关于印发〈政协罗江县委员会公文处理办法〉的通知》（罗县政协办发〔2005〕15号）

《政协罗江县委员会办公室关于印发〈罗江县人民政府关于解决（社情民意）反映问题和采纳调研报告有关建议的情况通报〉的通知》（罗县政协办发〔2005〕21号）

《政协罗江县委员会办公室关于领导班子继续深入开展创“四好”活动的意见》（罗县政

协办发〔2006〕5号）

《政协罗江县委员会办公室关于我县市政协委员编入专委会参加活动的通知》（罗县政协办发〔2007〕1号）

《政协罗江县委员会办公室关于印发〈政协罗江县委员会主席会议成员和专门委员会主任联系基层委员的办法〉的通知》（罗县政协办发〔2007〕3号）

《政协罗江县委员会办公室关于开展“树良好党风　建和谐罗江”大讨论活动的通知》（罗县政协办发〔2007〕5号）

《政协罗江县委员会办公室关于印发〈政协罗江县委员会“四个一”活动优秀委员和单位的评选办法〉的通知》（罗县政协办发〔2007〕10号）

《政协罗江县委员会办公室关于印发〈政协罗江县委员会秘书长、副秘书长工作规则〉的通知》（罗县政协办发〔2007〕13号）

《政协罗江县委员会办公室关于印发〈县委县政府领导有关政协工作批示〉的通知》（罗县政协办发〔2007〕33号）

《政协罗江县委员会办公室关于罗江县抗震救灾专题会议的情况通报》（罗县政协办发〔2008〕21号）

《政协罗江县委员会办公室关于印发〈中国人民政协协商会议罗江县委员会委员视察工作条例〉〈中国人民政治协商会议罗江县委员会反映社情民意工作条例〉的通知》（罗县政协办发〔2009〕10号）

《政协罗江县委员会办公室关于印发〈中国人民政治协商会议罗江县委员会全体会议工作规则〉的通知》（罗县政协办发〔2009〕12号）

《政协罗江县委员会办公室关于印发〈政协罗江县委员会“争先创优”评选办法〉的通知》（罗县政协办发〔2010〕7号）

《政协罗江县委员会办公室关于印发〈中国人民政治协商会议罗江县委员会专门委员会工作通则〉的通知》（罗县政协办发〔2010〕8号）

《政协罗江县委员会办公室关于印发〈中国人民政治协商会议罗江县委员会提案工作条例〉的通知》（罗县政协办发〔2010〕9号）

《政协罗江县委员会办公室关于印发〈政协罗江县委员会委员管理办法〉的通知》（罗县政协办发〔2010〕41号）

《政协罗江县委员会办公室关于印发〈2011年政协办公室和专委会工作目标考核办法〉的通知》（罗县政协办发〔2011〕1号）

《政协罗江县委员会关于完善适时约谈重点联系委员制度的意见》（罗县政协办发〔2012〕2号）

《政协罗江县委员会办公室关于印发〈政协罗江县第四届委员会规章制度汇编〉的通知》（罗县政协办发〔2012〕3号）

《政协罗江县委员会办公室关于印发〈中国人民政治协商会议罗江县委员会全体会议工作规则〉〈中国人民政治协商会议罗江县委员会常务委员会工作规则〉〈中国人民政治协商会议罗江县委员会专门委员会工作通则〉的通知》（罗县政协办发〔2012〕4号）

《政协罗江县委员会办公室关于印发〈中国人民政治协商会议罗江县委员会提案工作条例〉的通知》（罗县政协办发〔2012〕5 号）

《政协罗江县委员会办公室关于开展“庸懒散浮拖”问题专项整治工作的实施方案》（罗县政协办发〔2014〕3 号）

《政协罗江县委员会办公室关于进一步深化部分政协委员联系帮扶困难群众活动的通知》（罗县政协办发〔2015〕5 号）

《政协罗江县委员会办公室关于印发〈2016 年重点督办提案方案〉的通知》（罗县政协办发〔2016〕3 号）

《政协罗江县委员会办公室关于罗江县政协机关内设办事机构及领导成员任职的函》（罗县政协办函〔1997〕12 号）

《政协罗江县委员会办公室关于启用“中国人民政治协商会议四川省罗江县委员会专门委员会办公室”印章的通知》（罗县政协办函〔1998〕13 号）

《政协罗江县委员会办公室关于“三个代表”重要思想学习教育活动的总结》（罗县政协办函〔2001〕3 号）

《政协罗江县委员会办公室关于县政协和县委统战部资金预算和财经账务等分列管理的函》（罗县政协办函〔2001〕14 号）

《政协罗江县委员会办公室关于印发〈政协罗江县委员会提案工作条例〉的通知》（罗县政协办函〔2004〕13 号）

《政协罗江县委员会办公室关于协办市政协开展百名政协委员进灾区慰问活动的方案》（罗县政协办函〔2009〕49 号）

《政协罗江县委员会办公室关于对参加“迎国庆·颂祖国”庆祝人民政协成立 60 周年演唱会优秀个人进行奖励的决定》（罗县政协办函〔2009〕51 号）

《政协罗江县委员会办公室关于深入开展“五个一”活动的意见》（罗县政协办函〔2012〕6 号）

《政协罗江县委员会办公室关于印发〈政协罗江县委员会委员管理办法〉〈中国人民政治协商会议罗江县委员会委员视察工作条例〉〈中国人民政治协商会议罗江县委员会反映社情民意信息工作条例〉的通知》（罗县政协办函〔2012〕37 号）

《政协罗江县委员会办公室关于印发〈政协罗江县委员会秘书长、副秘书长工作规则〉的通知》（罗县政协办函〔2012〕38 号）

《政协罗江县委员会办公室关于印发〈罗江县政协新闻宣传社情民意信息理论调研工作奖励办法〉的通知》（罗县政协办函〔2013〕38 号）

《政协罗江县委员会办公室关于印发〈罗江县政协系统 2013 年“嘉丽豪”文化体育活动周系列活动方案〉的通知》（罗县政协办函〔2013〕46 号）

《政协罗江县委员会办公室关于印发〈开展“双联双帮”活动的实施方案〉的通知》（罗县政协办函〔2014〕5 号）

《政协罗江县委员会办公室关于印发〈关于依法治县工作开展民主监督的实施方案〉的

通知》（罗县政协办函〔2014〕26 号）

《政协罗江县委员会办公室关于印发〈政协罗江县委员会庆祝人民政协成立 65 周年文艺演出活动方案〉的通知》（罗县政协办函〔2014〕33 号）

《政协罗江县委员会办公室关于举办“两学一做”学习辅导报告暨 2016 年委员培训会的通知》（罗县政协办函〔2016〕34 号）

《政协罗江县委员会办公室关于印发〈关于专题协商我县创建省级卫生城市的工作方案〉的通知》（罗县政协办函〔2016〕39 号）

《政协罗江县委员会办公室关于召开创建省级卫生城市专题议政协商会议的函》（罗县政协办函〔2016〕44 号）

《政协罗江县委员会办公室关于印发〈中国人民政治协商会议第五届罗江县委员会委员分组名单〉的通知》（罗县政协办函〔2016〕68 号）

《政协罗江县委员会办公室关于做好〈记忆罗江〉编辑工作的通知》（罗县政协办函〔2016〕69 号）

（二）文件规章选录

中共罗江县委
关于进一步加强全县人民政协工作的意见

罗县委发〔2007〕3 号

各镇党委，县委各部委，县级各部门党组（党委、总支、支部）：

为全面贯彻落实党的十七大和中央、省、市关于加强人民政协工作的有关文件精神，充分发挥政协组织在推动科学发展，促进社会和谐，夺取全面建设小康社会新胜利中的重要作用，推动全县政协工作在新时期实现新的发展，现就进一步加强我县政协工作提出如下意见。

一、深刻理解人民政协的性质　地位和作用　进一步提高对人民政协工作重要意义的认识

1. 加强人民政协工作是加强党的执政能力建设的必然要求。人民政协是中国人民爱国统一战线组织，是中国共产党领导的多党合作和政治协商的重要机构，是我国政治生活中发扬社会主义民主的重要形式。充分发挥人民政协在国家政治生活中的作用，是加强党的执政能力建设的一个重要方面。全县各级党组织要站在巩固党的执政地位，提高党的执政能力的战略高度，进一步提高对人民政协工作重要意义的认识，运用人民政协这一具有中国特色政治组织和民主形式为实现党的总任务、总目标服务。

2. 加强人民政协工作是建设社会主义政治文明的重要内容。人民政协是我国社会主义民主政治体制的重要组成部分，在国家政治生活中具有不可替代的作用。在中国共产党的领导下，对关系国计民生的重大问题与各民主党派和社会各界人士进行广泛协商，体现了民主与集中的统一，是我国社会主义民主的重要形式。坚持和完善中国共产党领导的多党合作和政治协商制度，支持人民政协发挥“政治协商、民主监督、参政议政”作用，是推进决策科学化、民主化的重要途径，是发展社会主义民主政治、建设社会主义政治文明的一项重要任务。

3. 加强人民政协工作是推进统筹城乡、构建和谐社会、实现罗江经济社会跨越式发展的客观需要。我县正处于经济社会发展的关键时期，加强人民政协工作，有利于广泛团结一切可以团结的力量，和衷共济谋发展，齐心协力奔小康；有利于充分发扬民主，广开言路，集思广益，为全面建设小康社会提供智力支持；有利于化解矛盾，促进和谐，在构建和谐罗江，建设活力幸福新罗江中形成合力，促进罗江的跨越式发展。

二、高度重视人民政协的政治协商　进一步规范和完善政治协商的内容　形式和程序

4. 高度重视人民政协的政治协商，把政治协商切实纳入决策程序。人民政协的政治协商是中国共产党领导的多党合作的重要体现，是党和国家实行科学民主决策的重要环节，是党提高执政能力的重要途径。把政治协商纳入决策程序，就国家和地方的重要问题在决策之前和决策执行过程中进行协商，是政治协商的重要原则。要高度重视人民政协的政治协商，统一部署和协调，认真组织实施。对全县政治、经济、社会和文化建设的重大问题在县委决策之前、人大通过之前、政府实施之前进行主动协商或征求意见，避免协商的随意性和形式化，不得以事后告知代替协商、以通报代替协商。

5. 规范人民政协政治协商的内容和形式。政治协商的主要内容是：我县改革开放的重大决策部署和政治、经济、文化、社会生活中的重要问题；国民经济与社会发展中长期规划及重大建设项目；党代会报告；政府工作报告；财政预算；重要地方法规草案；县委提出的有关重要人事事项；重要行政区划变更；城市建设总体规划；关系群众切身利益的重大问题；各党派参加政协工作的共同性事务；政协内部的重要事务以及有关爱国统一战线的其他重要问题。政治协商的主要形式有：政协全体会议，常务委员会会议，主席会议，常务委员会专题协商会议，政协党组受县委委托召开的座谈会，秘书长会议，各专门委员会会议，根据需要召开由政协各组成单位和各族各界代表人士参加的内部协商会议。

6. 完善人民政协政治协商的程序。（1）协商议题的提出和确定。应根据年度工作重点，认真研究确定协商议题，按规定应当在政协协商的问题要及时进行协商。政协党组围绕县委、县政府的中心任务，抓住群众普遍关心、党和政府亟须解决的问题，同党政有关部门加强联系，向县委提出协商议题建议。（2）协商活动的准备。政协党组根据县委的统一部署，按照政协章程和有关规定，精心安排协商活动的各项准备工作，保证参加协商人员提前了解协商议题，进行调查和思考。有关材料应提前3至5天送达参加协商人员。（3）协商活动的进行。县级各有关部门负责人要积极参加人民政协的政治协商活动，就相关问题通报情况，听取意见和建议。参加协商人员要围绕协商议题积极发言，注意反映具有界别性、普遍性、倾向性

的意见和建议。(4) 协商成果的报送。政协要及时整理和报送参加协商人员提出的意见和建议，做好跟踪督办工作。(5) 意见、建议的处理和反馈。县级有关部门对政协报送的意见和建议要认真研究处理，及时向政协反馈处理情况；对不能采纳的，应及时作出说明。

三、完善和健全人民政协民主监督的内容　形式和机制　进一步提高民主监督的实效

7. 积极推进人民政协的民主监督。人民政协的民主监督是我国社会主义监督体系的重要组成部分，是在坚持四项基本原则的基础上通过提出意见、批评、建议的方式进行的政治监督。它是参加人民政协的各党派、团体和各族各界人士通过政协组织对国家机关及其工作人员的工作进行监督，也是中国共产党在政协中与各民主党派和无党派人士之间进行的互相监督。各级党委和政府要把政协的民主监督作为推进工作、改进作风、加强廉政建设的重要手段，认真倾听来自人民政协的批评和建议，自觉接受民主监督。

8. 规范人民政协民主监督的内容和形式。政协民主监督的主要内容是：国家宪法、法律和法规及省、市地方性法规的实施情况；县委、县政府重要决策部署的贯彻执行情况；国民经济和社会发展规划及财政预算执行情况；城市建设总体规划的实施情况；重大工程建设情况；国家机关及其工作人员履行职责、遵纪守法、廉洁从政等方面的情况；参加政协的单位和个人遵守《政协章程》和执行政协决议的情况。政协民主监督的主要形式有：通过政协全体会议、常务委员会会议、主席会议向县委和县政府提出建议案；通过各专门委员会、界别提出建议或有关报告；通过社情民意座谈会、委员议政会、委员专题座谈会、政协提案、委员视察、委员举报、大会发言、反映社情民意或以其他形式提出批评和建议；参加县委和县政府有关部门组织的调查和检查活动；应邀担任司法机关和政府部门特约监督人员；政协委员提出意见和建议等。

9. 建立健全民主监督机制。(1) 建立健全知情机制。县委和县政府定期向县政协通报经济社会发展中的重要情况和重大问题，县政协及时向政协委员提供履行职责所需要的资料和信息。(2) 建立健全沟通机制。县委、县政府及其有关部门要与政协保持密切联系，经常沟通情况、交换意见。党政负责同志及部门负责人要积极参加政协全体会议、常务委员会会议、社情民意座谈会、政协委员议政会等重要会议和活动，虚心听取意见。县委和县政府的监督机构以及新闻媒体要密切与政协的联系，在工作中加强协作，形成合力。有关部门在办理政协提案、建议案和有关重要意见建议时，条件具备的可采取面对面的方式办理。(3) 建立健全反馈机制。对政协提出的建议案，党政主要负责同志要亲自批示，有关部门要认真办理，并将办理情况以书面形式作出正式答复。对政协提案、社情民意和调研、视察、考察报告，党政负责同志要高度重视，有关部门要认真研究处理，并将处理情况以书面形式及时向政协反馈。政协机关应及时将处理情况反馈给提出意见的政协参加单位或委员个人。

四、积极支持人民政协参政议政　进一步提高人民政协参政议政的实效

10. 积极支持人民政协参政议政。参政议政是人民政协履行职能的重要形式，也是党政领导机关经常听取参加人民政协的各民主党派、人民团体和各族各界人士的意见和建议、切实做好工作的有效方式。各级党委和政府要重视发挥政协人才库、智囊团的作用，使人民政协的参政议政成为掌握社会动态的重要窗口、了解社情民意的重要渠道、民主科学决策的重要环节。

11. 规范人民政协参政议政的内容和形式。政协参政议政的主要内容是：对政治、经济、文化、社会生活中的重要问题和人民群众普遍关心的问题，开展调查研究，反映社情民意，进行协商讨论，通过调研报告、提案、建议案或其他形式，向党和国家机关提出意见和建议。政协参政议政的基本形式是开展专题调研和反映社情民意。

12. 加强与政协的沟通和联系，为政协参政议政创造良好条件。要围绕中心工作，主动给政协出题目、交任务、提要求；安排政协参与重大问题的调查研究。党政主要领导应参加政协全委会听取委员意见，亲自阅示政协的重要调查研究报告、重要提案、建议案和重要的社情民意。政府每年向政协常务委员会通报经济社会发展情况一般不少于 2 次，并根据政协要求及时通报政府工作的重要情况。

13. 建立健全支持人民政协参政议政的各项制度。要加强同政协的联系和沟通，建立和完善由县委办公室主任牵头的县委、人大、政府、政协办公室主任（秘书长）联席会议制度，经常听取来自政协的意见和建议。县委和县政府有关部门要重视同政协专门委员会的对口联系，加强工作的协作和配合，对他们的工作提供必要的支持和帮助，对县级各部门工作考评考核要征求有关专门委员会的意见。要积极采纳政协专题调研形成的成果，不断完善政协反映社情民意的提出、受理和反馈的工作机制，使人民政协参政议政取得实效。

五、进一步加强人民政协的自身建设　推进人民政协事业的健康发展

14. 重视发挥民主党派、无党派人士在人民政协中的作用。要认真贯彻“长期共存、互相监督、肝胆相照、荣辱与共”的方针，促进参加人民政协的各民主党派和无党派人士的团结合作。支持各民主党派和无党派人士参与县委和县政府重要政策措施的讨论协商及其履行职责的各种活动，尊重和保障各民主党派在政协的各种会议上以本党派名义发表意见的权利，尊重和保障各民主党派和无党派人士开展视察、提出提案、举报、反映社情民意以及参与调查和检查活动的权利。进一步发挥非中共党员政协副主席和政协机关中无党派人士的作用。确保民主党派成员和无党派人士等在政协委员、常务委员和政协领导成员中占有规定比例。政协专门委员会要有民主党派和无党派人士参加，政协机关中要有一定数量的民主党派和无党派人士担任专职领导职务，并保证有职、有权、有责。

15. 重视发挥政协界别的作用。界别是人民政协产生、存在和发展的社会基础，是人民政协区别于其他政治组织的显著特征，是人民政协发挥作用的重要载体。县政协党组、县委统战部要适应形势发展的需要，研究并合理设置政协界别，扩大团结面，增强包容性。县级有关部门要积极开展同政协有关界别之间的协商交流，通过界别渠道密切联系群众，了解不同阶层、不同群体的愿望和要求，努力协调关系、化解矛盾、理顺情绪、增进社会和谐。县政协要根据界别的特点，经常组织界别开展学习研讨、撰写提案、视察调研等活动，不断探索发挥界别作用的方法和途径，充实界别活动的内容，广泛调动各界别参政议政的积极性。

16. 重视发挥政协委员的主体作用。政协委员是人民政协的主体。要按照德才兼备的原则和政协章程的规定，选配既具代表性，又有参政议政能力的人士参加政协组织。要认真组

织政协委员的学习培训，促进政协委员提高素质和能力。引导政协委员正确处理荣誉与责任的关系，自觉遵守政协章程，认真履行职责。尊重和依法保护政协委员的各项民主权利。按照规定认真落实政协委员的政治、工作和生活待遇，为他们发挥作用提供条件。政协委员所在单位要积极为委员履行职责创造条件，在时间、经费等方面给予支持保障。政协委员的退休问题按组织和统战部门的统一规定办理。

17. 充分发挥政协各专门委员会的作用。政协各专门委员会是政协常委会和主席会议领导下的工作机构，在政协工作中发挥着重要的基础作用，要重视政协各专门委员会工作，为专门委员会领导干部参加会议、阅读文件等创造必要的条件。县委重申：政协各专门委员会专职主任或副主任，是担任实职的科级领导干部，其福利待遇要与所在单位同级干部同等对待。

18. 加强政协机关建设。要以建设学习型组织为目标，加强政协机关的政治理论和科学文化知识学习，提高全局观念、服务意识和政策水平。坚持以邓小平理论和“三个代表”重要思想为指导，牢固树立和全面落实科学发展观，弘扬与时俱进和改革创新精神，大兴求真务实之风，努力造就一支政治坚定、作风优良、学识丰富、业务熟练的高素质政协干部队伍。加强政协机关的制度化、规范化和程序化建设，规范政协机关的工作机制和工作方式，提高政协机关的工作水平和服务质量。高度重视并切实加强政协机关干部队伍建设，把政协机关干部的配备、培养、选拔和使用纳入党政干部队伍建设的总体规划，加大政协机关干部与党政机关干部交流的力度。

六、进一步加强和改善党对人民政协的领导

19. 健全和完善党对政协工作领导的各项制度。政协工作是党的全局工作的重要组成部分。要按照党总揽全局、协调各方原则，进一步加强和改善党对人民政协的领导，支持人民政协依照《政协章程》独立负责、协调一致地开展工作。把政协工作列入县委总体工作布局，统一部署，统一检查，统一考核，把是否重视政协工作，能否发挥好人民政协作用作为检验党政领导干部水平和执政能力的一项重要内容。每届县委任期内召开一次政协工作会议，总结新经验、研究新情况、解决新问题。县委常委会每年至少听取政协党组一次工作汇报，以县委名义转发政协年度工作要点，研究解决政协工作的重要问题。政协主席列席县委常委会议，参加县委组织的有关会议、调研活动和县委中心组学习。政府召开全体会议和有关会议时，可视情况邀请政协有关领导同志列席。要建立健全县委和县政府负责同志在政协全体会议期间参加讨论、共商国是和在政协常委会议期间通报情况、听取意见的制度。

20. 发挥政协党组在政协组织中的领导核心作用。政协党组是党在人民政协中的派出机构，是政协组织的领导核心。政协党组必须坚定不移地贯彻党的基本理论、基本路线、基本纲领、基本经验，保证党的路线、方针、政策和县委重大决策部署贯彻到人民政协的全部工作中去。主动向县委请示和汇报工作，维护县委的领导核心作用。主动邀请县政府领导同志通报经济社会发展情况、为政协委员知情出力创造条件。推动参加人民政协的各民主党派、人民团体和各族各界人士自觉接受中国共产党的领导，使党的主张成为各民主党派、人民团体和各族各界人士的广泛共识。按照县委统一部署和政协章程和规定，配合县委组织和统战部门研究换届时有关界别设置、政协委员名额、人选和常务委员人选以及届中委员调整的有关问题，并提出建议，协助县委有关部门把好委员的入口关和素质关。主动协调委员所在单位支持委员参加政协会议和活动。建立健全符合政协特点的委员管理制度和考核办法，对热心政协工作、履行职责成绩显著的委员进行表彰，对不履行或不能正常履行职责的委员，由政协党组提出，根据《政协章程》和有关规定予以调整。

21. 发挥政协组织中国共产党党员的先锋模范作用。政协委员中的中共党员和政协机关中的中共党员，要积极贯彻党的方针政策，带头遵守《政协章程》，以实际行动体现先进性。要增强做好人民政协工作的责任感，继承和发扬党的统一战线和人民政协的优良传统，不断提高自身修养和能力，努力成为合作共事的模范、发扬民主的模范、廉洁奉公的模范。

22. 切实改善政协工作条件。政协机关的机构设置和人员编制，要适应工作需要。政协的重要会议、活动，委员视察、考察、调研和培训等工作所需经费，县财政要纳入预算切实保证，并根据工作需要和财力增长情况适当增加。

23. 加强人民政协理论的学习、宣传和研究。加强政协理论与实践的研究，推动人民政协的理论、制度和工作创新。各级党组织要把统一战线和人民政协理论、政策作为党委中心组和党员领导干部政治理论学习的一项重要内容。各级领导干部特别是新走上领导岗位的年轻干部，要加强对人民政协理论政策的学习，不断提高贯彻执行基本政治制度的坚定性和自觉性。县委党校要将人民政协理论列入干部培训内容和教学计划，作为干部培训的必修课程。宣传部门要把对人民政协的宣传作为党的宣传工作的重要组成部分，纳入宣传工作总体规划，组织新闻媒体宣传中国共产党领导的多党合作和政治协商制度，宣传人民政协的性质、地位和作用，宣传人民政协履行职能的成效和委员的先进事迹，形成有利于人民政协事业发展的良好氛围。

2007 年 12 月 13 日

中共罗江县委
关于加强人民政协协商民主建设的实施意见

罗县委发〔2016〕10 号

各镇党委，经开区、白马关实验区党工委，县委各部委，县级各部门党组（党委）：

人民政协协商民主是社会主义协商民主的重要组成部分。为充分发挥人民政协作为协商民主重要渠道和专门协商机构的作用，协调推进“四个全面”战略布局，奋力实现“五个走在前列”目标，根据《中共中央关于加强社会主义协商民主建设的意见》（中发〔2015〕3号）、《中共中央办公厅印发〈关于加强人民政协协商民主建设的实施意见〉的通知》（中办发〔2015〕36 号）、《中共四川省委关于新形势下进一步加强和改进人民政协工作的意见》（川委发〔2015〕19 号）和《中共德阳市委关于加强人民政协协商民主建设的实施意见》（德委发〔2016〕3 号）等相关文件精神，结合我县实际，就加强人民政协协商民主建设提出如下实施意见。

一、加强人民政协协商民主建设的总体要求

（一）指导思想。高举中国特色社会主义伟大旗帜，认真贯彻落实党的十八大和十八届三中、四中、五中全会精神，以马克思列宁主义、毛泽东思想、邓小平理论、“三个代表”重要思想、科学发展观为指导，深入贯彻落实习近平总书记系列重要讲话精神，坚持围绕协调推进“四个全面”战略布局，坚持和完善中国共产党领导的多党合作和政治协商制度，坚持团结和民主两大主题，把协商民主贯穿政协履行职能全过程，重点推进政治协商、民主监督、参政议政制度化、规范化、程序化，拓展协商内容、丰富协商形式、规范协商程序、增加协商密度、提高协商成效，广泛凝聚各党派团体、各族各界人士的智慧和力量，为“推进二次创业、再造一个罗江”、全面建成小康社会做出更大贡献。

（二）重要原则。坚持党的领导，坚定不移走中国特色社会主义政治发展道路；坚持宪法和政协章程确定的人民政协性质定位，始终围绕中心、服务大局；坚持协商于决策之前和决策实施之中，切实提高协商实效；坚持民主协商、平等议事、求同存异、体谅包容，努力营造良好协商氛围。

二、明确政协协商内容

（三）政协协商的主要内容。国民经济和社会发展中长期规划，城乡建设总体规划，重大产业规划，重要基础设施建设规划，重要公共服务设施建设规划，重大体制改革方案，行政区划调整和区域（园区）开发方案草案；政府工作报告草案，年度国民经济和社会发展计划报告草案，财政预算报告草案，人民法院工作报告草案，人民检察院工作报告草案；关系人口、资源、环境和可持续发展，涉及就业、教育、医疗、卫生、社会保障等民生问题的重要决策，对社会稳定和生态文明建设有明显影响的重大建设项目和重大政策调整；重要党委、政府规范性文件草案；各党派参加人民政协工作的共同性事务，政协内部的重要事务，以及有关爱国统一战线的其他重要问题；根据需要应纳入政协协商的其他重要问题等。

（四）制定政协年度协商计划。县委会同县政府、县政协制定年度协商计划，对明确规定需要协商的事项必须经协商后提交决策实施。县政协常务委员会会议、主席会议、专题协商座谈会及其他协商形式的重要议题应列入年度协商计划，做到协商议题和协商形式相匹配。健全年度协商计划的制定机制，县政协办公室在广泛征求政协各参加单位、专门委员会、政协委员和有关部门意见的基础上，形成年度协商计划草案，会同县委办公室、县政府办公室修改完善，经县政协主席会议审议后，报县委常委会会议审定，由县委办公室、县政府办公室、县政协办公室联合印发实施。

三、完善政协协商形式

（五）完善政协全体会议协商制度。坚持政协全体会议先于人代会召开。政协全体会议期间，县委、县人大常委会、县政府和县人民法院、县人民检察院领导同志出席开幕会、闭幕会，听取大会发言，参加委员小组讨论；县级部门、镇党政主要负责同志列席会议，参加委员小组讨论、听取意见；邀请省市政协委员、部分社会知名人士列席会议，参加讨论。全体会议期间，组织界别委员开展专题讨论和县长约见委员座谈会，围绕协商主题充分协商讨论，广泛听取意见建议；完善大会发言遴选机制，提高发言质量；邀请一定数量旁听公民列席会议，召开座谈会，听取意见建议。

（六）完善常务委员会会议制度。县政协一般每季度召开一次常务委员会会议，围绕经济社会发展情况开展重点协商。会议邀请党政有关领导同志出席会议通报相关情况，听取意见，与委员互动交流；安排有关专门委员会及分管副主席作专题发言；有关部门负责同志到会听取意见，参加讨论；安排部分相关领域的县、市政协委员列席会议，参加讨论；邀请一定数量旁听公民列席会议，扩大公民有序政治参与。

（七）完善主席会议制度。县政协一般每月召开一次主席会议，就改革、发展、民生、稳定等方面工作开展专题协商。县级有关部门（镇）负责同志到会汇报情况，听取意见，沟通交流。

（八）规范专题协商会。根据县委、县政府的工作需要，县政协及时召开专题协商座谈会。县委、县政府有关领导及部门（镇）负责人参加会议，沟通情况，协商讨论，增进共识。可邀请有关专家学者和公民代表参加会议，充分发挥智库作用。

（九）健全对口协商和界别协商制度。不断完善县级部门与县政协各专门委员会对口联系工作制度。县级部门要主动与对口县政协专门委员会保持经常联系沟通，开展的重要活动和召开的重要会议，邀请县政协专门委员会负责同志参加；县政协各专门委员会要与对口县级部门选择重要议题、重大事项开展对口协商，多为部门谋良策、出实招。完善县政协主席会议成员和专门委员会联系界别制度，组织所联系的界别委员举行界别协商会、座谈会，开展专题调研视察，通过视察报告、调研报告、提案、大会发言、反映社情民意信息等形式议政建言。

（十）健全提案办理协商制度。引导政协委员深入调查研究，不断提高提案质量。完善政协提案工作条例，严格立案标准，增加集体提案和界别委员提案比重；健全提案交办、办理、督办机制，把沟通协商作为提案办理必经环节，承办单位办结提案后要邀请提案提议人、附议委员召开座谈会通报办理情况并听取意见；把提案办理纳入委、县政府督查内容和绩效考核体系。做好重点提案遴选督办。坚持和完善县委书记、县长督办重点提案，县委、县政府其他领导同志督办分管领域提案制度；坚持和完善县政协主席会议成员重点督办、专项视察，专委会对口协商提案制度；坚持和完善追踪督办跨年度重点提案制度。政协重要提案办理情况应通过多种形式向社会公开，深化提案办理实效的宣传。

（十一）拓展协商形式。支持政协探索建立定期或不定期开展委员座谈会、社情民意信息恳谈会等制度，支持政协在视察、考察、调研等活动中积极开展协商，通过视察报告、调研报告、提案、建议案、专报、社情民意信息等形式报送协商意见。支持政协加强信息化建设，探索网络议政新形式，积极引导网络舆情。

四、加强政协协商与党委政府工作的有效衔接

（十二）规范协商议题提出机制。认真落实由县委、县人大、县政府、民主党派、人民

团体等提出议题的规定。建立县委、县政府同县政协重点协商议题会商机制，议题可由县委交办，也可由县委办、县政府办、县政协办召开联席会议研究提出，也可由县政协与县委和政府及有关部门沟通协商提出。建立县政协内部选题机制，通过常务委员会会议、主席会议、专门委员会会议、界别小组会议以及座谈会、发函等形式征集议题。

（十三）健全知情明政制度。县委常委会及有关重要工作会议应安排县政协领导同志参加，县政府全体会议和有关会议应邀请县政协有关领导同志列席。有关部门召开的重要会议应邀请县政协有关方面负责同志参加。建立相关部门定期通报情况制度，原则上县级部门应通过与县政协专门委员会对口联系，每年向专门委员会委员通报一次工作情况，为政协委员履行职责提供方便。县政协全体会议召开前，可根据需要组织情况通报会，请有关方面通报工作情况。协商活动举办前，可组织委员视察调研，有关部门应主动配合，提供需要协商的相关材料。

（十四）完善协商成果采纳、落实和反馈机制。县委会同县政府、县政协制定协商成果采纳、落实和反馈具体办法及工作制度。凡政协组织及委员书面提交的协商意见建议，有关部门及单位均应认真研究办理并书面回复。县政协形成的视察报告、调研报告、建议案、社情民意信息、大会发言专报、重要提案摘报等成果，党政领导同志作出批示要求落实的，应及时告知县政协办公室，县委督查室、县政府目督办要加强督查督办。有关部门对协商成果的处理情况，原则上应在30日内予以书面回复。

五、推进人民政协协商民主制度化建设

（十五）推进政治协商制度建设。适时研究制定规范政治协商的具体意见，把政治协商作为必经环节纳入党政决策程序，加强县委、县政府议事规则与县政协协商的衔接配套，明确和强化县委、县政府、县政协在协商活动中的职责，促进党政决策科学化民主化水平。

（十六）推进民主监督制度建设。适时制定加强政协民主监督的专项规定，要完善民主监督的组织领导、权益保障、知情反馈、沟通协调机制，重视发挥协商会议、调研视察、提案、建议案、大会发言、反映社情民意信息、委员举报等在民主监督中的作用。支持县政协开展民主评议和向政府部门委派委员监督小组的工作，主动邀请县政协开展监督性的调研视察活动；完善邀请政协委员担任特约监督员等工作制度。县委政府监督机构及新闻媒体要密切与县政协民主监督的协调和配合，增强民主监督实效。

（十七）推进参政议政制度建设。大力支持县政协开展调研、视察、提案、反映社情民意信息、联络联谊、文史资料、对外交往、新闻宣传、政协理论与实践研究等经常性工作；主动出题目、交任务，委托县政协开展重大课题调研和重大项目研究论证，充分发挥政协人才荟萃、智力密集、联系广泛的优势和作用。

六、切实重视支持人民政协加强自身建设

（十八）充分发挥党外代表人士在人民政协中的重要作用。县政协与县委统战部要加强沟通协调，为民主党派、工商联和无党派人士等党外委员在政协履行职能、协商议政、发挥作用搭建更多平台，提供工作保障。鼓励民主党派、工商联提交集体提案、反映社情民意信

息，通过县政协主席会议成员、县政协各专门委员会分工联系各民主党派、工商联制度和分工联系党外代表人士制度，支持民主党派、工商联和党外委员开展调查研究，发挥优势做好所联系群众的工作。按照中央和省委、市委有关政策规定配备党外领导干部，做好党外代表人士在政协中的安排。

（十九）加强政协委员队伍建设。完善委员推荐提名和产生机制，严明换届纪律，加强监督检查。政协委员人选推荐工作在广泛协商基础上坚持县委提名，并充分听取县政协党组意见，真正把代表性强、议政水平高、群众认可、德才兼备的优秀人士吸收到委员队伍中来。制定委员培训规划并保障经费，搞好年度集中培训，开展多种形式的学习培训。规范委员履职服务管理，健全委员履职档案，将委员履职情况作为换届时继续提名的重要依据；严格履职情况通报制度，委员出席会议和参加活动的情况书面通知本人并在一定范围内通报。探索建立委员每届任期内就履职情况向县政协报告制度。制定完善委员管理制度，建立委员履职的利益冲突回避机制，强化廉洁自律。健全委员退出机制，对履职情况差的委员实行约谈制度，对长期不履职及违反政协章程的委员及时按章依规处理。

保障委员民主权利，充分发挥委员作用。县政协建立健全委员联络机构，完善委员联络制度，为委员履行职责提供服务管理。建立覆盖全体委员的联系网络，政协参加单位、专门委员会、界别、机关要加强对委员的联络服务。健全委员联系群众机制，委员数量较多的镇可建立委员联络小组，由镇党委副书记兼任组长，组织开展活动。探索委员联系群众新形式，宣传党的路线方针政策，引导群众理性有序合法表达诉求。做好接待委员信访工作。

（二十）加强政协界别建设。发挥人民政协界别的特点和优势，积极探索发挥界别作用的方法和途径。注重吸纳新的社会阶层代表人士进入政协，在条件成熟时根据上级规定对政协界别适当进行调整。健全社情民意信息表达和汇集分析机制，畅通各界群众的利益诉求渠道。健全县政协主席会议成员和专门委员会联系各界别制度及界别召集人制度，积极组织界别委员参加协商议政活动。保障界别活动经费，各界别调研视察、座谈走访等活动原则上每年不少于2次，注重通过界别委员协调关系、理顺情绪、化解矛盾，汇聚力量。

（二十一）加强政协专门委员会建设。完善政协专门委员会工作通则，加强政协专门委员会视察调研与年度协商计划的衔接，充分发挥专门委员会在政协工作中的基础性作用。规范县政协专门委员会设置。原则上，县政协专门委员会配备1名专职主任、1名专职副主任，2－3名兼职副主任，专门委员会主任担任县政协常委。专门委员会工作经费纳入财政预算予以保障。

（二十二）加强政协机关建设。认真践行“三严三实”，严明政治纪律，严守政治规矩，大力推进政协领导班子思想政治、纪律作风和党风廉政建设，强化全局观念和责任担当，提高干部政策水平和政协机关服务保障能力。着眼统一战线和人民政协事业长远发展，健全政协干部培训选拔和使用交流机制，创造交流轮岗条件，选派优秀政协机关干部到党政部门和基层任职；选调年轻优秀的党政干部、民主党派和工商联机关干部到政协机关工作，让政协干部经历多方面的实践锻炼，优化结构，提升能力。县政协办公室配备专职秘书长1名、专职办公室主任1名，专职副秘书长1名、专职办公室副主任1名，兼职副秘书长2名，强化其综合协调、服务职能。

（二十三）加强政协协商能力建设。着力提高政治把握能力，在政协大兴学习之风，完善政协常务委员会会议和主席会议学习制度，坚持会前学法，强化法制意识。组织委员专题学习研讨，加强对党的路线方针政策和宪法法律的学习，坚定理想信念，增进政治认同，筑牢共同奋斗思想基础。提高调查研究能力，在政协大兴调查研究之风，坚持问题导向，紧扣大局需要和群众期盼选题，改进调研方法，采取集中调研、分散调研、蹲点调研等方式摸清真实情况，提高调研成果的针对性、操作性、创新性和前瞻性。提高联系群众能力，建立政协领导联系镇村（社区）、联系党派团体、联系界别委员制度，畅通委员联系服务群众和反应社情民意信息的渠道，发挥好桥梁纽带作用。提高合作共事能力，协助县委做好统战工作，发扬求同存异、体谅包容的优良传统，贯彻民主协商、平等议事的工作原则，政协委员中的共产党员和政协机关中的共产党员应广交、深交党外朋友，在工作中既增进对党的路线方针政策的共识，又包容不同意见的存在和表达，提高合作共事的质量和水平。

加强与上级政协的联系，争取上级政协工作指导与支持；加强同县市区政协的联系交流，互学互鉴，宣传罗江。

加强政协工作制度化、规范化、程序化建设，健全完善议题形成机制、商前调研机制、智力整合机制、意见表达机制、成果转化机制、协同互动机制，增强高协商实效，提高政协履职科学化水平。

（二十四）充分发挥政协联络联谊作用。进一步强化政协作为爱国统一战线组织的作用，健全完善联络联谊机制，加强与民族宗教界、港澳台侨界代表人士的联系与交流，维护和谐，增进团结，促进祖国统一；加强政协与国内外罗江籍政要、商界代表、文人学者、社会贤达的联系交流，通过上门拜访，邀请回乡参观考察，网络联系交流等形式宣传罗江，招商引智，为各界乡友了解家乡、热爱家乡、关心支持家乡发展畅通渠道，搭建平台。

七、加强和完善党对人民政协协商民主建设的领导

（二十五）建立健全党委领导人民政协协商民主建设的工作机制。要按照党总委揽全局、协调各方的原则，切实把政协协商民主建设纳入县委总体工作部署和重要议事日程，支持县政协依照宪法、法律和政协章程独立负责、协调一致开展工作，善于运用人民政协这一政治组织和民主形式为实现党的总任务、总目标服务。县委届内至少召开 1 次县委政协工作会议。健全县委常委会会议听取县政协党组工作汇报、讨论县政协常务委员会工作报告、审定年度工作要点和年度协商计划等制度，及时研究并统筹解决政协工作中的重大问题。要切实保障政协工作经费，帮助政协改善办公、委员调研视察、重要会议活动及机关建设等方面的条件，主动关心政协委员的工作和生活。

（二十六）发挥政协党组在政协组织中的领导核心作用。政协党组要认真执行《中国共产党党组工作条例（试行）》，肩负起实现党对人民政协领导的重大政治责任，发挥领导核心作用，坚定不移贯彻执行党关于人民政协的方针政策，把县委的有关重大决策和工作部署贯彻到政协全部工作中去。按照民主集中制原则，确保政协各项工作依法依章开展、有序进行。健全县政协重大工作向县委报告制度。认真落实党风廉政建设主体责任，抓好委员队伍建设和政协机关干部队伍建设，强化正风肃纪、反腐倡廉。

（二十七）加强人民政协理论与实践研究及教育培训。要高度重视人民政协理论和协商民主理论研究，将统一战线、人民政协、协商民主的基本理论、基本政策、基本知识列入党委（党组）中心组学习的重要内容，列入党校、社会主义学校的教学计划，纳入党政领导干部、公务员年度培训和任职资格考试内容。要把政协干部和政协委员培训统筹纳入党校、社会主义学校主体班培训计划，根据工作需要举办专题培训。

（二十八）营造重视和支持人民政协的良好氛围。要营造畅所欲言、各抒己见、理性有度、合法依章的良好协商氛围。进一步加强对政协新闻宣传工作的领导，把对人民政协的宣传列入县委宣传部门的工作计划，县政协的重要会议和重大活动要制定宣传方案，由县委宣传部门统筹实施。县级主流媒体要加强对各民主党派、人民团体和各族各界代表人士在政协组织中团结合作、民主协商生动实践的宣传。支持县政协搞好宣传阵地建设。

（二十九）加强监督检查。要对人民政协协商民主建设有关重要会议、文件精神的贯彻落实情况，每两年组织 1 次专项督查，每届至少进行 1 次全面检查。对成绩突出的单位和个人，予以通报表扬；对贯彻落实不力、办理政协协商意见建议不实并造成严重影响的，要严肃追究责任。

2016 年 4 月 1 日

中国人民政治协商会议
第一届罗江县委员会专门委员会工作规则

（1997 年 3 月 27 日中国人民政治协商会议
第一届罗江县委员会常务委员会第一次会议通过

为了搞好各专门委员会的工作，充分发挥人民政协的整体功能，参照《中国人民政治协商会议全国委员会专门委员会组织通则》，结合我县实际情况，制定本规则。

第一条　机构设置

根据《中国人民政治协商会议章程》第四十九条的规定，经县政协第一届一次常委会会议决定，本届政协设置七个专门委员会：学习委员会、提案委员会、文史资料委员会、经济科技委员会、财贸委员会、法制群团委员会、文教卫生委员会。

第二条　性质

各专门委员会是在县政协主席会议和常务委员会的领导下，组织和联系委员履行“政治协商、民主监督、参政议政”职能，开展经常性活动的工作机构。

第三条　工作任务

各专门委员会应按照《中国人民政治协商会议章程》的要求以及本会全体会议、常务委员会和主席会议提出的各项任务，制定工作计划并组织实施。主要任务是：

1. 认真学习马克思列宁主义、毛泽东思想，学习邓小平建设有中国特色社会主义理论，学习党的路线、方针、政策，学习时事政治，学习统一战线理论和人民政协知识，学习社会主义市场经济知识和科技知识。

2. 就国家的大政方针、地方重要事务、政策法令的贯彻，群众生活和统一战线工作中的重要问题，与党政有关部门开展对口协商、参政议政。

3. 组织、推动委员和各界人士对党的方针政策和国家法律法规的执行、重大决策的实施，党政机关廉政建没以及群众普遍关心的问题，进行了解和反映，提出提案和批评建议，实行民主监督。

4. 推动政协委员和各界人士抓住建立社会主义市场经济体制中的新情况、新矛盾、新问题，开展专题调研，传播科技知识，提供经济信息，协助人才培训，搞好咨询服务。

各专门委员会应根据各自的工作重点和专业优势，灵活多样地开展活动，工作上要注重质量，讲求实效。

第四条　组织原则

1. 各专门委员会设主任一人，副主任二至三人，县政协机关设专门委员会工作办公室，以加强对各专门委员会的联系，指导和提供工作服务。

2. 各专门委员会的设置和变动，正、副主任的任免，由常务委员会会议决定。

第五条　工作制度

1. 各专门委员会实行集体领导原则，开展学习和活动由主任或副主任主持。

2. 机关专门委员会办公室，可不定期举行各专门委员会正、副主任联席会议，会议由专委办主任主持。

3. 各专门委员会相互之间要协作配合，并争取上级政协各专门委员会的指导，增进与兄弟县（市、区）政协专门委员会之间的联系。

4. 各专门委员会要根据全委会议和常委会会议的决议精神，制订年度工作计划，开展总结评比，分别向主席会议和常委会会议报告工作。

第六条　各委员小组工作参照执行本规则。

第七条　本规则经常务委员会会议通过后施行。

政协罗江委员会常务委员会工作规则

（2003 年 3 月 6 日中国人民政治协商会议
第二届罗江县委员会常务委员会第一次会议通过）

为了使政协罗江县委员会常务委员会（以下简称常委会）工作进一步规范化、制度化，更好地履行职能，根据《中国人民政治协商会议章程》、《政协全国委员会关于政治协商、民主监督、参政议政的规定》，结合县政协工作的实际，制定本规则。

第一章　总　则

第一条　常委会的活动以邓小平理论、“三个代表”重要思想和党的基本路线为指导，以《中国人民政治协商会议章程》为依据，高举爱国主义和社会主义的旗帜，坚持中国共产党领导的多党合作和政治协商制度，进一步巩固和发展我县的爱国统一战线，积极履行政治协商、民主监督、参政议政职能，为建设富裕、文明、秀丽的新罗江而努力奋斗。

第二条　常委会主持中国人民政治协商会议罗江县委员会全体会议。在政协罗江县委员会全体会议闭会期间，行使政协罗江县委员会的职权。处理政协罗江县委员会的重要工作。

第三条　常委会由政协罗江县委员会主席、副主席、秘书长和常务委员组成。

第四条　政协罗江县委员会主席主持常委会的工作，副主席、秘书长协助主席工作。

第五条　常委会职权：

召集并主持政协罗江县委员会全体会议；

组织实施中国人民政治协商会议章程对地方政协规定的任务和政协全国委员会、政协四川省委员会、政协德阳市委员会作出的全国性、全省性和全市性的决议；

执行政协罗江县委员会全体会议的决议；

政协罗江县委员会全体会议闭会期间，审查通过提交中共罗江县委、县人大常委会、县人民政协的重要建议案；

根据秘书长的提议，任免政协罗江县委员会副秘书长；

决定政协罗江县委员会专门委员会机构的设置和变动，并任免其领导成员；

中国人民政治协商会议章程规定的其他职权。

第六条　常委会组成人员要认真执行中国人民政治协商会议章程、政协全国委员会全国性、政协四川省委员会全省性、政协德阳市委员会全市性的决议以及政办罗江县委员会及其常委会的规定、决议，积极参加常委会的活动，加强同各方面人士的联系，广交朋友，及时反映社情民意。

第二章　常务委员会会议

第七条　常委会议一般每季度举行一次，必要时可临时举行。

第八条　常委会议议程由主席会议拟定，提前籽会议的有关拳项通知常委会组成人员；临时举行的会议，可以临时通知。

第九条　常委会议由主席主持，也可由主席委托的副主席主持。

第十条　常委会议的主要任务：

讨论决定政协罗江县委员会、常委会和工作中的重大问题以及人事任免事项；

听取中共罗江县委、县人民政府及其所属部门关于贯彻党和国家大政方针的情况以及地方重要事务的通报或说明，并进行协商讨论，提出意见和建议；

协商讨论中共罗江县委、县人民政府的重大政策、措施以及统一战线和群众生活中普遍关心的重大问题，提出意见、建议和批评；

审议提交政协罗江县委员会全体会议文件；

审查重要的建议案、提案、视察报告、调查报告和其他报告。

第十一条　政协罗江县委员会各专门委员会主任、副主任、副秘书长、办公室主任、副主任及与议程有关的其他人员列席常委会议。

第十二条　常委会议必须有全体组成人员的过半数出席方能举行，会议要充分发扬社会主义民主，对议题进行充分协商讨论，全面反映各方面的意见和建议；会议的建议案或其他需要表决的事项，须经常委会全体组成人员过半数通过方能生效。

第十三条　常委会组成人员因病或其他特殊原因不能出席会议时，须请假。

第十四条　根据需要，可举行专题座谈会，就某项专门问题进行协商座谈，提出意见和建议。专题座谈会由有关的常委和其他有关人员参加，由主席或主席委委托的副主席主持。

第三章　主席会议

第十五条　主席会议由主席、副主席、秘书长组成，处理常委会的重要日常工作。

第十六条　主席会议一般每月举行一次，提前将会议的有关事项通知参会人员；必要时可临时召集。

第十七条　主席会议由主席主持，也可由主席委托的副主席主持。

第十八条　主席会议的主要任务：

协商讨沦贯彻执行党和国家的大政方针的情况，罗江县的重大决策、措施和统一战线及群众生活中普遍关心的重大问题提出意见和建议：

审查以政协罗江县委员会或常委会名义向中共罗江县委、县人民政府提出的建议案；

拟定常委会的议程、日程，决定邀请参加会议人员范围，审查提交常委会议的重要文件；

执行常委会的决议；审议政协罗江县委会员及其常委会的工作规则、工作报告和重要活动方案；审议专门委员会的年度工作计划、工作总结和重要活动安排；

审议副秘书长、专门委员会主任、副主任人选并提交常委会议决定；

处理常委会的其他重要日常工作。

第十九条　主席会议议颞由主席办公室会议提出。

第二十条　召开主席会议时，根据议题和需要，本会副秘书长、专门委员会、办公室主任、副主任以及有关的其他负责人可以列席会议。

第二十一条　主席会议应发扬社会主义民主，充分进行讨沦协商。需要对有关事项作出决定时，按民主集中制原则办理。

第二十二条　主席办公会议由主席、驻会副主席、秘书长组成。负责处理主席会议闭会期间的日常会务工作，并为主席会议的召开做好必要的准备。主席办公会议原则上每两周举行一次，由主席或主席委托的副主席主持，可通知驻会副秘书长和有关人员列席。

第四章　文　件

第二十三条　常委会议、主席会议作出的决定，提出的建议、意见和批评，须经主席、主席委托的副主席或秘书长签发，以政协罗江县委员会或办公室文件的方式送达有关方面或部门。

第二十四条　常委会议、主席会议应作新闻报道，并由办公室编发会议简报或会议纪要。

第五章　附　则

第二十五条　本规则经常委会通过后实行，其解释权和修订权属常委会。

政协罗江县委员会委员管理办法

（2010 年 8 月 18 日中国人民政治协商会议
第三届罗江县委员会常务委员会第二十一次会议通过）

为了不断提升政协委员整体素质，增强履职意识，调动履职积极性，规范履职行为，发挥委员主体作用，进一步推进政协工作制度化、规范化、程序化建设，根据《中国人民政治协商会议章程》、《中共中央关于加强人民政协工作的意见》和市政协有关文件精神，结合罗江县政协工作实际，制定本办法。

一、委员的基本权利

（一）在本会会议上有表决权，选举权。

（二）有对本会工作提出批评和建议的权利。

（三）在坚决执行会议决议的前提下，有声明保留不同意见的权利。

（四）有通过本会会议和组织充分发表意见、参加讨论我县大政方针和重大事务的权利；对国家机关和国家工作人员的工作提出建议和批评的权利，以及对违纪违法行为检举揭发、参与调查和检查的权利。

（五）有声明退出本会的自由。

（六）受本会警告或撤销参加资格的委员，如有异议，可以向主席会议请求复议。

二、委员的主要职责

（一）遵守和履行中国人民政治协商会议章程。

（二）执行本会全体委员会议、常务委员会议的决议。

（三）继承发扬委员自我教育的优良传统，树立终身学习理念，切实加强学习，提升素质，强化大局意识、政治意识，增强服务科学发展的能力。

（四）认真参加本会全体委员会议和相关会议，协商讨论，建言献策。

（五）积极参加本会组织的调研、视察、民主评议等活动，对国家宪法、法律和法规的实施，重大方针政策的贯彻执行，国家机关及其工作人员的工作等，通过建议和批评进行监督。

（六）充分发挥自身的专长和作用，积极参加本会组织活动，了解情况，就我县经济、政治、文化、社会等方面的重大问题以及群众普遍关心的问题进行研究，通过调研报告、提案、建议案或其他形式，献计出力。

（七）密切联系群众，倾听和了解他们的愿望和诉求，通过反映社情民意等形式，协助做好协调关系、化解矛盾、凝聚人心的工作。

（八）积极参与委员“四个一”活动，即：每年至少写一件提案，提一条合理化建议，反映一条社情民意，参与一次调查研究。

（九）参与政协文史资料工作，提供或撰写自己或所联系的各方面人士在重要历史事件中亲历、亲见、亲闻的第一手资料。

（十）处理好本职工作与履行政协委员职责的关系，既做好本职工作又履行委员应尽职责。

三、委员履行职责的条件保障

（一）组织学习培训

1. 政协委员要发扬自我学习和自我教育的优良传统，加强学习，不断提高政治理论素质和政策水平，增强履行职责的能力。

2. 政协换届后及时组织对新委员进行集中培训，组织学习社会主义核心价值体系、邓小平理论、“三个代表”重要思想和科学发展观以及政协章程、统一战线理论；使其了解政协委员的权利和职责，掌握履职的方式方法。

3. 依托政协专门委员会每年有针对性地组织委员集中学习 1 至 2 次。

（二）建立委员联系制度

1. 县政协办公室和各专门委员会对口联系政协委员，指导委员开展活动。

2. 主席会议成员重点联系部分常委、委员，深入到委员较集中单位，了解委员工作情况和履职情况，听取意见和建议，协调单位为委员履职提供必要条件。

3. 实行政协主席会议成员和各专门委员会主任定期走访约谈委员制度，了解、反映委员工作、生活中的实际困难和问题，并尽力帮助解决。主席会议成员每年走访和约谈委员不少于 10 人次，各专委会主任不少于 5 人次。

（三）为委员知情明政创造条件

1. 通过主席会、常委会、对口协商等形式，邀请县委、县政府领导及有关部门负责人向委员通报我县经济社会发展情况，介绍有关政策及执行情况。及时将有关文件资料发送委员，帮助委员掌握情况。

2. 建立委员提案落实办理情况及工作进度通报制度。

3. 通过政协主席会和各专门委员会组织委员开展调研、视察、考察等活动，让委员深入基层、深入实际、深入群众，了解我县改革发展稳定情况。

4. 加强与委员所在单位的沟通联系，通报委员履职情况，积极争取对委员履行职责的支持。

（四）为委员履职提供服务

1. 为委员订送《四川政协报》，印发有关学习文件资料。

2. 做好委员来信、来访的受理、转办、督办工作，畅通反映社情民意渠道，保障委员权利。

3. 及时收集委员对政协工作和机关服务工作的意见和建议，努力把政协机关建设成为“委员之家”。

4. 实行邀请相关委员列席县政协常委委员会议制度。

5. 推荐委员担任行风监督员、县人民法院“廉洁执法监督员”和县人民检察院“人民监督员”等，积极发挥委员在民主监督中的作用。

6. 利用广播电视、报刊、政协信息、党政网等载体，宣传委员的履职风采。

（五）尊重和依法维护委员的权利

1. 切实保障委员开展视察、提出提案、举报、反映社情民意以及参与调查和检查活动，切实保障委员在政协的各种会议上充分发表意见。

2. 委员因履行职责受到打击报复，县政访应协助有关部门依法予以保护。

3. 依照有关规定，督促落实委员的政治、生活待遇。

四、委员履职的服务管理

（一）严格会议请假、考勤制度

1. 规范会议请假程序。县政协全体会议、常委会议全程请假的，请假人员须分别于会议召开前1天向主席或副主席或秘书长请假，经批准后方可缺席会议。经有关领导批准后，由会议秘书处和办公室登记备案。

2. 严格会议签到制度。县政协全体会议、常委会议实行全程签到，不得让人代签。召开小组会议时，由小组工作人员负责签到。出席会议人员未签到并在会议期间未说明的视为无故缺席。

3. 建立会议考勤登记制度。县政协委员、常委会组成人员年度参加全体会议、常委会议情况，由县政协办公室予以登记，建立考勤档案。

4. 实行会议考勤通报制度。对县政协委员、常委会组成人员参加全体会议、常委会议考勤情况予以通报。全体会议的大会出席情况，由会议秘书处根据签到及时通报各委员小组或专门委员会；全体会议全程考勤情况和常委会议考勤情况，根据会议签到登记，由县政协办公室于会后一周内通报委员所在单位和委员本人。县政协委员、常委会组成人员年度参加全体会议、常委会议考勤情况，由县政协办公室于每年第四季度汇总向主席会议报告，并通报县委组织部、统战都。

5. 县政协专门委员会会议、活动考勤制度。委员因病、因事或其他特殊情况不能参加本专门委员会会议或其他活动的，必须向专门委员会主任请假。各专门委员会做好考勤记录，年末汇总县政协办公室。

6. 会议考勤纳入委员履职考核内容。把政协委员参加政协会议考勤情况作为履职考核的重要内容，并作为换届时委员是否继任的重要依据。

（二）建立委员基本情况和履职情况信息档案

1. 委员工作变动、通讯地址和电话变更、奖惩和职务、职称变动等，应及时告知所属专门委员会和县政协办公室。

2. 建立委员履职情况登记制度。对每位委员履职情况实行动态管理，由县政协各专门委员会会同县政协办公室向有关部门和委员所在单位通报其履职情况。

3. 重视委员届内相关情况信息资料收集整理，届满后及时做好立卷归档工作。

五、委员的激励与约束

（一）委员的表彰

按《政协罗江县委员会争先创优评选办法》进行。

（二）委员的约束

1. 有下列情形之一者，进行提醒谈话：常委年内不假 1 次或连续请假 2 次未参加政协常委委员会会议的；委员届中不假 1 次或连续请假 2 次未参加政协全体委员会议的；委员年内不假 1 次或连续 2 次未参加专门委员会会议及活动的。

2. 除生病的政协委员，有下列情形之一者，劝其辞去委员职务：常委年内 3 次未参加政协常委委员会议的；委员届内 3 次未参加政协全体委员会议的；委员年内 3 次未参加专门委员会会议或活动的。

六、本办法由县政协办公室负责解释。

中国人民政治协商会议罗江县委员会
提案工作条例

（2012 年 8 月 31 日中国人民政治协商会议
第四届罗江县委员会常务委员会第三次会议通过）

第一章 总 则

第一条 为充分发挥提案在政协履行“政治协商、民主监督和参政议政”职能中的作用，根据《中国人民政治协商会议章程》，参照《全国政协提案工作条例》，以及《政协德阳市委员会提案工作条例》，结合我县政协提案工作实际，制定本条例。

第二条 提案是政协委员、参加政协的党派、人民团体和政协专门委员会向政协全体会议或常务委员会提出的，经提案审查委员会或提案委员会审查立案由承办单位办理的书面意见和建议。提案是人民政协行使“政治协商、民主监督和参政议政”职能的重要形式；是参加政协的各界别、人民团体、政协专门委员会和政协委员为坚持和完善中国共产党领导的多党合作和政治协商基本政治制度，加强共产党和人民政府与各界人士沟通联系，实现决策民主化、科学化的重要渠道。

第三条 提案工作坚持以邓小平理论、“三个代表”重要思想和科学发展观为指导，坚持中国特色社会主义的基本路线和基本纲领，贯彻“长期共存、互相监督、肝胆相照、荣辱与共”的方针，充分发扬民主，广开言路，调动一切积极因素，为助推我县经济、政治、文化、社会和生态文明建设，促进团结和谐稳定的政治局面服务。

第二章　提案委员会

第四条　提案委员会是县政协的一个专门工作机构，在县政协常务委员会和主席会议领导下开展工作。提案委员会由主任、副主任和委员若干人组成，由每届县政协第一次全体会议决定，任期五年。提案委员会成员的调整，由常务委员会决定。

第五条　提案委员会的职责：

一、制定本届每次全体会议提案工作方案、草拟提案工作报告和年度工作计划；

二、依照规定的程序，组织征集提案，分析研究，对提案进行审查立案；

三、组织召开提案办理协商会议，与县委办公室、县政府办公室、县政协办公室共同商定承办单位；

四、指导、检查、督促承办单位按照有关规定认真办理提案。对当年不能解决的问题，来年继续督办。对办理不够认真的、答复不符合规定的、提案者不满意的，提案委要督促承办单位重新办理或补充答复；

五、加强同各界别、政协参加单位、委员的联系，加强与各专门委员会的配合，组织开展有关提案活动；

六、向政协全体会议或常务委员会议、主席会议报告工作。

第六条　提案委员会加强与县委办公室、县人大办公室、县政府办公室和各承办单位的联系和协作，加强与各党派、团体和委员的联系，推进提案工作的开展。

第七条　提案者提出的提案，对于全县经济和社会发展有重大贡献的，承办单位和个人办理认真负责并有显著成绩的，由提案委员会组织评比，报请主席会议和常委会议协商审定后，由县政协全委会表彰，特别突出的，报请县委由县委、县人大、县政府、县政协联合表彰。

第八条　提案委员会负责处理有关提案的日常工作。在县政协举行全体会议期间，参加大会提案审查委员会工作。主要任务是：

一、草拟提案工作安排意见；

二、收集提案，并做好登记、分类、初审和交办的准备工作；

三、加强与县级有关部门和各承办单位的联系，为办好提案服好务；

四、做好开展视察、调研、督办等活动组织联系，安排好会议服务等工作；

五、经常了解和分析提案办理动态，草拟提案工作的简报、报告和其他有关材料，及时向领导反馈信息；

六、做好提案工作文件资料的立卷归档工作和其他工作。

第三章　提案的提出

第九条　凡属下列人员和单位均可提出提案：

一、县政协委员，可以个人或联名方式提出提案；

二、参加县政协的各界别、民主党派组织、人民团体、工商联，可以界别或团体名义提出提案；

三、县政协各专门委员会，可以专门委员会名义提出提案；

四、各界别、民主党派组织、人民团体、工商联、专门委员会和委员在县政协全体会议、常委会议上的发言，确有必要，也可以改写成提案。

第十条　提案选题要准确，应经过深入调查研究，充分听取各方面意见，本着政治上的严肃性、事实分析的科学性和解决问题的可行性的要求，围绕全县经济社会发展重要事务及人民群众关心的重要问题等方面提出，内容力求明确具体，符合实际。

第十一条　提案要求做到一事一案。书写时应使用县政协统一印制的提案表，书写必须用蓝（黑）墨水，字迹要清楚，不使用铅笔、圆珠笔。

第十二条　以人民团体、政协各专门委员会名义提出的提案，应经本单位主要领导审定签发，署名时写该组织全称并加盖公章，注明提案联系人（县政协专门委员会可不盖公章，由主任签发；参加县政协的党派、团体负责人个人署名的提案或该组织参加县政协的全体委员联合署名的提案，视为委员个人提案成联名提案）；委员联名的提案，提案发起人签名应列于首位。

第十三条　对反映问题比较重大，内容不够全面、具体的提案，提案委员会应商请和协助提案者进一步做好调查研究工作，充实和完善提案。

第十四条　提案委员会可选择部分内容重要、事关大局的提案，提交主席会议审定后，作为县政协主席会议成员督办的重要提案。县政协各专门委员会可以选择部分提案重点督办。有的重要提案，通过调查，经县政协主席会议和常委会协商审定后可作为建议案提出。对界别、团体、专门委员会的建议案应报送主席或副主席阅示。

第十五条　提案可以在县政协全体会议期间提出，也可以在闭会后提出。全体会议期间，提案委员会可根据工作需要规定提案统计的截止时间。

第四章　提案的审查

第十六条　提案委员会根据本条例第三章第九条、第十条、第十一条、第十二条的规定对提案进行审查，决定是否立案。

第十七条　县政协全体会议期间的提案，由大会提案审查委员会提出初审意见，并向全体会议提出审查报告；闭会后的提案，由县政协提案委员会审定。

第十八条　凡不符合立案标准，或提案反映以下内容的，可不立案：

一、反映个人私事；

二、应诉诸法律解决的问题；

三、涉及国家机密；

四、纯属界别、人民团体组织内部的问题；

五、内容不具体或无法确定承办单位的。

对不立案的提案，可作为意见转送有关单位研究处理。

第十九条　凡经审查立案的提案，要根据内容和有关职能部门的职责分工，按照“分级负责、归口管理”的原则，尽可能准确地确定承办单位。提案内容涉及两个以上单位的，要明确主办单位和协办单位。为准确地确定提案承办单位，在县政协全体会议期间，可邀请有关部门参与大会提案审查委员会工作。

第五章　提案的交办

第二十条　提案委员会对审查立案的提案要及时交办。协助县委办公室、县政府办公室召开好提案交办会，做好全体会议期间的提案集中交办；搞好提案办理工作培训，提高办理水平。闭会期间的提案，由提案委员会全体会议审查立案，并由县委办公室、县政府办公室转交承办单位办理。

第二十一条　对时效性强的重大提案，可作为紧急提案，按“急案先办”原则送有关单位及时办理。

第二十二条　承办单位对交办的提案，要认真清理登记，如确有不属于本单位职能范围的，应在接办后两周内向交办部门说明情况，及时退回，以便重新确定承办单位；指明分别办理的，由各有关承办单位分别答复提案人；对两个以上部门联合办理的提案，主办单位要主动与协办单位联系，协办单位要积极配合，将意见在规定时间内函告主办单位，以便于主办单位及时汇总和统一回复。

第六章　提案的办理

第二十三条　承办单位应根据国家和省、市、县有关规定，认真做好政协提案办理工作。

第二十四条　每次全会后，经县政协主席会议商定主席会议成员重点督办提案和专门委员会重点协商提案若干件，交由承办单位重点办理。

第二十五条　承办单位办理提案，应坚持领导重视、认真负责、实事求是、注重实效的原则，对提案中反映的问题，凡应该解决而又有条件解决的，要集中力量及时落实；对确需解决，但因各种原因一时不能实施的，要列出计划，创造条件，逐步落实；对确实难以解决的，要向提案者如实说明情况；本级难以解决而又应该解决的问题，要向上一级领导机关请示或报告。

第二十六条　提案办理工作应有领导分管，有专人负责，健全制度，严格程序，承办单位应在收到提案后的三个月内办结。对办理难度较大的提案，不超过六个月。对情况复杂，不能如期办复的提案，承办单位应事先向提案者说明情况并函告交办部门。

第二十七条　承办单位对各民主党派、人民团体、工商联和县政协专门委员会的集体提案，要作为办理的重点，予以重视。要主动与有关党派、团体、政协专门委员会联系，进一步了解提案意图，共同协商办理事宜，并及时予以答复。

第二十八条　为保证提案办复质量，使复文事实准确，内容符合有关政策规定，格式规范，要求各主办单位的办复行文，要由分管领导审定签发，并逐件附上《反馈意见表》。复文要按主办单位的文件格式行文，落款要署名单位，加盖单位公章，并注明电话号码、邮政编码、联系人。办复行文草拟稿先经县政府法制办公室审核后，再由主办单位将正式复文直接寄给提案者，并同时抄送县委办公室、县政府办公室和县政协提案委各一份。委员收到复文后，要认真填写《反馈意见表》一式三份，送交承办单位、县委办公室、县政府法制办公室和县政协提案委各一份。

第二十九条　为提高提案办理质量和加快提案办理进度，提案委员会要主动加强同提案者和承办单位的联系，促进承办单位采取多种方式办理提案，可以组织委员与承办单位一道座谈、协商办案；或组织提案者和相关部门进行专题调查，开门办案；还可以组织委员视察、考察，追踪提案办理效果，增强办理工作的透明度。提案委员会要经常分析办案情况，对承办单位好的办理经验和实效，可通过新闻媒体和政协信息进行宣传；完成每届政协提案汇总编印成册工作，以供提案者和承办单位相互交流。

第三十条　对政协建议案的办理，提案委员会应牵头负责，承办单位应由分管领导负责，确定专人办理。对建议案的办理结果要向政协全体会议或常务委员会议报告。

第三十一条　每年提案办理工作结束后，提案委员会应形成《提案工作情况报告》向下次全体会报告。提案委员会要将提案原件、承办单位的办复件、提案者的反馈意见、提案委员会的有关报告等资料，按规定立卷归档。

第七章　附　则

第三十二条　本条例经县政协常务委员会审议通过后施行。

第三十三条　本条例由县政协提案委员会负责实施并解释。

（三）全体会议决议选录

中国人民政治协商会议
第一届罗江县委员会第一次会议决议

（1997 年 2 月 20 日县政协第一届一次会议通过）

中国人民政治协商会议第一届罗江县委员会第一次全体会议于 1997 年 2 月 18 日至 2 月 20 日在罗江县举行。这次会议是在我国改革开放和现代化建设取得举世瞩目的辉煌成绩的大好形势下召开的。会议以邓小平建设有中国特色社会主义理论和党的基本路线为指针，认真履行人民政协的基本职能；全体委员和与会人员以饱满的政治热情和高度的政治责任感、使命感，积极参政议政，共商我县发展大计。会议在热烈、隆重、团结、求实的气氛中，圆满地完成了各项议程，达到预期的目的。

会议听取了刘成国同志代表政协罗江县筹备组所作的《筹备工作报告》，对本届政协界别的设置和委员的安排表示同意，对筹备组卓有成效的准备工作予以充分肯定。

会议经过充分酝酿、协商，选举产生了政协第一届罗江县委员会主席、副主席、秘书长和常务委员。听取了何天云同志代表新当选的政协第一届罗江县常委会的讲话。委员们对讲话中提出的今年工作的安排意见，表示赞同。希望常委会带领全体委员广泛联系各界人士，在中共罗江县委的领导下，紧紧围绕我县经济建设这个中心，认真履行“政治协商、民主监督、参政议政”的职能，努力开创我县政协工作的新局面。

会议认真听取和讨论了中共罗江县委书记彭坚同志的讲话。这个讲话在回顾人民政协的光辉历程和历史功绩的基础上，阐述了新时期人民政协的性质、地位和主要职能，指明了新时期人民政协的根本任务和主要工作，正确分析了区划调整后我县面临的形势和任务，强调了县政协的神圣使命，提出了我县深入贯彻党的十四届六中全会精神，加大改革和发展力度，实现“小康社会”的宏伟规划，并对我县统一战线和人民政协工作提出了要求。大家一致认为，这个讲话对于我们进一步了解县情，振奋精神，选准角度，发挥优势，履行职能，开创人民政协工作新局面具有指导意义。

会议认真讨论了《政府工作报告（草案)》。大家一致认为，报告中提出的罗江县经济社会发展规划及当前任务是切实可行的。特别是关于全面实现小康和新罗江“第一号工程”的决策和部署，合县情、顺民心，反映了全县人民群众的共同愿望。全面完成报告提出的各项任务，必将为罗江县经济发展开好局、迈大步、上台阶打下坚实的基础，把社会主义精神文明和民主法制建设提高到一个新水平，尽快实现罗江旧貌换新颜。委员们希望第一届罗江县人民政府总揽全局、真抓实干，确保今年各项工作任务的顺利完成。

会议认为，一九九七年，是迎接十五大胜利召开、欢庆香港回归祖国具有重要历史意义的一年，是我县实施“九五”计划和2010年远景目标规划最重要的一年，也是我县全面实现“小康”目标最关键的一年。总之，一九九七年，在新建罗江县的历史上是举足轻重的一年。县政协要充分发挥人才荟萃的优势，全力以赴为“小康工程”献计出力，为建设新罗江加油鼓劲，为实现县委、县政府提出的宏伟目标做出新贡献。

会议强调，新的形势和任务给人民政协提出了更新更高的要求。县政协要以邓小平同志建设有中国特色社会主义理论和党的基本路线为指针，把握“抓住机遇，深化改革，扩大开放，促进发展，保持稳定”的大局，紧紧围绕“两个转变，”坚持“两手抓，两手都要硬”的方针，进一步加大调查研究力度，提高协商监督质量和参政议政水平。每个政协委员要不断提高自身素质，充分发挥自身优势，努力搞好本职工作，积极参政议政。为更多更好地团结党内外、海内外各界人士，投入到我县两个文明建设中来，为党政领导机关决策的民主化、科学化服务。在建设有中国特色社会主义现代化的伟大历史进程中，贡献自己的聪明才智。

会议号召：全体政协委员和各界人士，要在中共罗江县委的领导下，齐心协力，励精图治、真抓实干、锐意进取，为加快我县改革开放和现代化建设步伐，促进罗江县经济快速、健康发展和各项社会事业的进步，全面完成县委、县政府提出的一九九七年的宏伟目标而努力奋斗！

中国人民政治协商会议
第二届罗江县委员会第一次会议决议

（2003 年 1 月 8 日县政协第二届一次会议通过）

中国人民政治协商会议第二届罗江县委员会第一次全体会议于 2003 年 1 月 6 日至 1 月 8 日在罗江召开。这次会议是在全县人民深入贯彻落实党的十六大和我县二次党代会精神，以饱满的政治热情和振奋的精神风貌，全面建设罗江小康社会的新形势下召开的。

会议听取了县政协副主席肖宗军所作的《县政协一届常委会工作报告》，听取了县政协副主席李兴明代表县政协一届常委会所作的《提案工作情况报告》。会议认为，恢复县制六年来，一届县政协在中共罗江县委的领导下，在县人大、县政府的支持下，高举邓小平理论伟大旗帜，认真实践“三个代表”重要思想，以“振奋精神、艰苦创业、开拓前进、富民强县”的兴县精神为动力，以奋发有为、建功立业为己任，瞄准建设新罗江的大目标，遵照县委关于经济社会发展的总体规划，围绕县委、县政府各个阶段的工作中心，切实履行人民政协“政治协商、民主监督、参政议政”职能，创业显身手，开拓谱新篇；以炽热的赤诚，为人民政协事业的兴旺发达，为推进我县的改革开放、经济发展、政治稳定和社会进步做了大量工作，发挥了重要作用，做出了积极贡献。

全体委员列席了县二届人大一次会议，听取了县政府代理县长卢也所作的《政府工作报告》，以及有关国民经济和社会发展、财政预算及执行情况的报告，并进行了认真讨论。会议认为，六年来，县人民政府带领全县人民高举邓小平理论伟大旗帜，按照“三个代表”重要思想的要求，坚持以经济建设为中心，坚持两个文明建设一起抓，解放思想、振奋精神、艰苦创业、开拓进取，经济建设、民主法制建设等各项工作取得了显著成绩，为我县跨越式发展打下了坚实的基础。会议认为，《政府工作报告》对一届县人民政府六年工作的总结是实事求是的，提出的下届政府的工作思路和任务是可行的。委员们对当前人民群众普遍关心的问题和突出的矛盾十分关注，提出了建设性的意见和建议。

会议听取了县委书记左正同志的重要讲话。会议一致认为，左正同志的讲话，客观地分析了当前我县形势，提出了今后工作的指导思想和发展战略。对县政协六年来认真履行人民政协职能，为促进全县两个文明建设做出的贡献，给予了充分的肯定，并对新一届县政协寄予了殷切的希望。会议认为，这个讲话对我们进一步把握县情，选准角度，发挥优势，履行职能，促进人民政协事业跃上新台阶具有重要的指导意义。会议指出，2003 年全体政协委员要深入学习邓小平理论，努力实践“三个代表”重要思想，认真贯彻落实党的十六大和县二次党代会精神，紧紧围绕县委、县政府的中心工作，积极参政议政，广泛建言献策，团结各界群众，调动一切积极因素，以良好的精神状态，积极主动地做好政协工作，为改革开放和现代化建设做出贡献。

会议强调，“政治协商、民主监督、参政议政”是人民政协的主要职能和重要工作任务。

全体政协委员要围绕全县工作大局，以“三个代表”重要思想为一切工作的落脚点和出发点，就改革开放和两个文明建设中的重点、难点、热点问题，开展专题调查、专题视察、专题协商，开好例会，提高参政议政质量，对于党和政府的重大决策要积极主动协商在前，充分体现政治协商职能。

会议要求，政协组织和政协机关要加强同政协委员的联系，做好为委员知情出力的服务工作。县政协委员要在本职工作中起好表率作用，同时认真履行政协职能。及时反映群众意见和要求，积极参加政协的各项活动，不断增强参政议政能力，提高建言立论的水平。

会议号召，县政协各专门委员会和全体委员要在中共罗江县委的领导下，高举邓小平理论伟大旗帜，认真实践“三个代表”重要思想，全面贯彻落实党的十六大和县二次党代会精神，备加顾全大局，备加珍视团结，备加维护稳定。要突出民主和团结主题，承前启后，继往开来，解放思想，求真务实，开拓创新，与时俱进。要为实现罗江发展新跨越，为把罗江建成四川丘陵地区经济强县，为建设富裕文明秀丽新罗江，把政协工作推向前进，不断做出新的贡献。

中国人民政治协商会议
第三届罗江县委员会第一次会议决议

（2006 年 12 月 7 日县政协第三届一次会议通过）

中国人民政治协商会议第三届罗江县委员会第一次全体会议于 2006 年 12 月 5 日至 12 月 7 日在罗江举行。在中共罗江县委的领导下，通过全体委员和与会同志的共同努力，会议圆满完成了预定的各项议程。这次会议是深入学习贯彻中共十六届六中全会精神，动员和组织全体政协委员为“建设活力幸福新罗江”建言献策的大会，是一次承前启后、继往开来的大会，也是一次民主、团结、求实、鼓劲的大会。

会议听取并协商讨论了县人民政府代理县长徐光勇同志所作的《政府工作报告》和其他报告。会议认为，过去四年，县政府坚持以邓小平理论和“三个代表”重要思想为指导，全面贯彻落实科学发展观，紧紧依靠全县人民，锐意创新，扎实工作，“十五”规划主要指标和任期工作主要目标圆满完成，“十一五”工作开局良好，工作卓有成效。《政府工作报告》提出的三届县政府工作总体思路清晰，主要目标任务明确，2007 年工作安排切实可行。委员们对《政府工作报告》和其他报告表示赞同和满意。政协委员对当前人民群众普遍关心的问题和突出的矛盾十分关注，提出了建设性的意见和建议。

会议审议并通过了肖宗军同志代表二届县政协常委会所作的《工作报告》、张平富同志代表二届县政协常委会所作的《提案工作情况报告》。会议高度评价了二届县政协的工作，认为二届县政协任期的四年，各项工作都取得了新成绩、开创了新局面，为今后政协工作和人民政协事业发展奠定了坚实基础。对此向付出辛勤劳动的二届政协委员和政协工作者表示深深的敬意。会议选举产生了政协第三届罗江县委员会主席、副主席、秘书长和常务委员会委员。

会议听取了县委书记卢也同志的重要讲话。卢也同志的讲话，全面客观地分析了罗江发展的优劣势，科学系统地提出了罗江今后的奋斗目标和发展思路，准确生动地阐述了“建设活力幸福新罗江”的努力方向和工作重点。对二届县政协四年来认真履行职能，为促进全县经济、社会协调发展做出的贡献，给予了充分的肯定。对新一届政协委员和县政协工作寄予厚望，提出了更高的要求。会议认为，这个讲话对我们统一思想，振奋精神，把握全局，选准角度，发挥优势，履行职能，促进人民政协事业再上新台阶具有重要的指导意义。

会议指出，2007 年是三届县政协工作的开局之年，全体政协委员和政协工作者要深入学习贯彻邓小平理论和“三个代表”重要思想，认真贯彻落实中共十六届六中全会精神和县三次党代会精神，围绕“建设活力幸福新罗江”工作大局，认真履行政协职能，切实提高工作能力，努力推进自身建设，做到政治协商有方、民主监督有力、参政议政有为，使政协工作与时俱进，不断增强生机与活力。

会议要求，政协组织和政协机关要进一步坚持和完善中国共产党领导的多党合作和政治协商制度，积极推进社会主义民主政治建设。要高举爱国主义、社会主义两面旗帜，牢牢把握团结和民主两大主题，充分调动各民主党派、工商联、人民团体、无党派人士和各族各界人士参政议政的积极性和创造性，凝聚各方面的智慧和力量，多做协调关系、理顺情绪、化解矛盾、维护稳定的工作，为构建社会主义和谐社会，全面建设小康社会提供最广泛的支持。全县政协委员要在各自的工作岗位上起好模范表率作用，认真坚持“长期共存、互相监督、肝胆相照、荣辱与共”的方针，进一步密切与各自所代表的界别、团体、群众的联系，踊跃参加政协的会议和活动，深入进行调查研究，积极反映社情民意，认真负责地建言献策，尽职尽责地做好工作，不负重托，不辱使命。

会议强调，人民政协事业是建设有中国特色社会主义事业的重要组成部分，是全党的工作，也是全局性工作。新一届县政协常委会要坚定不移地把促进发展作为政协履行职能的第一要务，围绕全县经济、政治、文化和社会事业发展中的重大问题和人民群众普遍关注的热点问题，切实履行政协职能，充分发挥委员的主体作用、专委会的基础作用，通过提案、视察、调查、协商等工作和活动，参政议政，献计出力，为推进我县经济、社会发展战略转型决策贡献力量。

会议号召，全县政协委员、各民主党派成员、各人民团体和各族各界人士，要在中共罗江县委的领导下，坚持以邓小平理论和“三个代表”重要思想为指导，深入学习贯彻党的十六大和十六届六中全会精神，全面落实科学发展观，把促进发展作为履职第一要务，按照县三次党代会确定的奋斗目标，团结一致、同心同德、开拓进取，不断开创我县人民政协工作的新局面，为构建和谐罗江、建设活力幸福新罗江而努力奋斗！

中国人民政治协商会议
第四届罗江县委员会第一次会议决议

（2011 年 12 月 15 日县政协第四届一次会议通过）

中国人民政治协商会议第四届罗江县委员会第一次全体会议于 2011 年 12 月 13 日至 12 月 15 日在罗江举行。在中共罗江县委的领导下，通过全体委员和与会同志的共同努力，会议圆满完成了预定的各项议程。这次会议，是深入学习贯彻中共十七届六中全会和县第四次党代会精神，动员和引领全县各党各派、各族各界和全体政协委员为建设四川丘区经济文化强县建言献策的大会，是一次承前启后、继往开来的大会，更是一次团结民主、求实鼓劲的大会。

会议听取并协商讨论了县人民政府代理县长曾长江同志所作的《政府工作报告》，书面听取了县人民法院、县人民检察院工作报告和计划、财政等报告。会议认为，过去五年，县人民政府坚持以邓小平理论和“三个代表”重要思想为指导，全面贯彻落实科学发展观，团结带领全县人民，战胜地震灾难，应对金融危机，励精图治，锐意进取，共克时艰。全县综合实力显著增强、产生结构优化升级、城乡面貌明显改善、关注民生实惠增多，开创了经济加快发展、社会繁荣进步的良好局面。《政府工作报告》提出的四届县政府工作总体思路清晰，主要目标任务明确，2012 年工作安排切实可行。委员们对《政府工作报告》和其他报告表示赞同和满意。同时，对政府工作提出了很多有价值的意见和建议。

会议审议并通过了古明水同志代表三届县政协常委会所作的《工作报告》、张平富同志代表三届县政协常委会所作的《提案工作情况的报告》。会议高度评价了三届县政协的工作，认为三届县政协任期的五年，工作呈现出县委重视、政府支持、政协主动、各方配合的良好发展态势，参政议政有所作为，人民政协事业充满生机活力，为政协工作和人民政协事业继续向前发展奠定了坚实基础。

会议选举产生了政协第四届罗江县委员会主席、副主席、秘书长和常务委员会委员。

会议听取了县委书记罗宗志同志的重要讲话。罗宗志同志的讲话全面客观地分析了罗江发展的机遇与挑战，科学系统地提出了未来五年罗江发展的总体思路和目标任务，确切深入地阐述了把罗江建设成四川丘区经济文化强县的努力方向和工作重点。讲话对三届县政协五年来为促进全县经济社会科学发展做出的贡献，给予了充分的肯定；对新一届政协领导班子、政协委员，以及政协工作者寄予厚望，提出了新的要求。会议认为，这个讲话对我们统一思想，同心协力，发挥优势，振奋精神，把握全局，选准角度，履行职能、推进人民政协事业再上新台阶，具有重要的指导意义。

会议指出，2012 年是四届县政协工作的开局之年，全体政协委员和政协工作者要深入学习邓小平理论、“三个代表”重要思想和科学发展观，认真贯彻落实中共十七届六中全会和县第四次党代会精神，围绕把罗江建设成四川丘区经济文化强县，全面履行职能，做到政治协商有方、民主监督有力、参政议政有为，不断提高建言献策的能力和水平。

会议要求，要进一步坚持和完善中国共产党领导的多党合作和政治协商制度，积极推进社会主义民主政治建设，坚持“长期共存、互相监督、肝胆相照、荣辱与共”的方针，充分调动各民主党派、工商联、人民团体、无党派及各界人士参政议政的积极性和创造性，凝聚各方面的智慧和力量，多做协调关系、理顺情绪、化解矛盾、维护稳定的工作，为构建社会主义和谐社会提供最广泛的支持。全县政协委员要发挥好在各自岗位上的带头作用、在界别群众中的表率作用、在政协工作中的主体作用，进一步密切与各界别、团体、群众的联系，踊跃参加政协的各项活动，深入进行调查研究，积极反映社情民意，认真负责地建言献策，尽职尽责地做好工作，不负重托，不辱使命，做一名无愧于时代和人民的政协委员。

会议强调，人民政协事业是中国特色社会主义事业的重要组成部分，是全党的工作，也是全局性工作。新一届县政协常委会要坚定不移地把促进科学发展作为履行职能的第一要务，围绕县委“一个”统揽、“两化”互动、“三区”示范中的重大问题和人民群众普遍关注的热点难点问题，充分发挥委员的主体作用、专委会的基础作用，通过会议、提案、视察、调研、评议等工作和活动，建诤言，献良策，为助推产业罗江、文化罗江、生态罗江建设贡献力量。

会议号召，让我们高举爱国主义和社会主义伟大旗帜，牢牢把握团结和民主两大主题，在中共罗江县委的领导下，引领全县政协委员、各民主党派成员、各人民团体和各族各界人士，继往开来，同舟共济，与时俱进，开拓进取，为实现县第四次党代会确定的宏伟目标做贡献，在助推建设四川丘区经济文化强县进程中努力谱写人民政协事业新篇章。

中国人民政治协商会议
第五届罗江县委员会第一次会议决议

（2016 年 12 月 15 日县政协第五届一次会议通过）

中国人民政治协商会议第五届罗江县委员会第一次全体会议于 2016 年 12 月 12 日至 12 月 15 日在罗江举行。在中共罗江县委的领导下，通过全体委员和与会同志的共同努力，会议圆满完成了各项议程。这次会议是深入学习贯彻中共十八大和十八届三中、四中、五中、六中全会，以及县第五次党代会精神，动员和引领全县各党各派、各族各界和全体政协委员为建设美丽幸福新罗江建言献策的大会，也是一次承前启后、增强共识、继往开来、团结鼓劲的大会。

会议听取并协商讨论了县人民政府代理县长李栋同志所作的《政府工作报告》，书面听取了县人民法院、县人民检察院和计划、财政等报告。会议认为，过去五年，县人民政府全面落实中共罗江县委的决策部署，践行“创新、协调、绿色、开放、共享”发展理念，团结带领全县人民抢抓机遇、锐意进取，专注发展、攻坚克难，“十二五”规划主要指标和任期工作目标圆满完成，《“十三五”规划》实施开局良好，工作历程辉煌。五届县政府提出的抢抓打造成德绵创新改革示范和撤县设区重大历史机遇，以构建德阳北部新区和绵阳科技城产业协作区为目标，打造“活力之城”“繁荣之城”“合作之城”“美丽之城”“幸福之城”，建设美丽幸福新罗江工作总体思路清晰，主要任务明确，2017 年工作重点突出，措施具体。委员们对《政府工作报告》和其他报告表示赞同和满意。

会议审议并通过了古明水同志代表四届县政协常委会所作的《工作报告》、高晓梅同志代表四届县政协常委会所作的《提案工作情况的报告》。会议高度评价了四届县政协的工作，认为四届县政协任期的五年，工作呈现县委重视、政府支持、政协主动、各方配合的向好发展态势，议政协商卓有成效，人民政协事业充满生机活力，为人民政协协商民主建设发展奠定了基础。

会议选举产生了政协第五届罗江县委员会主席、副主席、秘书长和常务委员会委员。

会议听取了县委书记曾长江同志的重要讲话。曾长江同志的讲话对四届县政协五年来，为助推全县经济社会科学发展、加快发展做出的贡献，给予了充分的肯定；对新一届政协领导班子、政协委员以及政协工作者寄予厚望；对加强新形势下人民政协协商民主建设提出了新的要求。会议认为，这个讲话对我们统一思想，增强共识，同心协力，振奋精神，把握全局，准确定位，切实履职，推进人民政协事业再上新台阶，具有重要的指导意义。会议指出，2017 年是五届县政协工作的开局之年，全体政协委员和政协工作者要深入学习贯彻习近平总书记系列重要讲话精神，认真贯彻落实中共十八大和十八届三中、四中、五中、六中全会，以及县第五次党代会精神，围绕建设美丽幸福新罗江，全面履行职能，做到政治协商有方、民主监督有力、参政议政有为，不断提升政协协商能力和质效。

会议要求，要进一步推进人民政协协商民主建设，充分调动各民主党派、工商联、人民团体、无党派及各界人士参政议政的积极性和创造性，凝聚各方面的智慧和力量，多做协调关系、理顺情绪、化解矛盾工作，为维护社会和谐稳定提供最广泛的支持。全县政协委员要发挥好在各自岗位上的带头作用、在界别群众中的表率作用、在政协工作中的主体作用，进一步密切与各界别、团体、群众的联系，踊跃参加政协的各项活动，深入开展调查研究，敢讲真话，敢说实话，积极反映社情民意信息，认真负责地建言献策，不负重托，不辱使命，做一名担当尽责的政协委员。

会议强调，人民政协事业是中国特色社会主义事业的重要组成部分，是全党的工作，也是全局性工作。新一届县政协常委会要坚定不移地把促进发展作为履行职能的第一要务，围绕同城德绵，协作发展，打造德阳北部新区和绵阳科技城产业协作区中的重大问题和人民群众普遍关注的热点难点问题，充分发挥委员的主体作用、专委会的基础作用，通过会议、提案、视察、调研、评议等工作和活动，建诤言，献良策，为助推“活力之城”“繁荣之城”“合作之城”“美丽之城”“幸福之城”建设贡献力量。

会议号召，让我们高举爱国主义和社会主义伟大旗帜，牢牢把握团结和民主两大主题，在中共罗江县委的坚强领导下，引领全县政协委员、各民主党派成员、各人民团体和各族各界人士，不忘初心，同舟共济，为实现县第五次党代会确定的宏伟目标而奋斗，在决战决胜全面小康、助推建设美丽幸福新罗江进程中努力谱写人民政协事业新篇章。

二　领导讲话选录

在首届罗江县政协委员活动日的讲话

——政协第一届罗江县委员会主席　何天云

（2002 年 12 月 13 日）

各位委员、各位同志：

中国人民政治协商会议第一届罗江县委员会是罗江县首届政协。任期六年来，在中共罗江县委的领导和县人大、县政府的支持下，以邓小平理论和“三个代表”重要思想为指导，与时俱进、大胆创新、开拓前进，不断推进政协工作制度化、规范化、程序化，努力开创新局面，奋力跃上新台阶，使政协工作扎实、活跃、有序地向前推进，为建设富裕文明秀丽新罗江做出了积极贡献，履行职能成效显著。

一、围绕中心履行职能　取得可喜成效

届内六年，县政协突出履行职能的实效性，丰富工作内容，创新工作机制，注重工作方式，改进工作作风，赢得了党政各方面和社会各界的充分肯定和信任。我们紧紧围绕县委、县政府工作中心和建设新罗江的宏伟事业，通过召开全委会、常委会、主席会、专题工作会和开展委（组）活动等形式，对我县重大决策进行整体协商。就全县经济、社会各个方面参政议政，建言立论，献计献策。以达到凝聚民心、反映民意、集中民智的目的，为县委、县政府决策的民主化、科学化提供参考和依据。

六年中，全体政协委员把维护大局稳定、关注社会进步、促进经济发展寓于履行职能的实践中，充分发挥政协广泛团结、凝聚人心、协调关系、化解矛盾等作用，多方面、多层次、多渠道、多形式地为建设新罗江做贡献。无论是“凯江工程”“小康工程”“教育基金”启动，还是“安身工程”、农业产业结构调整、招商引资、发展文化旅游、帮困扶贫助残，以及清理“合金会”等，都积极主动，任劳任怨，无私奉献。县政协各专门委员会和委员小组发挥各自的专长和优势，积极开展科技指导、咨询服务、考察视察、送法下乡、义诊义检等活动，与县委、县政府和全县 24 万人民同心同德，休戚与共。

二、发挥提案和反映社情民意的作用　积极反映各界的利益诉求

人民需要政协，政协服务人民，这是政协产生和发展的基础，也是政协能否有所作为的前提。县政协按照“提高质量，讲求实效”要求，充分发挥提案在履行职能中的作用。一方面，加大提案的征集力度，一届一次会议以来，共收到提案 370 件，提议和附议委员 1299 人

次。另一方面，县政府和相关部门高度重视提案的办理工作，通过现场视察、重点督办、联合督办、协商座谈、专题座谈、集中督办、督办前的调研和跟踪督办等形式，促进提案办理质量不断提高。一批关系民生提案的办理，给群众办了实事，受到社会各界的充分肯定。我县的提案工作，多次受到省、市政协的表彰。

与此同时，县政协十分重视反映社情民意工作，先后制定了有关工作意见和先进委（组）、个人表彰的考核办法，坚持开展“五个一”活动。以《工作简报》《情况反映》《社情民意》等形式，收集、编印有价值的社情民意，畅通反映社情民意的渠道，适时向党委、政府反映人民群众的建议和意见，用实际行动维护我县的社会政治稳定。

三、大兴调查研究之风　切实提高履行职能的质量

为切实提高履行职能的质量，县政协大力倡导未经调查研究不进言、不监督、不立论的作风，力求做到参政参到点子上，议政议出水平来，帮忙帮到关键处，以此来促进政治协商更加切实、民主监督更加有效、参政议政更加富有成果。六年来，县政协委员和各委（组）开展深入的调查研究，结出了丰硕的成果，其中关于推进农业产业化进程、农业产业结构调整和农民增收、促进个体私营经济发展、文物保护和旅游开发、招商引资和工业发展、土地流转、生态环境保护、医卫行风建设，以及财政税收、商贸发展、行政执法、依法治理等调研报告和评议意见，大多在领导层次决策中被采纳，引起了相关部门的高度重视。有的还被省政协常委会议采用，在市政协交流、刊用。

四、精心编辑文史资料　以“存史　资政　团结　育人”

政协的文史资料工作，是具有统一战线特色的社会主义文化事业，发挥着“存史、资政、团结、育人”的独特作用。首届县政协始终把编辑出版文史资料放在重要位置来抓。为此，专门成立了工作班子，联络了一批写作骨干，适时进行业务培训，及时交流工作经验，本着“亲历、亲见、亲闻”的原则，严格选题，认真撰写，精心编辑。届内六年，在县政府的大力支持下，共编印了12辑80余万字的《罗江文史资料》，为罗江县留下了一笔宝贵的精神财富，受到县内外热心人士的称道。

五、坚持党对政协工作的领导　大力推进政协履行职能制度化　规范化　程序化建设

党对政协工作的领导是人民政协的性质决定的，也是加强政协履行职能制度化、规范化、程序化建设，充分发挥职能作用，做好新时期人民政协工作的根本保证。首届县政协成立以来，根据中共中央《关于加强人民政协工作的意见》和《政协章程》规定，我们积极探索和推进“三化”建设，着力构建党委重视、政府支持、政协主动、部门配合、依章运作的工作机制。

作为新建政协，县政协重视借鉴兄弟县（市、区）政协的成功经验，并在实践中探索，在实践中总结，积极稳步地推进“三化”建设。我们在组织政协机关和全体政协委员认真学习统一战线和人民政协理论的基础上，先后制定了履行职能的《关于政治协商、民主监督、参政议政的实施意见》和各种工作规则、意见和办法等共20多套，保证了县政协工作有序运行。

第一届罗江县委和历任书记、副书记、常委十分重视政协工作，切实加强领导，从各方面亲切关怀，为我们履行职能、开拓前进、创造业绩提供了根本保证。

县人大、县政府和县级各部门、各乡镇把人民政协事业视为分内之事，积极支持配合，各方统筹安排，提供便利条件、真是爱护有加，使全体政协委员有极大的自豪感、荣誉感，从而增强了事业心、责任心。

六年来，首届罗江县政协取得了一定成绩，是与中共罗江县委的正确领导，与县人大、县政府的大力支持，与县级各部门、各乡镇的积极配合和全体政协委员的艰苦努力分不开的。在此，我代表首届罗江县政协常委会，向你们表示衷心的感谢和崇高的敬意！

各位委员，各位同志：

本届政协任期即满。今天，我们欢聚一堂，举行委员活动日，目的在于回顾过去，展望未来，增强信心。回顾过去，作为罗江历史上首届政协，作为罗江历史上首届政协委员，我们开创了罗江政协历史的新篇章。对此，我们感到非常幸运、无上的光荣。我们可以自豪地说，我们没有辜负县委的重托，没有辜负全县人民的期望，无愧于政协委员的责任。罗江的历史，会记住我们，会肯定我们，会浓墨重彩的记下这一篇章。

六年来，我深感，要做好政协工作，没有党的领导，人大、政府的支持，以及各方面的配合是不可能的。县委历来对政协工作非常重视，包括彭坚、刘哲、张法祥、刘成鸣、左正都是如此。曾广友作为县人大常委会主任，我们是一道来罗江的，包括当年罗江县筹备组的邓华明、洪善斌，我们情同手足，配合默契。县政府的刘成鸣、左正、卢也和联系政协的吴忠金、戴厚麟及县委、县人大、县政府各位领导和县级各部门、各乡镇的负责人，都对政协工作备加重视。这些我都铭记在心，永志不忘。特别是县政协的各位副主席、秘书长、各位常委、各位委员和政协机关的全体同仁，都在尽力履行自己的职责，都和我肝胆相照，事业与共。对此，我无比感动，深表谢忱。

六年的实践，使我对政协工作产生了深厚的感情，心情十分舒坦。我觉得政协真好，政协事业真好，我非常高兴，终生难生。来罗江六年，走过了我工作经历六分之一的历程，我无怨无悔，无愧无憾，而且十分欣慰，备加珍惜。下届县政协，我不能再当主席了，但作为朋友，作为同志，我们的友谊地久天长，我们的感情与日俱增。此时此刻，我祝愿我们罗江的事业在中共罗江县委的领导下，与时俱进，开拓创新，再铸辉煌；祝全县人民欢乐祥和，幸福安康；祝愿新一届县政协工作朝气蓬勃，蒸蒸日上；祝愿各位委员、各位同志事业有成，身体健康！

谢谢大家！

在县政协第三届一次全体会议上的讲话

——政协第三届罗江县委员会主席　邓华明

（2006 年 12 月 7 日）

各位委员、各位同志：

中国人民政治协商会议第三届罗江县委员会第一次会议圆满完成了预定的各项议程，今天就要闭幕了。这次大会听取并协商讨论了徐光勇代理县长所作的《政府工作报告》以及其他报告，审议通过了《政协第二届罗江县委员会常务委员会工作报告》和《提案工作情况报告》，选举产生了政协第三届罗江县委员会常务委员会组成人员。会议期间，委员们以高度的政治责任感和饱满的参政议政热情，围绕县第三次党代会作出的“建设活力幸福新罗江”的重大决策部署，围绕我县经济、政治、文化、社会建设的大局，围绕不断推进人民政协事业新发展，提出了许多宝贵的意见和建议。这是一次团结民主、集思广益、统一思想的大会，是一次振奋精神、明确目标、凝聚力量、和衷共济、共同奋斗的大会。

这次换届，有两位副主席和部分政协委员因年龄和工作变动的因素离开了政协组织。他们为第二届县政协事业作出了重要的贡献。在此，我代表第三届县政协向他们表示崇高的敬意和衷心地感谢！

感谢委员们的信任，选举我们组成政协第三届罗江县委员会常务委员会。我们将恪尽职守、认真履职，不负众望、不辱使命，同心同德、努力工作，为推进人民政协事业新发展建功立业。

刚才，中共罗江县委书记卢也同志作了重要讲话。他以科学发展观和解放思想、实事求是、与时俱进的精神，紧密结合罗江实际，就贯彻县第三次党代会提出的目标任务、工作要求作了深刻而又生动的阐述，对过去政协的工作给予了充分肯定，对今后政协的工作提出了殷切的期望。讲话具有很强的针对性、指导性和感染力，我们一定要用心领悟、统一思想、抓好落实。

第三届县政协任期的五年，是“建设活力幸福新罗江”的关键五年。《中共中央关于加强人民政协工作的意见》的颁布和实施，全面建设小康社会和实现罗江发展的新目标，为县政协工作提供了广阔的舞台，我们一定要把握机遇、励精图治、乘势而上，切实履行“政治协商、民主监督、参政议政”职能，努力推进政协工作再上新台阶。为此，特提出如下几点希望和建议。

一、珍惜荣誉　认真履职

政协委员来自不同的界别和各条战线，是严格按照规定的组织程序，从各族各界各行各业中产生出来的优秀代表人士。罗江是一个人杰地灵的地方，符合政协委员条件的人才不少，但担任政协委员的只是众多人才中的少数。作为政协委员应当对来之不易的殊荣感到骄傲和自豪，备加珍惜，备加爱护，备加努力。孟子说过："有官守者，不得其职则去；有言责者，不得其言则去"。我理解其意思就是说，无论担当什么职责、扮演什么角色都要在其位谋其责，否则就该离开其位。政协委员都肩负着代表社会各界群众参政议政的重要职责，应当清醒地认识到自己所处的政治地位和担负的历史责任，增强光荣感、责任感和使命感，切实履行好"政治协商、民主监督、参政议政"职能，充分发挥在政协组织中的主体作用。要正确处理好荣誉与责任、权利与义务、个人与社会的关系，既要发展自己的事业，实现自己的追求，又要不负众望，认真履行职责，积极参与政协的工作和活动，切忌成为挂名委员。要无愧于政协委员的光荣称号，以自己的实际行动为政协组织增光添彩。

二、努力学习　提高能力

人的知识、本领、经验、能力都不是与生俱来的，而是在后天的学习和社会实践中逐步形成的。同理，政协委员也不是与生俱来的，不是当上了委员就什么都懂、什么都会，就自然有了履行职能的水平和能力。人民政协工作是党和国家的全局性工作，是中国特色社会主义事业的重要组成部分，其履行职能的工作政治性、政策性强，涉及面极广。面对新世纪政协工作的任务和要求，无论是继任委员，还是新任委员，都要重视学习和善于学习，把加强学习、提高素质作为增强履职能力的重要课题。要发扬人民政协自我学习的优良传统，大力倡导终身学习的风气。要认真学习履行政协职能所需要的科学理论，学习党的政协工作方针政策和《政协章程》，学习县第三次党代会精神，学习科学文化知识。要通过学习和履职实践，进一步加深对我国的政党制度、中国特色的社会主义政治体制、民主政治建设的认识，进一步加深对人民政协性质、地位、作用和任务的认识，进一步明确政协委员的权利和责任，努力增强履职意识，不断提高参政议政的能力和水平。

三、以人为本　履职为民

坚持履职为民，始终把最广大人民群众的根本利益放在高于一切，是政协工作的出发点和落脚点，也是贯彻落实科学发展观和执政为民在政协工作中的具体体现。"心中为念农桑苦，耳里如闻冻饥声。"要在履职工作中牢固树立履职为民的理念，关注民生、深入民众、了解民意、反映民情，为维护好、实现好、发展好最广大人民的根本利益发挥应有的作用。没有行动的理念只能是理想主义的口号。作为政协委员要坚持思想与行动的统一，把履职为民的理念转化到履行职能的全过程中去。政协委员要通过参与政协的提案、视察调研、反映社情民意、民主评议、各种会议等形式来实现履职为民的具体化。真正做到常怀爱民之心、常思为民之道、常献富民之策，为 24 万罗江人民的和谐幸福不懈努力。

四、围绕中心　服务大局

围绕中心、服务大局是政协在长期的工作实践中总结出的一条基本经验，更是做好政协工作所必须遵循的重要原则。县政协工作只有坚持服从和服务于全县工作的大局，才能有所作为、有所发展、有所贡献，才会充满生机和活力。离开中心，背离了大局，政协工作很难有所作为，人民政协事业难以健康前进。围绕中心、服务大局就是要认真贯彻中共罗江县委的重大决策部署，把“建设活力幸福新罗江”的总体目标和各项战略任务落实到“政治协商、民主监督、参政议政”的各项工作之中。围绕中心、服务大局就是要全面贯彻科学发展观，把促进罗江发展作为履职的第一要务，找准位置，选好角度，发挥优势，在服务大局中真正做到“尽职而不越位，帮忙而不添乱，切实而不表面”。“建设活力幸福新罗江”是我们的共同意愿，也应该成为我们的共同行动。全体政协委员要牢固树立大局意识、责任意识、服务意识，为促进我县的社会主义经济、政治、文化、社会建设做出新贡献。

五、团结民主　促进和谐

构建和谐社会，“建设活力幸福新罗江”的宏伟目标，为政协委员和政协工作者提供了一个新的广阔舞台。人民政协的性质、任务、组织构成、工作方式与构建和谐社会的任务有着紧密的内在联系，我们应当在建设和谐社会的进程中发挥更大的作用。团结和民主是政协工作的两大主题，是促进社会和谐，实现政通人和、事业兴旺、人民幸福的一大法宝。要始终突出两大主题，高举爱国主义和社会主义两面旗帜，认真贯彻中国共产党领导的多党合作和政治协商制度，以及“长期共存、互相监督、肝胆相照、荣辱与共”的方针，积极协助党委做好新世纪的统一战线工作。要充分发挥政协团结面大、联系面广、位置超脱的独特优势，努力加强同各党派、团体和各族各界人士的联系，团结的人越多越好，团结的面越广越好，最大限度地把一切可以团结的力量都团结起来，把一切积极因素都调动起来，为“建设活力幸福新罗江”营造和谐的社会环境，增添社会力量。

要积极协助县委、县政府多做统一思想、理顺情绪、畅通民意、增进了解的工作，为改革发展稳定大局减少阻力、增加助力、形成合力，倍加珍惜和维护民主团结、生动活泼、安定和谐的政治局面。在促进社会和谐中，领导班子和领导干部负有重要的职责，具有导向、示范的作用。新一届县政协领导班子要和谐团结，合作共事，起好表率。要维护县委的领导核心作用，支持县政府的工作，加强与县人大的联系，协调各方面的关系，把县委书记卢也同志提出的四大班子要在“团结上下功夫，形成干事业一条心、抓工作一盘棋、谋发展一股劲”的要求落实到促进和谐的日常工作和政治生活中。

要在全体政协委员中大力倡导“和谐从我做起，我为和谐做贡献”的风尚。要发扬人民政协讲民主的优良传统，努力构建和谐政协。在政协组织中要形成广开言路、畅所欲言、各抒己见、集思广益、求同存异、体谅包容、宽松和谐、相互尊重、团结共事的履职氛围。要广泛开展联谊交友活动，广交深交朋友，在联谊交友中去感悟和品味人际间的乐趣。要树立和谐文化的理念和价值观，摒弃一切与和谐文化相悖的思想观念和行为方式，努力成为构建和谐社会、和谐细胞的促进者。

六、塑造品质　树好形象

人的品质决定一个人的品位、魅力。品质好、品位高，就会受到社会的尊重，实现人生的社会价值。这次换届，一大批新人进入政协组织，既为政协事业发展增添了新鲜血液，又为我们加强委员队伍建设提出了新的课题。我们当上了政协委员就应思考怎样当好一名合格的委员。李瑞环同志曾经说过，新时期的政协委员，应当是各个领域的代表人士，在业务上有突出的成就，在本界别中有较高的威望，应当与本界别群众保持密切联系，认真听取和表达群众的意愿，自觉维护群众的利益；应当在社会上有良好的印象，遵守国家法律和社会公德，以模范的行为影响他人和社会；应当有较强的参政议政能力，履行《政协章程》规定的各项职责，在协商大政方针和重要问题时能够积极提出意见和建议。

实践证明，要做合格的政协委员需要战胜自我、超越自我，塑造品质、树好形象。要加强政治品质修养，树立拥护中国共产党、拥护社会主义、爱祖国、爱人民的良好形象；要加强思想道德修养，践行“八荣八耻”的社会主义荣辱观，树立遵章守法、诚实守信、伸张正义、奉献社会的形象；加强科学文化修养，提高人文素质，树立有知识、有专长、有文化品位的形象。

总之，我们要练好内功，提升品质，让政协委员这张品牌在社会政治生活中释放更大的效应。

七、与时俱进　开拓创新

江泽民同志指出：“创新，是一个民族的灵魂，是一个国家兴旺发达的不竭动力，也是一个政党永葆生机的源泉。”古语云：“不循古而兴，不易礼而亡。”创新，是当今时代的特点，是各项事业发展的动力，也是政协工作具有活力的源泉。人民政协工作要跟上时代潮流，立于不败之地，就必须与时俱进，不断创新。

《中共中央关于加强人民政协工作的意见》明确提出：“政协委员是人民政协履行职能的主体”，并从提高委员素质、保障委员权利、支持委员活动等方面，对如何发挥委员作用提出了明确、具体的要求。如何提高委员素质已经在前面作了阐述，那么为委员履行职责创造条件也需要有新办法。

要保证和扩大知情权。要适时通过举办报告会、研讨会、座谈会、专题讲座、通报政协机关的重要工作安排和工作情况及印发学习材料等，为委员履职提供信息。通过组织委员参加县委、县政府召开的有关会议，推荐委员担任司法机关和政府部门的特约监督员等，不断扩大知情面。

要建立健全跟踪反馈机制。对委员提出的重要意见建议，县政协机关要加强与党政有关部门的联系沟通，督促有关部门积极负责地研究处理并及时给予答复反馈。

要加强联系。县政协各专委会应加强与本委委员的经常性联系，充分调动和发挥委员的积极性和创造性。坚持和完善县政协领导、县政协常委联系和走访委员的制度，听取意见，增进沟通，为委员创造良好的工作条件。加强与县级各部门的联系，及时交流情况、总结经验，为委员发挥作用做好协调工作。

要热情服务。县政协机关要明确分工，加强协调，密切配合，进一步提高服务水平。各种会议、调研、视察活动安排力求科学合理，突出重点，把握时机，合理适度。

要大力支持。委员所在单位应支持委员参加政协活动，积极为其履职创造条件，提供方便，在时间、经费等方面给予必要的保障，保证其各项待遇不因参加政协活动而受到影响。接受委员视察和调查的单位要认真准备、提供实情。

要适应政协工作需要。围绕充分发挥委员、界别、专委会、政协机关作用，增强政协活力，研究加强自身建设的举措，提高“四位一体”建设的质量，进一步完善履职的“三化”建设的内容和形式。

各位委员、各位同志：

这次会议能顺利召开，圆满完成各项任务，达到预期的目的，是与会人员和工作人员共同努力的结果，是县委高度重视、加强领导的结果，是县人大县政府关心支持、县级各部门密切配合的结果。借此机会，我代表县政协，向县委、县人大、县政府的领导，向有关部门、单位和为大会热诚服务的工作人员、电视新闻工作者、公安干警，表示哀心的感谢！

各位委员，2007 年是我县推进“建设活力幸福新罗江”的第一年，也是本届政协工作的开局之年。万众一心，乘风破浪，“建设活力幸福新罗江”的号角已经吹响。我们要在中共罗江县委的领导和市政协的指导下，围绕中心、服务大局，同心同德、团结奋进，求真务实、开拓进取，努力为“建设活力幸福新罗江”做出新的贡献，谱写人民政协事业的新篇章！

现在我宣布：中国人民政治协商会议第三届罗江县委员会第一次会议闭幕！

在县政协第四届一次全体会议上的讲话

——政协第四届罗江县委员会主席　白光裕

（2011 年 12 月 15 日）

各位委员、同志们：

中国人民政治协商会议第四届罗江县委员会第一次会议，在中共罗江县委的领导下，经过全体委员和与会同志的共同努力，圆满完成了会议的各项议程，就要胜利闭幕了。会议期间，全体委员认真审议通过了《政协第三届罗江县委员会常务委员会工作报告》和《政协第三届罗江县委员会常务委员会关于三启一次会议以来提案工作的情况报告》；听取并协商讨论了县人民政府代理县长曾长江同志作的《政府工作报告》；书面听取并协商讨论了县人民法院、县人民检察院工作报告和计划、财政工作报告。会议选举产生了政协第四届罗江县委员会主席、副主席、秘书长和常务委员，聆听了县委书记罗宗志同志的重要讲话，通过了《县政协四届一次会议决议》。会议期间，委员们以科学发展观为指导，围绕建设四川丘区经济文化强县各抒己见，建言献策，提出了许多意见和建议。这次大会是在贯彻落实县第四次党代会精神的新形势下，召开的一次统一思想、增进共识、共谋发展的大会，是一次团结求实、民主进取、汇聚力量的大会，是一次承前启后、继往开来、催人奋进的大会。

这次会议选举我担任县政协主席，古明水、张平富、陈志光、高晓梅同志为副主席，陈金平同志为秘书长，选举 23 名同志为政协常委。这是市委和县委对我们的信任和重托，是县四大班子领导和同志们对我们的信任和支持，是全体政协委员对我们的信任和殷切期望。值此，我代表当选的同志，对大家对我们的信任和关心支持表示最衷心的感谢！信任，意味着责任；重托，肩负着使命；支持，饱含着期盼！面对新的岗位、新的任务，我们深感使命光荣、责任重大。我们一定把历届县政协的好传统、好作风、好经验继承好、坚持好、发扬好，同全体政协委员一道，在中共罗江县委的领导下，在上级政协的指导和县人大、县政府的关心支持下，紧紧依靠政协班子集体智慧和力量，紧紧依靠全体政协委员和政协机关工作人员，承前启后、继往开来，围绕中心、服务大局，履职尽责、积极作为，奋力推进全县政协工作再上新台阶，奋力推进人民政协事业不断取得新的进步！

刚刚过去的五年，政协第三届罗江县委员会在中共罗江县委的领导下，在上级政协的指导和县人大、县政府的关心支持下，高举爱国主义和社会主义两面旗帜，坚持以邓小平理论和“三个代表”重要思想为指导，深入践行科学发展观，突出团结和民主两大主题，围绕中心、服务大局，始终坚持同广大民众风雨同舟、齐心协力、共克时艰、砥砺奋进，极不平凡。履行“政治协商、民主监督、参政议政”职能取得了显著成效，加强自身制度化、规范化、程序化建设，为人民政协事业健康发展奠定了坚实的基础，为全县抗震救灾、科学重建、经济社会发展和中国幸福家园建设做出了积极贡献。全县政协工作呈现出县委高度重视、县人大和县政府关心支持、县政协积极主动、各方密切配合、社会热情关注的良好态势。值此，我代表政协第四届罗江县委员会向第三届县政协以及曾经为全县政协事业付出辛勤努力的历届政协领导、历届政协委员和政协工作人员，向所有关心支持政协工作的各级领导、各界人士、朋友们、同志们表示诚挚的谢意并致以崇高的敬意！邓华明同志是我县德高望重的老领导，他率领下的第三届县政协卓有成效的工作，为第四届县政协奠定了良好的基础，积累了宝贵的经验。这次邓华明同志虽因年龄原因离开了县政协主席工作岗位，但他留下的好传统、好作风、好经验，是我们做好今后政协工作最为宝贵的精神财富。值此，我提议，让我们以热烈的掌声向邓华明同志表示衷心地感谢并致以崇高的敬意！

各位委员、同志们：

第四届县政协任期的五年，是我县建设四川丘区经济文化强县至关重要的五年。刚刚闭幕不久的县第四次党代会，提出了“一个”统揽、“两化”互动、“三区”示范，打造“产业罗江”“文化罗江”“生态罗江”，把罗江建设成为“四川丘区经济文化强县”的总体思路和宏伟目标，全县经济社会发展已翻开新的一页，为政协履行职能提供了更加广阔的舞台。刚才县委书记罗宗志同志作了十分重要的讲话。他坚持以科学发展观为指导，立足罗江县情，面对当前形势，就贯彻县第四次党代会精神作了深刻的阐述，提出了明确的要求；对第三届县政协工作给予了充分肯定，对第四届县政协工作寄予了殷切希望。讲话具有很强的针对性、指导性和感染力，我们一定要认真学习，深刻领会，切实贯彻落实。为此，我讲几点希望和建议，与各位委员共勉。

一、深化对人民政协的认识　增强履职的责任感和使命感

中国共产党领导的多党合作和政治协商制度，是我国的一项基本政治制度。人民政协是中国人民爱国统一战线组织，是中国共产党领导的多党合作和政治协商的重要机构，是我国政治生活中发扬社会主义民主的重要形式。我们要深化对人民政协性质、地位、作用的认识，切实增强责任感和使命感，有底气、不悬空，有信心、更扎实，全面履行人民政协赋予的各项职能。一是人民政协具有人才荟萃、智力密集、联系广泛的独特优势，要始终把促进科学发展作为履行职能的第一要务，在推动科学发展中自觉肩负起协调关系、汇聚力量、建言献

策、服务大局的重要作用。要充分发挥人民政协的政治优势和职能作用，最大限度地调动一切积极因素，汇聚起建设四川丘区经济文化强县的巨大力量。二是人民政协是大团结大联合组织，在增进共识、化解矛盾、加强团结方面有着不可替代的作用。要充分发挥这一独特优势和作用，努力凝聚各方面智慧和力量，为全县经济社会科学发展建言献策；切实兼顾各族各界各方面利益，巩固好、发展好最广泛的爱国统一战线，增强促进社会和谐和幸福家园建设的社会基础。三是人民政协工作是党和国家全局工作的重要组成部分，要充分发挥人民政协在政治生活中的重要作用。广开言路、集思广益，促进不同党派、不同信仰、不同民族、不同界别人们合作共事，不断巩固党的阶级基础，扩大党的群众基础，增强推进全县经济、政治、文化、社会和生态文明建设共同奋斗目标的责任感和使命感。

二、加强委员队伍建设　充分发挥委员履行职能的主体作用

中共中央《关于加强人民政协工作的意见》指出，“政协委员是人民政协履行职能的主体。”政协委员是参加政协的各党派、团体和各族各界的代表人士，是政协组织的细胞，整个政协组织就是由这些细胞构成的有机整体。政协委员既是政协组织的主体，也是政协工作的主体，是“政治协商、民主监督、参政议政”工作的参与者、执行者、实施者和推动者。政协委员队伍综合素质的高低，直接影响着履职效果。县政协第四届委员会162名委员，有过半的委员是新任委员，对人民政协的认识、理解较为新鲜。加强委员队伍建设，提高委员政治思想素质和履职水平显得尤为重要。我们要把加强委员队伍建设作为一项长期工作任务，坚持不懈地抓好抓实。一是珍惜荣誉，做一名合格的政协委员。政协委员既是荣誉，更是责任。我们要把荣誉和责任统一起来，各加珍惜荣誉，更加严格要求自己，勇于担当责任。具体讲，就是要说好政协话、做好政协事、当好政协人。首先要说好政协话。政协履职的主要方式是“说话建言”。说好政协话，需要全面把握政协性质，认真学习政协理论和基本知识，明确政协工作必须坚定不移地坚持中国共产党领导，坚持多党合作和政治协商基本政治制度，坚持走中国特色社会主义政治发展道路。说好政协话，就要突出团结和民主两大主题。政协因团结民主而产生，依团结民主而存在，靠团结民主而发展。说话建言体现民主，但前提还是应该有利于团结。同时，坚持体谅包容不同声音，尊重理解不同意见，才能“和谐以共生共长，不同以相辅相成”。说好政协话，要准确定位角度、找准角色。政协履职是议政不行政、献策不决策。要尽职不越位、切实不表面，言之有据、言之有理，不求说了“算”，但求说得好。现阶段，我们要围绕学习贯彻县第四次党代会提出的打造“产业罗江”“文化罗江”“生态罗江”等建睿智之言、献务实之策。要做好政协事。“政协事”就是立足本职应该做的事、发挥优势能够做好的事、执行决议必须做的事。有效履行“政治协商、民主监督、参政议政”是委员履行职能的基本责任。要围绕全县工作中心，对接阶段工作重心，同县委政府方向一致、目标一致、工作一致，踩准点子，跟上节奏，多谋科学发展要事，多献科学发展良策。当前和今后一个时期，要围绕“一个”统揽、“两化”互动、“三区”示范等，多深入基层，深入实践，密切与界别群众的联系，多角度、多层面、客观真实地反映情况；要注重全局性、前瞻性地深入研究，有针对性、专业性地说话建言；要多些切中时弊的中肯建议，多些有利发展的善意诤言，减少应付了事，杜绝支支吾吾。要认真贯彻县委、县政府重要决策和政协全委会、常委会、主席会议决议决定，多做稳人心、暖人心、聚人心的工作，努力形成和衷共济谋发展的强大合力。要当好政协人。政协事业的不断发展，需要每位政协委员、政协工作者即“政协人”为之努力、为之奋斗、为之奉献。要克服闲赋思想、清闲意识，要满腔热情，在岗履职、在位尽责，不负众望、不辱使命。要热心政协活动。各位委员来自各条战线，不同岗位，代表不同群体、界别，需要正确处理做好本职工作与履行委员职责的关系，要统筹兼顾，保证时间和精力，积极参加政协会议、调研、视察、考察等活动。要维护政协形象。政协委员作为一种政治荣誉和参政岗位，担负着众多的社会公共责任。要遵守法律法规和《政协章程》，依法行事，按章履职，力所能及为民众办好事。要注重品行修养，努力以清正人品影响人、良好人缘团结人、高尚人格感召人，自觉维护委员自身和人民政协的社会形象。二是坚持履职为民，全心全意为人民谋利益。坚持履职为民，始终把最广大人民群众的根本利益放在高于一切，是政协工作的出发点和落脚点，是贯彻落实科学发展观和执政为民在政协工作中的具体体现，也是对每个政协委员的基本要求。要在履职工作中牢固树立履职为民的理念，关注民生，深入民众，了解民意，反映民情，为维护好、实现好、发展好最广大人民群众的根本利益发挥应有的作用。政协委员要通过参与政协的提案、视察调研、反映社情民意、民主评议、各种会议等形式，实现履职为民的具体化。要真正做到常怀爱民之心、常思为民之道、常献富民之策，为提高全县人民的幸福指数、建设中国幸福家园做出自己应有的贡献。三是全方位搭建履职平台，为委员发挥主体作用营造良好氛围。要尊重委员的主体地位，维护委员的民主权利，创造条件，营造氛围，使委员实现在“位”有“为”。要搭建理论学习平台，努力提高委员履职能力。学习是委员提高自身素质的基础，委员主体作用的发挥与委员自身内在因素息息相关。要通过专题培训、政协会议、征订报刊、印发资料、组织考察等多层面搭建学习平台，不断创新学习载体，努力提高委员的政治素质和业务水平，满足新形势下履职要求。要搭建知情明政平台，努力为委员奠定履职基础。知情明政是委员参政议政的前提条件。要最大限度地给委员提供了解情况的条件和机会，及时帮助委员了解县委、政府工作中心、重心，掌握经济社会发展方针政策，熟知“上情”；同时，组织委员参观、视察、调研，深入基层，深入群众，知悉实情。这样，协商、监督、参政才有理有据、有的放矢，才能提出切实可行的意见和建议。要搭建委员活动平台，努力增加委员履职实效。委员发挥主体作用具体体现在履职尽责上，履职尽责的实效取决于活动载体的选择和创新。要继续通过“创先争优”评选活动、科技文化卫生“三下乡”、“联镇帮村助组”、支持委员受聘担任义务监督员等活动，使委员参与“政治协商、民主监督、参政议政”有用武之地。要搭建制度创新平台，为委员提供履职保障。制度化、规范化、程序化建设是新形势下人民政协履行职能的基本要求。制度创新是尊重委员的主体地位，明晰委员权利责任的保障。要适时修订完善“三化”建设中的制度、条规、办法。建立长效机制，进一步明确委员职责、保护委员权利、规范委员行为，增强委员履职积极性和创造性。要搭建沟通协调平台，增强委员和谐共事氛围。人民政协是最广泛的爱国统一战线组织。各位委员来自各党派、团体、无党派人士和各族各界优秀分子，团结和民主是人民政协的两大主题，求同存异、体谅包容、平等协商、和谐共事是委员发挥主体作用的显著特点。通过走访约谈、联谊活动、政协文化活动等，增进沟通理解，增加团结协作、凝心聚力作用，增强履职尽责的实效。要搭建后勤服务平台，为委员履职创造条件。政协机关是各位委员的“娘家”，是委员发挥主体作用的后勤保障。要围绕建设学习型、服务型、创新型、和谐型、效能型、廉洁型机关，不断提高机关干部队伍素质，增强服务能力、政治意识、发展意识，努力造就一支政治坚定、作风优良、学识丰富、业务熟练的机关干部队伍。要解放思想、与时俱进，不断改进服务方式，提高服务水平，增强机关对委员的吸引力和凝聚力，使机关真正给委员有家的感觉，激发委员热情，为委员履职营造宽松、和谐的氛围。

三、围绕中心　服务大局　切实履行基本职能

人民政协履行“政治协商、民主监督、参政议政”基本职能的主要原则就是要“围绕中心、服务大局”。这既是政协组织作为政治机构的基本要求，也是政协委员作为各界代表的分内职责。全县政协各参加单位和广大政协委员，要进一步增强大局意识，思考问题从大局着眼，谋划工作从大局出发，自觉服从和融入大局，积极服务发展大局。要围绕把罗江建设成为四川丘区经济文化强县宏伟目标，始终与广大民众风雨同舟，始终与县委、县政府同心协力，始终以履职尽责助推发展，在服务大局中彰显政协特色。一是更加注重政治协商的质量。要强化与县委、县人大、县政府议事规则的沟通衔接机制，加强与县级部门的联系联络，增进共识，形成制度，做到意见建议协商于县委决策之前、县人大通过之前、县政府实施之前。进一步完善例会协商、专题协商、对口协商、界别协商等协商制度。搞好协商前的调查研究，做到协商中规范有序，达到协商后效果明显，坚决克服走过场、表面化、随意性，努力提高政治协商的质量。二是不断增强民主监督的实效。要在运用和完善提案、例会、视察、调查、评议等监督载体的情况下，不断探索和创新，拓宽监督途径，畅通民主监督渠道，主动对接全县经济、政治、文化、社会和生态文明建设中的重大事项和关乎民众切身利益的热点问题，切实搞好监督；支持政协委员担当各类义务监督员，加强对国家机关及其工作人员履行职责、遵纪守法、为民服务、清正廉洁的监督。三是要在提高参政议政的水平上下功夫。不断完善“创先争优”等履职议政激励机制，增强责任意识，提高积极性，主动作为，紧紧围绕打造“产业罗江”“文化罗江”“生态罗江”找题目，遵循立意新、调查深、分析精、建议实的原则，提出科学性、前瞻性、可操作性的意见建议，供县委、县政府参考。要健全提案办理、视察调研、民主评议等履职成果督办等制度，促进意见建议的成果转化。

四、坚持党的领导　始终把握坚定政治方向

中国共产党是中国特色社会主义事业的领导核心，党委的重视和领导是做好政协工作的根本保证。我们必须把坚持和保证党的领导体现和贯穿到政协工作的方方面面，自觉与中央、省委、市委保持一致，与县委在思想上同心、政治上同向、工作上同步。思想上同心，就是要用邓小平理论、“三个代表”重要思想和科学发展观统一思想，指导政协工作实践，进一步夯实助推科学发展、共同团结奋斗的思想基础。政治上同向，就是要坚定不移地高举中国特色社会主义伟大旗帜，坚定不移地走中国特色社会主义发展道路，坚定不移地践行中国共产党领导的多党合作和政治协商制度，在谋划履职实践中，要始终遵循县第四次党代会总体部署和县委的重大决策，这也是全县各党各派、人民团体、各族各界人士必须形成的共识和自觉行动。工作上同步，就是要围绕中心、服务大局，认真履行“政治协商、民主监督、参政议政”职能，做到与县委、县政府在总体目标上一致，在工作部署上协同。在按《政协章程》履职、按制度规范行事的同时，我们要继续保持良好传统，主动向县委请示、汇报政协的主要工作、重要问题和重大事项；主动向县委反映委员意见建议、反映社情民意信息；积极做好协调关系、化解矛盾、凝聚力量工作，为县委、县政府分忧解难；积极为县委、县政府民主科学决策建言献策。只有坚持党的领导和自觉接受党的领导，才能方向明晰、对接重点、彰显特色、增强实效，不断开创全县政协工作新局面。

各位委员、同志们：

2012 年是本届政协的开局之年。新的形势决定新的任务，新的起点赋予新的责任。让我们高举爱国主义和社会主义两面旗帜，在中共罗江县委的领导下，在上级政协的指导和县人大、县政府的关心支持下，团结引领全县各党各派、人民团体、各族各界人士和政协委员坚决执行本次会议决议，开好局、起好步，与时俱进，同心同德，履职尽责，积极作为，为建设四川丘区经济文化强县积极贡献力量，不断谱写人民政协事业新的华章！

谢谢大家！

在县政协第五届一次全体会议上的讲话

——政协第五届罗江县委员会主席　张胜虎

（2016 年 12 月 15 日）

各位委员、各位同志：

非常有幸，能在今后的工作中与各位政协委员一起合作共事，共谋罗江发展大计。当选县政协主席，是组织的信任和重托，是各位政协委员的鼓励和支持。我深感使命光荣、责任重大。关山几度尘未洗，而今扬鞭再奋蹄！我将把今天作为一个新的起点，在中共罗江县委的领导下，紧紧依靠全体政协委员，充分发挥班子成员的智慧和力量，忠诚于党、忠实于人民、忠厚于同事，把所有的期待和压力，变成带队伍、干实事、创佳绩的实际行动。

在这里，我代表新当选的县政协常委、秘书长、各位副主席，向各位委员、各位同志对我们的信任和支持表示深深地感谢，我们一定会用恪尽职守履行责任，用奋发有为回应期待，用公正廉洁当好表率，推进政协工作在历届县政协好传统、好作风的基础上取得新的进步。

因工作原因，白光裕同志、陈志光同志、张平富同志不再担任政协领导职务。以白光裕同志为班长的第四届县政协，围绕中心、服务大局，奋发进取、锐意创新，政协各项工作取得了显著成绩，为我县改革发展稳定做出了突出贡献。我提议，让我们以热烈的掌声，对他们表示衷心地感谢！

会议期间，县委、县人大、县政府的领导同志全程出席了开幕大会和闭幕大会，参加了委组讨论，面对面听取委员意见。县委书记曾长江同志作了重要讲话，对政协工作给予了充分肯定，提出了新的要求。县政府县长李栋同志约谈了部分政协委员，对一些热点难点问题，进行了深入沟通交流。这充分体现了县委、县人大、县政府对人民政协事业的高度重视，对政协履职尽责的倾力支持。我提议，让我们以热烈的掌声，对关心支持政协工作的各位领导、各界人士、各位朋友表示诚挚的感谢和崇高的敬意！

刚才，曾长江书记要求全体政协委员要维护核心，练好大合唱；要服务中心，在发展中力争有大作为；要沟通民心，在构建和谐中谋求大突破；要凝聚人心，在履职尽责中促进大发展。

为贯彻曾长江书记对政协工作的新要求，我说几点落实意见。

一、讲政治

人民政协是中国特色社会主义的基本政治制度，是人民当家做主的重要形式和制度安排。心中有信仰，脚下才有力量，坚持中国共产党的领导，是人民政协发展进步的根本保证；坚持中国特色社会主义政治道路，是参加人民政协的各党各派、各行各界的共同思想基础；坚持强化政治意识、大局意识、核心意识、看齐意识是做好新时期政协工作的路径和方法。

当前，罗江发展面临着成德绵改革创新试验区建设和撤县设区的重大机遇，也面临着经济下行、发展不足、社会民生建设相对滞后的矛盾和困难。县五次党代会提出“同城德绵、协作发展、建设美丽幸福新罗江”的奋斗目标，这是25万罗江人民的向往和利益。党的事业第一，人民利益第一，是罗江政协鲜明的政治态度和政治立场。讲政治就是要在人民政协具体工作中，自觉维护以习近平为核心的党中央权威，主动接受县委的正确领导，积极争取县政府的支持。凡涉及政协的重要会议、重点问题、重大活动，及时向县委请示汇报，始终坚持从有利于加强和改善党的领导，维护党的决定出发，立足县委工作全局思考问题，注重在统一思想、凝聚力量上下功夫，始终与县委思想同心、目标同向、行动同步，保证党的路线方针政策在政协工作中不折不扣地贯彻落实，不断夯实中国特色社会主义民主政治的罗江基础。

二、说实话

在中国共产党的领导下，人大、政府、政协共同构成了中国特色社会主义民主政治的治理架构。人民政协肩负着民主和团结两大任务，承担着“政治协商、民主监督、参政议政”三大工作职能。党的十八届六中全会把政协民主监督提高到党内民主的新高度，习近平总书记要求，把协商民主贯穿到党委政府重大决策和执行的全过程，贯穿到政协履职的全过程。

习总书记讲：“如果人民只有在投票时被唤醒，投完票就进入休眠期，这样的民主是形式主义的。”他要求政协委员要讲真话、进诤言，说实话、出实招。政协委员最大的权利就是话语权，说实话既是基本的政治态度，也是一种责任担当。我们常说政协要“帮忙不添乱”“到位不越位”，但是，如果政协委员一味奉行“好人主义”，在政治协商中不说实话，虽没有添乱，但也不是真帮忙；参政议政不说实话，到位却没有履职；民主监督不说实话，既不负责又贻害无穷。好人主义说到底是“好人”自己当了，“主义”却不在了。民主协商和民主监督不是装饰品，不是只用来赞美和评功摆好，而是用来解决罗江发展和人民期盼的实际问题。罗江发展需要25万人民一起来想、一起来干。我们鼓励尖锐而不极端的批评，鼓励政协委员深入调查研究，摸清搞准实际情况，少看“门面”多看“后院”；少看“窗口”多看“角落”；见微知著、由表及里，在协商中说实话，不当“附和委员”；在监督中道实情，不当“麻木委员”；在议政中出实招，不当“空谈委员”。通过提案、会议、座谈、论证、听证、评估、咨询等多种形式，上情下达，下情上传，不断丰富和完善协商民主的罗江方式。

三、议大事

政协委员来自于各行各界，首先应当反映本界别群众的利益诉求，同时也要引导本界别群众正确认识和处理个人利益与整体利益、当前利益与长远利益的关系，体谅包容、求同存异。政协工作主要是谋大局、议大事、商大计。当前，发展是解决罗江一切矛盾问题的根本路径，改善民生、建设美丽幸福新罗江是我们共同的奋斗目标；和谐稳定、平安罗江，是一切工作的前提和保障，这就是大局，这就是罗江的大事！我们不论是想问题，还是在具体履职中，都要始终把是否符合罗江发展要求、群众是否需要作为基本准则，围绕经济发展中带有全局性、战略性的重大问题，协商议政、献智出力。

要在争当“三种人”上下功夫。一是争当基层群众的“代言人”。发挥政协与群众接触广、距离近、沟通畅的优势，深入一线接地气，身临其境察民情，把各界群众的真实意愿与心声反映上来，洞悉民情、把握县情，为民代言、为民立言。二是争当关注民生的“贴心人”。围绕县委政府提出的保障和改善民生的重点目标任务，抓住事关群众切身利益的公共服务和热点难点问题，调查协商、民主监督、建言献策，为惠及民生鼓与呼，力促各项惠民政策和措施落到实处。三是争当参政议政的“明白人”。发挥政协人才荟萃、智力密集的优势，为破解发展难题出谋划策。发言立论有理有据，不主观臆断，不道听途说；参政议政有量有度，多换位思考，不超越发展阶段；分析判断、准确到位，提出建议、切实可行，克服本位、鼎力作为，为团结奋进贡献力量。

四、聚合力

今年是罗江复县的第20个年头，也是撤县设区的启动之年，罗江发展又一次站在了新的战略起点。目标越伟大，使命越艰巨，政协工作越加重要。党和人民将凝聚合力、共襄伟业的历史重任交给了第五届县政协，我们一定要牢牢把握政协团结、民主的工作特点，维护核心、服务中心，反映民意、聚合人心，调动一切积极因素，寻求罗江改革发展的最大公约数，画好共建美丽幸福新罗江的最美同心圆。

要注重发挥常委会、专委会一班人的领导和协调作用，统筹做好组织、协调、服务工作，履行政治责任，搭建协商平台，营造履职氛围。依托政协联系面广、包容性强、社会精英多的优势，最大限度地把各方力量凝聚在党委政府周围，增强共识，集聚合力，理顺情绪，稳定人心。有事多商量，遇事多沟通，处事多包容，发挥好政协“连心桥”“智囊团”“参谋部”的作用，促进党心民心相融、政心人心相通。着力把县政协建设成委员学习培训的“大学校”，委员认同归属的“大家庭”，委员施展抱负的“大舞台”。

注重发挥委员的主体作用。政协工作优势在委员，潜力也在委员。广大政协委员要珍惜荣誉，不负重托。要懂政协、会协商、善议政，当好罗江经济社会发展的“调查员”“监督员”“参谋员”，既善于批评监督，也善于祝福喝彩。说好政协话、当好政协人，按“五个一”的要求，每年至少写一份有参考价值的调研报告，交一份高质量的提案，提一条合理可行的建议，反映一次事关全局的热点难点问题，办一件实事、好事、善事。广大政协委员要守纪律、讲规矩、重品行，自觉践行社会主义核心价值观，安身立命、修身养德，既在本职岗位上踏实奉献，也在政协舞台上实践自己的家国情怀！

各位委员、各位同志，罗江发展把我们紧紧地连在了一起，政协事业又赋予了我们新的责任和使命。让我们紧密团结在以习近平为核心的党中央周围，在中共罗江县委的坚强领导下，讲政治、说实话、议大事、聚合力，为建设美丽幸福新罗江做出新的更大的贡献！

元旦佳节即将来临，祝各位领导、各位委员新年快乐，身体健康，工作顺利，阖家安康！谢谢！

三　理论文章选录

正确处理履职中的几个关系

第二届县政协党组书记　主席　邓华明

政协工作实践告诉我们，要正确全面履行政协职能，提高履职水平，需要正确把握几个关系：

政协工作与党政中心工作的关系。政协工作是全党的工作，也是全局性的工作，它与党政中心工作是一个有机的整体。但是，政协必须围绕党政的中心任务开展工作，更好地为全面建设小康社会服务。以经济建设为中心、实现社会主义现代化是党和国家的中心任务，也是各个方面和各项工作必须服从的大局。要使政协工作有所作为，就是要正确处理两者之间的关系，始终坚持围绕中心、服务大局的原则，坚持把发展作为政协工作的第一要务。要围绕县委、县政府的中心工作，充分发挥政协的独特优势和不可替代的作用，为罗江的改革、发展、稳定献计出力。

全面履行职能与突出重点的关系。政协工作在全面履行职能的同时，更应突出工作的重点。当前，政协工作的重点是：抓住中央实施西部大开发战略，全面建设小康社会和完善社会主义市场经济体制的机遇，以实际行动积极推进罗江跨越式发展；协助党委、政府多做维护社会稳定的工作；围绕团结和民主两大主题，进一步发展壮大爱国统一战线，以贯彻省、市、县委政协工作会议精神为契机，推进履行职能的“三化”建设。

政协在线与定位的关系。政协工作中不少同志对政协在线和定位的看法不同。有人说政协是一线，也有人说是二线；有人说位置重要，也有人说位置不重要。邓小平同志说“不争论”是他的一个发明，我认为政协的同志也应该淡化这些东西。政协是有位的，是在线的，究竟是一线还是二线，或是火线，应该服从党和人民的需要。因此，我们要注意处理好有位和有为的关系，“有为”和“有位”两者之间是辩证统一、互为因果的。有为是前提，只有做到了有所作为，才能有相应的位子；有了好位子，才能更好地有所作为。人民政协要有所作为才算尽到了职责，尽到了职责才能说到了位，到了位才能提高政协的工作水平，推动政协工作迈上新台阶。

政协工作中“度”的关系。把握好政协履行职能中的度，有助于我们改进思想工作方法，提高工作水平和效能，形成宽松和谐、健康有序的工作环境。针对政协工作特点，在工作中应注意把握这样一些度的关系。既要强调充分发挥主观能动作用，又要尊重客观规律，坚持实事求是，一切从实际出发；既要继承优良传统，借鉴历史经验，又要与时俱进，开拓创新，坚持发展；既要看到自身优势，又要注意研究存在的劣势，坚持加强自身建设，扬长避短，趋利避害；既要推进事业的发展，又要以人为本，尊重委员的劳动和人格，坚持把人的发展与人民政协事业的发展统一起来；既要营造民主和谐的氛围，又要奉公守法，坚持宽严有度，赏罚分明；既要准确入位，尽职尽责，献计出力，又要到位不越位，帮忙不添乱，坚持做到政治协商不决策，民主监督不指责，参政议政不行政。

坚持党的领导与按章办事的关系。政协在履行《政协章程》所赋予的权利和职能的同时，要主动向党委请示、汇报政协的主要工作、重要问题和重大事项；主动向党委反映委员意见、建议和社情民意，协助党委搞好决策科学化、民主化；主动协调关系、化解矛盾，为党委、政府排忧解难。坚持党的领导，就是要始终围绕中心，服从和服务于全党工作大局，与党委在政治上同向、思想上同心、工作上同步。

说明：此文2005年获省政协办公厅、省委宣传部第七届四川省政协好新闻言论类一等奖

以人为本　参政议政

第三届县政协文史学习委主任　苏富贵

根据《中国人民政治协商会议章程》（以下简称政协章程）规定，“中国人民政治协商会议全国委员会和地方委员会的主要职能是政治协商、民主监督、参政议政。”何谓参政议政，《政协章程》中也有明确的表述：参政议政是对政治、经济、文化和社会生活中的重要问题以及人民群众普遍关心的问题，开展调查研究、反映社情民意，进行协商讨论。通过调研报告、提案、建议案或其他形式，向中国共产党和国家机关提出意见和建议。罗江县政协对此理解十分深刻、认识十分到位。近五年来，县政协坚持以人为本，在履行参政议政职能方面取得较好成效，主要表现在以下四个方面。

一、深入调查研究　抓住事物本质参政议政

毛泽东同志早就说过：“没有调查就没有发言权。”调查研究是人们认识问题、解决问题的根本途径，对任何问题的出现或某种普遍现象的存在，如不去作一番深入的调查研究，弄

清他的来龙去脉，抓住其本质的东西，就去草率的作一番评头论足，就可能是不辨是非、瞎议论。作为政协委员，要履行好参政议政的职能，就必须做到参政参到点子上、议政议到本质上，要做到这一点，就必须有针对性地做好调查研究，把事物的发生、发展过程弄清楚，找准问题的症结和本质，然后再有的放矢，谈出自己的真知灼见，为执政党提出可靠的决策依据。罗江县政协领导五年来如一日，十分注重调查研究。为确保调研质量，县政协切实加强组织领导，实行主席会议成员牵头，专委会承办，有关部门和政协委员参与，调研报告由课题组提出，主席（扩大）会议和常委会审议的调研工作机制。近五年内，罗江县政协向县委、县政府共写出各类调研报告40余篇，并将最有价值的30余篇汇编成册，题名为《诤言》，转交县委、县政府及相关部门。为此，大大推动了全县政治、经济、文化、社会等各项事业的发展。

二、积极组织专项视察　找准问题参政议政

作为执政党，在不同的时期、不同的阶段都有不同的工作重点和工作中心，根据《政协章程》规定，政协的各项工作，必须围绕党的中心工作而开展。罗江县政协十分注重这一点，经常组织县政协委员，围绕县委、县政府的重点工作或热门话题，适时开展专项视察活动，通过视察，让政协委员了解到县委、县政府近期在干什么，在相关的重点工作中取得了哪些成绩、还存在哪些问题，以及基层单位在工作进展中还遇到哪些困难，需要哪些方面来协助解决等，从而提出各自合理化的意见和建议，并呼吁政府及相关部门大力支持基层重点工作的开展，为基层解决一些关键性困难。然后汇集成专项视察报告，报送县委、县政府及相关部门，以便政府及相关部门不断改进工作，尽力为基层排忧解难。据统计，五年来，罗江县政协共组织专项视察100余次，从而减少了政府的行政成本，提高了行政效能，有力地推动了全县的中心工作和重点工作。

三、尽力为民鼓与呼　带着民意参政议政

积极收集和反映社情民意，尽力为民鼓与呼，也是参政议政的重要内涵。要准确地反映社情民意，就必须深入到群众中去，与群众套近乎、交朋友，才可能听到群众的真话、实话，才可能了解到群众的艰难、困苦，才能带着民声、民意去参政议政。为此，县政协一是建立和实行主席会议成员、各专委员主任联系走访基层企事业单位、政协委员的制度，及时了解人民群众的呼声和意愿。二是通过定期或不定期的召开各界人士座谈会，认真听取各界人士的意见和建议。三是通过发放征求意见表，拓宽了解和掌握民意的渠道。四是政协委员走访和联系群众制度，广泛听取群众意见，坚持以民为本参政议政的观念。县政协办公室及时将收集的“社情民意”汇集成书面材料，报送给县委、县政府及相关部门。并定期听取县政府对落实“社情民意”的情况通报。据统计，罗江县政协每年收集的“社情民意”逾100条，每年向县政府反映的“社情民意”30余期，通过县政协的民主监督，县政府每年解决的“社情民意”达95%以上。从而大大地解除了群众积怨，缓解了诸多社会矛盾，拉近了党群、干群关系，为维护罗江全县的政治社会稳定、构建和谐罗江起到了积极作用。

四、加强提案工作　以高度责任心参政议政

政协提案是政协履行参政议政的重要方式，也是协助执政党和政府推进和实现民主政治的重要渠道。罗江县政协十分重视加强提案工作。因为县政协平常就十分注重调查研究，深入体察民情，适时开展专项视察，对全县建设政治、经济、文化、社会等方面的情况都十分了解。因此，无论在政协全会期间或平时，委员们都十分重视提案，都能坚持以邓小平理论和“三个代表”重要思想为指导，坚持科学发展观，围绕中心、服务大局，以人民群众最关心、最直接、最现实的利益问题为出发点，提出高质量的提案。据统计，罗江县政协在近五年内，共提出各类提案300余件，百分之百的都得到县政府及相关部门的及时答复和办理，使很多群众需要解决的困难和问题，因多方面的原因一时难以解决的，通过提案的办理都得到了彻底解决或逐步解决。有力地推动了和谐社会的建设和发展，也使得政协参政议政的职能得到充分地履行。

说明：此文原载于2007年11月《中国政协理论与实践汇编》

加强组织领导　发挥专委会作用

政协第三届罗江县委员会

近年来，罗江县政协进一步加强组织建设。通过制订完善《专门委员会工作通则》、落实专委会主任驻会制度、进一步完善《各专委会与县级部门对口联系制度》《关于完善走访约谈重点联系委员制度的意见》，推行专委会工作目标管理考核办法，为专委会工作提供服务和保障，充分发挥专委会的基础作用，推动了政协工作再上新台阶。

一、加强组织建设　努力夯实组织基础

健全专委会的组织机构，是发挥专委会作用的组织保证。罗江县政协高度重视、切实抓好专委会的组织建设。一是结合实际、因地制宜，逐步健全县政协专委会机构。第一届罗江县政协设不驻会的学习、提案、文史资料、经科、财贸、法群、文教卫7个专委会和金山、鄢家、略坪、万安4个地区委员小组，并在县政协机关设有专委会办公室。第二届县政协以来，县政协领导班子从加强新世纪政协工作和人民政协事业发展的需要出发，向县委提出了健全县政协专委会方案，明确机构名称、职能职级、干部配备和有关待遇。县委高度重视，批准了政协方案。县政协及时调整设置了驻会的提案、农业经济、工业经济、文史学习、法制群团、财贸、教科文卫7个专委会。2006年，县政协在深入学习贯彻《中共中央关于加强人民政协工作的意见》过程中，为了进一步加强专委会建设，对专委会进行了调整，设提案、农业经济、经科、文史学习、社法、联谊、教文卫7个专委会。二是配备好专委会主任。把工作经验丰富、参政议政能力强、专业水平高、社会责任感强、热心政协工作的干部选派担任专委会主任，并配备好兼职副主任。第一届县政协各专委会和委员小组均配有兼职正副主任（组长），专委办配有专职主任1名。第二届县政协专委会配齐7名专职主任，每个专委会还分别配有 1 ~2 名兼职副主任。第三届县政协专委会配齐 7 名专职主任，每个专委会还分别配有 3 名兼职副主任。健全的专委会组织机构，保证了专委会工作的顺利开展。

二、加强制度建设　积极提供制度保障

要使专委会工作健康有序地开展，制度是根本、是保障。以制度来规范专委会工作，是政协工作制度化、规范化、程序化的必然要求。罗江县政协根据工作需要，及时建立健全必要的规章制度，减少专委会工作的随意性，使工作有章可循、规范有序。在总结经验的基础上，修订完善已有的规章制度，并根据形势的发展，摸索制订新的工作制度，以使专委会职责更加明确，“政治协商、民主监督、参政议政”的具体做法更加便于操作，意见建议的反馈追踪渠道更加畅通落实。一是建立健全工作制度。建立和完善《专门委员会工作通则》，明确了专委会的工作性质、职责、任务、内容，使专委会工作有章可循、有序开展。二是建立与县级部门的联系制度。与县委办、县政府办联合印发《关于县级工作部门与县政协各专委会对口联系工作制度的通知》，明确了联系的单位、内容和要求，并根据实际情况，适时修订完善。加强了与党委、人大和政府对口部门的联系和沟通，不断拓宽专委会知情出力的渠道。三是建立健全联系委员制度。制定了《政协罗江县委员会主席会议成员和专委会主任联系基层委员的办法》，对联系政协委员的方式、内容作了明确要求，形成制度。四是建立健全会议制度。专委会全体会议、主任会议、专题会议等都形成了制度，并认真组织实施，以推动专委会工作的有序开展。

三、切实加强领导　创造履职良好条件

罗江县政协在加强专委会组织、制度建设的同时，加强对专委会工作的领导和服务。做到了认识到位、指导到位、知情到位、激励到位，为专委会发挥作用提供了必要的保障条件。

一是认识到位。专委会工作是政协工作的重要组成部分，是政协履行职能的重要基础和关键环节。罗江县政协在进一步认清专委会的性质、地位、作用和任务的基础上，不断增强做好专委会工作的责任感、使命感和自觉性，充分发挥专委会在履行职能中的重要作用。《中共罗江县委关于加强新世纪新阶段人民政协工作的意见》明确要求，县级各部门要支持县政协专委会开展好工作，为其开展工作提供便利。《中共罗江县委关于进一步加强全县人民政协工作的意见》明确规定，要重视政协各专门委员会工作，为专门委员会领导干部参加会议、阅读文件等创造必要的条件。每年县委都转发了县政协的工作意见，对专委会全年的工作作了具体安排。《罗江县人民政府关于支持人民政协履行职能的意见》中，对县政府各部门与县政协各专委会对口联系作了具体规定。党委和政府有关部门密切同政协专委会的协作和配合，对他们的工作提供必要的支持和帮助，努力为他们创造良好的工作条件。

二是领导指导到位。罗江县政协把专委会工作摆到重要位置，纳入常委会议、主席会议的议事日程，适时听取专委会工作情况的汇报，并及时进行指导和协调。对专委会的工作计划、制度措施和自身建设进行认真研究部署，及时督促检查。政协领导班子成员按照分工，驻会副主席分管专委会、不驻会副主席联系专委会，经常参与专委会的活动，密切与专委会和委员的联系，充分调动专委会和委员参政议政的积极性。

三是知情到位。罗江县政协积极为专委会知情参政创造条件，每次县政协主席会议都邀请各专委会主任列席，每次县政协常委会议都邀请不是常委的专委会主任列席；有关文件都安排相关专委会阅知；县级有关部门召开重要会议时，一般都通知了对口联系的专委会主任参加，有关文件都抄送了对口联系的专委会。

四是激励到位。罗江县政协制定了《政协罗江县委员会“四个一”活动优秀委员和单位的评选办法》，规定了对高质量地完成好全年工作目标任务的专委会予以表彰奖励。每年初制定了专委会目标考核办法，年终对专委会工作进行总结，并在全委会上表彰2~3个先进专委会，以树立典型，表彰先进，推动专委会的工作。

五是服务到位。罗江县政协机关及其干部职工树立为专委会服务的思想，积极主动地搞好协调服务，及时为专委会开展工作提供后勤保障，为专委会开展工作营造了良好的工作氛围。

四、围绕中心工作　发挥专委会作用

罗江县政协各专委会在政协常委会和主席会议的领导下，围绕中心、服务大局，紧紧围绕县委、县政府的中心工作，以关注民生为中心，突出工作重点，讲究方式方法，注重专业和特色，每年组织委员开展专题学习、专题调研、专题视察、咨询服务、对口协商、反映社情民意、联谊交友等活动40余次，充分发挥了专委会在政协工作中的基础作用。

（一）积极开展对口协商。罗江县政协专委会紧紧围绕党委、政府的中心工作，又突出专委会自身特点，选准议题，力求实效，每年专委会与县级有关部门就全县经济社会中群众关心的热点、难点问题开展协商活动至少7次。如开展的加强农村基层文化阵地建设、建立我县人饮安全检测网、实施农村垃圾处理工程、加强县城水资源保护和开展节水工作、加强县城进出道路建设、做好城市管理提升文化罗江整体形象、加强土地资源利用规划等对口协商，促进了有关工作更好落实。

（二）切实加强提案工作。罗江县政协专委会认真贯彻全国、省、市政协提案工作会议精神，不断加强和改进新形势下政协提案工作。一是认真组织和指导政协委员撰写提案。通过学习培训、印发提案撰写的有关资料、开全委会前给委员提供撰写提案的内容要求等，努力提高提案撰写质量。二是县政协提案委严格做好提案的审查立案工作，审查后立案的提案在交办前还邀请县级有关部门召开过手会，确保提案交办质量。三是坚持专委会对口督办的机制。县政协提案委充分发挥提案办理过程中的桥梁纽带和协调服务作用，积极与提案承办单位进行协调和衔接。各专委会积极与县级有关部门就提案办理开展对口协商，有效地推动了提案的办理和落实。

（三）认真开展视察。罗江县政协专委会坚持按照围绕中心、服务大局的要求，每年开展委员视察工作在7次以上。视察前将视察方案通知到有关单位和参与视察的政协委员，以利做好调查研究；视察中采用主席会议组织、各专委会组织、邀请视察、现场视察、听汇报视察等多种形式，注重实效，积极建言献策；视察后形成视察通报，及时反馈意见建议。

（四）有效开展专题调查研究。第三届县政协一次会议以来，罗江县政协专委会围绕常委会议和主席会议确定的题目，组织委员深入调研12次。并在调研视察的基础上积极参政议

政、建言献策。如实现农村广播电视村村通工程，是县委、县政府实施文化立县、建设社会主义新农村的一项重点工程。为推进这项工程建设，县政协有关专委会精心组织，开展了我县农村广播电视事业发展状况的调研，针对调研中发现的投入不足、管理体制不顺、服务水平不高等问题，提出了加强领导、增加投入、改革管理服务体制等建议措施。县委、县政府高度重视《调研报告》中提出的意见建议，提出的县对乡镇广播电视的垂直管理体制，得到县委、县政府采纳，结合农村综合改革在全省率先实现垂直管理建议，该经验还在全省农村推广。去年“5·12”汶川特大地震以后，根据灾后重建工作的需要，及时调整了调研课题。就我县灾后农村卫生事业发展、农村灾后水利设施建设、灾后工业生产恢复发展的情况3个课题，深入开展调查研究，克服时间紧、任务重的困难，圆满完成调研任务，形成了质量较高的调研报告，为县委、县政府决策灾后重建工作提供了重要依据。今年围绕县委、县政府提出的“凝心聚力、三年复兴，南接北扩、八年共荣”的发展战略，加快灾后重建进程，促进经济又好又快发展，确定了3个专题调研课题。通过多方面的共同努力，形成了《关于我县农村文化工作情况的调查与建议》《关于优化我县税源结构　培植壮大地方财力情况的调查与建议》《关于我县农村土地流转情况的调查与建议》3个调研报告，已报送县委、县政府。

（五）及时反映社情民意。罗江县政协专委会坚持突出重点、提高质量，围绕群众关心的热点、难点问题和县委、县政府的中心工作，切实做好反映社情民意工作，每年报送《社情民意专报》都在14期以上。所反映的问题和建议得到县委、县政府高度重视，有关县领导对每期都作了批示，并通过承办部门认真办理，都得到了较好地解决和落实。

说明：此文原载于2009年11月10日《四川政协报》

坚持党的群众路线　深化履职为民实践

——开展党的群众路线教育实践活动心得体会

第四届县政协党组书记　主席　白光裕

党的十八大以来，新一届中央领导集体以作风建设开局起步，在全党开展以为民务实清廉为主要内容的党的群众路线教育实践活动，聚焦“四风”，切实解决领导班子和干部队伍建设中的突出问题，得到了全国人民的衷心拥护和国际社会的广泛好评。坚持群众路线，加强群众工作，密切党群干群关系，巩固党的执政基础，成为全党上下的自觉实践。县政协党的群众路线教育实践活动自3月14日动员会后，已全面启动。目前第一阶段各环节的工作，正按活动方案有序推进。通过自己学、集体学，领导专家典型讲、党员干部群众大家议，走基层、听意见、解民忧等系列活动的开展，深化了自己对开展党的群众路线教育实践活动重要性、必要性、紧迫性的认识，对自己是一场思想灵魂的洗礼，自己的群众观念、宗旨意识、党员干部意识、履职为民意识进一步增强。

开展党的群众路线教育实践活动，对政协来讲，有着特殊的意义。政协从诞生到今天，始终发挥特有优势，紧紧依靠政协各参加单位，紧紧依靠各民主党派、工商联和无党派人士，紧紧依靠广大政协委员和各族各界人士，努力把党的主张变为社会各界的共识，把各界群众的智慧和力量凝聚到推动科学发展上，在党委政府和群众之间架起一座沟通联系的桥梁，很好地发挥了协调关系、汇聚力量、建言献策、服务大局的作用。一定意义上讲，政协工作就是群众工作，群众路线也是政协工作的生命线。开展群众路线教育实践活动，既是党的号召和要求，也是每一个党员的责任和义务，也是政协党员干部、政协工作者、全体政协委员坚持履职为民的契机和重要平台。我认为，结合我县政协工作实际，要坚持党的群众路线，履行好人民政协政治协商、民主监督、参政议政，不断深化履职为民实践，就要不断增强“责任、大局、求实”三种意识，自觉坚持“立身立德、立言立论、立说立行”三项要求，充分发挥好“委员在政协工作中的主体、本职工作中的带头、界别群众中的代表”三个作用，以我们良好的作风、卓有成效的工作、实实在在的民生实事，取信于民、服务于民，为“推进二次创业、再造一个罗江”做出应有的贡献，努力树立人民政协的良好形象。

一、增强责任意识、大局意识、求实意识，牢固树立党的群众观念，打牢履职为民思想基础。一是增强责任意识。食君之禄，忠君之事。党和人民给了我们荣誉、地位和权力，国家给了俸禄，做好我们本职工作乃份内之事，天经地义。这就要求我们每名政协委员、政协工作者进一步增强责任感、使命感，在其位、尽其责、履其职、敢担当。我们政协的同志要摒弃“二线、虚功”思想，树立“责任、实做”理念，不能无所事事，无所用心，努力做好自己所承担的工作；我们每位同志都要有一种良好的精神状态，人总是要有一点精神的，凡事不干则已，干就干好；我们还要有一点闯劲，敢于担当、敢于创新，与时俱进，有所作为。二是增强大局意识。政协工作要围绕中心、服务大局，就要求我们每个同志要有大局意识，要多从全局上去思考问题，自觉讲政治、识大体、顾大局，同党委政府思想同心、目标同向、行动同步、责任同当。只有这样，人民政协工作，才能与党委政府合拍共鸣，人民政协工作才能有所作为，才能得到党委政府的高度重视和支持。我们要注意处理好局部与全局、部分与整体、个体与集体的关系，局部服从全局、部分服从整体、个体服从集体，自觉维护大局，加强团结协作，维护组织集体形象，每个人都是政协一份子，都是政协一形象，要用心去呵护它。要充分发挥广大政协委员在社会上有影响、事业上有作为、业务上有专长的优势，动员和组织广大政协委员发挥特长、履职尽责、积极作为，为人民政协增光添彩。三是增强求实意识。要求我们政协的同志要追求务实、讲求实干，求真务实。小平同志讲，不干，半点马克思主义也没有。习近平总书记讲，要踏石留印、抓铁有痕。我们政协的同志既要做语言的巨人，又要做行动的巨人。要努力做到说实话、做实事、讲实效。说实话，就是敢于讲真话，献务实之策，不夸夸其谈、纸上谈兵；民主监督敢于动真格、不怕得罪人，敢于讲实话、讲真话、讲尖锐的话。做实事，就是要实实在在做有利于发展之事，有利于民生改善之事，有利于和谐稳定之事，不搞形式主义、不摆花架子。讲实效，就是对于每一项工作要一抓到底，不达目的，决不罢休，不敷衍塞责、虎头蛇尾，习近平总书记讲，抓而不紧、抓而不实、抓而不常，等于白抓。

二、坚持立身立德、立言立论、立说立行三项要求，加强党性锻炼和自身修养，不断增强履职为民本领。一是立身立德。正人先正己。其身正，不令而行。其身正，你的话语才有分量，才让人信服。我们政协的同志要以习近平总书记提出的“三严三实”要求自己，即严以修身、严以用权、严以律己，又谋事要实、创业要实、做人要实。一要加强党性修养，坚定理想信念，解决好世界观、人生观、价值观这个总开关问题。要坚定理想信念，共产党员就要信仰共产主义，坚定中国特色社会主义道路自信、理论自信、制度自信；党员要爱党忧党。二要加强自身修养，自觉践行社会主义核心价值观，加强自身学习提高，不断提升自身综合素质。三要坚决反对“四风”，认真查找自身“四风”问题，敢于正视缺点和不足，从自己做起，从小处抓起，党员干部要以身作则，以正派赢得人心，以勤政获得尊重。二是立言立论。人民政协的性质和职能决定了政协工作是，参政不执政，献策不决策，所谓“君子动口不动手”，所以政协履行职能更多是通过话语权来表达。因此，立言立论、建言献策，对每个政协人来讲，是一项基本要求。一要勤于学习、积极参加各项活动，知情明政，把握大势。二要深入调查研究，掌握生动的第一手资料，言之有据，针对性强。纸上得来终觉浅，绝知此事要躬行。习近平总书记讲，调查研究是谋事之基，成事之道。没有调查研究就没有发言权，更没有决策权。三要敢于讲真话，讲实话，讲有见地的话。想他人未想，言他人未言。要有自己的见解和思考，不能人云亦云，不要讲每年都可讲的空话、套话。有时讲的话可能还尖锐，但不要对立，出发点要对头。三是立说立行。政协不仅要立言立论，还要立说立行，不仅要建言献策，还要抓好落实。打铁还需自身硬。首先，要做好政协自身的工作，高标准、严要求，精细化、高品质完成各项任务，充分展示政协人良好形象。不要别人说我们是弹花匠的女儿，只会弹（谈）、不会做。其次，要增强履职实效，对提案、社情民意、调研报告等的办理情况要加强督办、跟踪、协商，促成成果转化。第三，坚持经常深入基层、深入群众，充分利用自身条件努力为群众排忧解难。金杯银杯不如群众口碑，只有你心里装着群众，群众心里才装着你。胡锦涛同志讲，群众在我们的心里分量有多重，我们在群众的心里分量就有多重。只有深入群众，才知群众所思、所盼、所难，排忧解难才能做到群众心坎上。我们要充分利用政协提案、社情民意等履职平台，积极反应民情民意民难，为实现群众利益鼓与呼；要认真开展好“走解办惠”“双联双帮”，帮扶困难学生、银龄守护等活动，切实为群众办实事、做好事、解难事。

三、充分发挥好委员在政协工作中的主体作用、本职工作中的带头作用、界别群众中的代表作用，立足自身特点和履职实践，把履职为民落到实处。一是履行好政协委员职责，发挥好在政协工作中的主体作用。政协委员是推进政协事业发展的主体力量。首先要说好政协话。也就是要说好符合人民政协性质的话、紧扣经济社会发展中心主题的话、反映人民群众关切实际的话。不求说了“算”，但求说得“对”。要干好政协事。“政协事”是立足职能应该干的事，发挥优势能干好的事，执行决策必须干的事。要围绕全局之重、对接阶段之要，努力“同党和政府方向一致、目标一致、工作一致”。当好政协人，要破除懒散思想、清闲意识，以事业为重、为发展出力，在岗履职、在位尽责。当前要围绕县委提出的“推进二次创业、再造一个罗江”决策部署，积极参加政协委员“五个一”活动，建睿智之言、献务实之策，谋利民之事，为助推全县经济社会发展和民生福祉改善出汗出力。二是立足岗位，忠于职守，发挥好在本职工作中的带头作用。政协委员是各党各派、各族各界的优秀人士。在本职工作中发挥带头作用，就要立足岗位作贡献，干好本职做表率。这是“当上委员”的重要条件，也是“当好委员”的基本要求。要带头弘扬新时期罗江精神，与时俱进，积极主动，不懈努力而不是被“推着走”，自我加压而不是“悠着干”，要用新思路研析发展中的现实问题，用新方法协助解决实践中的难题；特别是面对我县推进“二次创业，再造一个罗江”，要有跳起摸高的勇气、顺势而为的锐气和崛起危难的虎虎生气，协力建设攻坚、推进科学发展。要积极参加“五比五看”活动，立足岗位建功立业，展示委员风采。三是心系群众，服务群众，发挥好在界别群众中的代表作用。要反映界别诉求、广泛联系群众。要坚持把发扬民主、增进团结、协调关系、化解矛盾作为重要着力点，广泛凝聚各个方面智慧和力量，当好界别群众的联系人和代表人，客观及时地反映界别群众的权益诉求，积极参加调研视察，及时反映助推发展的意见建议，反映弱势群体的合理诉求，反映渠道不易掌握的现实民情，为科学发展增进团结、汇聚合力、做出贡献。

说明：此文2014年10月获中共罗江县委党的群众路线教育实践活动领导小组办公室罗江县党的群众路线教育实践活动理论征文二等奖

四　获奖名录

罗江县政协先进集体一览表

表—1

奖项内容	授奖单位
1998年获政协报通联发行和新闻宣传报道工作先进单位	政协四川省委员会办公厅
2001年获政协报通联发行和新闻宣传报道工作先进单位	政协四川省委员会办公厅
2003年获全省政协宣传报道工作先进单位	政协四川省委员会办公厅
2004年获四川省“卫生单位”称号	四川省人民政府
2004年获全省政协宣传报道工作先进单位	政协四川省委员会办公厅
2005年获全省政协报通联发行和新闻宣传报道工作先进单位	政协四川省委员会办公厅
2005年获“四川省卫生先进单位”称号	四川省爱国卫生运动委员会
2006年获全省政协新闻宣传报道先进单位	政协四川省委员会办公厅
2007年获全省政协新闻宣传报道工作先进单位	政协四川省委员会办公厅
2008年获全省政协新闻宣传报道工作先进单位	政协四川省委员会办公厅
2009年获全省政协新闻宣传报道工作先进单位	政协四川省委员会办公厅
2010年获全省政协新闻宣传报道工作先进单位	政协四川省委员会办公厅

续表一1

奖项内容	授奖单位
2011 年获省政协社情民意信息优秀组织奖	政协四川省委员会办公厅
2011 年获全省政协新闻宣传报道工作先进单位	政协四川省委员会办公厅
2012 年获全省政协新闻宣传报道工作先进单位	政协四川省委员会办公厅
1999 年获德阳市“文明单位”称号	中共德阳市委　德阳市人民政府
2000 年获德阳市“文明单位”称号	中共德阳市委　德阳市人民政府
2000 年获德阳市政协工作优良单位	政协德阳市委员会
2005 年获德阳市精神文明工作先进单位	德阳市人民政府
2005 年获德阳市卫生先进单位	德阳市人民政府
2006 年获德阳市政协“五个一”活动“佛蘭杯”组织奖	政协德阳市委员会
2006 年获“五个一”活动三等奖	政协德阳市委员会
2006 年获全市政协新闻宣传工作先进单位	政协德阳市委员会
2006 年获全市政协系统通联工作先进单位	政协德阳市委员会
2008 年获德阳市政协社情民意信息工作先进单位	政协德阳市委员会
2008 年获德阳市政协宣传工作先进单位	政协德阳市委员会
2011 年获德阳市政协社情民意信息优秀组织奖	政协德阳市委员会
2013 年获德阳市 2010—2013 年度“领导挂点、部门包村、干部帮户”活动先进单位	德阳市“领导挂点、部门包村、干部帮户”活动领导小组
《罗江文物集萃》2014 年获德阳市第八次哲学社会科学优秀成果社科奖	德阳市社会科学界联合会

罗江县政协先进个人一览表

表一2

获奖人	奖项内容	颁奖单位
邓华明	《正确处理履职中的几个关系》2005 年获第七届四川省政协好新闻言论类一等奖	政协四川省委员会办公厅 中共四川省委宣传部
邓华明	2006 年获全省政协新闻宣传报道工作先进个人	政协四川省委员会办公厅
邓华明	《加强政协履职能力建设》2005 年获四川省政协好新闻三等奖	政协四川省委员会办公厅 四川省新闻工作者协会
薛建都	2007 年获全省政协新闻宣传报道工作先进个人	政协四川省委员会办公厅
薛建都	2009 年获全省政协新闻宣传报道工作先进个人	政协四川省委员会办公厅
廖德智	被评为 2009 年度《四川政协报》优秀通讯员	政协四川省委员会办公厅
薛建都	2010 年获全省政协新闻宣传报道工作先进个人	政协四川省委员会办公厅
陈金平	2012 年获全省政协新闻宣传报道工作先进个人	政协四川省委员会办公厅

续表一2

获奖人	奖项内容	颁奖单位
曾传聪	被评为2012年度《四川政协报》优秀通讯员	政协四川省委员会办公厅
曾传聪	2015年获全省政协新闻宣传报道工作先进个人	政协四川省委员会办公厅
向薇薇	被评为2015年度《四川政协报》优秀通讯员	政协四川省委员会办公厅
曾传聪	被评为2016年度《四川政协报》先进新闻工作者	政协四川省委员会办公厅
罗贵媛	被评为2016年度《四川政协报》优秀通讯员	政协四川省委员会办公厅
周明碧	《罗江县办理政协提案动真格》2002年获德阳市宣传多党合作好新闻二等奖	政协德阳市委员会办公室 中共德阳市委宣传部
周明碧	《罗江县政协生产自救出点子》2002年获德阳市宣传多党合作好新闻三等奖	政协德阳市委员会办公室 中共德阳市委宣传部
周明碧	《政协民主评议医院行风好转》2002年获德阳市宣传多党合作好新闻三等奖	政协德阳市委员会办公室 中共德阳市委宣传部
廖德智	被评为2006年度全市政协新闻宣传工作先进个人	政协德阳市委员会办公室
周信廷	被评为2006年度全市政协系统通联工作先进个人	政协德阳市委员会办公室

说明：1. 1～2表仅收录罗江县政协机关、工作人员所获奖项

2. 1～2表虽经编辑人员多方查找核实资料，仍为不完全统计，敬请获奖而未收录者见谅

五　委员艺苑

（一）铭文楹联

观音崖五百年纪

赖安海

观音崖，邑北二十五里。泞水连天际，云覆龙蟠；紫气隔江来，灵秀萃聚。风土醇美之乡，民康物阜；文星璀璨之地，俊彦辈出。

明正德丁卯（1507年），鸿濛开启。白崖秀士吴瑛，岩阿习儒，梦与道人骑瓦龙。自忖瓦无灵，岂能飞升？道人释云："瓦字三九，科列名第。"是科中举，果应廿七。遂题岩曰："白崖仙合。"庚辰（1520年）遴选，外放陕西知县，救患彘虎淳化、抚民息讼泾阳，御史曹

圭旌其贤；渴疾归里，冰洁自守。既殁，蜀之士林惜之，邑人感德怀之；建祠于石崖、廉泉之间，状元杨升庵表其碑铭。至是，人文蔚起，栗里之风兴焉。

清乾隆辛酉（1741 年）秋，霹雳光中、白石崖裂，普陀观音石现。崖西善人李文彩，长男化楠，进士连捷，历官浙江、直隶、京都，史称“循良”、帝嘉“强项”；嗣孙三凤、龙廷摘星；长孙调元、彪炳文坛。是时也，县宰点苍杨周冕泐石祚文运，和尚祥喜嵌岩筑殿；修之默默，应之昭昭。翰林古闽李丹岩载之方舆，千古同慨。于是乎观音灵崖声显西蜀，通都大邑辐辏来谒，古镇勃焉。

沧海桑田，世事多舛。呜呼！昔兵燹无稽；善哉！今劫后重光。政通人和，世济其美；庙宇巍巍、古镇煌煌。历十五年之艰辛，吾邑风俗之传存。《四书》云：“天下归仁”“民德归厚。”虽仙释之事难信，然仁德之举应彰；崇文尚礼、砥节砺行。愚生也晚，痴于乡史；考其端末，悬愊恭纪。

丁亥孟夏　白崖仙合五百周年谷旦　罗邑赖安海（呆木氏）敬撰

庞统祠·张飞殿联

巡视耒阳惊凤雏才把酒对饮交恨晚；
溯水巴西闻军师讣植柏独祭哭大贤。

赖安海撰　陈仕恩书

潺亭水城·廊柱联

一江贯名城二桥飞渡十里画卷；
三山矗要津四面来风百业复兴。

尹帮斌撰　曾平书

潺亭水城·廊柱联

大江通南北湖光潋滟望白马雄关览天台秀色听景乐梵钟歌盛世；
长桥连东西风雨安澜寻泮林古桂觅龙洞仙踪看纹江夜月照太平。

杨中俊撰　周玉建书

（二）诗词歌赋

长堰和乐

宋光明

鄢家岭上听鸽哨，长堰村中踏和声。
八旬才子约云峰，一曲《四愁》成新吟。

诤　言

——写在罗江县政协成立二十周年之际

范翠林

风雨同舟度时艰，荣辱与共照肝胆。
四届提案千余篇，建言献策议发展。
环保医卫关社会，行风评议聚热点。
村社邻里众难事，社情民意解其难。

访贫问苦察民情，脱贫攻坚倾力展。
县城创卫治脏乱，专题议政齐攻坚。
史料整理责有时，志书编纂已出版。
而今罗江惊巨变，幸福安康好家园。

玉京湖

杨俊富

柔情载廊桥，柳缠水城腰。白鹭碧波戏，纹江春来早。

西江月·白马关吊庞统

周贞籍

俯视千里平川，还顾万峰来朝。两川锁钥风云啸，林海骤起波涛。诸葛魂壮此关，凤落星沉北坳。游子缘石吊英豪，万古岂止旌表？

罗江赋

刘　军

古谓万安，今名罗江，“三高”“四李”故地，历史文化名城。东运遂州纳川中通瞿塘，南临蜀都览天府开沃野，西瞻雄关鹿头秀拔大霍，北望秦岭锁八百里连云。悠悠数千载，源远流长，孕辈辈俊彦乡贤；浩浩八千顷，物阜民丰，育代代勤劳民众。

山灵水秀，路畅桥阔，自古属形胜之地；物华天宝，民风敦厚，历来数礼仪之邦。云盖栖金雁，玉京鸣梵钟，天台飘翰墨，宝峰隐丽人，鹿头埋忠骨，北象筑醒园。泞水、漏水眺廉水，荡不尽潺水秋风；太平、升平祈永平，观不尽纹江夜月。金牛古道通秦商，宝成铁路贯南北。天府花生大销市井，罗江豆鸡通川达江；金花梨广播财富，贵妃枣醇酪甘醣；风调雨顺万事平安，丰衣足食新枝叶盛；纹江鳜鱼扬美名，川纤树脂盖群芳。好山好水好天地，好锣好鼓好心情。

欢天喜地，村姑畅吟《古巴歌》；人文厚重，卢雍题壁《八景诗》。盛世太平，沈潜首纂《罗江县志》；仁廉明察，古华倡建双江书院。王士祯漫听《罗江驿夜雨》，沈伯俊急书《细雨靖侯墓》；鹿头何亭亭，杜甫叹曰：何处埋忠骨？英雄千古恨，陆游感言：父老岁时思！追求真理，莘莘学子国立六中挚大旗；关注民生，仁人志士忧国忧民访疾苦。秦世昌调元故里呼调元再生，贺敬之白马关前唤白马腾飞。

四起四落，鉴古知今，历史翻开新篇章；物换星移，龙腾虎跃，改革春风沐纹江。艰苦创业，开拓进取，发展才是硬道理；解放思想，实事求是，科技本是软实力。科教兴县，创大业，豪情壮，城乡勃勃生机；产业调整，梨花开，菜花放，百业欣欣向荣。更新观念，招商引资结硕果；突出特色，文化旅游创佳绩。期有吏清似春水，盼民众笑口常开。建树惊人业绩，留下历史荣光。奋发有为，调元故里谱新章；精诚团结，纹江儿女图富强。

美哉乐哉也，吾土罗江。

纹江赋

刘良国

源出禹穴圣地，流经罗浮仙境，西支曰灊，东支为泞，夹龙门以行，宛如双龙奔海；至云盖而汇，恰是彩虹横空。灊水、泞水源头雅号，罗江、纹江自古美称。因龙女织锦江浦，故名罗纹之江。兹水也！润山川灵秀，育世代人杰。两岸风光宜人，岂止柳绿桃红。江面金波闪灼，见龙女手织锦绣；水中鳜鱼潜游，是旷世难求奇珍。桑女穿梭在浓阴之下，果农忙碌于梨花丛中。夕阳西下，烟波里听渔樵唱晚；旭日东升，雾霭中看农夫晨耕。奎星阁高耸云端，玉京山梵钟长鸣；大霍奇峰隐千年古刹，白马雄关留万世英名。

自汉以始，帝王将相兵车战马遗深辙，骚人墨客诗词歌赋留佳音。庞统血染落凤坡，三国鼎立蜀汉兴；张任魂壮金雁桥，川西分疆至此始。至今白马长啸，潺水悲鸣，常思一代雄杰永不朽！

唐玄宗自长安而来，一路狼奔犬逐，到此惊闻“万安驿”，龙颜大开，戏曰：一安且不可，况万安呼！杜工部从陇西经此，半途中凄风惨雨，临境苦寻庞统墓，悲从中来，叹道：何处埋尔骨？感慨系之！杨状元送友回故里，高吟一曲《绵州歌》；卢御史视察到罗江，深情赋成《八景诗》。陆放翁情钟翠望亭；王渔洋勾留罗江驿。噫！尚有朝鲜诗人徐浩修、柳琴、朴齐家、柳得恭远在天涯思翰林；不少乾嘉文士纪晓岚、袁枚、姚姬传、张船山各处一方颂醒园。何然如此？盖因罗邑山青水秀，地灵人杰，独胜他乡耳！君不见，宝峰寺留贵妃倩影，大霍山有仙人遗踪，芙蓉溪咽咽悲白马，鹿峰山巍巍树雄风。有清一代，李氏叔侄科第连捷，一门四进士，确也风流。民国以来，罗江儿女英才辈出，无数有志者，功在千秋。或为民族荣辱而抗争，宁抛头颅无悔恨；或为国家存亡而奋起，甘洒热血写春秋；叶秉诚怒向刀丛斗“屠夫”，孟本斋笑对死亡抗“恶魔”；红灯教杀贪官，灭土匪声振川西；六中校闹革命，抗日寇名扬巴蜀。壮哉，前辈英杰，留下长篇巨著光耀青史，纹江儿女受益深。

斗转星移，沧海桑田，纹江两岸今又变；改造大自然，建设新罗江，龙腾虎跃竞驱前。数风流人物，还看今朝！

罗江罗江创业的地方
1=G 2/4 3/4
张明义 词曲
昂扬地
罗江，罗江，古老的地方；罗江 罗江 创业的地方！人杰地灵 物华天 宝，热 爱 罗 江 情怀宽 广·在 崭新的 时代里 雄 起·在 美好的 岁月中 昂 扬· 要 用 聪明的 才智，描 绘 秀丽的 故 乡· 啊！ 啊！
罗江，罗江，青春的地方；罗江 罗江 创业的地方！振奋精神 开拓前 进，建 设 罗 江 步伐坚 定·在 改革的 春风里 扬 帆·在 发展的 大潮中 起 航· 要 用 辛勤的 汗水，装 点 富裕的 故 乡· 啊！ 啊！
罗江罗江 创 业的 地方.
罗江罗江 创 业的 地方，走向辉 煌！

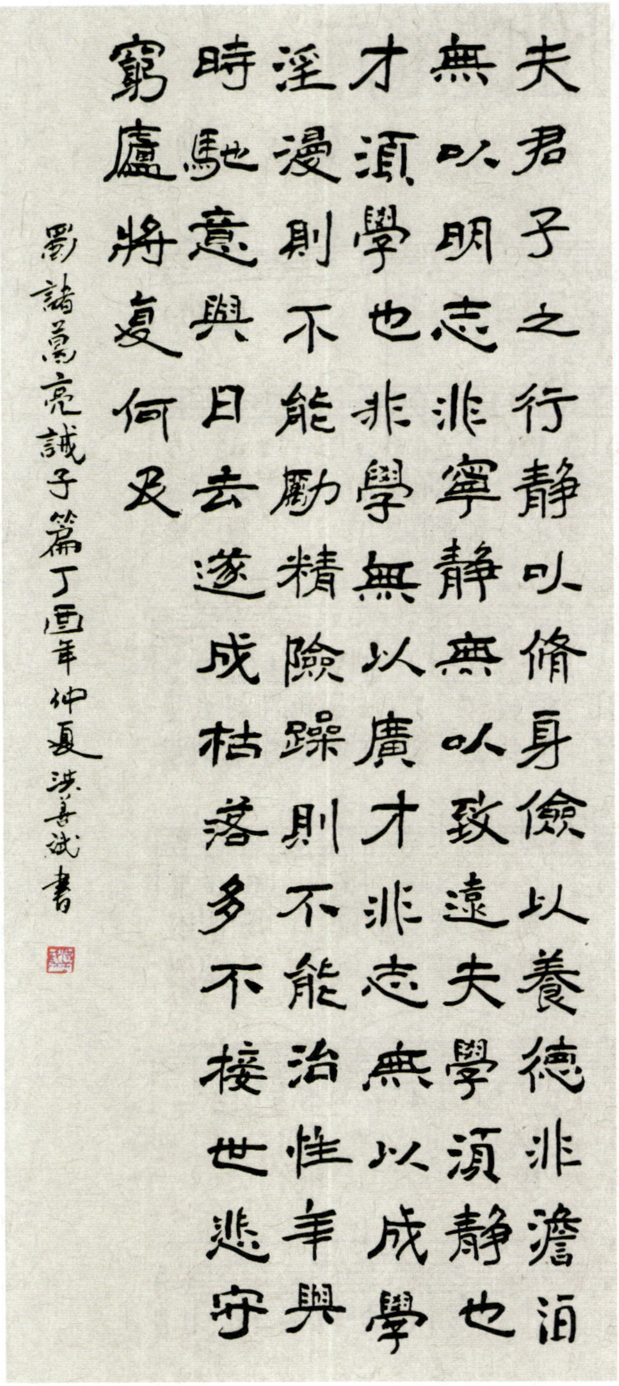
夫君子之行静以脩身儉以養德非澹泊
無以明志非寧静無以致遠夫學須静也
才須學也非學無以廣才非志無以成學
淫漫則不能勵精險躁則不能治性年與
時馳意與日去遂成枯落多不接世悲守
窮廬將復何及
錄諸葛亮誡子篇丁酉年仲夏洪善斌書

作者 洪善斌

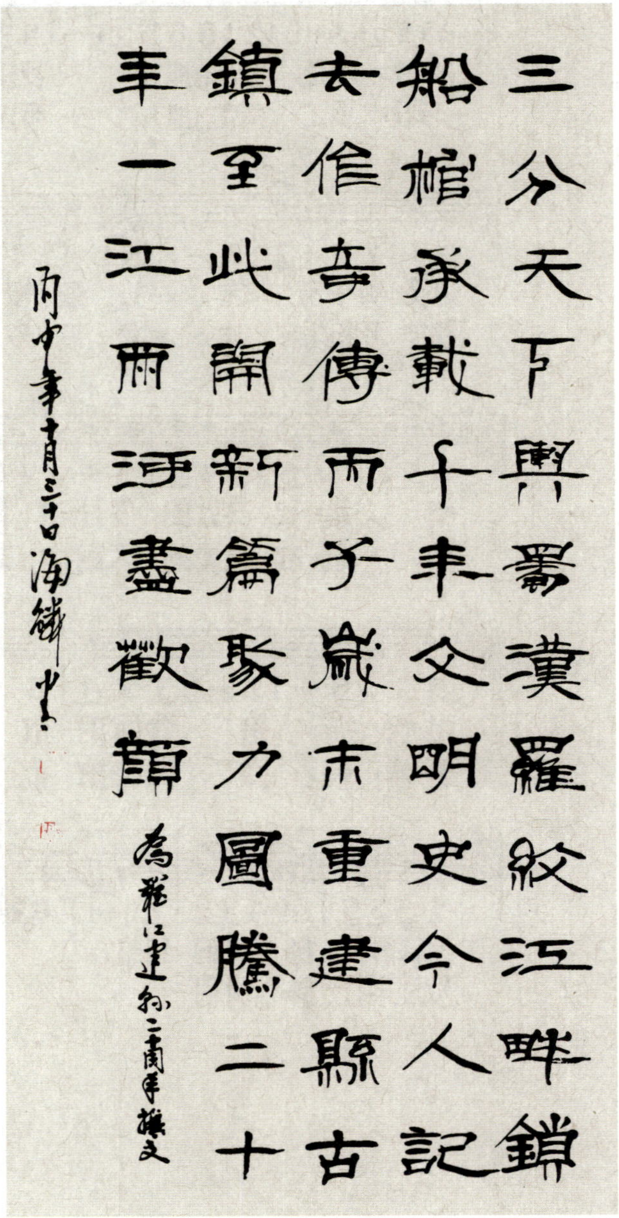
三分天下與蜀漢羅紋江畔鎖
船棺承載千年文明史今人記
去作亭傳而子歲末重建縣古
鎮至此開新篇聚力圖騰二十
年一江兩岸盡歡顏
丙申年十月三十日海鐵書
爲羅江建縣二周年撰文

作者 苏富贵

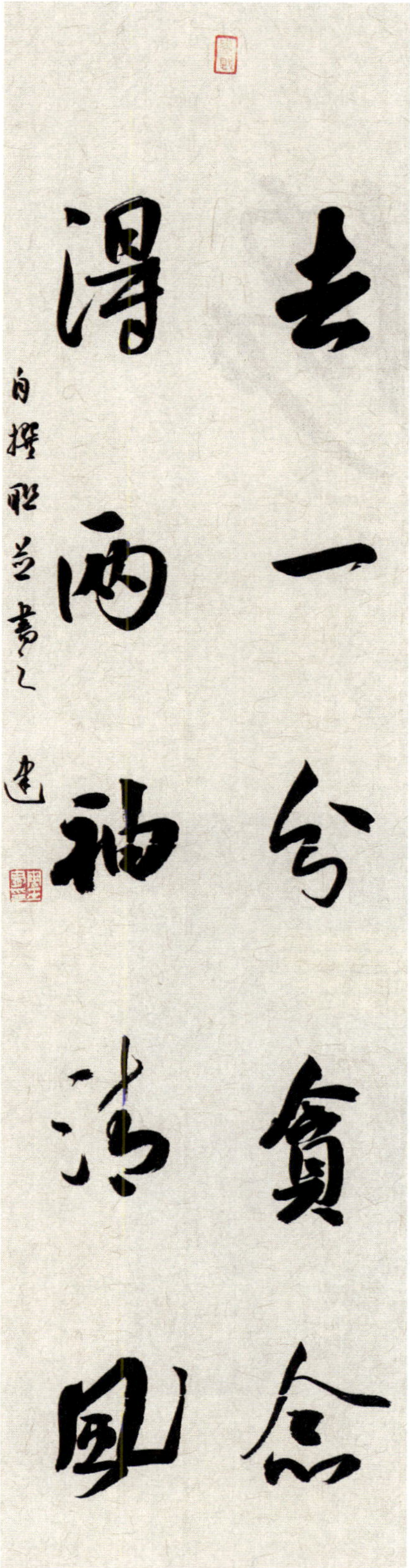

作者 周玉建

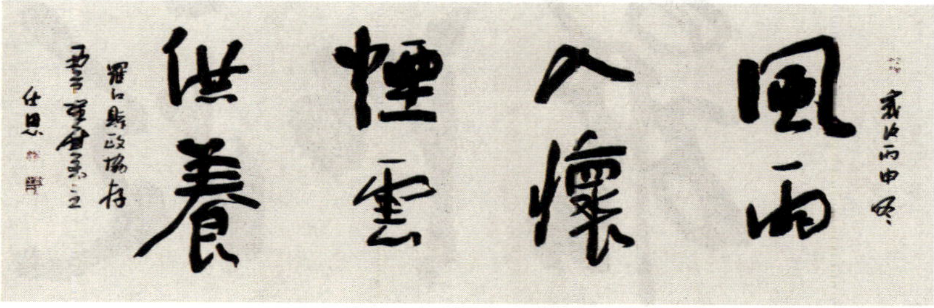

作者 陈仕恩

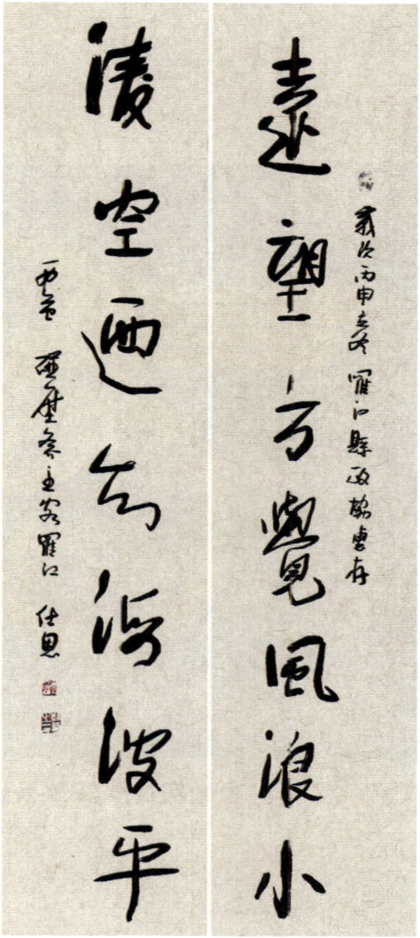

作者 陈仕恩

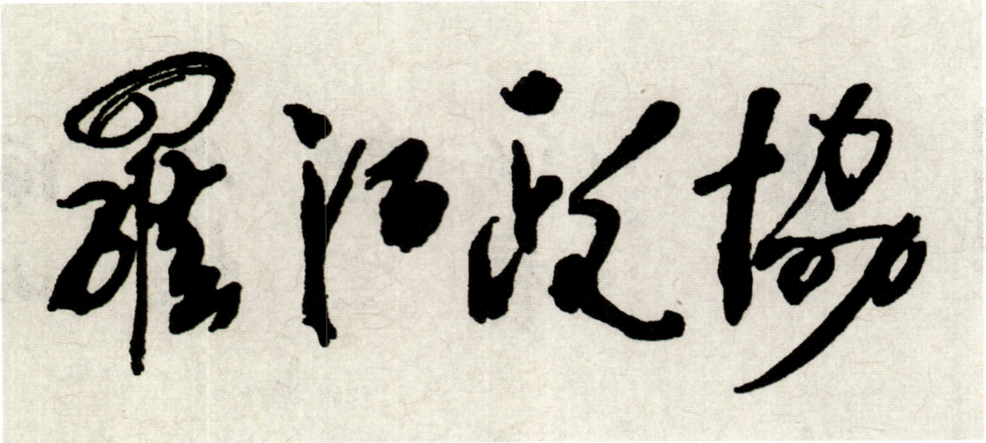

作者 张明义

《全国少数民族传统体育运动会会徽》 作者 高翔

《若个是庄周》　作者　洪善斌

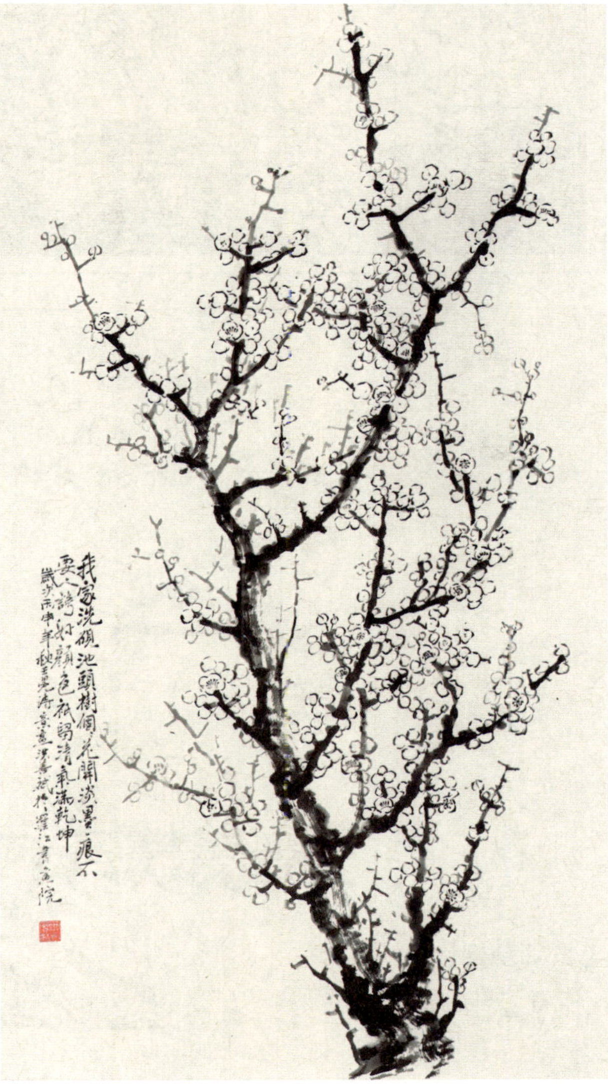

《只留清气满乾坤》　作者　洪善斌

《江山如画》　作者　刘晓彪

《罗江欢迎你》
作者　刘晓彪

《家园》　摄影　白光裕

《纹江渔翁》　摄影　白光裕

《纹江龙女》　摄影　赖安海

《星光村梦月湖》　摄影　赖安海

《罗江水城夜色》 摄影 罗通富

《祥瑞罗江》 摄影 罗通富

《乡村街头好热闹》　摄影　高翔

《愿景》　摄影　高翔

《罗江豆鸡成功申报大世界吉尼斯世界纪录（长 20.14 米）》　摄影　陈湖

《倒湾古镇游人如织》　摄影　陈湖

《迴龙飞瀑》　摄影　高君

《廊桥盛妆》　摄影　高君

《古城新貌》　摄影　唐久荣

《家乡的元宵节》　摄影　唐久荣

六 通知批复

中共罗江县政协党组
关于编纂《罗江县政协志》有关事项的请示

罗县政协党组函〔2014〕5号

中共罗江县委：

《罗江县政协志》是客观、准确、系统记载罗江县政协历史的资料性文献，也是对外宣传的大型工具书，具有“存史、资政、教化”的重要作用。根据国务院和四川省《地方志工作条例》，按照县委《关于转发〈政协罗江县委员会2014年工作要点〉的通知》（罗县委发〔2014〕7号）精神，县政协拟定组织编纂《罗江县政协志》。现将有关事项请示如下：

一、指导思想

《罗江县政协志》以马克思列宁主义、毛泽东思想、邓小平理论和“三个代表”重要思想以及科学发展观为指导，坚持尊重历史，实事求是，突出政协特色。

二、起止时间

《罗江县政协志》记载时间从1996年至2016年年末，按照存真求实的原则，客观全面系统地反映罗江建县20周年以来县政协的历史，有关事项追溯到1996年8月复县前。

三、总体结构

《罗江县政协志》由大事记、专志、组织机构、人物传略、附录组成，横排门类，纵叙史实。图文并茂，结构严谨，史料翔实，重点突出，体例适当，含八章、大事记和附录等，彩图约400幅，正文60余万字。

四、成书计划

从2014年3月起至2017年年末成书出版，历时近四年时间。2014年制定计划，成立编纂委员会，组建编辑部，拟定《罗江县政协志》编纂纲目；2015年收集资料，组织人员进行编纂；2016年继续收集资料，形成初稿；2017年审阅、定稿、印刷、出书。印数1000册。

五、组织工作

为加强对《罗江县政协志》编辑出版工作的领导，组织成立了《罗江县政协志》编纂委员会和编辑部，聘请县委、县人大、县政府有关领导和县政协老领导等作顾问，由县政协负总责，县地志办等有关单位协作参与，专人负责具体编辑出版工作。

六、经费预算（略）

以上请示妥否，请批复

2014年5月16日

政协罗江县委员会
关于组织编纂《罗江县政协志》的通知

罗县政协函〔2014〕6号

县政协各专委会（室）：

人民政协作为中国共产党领导的多党合作和政治协商的重要机构，充分发挥了其在社会主义协商民主制度建设中重要渠道作用。罗江复县以来，历届县政协和政协委员在实践中凝聚了改革发展强大正能量，增进了各党派、团体、各族各界和各阶层之间的团结和谐，树立了人民政协履职为民良好形象，为全县经济、政治、文化、社会、生态文明建设和党的建设做出了积极贡献。

根据省、市政协的有关规定和地方志修志的相关要求，经县政协党组会、主席办公会研究，报经中共罗江县委同意，决定组织编纂《罗江县政协志》。为此，现将有关事项通知如下：

一、《罗江县政协志》编纂坚持以马克思列宁主义、毛泽东思想、邓小平理论、三个代表重要思想、科学发展观为指导，认真贯彻党的十八大和十八届三中、四中全会精神和习近平总书记系列重要讲话精神，坚持实事求是的思想路线，运用辩证唯物主义、历史唯物主义的观点和方法，全面系统、客观真实地反映历届县政协和政协委员高举爱国主义和社会主义两面旗帜，坚持团结和民主两大主题，围绕中心、服务大局，在全县经济、政治、文化、社会、生态文明建设和党的建设中履行“政治协商、民主监督、参政议政”职能的情况，激励全县人民为“推进二次创业、再造一个罗江”，建设富裕美丽幸福新罗江和全面建成小康社会而努力奋斗。

二、《罗江县政协志》记述时限为1996年至2016年。全书预计50万字左右，计划3年左右时间完成，2017年年末印刷出书。

三、成立《罗江县政协志》编纂委员会和编辑部，具体负责《罗江县政协志》的编纂工作。

四、编纂《罗江县政协志》是一项规模宏大的系统工程，涉及各镇、县级各部门及各行各业。希望全县各镇、县级各部门以及各党派、各族各界担当责任，鼎力支持，统筹协作，高质量完成好《罗江县政协志》的编纂任务。

附件：

一、《罗江县政协志》编纂委员会、编辑部人员名单（略）

二、《罗江县政协志》编纂时间进度表（略）

2014年12月10日

罗江县人民政府
关于同意出版发行《罗江县政协志（1996—2016）》的批复

罗府函〔2017〕86号

政协罗江县委员会：

你委《关于〈罗江县政协志（1996—2016）〉审核验收和批准出版发行的函》（罗政协函〔2017〕1号）收悉，经县地方志机构及专家审核，认定志稿质量基本达到出版要求，同意交付出版、公开发行。希你委在出版过程中，严按按照县地方志机构审核意见和出版社的要求，在志书的史料、观点、规范和涉密等方面严格把关，保证志书质量。

2017年8月30日

《罗江县政协志（1997—2016）》评审委员会名单

主　任：张胜虎

副主任：古明水

委　员：（按姓氏笔画排列）

刘成国　刘　军　邬桂兰（女）　张明义　范翠林　易礼述　罗诗春　周继兴
柯贤良　曾传聪　薛建都　魏顺林

编后记

2014年11月，经中共罗江县委同意，政协第四届罗江县委员会决定编纂出版《罗江县政协志（1996—2016）》。遂成立编纂委员会和编辑部，由县政协主席会议统筹策划，县政协办公室、文史学习委员会牵头，其余各专委会和县政协机关干部职工协作配合。同年12月启动资料收集和初稿编纂工作，2016年3月完成初稿编纂和初审工作，2017年8月完成复审、修改工作并送县政府审验和批准出版。

本志围绕人民政协的性质、地位、职能和作用，以大量的史料、朴实的文字，记述了政协第一至四届罗江县委员会带领全体政协委员，高举爱国主义和社会主义两面旗帜，突出团结和民主两大主题，在助推全县经济发展与社会进步中心工作中，认真履行"政治协商、民主监督、参政议政"职能的基本情况；真实地反映了县政协自成立以来，在探索中砥砺奋进，在前行中开拓创新，不断发展壮大的历史轨迹。这是中国共产党领导的多党合作和政治协商制度在罗江县的生动体现，也是在中共罗江县委领导下，县政协团结各民主党派、人民团体、各族各界人士与中国共产党"风雨同舟、肝胆相照、荣辱与共"的真实写照。这对于我们认识过去、着眼当今、开创未来，续写好人民政协工作新的篇章具有重要意义。

在《罗江县政协志》编纂过程中，历届县政协领导给予高度重视和具体指导，多次听取编辑部人员工作汇报，并就志书的指导思想、编纂体例及入志内容等提出具体要求；详细审阅志书稿件，提出修改意见。多次召开编辑工作会议，研究解决志书编纂中出现的具体问题。组织编纂人员到什邡市和遂宁市安居区、船山区等地政协学习交流。编纂人员还走访政协老同志和知情人士，补充大量鲜活的史料。

县政协老领导老同志邓华明、白光裕、刘成国、洪善斌、张明义等对本志成书给予大力支持和耐心指导；市政协办公室、县委办公室、县政府办公室、县委宣传部、县地方志办公室、县档案馆、县文广局等部门提供了资料支持；县政协部分委（室）老同志主动提供资料、图片和参加书稿审验。他们为本志成书倾注大量的心血，我们在此深表敬意和感谢。

因本志编修时间较紧、资料不全，加之编纂者水平有限，志书中难免或有识见未周、取舍不当、史事欠核、错讹遗漏和浮词未尽等瑕疵。恳请各位委员和读者不吝赐教，我们将不胜感激。

编　者

2017年11月